BRAUNBUCH
ÜBER REICHSTAGSBRAND
UND HITLERTERROR

D1727559

Das Original-Braunbuch von **1933**

Faksimile-Nachdruck **1973**

Mit einem Nachwort von ALEXANDER ABUSCH

RÖDERBERG-VERLAG FRANKFURT

Braunbuch über Reichstagsbrand und Hitlerterror, Universum-Bücherei, Basel, 1933. Faksimile-Nachdruck der Originalausgabe von 1933. Mit einem Vorwort vom Präsidium der VVN — Bund der Antifaschisten und einem Nachwort von Alexander Abusch. Alle Rechte beim Röderberg-Verlag, Frankfurt am Main, 1973.

ISBN 3 87682 500 8

Vorwort

Die Wiederauflage des legendären „Braunbuches" am 40. Jahrestag des Reichstagsbrandes ist ein bemerkenswertes Ereignis. Diese 1933 in Paris erschienene, erste zusammenfassende Dokumentation über den Terror des Hitler-Regimes ist keineswegs eine Sache, die nur Historiker und Politologen angeht. Sie sollte und wird vor allem die bundesdeutsche Nachkriegsgeneration interessieren und fesseln. Den Autoren, die Tausende von Informationen zu einem Standardwerk des Antifaschismus verarbeiteten, ging es nicht um billige Agitation. Sie stellten ein hieb- und stichfestes Material zusammen, aus dem sich zwingend ergab, daß nur die Nationalsozialisten den Brand im Reichstag gelegt haben konnten, denn nur sie und niemand sonst waren in der Lage, daraus Nutzen zu ziehen.

Hitler, Göring und Goebbels wußten sehr genau, daß — bei aller Hilfe durch die Schwerindustrie, die Großgrundbesitzer und Militärs — ihre Herrschaft im Frühjahr 1933 gefährdet war, das Streben nach Aktionseinheit der Arbeiterbewegung sich verstärkt zeigte und damit der braune Spuk ein schnelles Ende nehmen könnte.

Der Brand des Reichstages, den sie den Kommunisten in die Schuhe schoben, war für sie willkommener Anlaß zur Entfesselung einer wütenden Orgie von Mord, Totschlag und Verhaftungen, zur Unterbindung der legalen Betätigung der Millionenschar von Anhängern demokratischer und sozialistischer Ideen. So spannte sich vom brennenden Reichstag ein Bogen zu den brennenden Dörfern und Städten des Zweiten Weltkrieges, zu den fahlen Flammen der Kamine der Vernichtungslager.

Den Autoren des „Braunbuches" ging es darum, der Weltöffentlichkeit die drohenden Gefahren vor Augen zu führen, den Menschen das wahre Gesicht des Faschismus zu zeigen und sie zu ermuntern, eine internationale Abwehrfront zu bilden, die der Menschheit den Weg in Blut und Tränen erspart hätte. Nach einem Abstand von 40 Jahren wissen wir wohl, wie stark und weitreichend die Wirkung dieses „Braunbuches", das auch in großer Zahl illegal in Deutschland zirkulierte, in aller Welt war. Wir kennen den Umfang von Sympathie und Solidarität für den mutigen bulgarischen Kommunisten Georgi Dimitroff, der unerschrocken Göring als den Hauptschuldigen des Reichstagsbrandes an den Pranger stellte. Der Angeklagte wurde zum Ankläger. Aber wir wissen heute auch, daß diese gewaltige Bewegung den Lauf der Dinge wohl verlangsamen, aber nicht endgültig aufhalten konnte. Für Chamberlain und Daladier, für die großen westeuropäischen Kapitalinteressen, war Hitler-Deutschland das Bollwerk gegen den Kommunismus, den sie mehr als alles fürchteten, war Hitler und sein Kabinett, in dem ja auch Reichsbankpräsident Schacht saß, viele Jahre ein Freund und Bundesgenosse.

Dem Münchener Abkommen folgte die Besetzung des Sudetenlandes, Österreichs und der Tschechoslowakei, und erst als deutsche Truppen die

Grenzen Polens und später von Frankreich, Belgien, Holland und Luxemburg überschritten, erkannten die Staatsmänner im Westen gleichfalls, daß der deutsche Faschismus auch auf ihre Kosten die Welt neu ordnen wollte. Doch am Ende stand nicht die neue europäische „Ordnung" des SS-Europa, sondern, vor allem durch den unbeugsamen Kampf der Völker der Sowjetunion, der europäischen Widerstandsbewegung sowie der militärischen Macht der Anti-Hitler-Koalition, die Niederlage des Nazi-Reiches.

Die Stunde 0 war gekommen. Zerstörung, Hunger, Elend, Millionen von Toten und Versehrten war die Bilanz für die Deutschen, von denen so viele im Widerschein der Fackeln des 30. Januar 1933 und angesichts der Flammen des Reichstagsbrandes den Schein des Todes als Licht des Morgens mißverstanden.

Lassen sich heute in der Bundesrepublik Deutschland, in der rund die Hälfte der Bevölkerung erst nach 1945 geboren wurde, Schlußfolgerungen, Lehren aus diesem Geschehen ziehen? Nicht alles, was damals in Wort und Schrift vorgetragen wurde, hat heute noch denselben Klang und dieselbe Bedeutung. Aber einige Grunderkenntnisse haben ihre Gültigkeit behalten.

So sind die Hintermänner der faschistischen Diktatur heute wieder recht munter. Sie üben Macht und Einfluß aus und orientieren sich wie eh und je auf die reaktionärsten Schachfiguren im politischen Spiel. Ihre Macht zu beschneiden, um Mißbrauch zu verhindern, ist eine der Lehren des Jahres 1933, die alle Demokraten einen sollte. Heute wie damals ist die Arbeiterbewegung am stärksten an Frieden und sozialem Fortschritt interessiert. Doch das Zusammenfinden vor allem zwischen Sozialdemokraten und Kommunisten erscheint nicht leichter geworden zu sein. Die Lehren aus der Zeit der faschistischen Mordbrenner sollten jedoch klarmachen, daß nur die rechtzeitige und geschlossene Aktion Menschen aller Schichten davon überzeugt, daß der Weg in ein gerechteres Leben gangbar ist, daß nur durch die Kraft der Vielen die Macht der Wenigen gebrochen werden kann. So gilt wohl noch immer das Goethe-Wort, das Georgi Dimitroff im Reichstagsbrandprozeß zitierte:

„Du mußt steigen oder sinken
Du mußt herrschen und gewinnen
Oder dienen und verlieren
Leiden oder triumphieren
Amboß oder Hammer sein.
Ja, wer heute nicht Amboß sein will, muß Hammer sein."

Frankfurt, Februar 1973

Präsidium der VVN — Bund der Antifaschisten

BRAUNBUCH

über Reichstagsbrand und Hitler-Terror

BRAUNBUCH

über Reichstagsbrand und Hitler-Terror

Vorwort von LORD MARLEY

UNIVERSUM-BÜCHEREI BASEL

Einbandentwurf von JOHN HEARTFIELD

Als der Verlag seine Absicht bekannt gab, ein dokumentarisches Buch über Reichstagsbrand und Hitler-Terror zu publizieren, da meldeten sich Hunderte freiwilliger Mitarbeiter. Schriftsteller, Arbeiter, Aerzte, Rechtsanwälte, die der Hitler-Terror aus Deutschland vertrieben hatte, stellten sich zur Verfügung. Sie beschafften Material, sichteten und prüften es, sorgten für die Verbindungen nach Deutschland und schrieben den Text.

Nicht nur Emigranten haben an diesem Buche gearbeitet. In dem grossen braunen Kerker, der sich « Drittes Reich » nennt, fanden wir viele Mithelfer, die unter Lebensgefahr Material über die deutschen Ereignisse besorgten und Material, das wir ihnen sandten, auf seine Zuverlässigkeit hin prüften.

So entstand dieses Buch: als Kollektivarbeit von Antifaschisten, als Gemeinschaftsarbeit von Kämpfern innerhalb und ausserhalb Deutschlands, die geeint sind in dem Gedanken, für den Sturz des Hitler-Faschismus und für ein sozialistisches Deutschland zu wirken.

Es ist ein deutsches Buch. Deutsche haben es erlebt und erlitten. Deutsche haben es geschrieben.

Es ist ein internationales Buch. Antifaschisten in England und Frankreich, in Holland und Amerika haben die Herausgabe dieses Buches unterstützt. Das Weltkomitee für die Opfer des Hitler-Faschismus, an dessen Spitze Prof. Einstein und Lord Marley stehen, hat diesem Buche seine Hilfe geliehen.

Internationale Schriftsteller von hohem Rang haben durch Beiträge die Solidarität mit den Opfern des Hitler-Terrors und mit dem Kampf gegen den Hitler-Faschismus dokumentiert.

Es ist ein internationales Buch, es zeigt für alle Leser, gleichgültig, ob sie in Deutschland, in Amerika, in England oder Italien, in Polen oder Frankreich leben, die Gefahr des Faschismus. Nicht nur die Gefahr. Fünf Monate Hitler-Faschismus sind in diesem Buche dargestellt, fünf Monate Hitler-Hölle.

Es ist ein dokumentarisches Buch. Jede Behauptung dieses Buches stützt sich auf dokumentarisches Material. Nicht immer ist es möglich, Namen und Adresse des Verfolgten oder des Augenzeugen zu veröffentlichen. In diesem Falle wurden die Beweise für unsere Behauptungen beim Notar niedergelegt.

Das Braunbuch ist das erste einer Bücherreihe über Hitler-Deutschland. Andere werden folgen, in denen gezeigt werden soll, was die Hitlerdiktatur den Arbeitern, Bauern, den Mittelschichten Deutschlands ökonomisch, sozial und rechtlich genommen hat. Die Verelendung Deutschlands, die sich unter der Hitler-Diktatur in rapidem Tempo fortsetzt, wird in diesen Büchern ihre Darstellung finden. In einem besonderen Band wird der Kampf innerhalb Deutschlands gegen den Hitler-Faschismus geschildert werden.

Die Autoren dieses Buches wünschen, ungenannt zu bleiben. Sie schrieben das Buch für die Opfer des Hitler-Faschismus, für die Gefangenen und Gemarterten der braunen Hölle, für Frauen und Kinder, denen der Hitler-Terror den Gatten und Vater nahm, für die Millionen antifaschistischer Kämpfer, deren Kampfwille durch Stahlruten und Konzentrationslager nicht gebrochen werden konnte.

Der Kampf gegen den Hitler-Faschismus wird innerhalb Deutschlands entschieden. Es ist dafür gesorgt, dass dieses Dokument der braunen Schmach, das « Braunbuch über Reichstagsbrand und Hitler-Terror », seinen Weg nach Deutschland findet.

Juli 1933.   Die Verfasser und der Verlag.

VORWORT

Es ist immer schwierig, Authentisches über Dinge zu erfahren, die unter einem gut organisierten Terror geschehen. Selbst erfahrenen Journalisten mit ihren Fachkenntnissen gelingt es nur schwer, der Wahrheit nahe zu kommen: solche Angst haben die Leute zu sprechen, und so vollkommen funktioniert die Spionage. Es ist das besondere Verdienst einiger ausländischer Pressekorrespondenten in Deutschland, dass sie unter dem Risiko, ihre Stellungen zu verlieren, soviel von der Wahrheit über die Grenze gebracht haben.

Dem Weltkomitee für die Opfer des Deutschen Faschismus sind viele authentische Dokumente zur Verfügung gestellt worden: einige von Journalisten, andere von Aerzten und Rechtsanwälten, denen besondere Wege zur Wahrheit offen standen, die aber ihre Informationen in Deutschland nicht zu veröffentlichen wagen und es auch nicht können. Weitere Dokumente sind von den Gefolterten und Gemarterten selbst gesandt worden. Den Hauptteil des Materials verdankt das Komitee eigenen Berichterstattern, die unter Lebensgefahr in Deutschland gearbeitet haben.

Wir haben nicht die sensationellsten dieser Dokumente benutzt. Jede Feststellung, die in diesem Buche gemacht wird, ist sorgfältig geprüft worden und typisch für eine Reihe ähnlicher Fälle. Wir wären in der Lage, viel schlimmere Einzelfälle zu bringen, aber wir haben davon Abstand genommen, weil sie eben Einzelfälle waren. Kein einziger hier gebrachter Fall ist ein Ausnahmefall. Alle sind typisch für viele andere, die in unserem oder im Besitz der nationalen Hilfskomitees sind.

Diese Zeugnisse des Faschismus sind schrecklich. Aber das Gedächtnis der Oeffentlichkeit ist kurz, und die öffentliche Mei-

nung ist leider nur allzu bereit, sich mit einem fait accompli ab-
zufinden, wie heute im Falle Italien.

Unser Buch soll die Erinnerung an den verbrecherischen Weg
der Nazi-Regierung ständig wachhalten. Unser Buch ist ein Beitrag zum Kampf gegen Hitler-Faschismus. Dieser Kampf ist nicht
gegen Deutschland gerichtet. Dieser Kampf wird für das wahre
Deutschland geführt.

House of Lords
London SW. 1

Lord *MARLEY,*
Vorsitzender des Weltkomitees für die Opfer
des Hitler-Faschismus.

Der brennende Reichstag

«Die polizeiliche Untersuchung hat ergeben, dass im gesamten Reichstagsgebäude vom Erdgeschoss bis zur Kuppel Brandherde angelegt waren. Es liegt zweifelsfrei die schwerste bisher in Deutschland erlebte Brandstiftung vor.»

(Meldung des Amtl. Preuss. Pressedienstes

Der Sitzungssaal des Reichstages

Die Verwüstung nach dem Brand im Sitzungssaal

Der Weg zur Macht

Im Januar 1919 wird in München die « Deutsche Arbeiterpartei » gegründet. Im Juli desselben Jahres tritt Adolf H i t l e r , damals « Bildungsoffizier » in der Reichswehr, dieser Partei bei. Er ist das siebente Mitglied dieser Keimzelle der späteren *Nationalsozialistischen Deutschen Arbeiterpartei.*

Wer sind die Gründer und ersten Mitglieder der NSDAP? Aus welchen Schichten stammen sie und welche Interessen vertreten sie? Es sind zunächst Soldaten und Offiziere, die enttäuscht aus dem Weltkriege heimgekehrt waren. Vier Jahre lang hatten sie an die chauvinistischen Losungen ehrlich geglaubt. Sie hatten sich mit ihrem Leben für die « Erkämpfung eines mächtigen Grossdeutschland » eingesetzt. Sie glaubten an die Legende, dass Pazifisten und Sozialdemokraten als « Landesverräter » die deutsche Front von hinten erdolcht und die Niederlage herbeigeführt hätten. Diese «Heimkehrer» waren tief erbittert über die Schwäche der herrschenden Klassen, über Verrat und Flucht des Kaisers und der sang- und klanglos abgesetzten Fürsten, über die Generäle des grossen Krieges, welche die «Novemberverbrecher» nicht mit eiserner Faust niedergeschlagen, zur Rechenschaft gezogen und vor ein Kriegsgericht gestellt hatten.

Diese zutiefst enttäuschten Soldaten und Offiziere fanden sich nicht mehr zurück ins bürgerliche Leben. Die Berufe, die sie einst innegehabt hatten, gab es zum Teil nicht mehr. Das galt vor allem für die Berufssoldaten, Militäranwärter und eine Reihe von Beamtenkategorien. Zu ihnen gesellten sich entwurzelte Adelige, Studenten, die durch den Krieg aus ihrem Studium herausgerissen waren, deklassierte und radikalisierte Kleinbürger, Angehörige der Mittelklassen, die jetzt vollends den Boden unter den Füssen zu verlieren begannen. Alle diese Elemente, die sich ebenso in den zahlreichen damals entstehenden Freikorps, in der Einwohnerwehr, im Stahlhelm (Bund der Frontsoldaten, gegründet 1919) und in der Brigade Ehrhardt sammelten, bildeten auch die ersten Kader des jungen Nationalsozialistischen Deutschen Arbeitervereins, wie sich die Partei zuerst offiziell nannte.

In den ersten beiden Jahren nach der Gründung blieb die NSDAP zunächst eine unbedeutende Gruppe. Die November-

Revolution 1918/19 war niedergeworfen, der Sturz des kapitalistischen Systems und die Erkämpfung des Sozialismus verhindert. Der Sozialdemokrat Friedrich Ebert wird der erste Reichspräsident der Weimarer Republik. Die Herrschaft der alten finanzkapitalistischen Kräfte konsolidiert sich wieder. Die Gewerkschaftsführer haben einen Friedenspakt mit den Unternehmern abgeschlossen: die «Zentralarbeitsgemeinschaft», die bereits im November 1918 zwischen dem Trustherrn Hugo Stinnes und dem Vorsitzenden der Generalkommission der Gewerkschaften, dem Sozialdemokraten Karl Legien, vereinbart worden war.

Was konnte also Hitler den führenden Gruppen des deutschen Kapitalismus damals bieten? Sie brauchten die NSAPD zu dieser Zeit *noch nicht*. Hitlers Verein konnte zunächst zu keiner Bedeutung gelangen. Er selbst blieb noch bis zum April 1920 in den Diensten der Reichswehr, für deren Soldaten er politische Vorträge hielt. Im Auftrage der Reichswehr « beobachtete » er auch politische Vereinigungen und Versammlungen. Er lieferte Berichte und Informationen. Auf diese Weise kam Hitler auch mit der « Deutsche Arbeiterpartei » in Verbindung.

Die politische Bedeutung der NSDAP stieg aber bald. Die politische Lage in Deutschland änderte sich, je mehr die erdrückenden Auswirkungen des Versailler Friedensdiktates und des verlorenen Krieges spürbar wurden. Milliarden an Reparationen wurden gefordert und bezahlt. Wichtige Wirtschaftsgebiete wurden abgetreten: Elsass-Lothringen, Oberschlesien, Saargebiet, Posen und Westpreussen (der sogenannte « polnische Korridor »), Danzig und Eupen-Malmedy. Der deutsche Absatz wurde durch den Verlust eines erheblichen Teils der europäischen und überseeischen Absatzmärkte und der Kolonien noch weiter eingeengt. Die Kosten der Demobilisierung, insbesondere der Umstellung der Kriegsindustrien, lasteten schwer auf dem werktätigen Steuerträger. Die ausschlaggebenden Kreise des deutschen Monopolkapitals waren unablässig bemüht, die Reparations-Milliarden und alle andern Verluste auf die Schultern der Arbeiter und der Mittelklassen abzuwälzen.

Diese Entwicklung fand ihren ersten Höhepunkt in der *Inflation,* die bereits 1917 während des Krieges von der wilhelminischen Regierung begonnen wurde, aber erst 1921/22 den Massen deutlicher spürbar wurde. Die Inflation erreichte ihre katastrophalste Steigerung im Herbst 1923. Sie hatte eine weitere Verelendung der Arbeiter und eine tiefgehende Proletarisierung der Mittelklassen zur Folge. Millionen kleiner Existenzen sind durch die Inflation buchstäblich ihrer letzten Habe beraubt worden. Banken und Grossindustrielle heimsten riesige Profite ein. Der Staat zahlte ihnen 600 Millionen Goldmark als « Entschädigung » für die Ruhrbesetzung, während die Masse der Bevölkerung leer ausging.

Das Wirtschafts-Chaos ruft schwere politische Erschütterungen hervor. Erzberger und Rathenau fallen als «Erfüllungspolitiker» den Kugeln nationalsozialistischer Mörder zum Opfer. Mit neuer mitreissender Gewalt leben die Erinnerungen auf an die Berliner Spartakuskämpfe im Januar 1919, an den Ruhraufstand beim Kapp-Putsch im März 1920 und an die Arbeitererhebung im März 1921. Die Abwanderung der Arbeiter von der Sozialdemokratie nimmt zu, zunächst zu den Unabhängigen, dann, nach der Spaltung der U. S. P. im Herbst 1920, immer stärker zur Kommunistischen Partei. Mächtige antifaschistische Demonstrationen finden statt. In grossen Massenbewegungen, die sich im Oktober 1923 zum Hamburger Aufstand steigern, kämpfen revolutionäre Arbeiter gegen die Diktatur Eberts und der Reichswehrgenerale.

Die 25 Punkte — das Programm der NSDAP

In dieser Zeit erlebt die Nationalsozialistische Deutsche Arbeiterpartei ihren ersten Aufschwung. Im Februar 1920 war das «P r o g r a m m» der Partei, die sogenannten 25 P u n k t e, von Hitler selbst in seiner Versammlung im Münchener Hofbräuhaus verkündet worden. Es enthält ein Gemisch von Sätzen und Forderungen, die zum Teil einander widersprechen. Die politische Praxis der NSDAP hat mit ihnen niemals in Einklang gestanden. Was scherte es Hitler und seine Vasallen, dass es am Schlusse des Programms grossspurig hiess:

«Die Führer der Partei versprechen, wenn nötig unter Einsatz des eigenen Lebens, für die Durchführung der vorstehenden Punkte rücksichtslos einzutreten.»

Es blieb nicht das einzige Versprechen, das die Führer der NSDAP gaben, ohne es zu halten. Von einer Generalmitgliederversammlung der Partei im Mai 1926 ist noch einmal die « Unabänderlichkeit » des Programms ausdrücklich beschlossen worden. Ausserdem hat Gottfried Feder, Mitverfasser der 25 Punkte und « Theoretiker » der NSDAP, in seinem Programm-Kommentar mit « aller Entschiedenheit » und « unbeugsamer Deutlichkeit » betont:

«An den Grundlagen und Grundgedanken dieses Programms darf nicht gerüttelt werden. Es gibt kein Drehen und Wenden aus etwaigen Nützlichkeitserwägungen, es gibt kein Versteckspielen mit wichtigsten, der heutigen Staats-, Wirschafts- und Gesellschafsordnung, besonders unangenehmen Programmpunkten und es gibt kein Schwanken in der Gesinnung . . . Wer in der Judenfrage, in unserem Kampf gegen die Hochfinanz, gegen Dawes-Pakt und Verelendungspolitik oder in anderen programmatischen Fragen nicht mit unseren unverrückbar festgelegten Wegen und Zielen übereinstimmen zu können glaubt, wer durch Völkerbund oder Locarno, wer durch Kompromisseln und Feigheit die Freiheit der deutschen Nation erkaufen zu können glaubt, der hat eben bei uns nichts zu suchen, der steht ausserhalb der NSDAP.»

Alle diese tönenden Worte können nicht darüber hinwegtäuschen, dass die Führerschaft der NSDAP in ihrer praktischen Politik ihr eigenes, kompromisslerisches, halbes « Programm » immer wieder verleugnet und in der Praxis das Gegenteil getan haben.

Der Betrug beginnt gleich bei den ersten beiden Punkten: « Zusammenschluss aller Deutschen auf Grund des Selbstbestimmungsrechts der Völker zu einem Gross-Deutschland » (Punkt 1) und « Gleichberechtigung des deutschen Volkes gegenüber den anderen Nationen, Aufhebung der Friedensverträge von Versailles und St. Germain » (Punkt 2). Keine dieser beiden Programmforderungen hatten Hitler gehindert, sowohl vor wie nach der Machtergreifung, mit den Signatarmächten des Versailler Vertrages Kompromisse zu schliessen, durch Beauftragte mit dem Völkerbund, mit Frankreich, Polen, England und Italien zu verhandeln!

Ueber diese « Zwirnsfäden » ist er nicht gestolpert, als er Südtirol an Mussolini verriet. In der ersten Auflage des Federschen Programmkommentars hatte es noch geheissen: « Wir verzichten auf keinen Deutschen in Süddeutschland, in Elsass-Lothringen, in *Südtirol*, in Polen, in der Völkerbundskolonie Oesterreich und den Nachfolgestaaten des alten Oesterreich ». *In der zweiten und in allen späteren Auflagen der Federschen Schrift sind die Worte « in Südtirol » gestrichen!* Dabei wagte Feder, im Vorwort zur 5. Auflage zu schreiben: «Verbessert sind nur da und dort einige Schönheitsfehler (!) im Ausdruck und Stellen, die zu Missdeutungen führen könnten. »

Aehnlich steht es mit anderen Punkten des Programms, vor allem mit den wirtschafts- und sozialpolitischen Forderungen: « Abschaffung des arbeits- und mühelosen Einkommens », « Brechung der Zinsknechtschaft » (Punkt 11), « restlose Einziehung aller ·Kriegsgewinne » (Punkt 12), « Verstaatlichung aller (bisher) bereits vergesellschafteten (Trusts) Betriebe » (Punkt 13), « Gewinnbeteiligung an Grossbetrieben » (Punkt 14), « grosszügiger Ausbau der Altersversorgung » (Punkt 15), « Schaffung eines gesunden Mittelstandes und seine Erhaltung, sofortige Kommunalisierung der Grosswarenhäuser und ihre Vermietung zu billigen Preisen an kleine Gewerbetreibende, schärfste Berücksichtigung aller kleinen Gewerbetreibenden bei Lieferung an den Staat, die Länder oder Gemeinden » (Punkt 16), « eine unseren nationalen Bedürfnissen angepasste Bodenreform, Schaffung eines Gesetzes zur unentgeltlichen Enteignung von Boden für gemeinnützige Zwecke, Abschaffung des Bodenzinses und Verhinderung jeder Bodenspekulation » (Punkt 17). Es ist nicht notwendig, auf jeden dieser Programmpunkte hier im einzelnen einzugehen. Einige der Programmpunkte werden in späteren Kapiteln des vorliegenden Buches behandelt werden, z. B. die Judenfrage (Punkt 4—8 und 23).

Hier kommt es uns darauf an, den *Grundzug* des nationalsozialistischen Programms zu skizzieren und die Skrupellosigkeit der Führer der NSDAP aufzuzeigen, die es Punkt für Punkt verfälschen und verraten. *Die Forderungen selbst sind zum Teil kleinbürgerlich-reaktionäre,* wie die in Punkt 16 erhobene (« Schaffung und Erhaltung eines gesunden Mittelstandes »); auch hier mehr Halbheit und Widersprüche, die für das ganze Programm charakteristisch sind: wie soll der «Mittelstand» erhalten werden, wenn zugleich die Voraussetzungen für sein allmähliches Verschwinden, die Voraussetzung für die Proletarisierung der Mittelklassen, nämlich das *kapitalistische Wirtschaftssystem,* von der NSDAP *grundsätzlich bejaht* wird? Dasselbe gilt entsprechend für Punkt 17, der die Grundlage für die nationalsozialistische Agrarpolitik bilden soll: wie will Hitler den Bauer retten, wenn er absolut auf dem Boden des Privateigentums steht, wenn von einer unentgeltlichen Enteignung des Grossgrundbesitzes zu Gunsten der landarmen Kleinbauern keine Rede sein kann? Hitler hat im April 1928 nochmals ausdrücklich betont, dass die NSDAP das Privateigentum an den Produktionsmitteln mit aller Kraft zu verteidigen entschlossen ist. Er hob in einer Erklärung zu eben diesem Punkt 17 des Programms hervor, dass der Passus « unentgeltliche Enteignung » nur auf die Schaffung gesetzlicher Möglichkeiten Bezug habe, Boden, der auf unrechtmässige Weise erworben sei oder nicht nach den Gesichtspunkten des Volkswohles verwaltet werde, wenn nötig (!), zu enteignen. Dieser Passus richte sich demgemäss in erster Linie gegen die — jüdischen Grundstücksspekulationsgesellschaften.

Widersprüche und Kompromisse auf der ganzen Linie! Auf der anderen Seite finden wir in den wirtschafts- und sozialpolitischen Programmpunkten der NSDAP *wohlbekannte alte Ladenhüter aus den Programmen bürgerlich-liberaler Parteien und der — Weimarer Verfassung.* Punkt 13 (Verstaatlichung der Trusts) ist direkt gestohlen aus dem Programm der Deutschen Demokratischen Partei von 1919! Andere Punkte figurieren als nie erfüllte Versprechungen der Weimarer Verfassung: Punkt 15 (Ausbau der Altersversorgung), 20 («Freie Bahn dem Tüchtigen!» — vergleiche Reichsverfassung und Reichsjugendwohlfahrtsgesetz von 1924), 21 (Hebung der Volksgesundheit, Schutz für Mutter und Kind), 24 (« Gemeinnutz vor Eigennutz » — vergl. Art. 156 der Verfassung).

Der erste Aufschwung der nationalsozialistischen Bewegung

Mit diesem Programm, mit Reden, die im Geiste der 25 Punkte gehalten waren, trat Hitler in der Zeit des ersten Aufschwungs der NSDAP in den ersten grösseren Versammlungen auf. Die Agitation gegen Versailles stand dabei durchaus im Vordergrund. Je stärker das Kleinbürgertum durch die fortschreitende Inflation in Gärung kam, desto grösser war der Zustrom zu den nationalsozialistischen Kundgebungen. Zweifellos spielte aber in den kleinbürgerlichen Massen nicht nur die materielle Schädigung durch Reparationen, Geldentwertung und Ruhrbesetzung eine Rolle, sondern auch die Verletzung des Nationalgefühls durch das Versailler Friedensdiktat und den Einfall der französischen Truppen in deutsches Gebiet.

Im Februar 1921, kurz nach den Reparationsverhandlungen, startet die erste Hitler-Versammlung im Riesenraum des Zirkus Krone. Thema: «Zukunft oder Untergang»! Zum ersten Male fahren Lastwagen mit wehenden Hakenkreuzfahnen durch die Strassen Münchens, um für die Versammlung Propaganda zu machen. Die NSDAP ahmt Agitationsmethoden der revolutionären Arbeiterschaft nach. Sie lässt feuerrote Plakate für die grosse Kundgebung anschlagen mit dem demagogischen Text:

«Wenn 60 Millionen, Mann und Weib, vom Greis bis zum Jungen, in einmütiger Entschlossenheit erklären, w i r w o l l e n n i c h t, dann soll der Wille dieser Millionen wenigstens das eine sichern, die Achtung, die man dem verweigert, der diese Peitsche küsst. Wir sind Menschen und keine Hunde. Die 60 Millionen sollen der Reichsregierung zum klaren Bewusstsein bringen, dass, w e r v e r h a n d e l t , s t ü r z t !»

Die Zirkusversammlung war ein Erfolg Hitlers, vor allem gegenüber den anderen bürgerlich-nationalen Parteien und Verbänden, die noch mit den alten Methoden der Vorkriegszeit operierten. Sie hatten geringschätzig gelächelt, als der « junge Mann » ihnen die sofortige Organisierung von Riesenkundgebungen gegen die Erfüllungspolitik der Reichsregierung vorschlug, und gar, als er nach ihrem Zögern und ihrer offenen Ablehnung mit seiner immerhin noch schwachen Gruppe *allein* das Wagnis unternahm. Das Programm dieser Parteien der grossbürgerlich-junkerlichen Reaktion war nicht geeignet, ihnen in den klein-bürgerlichen Schichten die Positionen zu verschaffen, die sich die Nationalsozialisten später mit ihren 25 Punkten und ihren skrupellosen Agitationsmethoden zu erobern verstanden. Das Scheitern des Kapp-Putsches im März 1920 hatte dies bereits bewiesen.

Ohne Fühlung mit den in Gärung befindlichen Mittelklassen, lediglich auf die Grossgrundbesitzer, Teile der Reichswehr und der hohen Bürokratie sowie einige Freikorps und Wehrverbände gestützt, war dieser Restaurationsversuch des junker-lichen Flügels der Bourgeoisie, war der Kapp-Putsch von der deutschen Arbeiterschaft innerhalb 24 Stunden vereitelt und niedergeschlagen worden.

Auch der Stahlhelm war über einen begrenzten Einfluss unter Teilen der bäuerlichen und bürgerlichen Jugend und den rückständigsten Arbeiterschichten (Mitgliedern der gelben Verbände und der Werkvereine, Landarbeitern) nie hinausgekommen. Anders die NSDAP. Mit ihrem Scheinkampf gegen das « internationale jüdische Bank- und Börsenkapital », mit ihrer Losung der « Volksgemeinschaft », in der alle Klassen unter einem über ihnen stehenden starken Staat friedlich miteinander leben sollten, konnte sie in breitere Schichten eindringen. Es gelang ihr, grössere Teile der kleinbürgerlichen Massen unter ihre Fahnen zu sammeln.

Der Einfluss der Nationalsozialisten wächst. 1921 verdoppelt sich die Mitgliederzahl: sie steigt von 3.000 auf 6.000. Der Wirkungskreis der NSDAP beschränkte sich damals fast ausschliesslich auf Bayern. In Norddeutschland ist die völkische Bewegung, die von Graefe, Wulle, Henning und Graf Reventlow geführt wird, weitaus stärker.

Zwei Jahre nach Kriegsschluss finden die ersten *Kongresse* und *Parteitage* statt. 1920 tritt in Salzburg eine Tagung zusammen, auf der mit den Führern der österreichischen und süddeutschen nationalsozialistischen Bewegung gemeinsame Beratungen abgehalten werden. Die Bewegung war in den Gebieten des früheren Oesterreich bereits viel älter. Eine österreichische « Deutsche Arbeiterpartei » war bereits 1904 gegründet und auf einer Wiener Tagung im Mai 1918 zusammen mit anderen Gruppen in « Nationalsozialistische Partei Oesterreichs » umbenannt worden. Die Anfänge des Nationalsozialismus gehen also auf den Beginn des Jahrhunderts zurück. Er entfaltete sich zuerst im alten Völkergefängnis Oesterreich, in Böhmen, wo die *nationale Frage* eine besondere Rolle spielte. Hitler als geborener Oesterreicher hat vieles von dort übernommen. In Salzburg kam eine Verständigung mit Jung, dem Leiter der böhmischen Partei, nicht zustande. Es waren andere Verhältnisse, in denen der deutsche Nationalsozialismus sich entwickelte.

Der nächste Kongress wurde 1921 in Reichenhall *gemeinsam mit russischen und ukrainischen weissgardistischen Verbänden* abgehalten. Der berüchtigte Hetman *Skoropadski* war unter den Rednern. Zusammen mit dem Nationalsozialisten Alfred *Rosenberg,* einem Balten, dem späteren Chefredakteur des « Völkischen Beobachters » und Aussenpolitiker der NSDAP, entwickeln die weissgardistischen Emigranten ihre Interventionspläne gegen den jungen Sowjetstaat, der soeben die letzten Interventionstruppen aus dem Lande gejagt hat. Damals bereits knüpfte Rosenberg Verbindungen mit *Deterding* und dem deutschen Grossindustriellen *Rechberg,* wütenden Feinden der Sowjetrepublik, an. Er schreibt im « Völkischen Beobachter » seine ersten antibolschewistischen, propolnischen (!) Hetzartikel.

Im Januar 1922 wird dann in München der erste offizielle Parteitag der NSDAP abgehalten. In einer Proklamation anlässlich des Parteitages erklärt Hitler, der noch um die alleinige diktatorische Herrschaft in der Partei zu kämpfen hat : es gelte, die Bewegung reinzufegen, denn sie sei eine « Brutstätte gutgesinnter, aber deshalb umso gefährlicherer Narren». Das richtete sich deutlich gegen die alten Mitbegründer der Partei, u. a. gegen Anton Drexler und Körner, die mit den neuen skrupellosen Methoden Hitlers nicht mitkommen konnten und wollten.

Einflussreiche hohe Offiziere des Münchener Reichswehrkommandos hatten die junge Bewegung seit langem gefördert. Unter ihnen waren frühere Kameraden Hitlers aus den Jahren 1919/20. Mit ihrer Hilfe hatte er neben der eigentlichen Parteiorganisation und dem Presse- und Propaganda-Apparat eine dritte Organisation errichtet, die ihm bereits in diesen Jahren des ersten Aufschwungs als hervorragendes Kampfinstrument diente: die *SA.* Ursprünglich hatte die NSDAP im Sommer 1920, angeblich zum Schutze ihrer Versammlungen gegen Ueberfälle der « Roten », eine « Ordnungstruppe » geschaffen. Diese genügte aber auf die Dauer nicht; sie war zu klein und schwach im Vergleich zu den anderen nationalistischen Wehrverbänden. So schritt Hitler im August 1921 zur Gründung eines eigenen nationalsozialistischen Wehrverbandes, der Sturm-Abteilungen, der SA. Sie stellt die terroristische Kampftruppe der NSDAP dar und ist der politischen Führung untergeordnet.

Wer finanzierte Hitler?

Bald begannen sich auch eine Reihe von *Kapitalisten*, besonders in Süddeutschland, für Hitler und die NSDAP zu interessieren, um sie in den Dienst ihrer reaktionären Politik zu stellen. Sie erkannten den Wert der nationalsozialistischen Bewegung für die Niederhaltung der klassenkämpferischen Arbeiterschaft. Sie waren bereit, die NSDAP zu « fördern » und sie vor allem finanziell zu unterstützen.

Im späteren *Hitler-Ludendorff-Prozess* (1924) ist festgestellt worden, dass Hitler von dem Direktor des bayerischen Industriellenverbandes, Geheimrat *Aust*, dem Verbandssyndikus *Dr. Kuhlo*, dem Inhaber der Klavierfabrik *Bechstein*, dem Grossindustriellen *Maffei* (München), den Fabrikanten *Hornschuh* (Kulmbach) und *Grandel* (Augsburg) erhebliche Geldsummen für die Partei erhalten hat. Hitler hielt auch in den vornehmen Klubs der Bankiers, Grossgrundbesitzer und Industriellen Vorträge über « seine Ziele ». Er nahm dafür Geldzuwendungen für die nationalsozialistische Presse und ähnliche Zwecke in Empfang. Auch von dem bekannten Berliner Grossindustriellen *Borsig*, dem als sozialpolitischen Scharfmacher bekannten Vorsitzenden der Vereinigung der Deutschen Arbeitgeberverbände, hat Hitler bereits in jener Zeit Subventionen bekommen. Ein Agent Hitlers in der Schweiz, *Dr. Gausser*, soll ihm damals die Unterstützung *Henry Fords* und Gelder aus *französischen Kapitalistenkreisen*, die auf den bayerischen Separatismus spekulierten, verschafft haben.

Dokumentarisch wird man alle diese dunklen Geldquellen des « Arbeiterführers » Hitler wohl erst dann im einzelnen nachweisen können, wenn die Archive in einem kommenden sozialistischen Arbeiter-Deutschland rücksichtslos geöffnet sein werden. Der politische Nachweis ist aber heute schon möglich. Die ganze Politik der NSDAP, die ihr später offene Sympathieerklärungen aus grosskapitalistischen Kreisen (Thyssen, Schacht usw.) eingebracht hat, bestätigt das grosse Interesse, das die herrschenden Klassen an ihrer Förderung haben mussten. Die Schulden Hitlers, der ungeheure Aufwand für die Propaganda und für die Unterhaltung der SA haben 1923 eine gewisse Rolle gespielt und ihn zum Losschlagen mit veranlasst.

Der Putsch vom 9. November 1923

Den Höhepunkt und Abschluss dieser ersten Aufschwungsperiode der NSDAP bildete der Münchener Putsch vom 9. November 1923. Im Laufe des Jahres 1923 hatte Hitler seine Verbündeten in der bayrischen Regierung und Reichswehr immer wieder zum Losschlagen gedrängt. In den ersten Novembertagen mobilisierte er schliesslich die Kampfverbände und stellte den bayerischen Generalstabskommissar *von Kahr,* den zögernden General *Ludendorff* und den General *von Lossow,* den Kommandeur der bayerischen Reichswehr, in einer grossen Versammlung der Vaterländischen Verbände Münchens im Bürgerbräukeller vor ein fait accompli. Zur Ueberraschung der meisten Anwesenden proklamierte Hitler die « nationale Republik ». Er setzt Ebert ab, « ernennt » sich selbst zum Reichskanzler, Kahr zum Landesverweser, den Münchener Polizeipräsidenten Pöhner zum Ministerpräsidenten und Ludendorff zum Reichswehrminister. Der bayerische Ministerpräsident von Knilling, die Minister Gürtner, Schweyer, Wutzelhofer und General von Lossow werden verhaftet, aber schon wenige Stunden später von Ludendorff gegen « Ehrenwort » entlassen. Kahr geht zunächst auf Hitlers Vorschläge ein, begibt sich aber mit Lossow und Oberst Seisser in der Nacht in die Kaserne des 19. Infanterie-Regiments. In einem Funkspruch verkünden die drei, dass sie den Hitlerputsch ablehnen. Kahr erklärt, seine Zustimmung zum Putsch für ungültig, da sie von ihm im Münchener Bürgerbräu mit Waffengewalt erpresst wurde. Um drei Uhr morgens verfasst der Generalstabskommissar von Kahr eine zweite Erklärung, in der es heisst, dass « treu- und wortbrüchige ehrgeizige Gesellen » aus einer Kundgebung für Deutschlands Wiedererwachen eine Szene widerwärtiger Vergewaltigung gemacht hätten und dass die « mit vorgehaltenem Revolver abgepressten Erklärungen » Kahrs, Lossows und Seissers null und nichtig seien. Die Nationalsozialistische Deutsche Arbeiterpartei sowie die Kampfbünde « Oberland » und « Reichsflagge » werden für aufgelöst erklärt. Diese Mitteilung und die Auflösungsverordnung erscheinen noch am Morgen des 9. November in den Münchener Zeitungen.

Hitler und Ludendorff versuchen einen verzweifelten Gewaltstreich, obwohl Hitler einige Monate vorher dem bayrischen Innenminister Schweyer sein *Ehrenwort* gegeben hatte, nicht zu putschen. Sie marschieren mit den Kampfverbänden durch die Strassen. Die Reichswehr verhält sich neutral. Sie schiesst nicht auf die Marschierenden. Bayerische Landespolizei erwartet Hitlers Anmarsch an der Feldherrnhalle. Sie gibt eine Salve ab. Die Hitlerleute haben fünfzehn Tote. Hitler selbst flieht und wird wenige Tage später, bevor er die österreichische Grenze erreichen kann, in der Luxusvilla einer Prinzessin verhaftet. Göring flüchtet nach Italien, später nach Schweden. Ludendorff bleibt von der Haft verschont.

Der Prozess gegen die Putschisten vom 9. November findet im Frühjahr 1924 vor dem Volksgericht in München statt. Die Richter sind gnädig und freundlich. Handelt es sich doch um lauter « nationalgesinnte » Angeklagte, die « nur das Beste gewollt » haben: Hitler, Generalfeldmarschall von Ludendorff, Polizeiamtmann Frick (1933: Reichsminister des Innern), Hauptmann Röhm, Oberleutnant Pernet, den Stiefsohn Ludendorffs usw. Die Geschichtsschreiber der NSDAP berichten, dass die Angeklagten in fröhlicher Stimmung seien, lächeln und spassen. Hitler erhält fünf Jahre Festungshaft — mit Bewährungsfrist, wenn ein Teil der Strafe verbüsst ist. Schon nach wenigen Monaten, im Dezember 1924, wird er aus der Festung Landsberg wieder entlassen. Röhm, Frick und Brückner kommen sogar mit nur drei Monaten Festungshaft weg. Ludendorff wird wegen « Sinnesverwirrung im Augenblick der Tat » freigesprochen. Hitler, damals noch österreichischer Staatsbürger, darf weiter in Deutschland bleiben und wird nicht ausgewiesen. Die reaktionäre deutsche Justiz weiss, was sie diesem « Revolutionär » schuldig ist.

Die NSDAP verschwindet vorübergehend vom Schauplatz

Der missglückte Putsch des Jahres 1923 bildete den Abschluss der « umstürzlerischen Periode » der Hitler-Bewegung. Vorbei jede Zeit der illegalen oder nur halblegalen Pläne eines bewaffneten Auftretens gegen die « Berliner Judenregierung ». Diese Zeit der NSDAP war mit dem Uebergang zu einer gewissen wirtschaftlichen Stabilisierung in Deutschland, mit dem Abebben der Gärungswelle in den kleinbürgerlichen Massen, endgültig vorbei. Die NSDAP geht durch eine *tiefe Niedergangsperiode* und verschwindet für einige Jahre fast völlig vom politischen Schauplatz. Die vereinigten Völkischen und Nationalsozialisten, die noch im Mai 1924 bei den Reichstagswahlen 1,9 Millionen Stimmen (32 Mandate) erhalten haben, bekommen im Dezember desselben Jahres nur noch 14 Reichstagssitze (840.000 Stimmen). Sie sinken zur Splitterpartei herab, während die Deutschnationalen über 100 und die Sozialdemokraten 120 Mandate für sich buchen können.

Die nächsten Jahre vergehen mit inneren Kämpfen der einzelnen völkischen und nationalsozialistischen Gruppen untereinander. Im Sommer 1925 erfolgt die Trennung von der Deutschvölkischen Freiheitspartei. Ein grosser Teil von deren früheren Anhängern geht dabei zu Hitler über. Die kapitalistischen Mächte führen währenddessen den Abbau der 1918 erzwungenen Konzessionen an das Proletariat weiter. Im Januar

1925 wird eine reaktionäre Bürgerblock-Regierung unter
deutschnationaler Führung gebildet. Drei Monate später wird
der Generalfeldmarschall *von Hindenburg* von der vereinigten
Rechten als Nachfolger Eberts zum Reichspräsidenten gewählt.
Auch Nationalsozialisten, die im ersten Wahlgang die aussichts-
lose Kandidatur Ludendorffs unterstützt hatten, haben im zweiten Wahlgang *für Hindenburg gestimmt:* ein charakteristischer
Zug für die beginnende Umformung der nationalsozialistischen
Bewegung.

Die NSDAP für die Fürsten

1926, anlässlich des Volksentscheides für die *Fürstenenteignung*, findet man die NSDAP im Chor aller bürgerlichen Parteien
von den Deutschnationalen bis zum Zentrum und den Demokraten, die schrien: « Fürstenenteignung ist Diebstahl an wohler-
worbenem Eigentum! » Die NSDAP ist übrigens auch in späteren Jahren nicht von dieser ihrer damaligen Stellungnahme abge-
gangen. Durch den Mund ihres Fraktionsführers im Preussischen
Landtag, des nachmaligen Oberpräsidenten von Berlin und Brandenburg, *Kube,* nahm sie zu einem kommunistischen Antrag auf
entschädigungslose Enteignung der Fürstenvermögen und Nicht-
auszahlung der dem früheren Kaiser und den Standesherren
bewilligten Millionenrenten folgendermassen Stellung:

«Den kommunistischen Antrag auf Fürstenenteignung lehnen wir
aus Gerechtigkeitsgefühl (!) ab. D e r d e u t s c h e S o z i a l i s m u s
h a t a u c h d a s R e c h t d e r H o h e n z o l l e r n a n z u e r -
k e n n e n.»

Die deutschen Fürsten und ehemaligen Standesherren — wir
nennen u. a. den Prinzen August-Wilhelm von Preussen aus dem
Hause Hohenzollern, Sohn des Ex-Kaisers, den Herzog Karl
Eduard von Sachsen-Koburg-Gotha, den Prinzen Wilhelm von
Hessen, der im Juni 1933 von Göring zum Oberpräsidenten von
Hessen-Nassau ernannt worden ist, den Prinzen Christian zu
Schamburg-Lippe (neuerdings hat sich auch der ehemalige
Kronprinz zur NSDAP bekannt, indem er ihrem Kraftwagenkorps
beitrat) — sie alle haben sich für diese Haltung der NSDAP re-
vanchiert, indem sie ihr aus ihren «Entschädigungs»-Geldern
Millionen zur Verfügung stellten. *Die Nationalsozialisten haben
nicht ableugnen können, dass auch der Exkaiser Wilhelm II.
an der Finanzierung der SA mitgewirkt hat.*

Durch seine neue Politik der Angleichung an die bürgerlichen Parteien versucht Hitler, das durch sein putschistisches
Vorgehen erschütterte Vertrauen der Bourgeoisie wiederzugewin-

nen. Er bezieht legale Positionen, weil er einsieht, dass er sich nur so die Gunst und Unterstützung der herrschenden Klassen erhalten kann. Wieder hält er Vorträge in den Industriellenklubs, um die Schlotbarone von der Ungefährlichkeit seiner « Ideen » zu überzeugen und ihnen darzulegen, wie viel besser sie mit der NSDAP fahren würden als mit der « landesverräterischen Sozialdemokratie ». Diesmal beschränkt sich der « Führer » nicht auf Süddeutschland. Er fährt gen Westen, um die Industrieherren von der Ruhr in ihren Zwingburgen aufzusuchen. 1926 spricht er zweimal vor geladenem Kreise in Essen und Königswinter, im April 1927 wiederum im Essener Krupp-Saal. Die schwerindustrielle « Rheinisch-Westfälische Zeitung » berichtet von dem Beifall, mit dem die Industriellen die Ausführungen Hitlers aufgenommen haben.

Strasser und Goebbels machen in „Sozialismus"

Zu gleicher Zeit — und das ist typisch für den zweideutigen, skrupellos-demagogischen Charakter der nationalsozialistischen Propaganda — reist Gregor *Strasser,* einer der Paladine Hitlers, in Nord- und Ostdeutschland umher und verbreitet dort seine « sozialistischen » Losungen von der « deutschen Revolution ». Damals taucht auch Joseph *Goebbels,* ein junger katholischer Literat aus dem Rheinland, auf. Im Oktober 1925 gründet Strasser die « Nationalsozialistischen Briefe », die sozusagen zum theoretischen Organ des « linken » Flügels der NSDAP werden. Goebbels, zunächst Redakteur der « Nationalsozialistischen Briefe », geht dann im Oktober 1926 als Gauleiter nach Berlin, wo die Bewegung noch sehr wenig Fuss gefasst hat. Er gibt seit Juli 1927 unter dem pseudosozialistischen Motto: *« Für die Unterdrückten! Gegen die Ausbeuter!* » ein eigenes Wochenblatt mit dem Titel « *Der Angriff* » heraus. Gregor Strasser gründet zusammen mit seinem Bruder Otto, einem früheren Sozialdemokraten, in Berlin einen kleinen Pressekonzern, den Kampf-Verlag. Er gibt drei Tageszeitungen heraus: den « Nationalen Sozialist » (NS) in Berlin, den « Märkischen Beobachter » für die Provinz Brandenburg und den « Sächsischen Beobachter ». Es waren damals die einzigen nationalsozialistischen Tageszeitungen in Mittel- und Norddeutschland. Im Kampf-Verlag erschienen ausserdem drei Wochenblätter und eine Reihe von Büchern und Broschüren. Es ist nicht zu bezweifeln, dass Gregor Strasser damals dem «Führer» in Norddeutschland Konkurrenz zu machen versucht hat; er hatte gewisse Differenzen mit Hitler, dessen Autorität er sich später wieder unterordnete (er versuchte allerdings immer wieder, eine eigene Politik zu machen und wurde schliesslich Ende 1932 von Hitler seiner Funktionen enthoben, als er sich zu eng mit dem General Schleicher verbunden hatte; im Dezember 1932 verschwand Gregor Strasser vorerst in der politischen Versenkung).

In allen Publikationen des Kampf-Verlages wurden sehr « radikale » Töne angeschlagen. Im Leser sollte der Eindruck erweckt werden, dass, der « Arbeiterfreund » und sogar der « Klassenkämpfer » zu ihm spricht. « Die Nationalsozialistische Partei ist die Klassenpartei (!) der schaffenden Arbeit », heisst es in der in Strassers Verlag erschienenen Broschüre, « Nationaler oder Internationaler Sozialismus ». Der Verfasser dieser Broschüre ist Jung, erster Vorsitzender der NSDAP der Südländer. Gregor Strassers Parole lautet : « Freiheit und Brot », und « Hammer und Schwert » sind das Warenzeichen seiner Verlagserzeugnisse.

In dieselbe Kerbe haut Goebbels, der in seiner Broschüre « Der Nazi-Sozi. Fragen und Antworten für den Nationalisten » schreibt:

«Es gibt doch nichts verlogeneres, als einen dicken, wohlgenährten Bürger, der gegen den proletarischen Klassenkampfgedanken protestiert. . . . Woher nimmst du das Recht, gegen den Klassenkampf des Proletariats deine von nationaler Verantwortlichkeit geschwellte Brust zu wölben ? Ist der Bürgerstaat nicht seit nahezu 60 Jahren der organisierte Klassenstaat gewesen, der als zwingende geschichtliche Notwendigkeit den proletarischen Klassenkampfgedanken in sich gebar ? . . . Schämt ihr euch nicht, als wohlgenährte Mitteleuropäer unterernährten, hohlblickenden, hungernden, arbeitslosen Proletariern gegenüber den Klassenkampf zu bekämpfen ? Jawohl, wir nennen uns Arbeiterstaat ! Das ist der erste Schritt. Der erste Schritt abseits vom Bürgerstaat. Wir nennen uns Arbeiterpartei, weil wir die Arbeit frei machen wollen, weil für uns die schaffende Arbeit das vorwärtstreibende Element der Geschichte ist, weil uns Arbeit mehr bedeutet als Besitz, Bildung, Niveau und bürgerliche Herkunft. Darum nennen wir uns Arbeiterpartei . . . Wir nennen uns sozialistisch als Protest gegen die Lüge des sozialen bürgerlichen Mitleids. Wir wollen kein Mitleid, wir wollen keine soziale Gesinnung. Wir pfeifen auf den Quark, den ihr «soziale Gesetzgebung» nennt. Das ist zum Leben zu wenig und zum Sterben zuviel . . . Wir wollen vollen Anteil am Ertrag dessen, was der Himmel uns gab und was wir durch unserer Fäuste und Stirnen Arbeit schufen. Das ist Sozialismus ! . . . Wir protestieren gegen den Gedanken des Klassenkampfes. Unsere ganze Bewegung ist ein einziger grandioser Protest gegen den Klassenkampf . . . Aber dabei nennen wir die Dinge beim Namen : wenn auf der linken Seite 17 Millionen Proletarier im Klassenkampf die letzte Rettung sehen, so nur deshalb, weil man es sie auf der rechten Seite 60 Jahre lang durch die Praxis lehrte. Woher wollen wir die sittliche Berechtigung nehmen, gegen den proletarischen Klassenkampfgedanken anzurennen, wenn nicht zuerst der bürgerliche Klassenstaat grundsätzlich zertrümmert und abgelöst wird durch eine neue sozialistische Gliederung der deutschen Gemeinschaft.»

Das schrieb der spätere Minister für Volksaufklärung und Propaganda des Deutschen Reiches vor noch gar nicht langer Zeit. Es ist eine andere Sprache als die der 25 Punkte, in denen das Wort « Sozialismus » nicht vorkommt. Man vergleiche die Goebbelssche Forderung der Zertrümmerung (!) des bürgerlichen Klassenstaates mit dem offiziellen Parteiprogramm der NSDAP, das in Punkt 25 sagt:

«Zur Durchführung alles dessen (des gesamten Programms) fordern wir : Die Schaffung einer starken Zentralgewalt des Reiches. Unbedingte Autorität des politischen Zentralparlaments über das gesamte Reich und seine Organisationen im allgemeinen. Die Bildung von Stände- und Berufskammern zur Durchführung der vom Reich erlassenen Rahmengesetze in den einzelnen Bundesstaaten.»

Neben der Goebbelsschen Konzeption wirkt das Programm Hitlers von 1920 farblos, konventionell, kleinbürgerlich, liberalistisch. Der Goebbelssche Aufruf gegen den « dicken, wohlgenährten Bürger » stellt gegenüber Hitlers 25 Punkten ein faschistisches « Programm » in raffinierterer Form dar, welches für das industrialisierte Deutschland und besonders für Berlin viel mehr geeignet ist als jene 25 Punkte.

Neue Niederlage: 1928

Indessen gelang es weder Hitler mit seinen Vorträgen vor den « wohlgenährten Bürgern » des Rheinlands und des Ruhrgebiets, noch Strasser und Goebbels, den Masseneinfluss der NSDAP zu vergrössern. Zwar ist in diesen Jahren eine gewisse innere Konsolidierung der Partei zu verzeichnen. Die Mitgliederzahl wächst von 17.000 (1926) auf 40.000 (1927). Zwei Parteitage werden abgehalten: 1926 in Weimar und 1927 in Nürnberg. Die SA wird neugegründet. Die Partei wird von einer Reihe von « gutgesinnten, aber deshalb umso gefährlicheren Narren » befreit; u. a. wird der « Rassenforscher » Dinter in Thüringen herausgeworfen. Ferner wird, um die Partei salonfähig zu machen, 1927 der berüchtigte Fememörder Heines ausgeschlossen, dessen feige Bluttaten Hitler allerdings nicht gehindert haben, ihn später wieder aufzunehmen und zum Polizeipräsidenten von Breslau und obersten SA-Führer von ganz Nord- und Ostdeutschland zu machen. Die NSDAP erlitt im Mai 1928 *nochmals eine sehr schwere Wahlniederlage.* Sie erhielt nur 12 Reichstagssitze. Die objektive

Situation für ein Anwachsen der faschistischen Bewegung war noch nicht gegeben: Die Jahre 1924—1927 hatten ein gewisses Wiederaufblühen des Wirtschaftslebens mit sich gebracht, das dem Kleinbürgertum und auch bestimmten Kategorien der Arbeiterschaft einige Erleichterungen brachte.

Die Wirtschaftskrise in Deutschland

Die wirtschaftliche Scheinblüte hatte aber bereits ihren Höhepunkt überschritten. Deutschland ist das erste europäische Land, das von der hereinbrechenden Weltwirtschaftskrise erfasst wurde. Die Produktion geht zurück. Die Arbeitslosigkeit steigt. Im Winter 1930 gibt es in Deutschland bereits über drei Millionen Erwerbslose. Die Unternehmer beginnen ihren grossen Angriff zur fortgesetzten Senkung der Löhne. Nach den Berechnungen der Berliner « Finanzpolitischen Korrespondenz » betrugen die durchschnittlichen Industriearbeiter-Wochenlöhne im Sommer 1929: 44.60 RM.; im März 1930 waren sie auf 39.05 RM. gesunken. Der Jahresdurchschnitt der Wochenlöhne, der 1928 und 1929 noch 42—45 Mark betragen hatte, fiel 1930 auf 37 Mark und 1931 auf 30 Mark. Unter der Regierung Papen-Schleicher schliesslich waren die Durchschnitts-Wochenlöhne um mehr als die Hälfte gegenüber 1928/29 abgebaut worden. Sie beliefen sich im August 1932 auf 20.80 RM und sind seitdem noch weiter gesunken. Nach den Berechnungen der « Finanzpolitischen Korrespondenz » erreichte die *Gesamtsumme der den deutschen Arbeitern und Angestellten vom Juli 1929 bis zum Juli 1932 gekürzten Löhne und Gehälter etwa 38 Milliarden Mark.*

Hand in Hand mit dem Lohn- und Gehaltsabbau geht ein ungeheures Anschwellen der Arbeitslosigkeit. Im Winter 1931/32 überschritt sie — nach den offiziellen Angaben des Reichsarbeitsministeriums — die Sechs-Millionen-Grenze. Das amtliche «Institut für Konjunkturforschung» hat aber festgestellt, dass diese offiziellen Zahlen nicht die wirkliche Höhe der Erwerbslosigkeit angeben, da nur jene Arbeitslose gezählt wurden (und auch heute noch werden), die sich bei den staatlichen Arbeitsämtern melden. So wurde aber nur ein Teil der Arbeitslosen von der Statistik erfasst. Es bestand, wie das Konjunkturinstitut sich ausdrückte, neben der « sichtbaren » noch eine « unsichtbare » Arbeitslosigkeit. Das konnte durch einen Vergleich mit der Statistik der Krankenkassen, die alle Beschäftigten erfasst, unschwer festgestellt werden. Danach betrug die « unsichtbare » Arbeitslosigkeit etwa *zwei Millionen.* Während demnach die offizielle Statistik im Winter 1931/32 rund 6 Millionen und im Sommer 1932 über 5 Millionen Arbeitslose aufwies, betrug nach den Ver-

Der deutsche Reichstag

Nach dem Brand veranstalteten die Nazis Führungen durch den Reichstag

Am Tatort

Hitler, Göring und Goebbels wenige Minuten nach der Entdeckung
des Brandes, an der Brandstätte.

öffentlichungen des « Instituts für Konjunkturforschung » die Arbeitslosigkeit im Winter 31/32 fast *acht,* und im dritten Vierteljahr 1932 (in der besten Saison!) über *sieben Millionen.* Aber selbst diese Zahlen entsprachen keineswegs der wirklichen Lage. In ihnen waren nicht enthalten: die Hunderttausende von langjährigen Erwerbslosen, die als « Bettler » die Strassen der Städte bevölkern oder als « Landstreicher » durch ganz Deutschland ziehen, die « verwahrlosten » Kinder und die jugendlichen Erwerbslosen, die, aus der Schule entlassen, keine Stelle fanden. Ebenso sind die Hunderttausende von kleinen und kleinsten Kaufleuten, Händlern, früheren « Selbständigen » und Angehörigen der sogenannten freien Berufe, die ein Hungerdasein führen und faktisch arbeitslos sind, in dieser Zahl nicht mit eingerechnet. Die wirkliche Zahl der Erwerbslosen muss demnach auf etwa *neun Millionen* (*Jahreswende* 1932/33) geschätzt werden!

Die Lage der *Mittelklassen* verschlechterte sich ebenfalls in steigendem Masse. Das spezifische Gewicht dieser Zwischenschichten ist in Deutschland nicht unbedeutend. Nach den statistischen Untersuchungen von Theodor Geiger (« Die soziale Schichtung des deutschen Volkes », Stuttgart 1932), ist der prozentuale Anteil der verschiedenen Klassen an der Gesamtzahl der Erwerbstätigen wie folgt: Kapitalisten 0,84 %, « alter Mittelstand » (Kleineigentümer an Produktionsmitteln) 18,33 %, « neuer Mittelstand » (Angestellte, Beamte usw.) 16,04 %, « Proletaroide » (Tagewerker auf eigene Rechnung, Kleinhändler usw.) 13,76 %, Proletariat 51,03 %. Dabei ist der Anteil des Proletariats bestimmt zu hoch berechnet. Doch entspricht diese Aufteilung ungefähr der Wirklichkeit.

Die Krise proletarisierte weitere Schichten der Mittelklassen. Die Zahl der Konkurse wuchs, Zwangsversteigerungen waren an der Tagesordnung. Das städtische Kleinbürgertum und die Kleinbauern wurden besonders hart betroffen. Die Krise erfasste aber auch Kreise, die bisher von ihr verschont geblieben waren und deren Lage in der Zeit der relativen Stabilisierung sich konsolidiert hatte. Die Geissel der Arbeitslosigkeit trifft jetzt auch die bevorzugte Schicht der geistigen Arbeiter. Der Lebensstandard der Lehrer, Ingenieure, Aerzte, Rechtsanwälte, Schriftsteller, Künstler sinkt tiefer und tiefer. *Ein Viertel der Akademiker ist ohne Stellung.* Von 8.000 Absolventen der Technischen Hoch- und Mittelschulen (1931/32) z. B. fanden nur 1.000 Arbeit in ihrem Beruf; 1500 setzen « vorläufig » unter Entbehrungen ihr Studium fort, weitere 1500 schlugen sich eine Zeit lang als Strassenhändler, Kellner, Geschirrspüler, Eintänzer usw. durch; 4.000 aber liegen arbeitslos auf der Strasse. Nach einer Untersuchung ihrer amtlich anerkannten « Standesorganisation », des Hartmannbundes, verdienten 70 Prozent der deutschen Aerzte 1932 weniger als 170 Mark im Monat. Aehnliche Feststellungen traf der « Deutsche Anwaltverein » für die Anwaltschaft. Von 22.000 fertig ausgebildeten jungen Lehrern konnten im vorigen Jahre nach einer Veröffentlichung des Preussischen Kultusministeriums nur 990 beschäftigt werden, und auch diese fast ausnahmslos nur vertretungsweise und als Hilfslehrer. Und das allein in Preussen! Unter den angestellten Ingenieuren und Chemikern stieg die Arbeitslosigkeit in der Zeit vom 1. April 1930 bis zum 1. April 1932 um 500 Prozent, während die Erwerbslosigkeit der Angestellten aller Kategorien « nur » um 150 und die der technischen Angestellten um 200 Prozent wuchs. Die Lage der Akademiker, die sich noch in Anstellung befanden, verschlechterte sich von Jahr zu Jahr. Die Arbeitszeit wurde verlängert, Gehaltskürzungen wurden rigoros durchgeführt. Die Gehälter der preussischen Studienassessoren z. B. waren im Herbst 1932 um über 24% niedriger als 1927. Dazu kam Kurzarbeit: in zahlreichen Betrieben wurde nur noch 3—5 Tage in der Woche gearbeitet.

Krisenverschärfend wirkten die ungeheuren Reparationslasten. Die an den Dawesplan und die Locarno-Verträge (1924/25) geknüpften Versprechungen und Hoffnungen hatten sich nicht erfüllt. 1929 wird im Youngplan eine neue internationale « Schuldenregelung » getroffen, die der kapitalistischen Klasse neue Gelegenheit gibt, den werktätigen Massen Milliardenlasten aufzubürden.

Durch die verelendete Arbeiterschaft geht eine neue Welle der Radikalisierung. Kurz nach dem Wahlerfolg der Sozialdemokratie im Mai 1928 beginnen die Arbeitermassen von neuem, sich der Kommunistischen Partei zuzuwenden. Bisher indifferente Schichten des städtischen Kleinbürgertums werden im Laufe der Krise politisiert. Die Bauernschaft beginnt sich zu rühren. In Norddeutschland kommt es 1929 zu Rebellionen. Die werktätigen Bauern verjagen die Gerichtsvollzieher, die ihnen die letzte Kuh im Stalle pfänden und Zwangsversteigerungen vornehmen wollen. Es kommt zu Zusammenrottungen vor den Finanzämtern, zu blutigen Zusammenstössen mit der Polizei. Schliesslich folgt ein Bombenattentat auf das andere. In der preussischen Provinz Schleswig-Holstein werden Versuche gemacht, Landratsämter und andere Regierungsgebäude in die Luft zu sprengen.

Die Bourgeoisie setzt ihre Politik der Unterdrückung fort mit dem Ziel, die Zugeständnisse von 1918 aufzuheben. Die Bürgerblock-Regierungen unter dem Volksparteiler *Luther* (dem jetzigen Botschafter in Amerika) und dem Zentrumsführer *Marx* werden 1928 von einer Regierung der « grossen Koalition », die von der schwerindustriellen Deutschen Volkspartei bis zur

Sozialdemokratie reicht, abgelöst. Der sozialdemokratische Parteivorsitzende Hermann Müller wird Reichskanzler. Neben ihm sitzen drei Sozialdemokraten im Reichskabinett: Severing (Innenminister), Hilferding (Finanzminister wie 1923) und Wissel (Arbeitsminister). Stresemann, der Führer der Deutschen Volkspartei, ist Reichsaussenminister, sein Parteifreund Dr. Curtius Wirtschaftsminister und der Demokrat Gessler (heute Faschist) Reichswehrminister. Unter der Regierung Hermann Müller wird der Youngplan unter « Dach und Fach » gebracht. Hauptdelegierter auf der Pariser Youngkonferenz ist der Reichsbankpräsident Schacht, 1933 als Anhänger Hitlers wiederum Präsident der Reichsbank, nachdem er 1930 abgesetzt worden war.

Die Aera Brüning

Im Dezember 1929, wird der Finanzminister Hilferding gestürzt, obwohl er durch die Auflegung einer steuerfreien Anleihe den Grossbanken ausserordentliche Gewinne zugeschanzt hatte. Er wird durch den Professor Moldenhauer ersetzt. Moldenhauer ist Mitglied des Aufsichtsrats des grössten deutschen Trusts, der I. G. Farbenindustrie. Wenige Monate später, im März 1930, wird das Müller-Kabinett von der Regierung Brüning abgelöst. Die SPD wird aus der Reichsregierung herausmanövriert. Die Regierung Brüning-Groener-Stegerwald, die im Reichstag keine Mehrheit besitzt, wird aber von der Sozialdemokratie bereitwillig unterstützt und « toleriert ». Gleichzeitig nimmt diese Regierung schon Kurs auf die Einbeziehung der NSDAP. Im Gereke-Prozess Juni 1933, hat der frühere Minister Treviranus ausdrücklich bestätigt, dass Brüning schon damals die Absicht hatte, die NSDAP mit « einzuschalten ». Die Sozialdemokratie präsentiert indessen die Brüningregierung den werktätigen Massen als « kleineres Uebel » gegenüber einem rein faschistischen Bürgerblockkabinett. Die von der Sozialdemokratie geführte preussische Regierung Braun-Severing ist die festeste Stütze Brünings.

Die Periode der « Demokratie » endete in den Schwierigkeiten, in die Deutschlands Finanz-, Industrie- und Agrarkapitalisten durch die Wirtschaftskrise gestossen wurden. Brüning regiert mit dem Artikel 48 der Weimarer Verfassung, der eben diese Verfassung aufhebt. Dies ist nicht das erste Mal in der Geschichte der deutschen bürgerlichen Republik, das mit dem Ausnahmezustand und der Aufhebung der demokratischen Rechte eine politische Entwicklung, die dem kapitalistischen System gefährlich zu werden beginnt, «korrigiert» werden muss. Schon in den Jahren 1919 bis 1923 unter dem sozialdemokratischen Reichspräsidenten Ebert gab der Artikel 48 die Handhabe, um Streiks in den sogenannten lebenswichtigen Betrieben zu verbieten, in der « Technischen Nothilfe » eine Streikbrechergarde zu organisieren, 1923 die Reichswehr in Sachsen und Thüringen zur « Wiederherstellung verfassungsmässiger Zustände » einmarschieren zu lassen und den General von Seeckt als Militärdiktator zum Verbot der Kommunistischen Partei Deutschlands zu ermächtigen. Der sozialdemokratische Polizeipräsident von Berlin, Zörgiebel, ein früherer Gewerkschaftsführer, verbietet 1929 die Maidemonstration der Berliner Arbeiterschaft. Er setzt, als die Arbeiter das Verbot durchbrechen und demonstrieren, seine Polizeitruppen ein. Durch ihre Kugeln fallen 33 Berliner Arbeiter. Einige Tage später verbietet Severing den Roten Frontkämpferbund, die antifaschistische Wehrorganisation des revolutionären Proletariats, während in Preussen die SA ihre Kampfverbände legal weiter ausbauen darf.

Der Reichstag wird von Brüning ausgeschaltet. Die SPD gibt ihre Zustimmung dazu. Brüning regiert mit Notverordnungen auf Grund des Artikels 48. Er dekretiert den Abbau der Arbeitslosenunterstützungen, die Kürzungen der kargen Renten der Kriegsopfer, der Invaliden, der Alten, Witwen und Waisen. Er oktroiert neue Massensteuern: die Kopfsteuer, die Krisensteuer, die Ledigensteuer. Er notverordnet Zollerhöhungn und damit Lebensmittelverteuerungen. Er hebt den Mieterschutz auf. Banken und Industriekonzerne erhalten Millionen-Subventionen. Die Grossgrundbesitzer sanieren sich auf Kosten der Werktätigen. Aus der sogenannten « Osthilfe » erhalten sie Millionen. Und die Polizeipräsidenten, von denen über die Hälfte Mitglieder der Sozialdemokratischen Partei sind, unterdrücken mit grosser Härte die Abwehrbewegungen des Proletariats, verbieten die kommunistische Presse und erlassen Demonstrationsverbote gegen die Arbeiterschaft.

Durch diese Politik hat die Sozialdemokratie nicht nur tatsächlich die Entwicklung der reaktionären und faschistischen Gewalten in Deutschland begünstigt, sondern hat sie auch den Nationalsozialisten den Vorwand für die Entfesselung ihrer demagogischen Hetze gegen das Versagen des « marxistischen Systems » gegeben.

Die Sozialdemokratie hat selbst noch die Regierung Brüning toleriert, welche die Ausplünderung der Massen ins Unerträgliche steigerte, diktatorisch regierte und die Heranziehung der Nationalsozialisten zur Regierungsmacht vorbereitete.

In dieser Zeit setzt der zweite Aufschwung der nationalsozialistischen Bewegung ein. Die NSDAP hält streng legalen Kurs. Gemeinsam mit Hugenberg, dem Exponenten des reaktionären Flügels der Schwerindustrie und des Grossgrundbesitzes, gemeinsam mit dem Stahlhelm und anderen nationalistischen Organisationen, leitet sie ein Volksbegehren gegen den Youngplan ein. « Vergessen » ist, dass die Deutschnationale Volkspartei Hugenbergs 1925 die Hälfte ihrer Fraktion abkommandiert hatte, um dem Dawesplan zur Annahme zu verhelfen. Der riesige Propaganda-Apparat des Hugenberg-Konzerns, der Hunderte von Zeitungen beeinflusst und eine eigene Nachrichten-Agentur, die Telegraphen-Union (TU) besitzt, kommt jetzt auch den Nationalsozialisten zugute. Das Volksbegehren scheitert zwar, aber die Nationalsozialisten können gewisse erste Wahlerfolge bei den Landtagswahlen in Sachsen, Thüringen und bei den preussischen Gemeindewahlen buchen.

Im Januar 1930 wird *Frick* thüringischer Innen- und Kultusminister — der erste Nationalsozialist in Deutschland auf dem Ministersessel. Die NSDAP geht dabei in Thüringen eine Koalition ein mit sämtlichen Rechtsparteien bis zur deutschen Volkspartei, welche zu gleicher Zeit im Reich mit der Sozialdemokratie koaliert ist. Noch ein Jahr vorher hatte Goebbels in seinem « Kleinen ABC des Nationalsozialisten » die Deutsche Volkspartei eine Interessenvertreterin des Grosskapitals genannt. Jetzt sitzt der Vertreter der « sozialistischen Arbeiterpartei » mit Repräsentanten der DVP gemeinsam in einer Regierung.

Hitler zeigt sein wahres Gesicht

Ein Teil der « Sozialisten » in der NSDAP unter Führung von Otto Strasser glaubt, den legalen Kurs nicht mehr mitmachen zu können und tritt im Mai 1930 unter der Parole « Die Sozialisten verlassen die NSDAP » aus der Partei aus. Vorher hatte Strasser eine längere Aussprache mit Hitler:

> «Die grosse Masse der Arbeiter» — sagte Hitler zu Strasser — «will nichts anderes als B r o t und S p i e l e. Sie hat kein Verständnis für irgendwelche Ideale, und wir werden nie damit rechnen können, die Arbeiter in erheblichem Masse zu gewinnen. Wir wollen eine Auswahl der neuen Herrenschicht (!), die nicht wie Sie von einer Mitleidsmoral getrieben wird.»

Strasser fragte Hitler dann u. a.: « Was würden Sie, wenn Sie morgen die Macht in Deutschland übernehmen würden, übermorgen tun z. B. mit der Krupp-A. G.? Bliebe hier bei Aktionären und Arbeitern bezügl. Besitz, Gewinn und Leitung alles unverändert, so wie heute, oder nicht? » Darauf antwortete Hitler:

> «A b e r s e l b s t v e r s t ä n d l i c h. Glauben Sie denn, ich bin so wahnsinnig, die Wirtschaft zu zerstören ? Nur wenn die Leute nicht im Interesse der Nation handeln würden, dann würde der Staat ein-

greifen. Dazu bedarf es aber keiner Enteignung und keines Mitbestimmungsrechtes, sondern das macht der starke Staat, der allein in
der Lage ist, ohne Rücksicht auf Interessen ausschliesslich von
grossen Gesichtspunkten sich leiten zu lassen . . . Der Ausdruck Sozialismus ist an sich schlecht, aber vor allem heisst das nicht, dass
diese Betriebe sozialisiert werden m ü s s e n, sondern nur, dass sie
sozialisiert werden k ö n n e n, nämlich wenn sie gegen das Interesse
der Nation verstossen. Solange sie das nicht tun, wäre es einfach
ein Verbrechen, die Wirtschaft zu zerstören . . . Wir haben hier ein
Vorbild, das wir ohne weiteres annehmen können, den F a s c h i s-
m u s ! Genau so, wie die Faschisten dies bereits durchgeführt haben,
werden auch in unserem nationalsozialistischen Staat Unternehmer-
tum und Arbeiterschaft gleichberechtigt nebeneinander stehen, während der starke Staat bei Streitigkeiten die Entscheidung fällt und
dafür sorgt, dass nicht Wirtschaftskämpfe das Leben der Nation gefährden.»

Mit diesem *Bekenntnis zum kapitalistischen Wirtschaftssystem* empfahl sich Hitler von neuem den herrschenden Kreisen
des deutschen Finanzkapitals. Er bewies ihnen, dass das nationalsozialistische Wirtschaftsprogramm ebenso wie das faschistische nur die Rekonsolidierung des Kapitalismus garantieren will.
Die Versprechungen die er damals gegeben hat, hat er gehalten !

Die Septemberwahlen 1930

Ihren ersten grossen Wahlerfolg errang die NSDAP bei den
Reichstagswahlen im September 1930: sie erhielt 6,4 Millionen
Stimmen (107 Mandate) und wurde damit die zweitstärkste Partei
nach der Sozialdemokratie. Die Kommunisten gewannen 600.000
Stimmen. Die Deutschnationale Partei verlor die Hälfte ihrer Mandate, die Deutsche Volkspartei ein Drittel. Die Nationalsozialisten
verdankten ihren Erfolg einer ganz auf die Gewinnung der
radikalisierten kleinbürgerlichen Massen eingestellten Propaganda. Sie wurde mit masslosen Versprechungen gegenüber allen
Berufsschichten und mit gigantischem, von kapitalistischen Gön-
nern stammenden Geldmitteln betrieben. Die Nazis verstanden
es, mit ihrer Agitation gegen Versailles und gegen den Youngplan
die jedem Chauvinismus zugänglichen Kleinbürgerschichten für
sich zu gewinnen. Sie versprachen allen Alles: den Arbeitern
höhere Löhne, den Unternehmern höhere Gewinne, den Mietern
niedrigere Mieten, den Hausbesitzern höhere Mieten, den Bauern
höhere Preise, den Kleinbürgern wohlfeilere Lebensmittel. Trotzdem: ein wirklicher Einbruch in die Reihen der Arbeiterschaft gelang ihnen nicht. Sie zogen lediglich grosse Teile der früheren
Wähler der bürgerlichen Parteien zu sich herüber.

Soll Hitler Reichskanzler werden?

Brüning regierte weiter und erliess neue Notverordnungen. Die Sozialdemokratie unterstützte ihn in der Durchführung seiner Notverordnungspolitik. Mit dem Anwachsen der nationalsozialistischen Bewegung tauchte immer wieder die Frage der offenen Heranziehung der Nationalsozialisten auf.

Im April 1932 wurde *Hindenburg* mit den Stimmen der Sozialdemokratie unter der Parole: « *Wer Hindenburg wählt, schlägt Hitler!* » zum zweiten Male zum Reichspräsidenten gewählt. Im Mai 1932 wurde auf Betreiben der ostpreussischen Junker der Reichskanzler Brüning gestürzt. Ihm folgte die Papen-Schleicher-Regierung.

Die neue Regierung leitete einen Abschnitt verschärfter Diktaturmassnahmen ein. Am 20. Juli 1932 wurde Papen zum Reichskommissar für Preussen ernannt. Ein Hauptmann mit 3 Reichswehrsoldaten genügten, um den « Widerstand » der sozialdemokratischen Preussenminister zu brechen. Für kurze Zeit wird über Berlin—Brandenburg auch der militärische Ausnahmezustand verhängt. Die sozialdemokratischen Führer weichen widerstandslos, obwohl sie noch die gesamte Schutzpolizei in Preussen und zahlreichen anderen Ländern des Reiches unter ihrem Kommando haben und obwohl die demokratischen Polizeioffiziere stürmisch auf bewaffneten Widerstand drängen. Sie bezeichnen die Kommunisten, die die Arbeiterschaft zum Generalstreik aufrufen, öffentlich als « Provokateure ». Sie lähmen die Kräfte der Arbeiterschaft und geben ihre Positionen preis, um vielleicht doch noch einige Posten zu retten. Der preussische « Hort der Demokratie » fällt der Reaktion kampflos in die Hände.

Im August 1932 — nach einem zweiten grossen Wahlerfolg der NSDAP im Juli (13,5 Millionen Stimmen = 225 Reichstagssitze) — wird zum ersten Male von einer Berufung Hitlers zum Reichskanzler gesprochen. Hindenburg zögert noch. Doch immer lauter werden die Stimmen, die eine Heranziehung der NSDAP verlangen. In einer geheimen Privatkorrespondenz des Reichsverbandes der deutschen Industrie, den « *Deutschen Führerbriefen* », erscheint in dieser Zeit ein vielbeachteter Artikel, der in voller Offenheit die Pläne der ausschlaggebenden kapitalistischen Kreise enthüllt. Es heisst in diesem Artikel, der den Titel: « Die soziale Rekonsolidierung des Kapitalismus » trägt, u. a.:

> «Das Problem der Konsolidierung des bürgerlichen Regimes im Nachkriegsdeutschland ist allgemein durch die Tatsache bestimmt, dass das führende, nämlich über die Wirtschaft verfügende Bürgertum zu schmal geworden ist, um seine Herrschaft allein zu tragen. Es bedarf für diese Herrschaft, falls es sich nicht der höchst gefähr-

lichen Waffe der rein militärischen Gewaltausübung anvertrauen
will, der Bindung von Schichten an sich, die sozial nicht zu ihm gehören, die ihm aber den unentbehrlichen Dienst leisten, seine Herrschaft im Volk zu verankern und dadurch deren eigentlicher oder
letzter Träger zu sein. Dieser letzte oder «Grenzträger» der bürgerlichen Herrschaft war in der ersten Periode der Nachkriegskonsoli-
dierung die Sozialdemokratie.

(Es wird dann weiter ein Vergleich zwischen Hitler und Ebert gezogen und festgestellt, dass der Nationalsozialismus die Sozialdemokratie in der Aufgabe abzulösen hätte, den Massenstützpunkt für die
Herrschaft des Bürgertums in Deutschland darzubieten:)» Die Sozialdemokratie brachte zu dieser Aufgabe eine Eigenschaft mit, die
dem Nationalsozialismus fehlt, wenigstens bisher noch fehlt . . .
Vermöge ihres sozialen Charakters als originäre Arbeiterpartei
brachte die Sozialdemokratie in das System der damaligen Konsolidierung über ihre rein politische Stosskraft hinaus das viel wert-
vollere und dauerhaftere Gut der organisierten Arbeiterschaft ein
und verkettete diese unter Paralysierung ihrer revolutionären Energien fest mit dem bürgerlichen Staat . . .
In der ersten Rekonsolidierungsaera des bürgerlichen Nachkriegs-
regimes war die Spaltung der Arbeiterschaft fundiert durch die lohn-
und sozialpolitischen Errungenschaften, in die die Sozialdemokratie
den revolutionären Ansturm umgemünzt hatte. Diese nämlich funk-
tionierten als eine Art Schleusenmechanismus, durch den der beschäftigte und fest organisierte Teil der Arbeiterschaft im Arbeits-
marktgefälle einen . . . . erheblichen Niveauvorteil gegenüber der
arbeitslosen und fluktuierenden Masse der unteren Kategorie genoss
und gegen die volle Auswirkung der Arbeitslosigkeit und der allgemeinen Krisenlage der Wirtschaft . . . relativ geschützt war. Die
politische Grenze zwischen Sozialdemokratie und Kommunismus verläuft fast genau auf der sozialen und wirtschaftlichen Linie dieses
Schleusendamms . . .
Da zudem die sozialdemokratische Ummünzung der Revolution in
Sozialpolitik zusammenfiel mit der Verlegung des Kampfes aus den
Betrieben und von der Strasse in das Parlament, die Ministerien
und die Kanzleien, d. h. mit der Verwandlung des Kampfes «von
unten» in die Sicherung «von oben», waren fortan Sozialdemokratie
und Gewerkschaftsbürokratie, mithin aber auch der gesamte von
ihnen geführte Teil der Arbeiterschaft mit Haut und Haaren an den
bürgerlichen Staat und ihre Machtbeteiligung an ihn gekettet, und zwar
solange, als erstens das Geringste von jenen Errungenschaften auf
diesem Wege zu verteidigen übrigbleibt und als zweitens die Arbeiterschaft ihrer Führung folgt.
Vier Folgerungen aus dieser Analyse sind wichtig : 1. die Politik
des «kleinen Uebels» ist nicht eine Taktik, sie ist die politische Sub-
stanz der Sozialdemokratie; 2. die Bindung der Gewerkschaftsbüor-
kratie an den staatlichen Weg «von oben» ist zwingender als ihre
Bindung an den Marxismus, also an die Sozialdemokratie und gilt
gegenüber jedem bürgerlichen Staat, der sie einbeziehen will;

3. die Bindung der Gewerkschaftsbürokratie an die Sozialdemokratie steht und fällt politisch mit dem Parlamentarismus; 4. die Möglichkeit einer liberalen Sozialverfassung des Monopolkapitalismus ist bedingt durch das Vorhandensein eines automatischen Spaltungsmechanismus der Arbeiterschaft; ein bürgerliches Regime, dem an einer liberalen Sozialverfassung gelegen ist, muss nicht nur überhaupt parlamentarisch sein, es muss sich auf die Sozialdemokratie stützen und der Sozialdemokratie ausreichende Errungenschaften lassen ; ein bürgerliches Regime, das diese Errungenschaften vernichtet, muss Sozialdemokratie und Parlamentarismus opfern, muss sich für die Sozialdemokratie einen E r s a t z verschaffen und zu einer gebundenen Sozialverfassung übergehen.

Der Prozess dieses Ueberganges, in dem wir uns augenblicklich befinden, weil die Wirtschaftskrise jene Errungenschaften zwangsläufig zermalmt hat, durchläuft das akute Gefahrenstadium, dass mit dem Fortfall jener Errungenschaften auch der auf ihnen beruhende Spaltungsmechanismus der Arbeiterschaft zu wirken aufhört, mithin die Arbeiterschaft in der Richtung auf den Kommunismus ins Gleiten gerät und die bürgerliche Herrschaft sich der Grenze des Notstands einer Militärdiktatur nähert . . . Die Rettung aus diesem Abgrund ist nur möglich, wenn die Spaltung und Bindung der Arbeiterschaft, da jener Schleusenmechanismus in ausreichender Weise nicht wieder aufzurichten geht, auf andere und zwar direkte Weise gelingt. Hier liegen die positiven Möglichkeiten und Aufgaben des Nationalsozialismus . . .

Wenn es dem Nationalsozialismus gelänge, die Gewerkschaften in eine gebundene Sozialverfassung einzubringen, so wie die Sozialdemokratie sie früher in die liberale eingebracht hat, so würde der Nationalsozialismus damit zum Träger einer für die künftige bürgerliche Herrschaft unentbehrlichen Funktion und müsste in dem Sozial- und Staatssystem dieser Herrschaft notwendig seinen organisierten Platz finden. Die Gefahr einer staatskapitalistischen oder sogar sozialistischen Entwicklung, die oft gegen eine solche berufsständische Eingliederung der Gewerkschaften unter nationalsozialistischer Führung eingewandt wird, wird in Wahrheit gerade durch sie gebannt . . . . . Z w i s c h e n d e n b e i d e n M ö g l i c h k e i t e n e i n e r R e k o n s o l i d i e r u n g d e r b ü r g e r l i c h e n H e r r s c h a f t u n d d e r k o m m u n i s t i s c h e n R e v o l u t i o n g i b t e s k e i n e d r i t t e.»

Diese Sätze bilden einen Schlüssel zum Verständnis der politischen Lage. Sie repräsentieren die Rechnung der treibenden Kräfte der deutschen Wirtschaft.

Die Aera Papen-Schleicher

Die Regierung Papen-Schleicher bedeutete eine neue Etappe auf dem Wege zur Hitlerdiktatur. Ihre Notverordnungen sind direkte Vorbilder für Hitler: Todesstrafe für Hochverrat, Todesstrafe für « politische Bluttaten », Einführung von Sondergerichten, die schon für geringe « Delikte » hohe Zuchthausstrafen verhängten. Aber diese Regierung der Grossbourgeoisie, der Junker und Generale hat *keinen Massenanhang*. Der Stahlhelm und die Deutschnationale Volkspartei genügen nicht. Das grossartig verkündete Wirtschaftprogramm Papens im September 1932 bringt neue Belastung für die Massen und neue Millionen als Geschenk für die Besitzenden. Mächtige antifaschistische Gegenaktionen werden unter Führung der Kommunistischen Partei, die allein einen ernsthaften, ausserparlamentarischen Kampf gegen den Faschismus führt, ausgelöst. Sie finden im November 1932 ihren Höhepunkt im Berliner Verkehrsarbeiterstreik, der die Ohnmacht der Regierung gegenüber dem Ansturm des Proletariats manifestiert. Jeder Tag enthüllt, wie trügerisch Papens Hoffnungen auf ein baldiges Ende der Wirtschaftskrise sind.

Zu gleicher Zeit macht der Nationalsozialismus eine schwere Krise durch. Bei den Novemberwahlen 1932 verliert die NSDAP fast 2 Millionen Stimmen. Für die Kommunistische Partei werden 6 Millionen Stimmen abgegeben.

Ende November stürzt Papen. Auf ihn folgt Anfang Dezember Schleicher. Hinter den Kulissen beginnen wieder Verhandlungen, sowohl mit den Gewerkschaften wie auch über eine Heranziehung der Nationalsozialisten. Keine Regierung kann, nach Schleichers Wort, auf den Spitzen der Bajonette sitzen. Der Kanzler-General zögert, unternimmt nichts, mildert lediglich einige Notverordnungen Papens. Am 22. Januar wagen die Nationalsozialisten eine krasse Provokation. Sie setzen eine Demonstration an auf dem Bülowplatz, vor dem Karl Liebknechthaus, dem Gebäude des Zentralkomitees der Kommunistischen Partei. General Schleicher schützt diese Provokation mit dem Aufgebot der gesamten Polizei gegen grosse proletarische Gegendemonstrationen.

Die Situation spitzt sich zu. General Schleicher spielt mit der sofortigen Proklamierung der Militärdiktatur. Papen operiert durch Verhandlungen mit Hitler und Hugenberg gegen Schleichers Plan. Die herrschenden Kreise Deutschlands wagen jetzt, wie die « Deutsche Allgemeine Zeitung » sich ausdrückt, den « Sprung ins Dunkle ». Am 30. Januar ernennt Hindenburg, der Präsidentschaftskandidat der SPD, Adolf Hitler zum deutschen Reichskanzler.

Der Reichstag muss brennen !

Dem Sturz des Kanzler-Generals Schleicher war ein monate-langes Kulissenspiel im Palais des Reichspräsidenten von Hindenburg vorausgegangen. Papens «Ankurbelung der Wirtschaft» war gescheitert. Die wirtschaftlichen Schwierigkeiten türmten sich. Bei jedem Schritt stiess Schleicher auf Hindernisse, die ihm der grosse Einfluss seines Vorgängers Papen beim Reichspräsidenten von Hindenburg schuf. Papen arbeitete vom Augenblick seines Rücktritts planmässig auf den Sturz seines Nachfolgers Schleicher hin.

Das Spiel im Palais

Für einen oberflächlichen Betrachter stellen sich die Vorgänge hinter den deutschen Regierungskulissen, die in den Monaten vor Hitlers Regierungsantritt spielten, als ein Ausschnitt aus einem wirren, politischen Intriguenstück dar. Es gab um Hindenburg eine Reihe von mehr oder weniger festen Gruppen, die gegeneinander kämpften. Nicht persönliche Antipathie oder Sympathie gab in diesem Ringen den Ausschlag, sondern es ging um Teilinteressen der herrschenden Klassen, um Sonderinteressen politisch einflussreicher Kreise.

General Kurt von Schleicher war aus der Reichswehr zum Posten des deutschen Reichskanzlers aufgestiegen. Der Mann, der sich in seiner Regierungserklärung durch den Rundfunk selbst als «sozialen General» präsentierte, hatte vierzehn Jahre lang seine geschickte Hand immer dann im politischen Spiel gehabt, wenn es galt, die politische Entwicklung der Weimarer Republik ein Stück weiter in die Richtung der Reaktion zu stossen. Schleicher erscheint im November 1918 als Verbindungsmann zwischen der Obersten Heeresleitung und den sozialdemokratischen Volksbeauftragten bei der Niederschlagung der Revolution. Der Name des jungen Generalstabshauptmanns taucht in jenen Tagen neben den Namen Hindenburg, Gröner und Ebert auf. Er wird ein Mann von grossem Einfluss im neu geschaffenen Reichswehrministerium. Er führt im Oktober 1923 den Ausnahmezustand durch, als Ebert die gesamte vollziehende Gewalt dem Reichswehrgeneral von Seeckt überträgt und damit die aus dem Elend der Inflation emporsteigende revolutionäre Welle zu brechen sucht. Schleicher wird als Major Chef des Ministeramts im Reichs-wehrministerium. Seit seiner Jugend ist er aufs engste verbunden mit Hindenburg und — durch gemeinsame Dienstzeit im 3. Garde-regiment zu Fuss und im Generalstab — mit seinem Sohn, dem Obersten Oskar von Hindenburg. Schleicher gelingt es, persön-licher Berichterstatter bei Hindenburg zu werden. Er hat die Fäden in der Hand, als Hindenburg im März 1930 dem Reichs-kanzler Hermann Müller die Vollmacht zur Reichstagsauflösung verweigert und die Sozialdemokratie aus der Regierung wirft. Schleicher lässt Brüning fallen, als die entscheidenden kapita-listischen Kreise in Deutschland sich immer stärker auf die Heran-ziehung der Nationalsozialisten an die Regierungsmacht orien-tieren. Schleicher tritt selbst an die Stelle Gröners als Reichswehr-minister und tritt damit aus dem Dunkel des Reichswehrmini-steriums, in dem er als «Büro-General» seine politischen General-stäblerkünste unsichtbar anwandte, ins grelle Licht der politi-schen Oeffentlichkeit.

Schon unter der Kanzlerschaft Papens hatte Schleicher be-gonnen, die wichtigsten Positionen im Regierungsapparat mit seinen Vertrauensleuten zu besetzen. Als unter dem Ansturm der proletarischen Streiks die Regierung Papen ins Wanken kam, gab Schleicher den Ausschlag zur Erklärung der meisten Mini-ster : Papens Kanzlerschaft sei nicht länger tragbar. Schleicher musste noch mehr offen in den Vordergrund treten. Aber es war leichter, Manöver auf dem glatten Parkett der Regierungszimmer zu machen, als Politik auf dem abschüssigen Boden der verschärf-ten Wirtschaftskrise. Ohne Programm, ohne klare Politik, mit allen möglichen Plänen spielend, — so verlief die kurze Zeit seiner Regierung. Sie sollte den einflussreichsten kapitalistischen Kräften Deutschlands nur als Brücke dienen zum schärferen fa-schistischen Angriff gegen den sichtbaren revolutionären Auf-schwung der Arbeiter. Zur engeren Clique des Generals von Schleicher gehörten der frühere Major Planck, der Staatssekretär in der Reichskanzlei, und der Major Marcks, der unter der Schleicher-Regierung Reichspressechef wurde.

Zur engsten Gruppe um Hindenburg gehörten in erster Linie sein Sohn und persönlicher Adjutant, Oberst Oskar von Hinden-burg. Sein Staatssekretär ist Dr. Meissner, der schon Ebert ge-dient hat. Herr von Papen gehörte auch nach seinem Sturz zum unmittelbaren Vertrauenskreis Hindenburgs. Papen besass im Herrenklub, einer sehr einflussreichen Vereinigung von Politi-kern, Bankiers, Industriellen, Grossgrundbesitzern, hohen Beam-ten und Offizieren, eine besondere Stütze. Von Papen liefen Fä-den zur NSDAP, zu Hitler und Göring, zum Stahlhelm und zur Deutschnationalen Partei unter Hugenbergs Führung. Wenige

Wochen nach seinem Sturze traf sich Papen mit Hitler in der Wohnung des Bankiers Schröder in Köln. Hitler, der am 7. November in einem Aufruf den Kampf «bis zum letzten Atemzug» gegen Papen proklamiert hatte, nahm im Salon des Bankiers die vertraulichen Vorschläge Papens entgegen. Von Köln reiste Papen nach Dortmund, wo er mit dem Grossindustriellen Springorum und anderen Vertretern des rheinisch-westfälischen Schwerkapitals Geheimbesprechungen zur Regierungsfrage führte.

Schleicher unterhielt ebenfalls enge Beziehungen zur NSDAP, besonders zu ihrem «sozialistisch» aufgeschminkten Flügel unter Gregor Strassers Führung. Schleicher versuchte, die Krise in der NSDAP, die durch den Verlust von zwei Millionen Wählern am 6. November signalisiert wurde, für seine Regierungspolitik auszunützen. Er hatte Verbindungsfäden zu dem Sozialdemokraten Leipart, dem Vorsitzenden des Allgemeinen Deutschen Gewerkschaftsbundes, zu den Christlichen Gewerkschaften und zum Deutschnationalen Handlungsgehilfenverband. Er versuchte, durch diese «Querverbindungen» von den sozialdemokratisch geführten Gewerkschaften bis zum «sozialistischen» Flügel der NSDAP sich eine Art gewerkschaftlicher Massenbasis zu schaffen. Gleichzeitig gab Schleicher den Junkern Millionen um Millionen an «Sanierungs»-Geschenken.

Verbindungsleute vermittelten zwischen diesen Gruppen. Täglich wurden neue Koalitionen geschlossen und wieder aufgelöst. Täglich änderte sich die Situation. Zeitungen wechselten ihre Besitzer, Redakteure ihre politischen Ueberzeugungen. Um die liberalen Organe des Ullstein-Konzerns und des Verlages Rudolf Mosse wogte der Cliquen-Kampf. Die «Tägliche Rundschau», einst das Organ Stresemanns, wurde zum Sprachrohr Schleichers. Man sprach von Geldern, die der Zeitung aus der reichgefüllten Reichswehrkasse zugeflossen seien. Chefredakteur der «Täglichen Rundschau» wurde Hans Zehrer, Leiter des sogenannten «Tat-Kreises» und seiner Zeitschrift «Die Tat», die eine besondere Art Faschismus mit pseudo-revolutionärem Einschlag propagierte. Papen versuchte, Einfluss auf das «Berliner Tageblatt» zu erlangen. Die Exportindustriellen, die grossen Schiffahrtsgesellschaften und die Reichsbahn (Siemens) hatten ihr Organ in der «Deutschen Allgemeinen Zeitung», die sie seit langem subventionierten.

Hinter Schleicher standen in jenen Wochen zwar Herr Krupp von Bohlen und Halbach und der Geheimrat Duisberg von der I. G. Farben-Industrie A. G., die führenden Leute des Reichsverbandes der deutschen Industrie. Aber Papen hatte die festeren Verbindungen zu Springorum und Thyssen, zu Hugenberg und den Grossagrariern. Alle Gruppen waren sich darin einig, dass die

Nationalsozialisten als politische Stütze einer bürgerlichen Diktaturregierung herangezogen werden sollten. Uneinig war man sich über die Form und den Umfang ihres Anteils an der Regierungsmacht. Das Spiel im Reichspräsidentenpalais, die tausend Intriguen spiegelten diese Differenzen wieder.

Der Osthilfe-Skandal

Als Ende Januar 1933 Schleicher immer stärker die Bedrohung seiner Regierung durch die Machenschaften Papens und der mit ihm verbündeten Grossagrarier spürte, als er immer stärker vom engeren Hindenburg-Kreis abgedrängt wurde, griff er zur Gegenwehr durch eines seiner jahrelang bewährten Manöver. Ungeheuerliches Material über die «Osthilfe»-Korruption der grossagrarischen Junker gelangte in die Zeitungen. Die werktätigen Massen waren empört. Im Reichstag wurde ein Untersuchungsausschuss gebildet. Der Skandal drohte, Hindenburg selbst in seinen Bannkreis zu ziehen.

Schon unter dem Reichskanzler Herrmann Müller hatten die Junker Millionen zur Sanierung ihrer bankrotten Güter durch die sogenannte Osthilfe erhalten. Die Kleinbauern bekamen bei der Verteilung der Gelder so gut wie nichts. Die grossen Herren steckten den Löwenanteil ein. Es wurde nun im Untersuchungsausschuss des Reichstages Ende Januar 1933 enthüllt, dass daneben «unberechtigterweise» die reichen Grossgrundbesitzer viele Hunderttausende erhalten hatten. Sie hatten sich diese Summen regelrecht erschwindelt. Der millionenschwere Kammerherr von Oldenberg-Januschau, Besitzer von sechs Rittergütern, persönlicher Freund und Gutsnachbar Hindenburgs, hatte sich 621.000 Mark durch falsche Angaben verschafft. Die Grafen Wolf und Adalbert von Keyserling-Casterhausen nahmen 700.000 Mark. Ein Herr von Quast-Rabensleben, der nach Angaben des Finanzamtes Ruppin sein Vermögen verspielt, verhurt und versoffen hatte, «verschaffte» sich 281.000 Mark. Die Herren Bronsart in Brandenburg und von Wolf in Stettin, Leiter von Osthilfe-Landstellen, haben sich selbst umgeschuldet und Zehntausende in die eigene Tasche gesteckt. Der Rittergutsbesitzer Kroek im Kreise Wehlau überschrieb seinen Viehstand auf seine Frau, um 154.000 Mark Osthilfe-Gelder einzuheimsen. Trotzdem ging er in Konkurs. Seine Frau verschleuderte den Viehstand, gab den Erlös der Tochter, die dann bei der Versteigerung das Gut zu einem Spottpreis für die Eltern zurückerwerben konnte.

Täglich tauchten neue Namen auf, die in den «Osthilfe-Skandal» verwickelt waren: Gutsnachbarn des Reichspräsidenten von Hindenburg, die bei ihm auf dem Gut Neudeck aus- und eingingen. Man wurde im Hause Hindenburg sehr unruhig. Denn es war der jetzt blossgestellte Junker von Oldenburg-Januschau gewesen, der zu Hindenburgs 80. Geburtstag industrielle Verbände und Einzelpersonen bewogen hatte, dem Reichspräsidenten sein Stammgut Neudeck als Geschenk zu überreichen. Für das Gut war damals keine Schenkungssteuer gezahlt worden — und es war nicht dem Reichspräsidenten, sondern seinem Sohn, dem Obersten und Adjutanten, überschrieben worden. Der Staat war also auch um die künftige Erbschaftssteuer betrogen worden. Zweimal hatten die Junker und die Industriellen schon für die Erneuerung des Inventars und der Bauten des Gutes Neudeck Geld gesammelt. Sie sammelten zum dritten Male, um das Gut rentabler zu machen. Die Schlammflut des Osthilfe-Skandals drang bis ins Reichspräsidenten-Palais.

Die Junker berieten: Schleicher muss weg! Schon Brüning war auf Betreiben der Grossagrarier — damals mit Schleichers Hilfe — aus dem Reichskanzleramt entlassen worden.

Hitler wird Reichskanzler

Am Morgen des 28. Januar tritt die Regierung Schleicher zurück, nachdem Hindenburg dem Kanzler-General die Vollmacht zu einer Reichstagsauflösung verweigert hat. Dagegen erhält Papen von Hindenburg den Auftrag, mit Hitler über die Bildung einer Regierung der «nationalen Konzentration» zu verhandeln. Zwei Tage voll unerhörter Spannung: die Kommunistische Partei verbreitet Flugblätter, die zum Generalstreik gegen die drohende Hitlerdiktatur rufen. Schleicher verhandelt mit Leipart. Der Kampf hinter den Kulissen spitzt sich zu, Schleicher spielt in der Nacht vom 29. auf 30. Januar mit dem Gedanken der sofortigen Verkündung der Militärdiktatur, mit dem Marsch der Potsdamer Garnison nach Berlin. Jede Stunde kann überraschende Ereignisse bringen. Da entschliesst sich Hindenburg, unter bestimmten Bedingungen, Hitler sofort die Kanzlerschaft zu übertragen. So kommt überstürzt am Morgen des 30. Januar die Regierung Hitler-Papen-Hugenberg zustande.

Im Juni 1932 hatte sich die Regierung Papen-Schleicher auf die Tolerierung der Nationalsozialistischen Partei gestützt. Göbbels hat die Leute vom Herrenklub später angeklagt, dass sie «auf dem breiten Rücken der NSDAP behende in die Amtlichkeit geklettert» seien. Noch im November 1932 erklärte der nationalsozialistische Fraktionsführer im Preussischen Landtag, Wilhelm Kube, die Nationalsozialisten würden niemals unter dem Schlachtruf : «Mit Hugenberg, für Börse und Kapital !» marschieren. In monatelanger Arbeit hinter den Kulissen hatte aber Herr von Papen vorbereitet, dass die Nationalsozialisten ihre donnernden

Erklärungen und pathetischen Beteuerungen wie überflüssigen Ballast über Bord warfen, als Hindenburg sie rief.

Die Kanzlerschaft fiel Hitler nicht als die Frucht eines heroischen Kampfes in den Schoss. Es war keine «nationale Revolution», die sich am 30. Januar vollzog und im kühnen Angriff die Macht eroberte. Adolf Hitler erhielt überraschend den Kanzlerposten, als die führenden Gruppen der herrschenden Klasse nicht nur auf eine Verstärkung ihrer Gewalt gegen die Arbeiter drängten, sondern auch den Geruch des Osthilfe-Skandals eilig ersticken wollten.

Als am Abend des 30. Januar die SA und der Stahlhelm mit lodernden Fackeln durch die Wilhelmstrasse marschierten, als sie Hindenburg und Hitler zujubelte, ahnte sie nichts von den wirklichen Vorgängen. Die SA-Männer und Stahlhelmer, die den «Tag der nationalen Erhebung» feierten, wussten nicht, dass Profitsucht und Korruption ihm Pate gestanden hatten.

Die Welle des Widerstands steigt

Die Kommunistische Partei machte am 30. Januar 1933 dem Parteivorstand der Sozialdemokratie, den Vorständen der sozialdemokratisch geführten und der christlichen Gewerkschaften den offiziellen Vorschlag, gemeinsam den Generalstreik für den Sturz der Hitler-Regierung zu organisieren. Die Antwort der Sozialdemokratie und der Gewerkschaften war : Hitler sei legal zur Macht gekommen. Man müsse abwarten, bis er die Legalität breche. Man dürfe jetzt nicht kämpfen. Der Tenor der sozialdemokratischen Presse war, Hitler werde bald abwirtschaften.

Grosse Teile der deutschen Arbeiter vertrauten diesen Erklärungen. Es gelang der Kommunistischen Partei noch nicht, durch eigene Kraft die Mehrheit der Arbeiterklasse in den Kampf zu führen. Die rasch zusammengekittete Hitler-Regierung wäre dem vereinten Ansturm der deutschen Arbeiter in den ersten Februar-Tagen nicht gewachsen gewesen. Die SA war soeben durch eine heftige Krise gegangen und hatte teilweise bis zur Hälfte ihres Mitgliederbestandes verloren. Der Polizeiapparat war noch nicht zuverlässig in den Händen der neuen Regierung. Sie hatte Schwierigkeiten mit Schleichers Reichswehr. Durch das Ausbleiben des sofortigen Generalstreiks gewann nun die Hitler-Regierung Zeit, ihre Machtmittel zu entfalten.

Trotzdem wuchs der Widerstand der Arbeiter in Berlin, in Hamburg, an der Ruhr, am Niederrhein, in Mitteldeutschland und in allen Teilen des Reiches. Die Hitler-Diktatur hatte gegen sich eine Arbeiterschaft, deren Kampfkraft noch nicht gebrochen war. Die Arbeiter hatten sich am 22. Januar nicht provozieren lassen. Unter ihnen entfaltete sich jetzt gegen den verstärkt wü-

Der Kanzler des „Dritten Reiches"

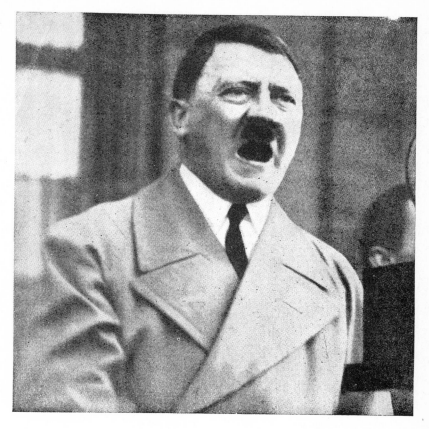

Hitler spricht :

«Das ist ein von Gott gegebenes Zeichen, niemand
wird uns nun daran hindern, die Kommunisten
mit eiserner Faust zu vernichten.»

(Hitler an der Brandstätte)

Der Propagandaminister des „Dritten Reiches"

Dr. Josef Goebbels, der den Plan zum Reichstagsbrand erdachte.

«Zerstampft den Kommunismus! Zerschmettert
die Sozialdemokratie!»

(Losung auf Gœbbel's Plakaten nach dem Reichstagsbrand)

tenden SA-Terror ein breiter Drang zu einheitlichen Kampfaktionen. Sozialdemokratische, christliche und kommunistische Arbeiter verbrüderten sich bei der Verteidigung von Zeitungsgebäuden und Gewerkschaftshäusern. Mochte Hitler Zeitungen verbieten, Demonstrationsverbote verhängen, seine SA gegen die Arbeiterviertel schicken — es antwortete ihm eine aufsteigende Welle des antifaschistischen Einheitkampfes der Arbeiter.

Der Zwang zur Provokation

Hitler war wochenlang an der Macht, aber die Situation war für ihn keineswegs günstig. Das neue Kabinett hatte den Reichstag aufgelöst und Neuwahlen ausgeschrieben. Die Terrorverordnungen Papens wurden in verschärfter Form wieder hergestellt. Der Osthilfe-Skandal wurde in einem geheimen Ausschuss begraben. Hitler verkündete durch den Rundfunk mit verschwommenen Worten seinen nichtexistierenden «4-Jahresplan». Mit ein paar Notverordnungen und vagen Versprechungen konnten jedoch die Millionenmassen seiner Wähler, die auf die Verwirklichung des «deutschen Sozialismus» hofften, nicht zufrieden gestellt werden.

Hitler war Ende Januar gezwungen gewesen, unter den einengenden Bedingungen Hindenburgs in die Regierung zu gehen. Es gab für seine Bereitschaft zum Kompromiss damals eine Reihe von Gründen : Unzufriedenheit bei Mitgliedern und Anhängern, Krise und zahlreiche Austritte in der SA, unbezahlte Millionenschulden der NSDAP. In bürgerlichen Kreisen hatte sich ein Teil früherer Naziwähler den Deutschnationalen zuzuwenden begonnen. Kommunisten hatten am 6. November 11 Reichstagsmandate gewonnen, während die Nationalsozialisten 35 Mandate verloren. In der neuen Regierung standen 3 nationalsozialistische Minister acht Vertretern der Deutschnationalen und des Stahlhelms gegenüber. Ohne die Zustimmung Hindenburgs durfte keine Veränderung im Kabinett vorgenommen werden.

Hitlers Wahlaussichten waren bei der wachsenden antifaschistischen Kampfstimmung der Arbeiter ungünstig. Hugenberg und die Deutschnationalen hielten alle wirtschaftlichen Kommandohöhen in der Regierung besetzt, und grosse Volksmassen sahen, dass Hitler die Politik der schlimmsten kapitalistischen Scharfmacher durchzuführen begann. Die Enttäuschung der Massen musste in dem Wahlresultat des 5. März ihren Ausdruck finden. Ein neues Wachstum der kommunistischen Stimmen drohte. Es ergab sich für die nationalsozialistischen Führer die dringende Notwendigkeit, d u r c h e i n e g r o s s a n g e l e g t e P r o v o k a t i o n d i e S i t u a t i o n z u ä n d e r n : Die Wahlen sollten in einer Pogromstimmung gegen Kommunisten und

Sozialdemokraten durchgeführt werden. Gleichzeitig sollte die nationalsozialistische Position innerhalb der Regierung mit einem Schlag verstärkt werden. *)

Göbbels lieferte den Plan zu der schurkischsten aller Provokationen, die jemals die herrschenden Klassen gegen das anstürmende Proletariat angewandt haben. Göring, Reichstagspräsident und Kommandeur der preussischen Polizei, sorgte für die exakte Durchführung des tückischen Planes. Hatten die Nationalsozialisten ursprünglich für die Nacht vom 5. auf den 6. März einen Marsch der gesamten SA nach Berlin geplant und war diese Absicht an der Drohung ihrer Verbündeten, dann die Reichswehr gegen die SA marschieren zu lassen, gescheitert, so war jetzt mit dem grossen Provokationsplan ein Mittel gefunden, dem nationalsozialistischen Drängen zur ganzen Regierungsmacht und zur Entfesselung des schrankenlosen SA-Terrors freie Bahn zu schaffen.

Die nationalsozialistischen Führer schritten zur Aktion. Der deutschnationale Polizeipräsident von Berlin, Dr. Melcher, wurde nach Magdeburg versetzt. An seine Stelle trat ein Nationalsozialist, der Kontreadmiral a. D. von Levetzow. Am 24. Februar wurde das Berliner Karl Liebknecht-Haus, das Gebäude des Zentralkomitees der Kommunistischen Partei Deutschlands, wieder einmal von der Polizei durchsucht. Obwohl das Karl Liebknecht-Haus bereits wochenlang von der Polizei besetzt gehalten und nach ergebnisloser Untersuchung wieder geräumt worden war, wurde jetzt plötzlich «schwer belastendes» Material gefunden. Am Tage vor dem Reichstagsbrand erschienen riesige Schlagzeilen in der gesamten bürgerlichen Presse über die «Geheimnisse» des Karl Liebknechthauses, über «unterirdische Gänge», hochverräterisches Material» und «bolschewistische Umsturzpläne». Zeitungen berichteten von einem angeblichen kommunistischen Eisenbahnattentat in Ostpreussen (niemals später ist von diesem Attentat mehr die Rede gewesen!). Am 25. Januar brach im Berliner Schloss ein kleiner Brand aus, der in sensationeller Weise als «kommunistische Aktion» aufgemacht wurde. So wurde die Oeffentlichkeit von Zeitung zu Zeitung, von Tag zu Tag auf den «grossen Schlag» vorbereitet!

Die Kommunistische Partei erhielt zuverlässige Nachrichten, dass die Regierung eine Provokation plane. Der Abgeordnete Wilhelm Pieck sprach im Sportpalast darüber. Er enthüllte die Pläne

---

*) Es begann jener Kampf der Nationalsozialisten um die Monopolstellung in der Regierung, in dem später die Deutschnationalen Schritt für Schritt zurückgedrängt wurden und nach vier Monaten neben dem Rücktritt Hugenbergs die Auflösung der Deutschnationalen Partei erzwungen wurde.

der Nazi auf ein vorgetäuschtes Attentat gegen Hitler oder eine andere Provokation, die wenige Tage vor der Wahl ein Verbot der kommunistischen Partei herbeiführen sollte. Die kommunistische Reichstagsfraktion gab vor einer Konferenz ausländischer Pressevertreter eine ähnliche Erklärung ab.

Die hitlertreue Presse steigerte die ihr befohlene Hetze gegen die revolutionäre Arbeiterschaft aufs äusserste. Jeder politische Mensch spürte in Deutschland die bis zum Zerreissen gespannte politische Situation. Jeder spürte, dass «etwas in der Luft liegt». Da verkündete in der Nacht vom 27. auf den 28. Februar der Rundfunk über alle deutschen Sender :

«Der Reichstag brennt!»

Van der Lubbe, das Werkzeug

In der Nacht vom 27. zum 28. Februar gehen Sitzungssaal und Kuppel des Deutschen Reichstages in Flammen auf. In einer Wandelhalle ergreift man einen der Brandleger : Marinus van der Lubbe, der sich nach dem amtlichen Preussischen Pressedienst angeblich als «Mitglied der Kommunistischen Partei Hollands» bekennt. Rundfunk, Telegraf, Telefon, Presse und Nachrichtenagenturen brüllen im Auftrag der Hitlerregierung ins Land: «Die Kommunisten haben den Reichstag angezündet!»

Die Auffindung dieses Marinus van der Lubbe im Reichstag bildete für die Hitlerregierung f o r m a l und j u r i s t i s c h den V o r w a n d zu dem unerhörten Pogrom gegen die KPD, die SPD und die Juden, zu den Massenverhaftungen, Organisationsverboten, Folterungen und Ermordungen, die in der ganzen Welt mit dem Namen Hitler-Deutschland den Begriff der grausamsten Barbarei verbunden haben. Wer ist dieser van der Lubbe? Wie kam er in den brennenden Reichstag?

Die Jugend des van der Lubbe

Am 13. Januar 1909 meldet der hausierende Kaufmann Franziskus Cornelis van der Lubbe auf dem Standesamt in Leiden die Geburt eines Knaben. Als Zeugen fungieren der beschäftigungslose Isaak Cornet und der Strassenkehrer Gerardus Beurse.

Das Kind erhält den Namen Marinus. Die Mutter, Petronella van Handel, ist mit Franziscus Cornelis van der Lubbe in zweiter Ehe verbunden. Tochter eines reichen Bauern aus Nord-Brabant, heiratete sie in jungen Jahren den Kolonialunteroffizier van Peuthe. Sie gebar ihm eine Tochter und drei Söhne. Peuthe starb verhältnismässig jung an einer Krankheit, die er sich in den Kolonien geholt hatte. Seine Witwe ehelichte kurz nach seinem Tode den Hausierer van der Lubbe, der in Leiden ein Geschäft betrieb. Dieser Ehe entsprangen drei Söhne. Marinus war das siebente und letzte Kind der Petronella van Handel.

Die Ehe van der Lubbe ist nicht glücklich. Der Beruf des Mannes treibt ihn für Tage und Wochen in die umliegenden Dörfer, wo er den Bauern seine Galanteriewaren verkauft. Die meisten Verkäufe werden in Gasthäusern und Kneipen abgeschlossen. Man gewöhnt sich ans Trinken. Der Alkohol, ursprünglich nur Mittel zum Geschäftsabschluss, wird zum Freunde auch ausserhalb der Geschäftsstunden. Franziscus Cornelis van der Lubbe verfällt dem Trunk.

Cornelis van der Lubbe sorgt schlecht für die Familie. Das Geld, das der Handel einbringt, wandert zum grössten Teil in die Kneipe. Haushaltungsgeld gibt es nur selten und wenig. Die Mutter muss das Nötige verdienen, um die Kinder durchzufüttern. Tagsüber steht sie hinter dem Ladenpult des kleinen Geschäftes in Leiden, abends bringt sie die Wirtschaft in Ordnung, stopft, flickt und näht. Sie ist ständig von einem schweren Asthma geplagt. Der Arzt erklärt, dass ein Klimawechsel notwendig ist. Die Familie zieht nach Breda, später nach Hertogenbosch. Kurze Zeit nach dem Umzug trennt sich Franziscus Cornelis van der Lubbe von seiner Familie. Er lässt sich in Dordrecht nieder und eröffnet dort ein kleines Galanteriewarengeschäft, das er noch heute führt.

Petronella van Handel betreibt in Breda, später in Hertogenbosch, ihren kleinen Handel weiter. Für die Erziehung der Kinder bleibt ihr keine Zeit. Sie beschränkt sich darauf, ihre Kinder religiös zu beeinflussen. Vom Dorfe, vom Elternhause her ist sie an Frömmigkeit gewöhnt, und sie bemüht sich, ihren Kindern die gleiche primitive Gläubigkeit einzupflanzen. Der junge Marinus geht in Hertogenbosch in die protestantische Schule des Domine Voorhoeve. Er lernt nur mühsam schreiben. Im Religionsunterricht ist er unter den Besten. Jeden Sonntag trottet er neben Mutter und Geschwistern zur Kirche.

Im Hause der van der Lubbes herrscht eine drückende Atmosphäre. Die Heiligenbilder an der Wand mahnen zu Frömmigkeit und Gottesfurcht. Die Mutter weiss oft nicht, wo sie das Geld für Essen hernehmen soll. Das kleine Geschäft in Hertogenbosch kann sechs Söhne nicht ernähren. Die einzige Möglichkeit für sie: Arbeiter zu werden. Herkunft und Erziehung machen den Entschluss nicht leicht. Obwohl im Hause der van der Lubbes oft bittere Not herrscht, ist es doch ein Kleinbürgerhaus, erfüllt von den Sehnsüchten und Hoffnungen des Händlers. Der Hunger treibt die jungen van der Lubbes in die Armee des Proletariats. Sie tauchen unter im Heer der Hunderttausende, die in Holland die Fabriken, und als Landarbeiter die Bauernhöfe bevölkern. Sie tauchen unter, aber sie assimilieren sich nicht. Noch heute stösst man, wenn man mit einem der Brüder und Halbbrüder des Marinus van der Lubbe spricht, auf eine Wand von kleinbürgerlichen Illusionen.

Der Tod der Mutter

Die Halbschwester des Marinus lebt in Leiden als Frau des Wäschereiarbeiters Snardijn. Am 16. April 1921 erhält sie die

Nachricht, dass der Tod der Mutter nahe bevorsteht. Es ist der Wunsch der Mutter, dass Marinus im Hause seiner Halbschwester aufwächst. So kommt Marinus als elfjähriger Junge nach Oegstgeest bei Leiden in das Haus des Wäschereiarbeiters Snardijn. Zu den drei Kindern der Snardijns, die in der engen Wohnung spielen, gesellt sich als Aeltester Marinus.

Wir wissen aus Berichten seiner einstigen Mitschüler, dass Marinus van der Lubbe schon in der Schule von dem Bestreben besessen war, sich hervorzutun. Im Hause der Snardijns ist es leicht, unter den Kindern, deren Aeltestes fünf, sechs Jahre alt ist, der erste zu sein. Vier Zauberkunststücke genügen, um die Herrschaft zu sichern. Marinus übt sie drakonisch aus.

Die Schwester hat der Mutter auf dem Totenbett geschworen, Marinus in Frömmigkeit zu erziehen. Wieder wandert er jeden Sonntag — nun mit der Schwester und ihren Kindern — zur Kirche. Die Schwester erzählt, dass er damals ein frommer, gottesfürchtiger Junge gewesen sei. War es wirklich nur Gottesfurcht, die ihn Sonntags in die Kirche führte? Fühlte er sich vielleicht magisch angezogen von der Macht, die der Pater in der Gemeinde hatte? In jener Zeit wuchs in ihm der Gedanke, Geistlicher zu werden, Führer einer Gemeinde, die ihm bedingungslos folgte. Als zwölfjähriger Junge spricht er oft und ausführlich von der kirchlichen Laufbahn, die er einschlagen will.

In den Pausen zwischen den Lehrstunden versucht er sich nicht selten als Prediger. Die Kameraden hänseln ihn mit dieser Freude am Predigen.

Sie necken ihn aber auch wegen seiner Scheu vor Mädchen. Diese Besonderheit des Marinus van der Lubbe ist so stark und augenfällig, dass seine früheren Schulkameraden heute noch übereinstimmend davon erzählen. Er war nicht zu bewegen, in Mädchengesellschaft zu gehen. Er suchte seine Liebe in den Reihen der Schulknaben und Altersgenossen.

Zur Kirchenkarriere bedarf es eines langen Studiums. Zum Studium gehört Geld. Der praktische Sinn des Wäschereiarbeiters Snardijn sorgt dafür, dass Marinus van der Lubbe mit vierzehn Jahren ans Geldverdienen geht. Er wird Lehrling in einem Geschäft und arbeitet dort zwei Jahre. Nach Geschäftsschluss geht er in die katholische Abendschule. Der protestantisch erzogene Marinus kommt hier mit einer Welt in Berührung, die ihm bisher fremd war.

Van der Lubbe ist von der Arbeit im Geschäft nicht befriedigt. Wohl hat sich der Handelsgeist des Vaters auf ihn vererbt, wohl macht es ihm Spass, hinter dem Ladenpult zu stehen und den Kunden möglichst viel zu verkaufen, aber die Zukunftsaussichten sind zu klein. In langen Aussprachen mit seinem

Schwager Snardijn versucht Marinus die Möglichkeit eines neuen Berufs zu klären. Marinus van der Lubbe macht, nach den Erklärungen seines Schwagers Snardijn, nebeneinander die kühnsten und die bescheidensten Pläne. Ein Blumengeschäft einrichten — eine Weltreise machen — so weit spannt sich der Bogen in seinen Träumen. Die Wünsche enden im Entschluss, Maurer zu werden.

Der sechzehnjährige Marinus van der Lubbe ist ein untersetzter, gedrungener Junge von so kräftigem Körperbau, dass ihn seine Kameraden « Dempsey » nennen. Er demonstriert seine Kraft bei jeder Gelegenheit. Umso unerklärlicher ist den Maurergesellen, mit denen er jetzt zusammen arbeitet, dass Marinus van der Lubbe eine solche Scheu vor Frauen hat.

Arbeitskameraden von Marinus haben uns über Gespräche berichtet, die er in jenen Jahren mit ihnen hatte. Sie konnten uns selbstverständlich die Gespräche nicht wörtlich wiedergeben, vieles haben sie vergessen, manches Bedeutungslose ist haften geblieben. Aber übereinstimmend berichten sie über eines: sie erzählen alle vom Drang des Marinus van der Lubbe, sich hervorzutun, abzustechen von den andern. Sie sprechen von seinem fanatischen Streben, etwas « Besonderes » zu sein. Die Berichte sind so eindeutig — sowohl der Arbeitsgenossen, als der Schulkameraden, als auch seiner Verwandten —, dass kein Zweifel daran bestehen kann. Der junge Marinus van der Lubbe war von Eitelkeit und Ruhmsucht besessen.

Ein schwerer Unfall

Die tägliche Berührung mit einem neuen Menschenschlag, mit Arbeitern bringt in Marinus' Leben manche Aenderung. Bisher hat er gehört und gelernt, dass Gottesfurcht das höchste aller Güter sei. Der sonntägliche Kirchgang war ihm ein Bedürfnis, die Ordnung, nach der es Reich und Arm gibt, eine Selbstverständlichkeit. Nun stösst er auf andere Anschauungen. In den Arbeitspausen wird nicht von Gott gesprochen, umso mehr von den Lohnverhältnissen. Die bestehende Ordnung ist nicht selbstverständlich und nicht ewig. Sie zu stürzen, eine Notwendigkeit. Der junge Marinus van der Lubbe hört diese Gespräche täglich. Er nimmt sie auf, aber er verarbeitet sie nicht. Es geht ihm wie seinen Brüdern. Er wird Arbeiter, aber er bleibt Kleinbürger.

Ein Zufall bringt eine einschneidende Aenderung in sein Leben. In der Mittagspause stülpen ihm zwei Kameraden einen leeren Sack über den Kopf. Ein Kalkstück gerät ihm dabei ins Auge. Marinus leidet drei Wochen an einer Augenentzündung. Kurze Zeit darauf erlebt er einen neuen, viel schwereren Unfall. Aus einem Eimer spritzt ihm wiederum Kalk ins Auge. Die Folge ist eine schwere Augenkrankheit, die ihn für fünf Monate ins Leidener Krankenhaus bringt. Er wird dreimal operiert. Als er das Krankenhaus verlässt, ist die Sehkraft beider Augen bedeutend geschwächt. Es besteht die Gefahr der Erblindung.

Das Augenleiden muss notwendig zu einer Verstärkung seiner hervorstechendsten Eigenschaften führen, der Ruhmsucht und der Eitelkeit. Der junge Mann, immer bestrebt Erster zu sein, ungefestigt den verschiedensten Einflüssen ausgesetzt, besessen von dem Zwange, sich hervorzutun, sieht plötzlich die Gefahr vor sich, blind zu werden. Er wird von der Furcht gepackt, das Leben nicht zu Ende zu leben. Die Angst jagt ihn, dass das Licht des Tages für immer verschwinden könnte, ehe er sein Ziel erreicht. Sein Ziel? Weiss er, wohin er will? Sieht er den Weg? Ziel und Sinn des Lebens sind ihm nebensächlich. Hauptsache und beherrschend der Gedanke an den Erfolg, die Sucht, « von sich reden zu machen ».

Kurze Zeit, ehe er den schweren Unfall erleidet, tritt Marinus van der Lubbe in den Kommunistischen Jugendverband zu Leiden ein. Die Kommunistische Partei Hollands war damals in den Anfängen der Organisierung. Der Jugendverband in Leiden begann sich eben zu formieren. Marinus van der Lubbe tritt dem Verband bei, weil er die Kraft spürt, die von der Bewegung ausgeht. Er fühlt ihre Kräfte, aber er hat nicht die Standhaftigkeit, welche die kommunistische Partei von ihren Mitgliedern verlangt. Marinus van der Lubbe ist in ständigem Konflikt mit der kommunistischen Jugendorganisation. Als er eintritt, glaubt er, schnell aufzusteigen. Er sieht in der Organisation nichts als ein Versuchsfeld für seine ehrgeizigen Wünsche. Wenn seine Wünsche nicht befriedigt werden, schreibt er eine Austrittserklärung. Marinus van der Lubbe ist viermal aus dem Kommunistischen Jugendverband Leidens ausgetreten und dreimal wieder eingetreten. Jedem neuen Austritt ging der Versuch voran, die Führung an sich zu reissen. Sein erster Austritt erfolgte im Januar 1929, weil er nicht zum Leiter der Pionierorganisation ernannt wurde. Wir veröffentlichen nur einen der zahlreichen Briefe, die Marinus van der Lubbe an den Jugendverband in Leiden geschrieben hat. Das Schreiben ist für das Verhalten van der Lubbes charakteristisch.

Leiden, den 13. Dezember 1929.

An die permanente Kommission der Sektion des kommunistischen Jugendverbandes in Leiden.

Werte Genossen,
In Verfolg des Briefes der permanenten Kommission über meine Bitte, eine erweiterte Kommissionssitzung einzuberufen, muss

Brief van der Lubbes vom 13. Dezember 1929

ich feststellen, dass Ihr meine Bitte, eine erweiterte Kommissionssitzung einzuberufen, im Grossen und Ganzen nicht versteht, und
dass diese Weigerung, ob nun bewusst oder nicht, einen schweren
Irrtum vom Standpunkt der Organisation darstellt.

Ihr seid der Meinung, dass diese Frage nicht vor die Versammlung des H. H. gebracht werden darf. Ihr werdet, wenn Ihr auf dieser
Weigerung besteht, den Interessen Eures eigenen Standpunktes und
dem der Sektion schaden. Auch möchte ich Euch durch diesen Brief
darauf aufmerksam machen, dass für eine neue Diskussion (die
meiner Ansicht nach·sehr wichtig ist) des Artikels, den ich geschickt
habe, und meiner beiden Artikel, die ich ausserdem geschickt habe,
eine erweiterte Kommissionssitzung und eine Schlussabstimmung
über diese Frage notwendig sind, und ich würde dann wissen, woran
ich bin, während ich ohne diese gewünschte Sitzung diese Frage als
nicht behandelt betrachts, und dann würde ich Massnahmen treffen,
um diese Frage der Mitgliederversammlung zur Kenntnis zu bringen, was von mir nicht gewünscht wird (und von Euch auch nicht).

Deshalb schlage ich eine Sitzung der permanenten Kommission
für den nächsten Sonntag vor (also eine Sitzung der erweiterten
Kommission) (was eine Bedingung ist), denn wenn ich es anders
machen würde, würde ich die ganze Sektion verärgern.

Einliegend schicke ich Euch eine Erklärung, die meine Stellung
zu den Wünschen von Dirk van Roojen enthält.

Mit kameradschaftlichem Gruss :

Folgt Unterschrift des Van der Lubbe.

P. S. Nur die jetzt geschickte Erklärung für Dirk van Roojen
muss vollständig behandelt werden.»

Die Jagd nach Geltung

Das Leben des Marinus van der Lubbe nach dem schweren
Unfall ist eine ewige Jagd nach Geltung, eine Suche nach dem
Aussergewöhnlichen. Kaum ein Augenblick der Selbstbesinnung
in dieser Unrast. Er versucht sich in verschiedenen Berufen, aber
er träumt vom grossen Coup, der ihn mit einem Schlage in die
vorderste Reihe stellt. Im Winter 1927-28 arbeitet er als Aushilfs-
kellner im Bahnhofsrestaurant in Leiden, im Sommer 1928 als
Hoteldiener im « Hof Van Holland » auf Nordwyk. Zwischendurch betätigt er sich als Händler. Er führt einige Wochen auf
eigene Rechnung einen Kartoffelhandel. Dann arbeitet er als
Fährmann auf einer Fähre, die zwischen Nordwyk und Sassen-
heim Baumaterial befördert. Aber er denkt immer an den grossen
Schlag. Im Dezember 1929 hat er einen neuen Konflikt mit dem
Jugendverband, weil er Flugblätter auf eigene Faust herausgibt
und mit seinem Namen unterzeichnet. Wir besitzen einen Brief
des Marinus van der Lubbe aus diesen Tagen, in dem er in einem

Anfall von Selbstkritik seine Stellung zum Kommunismus charakterisiert. Er sagt in diesem Schreiben:

> «Dies sind Dinge, die beweisen, dass ich kein guter Bolschewik bin. Ich fühle, dass ich dies jetzt sicher nicht bin (trotzdem ich dem Kapitalismus und allem, was damit zusammenhängt, sehr radikal gegenüberstehe) und es vielleicht nie werden kann. Jetzt fühle ich mich bisweilen ganz fremd im Lager (ich meine damit die Partei).»

Das Innenleben des Marinus van der Lubbe ist nicht präziser zu charakterisieren. Sein anarchisches Denken, sein Drang nach Aufwärts, seine Disziplinlosigkeit machen ihn fremd im Lager einer Partei, die von ihren Mitgliedern straffste Disziplin verlangt und im Interesse der Sache verlangen muss.

Die Kanaldurchschwimmung

Im Sommer 1930 macht sich van der Lubbe auf den Weg nach Calais. Nach seiner Rückkehr erzählt er, er habe sich in Calais sein Brot als Erdarbeiter verdient und habe dabei einige Versuche gemacht, den Kanal zu durchschwimmen. Wir haben eingehende Ermittelungen darüber angestellt, ob van der Lubbe diesen Versuch wirklich gemacht hat. Wir konnten keine Bestätigung dafür finden. Aber gleichgültig, ob der Versuch gemacht wurde oder nicht, ist die ganze Episode bezeichnend für van der Lubbes Art zu denken und zu leben. Nicht die Leistung ist für ihn entscheidend, sondern die Tatsache, dass über ihn gesprochen wird. Der erhoffte Ruhm bleibt aus. Die Erzählungen, mit denen van der Lubbe nach seiner Rückkehr aus Calais zu prahlen versucht, stossen bei den meisten auf Unglauben und Spott. Obwohl Marinus im Jahre 1930 wieder in den Kommunistischen Jugendverband eingetreten ist, wird der Zusammenhang zwischen ihm und den anderen Mitgliedern immer lockerer. Die Organisation hat sich inzwischen bedeutend gefestigt.

Van der Lubbe wird immer mehr als fremdes Element empfunden und alles weist darauf hin, dass sein endgültiges Ausscheiden aus der Organisation in kürzester Zeit erfolgen muss.

Das Haus in der Uiterste Gracht

Das Haus Nr. 56 in der Uiterste Gracht unterscheidet sich äusserlich keineswegs von den typischen holländischen Häusern. Aber wenn du mit einem Leidener über dieses Haus sprichst, dann merkst du, dass es ein besonderes Haus ist, ein Haus, in dem merkwürdige Menschen hausen und merkwürdige Dinge geschehen. Es gibt Leidener Bürger, die dieses Haus für eine Lasterhöhle halten. Es wird bewohnt von einem biedern Ehepaar, das den Namen van Zijp führt. Der Mann geht tagsüber zur Arbeit, die Frau Zijp führt die Wirtschaft. Sie vermietet einige Zimmer dieses Hauses. Sie sind sehr einfach und nicht komfortabel. Die Miete ist billig, und darum wohnten und wohnen hauptsächlich Studenten und Arbeitslose darin. Manchmal auch eine Prostituierte. Van der Lubbe war lange Zeit einer der Mieter der Frau van Zijp, und auch als er ausgezogen war, kam er beinahe täglich in dieses Haus. Mit ihm gleichzeitig wohnten der Student Piet van Albada, und der Chauffeur Izak Vink, in der « Uiterste Gracht ». Eine zeitlang zählte auch ein « geheimnisvoller » deutscher Student zu den Mietern der Frau van Zijp. Die eben genannten Mieter waren alle durch eine gemeinsame Eigenschaft verbunden: sie waren homosexuell, der eine oder der andere vielleicht bisexuell. An sich wäre diese Tatsache ohne jeden Belang und nicht erwähnenswert. In unserem Bericht muss sie hervorgehoben werden, weil die Homosexualität van der Lubbe bei seinen späteren Reisen nach Deutschland mit den Nazis in Verbindung brachte.

Piet van Albada hat nach seinem Auszug aus dem Haus in der Uiterste Gracht geheiratet, und auch der Chauffeur Izak Vink lebt jetzt mit einer Frau zusammen. Trotzdem steht fest, dass van der Lubbe zu diesen beiden und auch zu anderen in homosexuellen Beziehungen stand. Izak Vink hat unserem Berichterstatter erzählt, dass er mit van der Lubbe oft in einem Bett geschlafen hat. Piet van Albada hatte homosexuelle Beziehungen zu einem Leidener Universitätsprofessor. Van der Lubbe ist seinem ganzen Wesen nach homosexuell. Seine Art ist weibisch, seine Zurückhaltung und Scheu Frauen gegenüber ist durch viele Aussagen erhärtet, sein Anlehnungs- und Zärtlichkeitsbedürfnis Männern gegenüber notorisch.

Ein holländischer Schriftsteller, der die Verhältnisse im Hause Uiterste Gracht genau kennt und der mit van der Lubbe oft gesprochen hat, erzählt, dass er stets das Gefühl hatte, van der Lubbe wolle sich ihm nähern, habe aber nicht den Mut dazu.

Wir besitzen ausserdem einen weiteren Beweis für van der Lubbes Homosexualität. Van der Lubbe ist auf seinen Reisen und Wanderungen mit vielen Handwerksburschen und Jungarbeitern zusammengekommen. Als sein Name im Zusammenhang mit dem Reichstagsbrand durch die Presse ging, meldete sich ein deutscher Jungarbeiter bei uns. Dieser Jungarbeiter hat im Jahre 1931 mit van der Lubbe zusammen in einer Jugendherberge genächtigt. Er ist mit van der Lubbe ins Gespräch gekommen, und er hat über dieses Gespräch bei einem Notar protokollarische Aussagen gemacht. Die Stelle des Protokolls, die hier für uns besonders wichtig ist, lautet wörtlich:

«So sprachen wir sehr lange. Während des Gesprächs rückte der holländische Arbeiter näher an mich heran. Er versuchte mehrere Male, meinen Geschlechsteil zu berühren. Erst als ich ihm energisch erklärte, dass ich für so etwas nicht zu haben bin, liess er davon ab.»

Die Aufgabe, die diesem Buche gestellt ist, verlangt, dass van der Lubbes Leben bis in die letzte Einzelheit beleuchtet wird. Die Homosexualität van der Lubbes hat neben seinem Geltungstrieb sein Leben entscheidend beeinflusst. Deshalb ist diese Frage hier mehr als Privatsache.

„Studienreise" durch Europa

Die Kanaldurchschwimmung war in jedem Sinne missglückt, als Leistung und als Anlass zum Berühmtwerden. Im Kopfe des Marinus van der Lubbe entsteht ein neuer Gedanke, der den Leidenern imponieren soll. Van der Lubbe plant eine grosse « Arbeiter-, Sport- und Studienreise » durch Europa und die Sowjetunion. » Er lässt Karten drucken, die ihn und seinen Reisepartner Holverda zeigen. Das wichtigste an dieser Reise sind ihm die Postkarten. Ueber den Köpfen der beiden Burschen leuchtet ein geheimnisvoller Stern. In vier Sprachen wird auf dieser Karte gesagt, dass van der Lubbe und H. Holverda durch Europa und die Sowjetunion reisen wollen.

Wollen sie dies wirklich? Noch ehe die Reise beginnt, gibt es Streit zwischen ihnen. Die Freunde van der Lubbes behaupten, der Streit sei ausgebrochen, weil Holverda den Erlös der Postkarten, die er in Leiden verkaufte, unterschlagen habe. Die Freunde Holverdas behaupten, van der Lubbe habe die Einnahmen vom Kartenverkauf für sich verwendet. Wie dem auch immer war, Tatsache ist, dass Holverda in Leiden blieb.

Hatte van der Lubbe die Absicht, diese Reise dann allein zu machen? Er ist tatsächlich im April 1931 nach Deutschland gereist. Auf der Postkarte steht, dass die Reise am 14. April 1931 von Leiden aus angetreten werden soll. Wir besitzen eine Ansichtskarte, die van der Lubbe aus Potsdam an die Familie Holverda schrieb. *Die Karte ist vom 14. April 1931 datiert*, also von jenem Tage, an dem der Marsch aus Leiden hätte begonnen werden müssen. Am 28. April 1931 wird van der Lubbe in Gronau in Westfalen festgenommen, weil er die Postkarten, die ihn und seinen Freund Holverda darstellen, auf der Strasse verkauft. Das Gericht in Münster verurteilt ihn zu einer Geldstrafe wegen unbefugten Postkartenverkaufs. Nach dem Reichstagsbrand hat die Hitler-Regierung verbreitet, van der Lubbe sei 1931 in Gronau wegen Verkaufs kommunistischer Literatur verhaftet worden. Die kommunistische Literatur bestand in einer Postkarte, auf der van der Lubbe und Holverda abgebildet waren.

Anfang Mai war van der Lubbe wieder in Leiden. Die Europareise endete so wie die «Kanaldurchschwimmung».

Ausscheiden aus dem Kommunistischen Jugendverband

Anfang April 1931, kurz vor seiner ersten Reise nach Deutschland, fand auch der äussere Bruch zwischen van der Lubbe und dem Kommunistischen Jugendverband statt. Van der Lubbe war mit den Leidener Jungkommunisten schon lange durch nichts mehr verbunden. Es drohte ihm der Ausschluss aus der Jugendorganisation und aus der Kommunistischen Partei. Er kam dem zuvor und erklärte seinen Austritt. Von diesem Tage an hat er die Kommunistische Partei Hollands bei allen Gelegenheiten, die sich ihm boten, bekämpft.

Seine innere Trennung von der Kommunistischen Bewegung vollzog sich schon zwei Jahre früher. Er schrieb am 21. Januar 1929, als ihn ein Konflikt zum Austritt veranlasste, einen Brief an den Kommunistischen Jugendverband, in dem es heisst:

«Mich hat auf unerklärliche Weise ein bestimmter Pessimismus erfasst. Ich versuchte auf alle mögliche Weise dagegen zu kämpfen.»

So ergibt sich das merkwürdige Bild eines jungen Menschen, dessen Aeusseres in keiner Weise seinem inneren Zustand entspricht. Kräftig, so kräftig, das er « Dempsey » genannt wird, gesund, scheinbar zur Bezwingung des Lebens wie geschaffen, ist er dem Leben in keiner Weise gewachsen. Der Schriftsteller E. Knuttel aus Leiden, der mit van der Lubbe oft zu tun hatte, charakterisiert ihn ungefähr so:

«Wenn man mit van der Lubbe über eine bestimmte Frage lange diskutiert hat, stimmt er zu. Man glaubt, ihn überzeugt zu haben. Am nächsten Tag erhält man einen Brief, in dem van der Lubbe mitteilt, dass er auf seinem alten Standpunkt verharrt.»

Parallel mit dieser Verbohrtheit geht eine merkwürdige Weichheit, wie sie bei Homosexuellen oft zu finden ist. Daneben ein Hang zu lügen und zu übertreiben. Frau van Zijp, die van der Lubbe sehr gut kennt, erzählt, dass er es mit der Wahrheit nicht genau nimmt. Und auch seine besten Freunde, der Maurer Harteveld, der Chauffeur Izak Vink und dessen Bruder, Koos Vink, bestätigen van der Lubbes Eitelkeit, die ihn vielfach zu Lügen und Uebertreibungen veranlasst.

Die Bekanntschaft van der Lubbes mit Dr. Bell

Als van der Lubbe von seiner ersten Deutschlandreise im Frühjahr 1931 nach Leiden zurückkehrt, erzählt er seinen Freunden von einem Herrn, der ihn in seinem Auto zu einer grossen

Tour mitgenommen habe. Wir wissen nicht, ob die Angaben van der Lubbes stimmen, oder ob er diesen Herrn aus Leipzig erfunden hat. Wir wissen aber, dass van der Lubbe bei dieser ersten Reise nach Deutschland die Bekanntschaft mit einem Manne machte, die für Lubbes Schicksal von entscheidender Bedeutung war.

In dieser Zeit spielte ein naturalisierter Schotte, Dr. Georg Bell, in der nationalsozialistischen Bewegung eine grosse Rolle. Er ist ungefähr ein Jahr später mit einigen seiner Freunde scharfen Verfolgungen seitens einiger SA-Führer ausgesetzt gewesen, sodass er für sein Leben fürchtete. Wir schildern an anderer Stelle seine Ermordung. Einige seiner Freunde haben uns über die Verbindungen Dr. Bells und über seine Rolle in der Nationalsozialistischen Partei wichtige Aussagen gemacht. Ein Freund Dr. Bells, Herr W. S., hat in einem Protokoll die Bekanntschaft Bells mit van der Lubbe genau geschildert. Die Stelle im Protokoll lautet wörtlich:

«Bell erzählte mir, wenn ich mich recht erinnere, war das im Mai 1931, dass er die Bekanntschaft eines jungen holländischen Arbeiters gemacht hat, der ihm sehr gut gefiel. Er muss ihm auf einer Autofahrt in der Gegend von Berlin oder Potsdam begegnet sein. Sie trafen auf der Strasse einen Wanderburschen, den sie im Auto mitnahmen. Das war ein junger holländischer Arbeiter. Der junge Holländer hat Bell später auch in München besucht. Bell nannte ihn Renus oder Rinus. Er ist öfter mit ihm zusammengekommen.»

Seit dieser Zeit blieb van der Lubbe mit Dr. Bell in ständigem Briefverkehr. Die persönliche Verbindung mit Bell hat er im September 1931 wieder aufgenommen.

Reise nach München

Van der Lubbe bleibt nicht lange in Leiden. Im September 1931 macht er sich wieder auf den Weg nach Deutschland. Er beauftragt seinen Freund Koos Vink, die Invalidenrente von 7 Gulden wöchentlich, die van der Lubbe zugesprochen ist, zu kassieren und aufzubewahren .

Bei seiner Wanderung durch die Rheingegend kommt van der Lubbe in Bacharach am Rhein mit einem Motorradfahrer ins Gespräch. Es ist ein Landsmann, der Strassenbahnführer Ploegk, aus dem Haag, Bloemfonteenstr. 24. Ploegk nimmt Marinus im Beiwagen mit. Sie nächtigen in Rothenburg ob der Tauber. Ploegk im Hotel, Marinus in der Jugendherberge. Ploegk machte unserem Berichterstatter über das Gespräch mit van der Lubbe einige Mitteilungen. Ploegk hatte van der Lubbe gefragt, was er in Deutschland mache. Van der Lubbe erzählte, dass er Arbeit suche. Auf die Frage, ob er denn nicht leichter in Holland Arbeit finden könne, antwortete van der Lubbe mit grosser Bestimmtheit, er werde in Deutschland Arbeit bekommen. Im Gespräch mit unserem Berichterstatter unterstrich der Strassenbahnführer Ploegk, dass er sich über diese Bestimmtheit sehr gewundert habe.

Von Rothenburg fuhr Ploegk nach München weiter. Er nahm van der Lubbe bis München mit. An der Stadtgrenze trennten sie sich.

Van der Lubbe muss einige Tage in München gewesen sein, denn er gab seinen Freunden nach seiner Rückkehr eingehende und ausführliche Schilderungen dieser Stadt. Er sprach nicht nur von der Stadt. Er erzählte auch vielfach von den grossen Erlebnissen, die er dort gehabt, und von den vielen Menschen, die er dort kennengelernt habe. Jener Jungarbeiter, dessen protokollarische Aussage wir an einer Stelle bereits veröffentlicht haben, sagt in seinem Protokoll darüber folgendes aus:

> «Der Holländer erzählte mir, wie gut es ihm in München ergangen sei. Er sprach davon, dass ein gewisser Dr. B. sich seiner angenommen und ihn mit vielen Menschen bekannt gemacht habe. Er deutete an, dass er durch Dr. B. mit einflussreichen Menschen in Berührung gekommen sei. Er sprach von diesem D. B. in schwärmerischen Ausdrücken.»

Dieser Dr. B. ist niemand anders als Dr. Bell, den van der Lubbe in München besucht hat. Dr. Bell hat ihn in nationalsozialistische Kreise eingeführt und unter anderem auch mit Hitlers Stabschef Röhm bekanntgemacht. Dr. Bell war damals noch der aussenpolitische Berater von Hitlers Stabschef Röhm und mit ihm eng befreundet, so eng befreundet, dass Röhm ihm später den vertraulichen Auftrag gab, die Verbindung zum Reichsbannermajor Mayr herzustellen. Röhm fühlte sich damals von der nationalsozialistischen Feme verfolgt, und er suchte durch Bells Vermittlung Schutz bei Mayr. Alle diese Tatsachen sind durch die Aussagen Mayrs und Bells im Oktober 1932 in öffentlicher Gerichtsverhandlung bekannt geworden, als Hauptmann Röhm die sozialdemokratische Zeitung « Münchener Post » verklagte.

Bell war nicht nur der aussenpolitische Berater Röhms, er war auch sein Vertrauter in Liebesdingen. Die « Münchener Post » und andere Blätter haben 1932 Briefe Röhms an junge Männer veröffentlicht, aus denen hervorgeht, dass Röhm homosexuell ist. Dr. Bell war der Zutreiber Röhms. Er wusste um viele Beziehungen Röhms zu jungen Männern, weil er ihm die meisten selbst zugeführt hatte. Bell führte eine genaue Liste über alle Jünglinge, die er Röhm zugetrieben hatte. Bell sah voraus,

Der Polizeiminister des „Dritten Reiches"

Hermann Göring, Ministerpräsident in Preussen
und Reichstagspräsident.

«Lieber schiesse ich ein paar mal zu kurz oder zu
weit, aber ich schiesse wenigstens!»

(Göring am 11. 3. 1933 in Essen)

| Namn: | von Göring Herman Wilhelm, Kapten | | | | | | | | | | | | N:r S.S. 1925 | 291 | | | | |

Namn: _von Göring Herman Wilhelm, Kapten_ N:r S.S. 1925 291

Bostad: _Odengatan 23_ Hemortsrätt: _Tysk undersåte_ 338 Bet. 8.

Intogs den	Utskrevs		Död den	Fö-del-se-tid	Rekvisition			Lagsökt den	Hosp. ansökan		Pensions-ansökan den	Remiss av			Betyg av				Bil. B.	Kyrkoherden underrättad
	den	till			hos polisen	hos om-budsman	hos avgifts-delegerade		till	den		Polis-kammaren	Förste stadsläk.	Över-läkaren	Läkare	Präst	Ombuds-man	Roteman		
1/9 25	4/9 25	Langbro		12/1 1893	7/9 25	–									1	–		1		

Anteckningar: _amb._
+ till K.M.6. 7/11 25

Brödernas Olofssons Tr. Sthlm.
1,000. 2. 25.   Vänd!

Kartothekkarte der Nervenheilanstalt Langbro für den Kapitän
Hermann Wilhelm Göring, der am 1. 9. 1925 eingeliefert wurde.

Gutachten des Stockholmer Gerichtsarztes:

Es wird hiermit bezeugt: „dass Kapitän Göring an Morphiumsucht und seine Frau Karin Göring geborene
Freifrau Fock an Epilepsie leidet und dass deshalb deren Heim als ungeeignet für ihren Sohn Thomas Kantzow angesehen werden muss.   Karl A. R. Lundberg, leg. Arzt.
                Stockholm, den 16. April 1926

24/4 1926

Att Kaptenen Göring lider af morfinism och
att hans hustru Carin Göring, född Friherrinna
Fock, lider af Epilepsi och att derför deras hem
måste anses olämpligt för hennes son Thomas
Kantzow, intygar

Stockholm 16 April 1926

Karl A. R. Lundberg
leg. läk.

dass es zwischen ihm und den nationalsozialistischen Führern über kurz oder lang zu Differenzen kommen würde. Wohl war er der Vertraute des Chefredakteurs des «Völkischen Beobachter», Alfred Rosenberg, wohl war er der Agent Deterdings, zu dem er im Auftrage der Nationalsozialistischen Partei Beziehungen hergestellt hatte, aber er besass Feinde, die vor nichts zurückschreckten. Durch diese Liste wollte Bell Röhm für immer gefügig machen. Diese Liste sollte eine Waffe sein, mit der er Röhm immer bedrohen konnte.

Die Liste existiert heute nicht mehr. Als Bell vor der drohenden Ermordung im April 1933 nach Kufstein in Oesterreich flüchtete, wurde er dort von einer SA-Bande überfallen und getötet. Dabei wurden sämtliche kompromittierenden Dokumente geraubt, die Bell besessen hat, und die er gegen die Nationalsozialistische Partei ausnutzen wollte. Unter anderem auch die Liste.

W. S., der Freund Bells, hat über die Liste folgende protokollarische Aussagen gemacht:

«Dr. Bell holte einige Papiere aus seinem Geheimschrank. Er wies auf einen Bogen hin und sagte: «Das ist Röhms Liebesliste. Wenn ich die einmal veröffentliche, ist Röhm ein toter Mann.» Er liess mich die Liste sehen. Es waren ungefähr 30 Namen darauf vermerkt. Ich erinnere mich genau an einen Vornamen «Rinus», hinter dem in Klammern ein holländischer Name, beginnend mit «van der» stand.

«Rinus» ist die Abkürzung für Marinus. Auf Röhms Liebesliste ist auch der Name van der Lubbe zu finden.

Von München aus hat nun van der Lubbe tatsächlich einen Teil der grossangekündigten « Arbeiter-, Sport- und Studienreise » gemacht. Wir besitzen eine Postkarte von ihm aus Krakau. Unser Berichterstatter sah einen Brief, den er einem Freund aus Budapest schrieb, und eine Karte aus Belgrad. Als van der Lubbe im Januar oder Februar 1932 nach Leiden zurückkommt, erzählt er viel von seiner Reise. Auf dem Wege nach Budapest will er einen jungen Handwerksburschen kennengelernt haben, dessen Schwester in einem Budapester Bordell lebte. Van der Lubbe erzählte, dass er dieses Mädchen aus dem Bordell retten wollte. Sie aber habe von ihm Liebe verlangt. Er habe eine Nacht mit ihr in einem Zimmer geschlafen, ohne sie zu berühren, und sei dann weitergereist. Die Erzählung vom Mädchen, das erlöst werden soll, ist typisch homosexuell und wird nach Freud von den Homosexuellen «Parsifal-Komplex» genannt.

Der Fluss zwischen Polen und der Sowjetunion

Aus der Erzählung van der Lubbes über seine Reise, die mehrere seiner Freunde unserem Berichterstatter übereinstimmend wiedergaben, muss noch eine Stelle besonders hervorgehoben werden. Van der Lubbe erzählte, dass er in Polen gewesen und bis zur sowjetrussischen Grenze gelangt sei. Ein mächtiger Fluss trenne Polen von der Sowjetunion. Lubbe habe versucht, diesen Fluss zu durchschwimmen, um in die Union zu gelangen. Das Gewehrfeuer der polnischen Grenzsoldaten habe ihn zurückgetrieben. Er sei einige Tage im Gefängnis gehalten worden, von dem aus er die Sowjetposten jenseits des Flusses habe sehen können. Dann sei er abgeschoben worden.

Die Freunde van der Lubbes waren äusserst erstaunt, als sie von unserem Berichterstatter erfuhren, dass es zwischen Polen und der Sowjetunion keinen mächtigen Grenzfluss gibt. Auch diese Erzählung ist für Lubbes Lügenhaftigkeit und Grosssprechertum charakteristisch.

Eines steht fest: Van der Lubbe h a t S o w j e t b o d e n n i e b e t r e t e n. Bei allem Drang zur Prahlerei hat nicht einmal er die Behauptung aufgestellt, dass er in der Sowjetunion war.

Die Karten und Briefe, die unser Berichterstatter sah, bestätigen, dass van der Lubbe in den letzten Monaten 1931 und Anfang 1932 tatsächlich in einigen Städten Ungarns, Polens, Jugoslawiens und der Tschechoslowakei gewesen ist. Er scheint bei seiner Reise mehrere Bekanntschaften mit reichen Herren gemacht zu haben. Er erzählte nach seiner Rückkehr, in Budapest habe ihm ein Herr neue Schuhe geschenkt, ein anderer Herr habe ihm in Jugoslawien die Fahrkarte bezahlt.

Dr. Bell hat van der Lubbe in nationalsozialitische Kreise eingeführt, mit denen Lubbe von da ab ständig in Verbindung blieb. Seine Bekannten berichten übereinstimmend, dass Lubbe sehr viel Briefe aus Deutschland erhalten habe. Lubbe war immer ängstlich bemüht, die Briefe aus Deutschland vor seinen Freunden und Bekannten geheim zu halten.

Als Gast bei Nationalsozialisten

Van der Lubbe ist im Januar oder Februar 1932 nach Leiden zurückgekehrt. Er kam überraschend schnell zurück. Frau van Zijp erzählt, dass er ihr aus Berlin eine Postkarte geschickt hat und am Tage, nachdem die Postkarte eingetroffen war, selbst angekommen ist. Er muss also von Berlin nach Leiden mit der Bahn oder mit dem Auto gereist sein. Es bleibt die Frage offen, woher er das Geld dazu nahm.

Nach ungefähr zwei Monaten unternahm van der Lubbe eine dritte Reise nach Deutschland. Vor seiner Abreise hatte er mit der Unterstützungskasse einen Konflikt. Er schlug bei der Unterstützungskasse, die ihm die Erhöhung seiner Pension verweigerte, einige Fensterscheiben ein. Das holländische Gericht verurteilte ihn zu drei Monaten Gefängnis. Bevor er die Gefängnisstrafe abbüsste, reiste er nach Deutschland. Wir wissen von dieser Reise, dass sie ihn nach Berlin und Sachsen führte. Am 1. und 2. Juni 1932 nächtigte er in der Gemeinde Sörnewitz (Amtshauptmannschaft Meissen in Sachsen), wo er mit dem Gemeinderat Sommer und dem Gärtnereibesitzer Schumann gesehen wurde. Beide sind Nationalsozialisten. Nach dem Reichstagsbrande hat Gemeinderat Sommer dem Bürgermeister von Brockwitz über van der Lubbes damalige Anwesenheit berichtet. Diese Tatsache wurde vom Regierungsrat Dr. Haertl bei der Amtshauptmannschaft Meissen protokollarisch festgelegt. Das Protokoll wurde dem Sächsischen Innenministerium zugestellt, das dem Reichsinnenminister Frick in einer Denkschrift davon Kenntnis gab. Diese Tatsachen sind durch die Interpellation eines sozialdemokratischen Abgeordneten des Sächsischen Landtages bekannt geworden. Sie wurden von keiner Seite bestritten.

Die Blätter, die diese Interpellation wiedergaben, berichteten auch, dass Gemeinderat Sommer kurze Zeit, nachdem er über den Aufenthalt van der Lubbes in Sörnewitz Bericht erstattet hatte, verschwunden sei. Auch diese Meldung blieb unwidersprochen.

Van der Lubbe muss nach dem Aufenthalt in Sörnewitz noch einige Tage in Deutschland geblieben sein. Bei seiner Rückkehr nach Holland wurde er am 21. Juni in Utrecht verhaftet. Er war 9 Tage in Utrecht in Haft und wurde dann zur Verbüssung seiner Strafe in das Strafgefängnis S'Gravenhage (Haag) gebracht.

Van der Lubbe steigert die Angriffe gegen die Kommunistische Partei

Am 2. Oktober 1932 wurde van der Lubbe aus dem Haager Gefängnis entlassen. Er kam nach Leiden. Bis zum Jahresschluss unternahm er mehrere Reisen. Er besuchte seinen Vater in Dordrecht. Er kam nach Amsterdam und nach dem Haag. In allen diesen Städten trat er in verschiedenen Versammlungen als Redner auf. Seine Reden waren angefüllt mit heftigen Angriffen gegen die Kommunistische Partei.

Wir besitzen Zeugnisse von van der Lubbes Kampf gegen die Kommunisten. Er nahm am 6. Oktober 1932 in der Getreidebörse zu Leiden an einer Versammlung teil, deren Hauptredner der Führer der holländischen Faschisten I. A. Baars war. Kurze Zeit nach dem Reichstagsbrande, als die Hitlerpresse behauptete, dass van der Lubbe Kommunist sei, haben einige Besucher dieser Versammlung, unabhängige Männer, in einem notariellen Protokoll die Haltung van der Lubbes in dieser Versammlung geschildert. Van der Lubbe trat damals dafür ein, den Faschistenführer ruhig reden zu lassen. Er wandte sich gegen alle Versuche der im Saal anwesenden Antifaschisten, Baars zu unterbrechen, und er enthielt sich in seiner Rede jedes Angriffs gegen die Faschisten. **Das notarielle Protokoll hat folgenden Wortlaut:**

Heden,den veertienden Maart negentienhonderd drie en der
tig,verschenen voor mij Hendrik Markus Markusse Notaris ter
standplaats Leiden,in tegenwoordigheid der beide na te noemen getuigen:-----
1.de Heer Pieter Daniël Haamke,timmerman,wonende te Leiden,
Lombokstraat nummer 11.-----
2.Mejuffrouw Jacoba Maria van Wijk,huishoudster,wonende te
Leiden,Levendaal nummer 156.-----
3.de Heer Wilhelmus Plasmeijer,fondsbode,wonende te Leiden,
Levendaal nummer 63a.-----
4.de Heer Johannes Cornelis Beurse,loodgieter,wonende te
Leiden,Driftstraat nummer 13a.-----
5.de Heer Jacobus Marij,schilder,wonende te Leiden,Prinsen
straat nummer 16.-----
   die ten overstaan van mij,notarie,in tegenwoordigheid
van na te noemen getuigen verklaarden:-----
   dat zij,comparanten,allen bezoekers zijn geweest van de
fascistische openbare vergadering gehouden in de Graanbeurs
te Leiden,op den zesden October negentienhonderd twee en
dertig,in welke vergadering als spreker is opgetreden de
fascistenleider J.A.Baars.-----
   dat zij hebben geconstateerd dat op deze vergadering
aanwezig was de Heer Marinus van de Lubbe,destijds wonende
te Leiden,die naar hun meening op deze vergadering den in-
druk heeft gewekt,niet geheel afwijzend tegenover het fascis-
me te staan en wel:-----
ten eerste: door,toen de talrijke aanwezige arbeiders hun
ongenoegen te kennen gaven over het optreden van den fascistenleider Baars,op een stoel te springen,het woord te nemen
en hen aan te maken den spreker rustig aan te hooren.-----

ten tweede:door zijn weifelende houding in het debat
dat hij geenzins namens de Communistische Partij Holland voerde-,waarbij hij zich van elken rechtstreek-
schen aanval op de fascisten,die zooals hij het uit-
drukte,toch ook arbeiders waren,onthield.-----
Waarvan Akte.-----
   In minuut opgemaakt is verleden te Leiden op den
datum in den aanhef dezer vermeld in tegenwoordigheid der Heeren Klaas Holtkamp,candidaat-notaris,wo-
nende te Oegstgeest en Frederik Johannes Landzaat,
particulier,wonende te Leiden,als getuigen,die even-
als de comparanten aan mij,notaris,bekend zijn.-----
   Onmiddellijk na voorlezing is deze akte door de
comparanten,de getuigen en mij,notaris,ondertekend.
P.D.Haamke,J.M.van Wijk,W.Plasmeijer,J.C.Beurse,J.Ma-
rijt,K.Holtkamp,F.J.Landzaat,H.M.Markusse.-----
Geregistreerd te Leiden den vijftienden Maart 1900
drie en dertig deel 8 folio 40 nummer 17 een blad
een renvooi.-----
Ontvangen voor recht een gulden vijftig cent f 1,50.
De Ontvanger,de Koning.-----

Uitgegeven voor Afschrift.

Ein anderer Bericht, den wir im Wortlaut an anderer Stelle publizieren, schildert van der Lubbes Verhalten während einer Versammlung streikender Chauffeure im Haag im Dezember 1932. Hier ging van der Lubbe noch weiter als in den vorhergehenden Versammlungen. Er griff die Kommunistische Partei auf das heftigste an. Er wandte sich in den schärfsten Ausdrücken gegen ihre Politik, und er forderte die streikenden Chauffeure auf, gegen den Willen der Kommunistischen Partei Terroraktionen zu begehen. Einige zwanzig Teilnehmer dieser Versammlung haben in einem Protokoll detaillierte Mitteilungen über van der Lubbes Verhalten gemacht. Sie gehören den verschiedensten Parteien an. Einige von ihnen sind parteilos. Sie sind sich alle einig darüber, dass van der Lubbes Rede auf dieser Versammlung gegen die Kommunisten gerichtet war. Der Bericht dieser Teilnehmer an der Versammlung ist im nächsten Kapitel veröffentlicht.

Es liegt eine gerade Linie in dem Verhalten van der Lubbes nach seiner Loslösung von der Kommunistischen Partei Hollands. Er steigert seine Angriffe gegen sie von Versammlung zu Ver-

sammlung. Die Argumente, die er bei seinem Auftreten in den
letzten Monaten 1932 vorbringt, sind deutlich von n a t i o n a l -
s o z i a l i s t i s c h e r Denkweise beeinflusst. Zeugen berichten,
dass er in seinen Reden a n t i s e m i t i s c h e Bemerkungen einge-
flochten hat. Er sprach in Wendungen, die direkt dem Wortschatz
der nationalsozialistischen Propaganda entnommen sind. Es liegen
Aussagen darüber vor, dass er in seinen Reden Unterschiede zwischen dem «raffenden» und dem «schaffenden» Kapital machte,
also eine Terminologie anwandte, die ganz der nationalsozialistischen entspricht. Es kann kein Zweifel bestehen, dass van der
Lubbe, jedenfalls in den letzten Monaten 1932, den nationalsozialistischen Lockungen erlegen war. Der enttäuschte Kleinbürger
hatte «heimgefunden».

Die letzte Reise nach Deutschland im Februar 1933

Im Januar 1933 musste sich van der Lubbe im Leidener Hospital einer neuen Augenbehandlung unterziehen. Das Augenleiden war schlimmer geworden. Er lag vier Wochen im Hospital.
Er erhielt in jener Zeit viele Briefe aus Deutschland. Ungefähr
um Mitte Februar verliess er das Hospital. Hitler war in dieser
Zeit bereits deutscher Reichskanzler. Van der Lubbe erzählte
einigen Bekannten, dass er nach Deutschland fahren müsse, und
er deutete an, dass er sich von dieser Reise viel verspreche. Einige
Bekannte van der Lubbes erklärten unserem Berichterstatter übereinstimmend, dass van der Lubbe gesagt habe, seine deutschen
Freunde drängten darauf, dass er nach Deutschland komme. Es
steht nicht fest, ob van der Lubbe damals schon wusste, dass er
für eine «grosse Tat» ausersehen sei. Vielleicht hoffte er nur,
dass seine nationalsozialistischen Freunde ihm zu Arbeit und
Stellung verhelfen würden. Aber es ist kein Zweifel, dass er von
dieser Reise nach Deutschland viel erwartete. Darüber gibt auch
ein Gespräch Auskunft, das er kurz vor seiner Reise mit Frau van
Zijp hatte. Sie hat unserem Gewährsmann über dieses Gespräch
berichtet. Van der Lubbe erzählte ihr, dass sein Pass in kurzer
Zeit ablaufe. Sie fragte ihn, ob er unbedingt fahren müsse, und
ob er nicht besser täte, in Leiden zu bleiben. Van der Lubbe antwortete, er habe in Deutschland etwas wichtiges zu erledigen, er
brauche den Pass nur noch dieses eine, letzte Mal.

Van der Lubbe ist Mitte Februar 1933 aus Leiden abgereist.
Nach einem Bericht der «Vossischen Zeitung» vom 2. März 1933
hat er am 17. Februar in Glindow bei Werder genächtigt und ist am
18. Februar nach Berlin weitergegangen. In Berlin traf er mit seinen
nationalsozialistischen Freunden zusammen, die er durch Bells
Vermittlung kennengelernt hat. Er nahm sogleich die Verbindung
mit dem Kreis um den Grafen Helldorf wieder auf.

Van der Lubbe, das Werkzeug

Am 27. Februar wird van der Lubbe im brennenden Reichstag verhaftet. Die Flammen des Brandes bilden den Hintergrund für ein Täuschungsspiel, dessen Hauptperson für einige Stunden van der Lubbe ist. Dann muss er die Szene den wirklichen Hauptakteuren überlassen. Die Scheinwerfer der Wahrheit zerreissen das lügnerische Dunkel und ziehen in ihr erbarmungsloses Licht diejenigen, die van der Lubbe als ihr Werkzeug benutzen wollten: Göring und Goebbels.

Warum wurde van der Lubbe als Werkzeug gewählt?

Van der Lubbe war bis April 1931 Mitglied der Kommunistischen Partei Hollands. Die von Göring und Goebbels Beauftragten glaubten, dass diese Tatsache ausreiche, um den Kommunisten die Schuld am Reichstagsbrand aufbürden zu können.

Van der Lubbes homosexuelle Beziehungen zu nationalistischen Führern, seine materielle Abhängigkeit von ihnen, machten ihn dem Willen der Brandstifter hörig und gefügig.

Van der Lubbes holländische Staatsangehörigkeit war eine erwünschte Zugabe. Sie erleichterte es Göring und Goebbels, den Reichstagsbrand als ein internationales Komplott darzustellen. Göring und Goebbels wollten den Reichstagsbrand als Werk des internationalen Kommunismus erscheinen lassen. Deshalb wurden auch die drei Bulgaren verhaftet und der Mittäterschaft beschuldigt, obwohl sie am Reichstagsbrand völlig unbeteiligt waren.

Aus allen diesen Gründen wurde van der Lubbe zum Werkzeug der Brandstiftung gewählt.

Seht die Hauptfiguren des Komplotts:

Den Plan zur Brandstiftung ersann der fanatische Verfechter der Lüge und Provokation: Dr. Goebbels.

Die Leitung der Aktion hatte ein Morphinist: Hauptmann Göring.

Die Führung der Brandstifterkolonne war einem Fememörder anvertraut: Edmund Heines.

Das Werkzeug war ein kleiner, halbblinder Lustknabe: Marinus van der Lubbe.

Als die Chicagoer Polizei im Jahre 1886 durch bezahlte Provokateure ein Bombenattentat inszenierte, das vielen Polizisten den Tod brachte, dauerte es sieben Jahre, bevor die Provokation aufgedeckt werden konnte. Die Werkzeuge waren gut gewählt. Nach dem Reichstagsbrand genügten drei Tage, um der ganzen Welt die Sicherheit zu geben, dass die Nationalsozialisten den Reichstag angezündet haben. Das Werkzeug van der Lubbe war zu schlecht gewählt.

Die wahren Brandstifter

Der deutsche Reichstag

Am 9. Juni 1884 wurde in Berlin durch Wilhelm I der Grundstein zum deutschen Reichstag gelegt. Das Gebäude wurde nach Entwürfen des Frankfurter Architekten Paul Wallot erbaut. Der Stil war traditionsgebundene Renaissance. Die Baukosten betrugen 27 Millionen Mark. Der Bau dauerte über zehn Jahre. Wilhelm II setzte am 5. Dezember 1894 den Schlusstein.

Das Gebäude des deutschen Reichstages steht auf dem «Platz der Republik», gegenüber dem Bismarck-Denkmal. Die Ostfront des Reichstagsgebäudes führt nach der Friedrich Ebertstrasse, die Südfront blickt nach dem Tiergarten und wird von der Simsonstrasse begrenzt, die Nordfront ist gegen die Spree gerichtet.

Das Gebäude des Reichstages besteht aus einem Kellergeschoss, einem Erdgeschoss, einem Hauptgeschoss, einem Zwischenstock und zwei Obergeschossen. Die Front des Hauses ist 137 Meter lang. Der Bau wird nach oben von einer grossen Kuppel abgeschlossen, die von vier kleinen Kuppeln umgeben ist. Den Mittelpunkt des Hauptgeschosses bildet der grosse Sitzungssaal mit den Tribünen.

Drei Wände des Sitzungssaales haben Holzverkleidung, die Stirnwand hinter dem Präsidentenstuhl ist mit Stoff bespannt. Die Estrade, die Tribünen, die Abgeordnetenbänke sind aus Holz. Die Sitzreihen sind in sieben Abteilungen amphitheatralisch ansteigend angeordnet und voneinander durch schmale, mit schweren Teppichen belegte Gänge getrennt. Der Sitzungssaal ist von einem Rundgang umgeben, der in die Wandelhalle mündet. Die Wandelgänge und die Halle sind mit Teppichen, Polstersesseln und Portieren ausgestattet.

Im Hauptgeschoss sind ausserdem zahlreiche Zimmer und Säle gelegen, deren Fenster nach den Strassen um den Reichstag gehen. Die Lesesäle, das Archiv und die Bibliothek befinden sich teils im Hauptgeschoss, teils im Zwischenstock. Im Kellergeschoss liegen die Heiz- und Entlüftungsanlagen. Vom Kellergeschoss führt eine kleine Treppe zu einem unterirdischen Gang, der unter dem Säulenvorbau des Reichstages und unter der Friedrich Ebertstrasse hindurch zum Palais des Reichstagspräsidenten Göring führt (das auf der anderen Strassenseite der Friedrich Ebertstrasse liegt). Der unterirdische Gang ist gegen diese Kellertreppe sowie gegen die übrigen Heizungskeller durch eine Tür abgeschlossen. An den Wänden des Ganges laufen Heizröhren entlang.

Der Haupteingang des Reichstages führt nach dem «Platz der Republik» und ist nur bei festlichen Anlässen geöffnet.

Wie gelangt der Besucher in den Reichstag?

Die Hitler-Regierung vermied in allen ihren Berichten über den Reichstagsbrand die Angaben, auf welche Weise die Täter in den Reichstag gekommen sind. Sie rechnete damit, dass fast kein Deutscher oder Ausländer die Formalitäten kennt, die man erfüllen muss, um in den Reichstag zu gelangen. Die nachfolgende Aufzählung zeigt, was der Besucher des Reichstages tun muss, um in den Reichstag zu kommen.

1) Nichtmitglieder und Besucher können in den Reichstag nur durch Portal 2 oder Portal 5 gelangen. Portal 2 liegt an der Simsonstrasse, Portal 5 am Reichstagsufer.

2) Wer den Reichstag durch Portal 5 betritt, gelangt in einen Vorraum. Der Vorraum ist durch eine Strickbarriere abgegrenzt. Hinter dieser Strickbarriere befinden sich die Empfangsbeamten.

3) Jeder Besucher hat sich an einen der Empfangsbeamten zu wenden. Es ist unmöglich, in den Reichstag zu gelangen, ohne sich beim Empfangsbeamten gemeldet zu haben. Jeder Besucher muss einen vorgedruckten Zettel ausfüllen, auf dem der Name des Besuchers, der Name des Abgeordneten, den er besuchen will, sowie der Anlass des Besuches anzugeben sind.

4) Der ausgefüllte Zettel wird von einem Reichstagsboten zu dem betreffenden Abgeordneten gebracht, dem der Besuch gilt. Der Abgeordnete wird gefragt, ob er bereit ist, den Besucher zu empfangen.

5) Während der Reichstagsbote das Einverständnis des Abgeordneten einholt, wartet der Besucher im Warteraum. Er ist hierbei ständig unter Beobachtung der diensthabenden Reichstagsbeamten.

6) Wenn der Abgeordnete sein Einverständnis erteilt hat, führt der Reichstagsbote den Besucher zu dem betreffenden Abgeordneten. Der Besucher wird vom Reichstagsboten bis zu dem Abgeordneten hingebracht. Der Reichstagsbote entfernt sich erst, wenn der Besucher dem Abgeordneten gegenüber steht.

7) Alle Besucher werden in eine besondere Liste eingetragen. Der ausgefüllte Besuchszettel dient als Grundlage für die Eintragungen in diese Liste.

Der Brand im Reichstag

Am 27. Februar 1933 abends zwischen 9 Uhr und 9 Uhr 15, bricht im Gebäude des Reichstags Feuer aus. Die erste öffentliche Mitteilung über den Reichstagsbrand erfolgt noch am gleichen Abend durch den Rundfunk. Der Berliner Sender teilt überdies mit, dass der Täter ein holländischer Kommunist namens van der Lubbe sei. Er habe ein volles Geständnis abgelegt. Er sei nur mit einer Hose bekleidet von eindringenden Polizeibeamten im Reichstagsgebäude aufgefunden worden. Der Täter habe einen holländischen Reisepass und ein Mitgliedsbuch der holländischen Kommunistischen Partei bei sich gehabt. In den frühen Morgenstunden des 28. Februar 1933 verbreitet der amtliche «Preussische Pressedienst» die nachfolgende Darstellung des Reichstagsbrandes:

«Am Montag Abend brannte der Deutsche Reichstag. Der Reichskommissar für das preussische Ministerium des Innern, Reichsminister Göring. verfügte sofort nach seinem Eintreffen an der Brandstelle sämtliche Massnahmen und übernahm die Leitung aller Aktionen. Auf die erste Meldung von dem Brande trafen auch Reichskanzler Adolf Hitler und Vizekanzler von Papen ein.

Es liegt zweifelsfrei die schwerste bisher in Deutschland erlebte Brandstiftung vor. Die polizeiliche Untersuchung hat ergeben, dass im gesamten Reichstagsgebäude vom Erdgeschoss bis zur Kuppel Brandherde angelegt waren. Sie bestanden aus Teerpräparaten und Brandfackeln, die man in Ledersesseln, unter Reichstagsdrucksachen, an Türen, Vorhängen, Holzverkleidungen und anderen leicht brennbaren Stellen gelegt hatte. Ein Polizeibeamter hat in dem dunklen Gebäude Personen mit brennenden Fackeln beobachtet. Er hat sofort geschossen. Es ist gelungen, einen der Täter zu fassen. Es handelt sich um den 24jährigen Maurer van der Lubbe aus Leiden in Holland, der einen ordnungsmässigen holländischen Pass bei sich hatte und sich als Mitglied der holländischen Kommunistischen Partei bekannte.

Der Mittelbau des Reichstages ist völlig ausgebrannt, der Sitzungssaal mit sämtlichen Tribünen und Umgängen ist vernichtet, der Schaden geht in die Millionen.

Diese Brandstiftung ist der bisher ungeheuerlichste Terrorakt des Bolschewismus in Deutschland. Unter den hundert Zentnern Zersetzungsmaterial, das die Polizei bei der Durchsuchung des Karl-Liebknecht-Hauses entdeckt hat, fanden sich die Anweisungen zur Durchführung des kommunistischen Terrors nach bolschewistischem Muster.

Hiernach sollen Regierungsgebäude, Museen, Schlösser und lebenswichtige Betriebe in Brand gesteckt werden. Es wird ferner die Anweisung gegeben, bei Unruhen und Zusammenstössen vor den Terrorgruppen Frauen und Kinder herzuschicken, nach Möglichkeit sogar solche von Beamten der Polizei. Durch die Auffindung dieses

Materials ist die planmässige Durchführung der bolschewistischen Revolution gestört worden. Trotzdem sollte der Brand des Reichstages das Fanal zum blutigen Aufruhr und zum Bürgerkrieg sein. Schon für Dienstag früh 4 Uhr waren in Berlin grosse Plünderungen angesetzt. Es steht fest, dass mit diesem heutigen Tag in ganz Deutschland die Terrorakte gegen einzelne Persönlichkeiten, gegen das Privateigentum, gegen Leib und Leben der friedlichen Bevölkerung beginnen und den allgemeinen Bürgerkrieg entfesseln sollten.

Der Kommissar des Reiches im Preussischen Ministerium des Innern, Reichminister Göring, ist dieser ungeheuren Gefahr mit den schärfsten Massnahmen entgegengetreten. Er wird die Staatsautorität unter allen Umständen und mit allen Mitteln aufrechterhalten. Es konnte festgestellt werden, dass der erste Angriff der verbrecherischen Kräfte zunächst abgeschlagen worden ist. Zum Schutze der öffentlichen Sicherheit wurden noch am Montag abend sämtliche öffentlichen und lebenswichtigen Betriebe unter Polizeischutz gestellt. Sonderwagen der Polizei durchstreifen ständig die hauptsächlich gefährdeten Stadtteile. Die gesamte Schutzpolizei und Kriminalpolizei in Preussen ist sofort auf höchste Alarmstufe gesetzt worden. Die Hilfspolizei ist einberufen. Gegen zwei führende kommunistische Reichstagsabgeordnete ist wegen dringendem Tatverdacht Haftbefehl erlassen. Die übrigen Abgeordneten und Funktionäre der Kommunistischen Partei werden in Schutzhaft genommen. Die kommunistischen Zeitungen, Zeitschriften, Flugblätter und Plakate sind auf vier Wochen für ganz Preussen verboten. Auf vierzehn Tage verboten sind sämtliche Zeitungen der sozialdemokratischen Partei, da der Brandstifter aus dem Reichstag in seinem Geständnis die Verbindung mit der SPD zugegeben hat. Durch dieses Geständnis ist die kommunistisch-sozialdemokratische Einheitsfront offenbar Tatsache geworden. Sie verlangt von dem verantwortlichen Hüter der Sicherheit Preussens ein Durchgreifen, das von seiner Pflicht bestimmt wird, die Staatsautorität in diesem Augenblick der Gefahr aufrechtzuerhalten. Die Notwendigkeit der schon früher eingeleiteten besonderen Massnahmen (Schiesserlasse, Hilfspolizei usw.) ist durch die letzten Vorgänge in vollem Umfange bewiesen. Durch sie steht die Staatsmacht ausreichend gerüstet da, um jeden weiteren Anschlag auf den Frieden Deutschlands und damit Europas im Keime zu ersticken. Reichsminister Göring fordert in dieser ernsten Stunde von der deutschen Nation äusserste Disziplin. Er erwartet die restlose Unterstützung der Bevölkerung, für deren Sicherheit und Schutz er sich mit eigener Person verbürgt hat.»

Die ersten Pressemeldungen

Am Morgen des 28. Februar lesen Millionen Menschen in ihren Zeitungen die Schilderung des Reichstagsbrandes. Von den Titelseiten der Blätter schreit es in grossen Lettern : Der Deutsche

Reichstag in Flammen! Das Ereignis überschattet alle anderen Geschehnisse. In London, Paris, New York, in Amsterdam, Prag und Wien erhält der Leser ausgedehnte Schilderungen des brennenden Reichstages vorgesetzt. Aber vorerst sprechen nur die Reporter: in ihren Berichten fehlen die «roten Flammen, die zum Nachthimmel emporschlagen,» ebenso wenig wie der klischeehafte Satz vom «schaurig-schönen Bild». Uebereinstimmend geht aus den Meldungen hervor, dass der Plenarsaal vollkommen ausgebrannt ist, ebenso die darüber liegende Kuppel, deren Glasdach geborsten ist und deren Streben verbogen sind. Der Umgehungsgang des Sitzungssaales und die Wandelhalle sind ausgebrannt.

In den weiteren Angaben der Weltpresse zeigten sich wesentliche Verschiedenheiten. Während das «Prager Tagblatt» vom 28. Februar meldet, dass der Brand gegen zweiundzwanzig Uhr abends bemerkt wurde, berichtet der «Temps» vom 1. März, dass das Feuer um 21 Uhr 15 entdeckt wurde. In den Londoner «Times» vom 28. Februar 1933 ist zu lesen, dass das Feuer um einundzwanzig Uhr abends ausgebrochen sei.

Die Mitteilungen der Blätter gehen auch darüber auseinander, wie der Reichstagsbrand entdeckt wurde. Die Hugenbergsche Nachrichtenagentur «Telegrafen-Union» behauptet in einer Meldung, die von einem Teil der Presse in der Morgenausgabe vom 28. Februar 1933 wiedergegeben wird:

> «Es steht ausser Zweifel, dass das Feuer mit Hilfe von Fackeln an den verschiedensten Brandstellen zur Entzündung gebracht worden ist. Ein Schutzpolizeibeamter bemerkte hinter einer der Scheiben einen vorbeihuschenden Fackelträger, auf den er sofort einen Schuss abgab.»

Der «Temps» vom 1. März 1933 berichtet hingegen, dass die erste Meldung vom Brand durch einen Angestellten des dem Reichstag gegenüber liegenden Ingenieur-Hauses gemacht wurde.

Die Zahl der Brandherde wird von den Blättern ganz verschieden angegeben. Während das «Prager Tagblatt» vom 28. Februar von zwanzig Brandherden spricht, erklärt der Berliner Berichterstatter der «Times» in der Morgenausgabe vom 28. Februar, dass die diensthabenden Polizeioffiziere ihm mitgeteilt hätten, der Brand sei an vier bis fünf Stellen gelegt worden. Die «Chicago Tribune» weiss von zehn Brandherden zu berichten.

Die Schnelligkeit, mit der sich das Feuer ausbreitete, lässt darauf schliessen, dass viele Brandherde angelegt worden sind.

Der Pogrom gegen links beginnt

Noch schwelt das Feuer im Reichstag, noch steht eine tausendköpfige Menge vor dem brennenden Gebäude — da sind die

Polizeiautos, die Motorräder, die SA-Stürme schon unterwegs.

Die erste Verhaftung erfolgt kurz nach Mitternacht. Als das Licht des Tages die dunklen Gänge des Polizeipräsidiums erhellt, da sitzen Hunderte von Verhafteten auf langen Bänken in den Korridoren : Kommunisten, Sozialisten, Pazifisten, Schriftsteller Aerzte, Rechtsanwälte sind in der Nacht aus den Betten gerissen und nach dem Polizeipräsidium gebracht worden. Viele von ihnen schliefen, als der Rundfunk die Nachricht vom Reichstagsbrand verbreitete.

Die Mittagsblätter melden die ersten Namen der Verhafteten: unter ihnen die Schriftsteller ,Ludwig RENN, Egon Erwin KISCH, Erich BARON, Carl von OSSIETZKY und Otto LEHMANN-RUSSBUELDT ; die Aerzte BOENHEIM, SCHMINKE und HODANN ; die Rechtsanwälte LITTEN, BARBASCH und Felix HALLE ; die kommunistischen Abgeordneten Walter STOECKER, Ernst SCHNELLER, Fritz EMMERICH, Ottomar GESCHKE und Willi KASPER. Der Reichstagsabgeordnete TORGLER, der bezichtigt wird, Mittäter des Reichstagsbrandes zu sein, begibt sich am Morgen des 28. Februar zum Polizeipräsidium, um gegen die Beschuldigungen zu protestieren. Er wird in Haft genommen. Die kommunistische und sozialdemokratische Presse erscheint am 28. Februar nicht mehr. Die Druckereien des «Vorwärts» und der Zeitungen «Berlin am Morgen» und «Welt am Abend» werden noch in der Nacht vom 27. auf den 28. Februar besetzt, die bereits ausgedruckten Exemplare der Morgenausgabe werden beschlagnahmt. Die Druckerei der «Roten Fahne», die sich im Karl-Liebknecht-Haus befand, war schon einige Tage vorher von der Polizei besetzt worden. Die «Rote Fahne» war bereits vor dem Reichstagsbrand verboten.

Not- und Todverordnung

Das Feuer im Reichstag wurde noch in der Brandnacht gelöscht. Schon wenige Stunden darauf unterschrieb der Reichspräsident jenen barbarischen Erlass, dem man den Namen «Notverordnung zum Schutze von Volk und Staat» gab :

«Auf Grund des Art. 48 der Reichsverfassung wird zur Abwehr kommunistischer staatsgefährdender Gewaltakte angeordnet :

§ 1. Die Art. 114, 115, 117, 118, 123, 124 und 153·) der Verfassung des deutschen Reichs werden bis auf weiteres ausser Kraft gesetzt. Es sind daher Beschränkungen der persönlichen Freiheit, des Rechts der freien Meinungsäusserung einschliesslich der Pressefreiheit, des Vereins- und Versammlungsrechtes, Eingriffe in das Brief-, Post-, Telegrafen- und Fernsprechgeheimnis, Anordnungen von Haus·

suchungen und von Beschlagnahmen sowie Beschränkungen des Eigentums auch ausserhalb der sonst hierfür bestimmten gesetzlichen Grenze zulässig.

§ 4. Wer den von den obersten Landesbehörden oder ihnen nachgeordneten Behörden zur Durchführung dieser Verordnung erlassenen Anordnungen oder den von der Reichsregierung gemäss § 2 erlassenen Anordnungen zuwiderhandelt, oder wer zu solcher Zuwiderhandlung auffordert oder anreizt, wird, soweit nicht die Tat nach anderen Vorschriften mit einer schwereren Strafe bedroht ist, mit Gefängnis nicht unter 1 Monat oder mit Geldstrafe von 150 bis zu 15 000 Reichsmark bestraft.

Wer durch Zuwiderhandlung nach Abs. 1 eine gemeine Gefahr für Menschenleben herbeiführt, wird mit Zuchthaus, bei mildernden Umständen mit Gefängnis nicht unter 6 Monaten und, wenn die Zuwiderhandlung den Tod eines Menschen verursacht, mit dem Tode, bei mildernden Umständen mit Zuchthaus nicht unter 2 Jahren bestraft. Daneben kann auch auf Vermögenseinziehung erkannt werden.

Wer zu einer gemeingefährlichen Zuwiderhandlung (Absatz 2) auffordert oder anreizt, wird mit Zuchthaus, bei mildernden Umständen mit Gefängnis nicht unter 3 Monaten bestraft.

§ 5. Mit dem Tode sind die Verbrechen zu bestrafen, die das Strafgesetzbuch in den §§ 81 (Hochverrat), 229 (Giftbeibringung), 307 (Brandstiftungen), 311 (Explosionen), 312 (Ueberschwemmung), 315 Absatz 2 (Beschädigung von Eisenbahnanlagen), 324 (gemeingefährliche Vergiftung) mit lebenslangem Zuchthaus bedroht.

Mit dem Tode oder, soweit nicht bisher eine schwerere Strafe angedroht ist, mit lebenslänglichem Zuchthaus oder mit Zuchthaus bis zu 15 Jahren wird bestraft:

1. wer es unternimmt, den Reichspräsidenten oder ein Mitglied oder einen Kommissar der Reichsregierung oder einer Landesregierung zu töten, oder wer zu einer solchen Tötung auffordert, sich erbietet, ein solches Erbieten annimmt oder eine solche Tötung mit einem anderen verabredet;

2. wer in den Fällen des § 115 Abs. 2 des Strafgesetzbuches (schwerer Aufruhr) oder des § 125 Abs. 2 des Strafgesetzbuches (schwerer Landfriedensbruch) die Tat mit Waffen oder in bewusstem und gewolltem Zusammenwirken mit einem Bewaffneten begeht;

3. wer eine Freiheitsberaubung (§ 239 des Strafgesetzbuches) in der Absicht begeht, sich des der Freiheit Beraubten als Geisel im politischen Kampf zu bedienen.

Die Hetze gegen die Kommunisten

In Extrablättern, in Ministerreden, im Rundfunk, in Plakaten wird verkündet: Die Kommunisten haben den Reichstag angezündet! Dem Reichstagsbrand sollten Aufstand und Bürgerkrieg folgen! Die Kommunisten wollten Eure Frauen schänden,

Eure Kinder ermorden! Die Kommunisten wollten das Wasser der Brunnen, die Speisen in den Restaurants und Speisehallen vergiften! Stündlich wird den deutschen Zeitungslesern und den deutschen Rundfunkhörern das «Verbrechen» der Kommunisten eingehämmert.

Die Hetze wird planmässig und systematisch durchgeführt. Die Presse wird mit Greuel-Nachrichten über die Absichten der Kommunisten überschwemmt. Die «Vossische Zeitung» vom 1. März 1933 meldet aus Regierungskreisen:

Die Regierung ist, wie betont wird, der Meinung, dass nach Lage der Dinge eine Gefahr für Staat und Volk bestand und noch bestehe. Das Material aus dem Karl-Liebknecht-Haus wird zur Zeit vom Oberreichsanwalt geprüft. Die amtlichen Mitteilungen besagen, dass sich in diesem Material der Beweis dafür finde, dass systematisch von kommunistischer Seite Terror-Aktionen vorbereitet seien in einem Umfang, der Volk und Staat in ungeheure Gefahr bringe. Es hätten sich in dem beschlagnahmten kommunistischen Material bestimmte Pläne befunden für die Festnahme von Geiseln, hauptsächlich Frauen und Kindern bestimmter Personen, Angaben über Brandstiftungen in öffentlichen Gebäuden, Anordnungen für Terrorgruppen, die an bestimmten öffentlichen Plätzen, und zwar auch in Uniform von Schupo, SA und Stahlhelm eingesetzt werden sollen. Es bestehe, so wird erklärt, begründeter Verdacht, dass die kommunistischen Aktionen fortgesetzt werden sollen und dass die Zentralleitung dieser Aktionen eventuell von Berlin fortverlegt werde. Es sei auch begründeter Anlass, anzunehmen, dass ebenso wie im Karl-Liebknecht-Haus an anderer Stelle unterirdische Gewölbe und Gänge vorhanden seien, durch die die Kommunisten im Augenblick der Gefahr verschwinden. In diesem Zusammenhang wird betont, dass an den deutschen Grenzen die erforderlichen Vorkehrungen getroffen worden sind, um einen Uebergang verdächtiger Personen in das Ausland unmöglich zu machen. Zu der Brandstiftung im Reichstag wird erklärt, es liege der einwandfreie Beweis dafür vor, dass der Vorsitzende der kommunistischen Reichstagsfraktion, Abg. Torgler, sich mit dem Brandstifter mehrere Stunden im Reichstagsgebäude aufgehalten habe und dass er auch mit anderen an der Branstiftung beteiligten Personen zusammengewesen sei. Es wird hinzugefügt, dass die anderen Täter eventuell durch die unterirdischen Gänge, die im Zusammenhang mit den Heizungsanlagen des Reichstages das Reichstagsgebäude selber und das Gebäude des Reichstagspräsidenten verbinden, entkommen sein könnten. In diesem Zusammenhang wird auf die Verhaftung von zwei Personen verwiesen, die vom Reichstagsgebäude aus telefoniert haben, um den Reichstagspräsidenten Göring als den Anstifter der Brandstiftung hinzustellen, und es wird betont, dass sich dabei Zusammenhänge mit der sozialdemokratischen Partei und Presse ergeben hätten.

Die zuständigen Stellen erklären, dass der Kampf gegen den Kommunismus nunmehr mit grösster Schärfe geführt werden würde. Wer mit den Kommunisten zusammenarbeite, oder hinreichend verdächtig sei, mit ihnen zusammen zu arbeiten, werde ebenso rigoros behandelt werden wie die Kommunisten selbst. Aus den Erklärungen der Regierungsstellen ergibt sich gleichzeitig, dass die Wahlen unter allen Umständen stattfinden werden.

Es ist zu beachten, dass die Verordnungen «zum Schutze von Volk und Staat» und die Verordnung. die Landes- und Hochverrat wesentlich schärfer als bisher bestraft, einander ergänzen. Die zuständigen Reichsstellen erklären, dass die einzelnen Bestimmungen der Verordnungen «zum Schutze von Volk und Staat», die sich besonders gegen den Kommunismus richten, wegen der einzelnen in dem Karl Liebknecht-Haus gefundenen Dokumente erforderlich gewesen sei. So sei insbesondere die Verschärfung der im Strafgesetzbuch vorgesehenen Straftaten der Giftbeibringung und der gemeingefährlichen Vergiftung mit schärferen Strafandrohungen versehen worden, weil die Kommunisten in weitem Umfange Vergiftungen vorgesehen hatten, darunter die V e r g i f t u n g v o n V o l k s-
s p e i s u n g e n und von Speisen in Restaurants, in denen missliebige Politiker verkehren usw.»

Der Reichsminister Hermann Göring spricht am 1. März von Berlin aus über alle deutschen Sender. Nach übereinstimmenden Berichten der Blätter stellt Göring in dieser Rede folgende Behauptungen auf:

Die Kommunisten warben durch Handzettel und Auflagescheine w e h r f ä h i g e A r b e i t e r f ü r e i n e n r o t e n M a s s e n-
s e l b s t s c h u t z. Diese Einrichtung war eine V e r t a r n u n g, um die Massen der revolutionären Kommunisten mobil zu machen und sie im Kampf gegen Volk und Staat einzusetzen.
Ich möchte es offen aussprechen, dass wir nicht einen Abwehr-kampf führen, sondern auf der ganzen Front zum Angriff übergehen wollen. Es wird meine v o r n e h m s t e A u f g a b e s e i n, d e n K o m m u n i s m u s a u s u n s r e m V o l k e a u s z u r o t t e n. Deshalb haben wir auch diejenigen Kräfte des nationalen Deutschland mobil gemacht, deren Hauptaufgabe es sein muss, den Kommunismus zu überwinden.

Goering behauptet weiter:

Am 15. Februar ist festgestellt worden, dass die KPD. mit der B i l-
d u n g v o n T e r r o r g r u p p e n i n S t ä r k e b i s z u 2 0 0 M a n n beschäftigt war. Diese Gruppen hatten die Aufgabe, s i c h d i e S A-
U n i f o r m a n z u z i e h e n und dann auf Autos, Warenhäuser, Läden usw. Ueberfälle zu unternehmen. Auch auf verbündete Verbände, wie den Stahlhelm und nationale Parteien, sollten solche Ueberfälle ausgeführt werden. Man wollte damit die Einheit der nationalen Bewegung stören. Auf der anderen Seite sollten T e r r o r g r u p-
p e n i n S t a h l h e l m u n i f o r m ähnliche Taten ausführen. Bei

der Verhaftung sollten die falschen Ausweise vorgezeigt werden. Ferner wurden z a h l r e i c h e g e f ä l s c h t e B e f e h l e von S A- u n d S t a h l h e l m f ü h r e r n gefunden, in denen| die SA in geheimnisvoller Weise aufgefordert wurde, s i c h f ü r d i e N a c h t z u m 6. M ä r z b e r e i t z u h a l t e n, u m B e r l i n z u b e s e t z e n, und zwar unter rücksichtslosem Waffengebrauch, Niederschlagung aller Widerstände usw. Diese gefälschten Befehle wurden dann an Behörden und Bürger verbreitet, um d a s S c h r e c k e n s g e- s p e n s t e i n e s n a t i o n a l s o z i a l i s t i s c h e n S t a a t s p u t- s c h e s hervorzurufen und die Arbeiterschaft in die notwendige Verwirrung zu bringen. Auch P o l i z e i b e f e h l e w u r d e n g e- f ä l s c h t, wonach Panzerwagen auszuliefern waren. In einer Sitzung der KPD am 18. Februar war von einem ausdrücklichen A n- g r i f f s p a k t d e r v e r e i n i g t e n P r o l e t a r i e r gegen die Bourgeoisie und gegen die faschistischen Staaten die Rede. Am gleichen Tage wird der Führer einer B r ü c k e n s p r e n g k o l o n n e, der sich durch Fehlen grösserer Mengen Sprengstoff verdächtig gemacht hatte, festgenommen.

Bald danach wird eine Organisation der KPD aufgedeckt, d i e m i t G i f t v o r g e h e n sollte. Durch die Aufdeckung eines solchen G i f t p l a n e s in Köln a. Rh. wurde offenbar, dass das Gift in G e- m e i n s c h a f t s s p e i s u n g e n d e r S A w i e a u c h d e s S t a h l h e l m v e r w e n d e t w e r d e n s o l l t e. Eine weitere Unterlage beweist, dass nicht nur Frauen und Kinder führender Persönlichkeiten als Geiseln festgesetzt werden sollten, sondern a u c h F r a u e n u n d K i n d e r v o n P o l i z e i b e a m t e n, die man als l e b e n d i g e n S c h u t z w a l l bei den Demonstrationen vorschieben wollte. Die Leitung dieser Mordorganisation lag in den Händen des Kommuneführers M ü n z e n b e r g.

Am 22. Februar wurde vom Zentralkomitee die P a r o l e z u r B e- w a f f n u n g d e r A r b e i t e r s c h a f t ausgegeben. In der entsprechenden Anweisung hiess es: «Zur Anwendung des Terrors ist j e d e s M i t t e l u n d j e d e W a f f e z u b e n u t z e n.» Massenstreiks wurden angeordnet. Solidaritätsstreiks sollten vorberei tet werden. Es sollten alle Leute gemeldet werden, die mit der Waffe umzugehen verstehen, alles habe sich auf die Illegalität umzustellen.

Göring sprach dann über einen O r g a n i s a t i o n s p l a n zum bewaffneten A u f s t a n d. Dort sei davon die Rede, dass der bewaffnete Aufstand die erste Phase des Bürgerkrieges ist. Es würden Anweisungen über den Einsatz kleinerer Terrorgruppen gegeben, über Anlegung von B r ä n d e n an tausenden und abertausenden von Orten. Zweck dieser Aktionen sei es, Polizei und Wehrmacht auf das flache Land zu locken und dann in den entblössten Städten den A u f r u h r anzublasen.

B e i d e r V e r w e n d u n g v o n G e i s e l n dürfe man sich von keiner Humanität leiten lassen.

Irrenanstalt Langbro

Oben: Gesamtansicht der Heilanstalt Langbro bei Stockholm.
Mitte: Einfahrt in die geschlossene Anstalt Langbro. Auf der
Tafel steht: «Bei Strafe von
15,— Kr. ist es Unbefugten verboten, das Gebiet der Anstalt zu
betreten.»
Unten: Männerpavillon der Anstalt Langbro.

Der Mann, der in den deutschen Schulen die Prügelstrafe wieder einführte

Dr. Rust, preussischer Kultusminister.

«Dr. Rust hat im Jahre 1930, als er Studienrat in Hannover war, um seine Pensionierung ersucht und sie unter Beibringung von ärztlichen Attesten damit begründet, dass er geistesgestört sei. Damit erbrachte er den Befähigungsnachweis für eine Ministerstelle im Dritten Reich.»

Göring schloss:

«Den Kommunisten darf ich sagen: Meine Nerven sind bisher noch nicht durchgegangen, und i c h f ü h l e m i c h s t a r k g e n u g, i h r e m v e r b r e c h e r i s c h e n T r e i b e n P a r o l i z u b i e t e n !»

Wer sind die Brandstifter?

Gleichzeitig mit der Mitteilung über den Reichstagsbrand geht die Frage durch die Weltpresse : Wer sind die Brandstifter ? Die meisten deutschen Blätter machten sich die Mitteilung der Hitler-Regierung zu eigen, dass die Kommunisten den Reichstag angezündet hätten. Im Gegensatz dazu nahm die gesamte Auslandspresse die amtlichen Mitteilungen über den Reichstagsbrand mit Skepsis auf, die sich, je mehr sich die Nachrichten häuften, in kurzer Zeit zu offener Verhöhnung der offiziellen Behauptungen steigerte. Der «Temps» berichtet am 1. März über den Reichstagsbrand:

«Das offizielle Kommuniqué hat offensichtlich den Zweck, die Bevölkerung zur Raserei zu bringen und sie gegen die Linksopposition aufzubringen. Es gibt keine Mittel, die Polizeibehauptungen zu prüfen. Man kann lediglich feststellen, dass der Reichstagsbrand der Regierungspropaganda zu den Wahlen sehr gelegen kommt. Er dient als Vorwand für eine Aktion nicht bloss gegen die Kommunisten, sondern auch gegen die Sozialdemokraten, sowie dem Zweck, die SA-Abteilungen und den Stahlhelm in eine Reihe mit der bewaffneten Macht treten zu lassen.

In der gleichen Ausgabe des «Temps» wird davon gesprochen:

«dass sich die demokratischen und Linkskreise von Berlin dem Ursprung des Reichstagsbrandes gegenüber skeptisch zeigen.»

In der Ausgabe vom nächsten Tage geht der «Temps» weiter:

«Die Verhaftung v. d. Lubbes und sein Schuldbekenntnis genügen nicht, um den Schleier zu lüften, der den Reichstagsbrand umgibt.»

Der Londoner «Evening Standard» schreibt am 1. März :

«Wir wären erstaunt, wenn die Welt die Erklärung Herrn Hitlers für bare Münze nähme, dass der Reichstagsbrand ein Werk kommunistischer Brandstifter sei.»

Die Londoner «News Chronicle» vom gleichen Tage erklärt :

«Die Behauptung, dass die deutschen Kommunisten irgend eine Beziehung zum Brand hätten, ist einfach eine Dummheit . . .»

Die offizielle Reuter-Agentur verbreitet am 1. März folgenden Bericht :

«Es unterliegt keinem Zweifel, dass Millionen Menschen in Deutschland der aus offiziellen Quellen stammenden Geschichte der Revo-

lution der Roten, die soeben vermieden wurde, weder glauben können noch wollen.»

Diese wenigen Beispiele aus der Riesenzahl der Pressestim-
men beweisen zur Genüge, dass ausserhalb Deutschlands den offiziellen Behauptungen der Hitler-Regierung kein Glauben geschenkt wird. Das gesamte Ausland war und ist überzeugt, dass
die Nationalsozialisten den Reichstag angezündet haben. Wir zitieren nur noch ein Blatt, das die Weltmeinung besonders präg-
nant wiedergibt. Der «Daily Telegraph», London, schreibt am
3. März :

> «Die Theorie, wonach der Reichstag von Kommunisten angezündet
> worden ist, wird heute schon von keinem vernünftigen Deutschen ge-
> glaubt. Und man hat inzwischen erfahren, dass Hauptmann Göring
> schon vor dem Reichstagsbrand eine ganze Reihe von Verordnungen
> und Unterdrückungsmassnahmen vorbereitet hatte, als ob er voraus
> gewusst hätte, dass sich in Berlin in dieser Nacht etwas Sensationel-
> les abspielen würde.»

Kaum drei Tage nach dem Reichstagsbrand steht die Hitler-
Regierung schon vor der Tatsache, dass im Ausland niemand
ihren Berichten Glauben schenkt. Eine unübersteigbare Mauer
des Misstrauens richtet sich um Deutschland auf. Wohl passieren täglich Hunderte von Zügen die deutsche Grenze, wohl spielen
Telegraf und Telefon aus Berlin nach allen Richtungen der Welt,
Briefe a u s Deutschland werden geschrieben und befördert; Briefe
n a c h Deutschland werden geschrieben und befördert. Aber: die
Züge, die aus Deutschland kommen, sind voll von Menschen,
die dem Tod und dem Gefängnis entfliehen wollen; die Züge,
die nach Deutschland gehen, sind fast leer. Die wenigen Passagiere, die sie benutzen, kommen im Auftrage von Zeitungen und
Organisationen, die feststellen wollen, was in Deutschland wirklich vor sich geht. Die Briefe, die aus Deutschland ins Ausland
gelangen, sind ein einziger Aufschrei des Entsetzens.

Wer brauchte den Reichtagsbrand ?

Jeder Kriminalist stellt zuerst die Frage, wem das Verbrechen zugute gekommen ist. Diese Frage muss als erste auch hier
gestellt werden.

Die Hitler-Regierung behauptet in ihrem amtlichen Bericht
vom 28. Februar, dass der Reichstagsbrand von Kommunisten
gelegt worden sei und dass er das Fanal zum blutigen Aufruhr
und Bürgerkrieg sein sollte. Gibt es auch nur einen einzigen Beweis dafür, dass die Kommunistische Partei in der Nacht vom 27.
zum 28. Februar zu «blutigem Aufruhr» übergehen wollte?

Die Taktik der Kommunistischen Partei spricht entschieden gegen diese Behauptung. In den offiziellen Publikationen der Kommunistischen Partei ist mehr als einmal zu lesen, dass der Endkampf um die Macht nur geführt werden kann, wenn die Kommunistische Partei imstande ist, die Mehrheit der Arbeiterklasse in den Kampf zu führen. Die Kommunistische Partei Deutschlands war erst auf dem Wege, diese Mehrheit zu erobern.

In einer Erklärung der Kommunistischen Partei Deutschlands vom 25. März 1933 zum Reichstagsbrand heisst es :

«Jeder, der mit den Grundsätzen des Kommunismus, mit den Lehren von Marx und Lenin, mit den Beschlüssen der Kommunistischen Internationale und der Kommunistischen Partei Deutschland auch nur ein wenig vertraut ist, weiss, dass Methoden des individuellen Terrors, Brandstiftungen, Sabotageakte und dergleichen, nicht zu den taktischen Mitteln der kommunistischen Bewegung gehören. Die Kommunistische Partei hat immer ausgesprochen, dass ihr Ziel die Durchführung der proletarichen Revolution ist. Um dieses Ziel zu erreichen, gebraucht die KPD die Taktik des revolutionären Massenkampfes, die Gewinnung der Massen für die kommunistische Bewegung durch Agitation und Propaganda, vor allem aber durch die Organisation des täglichen Kampfes für die unmittelbaren Interessen der Werktätigen. Das ist die Taktik, durch die die kommunistische Bewegung nach den Grundsätzen des Marxismus-Leninismus in allen Ländern ihre Ziele verwirklicht. Es liegt auf der Hand, dass die Brandstiftung im Reichstag keinerlei erdenklichen Sinn und Zweck für die kommunistische Bewegung haben konnte.»

Die Richtigkeit dieser Erklärung wird durch die Geschichte der Kommunistischen Partei von ihrem Entstehungstag an bestätigt. Es liegt nicht der geringste Beweis dafür vor — es widerspräche auch völlig ihrer Politik —, dass die Kommunisten ihre Taktik änderten und plötzlich zu individuellen Terroraktionen schritten.

Die Kommunistische Partei Deutschlands war in den letzten Jahren in einem ununterbrochenen Aufstieg. Sie vereinigte bei den ersten Präsidentenwahlen im März 1932 auf ihren Kandidaten Ernst Thälmann 4.960.000 Stimmen. Sie steigerte diese Stimmzahl bei den Reichstagswahlen am 31. Juli 1932 auf rund 5.300.000. Sie erreichte bei den Wahlen am 6. November 1932 sechs Millionen Stimmen. Die Kommunisten gingen in die Neuwahlen des 5. März 1933 mit den besten Aussichten. Nahezu in der gesamten Auslandspresse wurde ihnen ein grosser Stimmzuwachs prophezeit.

Die Unzufriedenheit im Lager der Sozialdemokratie wuchs. Die ständigen Provokationen der Nazis, die Passivität der Gewerkschafts- und Parteiführer, die zugelassen hatten, dass ihre Minister in Preussen von einem Hauptmann und drei Mann verjagt wurden, trieben breite Massen der sozialdemokratischen Wähler zu den Kommunisten.

Nicht minder gross war die Unzufriedenheit im nationalsozialistischen Lager. Bei den Wahlen im November 1932 hatte Hitler über 2 Millionen Stimmen verloren. Der Zersetzungsprozess war im Wachsen .Als Hitler an die Macht kam, erwarteten viele seiner Anhänger eine entscheidende Wendung zum Besseren. Sie kam nicht. Es bestand die Gefahr einer weiteren Abwanderung nationalsozialistischer Wähler ins kommunistische Lager.

Die Hitler-Regierung zählt zu den Beweismitteln für die Absicht der Kommunisten neben anderem auch die Broschüre : «Die Kunst des Aufstandes.» Aber in eben dieser Broschüre ist unter anderem folgender Satz Lenins zu lesen :

> «Die entscheidende Schlacht kann dann als voll herangereift gelten, wenn sich alle uns feindlichen Klassenkräfte hinreichend verrannt haben, wenn sie sich hinreichend gegenseitig in die Haare geraten sind und sich durch den Kampf, der ihre Kräfte übersteigt, hinreichend geschwächt haben, wenn sich alle schwankenden, unsicheren, unbeständigen Zwischenelemente, d. h. das Kleinbürgertum, die kleinbürgerliche Demokratie, zum Unterschied von der Bourgeoisie, hinreichend vor dem Volk entlarvt und durch ihren praktischen Bankrott hinreichend blamiert haben, wenn die Massenstimmung zugunsten einer Unterstützung der entschlossensten, aufopfernd kühnen revolutionären Handlungen gegen die Bourgeoisie im Proletariat eingesetzt und mächtig anzuschwellen begonnen hat. Eben dann ist die Revolution reif, eben dann . . . falls wir alle vorstehend bezeichneten . . . Voraussetzungen richtig erwogen und den Moment richtig gewählt haben, ist unser Sieg gesichert.»

Und weiter sagt Lenin in dieser Broschüre :

> «Mit der Vorhut allein kann man nicht siegen. Die Vorhut allein in den entscheidenden Kampf werfen, solange die ganze Klasse, solange die breiten Massen die Avantgarde nicht direkt unterstützen oder zum mindesten eine wohlwollende Neutralität ihr gegenüber üben, wäre nicht nur eine Dummheit, sondern auch ein Verbrechen.»

Hätte Göring die Broschüre «Die Kunst des Aufstandes» auch nur flüchtig gelesen, so hätte er sich nicht dazu verleiten lassen, sie als Beweismittel gegen die Kommunistische Partei zu benutzen. Der Pfeil ist auf den Schützen zurückgeschnellt.

Hitler, der Gefangene Hugenbergs?

Am 30. Januar war, mit Hitler als Reichskanzler, die sogenannte Regierung der «nationalen Konzentration» gebildet worden. Die Bedingungen, unter denen Hindenburg Hitler zum Reichskanzler ernannt hatte, waren für die Nationalsozialisten sehr hart. Die deutschnationalen Minister hatten im Kabinett die absolute Mehrheit. Der Stellvertreter des Reichskanzlers, Herr von Papen, wurde zum Reichskommissar für Preussen ernannt, obwohl in den vorhergehenden Regierungen der Reichskanzler selbst das Preussische Reichskommissariat geführt hatte. Das Reichswehrministerium, das die Nationalsozialisten in der letzten Etappe des Kampfes um die Macht für sich beansprucht hatten, wurde in die Hände des hindenburgtreuen Generals von Blomberg gelegt. Als Hindenburg am 30. Januar dem neuen Kabinett den Eid abnahm, musste Hitler ausdrücklich in Gegenwart aller Kabinettsmitglieder das Versprechen ablegen, an der Zusammensetzung der Regierung nichts zu verändern, wie immer die Wahlen auch ausfallen würden. Die drei nationalsozialistischen Minister Hitler, Frick und Goering sassen in der Regierung eingekeilt zwischen Deutschnationalen, denen sämtliche wirtschaftlichen Ministerien, die Führung der Aussenpolitik und das Reichswehrministerium übertragen worden war. Der Führer Hitler sollte nach dem Plane der Deutschnationalen ihr Gefangener sein. Er wurde von Hindenburg nur in Gegenwart Papens empfangen. Nie vorher war einem Reichskanzler eine so drückende Bedingung gestellt worden.

Auf legalem Wege konnte eine Aenderung nicht herbeigeführt werden. Die Deutschnationalen pochten auf ihren Schein. Der zweite Bundesführer des Stahlhelm, Oberstleutnant Düsterberg, gab, um Hitler festzulegen, in einer Wahlversammlung am 12. Februar, das bindende Versprechen Hitlers bekannt, an der Zusammensetzung des Kabinetts keine Aenderung vorzunehmen. Die Schale senkte sich zugunsten der Deutschnationalen.

Die Männer um Hitler, in erster Linie Goebbels und Göring, waren seit dem 30. Januar unablässig bemüht, Hitler aus der Umklammerung der Deutschnationalen zu befreien.

Der Druck verstärkte sich von Tag zu Tag. Nur eine Aenderung der Machtverteilung innerhalb der Regierung konnte die wachsende Unzufriedenheit vieler nationalsozialistischer Wähler eindämmen. Ein Gewaltstreich barg zuviel Gefahren in sich. Die Reichswehr und der Stahlhelm standen auf Seiten Hindenburgs. Bei einem offenen Kampf war damit zu rechnen, dass auch das Reichsbanner an die Seite der Reichswehr und des Stahlhelms gegen die Nationalsozialisten treten würde.

Die Denkschrift des Doktor Oberfohren

In dieser Situation gingen die Nationalsozialisten in den Wahlkampf. Dr. Goebbels, der erfindungsreichste unter den nationalsozialistischen Führern, sah die drohende Entwicklung am deutlichsten. In seinem Kopf entstand zuerst der Plan zu einem grossen Coup, der die politische Situation des Nationalsozialismus mit einem Schlage verändern sollte. Wir besitzen ein Zeugnis über den grossen Coup, seine Entstehung und seine Durchführung.

Der deutschnationale Abgeordnete Dr. Oberfohren hat nach den Wahlen vom 5. März 1933, als die Nationalsozialisten Stück um Stück der deutschnationalen Positionen an sich rissen, den Kampf der Deutschnationalen und des Stahlhelms gegen Hitler zu organisieren versucht. Als Vertrauter Hugenbergs war er über alle Vorgänge im Kabinett genau unterrichtet. Er legte sein Wissen über die Vorbereitungen zum Reichstagsbrand in einer Denkschrift nieder, die er an seine Freunde versandte.

Diese Denkschrift Dr. Oberfohrens ist auf Schleichwegen ins Ausland gelangt. Einzelne Abschnitte der Denkschrift wurden in englischen, französischen und Schweizer Blättern anonym, ohne Angabe des Verfassers veröffentlicht.

Wenige Tage darauf spielte ein deutschnationaler Abgeordneter, der später zu den Nazis übertrat, der «Geheimen Staatspolizei» die Denkschrift Oberfohrens in die Hände. Mit diesem Tage begann die Hetzjagd auf den Verfasser. Dr. Oberfohren wurde am 7. Mai in seiner Wohnung tot aufgefunden. Der Polizeibericht behauptete, Oberfohren habe Selbstmord verübt. Die amtliche Mitteilung hob besonders hervor, dass in der Wohnung Oberfohrens keinerlei Dokumente gefunden worden seien. In Wirklichkeit wurde Oberfohren von den Nazis ermordet. Alle für die Hitlerregierung komprommittierenden Papiere wurden von den Mördern Oberfohrens geraubt.

Oberfohren erzählt zu Beginn der Denkschrift, dass die Durchsuchungen, die der Berliner Polizeipräsident Melcher im Karl-Liebknecht-Haus mehrfach unternehmen liess, ergebnislos geblieben waren. Er schildert dann in seiner Denkschrift, wie der Plan zum Reichstagsbrande bei den Nationalsozialisten entstand:

> Herr Doktor Goebbels, von keiner Skrupel beschwert, hatte bald einen Plan festgelegt, bei dessen Ausführung man nicht nur den Widerstand bei den Deutschnationalen gegenüber den Forderungen der NSDAP auf Unterbindung der sozialdemokratischen und kommunistischen Agitation überwinden könne, sondern unter Umständen bei völligem Gelingen auch das Verbot der Kommunistischen Partei erzwingen würde.

> Goebbels hielt es für notwendig, dass man im Karl-Liebknecht-Haus Material fände, durch das verbrecherische Absichten der Kommunisten belegt, ein kommunistischer Aufstand als unmittelbar bevorstehend und dadurch unmittelbare Gefahr im Verzuge beweisbar waren. Da unter Melchers Polizei im Karl-Liebknecht-Haus wieder nichts gefunden worden war, musste ein neuer Polizeipräsident für Berlin, und zwar aus den Reihen der Nationalsozialisten, genommen werden.

Nur ungern liess Herr von Papen seinen Beauftragten Melcher aus dem Polizeipräsidium scheiden. Der Vorschlag der NSDAP, den Führer der Berliner SA, den Grafen Helldorf, zum Polizeipräsidenten zu ernennen, wurde abgeschlagen. Man einigte sich schliesslich auf den gemässigteren Admiral von Levetzow, der zwar der NSDAP angehört, dessen Bindungen an den deutschnationalen Kreis aber immer noch vorhanden waren. Material in das leerstehende Karl-Liebknecht-Haus einzuschmuggeln, war eine Kleinigkeit. Die Polizei hat die Baupläne des Bürohauses und somit auch die Lage seiner Keller. Die notwendigen Dokumente konnten dort also leicht hineingebracht werden.

Goebbels war sich auch von vornherein darüber klar, dass es notwendig sei, den Ernst und die Glaubwürdigkeit der aufgefundenen, von ihm gefälschten Papiere durch die eine oder andere, wenn auch nur angedeutete Handlung zu unterstreichen. Man hatte auch in dieser Hinsicht vorgesorgt.

Am 24. Februar drang die Polizei in das seit Wochen leerstehende Karl-Liebknecht-Haus ein, durchsuchte und versiegelte es. Am gleichen Tage wurde amtlich bekanntgegeben, dass eine Fülle hochverräterischen Materials gefunden sei.

Am 26. Februar veröffentlichte der Conti, ein Nachrichtenbüro der Regierung, sehr ausführlich das Ergebnis der Aktion. Es verlohnt sich nicht, diese genaue Meldung wiederzugeben. Der Hintertreppenstil dieser Meldungen fiel auch dem unbefangenen Leser auf. Es wurde ausführlich von geheimen Gängen, geheimen Sperrvorrichtungen, Schlupfkanälen, Katakomben, unterirdischen Gewölben und dergleichen mehr berichtet. Die ganze Art der Aufmachung des Berichtes musste umso lächerlicher wirken, als zum Beispiel die Keller eines Bürohauses mit den Ausdrücken «Unterirdische Gewölbe» und «Katakomben» bezeichnet wurden. Es musste auffallen, dass in angeblich gut abgedeckten Nebenräumen der Keller mehrere hundert Zentner genaueste Anweisungen für die Durchführung der bevorstehenden Revolution der Polizei in die Hände gefallen seien. Besonders lächerlich war die Mitteilung, dass durch die Funde in diesen geheimen Gewölben die Beweise gefunden worden waren, «dass die kommunistische Partei und ihre Unterverbände ein zweites illegales Dasein unter der Oberfläche führen».

Admiral von Levetzow, Polizeipräsident von Berlin, erstattete am Sonntag, dem 26. Februar, nachmittags dem kommissarischen Innenminister, Herrn Goering, Bericht über die Funde im Karl-Liebknecht-Haus.

Innerhalb der Regierungskoalition gab es auf Grund des Ergebnisses der Durchsuchung des Karl-Liebknecht-Hauses lebhafte Auseinandersetzungen. Papen, Hugenberg und Seldte machten Herrn Goering die lebhaftesten Vorwürfe, dass er mit solchen Gaunertricks arbeitete. Sie wiesen darauf hin, dass die angeblich vorgefundenen Dokumente so ungeschickt gefälscht seien, dass man sie der Oeffentlichkeit unter keinen Umständen übergeben könne. Sie verwiesen darauf, dass man geschickter hätte vorgehen müssen, etwa in der Art wie seinerzeit die englischen Konservativen bei der Fälschung des Sinowjew-Briefes. Die Plumpheit der dem Conti-Büro übergebenen Schilderung des Karl-Liebknecht-Hauses wurde angegriffen. Deutschnationale und Stahlhelm wiesen darauf hin, dass kein Mensch glaube, dass die Kommunisten ausgerechnet im Karl-Liebknecht-Haus ihr illegales Quartier aufschlagen würden. Man hätte schon geschickter fälschen müssen und die illegalen Räume in irgendeinem anderen Stadtteil ausheben müssen.

Nachdem jedoch die ganze Angelegenheit der Oeffentlichkeit übergeben war, blieb auch den Deutschnationalen nichts weiter übrig, als weiteren Verschärfungen der Verordnungen gegen die Kommunisten auf Grund des vorgefundenen Materials zuzustimmen. Es bestand für sie ja keineswegs die Frage einer Schonung der Kommunisten, lediglich die Plumpheit des Vorgehens wurde gerügt. Doch hatte man ausserdem den Wunsch, die Kommunistische Partei unter allen Umständen an den Wahlen teilnehmen zu lassen. Man wollte verhindern, dass die Nationalsozialisten allein die absolute Mehrheit im Reichstag bekommen könnten durch Ausschaltung der Kommunistischen Partei.

Die Ausführung des Gœbbelsschen Planes

Dr. Oberfohren stellt in seiner Denkschrift dar, dass Goebbels es für notwendig hielt, die Wirkung des im Karl-Liebknecht-Haus angeblich aufgefundenen Materials durch eine Handlung zu verstärken. Er versprach sich die grössten Erfolge von einer Serie von Brandlegungen, die — immer nach Oberfohrens Denkschrift — in den letzten Wochen vor dem Reichstagsbrande stattfinden und durch eine Brandlegung im deutschen Reichstag gekrönt werden sollten. Als Tag des Reichstagsbrandes wurde der 27. Februar festgelegt. Es wurde verabredet, dass die wichtigsten Führer der Nationalsozialisten Hitler, Göring und Goebbels an diesem Tage keinerlei Redeverpflichtungen auf Wahlversammlungen übernehmen und sich in Berlin aufhalten sollten. Wir veröffentlichen nachstehend eine Mitteilung des nationalsozialistischen Propagandaleiters vom 10. Februar über die vorgesehenen Wahlreden Hitlers. Es ist besonders auffällig, dass Hitler die Tage vom 25. bis 27. Februar frei hielt:

«23. Februar . . . . . Frankfurt a. M.

24. Februar . . . . . München

28. Februar . . . . . Leipzig

1. März . . . . . Breslau

2. März . . . . . Berlin

3. März . . . . . Hamburg

4. März . . . . . Königsberg»

Weiter wurde noch mitgeteilt:

«Es besteht die Möglichkeit, dass auch am 25. und 26. Februar noch Wahlkundgebungen angesetzt werden. Als Tageszeit wird zumeist die Zeit zwischen 8 und 9 Uhr in Frage kommen.»

Sicherheitshalber hat sich Hitler also die Tage vom 25. bis 27. Februar freigehalten. Auf alle Fälle wird jedoch schon vorher angekündigt, dass Hitler keinesfalls am 27. Februar in Wahlkundgebungen sprechen könne.

Die Widersprüche in den amtlichen Berichten

Wir stützen uns bei unserer Beweisführung für die Unschuld der Kommunisten und die Schuld der Nazis am Reichstagsbrande nicht allein auf die Aussagen unbeeinflusster Zeugen und auf die uns vorliegenden Dokumente. Wir können den Beweis auch führen, an Hand der amtlichen Meldungen der Hitlerregierung.

Die amtlichen Auslassungen der Hitlerregierung zum Reichstagsbrande weisen soviel Widersprüche auf, dass allein deren Aufdeckung genügt, um zu zeigen, in welchem Lager die wahren Brandstifter zu suchen sind.

In der ersten amtlichen Mitteilung hiess es, dass ein Polizeibeamter in dem dunkeln Gebäude Personen mit brennenden Fackeln beobachtet hat, und dass es gelang, den Täter zu fassen. Es wurde weiter erklärt, dass der Täter in den Kellerräumen des Reichstages vorgefunden wurde und sich o h n e W i d e r s t a n d festnehmen liess. Am 4. März wird hingegen die Verhaftung des van der Lubbe wie folgt geschildert:

«Schutzpolizisten haben von der Seite des Brandenburger Tores aus Feuer im Reichstag beobachtet. Einer der Beamten hat deutlich Fackeln gesehen und daraufhin geschossen. Man hat zunächst gewisse Zweifel in diesen Sachverhalt gesetzt. Inzwischen sind aber die Kugeleinschläge tatsächlich gefunden worden. Die Schutzpolizisten sind darauf in den Reichstag eingedrungen. Sie fanden bereits in der Wandelhalle, nichts erst, wie ursprünglich berichtet war, in den Kellerräumen, den Marinus van der Lubbe, der dort von einem Beamten nach erheblichem Widerstand überwältigt wurde.»

Dies ist der erste Widerspruch in den amtlichen Meldungen.

Die Beschuldigungen gegen Torgler und Koenen

Der amtliche «Preussische Pressedienst» meldet am 1. März 1933 abends folgendes:

«Die bisherige amtliche Untersuchung der grossen Brandstiftung im Gebäude des deutschen Reichstags hat ergeben, dass allein zur Herbeischaffung des Zündmaterials mindestens 7 Personen notwendig gewesen sind. während die Verteilung der Brandherde und ihre gleichzeitige Entzündung in dem riesigen Hause mindestens 10 Personen erfordert haben muss. Ganz zweifellos sind die Brandstifter so vollkommen mit allen Einzelheiten des weitläufigen Gebäudes vertraut gewesen, dass nur ein jahrelanger ungehinderter Verkehr diese sichere Kenntnis sämtlicher Räume ergeben haben kann. Dringender Tatverdacht besteht deshalb gegen die Abgeordneten der Kommunistischen Partei, die sich ganz besonders in der letzten Zeit auffallend häufig unter den verschiedensten Anlässen im Reichstagsgebäude zusammenfanden. Aus dieser Vertrautheit mit dem Reichstagsgebäude und der Diensteinteilung der Beamten erklärt sich auch die Tatsache, dass vorläufig nur der auf frischer Tat ertappte holländische Kommunist verhaftet werden konnte, da er in Unkenntnis der Räumlichkeiten nach begangener Tat nicht mehr fliehen konnte. Der Verhaftete, der auch in Holland als besonders radikal bekannt ist, hat den Verhandlungen des Kommunistischen Aktionsausschusses ständig beigewohnt und durchgesetzt, dass er zu der Brandstiftung hinzugezogen wurde.

Die Untersuchung hat weiter ergeben, dass drei Augenzeugen einige Stunden vor Ausbruch des Brandes den verhafteten holländischen Täter im Begleitung der kommunistischen Reichstagsabgeordneten Torgler und Koenen in den Gängen des Reichstages um 8 Uhr abends gesehen haben. Ein Irrtum der Augenzeugen ist bei dem Aussehen des Brandstifters unmöglich. Da weiterhin der Abgeordneteneingang des Reichstages um 8 Uhr abends geschlossen wird, die kommunistischen Abgeordneten Torgler und Koenen sich jedoch gegen einhalbneun Uhr ihre Garderobe in ihr Zimmer bringen liessen und erst gegen 10 Uhr durch ein anderes Portal den Reichstag verliessen, besteht gegen diese beiden Kommunisten dringendster Tatverdacht. In dieser Zeit ist nämlich der Brand angelegt worden.

Unrichtig ist das Gerücht, nach dem der Abgeordnete Torgler sich der Polizei freiwillig gestellt haben soll. Er hat allerdings durch seinen Rechtsbeistand in dem Augenblick um freies Geleit gebeten, als er erkannte, dass ein Entkommen unmöglich geworden war. Das freie Geleit wurde abgelehnt und der Abgeordnete verhaftet.»

Am 4. März gibt der Leiter der politischen Polizei einen Bericht, in dem es heisst :

«Soweit die bisherige Untersuchung begründete Verdachtsmomente hinsichtlich der Mitwirkung dritter Personen ergeben hat, kann im Interesse des schwebenden Verfahrens und der Staatssicherheit nichts gesagt werden.»

Am 1. März also besteht dringender Tatverdacht gegen Torgler und Koenen, und die Staatssicherheit verbietet nicht, mitzuteilen, worauf sich dieser Verdacht stützt. Am 4. März würde eine Mitteilung über die Verdachtsmomente die Staatssicherheit gefährden.

Dies ist der zweite Widerspruch.

In der zitierten Mitteilung des «Preussischen Pressedienstes» vom 1. März heisst es, dass Torgler und Koenen das Reichstagsgebäude um 10 Uhr abends verlassen haben. Nach den Meldungen des offiziellen Wolff-Büros, der Telegrafen-Union und der auswärtigen Korrespondenten wurde der Brand in der Zeit zwischen 9 Uhr und 9 Uhr 15 entdeckt. Die Feuerwehr begann um 9 Uhr 15 ihre Tätigkeit. Die Polizei umstellte ungefähr um die gleiche Zeit den Reichstag und machte jeden Zutritt zum Reichstag unmöglich. Wenige Minuten nach der Entdeckung des Reichstagsbrandes traf Göring an der Brandstelle ein, kurze Zeit nach ihm Hitler, Goebbels, Papen und Prinz August Wilhelm. Trotzdem sollen die Abgeordneten Torgler und Koenen den brennenden Reichstag, der von der Polizei abgeriegelt und von einer tausendköpfigen Menge umgeben war, in Seelenruhe verlassen haben, ohne dass es irgendeinem Menschen einfiel, auch nur eine Frage an sie zu stellen ?

Dies ist der dritte Widerspruch.

Lückenloses Alibi für Torgler und Koenen

Zwei Kellner des Aschinger-Restaurants am Bahnhof Friedrichstrasse haben in einem Protokoll eidesstattlich versichert, dass die Reichstagsabgeordneten Torgler und Koenen am 27. Februar bereits um 8 Uhr 30 in dieser Restauration ihr Abendessen eingenommen haben. Sie müssen demnach den Reichstag spätestens kurz nach 8 Uhr abends verlassen haben, und nicht um 10 Uhr, wie die amtliche Meldung behauptet.

Ueberdies geht aus der nachfolgend veröffentlichten eidesstattlichen Versicherung des Reichstagsabgeordneten Wilhelm Koenen eindeutig hervor, dass die beiden zwischen 8 Uhr 10 und 8 Uhr 15 abends den Reichstag verlassen haben. Wir veröffentlichen die eidesstattliche Versicherung des Reichstagsabgeordneten Wilhelm Koenen vollständig, weil Koenen am 27. Februar gegen ½7 Uhr abends in den Reichstag kam und von dieser Zeit an bis ½2 Uhr nachts mit Torgler zusammen blieb. Das Alibi der beiden ist lückenlos, und es beweist, dass an den Beschuldigungen der Hitler-Regierung gegen Torgler und Koenen kein Wort wahr ist. Die Erklärung des Abgeordneten Koenen lautet:

Eidesstattliche Versicherung.

Ich versichere an Eidesstatt folgendes :
«Am Nachmittag des 27. Februar suchte ich, wie an fast allen Tagen der vorhergegangenen Woche, im Polizeipräsidium am Alexanderplatz den Kriminalkommissar Dr. Braschwitz auf, um weiterhin mit ihm über die Auslieferung von Wahlmaterialien aus dem Karl-Lieb-

knecht-Haus zu verhandeln. Wir begaben uns nach drei Uhr zusammen mit einigen Kriminalbeamten vom Polizeipräsidium zum Karl-Liebknecht-Haus, wo dann wieder einige kleine Ladungen Plakate, Klebestreifen und dergleichen, die zur Wahlagitation freigegeben worden waren, verpackt und herausgeschafft wurden. Um zwanzig Minuten vor sechs verabschiedete ich mich nach Beendigung dieser Arbeit von dem Kriminalkommissar, verständigte mich in einem nahen Restaurant mit unseren Hilfsarbeitern über den weiteren Abtransport von Material für den nächsten Tag und rief dann unser Fraktionssekretariat im Reichstag an, wo ich wegen der Rednervermittlung für die letzte Wahlkampfwoche noch einiges zu besprechen hatte. Im Anschluss an dieses Telefongespräch fuhr ich zum angegebenen Zweck unmittelbar in den Reichstag, wo ich kurz vor halbsieben eintraf. Dort traf ich auch meinen Kollegen Ernst Torgler, der als Leiter des offiziellen Wahlkomitees unserer Partei an der Aufteilung der Abgeordneten auf die angesetzten Versammlungen beteiligt war. Als etwa ein Viertel nach sieben meine Angelegenheiten erledigt waren, bat mich mein Freund Ernst Torgler, doch noch ein Weilchen zu bleiben, da er nur noch einen Telefonanruf erwarte. der bald kommen müsse. Dann könnten wir doch zusammen essen gehen. Da ich es übernommen hatte, unterwegs noch eine dringliche Postanweisung aufzugeben, liess ich Ernst Torgler bei der Telefonzentrale des Reichstags anfragen, ob das Postamt im Reichstag noch geöffnet sei. Er bekam zur Antwort, dass es seit sieben Uhr geschlossen sei. Anschliessend erzählte ich ihm von den dauernden Schwierigkeiten, die bei der Herausgabe von Wahlmaterialien aus dem Karl-Liebknecht-Haus gemacht wurden. Wir kamen dann dahin überein, dass Torgler offiziell als Leiter des Zentral-Wahlkomitees unserer Partei bei dem Leiter der politischen Abteilung der Berliner Polizei, dem Oberregierungsrat Dr. Diehls, nochmals anrufen solle, um bei ihm erneut gegen die Zurückhaltung von Wahlplakaten veschiedenster Art und anderer Wahlmaterialien zu protestieren.

Es war etwa halb acht, als dieses Gespräch mit Dr. Diehls geführt wurde. Anschliessend liess ich mich selbst mit dem Assessor, der als rechte Hand von Dr. Diehls für die Durchführung der Freigabe verantwortlich war, verbinden und besprach nun meinerseits mit dem Assessor die Schwierigkeiten sowie die für den nächsten Tag zu erledigenden Angelegenheiten, wozu ich mich bereits mit dem Kriminalkommissar erneut nach dem Karl-Liebknecht-Haus verabredet hatte.

Nach diesen Telefon-Gesprächen mit dem Polizeipräsidium telefonierte der Abgeordnete Ernst Torgler um etwa dreiviertel acht dann noch mit dem Rechtsanwalt Dr. Rosenfeld. Als dann das von ihm seit sieben Uhr erwartete Gespräch eines Parteifreundes immer noch nicht gekommen war, rief er den Pförtner von Portal 5 an und teilte ihm mit, falls ein Gespräch nach acht Uhr (nach Schluss der

Telefonzentrale) beim Pförtner einlaufen würde, solle man durch die Hausleitung bei ihm im Fraktionssekretariat anrufen.

Inzwischen wurde noch von der Südgarderobe angerufen, ob Herr Torgler jetzt fortgehe, oder ob man ihm, wie üblich, die Garderobe ins Fraktionszimmer bringen solle. Er ersuchte, ihm die Garderobe heraufzubringen, was gegen acht Uhr geschah. Um diese Zeit wurden nämlich die Südgarderobe und das Portal 2 geschlossen.

Wenige Minuten nach acht kam dann endlich das erwartete Gespräch, das nun beim Pförtner des Portal 5, dem einzigen noch geöffneten Ausgang, geführt werden musste. Zu diesem Zweck wurde der Abgeordnete Torgler durch das Haustelefon heruntergerufen, er hat sich selbstverständlich, da er vom dritten Stock kam und seinen Freund nicht unnötig warten lassen wollte, sehr beeilt. Nach wenigen Minuten kam Ernst Torgler von der Pförtnerloge wieder direkt ins Fraktionszimmer zurück. Kurze Zeit darauf zogen wir uns dann an und verliessen, etwa acht einviertel Uhr, gemeinsam mit der Fraktionssekretärin den Reichstag durch das Portal 5.

Entgegen den Behauptungen über unser angeblich fluchtartiges Verlassen des Reichstagsgebäudes ist festzustellen, dass wir zufällig gerade an diesem Abend so aussergewöhnlich langsam wie niemals je zuvor das Reichstagsgebäude verliessen. Die Fraktionssekretärin, die diesmal gemeinsam mit uns herausging, litt nämlich zur Zeit an einer Venenentzündung am Bein, die sie besonders stark im Gehen behinderte, sodass wir nur ganz langsam gehen konnten.

In diesem sehr langsamen Schritt gingen wir bis zum Bahnhof Friedrichsstrasse, wo uns die Sekretärin verliess, um mit der U-Bahn zu fahren. Wir gingen unmittelbar, also etwa um achteinhalb Uhr, in das Aschinger-Restaurant am Friedrichstrassenbahnhof, wo wir zu Abend gegessen haben. Dort trafen wir noch drei Parteifreunde, mit denen wir uns noch einige Zeit unterhielten. Zwei dieser Parteifreunde verliessen uns, nachdem sie gegessen hatten, etwa zwischen halb- und dreiviertel zehn. Um zehn Uhr war für die Kellner Schichtwechsel, so dass wir kurz vorher unsere Rechnung bezahlten.

Erst nach zehn Uhr kam dann der neue Kellner an unseren Tisch heran, sprach mich mit meinem Namen an und sagte: «Herr Koenen, wissen Sie schon, der Reichstag brennt.» Aufs höchste erstaunt, antwortete ich: «Mensch, sind Sie verrückt? Das ist doch ganz unmöglich!» Er antwortet aufgeregt: «Nein, wirklich, alle Chauffeure erzählen es. Sie können sie ja vorne an der Theke fragen. Tausende von Menschen stehen schon dort herum.»

So erfuhren wir von einem der ungeheuerlichsten Verbrechen der Weltgeschichte.

gez. W i l h e l m K o e n e n

Diese Erklärung enthüllt den vierten Widerspruch in den amtlichen Meldungen.

Ernst Torgler hat sich selbst gestellt

In der Mitteilung des «Preussischen Pressedienstes» vom 1. März 1933 heisst es, dass Torgler sich nicht selbst gestellt habe, sondern verhaftet wurde. Die nachfolgende eidesstattliche Versicherung des Rechtsanwalts Dr. Kurt Rosenfeld, der Torgler zum Polizeipräsidium begleitete, beweist die Unwahrheit dieser Behauptung:

> *Eidesstattliche Versicherung.*
>
> Hierdurch versichere ich folgendes an Eidesstatt:
>
> Am Morgen nach dem Reichstagsbrande rief mich Herr Ernst Torgler telephonisch an und fragte mich, ob ich bereit sei, ihn zum Polizeipräsidium zu begleiten, wohin er gehen wolle, um die Beschuldigungen zu entkräften, die im Zusammenhang mit dem Reichstagsbrand gegen ihn erhoben seien. Ich erklärte mich bereit und rief sofort im Polizeipräsidium an, um mitzuteilen, dass ich zusammen mit Torgler sofort hinkommen werde. Wenn ich mich recht erinnere, sprach ich mit dem Kriminalrat Heller. Ich fuhr dann mit Herrn Torgler zusammen im Auto zum Polizeipräsidium und begab mich zu Herrn Heller, dem ich sagte: hier ist Herr Torgler und ich bitte ihn über die Beschuldigungen zu vernehmen, nach denen er irgendwie am Reichstagsbrande beteiligt sein soll. Die Nachricht, dass Torgler freiwillig erschienen war, um sich vernehmen zu lassen, führte dazu, dass mehrere Polizeibeamte in das Zimmer kamen, in dem ich war und sagten: «Torgler ist wirklich von selber gekommen?»
>
> Herr Heller ging dann mit Herrn Torgler in ein anderes Zimmer, während ich im Vorzimmer wartete. Nach längerer Zeit kam dann Herr Torgler wieder aus dem Zimmer heraus, und wir warteten gemeinsam bis Herr Heller uns beide in ein anderes Zimmer rief und in meinem Beisein Herrn Torgler für verhaftet eklärte.
>
> gez. Kurt Rosenfeld

Aus dieser Erklärung des Dr. Rosenfeld geht eindeutig hervor, dass Torgler sich freiwillig gestellt hat.

Dies ist der fünfte Widerspruch.

Der «Preussische Pressedienst» vom 1. März 1933 meldet, der Abgeordnete Torgler habe sich mit den Brandstiftern mehrere Stunden im Reichstagsgebäude aufgehalten und sei auch mit anderen an der Brandstiftung beteiligten Personen zusammen gewesen. Wenn Torgler wirklich Mittäter des Reichstagsbrandes gewesen wäre, hätte die primitivste Vernunft ihn abgehalten, sich mit van der Lubbe öffentlich zu zeigen.

Dies ist der sechste Widerspruch.

In der Meldung des amtlichen «Preussischen Pressedienstes» vom 1. März heisst es, dass die Kommunistischen Reichstagsabgeordneten mit dem Reichstagsgebäude und der Diensteinteilung der

Beamten vertraut gewesen seien. Tatsächlich waren die Kommunistischen Reichstagsabgeordneten mit der Diensteinteilung der Reichstagsbeamten nicht vertraut, sie hatten keinen Sitz im Reichstagspräsidium und waren auch aus allen Kommissionen, die sich mit der Verwaltung des Reichstags beschäftigten, ausgeschaltet. Ausserdem ist aber, wie wir nachfolgend noch aufzeigen werden, die Diensteinteilung der Reichstagsbeamten am Tage des Reichstagsbrandes durch den nationalsozialistischen Hausinspektor geändert worden, sodass wohl der Reichstagspräsident Göring, aber nicht die Kommunistischen Abgeordneten von dieser Aenderung Kenntnis haben konnten.

Dies ist der siebente Widerspruch.

Van der Lubbe ist kein Kommunist

In den Verlautbarungen des amtlichen Preussischen Pressedienstes vom 28. Februar heisst es, dass van der Lubbe «sich als Mitglied der Kommunistischen Partei Hollands bekannte». (Die Rundfunk-Version, dass van der Lubbe ein Mitgliedsbuch der Kommunistischen Partei Hollands bei sich gehabt habe, liess man noch in der Brandnacht fallen, weil sie zu unglaubhaft war.) Der erste Journalist, der mit van der Lubbe nach dem Reichstagsbrand sprach, war der Berichterstatter des Amsterdamer Blattes «De Telegraaf», und dieser schrieb in seinem Blatte am 2. März :

> «Marinus teilt mir mit, dass er schon lange Jahre nicht Mitglied irgend einer Partei ist. Er ist kein überzeugter Kommunist.»

Gegenüber seinem Landsmann fällt van der Lubbe aus der Rolle und sagt ausnahmsweise einmal die Wahrheit. Tatsächlich ist Marinus van der Lubbe im April 1931 aus dem Kommunistischen Jugendverband Leiden ausgetreten, um einem Ausschluss zuvorzukommen.

Dies ist der achte Widerspruch.

Das Wolffsche Telegrafenbüro meldet am 2. März 1933 aus Amsterdam :

> «Der Versuch der holländischen Kommunisten, van der Lubbe abzuschütteln, kann nicht gelingen, denn nach Auskunft im Haager Polizeipräsidium ist Lubbe, der seine radikalen Ideen der in Holland betriebenen vorsichtigen Parteitaktik nicht unterordnen wollte, von der Parteileitung keineswegs ausgeschlossen, sondern lediglich aus der vordersten Front herausgenommen und kaltgestellt worden.»

Die amtlichen deutschen Stellen wollen demnach glauben machen, dass ein von der holländischen Kommunistischen Partei «kaltgestellter» Kommunist (in Wirklichkeit ist van der Lubbe seit April 1931 nicht mehr Mitglied des Kommunistischen Jugendverbandes Hollands gewesen) von der deutschen Kommunistischen Partei zu Terrorakten herangezogen wird. Waren es nicht die Nationalsozialisten, die seit Jahren behauptet haben, zwischen den Kommunistischen Parteien, die alle nur Sektionen der Kommunistischen Internationale seien, herrsche die engste Verbundenheit? Wie reimt sich mit dieser Behauptung zusammen, dass ein kaltgestellter holländischer Kommunist von der deutschen kommunistischen Führung mit offenen Armen empfangen und mit den vertraulichsten Aufgaben betraut wird?

Dies ist der neunte Widerspruch.

Van der Lubbe gegen die Kommunisten

In der gleichen Meldung des Wolffschen Telegrafenbüros heisst es weiter :

> «Noch am 22. Dezember 1932 nahm Lubbe an einer Versammlung streikender Taxichauffeure im Haag teil und hielt dabei eine längere kommunistische Ansprache. Diese Mitteilung der holländischen Polizei ist ausserordentlich wichtig für die Beurteilung des Reichstagsbrandes als eines organisierten kommunistischen Terrorattentats.»

In der Tat, die Teilnahme Lubbes an der Versammlung ist ausserordentlich wichtig für die Beurteilung des Reichstagsbrandes. Van der Lubbe hat in der Versammlung der Taxi-Chauffeure nicht nur keine kommunistische Ansprache gehalten, sondern die Kommunistische Partei Hollands, wie schon oft vorher, angegriffen.

Teilnehmer der Versammlung haben das Auftreten van der Lubbes wie folgt geschildert:

Haag, den 12. März.

Mit grossem Unwillen habe ich letzte Woche in der bürgerlichen Presse eine falsche Nachricht gelesen, demzufolge die Polizei erklärt haben will, dass van der Lubbe am 22. Dez 1932 in einer Versammlung von Chauffeuren im Volkshaus im Haag eine kommunistische Rede gehalten haben soll. Als Berichterstatter der «Tribüne» für den Haag war ich in dieser Versammlung und habe darüber berichtet. Da die «Tribüne» keinen Platz für vollständige Versammlungsberichte hat, ist dieser Bericht nicht erschienen. Glücklicherweise besitze ich ihn aber noch und bin unabhängig genug, den Lügnern der bürgerlichen Blätter auf die Finger zu klopfen. Ich fordere hiermit die Behörden auf, den Bericht zu widerlegen, den ich im Folgenden wiedergebe, unterschrieben von Arbeitern der verschiedenen Richtungen.
«Diese Versammlung wurde vom Streikkomitee der Taxischauffeure gemeinsam mit den syndikalistischen P. A. S. einberufen. Für das Streikkomitee sprachen Präsident S t e e n b e r g e r und Sekretär K a p t i z. Für den syndikalistischen P. A. S. N i e u w e n h i u s. Nachdem er gesprochen hatte fand eine öffentliche Diskussion statt.

Der Fememörder-Polizeipräsident

Oberleutnant Heines, Polizeipräsident von Breslau,
SA-Obergruppenführer.

Heines hat nicht nur einen Fememord auf dem
Gewissen. Er wird in der Denkschrift des deutschnationalen Abgeordneten Oberfohren als der Führer der Kolonne bezeichnet, die den Reichstag in
Brand gesteckt hat.

Ein Mitwisser, der zum Schweigen gebracht wurde

Dr. Ernst Oberfohren, Vorsitzender der Deutschnationalen Reichstagsfraktion.

Dr. Oberfohren wurde am **7.** Mai 1933 in seiner Wohnung tot aufgefunden. Der amtliche Bericht behauptete, dass er Selbstmord verübt habe. In Wirklichkeit wurde Dr. Oberfohren von den Nazis beseitigt, weil er in einer Denkschrift, die auch ins Ausland gelangte, die wahren Brandstifter namentlich bezeichnet hat.

Genosse Vorduin benutkte die Gelegenheit namens der R. V. O. und verteidigte sie. Andere Personen, darunter ein Syndikalist, sprachen von ihrem Standpunkt aus. Van der Lubbe nahm auch an der Aussprache teil. Dieser «Redner» musste sich mehrfach vom Präsidenten rügen lassen, da er nicht zur Sache sprach. In seiner ganzen Rede konnte kein Anklang an etwas Ernstes gefunden werden. Mehrmals verlor er den Faden und wiederholte dasselbe. Er sagte folgendes:

Die Organisationen haben auch bei diesem Streik wieder gezeigt, dass sie die Arbeiter täuschen. Die Chauffeure streiken nun schon 7 Monate, und wir können ruhig sagen, dass der Streik gescheitert ist. Die «Neue Gewerkschaft» hat sich beeilt, die Chauffeure hinter ihrem Rücken an die Meister zu verkaufen, und in den letzten Tagen konnte der Streik durch die Organisation nicht mehr gehalten werden, da sie anderenfalls einen Vertragbruch begangen hätte.

Die N. A. S. mit Bouwman an der Spitze hat die Unzufriedenheit der Chauffeure benutzt und hat den Chauffeuren alles versprochen. Die Chauffeure sind aufgewiegelt worden, eine Aktion zu unternehmen, und der Streik ist ausgerufen worden. Aber als die Organisationen sahen, dass der Streik zu lange dauerte und dass die Streikkassen zu viel verschlangen, verhandelten die Bonzen mit den dicken Gehältern hinter dem Rücken der Chauffeure mit den Meistern. Es ist klar, dass die Arbeiter zum soundsovielsten Male nicht verstanden haben, selbst zu handeln. Wenn es einen Streik gibt, müssen alle streiken. Indessen arbeiteten andere Taris und auch die «Gelbgestreiften» gaben gelben Streikbrechern Arbeit. Sie mussten das mit Gewalt verhindern. E s h a t k e i n e E i n z e l a k t i o n e n g e g e - b e n. Der Streik in der Textilindustrie ist auch gescheitert, und alle Streiks werden scheitern. Die Zeiten der Streiks ist vorbei, man muss etwas anderes finden, aber das ist erst möglich, wenn alle Organisation zerschlagen sind, auch die syndikalistischen. Was hat Nieuwenhuis für die Bauarbeiter getan? Nichts und wieder nichts und jetzt werden die Chauffeure von den Organisationen von rechts und links betrogen. Sie bemühen sich, ihre kleinen Vereinigungen zu vergrössern. Auch die R.V.O. oder die kommunistische Partei (das ist dasselbe) haben im Textilarbeiterstreik eine betrügerische Politik betrieben und genau wie die anderen nichts getan. Der N.A.S. und die «Neue Gewerkschaft» machen auch nur eine reformistische Politik (Der Präsident bittet beim Thema zu bleiben und sich kurz zu fassen). Die Chauffeure müssen jeder für sich bleiben und die Unterstützung aller Organisationen und Parteien ablehnen. Jeder kämpft für sein eigenes Interesse, man muss neue Kampfformen suchen, die Organisationen sind überlebt.

Nachdem er sich mehrfach wiederholt und Nieuwenhuis persönlich angegriffen hat, weiss er schliesslich nicht, wie er weiter reden soll, worauf der Präsident sagt, dass seine Redezeit abgelaufen ist und dass es schon zu spät ist. In seiner Antwort erklärte Nieuwenhuis, dass er diesem Redner nicht gut habe folgen können, dass er nur sehe, dass er gegen alle Organisationen ist.

In meiner Eigenschaft als Redakteur der «Tribüne», glaube ich meine Pflicht erfüllt zu haben, wenn ich die Lügen der Polizei entlarve, denn die Kommunistische Partei ist für die Massenaktion und gleichzeitig gegen die Einzelaktion.

Gezeichnet: A. T e r o l.

Der Haag, Olienberg 4

Die Unterzeichneten erklären, dass sie bei der öffentlichen Versammlung zugegen waren, von der der Bericht handelt, und dass van der Lubbe auf dieser Tagung gesprochen hat, wie es im Bericht wiedergegeben ist.

Unabhängige Teilnehmer der Chauffeurversammlung enthüllen hier den zehnten Widerspruch.

In den Mitteilungen des Leiters der Politischen Polizei vom 4. März wird behauptet, van der Lubbe beherrsche die deutsche Sprache. Aus den Berichten seiner sämtlichen Freunde, wie aus den Erklärungen der Journalisten, die ihn im Gefängnis gesehen und mit ihm gesprochen haben, geht eindeutig hervor, dass van der Lubbe nur gebrochen deutsch spricht. In einer Meldung des

«Lokalanzeiger» vom 28. Februar heisst es, dass van der Lubbe nur mit Hilfe eines Dolmetschers vernommen werden konnte.

Dies ist der elfte Widerspruch.

In der gleichen Mitteilung des Leiters der Politischen Polizei wird gesagt :

> «Van der Lubbe ist im übrigen der Polizei als kommunistischer Agitator bekannt.. So wurde er am 28. April 1931 von der Polizei in Gronau in Westfalen festgenommen, weil er dort Ansichtskarten kommunistischer Tendenz verkaufte.»

In Wirklichkeit hat van der Lubbe in Gronau in Westfalen die in unserem Buch wiedergegebene Ansichtspostkarte von sich und seinem Freund Holverda verkauft. Auf dieser Karte sind van der Lubbe und sein Freund abgebildet. Die Postkarte trägt in vier Sprachen den Text : «Arbeiter-Sport- und Studienreise des Marinus van der Lubbe und H. Holverda durch Europa und die Sowjetunion. Antritt der Reise von Leiden am 14. April 1931.» Kein weiteres Wort, nicht das geringste Merkmal, das auf kommunistische Agitation hinweisen würde. Van der Lubbe wurde übrigens nur deshalb festgenommen, weil er die Erlaubnis zum Strassenverkauf von Postkarten nicht besass.

Dies ist der zwölfte Widerspruch.

Der Leiter der politischen Polizei, Berlin, Oberregierungsrat Diehls, teilte weiter mit :

> «Er (v. d. Lubbe) hat den Sachverhalt bei seiner Vernehmung nur soweit zugegeben, als er von Augenzeugen überführt worden ist.»

Einige Zeilen weiter heisst es in der gleichen Mitteilung:

> «Er (v. d. Lubbe) ist in weitem Umfange geständig.»

Augenzeugen der Brandstiftung sind von der Hitlerregierung nicht namhaft gemacht worden. Selbst der amtliche «Preussische Pressedienst» hat nicht behauptet, dass van der Lubbe von der Polizei oder von irgendeiner anderen Person beim Anzünden des Reichstags beobachtet worden sei. Demnach hätte er nach der Mitteilung des Oberregierungsrats Diehls die Reichstagsbrandstiftung gar nicht zugegeben. Andererseits behauptet derselbe Herr Diehls, van der Lubbe sei in weitem Umfange geständig.

Dies ist der dreizehnte Widerspruch.

Lubbe war nie in der Sowjet-Union

Wir publizieren eine Meldung des «Lokal-Anzeiger» vom 28. Februar abends, in der behauptet wird, van der Lubbe sei in Moskau gewesen und habe dort seine «Ausbildung» erhalten. Diese Meldung ist zu einer ausgedehnten Hetze gegen die Sowjetunion benutzt worden.

Der «Lokal-Anzeiger» brachte sie in grösster Aufmachung:

Reichstagsattentäter in Rußland ausgebildet.

Die Mitteilung der holländischen Polizei.

Drahtbericht unseres Korrespondenten.

tn. **Amsterdam,** 28. **Februar. Wie die** | vorgerufen, die durch die Brandstiftung im deut-
Amsterdamer Polizei mitteilt, ist der | schen Reichstagsgebäude. an h...
festgenommene Reichstagsattentäter

Meldung im «Lokal-Anzeiger» vom 28. Februar 1933

In Wirklichkeit hat die holländische Polizei diese Meldung im «Lokalanzeiger» vom 28. Februar 1933 niemals gemacht. Selbst van der Lubbe hat niemals behauptet, dass er in der Sowjetunion war. Van der Lubbe hat Sowjetboden nie betreten.

Dies ist der vierzehnte Widerspruch.

Van der Lubbe hat Leiden zwischen dem 13. und 15. Februar verlassen. Er verbrachte nach den Meldungen der «Vossischen Zeitung» vom 2. März 1933 die Nacht vom 17. zum 18. Februar in einer Herberge in Glindow bei Werder. Am achtzehnten Februar ging er zu Fuss nach Berlin weiter. In einem Interview, das der Kriminalkommissar Heisig am 13. März der holländischen Presse gab, erklärte er, dass van der Lubbe auf Stempelstellen Bekanntschaft mit Kommunisten gemacht habe und durch sie in den kommunistischen «Aktionsausschuss» gelangt sei. Van der Lubbe ist frühestens am Sonnabend, dem 18. Februar, abends, in Berlin eingetroffen. Am nachfolgenden Sonntag, dem 19. Februar, waren die Stempelstellen geschlossen. Er konnte also, wenn die Behauptung der Polizei zuträfe, frühestens Montag, den 20. Februar, auf einer Stempelstelle Bekanntschaft mit Kommunisten geschlossen haben. Man stelle sich vor : Ein gebrochen deutsch sprechender Holländer, der keinerlei Ausweispapiere der holländischen Kommunistischen Partei besitzt, macht am 20. Februar auf einer Stempelstelle in Berlin Bekanntschaft mit Kommunisten, wird von ihnen mit der höchsten Leitung der Partei zusammengebracht und von ihr beauftragt, am 27. Februar den Reichstag anzuzünden!

Dies ist der fünfzehnte Widerspruch.

In einer Meldung des amtlichen «Preussischen Pressedienstes» vom 1. März 1933 heisst es :

«Der Verhaftete hat den Verhandlungen des kommunistischen Aktionsausschusses ständig beigewohnt und durchgesetzt, dass er zu der Brandstiftung zugezogen wurde.»

Dazu erklärte das Zentralkomitee der Kommunistischen Partei Deutschlands am 3. März 1933 folgendes :

«Selbstverständlich haben nie Sitzungen irgendeines kommunistischen Aktionsausschusses im Reichstag oder anderwärts stattgefunden, an denen der im Reichstag verhaftete van der Lubbe teilgenommen hätte. Erstens existiert kein kommunistischer Aktionsausschuss, sondern nur das Zentralkomitee der Kommunistischen Partei Deutschlands und dess 'n politisches Büro. Zweitens nehmen an Tagungen der Kommunistischen Partei oder irgendwelcher Körperschaften der Kommunistischen Partei nicht irgendwelche Individuen teil, die weder Mitglied der Kommunistischen Partei Deutschlands, noch irgendeiner anderen Sektion der Komintern sind.»

Diese Antwort auf die Behauptungen Görings enthüllt den sechzehnten Widerspruch.

Die „Katakomben" im Karl Liebknecht-Haus

Eine Mitteilung des amtlichen «Preussischen Pressedienstes» vom 28. Februar 1933 besagt :

«Unter den 100 Zentnern Zersetzungsmaterial, die die Polizei bei der Durchsuchung des Karl-Liebknecht-Hauses entdeckt hat, fanden sich die Anweisung zur Durchführung des kommunistischen Terrors nach bolschewistischem Muster. Hiernach sollen Regierungsgebäude, Museen, Schlösser und lebenswichtige Betriebe in Brand gesteckt werden. Es wird ferner die Anweisung gegeben, bei Unruhen und Zusammenstössen vor den Terrorgruppen Frauen und Kinder her zu schicken, nach Möglichkeit solche von Beamten der Polizei. Durch die Auffindung dieses Materials ist die planmässige Durchführung der bolschwistischen Revolution gestört worden.»

Das Zentralkomitee der Kommunistischen Partei Deutschlands erklärte am 3. März 1933 :

«Die Kommunistische Partei Deutschlands hatte bereits am 30. Januar 1933 alles auf ihre gegenwärtige politische Tätigkeit bezügliche Material aus dem Karl-Liebknecht-Haus entfernt und ihre gesamte Bürotätigkeit im Karl-Liebknecht-Haus eingestellt. Es waren lediglich in den Räumen des Zentralkomitees wie der Bezirksleitung Berlin-Brandenburg je ein bis zwei Personen zur Abwicklung und Weiterleitung von Anfragen, Besuchern usw. zurückgelassen.»

Der Reichstagsabgeordnete W i l h e l m   K o e n e n, der als letzter führender Funktionär der Kommunistischen Partei in den

Februartagen ständig im Karl-Liebknecht-Hause arbeitete, hat uns über die Haussuchungen im Karl-Liebknecht-Haus folgendes berichtet:

«Am Vormittag des 17. Februar stürmte ein Riesen-Aufgebot von Kriminalbeamten, begleitet von mehreren Hundertschaftenn Schupo, in das Haus und besetzte sämtliche Räume. Es wurden nochmals, vielleicht zum hundertsten Male, sämtliche Räume, alle Winkel und Ecken, alle Schränke und Schubfächer gründlichst durchsucht. Vorsorglich hatte man gleich Polizeihandwerker mitgebracht, die einige Schreibtische, zu denen die Schlüssel fehlten, kunstgerecht auseinandernahmen. Auch die Kellerräume wurden genau untersucht. In den Kellerräumen lagen, wie üblich, nur die im Laufe der vielen Jahre in den einzelnen Kampagnen übriggebliebenen Materialien oder retournierte Schriften. Ausserdem befanden sich in den Kellern Papierlager und die Lagerbestände der Buchhandlung. Damals hielten die Polizeikommissare sich noch für verpflichtet, auf meine Aufforderung hin die als bedenklich beschlagnahmten Papiere jeweils vorzuzeigen und ihre Beschlagnahmung ausdrücklich festzustellen oder zu quittieren. Unter den bei dieser gründlichen, viele Stunden dauernden Durchsuchung beschlagnahmten Schriften befand sich weder das Buch «Die Kunst des bewaffneten Aufstandes», noch irgendeine andere sogenannte Zersetzungsschrift. Davon war auch in den Berichten der Polizei unmittelbar nach der Durchsuchung nicht die Rede. Erst sieben Tage später, am 24. Februar, obwohl ich fast täglich zwecks Herausgabe von Wahlmaterialien mit Polizeikommissaren im Karl-Liebknecht-Hause gewesen war, behauptete das Polizeipräsidium plötzlich, dass bei einer neuerlichen Durchsuchung in den angeblichen Katakomben Zersetzungsschriften und darunter das Buch «Die Kunst des bewaffneten Aufstandes» gefunden worden seien. Diese angeblich neuerliche Durchsuchung fand, wenn überhaupt, so ohne jeden zivilen Zeugen und ohne Anwesenheit eines Vertreters der Beteiligten statt. Das ist umso kennzeichnender, als ich gerade in diesen Tagen fast täglich im Karl-Liebknecht-Hause mit den Polizeikommissaren verhandelte, um Wahlmaterialien, Druckpapier, Bibliotheken und ähnliches zu reklamieren und herausschaffen zu lassen. Obgleich ich also täglich zur Verfügung stand, wurde ich weder zugezogen, noch nachträglich von dem angeblichen Fund in Kenntnis gesetzt. Eine solche Mitteilung an mich wäre schon deshalb leicht möglich gewesen, weil ich sogar nach dem 24., nämlich am Sonnabend, den 25. und auch am Montag, den 27. wiederum mit Kriminalbeamten und Kommissaren im Karl-Liebknecht-Haus wegen der Auslieferung der reklamierten Sachen viele Stunden verhandelte.

Am 25. Februar, nachdem der Bericht über die Gänge, Gewölbe und Katakomben bereits in auffallender Aufmachung in der «grossen» Presse erschien, stellte ich nach den Verhandlungen über die Wahlmaterialauslieferung an den leitenden Kommissar die Frage, wo sich denn nun eigentlich die «Katakomben» befänden. Es waren eine Anzahl Genossen, die als Hilfsarbeiter mit der Verpackung unseres Wahlmaterials beschäftigt waren, mit zugegen. Darauf zeigte uns der leitende Kommissar zu unserer Ueberraschung im Parterreraum der als Wachstube benutzt wurde, eine etwas über einen Meter breite Klappe im Fussboden, die hochgestellt war, sodass man die in den Keller führende Trittleiter sehen konnte. Sofort rief ein Genosse, der als langjähriger Hilfsarbeiter im Hause genau Bescheid wusste: «Mensch, jetzt haben sie die Klappe zu unserem alten Bierkeller!» Wir brachen in schallendes Gelächter aus und fragten wie aus einem Munde nochmals ausdrücklich: «Das sollen die «Katakomben» sein?» Der Kriminalkommissar antwortete nur mit einem verlegenen Kopfnicken.

Früher befand sich in diesem Hause an der betreffenden Stelle wirklich eine Gastwirtschaft. Ebenso einfach ist die Erklärung für die Gänge, durch die man angeblich nach anderen Strassen hätte entfliehen können. Das Karl-Liebknecht-Haus ist ein Eckhaus, das als Bürohaus für gewerbliche Unternehmungen Lager- und Arbeitskeller besass, die von Görings Polizei als Gewölbe, Gänge und Katakomben bezeichnet wurden.»

Diese beiden Erklärungen decken den siebzehnten Widerspruch in den amtlichen Meldungen auf.

„Fanal zum Bürgerkrieg"

Der amtliche «Preussische Pressedienst» vom 28. Februar 1933 behauptet:

« . . . . sollte der Brand des Reichstages das Fanal zum blutigen Aufruhr und zum Bürgerkrieg sein. Schon für Dienstag früh waren in Berlin grosse Plünderungen festgesetzt. Es steht fest, dass mit dem heutigen Tage in ganz Deutschland die Terrorakte gegen einzelne Persönlichkeiten, gegen das Privateigentum, gegen Leib und Leben der friedlichen Bevölkerung beginnen und den allgemeinen Bürgerkrieg entfesseln sollten.»

Die «Vossische Zeitung» vom 4. März 1933 meldete:

«Die Arbeit der Polizei hat bisher verhindert, dass das Material allen Kommunisten zugänglich gemacht werden konnte. Es hat sich nur in den Händen einiger weniger Funktionäre in Geheimschrift befunden.»

Die letzte Durchsuchung des Karl-Liebknecht-Hauses fand am 24. Februar statt. Bei dieser Durchsuchung soll angeblich das Terrormaterial gefunden worden sein. Die politische Polizei behauptet, dass die Terroranweisungen nicht in die Hände aller Kommunisten gelangt, sondern nur einigen Funktionären bekannt gewesen seien. In dem Zeitraum von drei Tagen, vom 24. bis 27. Februar, hätte demnach die Kommunistische Partei Deutschlands

erstens das Material aus dem Karl-Liebknecht-Haus in alle Bezirke Deutschlands schaffen müssen,

zweitens hätte sie in dieser Zeit die zur Ausführung des Terrors bestimmten Gruppen zusammenstellen müssen,

drittens hätte sie diese Gruppen für die Durchführung der Terrorakte instruieren und schulen müssen, und

viertens hätte sie die übrigen Mitglieder für den durch die Terrorakte entfesselten Bürgerkrieg vorbereiten und organisieren müssen. Die Kommunistische Partei Deutschlands hatte im Februar über 300.000 Mitglieder, die über ganz Deutschland verteilt waren. Um Innerhalb von drei Tagen alle Pläne durchzuführen, die ihr die amtlichen Meldungen unterstellen, hätte die Kommunistische Partei Deutschlands Wunder verrichten müssen.

In der Gegenüberstellung der beiden amtlichen Behauptungen enthüllt sich der achtzehnte Widerspruch.

Göring veröffentlicht das „Belastungsmaterial" nicht

Der amtliche «Preussische Pressedienst» brachte am 1. März abends folgende Mitteilung :

«Das Preussische Ministerium des Innern erklärt zu der Notverordnung der Reichsregierung gegen die kommunistische Geahr vom 28. Februar, dass in ihr verschiedene Verbrechen unter besonders schwere Strafen gestellt seien, aus Gründen einer voll erwiesenen grossen und akuten Gefahr und eines unmenschlichen und sorgfältig vorbereiteten Systems masslosen kommunistischen Terrors. Deutschland sollte in das Chaos des Bolschewismus gestürzt werden. Mordanschläge gegen einzelne Führer des Volkes und Staates, Attentate gegen lebenswichtige Betriebe und öffentliche Personen, das Abfangen von Geiseln, von Frauen und Kindern hervorragender Männer sollen Furcht und Entsetzen über das Volk bringen und jeden Widerstandswillen des Bürgertums lähmen.
Der Kommissar des Reichs für das preussische Ministerium des Innern, Reichsminister Goering, wird in allerkürzester Frist der Oeffentlichkeit die Dokumente vorlegen, die die Notwendigkeit aller getroffenen Massnahmen belegen. Es findet lediglich noch eine Sichtung des überaus umfangreichen Materials statt, sowie eine letzte Prüfung im Hinblick darauf, dass durch die Veröffentlichung die Staatssicherheit nicht noch mehr gefährdet werden darf.»

Die Dokumente sind bis zum heutigen Tage nicht veröffentlicht worden.

Dies ist der achtzehnte Widerspruch.

Göring dementiert sich selbst

Die «Deutsche Allgemeine Zeitung» und die «Tägliche Rundschau» brachten am 2. März 1933 folgende Mitteilung des amtlichen «Preussischen Pressedienstes»:

«In gewissen Blättern des Auslandes wird von deutscher marxistischer Seite die verleumderische Behauptung verbreitet, dass der Brand im Reichstagsgebäude nicht von Kommunisten, sondern von nationalsozialistischer Seite gelegt worden sei. Die Urheber dieser Verleumdung sind bereits festgenommen und werden, sobald die Ermittlungen abgeschlossen sind, der verwirkten Strafe zugeführt werden. U. a. wird behauptet, dass der verhaftete holländische Kommunist in Wirklichkeit ein agent provocateur und von führender nationalsozialistischer Seite zu der Brandstiftung verleitet worden sei. Dies gehe daraus hervor, dass der Brandstifter zwar seine Jacke und sein Hemd als Brennmaterial verwandt, aber sich nicht einmal der bei ihm vorgefundenen kommunistischen Ausweispapiere und seines Reisepasses entledigt habe. Bezeichnend sei ferner, dass die Polizeibehörden die Photographie des Brandstifters und die bei ihm sichergestellten Dokumente nicht veröffentlicht und auch keine Belohnung für Personen ausgesetzt hätten, die nähere Angaben über den Attentäter machen und seine Verbindung mit kommunistischen und sozialdemokratischen Politikern nachweisen können. Dieses bei einem grossen Kriminalfall ganz ungewöhnliche Verfahren sei ein Beweis dafür, dass die Behörden die Aufklärung des Verbrechens hintertreiben, um einen nationalsozialistischen Provokationsakt zum Vorwand der antimarxistischen Aktion missbrauchen zu können.

Hierzu wird von amtlicher Seite erklärt, dass diese verleumderischen Kombinationen selbstredend jeder Grundlage entbehren. Die Photographien des Attentäters und der bei ihm beschlagnahmten Dokumente wurden bisher lediglich im Interesse der Untersuchung noch nicht veröffentlicht. Die Veröffentlichung wird noch im Laufe des heutigen Tages erfolgen. Auch die Berliner Korrespondenten der ausländischen Presse können noch im Laufe des heutigen Tages die photographischen Reproduktionen bei der Abteilung IA des Polizeipräsidiums erhalten. Ebenso wird das Photo noch heute der holländischen Polizei zugeleitet werden, um die Identität des Attentäters mit der Person van der Lubbe auch in Holland festzustellen. Damit wird weiteren Verleumdungen der Boden entzogen sein. Vor ihrer Verbreitung wird nachdrücklich gewarnt.»

Noch ehe die übrigen deutschen Blätter diese Meldung publizieren konnten, wurde ihr Nachdruck verboten.

Göring liess durch das Wolffsche Büro verbreiten, dass die «Deutsche Allgemeine Zeitung» und die «Tägliche Rundschau» einer kommunistischen Fälschung zum Opfer gefallen seien.

Göring will demnach glauben machen, dass jeder beliebige Mensch eine Zeitung nur anzurufen brauche und sagen müsse: «Hier Preussischer Pressedienst», um jede beliebige Nachricht zu lanzieren. In Wirklichkeit ist der Telefonverkehr zwischen den Presseagenturen und den Zeitungen genauestens geregelt. Die Redaktionsstenotypistin stellt, bevor sie die Meldung aufnimmt, erst eine Kontrollfrage. Das Dementi Görings kann über die Tatsache nicht hinwegtäuschen, dass er ursprünglich mit der Meldung des Preussischen Pressedienstes die Welt bluffen wollte und erst, als er — zu spät allerdings — die grosse Gefahr erkannte, die Meldung zurückhielt.

Dies ist der zwanzigste Widerspruch.

Auf der Jagd nach Mitschuldigen

Der Conti-Dienst des amtlichen Wolffschen Telegrafenbüros teilte am 4. März 1933 mit:

> «... dass der kommunistische Reichstagsabgeordnete Schumann in einer am 24. Februar in Gehren (Thüringen) abgehaltenen kommunistischen Wahlversammlung den Brand des Reichstagsgebäudes bereits angekündigt habe. Schumann soll wörtlich gesagt haben: «Heute abend wird der Reichstag brennen. Aber das macht nichts. Wenn dieser Tanzsaal niederbrennt, dann kriegen wir einen Schaukelboden.»

Die «Vossische Zeitung» berichtet am 5. März 1933:

> «Aus Thüringen war die Nachricht verbreitet und auch durch Rundfunk weiter gegeben worden, dass dem Kreisamt in Arnstadt in Thüringen ein Bericht über eine am Abend der ruchlosen Brandstiftung im deutschen Reichstagsgebäude in dem Städtchen Gehren abgehaltene kommunistische Wahlversammlung vorliege, in welchem der überwachende örtliche Polizeibeamte eine Aeusserung des Referenten, des kommunistischen Reichstagsabgeordneten Schumann, festgehalten habe, in der der Reichstagsbrand im voraus angekündigt sei. Bei den eingeleiteten Ermittlungen hat sich inzwischen, wie die «Thüringer Allgemeine Zeitung» mitteilt, herausgestellt, dass sich in der Gastwirtschaft, in der jene Versammlung stattfand, eine Radioanlage befindet, und dass der Gastwirt dem Redner während seiner Ausführungen auf Grund der Rundfunkmeldung hat sagen lassen, dass der Reichstag brennt.

> Es steht fest, dass der betreffende Beamte sich in seinem Bericht um eine Stunde geirrt hat, und dass der Abgeordnete Schumann seine Aeusserung erst gegen 10 Uhr 15 abends gemacht hat. Daher sei mit Bestimmtheit anzunehmen, dass er von der Rundfunkmeldung bereits Kenntnis erhalten hatte.»

Dies ist der einundzwanzigste Widerspruch.

Die «Vossische Zeitung» vom 7. März 1933 meldet auf Grund polizeilicher Informationen :

«Düren, 6. 3. — In dem deutschen Grenzort Lammerdorf, unweit der belgischen Grenze, wurde gestern abend ein russischer Emigrant festgenommen, der im Verdacht steht, an der Brandstiftung im Reichstagsgebäude beteiligt gewesen zu sein. Er hatte kurz vorher von einem belgischen Postamt aus ein Telegramm nach Paris weitergegeben, dessen Inhalt bis jetzt nicht in Erfahrung gebracht werden konnte. Als er von belgischen Grenzbeamten nach Deutschland abgeschoben worden war, erfolgte diesseits der Grenze seine Verhaftung. Bei seiner Vernehmung gab er an, aus Russland zu stammen und sich längere Zeit in Berlin aufgehalten zu haben. An Armen und Beinen hatte er erhebliche Brandwunden. Der mysteriöse Fremde wurde heute im Laufe des Tages der Staatsanwaltschaft übergeben. Er weigert sich nach wie vor hartnäckig, näheres über seine Tätigkeit in der Reichshauptstadt auszusagen. Auch seinen Namen hat er bisher nicht angegeben.»

Am 8. März 1933 gibt die «Vossische Zeitung» eine Mitteilung des Regierungspräsidenten von Aachen wieder :

Der Regierungspräsident von Aachen teilt mit, dass der bei Fringshaus festgenommene russische Staatsangehörige als Reichstagsbrandstifter, wie die Ermittlungen ergeben haben, nicht in Frage kommt. Der Betreffende hat sich zwar in der KPD schriftstellerisch betätigt. Aus diesem Grunde ist er vor einem Jahr ausgewiesen worden. Weiteres liegt jedoch gegen ihn nicht vor. Die Ausweisung ist inzwischen durchgeführt worden.»

Dies ist der zweiundzwanzigste Widerspruch.

Hat van der Lubbe den Brand allein gelegt?

Die Hitlerregierung hatte Anfang März den Kriminalkommissar Heisig nach Leiden geschickt, damit er dort Untersuchungen über die Person van der Lubbes anstelle. Kriminalkommissar Heisig gab Vertretern der holländischen Presse ein Interview, das am 14. März in vielen Zeitungen veröffentlicht wurde und in dem es wörtlich heisst :

«Was die wichtige Frage betrifft, ob Lubbe Helfershelfer oder gar Mittäter gehabt hat, so ist es wahrscheinlich, dass er das Feuer allein gelegt hat, dass aber die vorbereitenden Massregeln von Helfershelfern durchgeführt worden sind!»

Diese Erklärung des Kriminalkommissars Heisig steht in schroffem Widerspruch zu den amtlichen Behauptungen vom 1. März, dass die gleichzeitige Entzündung der Brandherde in dem riesigen Hause mindestens 10 Personen erfordert haben muss. Der Untersuchungsrichter, Reichsgerichtsrat Vogt, beeilt sich deshalb, am 14. März abends die Erklärung des Kriminalkommissars Heisig durch die Justizpressestelle dementieren zu lassen:

«In verschiedenen Zeitungen wird die Nachricht verbreitet, dass van der Lubbe das Feuer im Reichstag allein angezündet hat. Das trifft nicht zu. Die Ermittlungen des Untersuchungsrichters beim Reichsgericht haben zuverlässige Anhaltspunkte dafür ergeben, dass van der Lubbe die Tat nicht aus eigenem Antrieb begangen hat. Zur Zeit können Einzelheiten im Interesse der Untersuchung nicht mitgeteilt werden.»

Dies ist der dreiundzwanzigste Widerspruch.

Lubbes „Beziehungen" zur Sozialdemokratie

Der amtliche «Preussische Pressedienst» vom 28. Februar teilte mit, dass van der Lubbe in seinem Geständnis Beziehungen zur Sozialdemokratischen Partei eingestanden habe. Der Parteivorstand der Sozialdemokratischen Partei gab am 28. Februar eine Erklärung ab, in der es heisst :

«In der Nacht vom 27. zum 28. Februar wurde die gesamte sozialdemokratische Presse in Preussen auf 14 Tage verboten. Das Verbot wird mit der Behauptung begründet, ein verhafteter Mann habe gestanden, den Brand im Reichstagsgebäude gelegt und zuvor in einer gewissen Verbindung mit der Sozialdemokratischen Partei gestanden zu haben.

Die Annahme, die Sozialdemokratische Partei hätte irgendwie mit Leuten zu tun, die den Reichstag in Brand steckten, wird von der Partei zurückgewiesen.»

Diese Erklärung des sozialdemokratischen Parteivorstandes wurde durch die Mitteilung des Untersuchungsrichters am Reichsgericht, Vogt, bestätigt. Diese Mitteilung wurde am 22. März 1933 veröffentlicht :

«Die bisherigen Ermittlungen haben ergeben, dass der als Brandstifter des Reichstagsgebäudes verhaftete holländische Kommunist van der Lubbe in der Zeit unmittelbar vor dem Brande nicht nur mit deutschen Kommunisten in Verbindung gestanden hat, sondern auch mit ausländischen Kommunisten, darunter solchen, die wegen des Attentats in der Kathedrale von Sofia im Jahre 1925 zum Tode bezw. zu schweren Zuchthausstrafen verurteilt worden sind. Die in Frage kommenden Personen befinden sich in Haft. Dafür, dass nichtkommunistische Kreise mit dem Reichstagsbrand in Beziehung stehen, haben die Ermittlungen nicht den geringsten Anhalt ergeben.»

Am 27. Februar soll van der Lubbe Beziehungen zu den Sozialdemokraten zugegeben haben, am 22. März gab es für diese Behauptung nicht den geringsten Anhaltspunkt.

Dies ist der vierundzwanzigste Widerspruch.

Van der Lubbe und die Bulgaren

In der zitierten Mitteilung des Reichsgerichtsrats Vogt wird behauptet, dass van der Lubbe in Verbindung gestanden habe mit den Attentätern auf die Sofioter Kathedrale.

Van der Lubbe hat also nicht nur das Wunder vollbracht, innerhalb von sieben Tagen auf dem Wege über Kommunisten, die er zufällig auf der Stempelstelle kennen lernte, mit führenden Kreisen der Kommunistischen Partei Deutschlands in Verbindung zu kommen. Es ist ihm auch gelungen, in dieser Zeit die Bulgaren zu finden, von denen behauptet wird, sie hätten das Attentat auf die Kathedrale von Sofia verübt.

Dies ist der fünfundzwanzigste Widerspruch.

Die verhafteten und der Mittäterschaft am Reichstagsbrand beschuldigten Bulgaren heissen: DIMITROFF, POPOFF und TANEFF.

Georg Dimitroff war einer der Führer der Kommunistischen Partei Bulgariens. Er hat im Jahre 1923 am Aufstand der bulgarischen Arbeiterschaft teilgenommen. Seit 1923 hat er Bulgarien nicht mehr betreten. Er war am Attentat auf die Kathedrale von Sofia in keiner Weise beteiligt.

Blagoi Popoff emigrierte im Oktober 1924 nach Jugoslawien und ist erst Ende 1930 nach Bulgarien zurückgekehrt. Auch er war am Sofioter Bombenattentat 1925 nicht beteiligt.

Der dritte verhaftete Bulgare, Taneff, gehört der nationalistischen Partei Bulgariens an. Auch sein Name wurde im Zusammenhang mit dem Attentat von Sofia nie genannt.

Dem Untersuchungsrichter am Reichsgericht Vogt sind diese Tatsachen ebenso bekannt wie uns. Trotzdem stellt er Dimitroff, Popoff und Taneff bewusst als die Mitschuldigen des Attentats von Sofia hin, um auf diese Weise die Reichstagsbrandstiftung als internationales kommunistisches Komplott erscheinen zu lassen.

Dies ist der sechsundzwanzigste Widerspruch.

Der Untersuchungsrichter hat behauptet, Dimitroff sei mit van der Lubbe am 28. Februar um 3 Uhr nachmittags in einem Lokal in der Düsseldorferstrasse gesehen worden. Der Untersuchungsrichter stellte auch eine Zeugin bereit, die beschwor, an diesem Tage Lubbe mit Dimitroff gesehen zu haben. Die Zeugin verschwand nach kurzer Zeit wieder in der Versenkung. Denn Dimitroff konnte nachweisen, dass er am 26. Februar gar nicht in Berlin, sondern in München gewesen sei.

Dies ist der siebenundzwangzigste Widerspruch.

Kein Material für einen grossen Kommunistenprozess

Nachdem Reichsgerichtsrat Vogt noch am 27. März erklärt hatte, dass ein strafrechtlicher Haftbefehl bisher lediglich gegen van der Lubbe ergangen sei, lässt er am 3. April mitteilen, dass insgesamt fünf richterliche Haftbefehle wegen der Reichstagsbrandstiftung, und zwar gegen van der Lubbe, gegen drei bulgarische Kommunisten und gegen den kommunistischen Reichstagsabgeordneten Torgler vorliegen. Torgler wurde am 28. Februar verhaftet, die Bulgaren am 3. März. Bis zum 27. März, also in der Zeit, wo die wichtigsten und hauptsächlichsten Untersuchungen geführt wurden, lag kein Haftbefehl gegen Torgler und die Bulgaren vor. Die Haftbefehle wurden erst erlassen, als es in der Weltpresse Aufsehen erregte, dass nur gegen van der Lubbe strafrechtlicher Haftbefehl ergangen sei.

Dies ist der achtundzwanzigste Widerspruch.

In der Mitteilung vom 3. April des Reichsgerichtsrats Vogt wird gesagt :

«Gegen einige weitere Verdächtige bestehen vorläufig lediglich Schutzhaftbefehle.»

Am 2. Juni wird amtlich mitgeteilt :

« . . . dass die Voruntersuchung des Reichsgerichtsrats Vogt gegen die angeschuldigten van der Lubbe, Torgler, Dimitroff, Popoff und Taneff wegen der Inbrandsetzung des Reichstages und wegen Hochverrats am 1. Juni abgeschlossen wurde. Die Akten sind dem Oberreichsanwalt in Leipzig nunmehr vollständig zugesandt worden.»

Am 3. April gab es noch «einige weitere Verdächtige». Am 1. Juni sind sie nicht mehr vorhanden.

Dies ist der neunundzwanzigste Widerspruch.

Am 22. April lässt Reichsgerichtsrat Vogt folgende amtliche Meldung über den Fortgang der Untersuchung verbreiten:

«Das Reichsgericht beabsichtigt, die Untersuchung in den zahlreichen schwebenden Hochverratsverfahren gegen Mitglieder der Kommunistischen Partei zu einem grossen einheitlichen Komplex zusammenzufassen. Man rechnet damit, dass die Untersuchungen in 8—10 Wochen zum Abschluss gelangt sind, sodass dann die gesamten Hochverratsverfahren vom Reichsgericht behandelt werden können. In Frage kommen sämtliche Hochverratsverfahren, die in Zusammenhang mit dem Regierungswechsel in Deutschland stehen, also alle Verbrechen aus dem Zeitraum Januar und Februar.

Danach würde auch das Verfahren wegen der Reichstagsbrandstiftung einbezogen werden. Es ist bisher deshalb nicht sehr rasch voran gegangen, weil die Beteiligten, vor allem die verhafteten Bulgaren jegliche Aussage verweig n. Die Verdachtsmomente für eine Beteiligung des Reichstagsabgeordneten Torgler haben sich verstärkt.»

Einen Monat später, am 25. Mai ist von dem grossen Kommunistenprozess keine Rede mehr. Die Hitlerregierung ist gezwungen, durch ein parlamentarisches Nachrichtenbüro die Nachricht verbreiten zu lassen, dass

«im Uebrigen nicht damit zu rechnen sei, wie gelegentlich behauptet wurde, dass der Prozess wegen der Reichstagsbrandstiftung mit anderen gegen die kommunistischen Führer angängigen Verfahren zu einem grossen Kommunistenprozess verbunden werde. Die Hauptverhandlung gegen van der Lubbe und seine Mithelfer wird vielmehr von dem Reichsgericht durchgeführt werden, sobald die nötigen Vorarbeiten abgeschlossen sind.

Dies ist der dreissigste Widerspruch.

Der «Völkische Beobachter», das offizielle Organ Hitlers, brachte am 3. März folgende Mitteilung aus Regierungskreisen:

«Der Presseleiter der nationalsozialistischen Reichstagsfraktion entdeckte über dem Zimmer des kommunistischen Abgeordneten Torgler im Glasdach eine herausgenommene Scheibe und nach weiterem Suchen darüber eine grosse Leiter, die unter dem Fenster eines kommunistischen Abgeordnetenzimmers im zweiten Obergeschoss lag.

Die Kriminalkommissare stellten sofort eine eingehende Untersuchung an. Hier also müssen die Brandstifter vor der Tat heruntergekommen oder nach der Tat hinausgestiegen sein».

Am 1. März hatte Göring behauptet, die Brandstifter seien durch den unterirdischen Gang, der vom Reichstagsgebäude zu Görings Hause führte, entkommen. Mit dieser Erklärung bestätigt er, was viele vermuteten: dass die Reichstagsbrandstifter durch sein Haus in den Reichstag eingedrungen und durch sein Haus entkommen seien. Um den niederschmetternden Eindruck, den Görings Mitteilung machte, abzuschwächen, schickte man den Presseleiter der Nationalsozialistischen Fraktion vor, der plötzlich eine zerschlagene Fensterscheibe und eine Leiter entdeckte. Die Kriminalpolizei hätte demnach trotz dreitägigem gründlichem Suchen übersehen, was des Reichspresseleiters scharfes Auge sofort entdeckte.

Dies ist der einunddreissigste Widerspruch.

Van der Lubbe gesteht, was verlangt wird

Dr. Oberfohren schildert in seiner Denkschrift, dass Goebbels Plan darin bestand, eine Serie von Brandstiftungen zu entfachen, die durch den Reichstagsbrand gekrönt werden sollten. Zu Brandstiftungen braucht man Brandstifter. Van der Lubbe gesteht, dass er den Reichstag angezündet hat. Van der Lubbe gesteht, dass er am 25. Februar das Berliner Schloss anzuzünden versuchte. Die Blätter melden am 27. Februar über den Schlossbrand:

«Wie erst jetzt bekannt wird, ist am Sonnabend im Berliner Schloss in einem Büroraum im fünften Stock ein geringfügiges Feuer ausgebrochen, das durch die Aufmerksamkeit eines im Schloss stationierten Feuerwehrmannes schnell gelöscht werden konnte. Die Entstehungsursache ist noch nicht völlig geklärt. Man vermutet jedoch eine Brandstiftung.

Eine Stunde vor dem Entstehen des Feuers hatte der Hausmeister seinen Rundgang durch das Schloss angetreten und war auch durch das Büro gekommen. Zu jener Zeit war noch nichts Verdächtiges zu bemerken. Bald danach brannte es im Zimmer. Wie sich herausstellte, lag auf dem Fensterbrett ein glühender Kohlenanzünder, ebenso unter dem Fenster wie auch auf der Dampfheizung. Die polizeiliche Untersuchung ist noch nicht abgeschlossen.»

Van der Lubbe gesteht, am 25. Februar den Versuch gemacht zu haben, im Wohlfahrtsamt Neukölln Feuer anzulegen. Van der Lubbe gesteht, am 25. Februar den Versuch gemacht zu haben, im Berliner Rathaus Feuer anzulegen.

Dieser van der Lubbe ist ein wahrer Teufelskerl. An einem Tag an drei verschiedenen Orten Berlins Feuer legen! Dazu spricht der Mann gebrochen deutsch. Er ist erst am 18. Februar 1933 in Berlin eingetroffen. Nach sieben Tagen besass er bereits genügend Ortskenntnis, um im Schloss, im Rathaus und im Wohlfahrtsamt Feuer anzulegen. Neun Tage brauchte er nur, um sich über das Reichstagsgebäude so zu informieren, dass er dort ein und aus ging wie zu Hause.

Van der Lubbe soll als waschechter «Kommunist» gelten. Zum «Kommunisten» gehört nach der Vorstellung des Dr. Göbbels ein falscher Pass. Infolgedessen muss van der Lubbe an seinem Namen im Pass eine Aenderung anbringen. Er macht aus dem «u» ein «ü». So wird mit zwei Strichen aus einem echten Pass ein «gefälschter».

Van der Lubbe nimmt bereitwilligst «kommunistische Flugblätter» mit in den Reichstag. Noch niemals ist ein Verbrecher so komplett ausgerüstet mit «Ausweispapieren» der Polizei entgegengetreten.

Ein Gespräch mit Torgler am Vorabend des Reichstagsbrandes

Ernst Torgler hatte als Vorsitzender der Kommunistischen Reichstagsfraktion vielfach Anfragen der Zeitungen und Journalisten zu beantworten. Er hat in einer Pressekonferenz der

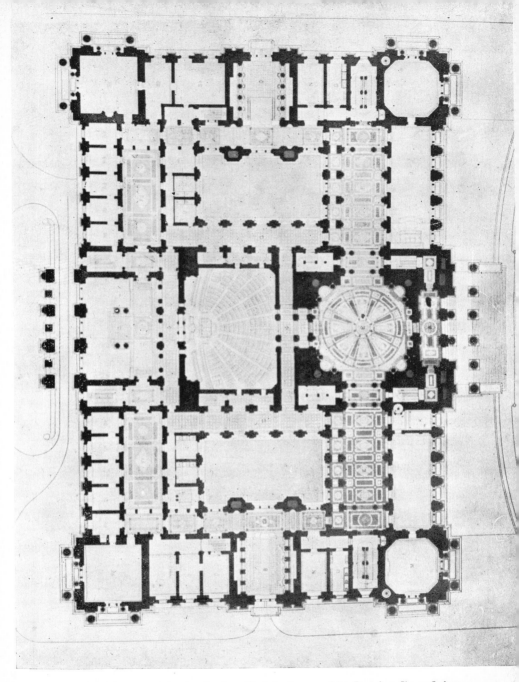

Das Hauptgeschoss des Reichstagsgebäudes im Grundriss

In der Mitte der Sitzungssaal mit den Umgehungsgängen und der Wandelhalle. Hier waren die hauptsächlichsten Brandherde angelegt.

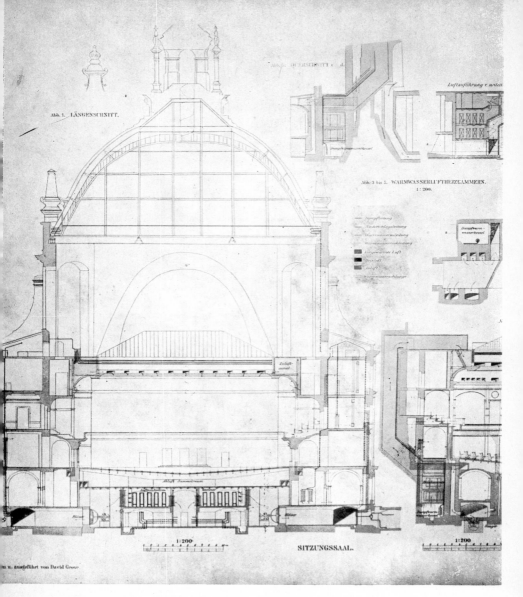

Abb. 1. LÄNGENSCHNITT.

Abb. 2. QUERSCHNITT c d.

Luftzuführung v. unten

Abb. 3 bis 5. WARMWASSERLUFTHEIZKAMMERN.
1:200.

Dampfleitung
Niederschlagsleitung
Warmwasserzuleitung
Warmwasserableitung
verbrauchte Luft
Heizluft
Aussenluft
Warmwasserheizung

SITZUNGSSAAL.

1:200

1:200

m u. ausgeführt von David Grove

Aufriss des Reichstagsgebäudes

An der mit «Sitzungssaal» bezeichneten Stelle
beginnt der unterirdische Gang, der zu Görings
Haus führt.

Kommunistischen Reichstagsfraktion am 24. Februar den anwesenden Journalisten erklärt, dass die Kommunisten Nachrichten über eine geplante Provokation der Nazis besässen. Er berichtete damals, dass unter anderem darüber gesprochen würde, ein Attentat gegen Hitler vorzutäuschen. Die gesamte Auslandspresse und ein Teil der deutschen Presse hat diese Mitteilungen Torglers in grosser Aufmachung wiedergegeben. Kurze Zeit nach dieser Pressekonferenz ersuchte der Parlamentsberichterstatter der «Vossischen Zeitung», Adolf Philippsborn, den Abgeordneten Torgler um eine Zusammenkunft, in der über die geheimen Umtriebe und Pläne der Nationalsozialisten gesprochen werden sollte. Adolf Philippsborn hat dieses letzte Interview mit Torgler im «Gegenangriff» vom 1. Juli 1933 geschildert:

«Als Parlamentsjournalist hatte ich seit Jahren Fühlung mit den Abgeordneten aller Parteien im deutschen Reichstag. Ein Zufall wollte es, dass ich am 26. Februar d. J. im Café Friediger am Potsdamer Platz in Berlin eine Zusammenkunft mit Torgler hatte, vierundzwanzig Stunden vor dem Reichstagsbrand.

Torgler erschien mit seinem elfjährigen Töchterchen. Ich legte ihm, als dem Führer seiner Fraktion, Material vor über die Umtriebe und geheimen Pläne der Nationalsozialisten. Im Anschluss daran unterhielten wir uns etwa zwei Stunden über die gesamte politische Situation. Ich, der ich der Kommunistischen Partei niemals nahegestanden habe, wies auf manche Schwächen der KPD hin. Freimütig gab Torgler dies und jenes zu, verteidigte jedoch energisch die allgemeine Haltung seiner politischen Freunde. Schliesslich stellte ich ihm etwa folgende Fragen:

«Man verbreitet das Gerücht, die Kommunisten wollten noch vor der Reichstagswahl (5. März) irgend eine Aktion gegen die Naziregierung unternehmen. Stimmt das?»

Torgler: «Das ist Wahnsinn. Die Regierung wartet ja nur auf eine solche Gelegenheit, um die KPD zu verbieten.»

Ich: «Werden die kommunistischen Führer zum Streik aufrufen?»

Torgler: «Natürlich fordern wir den politischen Massenstreik als Kampfmittel gegen die faschistischen Gewalttaten. Aber wir wissen, dass diese Aktion nur dann von Erfolg begleitet sein könnte, wenn die Gewerkschaften ihren Widerstand aufgeben und sich in die Kampffront einreihen würden.»

Ich: «Kann ich also das Ergebnis dieser Unterredung dahin zusammenfassen, dass die Kommunistische Partei nichts zu unternehmen beabsichtigt, was der Naziregierung Anlass zu einer Offensive gegen die marxistische Arbeiterschaft geben könnte?»

Torgler (mit Nachdruck und Ueberzeugung): «Jawohl, so ist es. Wir Kommunisten wissen, dass wir allein zu schwach zum Kampf sind. Wir wissen, dass Hitler, Göring und Genossen nur auf einen Anlass warten, der ihnen Gelegenheit gibt, die KPD zu verbieten und ihre Reichstagsmandate zu kassieren. Wir wissen, dass wir bespitzelt, dass unsere Telephongespräche überwacht werden. Wir laufen den Herren nicht in die uns gestellte Falle.»

Am Abend nach dieser Unterredung brannte der Reichstag, und einige Stunden danach hatte man Torgler als «Täter» verhaftet.

Ich hatte damals die Ueberzeugung, die ich noch heute habe, dass Torgler die lautere Wahrheit zu mir gesprochen hatte. Und darum sage ich es, obwohl ich Gegner des Kommunismus bin, jedem, und auch Herrn Göring, der es sicher besser weiss als ich, und den Richtern beim Reichsgericht.

Hände weg von Ernst Torgler, er ist unschuldig!

Dieser Bericht Philippsborns ist ein Beweis mehr für Ernst Torglers Unschuld. Dieser Mann, der sich selbst gestellt hat, hat mit dem Reichstagsbrande ebenso wenig zu tun wie sein Genosse Koenen und die verhafteten Bulgaren. Wir haben an anderer Stelle nachgewiesen, dass die Kommunistische Partei in vielen Erklärungen gegen den individuellen Terror aufgetreten ist und ihn verdammt hat. Alle «Zeugen», die Herr Goering nun gegen Torgler und Koenen loslässt (Koenen ist den Polizeischergen entkommen und setzt den antifaschistischen Kampf fort), werden mit ihren bezahlten und präparierten Aussagen die Schuld der beiden Männer nicht beweisen. Ernst Torgler, Wilhelm Koenen, Dimitroff, Popoff, Taneff haben van der Lubbe nie gesehen. Sie waren nicht die Brandstifter des Deutschen Reichstags.

Der Beweis für die Schuld der Nazis

Die Widersprüche allein, in die sich die Hitler-Regierung in ihren Erklärungen zum Reichstagsbrande verwickelte, genügten schon, um ein Urteil über die wahren Reichstagsbrandstifter zu fällen. Aber über diese Widersprüche hinaus gibt es direkte Beweise für die Schuld der Nationalsozialisten am Reichstagsbrande. Nicht alle Beweismittel, die uns zur Verfügung stehen, werden hier angeführt. Nur die bedeutendsten und wichtigsten sind in diesem Buche verzeichnet. Der Brand im Deutschen Reichstag wurde um 9 Uhr 15 entdeckt. Die Massenverhaftungen in Berlin begannen kurz nach Mitternacht. Fast sämtliche Haftbefehle waren mit Fotografien der zu Verhaftenden versehen, das Datum des Haftbefehls war mit Tinte eingesetzt. Am 28. Februar wurden allein in Berlin rund 1500 Menschen verhaftet.

Kann man in drei Stunden 1500 Haftbefehle ausfüllen, unterschreiben und der Mehrzahl eine Fotografie anheften? Mitteilungen von entlassenen Polizeibeamten geben uns Aufklärung über diese Fixigkeit. Die Haftbefehle wurden in den letzten Tagen vor dem Reichstagsbrand vorbereitet. Nur das Datum blieb offen. Am Morgen des 27. Februar lagen sämtliche Haftbefehle bereit. Sie waren unterschrieben, ehe das Datum eingesetzt wurde.

Am 22. Februar beschloss die Preussische Regierung die Verstärkung des Polizeikorps durch Hilfspolizei. Zu Hilfspolizeibeamten durften nur Mitglieder der sogenannten nationalen Verbände, also der SA und des Stahlhelm, ernannt werden. Während die Bestellung von Hilfspolizeibeamten in den Bezirken durch die Regierungspräsidenten bestätigt werden musste, behielt sich der kommissarische Minister des Innern, Göring, das Recht der Ernennung von Hilfspolizeibeamten für Berlin selbst vor. Der Beschluss wurde am 25. Februar, zwei Tage vor dem Reichstagsbrand, der Oeffentlichkeit übergeben.

In der ersten amtlichen Meldung über den Reichstagsbrand hat Göring triumphierend verkündet, dass die von ihm durchgeführte Einstellung der Hilfspolizei sich als berechtigt und begründet erwiesen habe.

Die nationalsozialistischen Führer und Minister begnügten sich nicht mit der Schaffung der Hilfspolizei. Am 27. Februar war die gesamte SA von Berlin in ihren Unterkünften und Kasernen zusammengezogen. Ein SA-Mann, der Ende März aus Deutschland geflüchtet ist, berichtet im Pariser «Intransigeant», über die Alarmbereitschaft der SA. folgendes:

«Am 27. Februar erhielten wir mittags den Befehl, bis auf weiteres in unseren Unterkünften zu bleiben. Strenges Verbot, sich in Gruppen auf der Strasse zu zeigen. Nur die Geldsammler mit ihren Büchsen hatten Ausgang, und bestimmte Leute mit Sonderbefehlen.
Wir wussten nicht, was das bedeuten sollte, und warteten. Bis auf einmal, um 10 Uhr abends, der Befehl kam: «Alles im Laufschritt zum Brandenburger Tor! Waffen zu Hause lassen! Absperrungsdienst. Der Reichstag brennt!»
Der Berliner Gruppenführer Ernst versammelte einige von uns in der Bierstube an der Ecke Wilhelm- und Dorotheenstrasse. Er beauftragte uns, in die verschiedenen Stadtteile zu eilen und in Kneipen und an Strassenecken zu verbreiten, dass die Kommunisten den Reichstag angezündet hätten, dass man bestimmte Beweise in der Hand habe — kurz alles das, was am nächsten Tage in der Presse stand.
Um diese Zeit war noch nicht bekannt, dass van der Lubbe ein Holländer ist und dass der Abgeordnete Torgler als letzter den Reichstag verlassen hatte. Uns wurde dies alles als feststehende Tatsache mitgeteilt, und zwar mit solcher Sicherheit, dass uns alle die Wut gegen die Brandstifter fasste. Wir sausten los und erledigten unsere Aufgaben mit Feuereifer. Je öfter ich meine Geschichte wiederholte, umso ausführlicher wurde sie, und bald fühlte ich mich als Augenzeugen der Brandstiftung.»

Der Gruppenführer Ernst nimmt in der Hierarchie der Hitler-Bewegung einen hohen Rang ein. Aber es gehört mehr als die Weisheit eines Gruppenführers dazu, wenige Minuten nach

10 Uhr schon zu wissen, dass Torgler als Letzter den Reichstag verlassen hatte. Gruppenführer Ernst war in Goebbels' und Görings Plan eingeweiht. Ihm fiel die besondere Rolle zu, die SA-Männer zu Herolden der «kommunistischen» Brandstiftung zu machen.

Hitler verrät sich

Am 27. Februar 1933 brennt der deutsche Reichstag. Am 27. Februar 1933 sind die wichtigsten Führer der Nationalsozialisten in Berlin, obwohl der Wahlkampf im ganzen Reiche auf dem Höhepunkt steht. Hitler spricht am 27. Februar in keiner Versammlung, Goebbels spricht am 27. Februar in keiner Versammlung. Alle drei sind in Berlin. Keiner von ihnen hat am Abend des 27. Februar eine Besprechung, eine dienstliche Zusammenkunft, eine Arbeit.

Wenige Minuten, nachdem der Reichstagsbrand gemeldet wird, erscheint Göring, kurz nach ihm Hitler und Goebbels an der Brandstätte. Sefton Delmar, der Berliner Korrespondent des «Daily Express» ist in ihrer Gesellschaft. Der faschistische Londoner «Daily Express» ist eines der wenigen hitlerfreundlichen Blätter in England. Sefton Delmar erfreut sich der besonderen Anerkennung Hitlers. Trotzdem ist der Bericht des «Daily Express» vom 28. Februar 1933 für Hitler belastender als die Berichte der gegnerischen Auslandsblätter von diesem Tage.

Sefton Delmar schildert in seinem Bericht vom Brandort eine Szene, die sich aller Berechnung nach ungefähr zwanzig bis dreissig Minuten nach der Entdeckung des Brandes abgespielt haben muss. Hitler, der eben an der Brandstätte eingetroffen war, wandte sich an den Vizekanzler von Papen mit folgenden Worten:

«Das ist ein von Gott gegebenes Zeichen. Niemand wird uns nun daran hindern, die Kommunisten mit eiserner Faust zu vernichten.»

Und zu Delmar gewendet, fuhr Hitler fort:

«Sie sind Zeuge einer grossen neuen Epoche in der deutschen Geschichte. Dieser Brand ist ihr Beginn.»

Der Kanzler des 3. Reiches sprach diese Worte zu einer Zeit, wo die «Schuld» der Kommunisten noch gar nicht festgestellt sein konnte, wo van der Lubbe erst mit Hilfe eines Dolmetschers verhört wurde. Das Verhör, das mit van der Lubbe unmittelbar nach seiner Verhaftung angestellt wurde, dauerte nach den übereinstimmenden Berichten der Blätter bis in die Morgenstunden. Van der Lubbe wurde ungefähr um 9 Uhr 20 Abends verhaftet. Er konnte demnach zur Zeit, wo Hitler den eben zitierten Ausspruch tat, noch keinerlei «umfassendes Geständnis» gemacht haben, das Hitler als Unterlage für seinen Ausspruch, für seine Beschuldigungen gegen die Kommunisten hätte dienen können.

Hitlers Unbeherrschtheit liess ihn das Wort von der Schuld der Kommunisten zu früh sprechen. Er wartete sein Stichwort nicht ab, er sprach die vier Sätze früher als vorgesehen.

Hitler hat 1930 vor dem Reichsgericht erklärt, in der national-sozialistischen Bewegung geschehe nichts ohne sein Wissen. Diese Behauptung trifft jedenfalls auf die Brandstiftung im Reichstage zu. Hitler hat die Kommunisten der Brandstiftung beschuldigt, ehe er einen Beweis dafür, eine Aussage darüber besitzen konnte. Welch andere Schlussfolgerung lässt sich daraus ziehen, als dass Hitler den Plan von Göring und Goebbels kannte und billigte. Der Kanzler des «Dritten Reiches» ist der Mitwisser der Brandstifter.

Eiu Bundesgenosse beschuldigt die Nazis der Brandstiftung

Die «Deutsche Allgemeine Zeitung», das Blatt der Schwerindustrie, hatte seit 1930 die Betrauung Hitlers mit der Regierungsführung verlangt. Die Schwerindustrie baute gleich den Deutschnationalen auf die Illusion, Hitler würde sich damit begnügen, die Macht mit den Deutschnationalen zu teilen.

Die ersten Wochen der nationalen Regierung schon enthüllten schwere Gegensätze innerhalb der Regierungskoalition. In der Denkschrift Oberfohrens sind diese Gegensätze mit aller Deutlichkeit aufgezeigt.

Die «Deutsche Allgemeine Zeitung» bemühte sich, die Stellung der Deutschnationalen zu stärken. Sie sparte in den Anfängen der nationalen Regierung nicht mit Kritik. Und sie ging kurz nach dem Reichstagsbrand, als die Nationalsozialisten das Uebergewicht in der Regierung erhielten, sogar soweit, die Erklärungen Görings für unwahr zu erklären und Zweifel an der Schuld der Kommunisten auszusprechen. Das Blatt schrieb am 2. März 1933:

> «Politisch ist an dem Brand im Reichstag nur eines völlig unbegreiflich: dass ein Kommunist gefunden werden konnte, der so töricht war, das Verbrechen zu begehen. Von einer kommunistisch-sozialdemokratischen Einheitsfront haben wir ausser in einigen Reden, Zeitungsartikeln und Anträgen bisher wenig bemerkt. Dass jene Einheitsfront sich ausgerechnet zum Zweck einer Brandstiftung im deutschen Reichstag gebildet haben sollte, ist ausserordentlich unwahrscheinlich. Wir fürchten, dass eine genaue Nachprüfung der Voraussetzungen jener bekannten Bemerkung des Reichskommissars für Inneres die Unhaltbarkeit dieses Vorwurfs beweisen wird. Wenn das der Fall ist, wäre es besser gewesen, ihn gar nicht zu erheben.»

Das ist nicht die Mitteilung einer marxistischen Zeitung, das schreibt das Blatt der Schwerindustrie. Den Herren wurde angst und bange vor ihrem eigenen Spiel.

Der Artikel in der «Deutschen Allgemeinen Zeitung» bestätigt Oberfohrens Mitteilungen. Zu spät. Oberfohren wurde ermordet. Die «Deutsche Allgemeine Zeitung» wurde einige Monate nach dem Reichstagsbrande gleichgeschaltet. Ihr Chefredakteur Dr. Fritz Klein wurde abgesetzt. Nicht lange bevor auch Hugenberg in der Versenkung untertauchte. Die versteckte Drohung, die in der Mitteilung der «Deutschen Allgemeinen Zeitung» liegt, hat ihren Zweck verfehlt. Die Auflösung der Deutschnationalen Partei war nicht aufzuhalten. Uns allerdings ist der Artikel der «Deutschen Allgemeinen Zeitung» ein wichtiges Beweismittel. Der Bundesgenosse zeiht Göring der Lüge und zweifelt an der Schuld der Kommunisten. Heisst das nicht, in undiplomatische Sprache übersetzt: die Nazis haben den Reichstag angezündet!

Warum liess Göring den Reichstag ohne Schutz?

In den Mitteilungen des amtlichen «Preussischen Pressedienstes» vom 28. Februar wird gesagt, dass unter dem im Karl-Liebknecht-Haus gefundenen Material auch die Anweisungen für den Reichstagsbrand gewesen wären. Die Durchsuchung des Karl-Liebknecht-Hauses fand am 24. Februar 1933 statt. Die gesamte bürgerliche Presse berichtete bereits am 24. und 25. Februar in grösster Aufmachung über die angeblichen Mordpläne der Kommunisten. Der Polizeipräsident von Berlin erstattete Göring am 26. Februar Bericht über das angeblich in den «Katakomben» des Karl-Liebknecht-Hauses gefundene Material. Göring verfügte als kommissarischer Innenminister über die preussische Polizei. Göring war als Reichstagspräsident Hausherr im Reichstag. Niemand hatte so wie er die Möglichkeit, den Reichstag vor einem Anschlag zu schützen. Niemand hatte so wie er die Pflicht, es zu tun.

Göring hat weder die Polizei zum Schutze des Reichstagsgebäudes herangezogen, noch hat er innerhalb des Reichstages selbst irgendwelche Schutzmassnahmen ergriffen. Wäre die Mitteilung über das angeblich im Karl-Liebknecht-Haus gefundene Material zutreffend, so hätte sich Herr Göring zumindest der Vorschubleistung zu einem schweren Verbrechen schuldig gemacht. Aus der Tatsache, dass Goering nichts zum Schutze des Reichstags unternommen hat, ebenso wie aus der Tatsache, dass die im Karl-Liebknecht-Haus angeblich gefundenen Dokumenten bis zum heutigen Tage nicht veröffentlicht sind, lässt sich nur ein Schluss ziehen : das Material aus dem Karl-Liebknecht-Hause existiert nur in den Berichten des amtlichen «Preussischen Pressedienstes»; die Kommunisten hatten weder die Absicht, noch hatten sie Vorbereitungen getroffen, den Reichstag anzuzünden; hingegen richtete Goering alles darauf ein, den Reichstag abbrennen zu lassen.

Göring schickt die Reichtagsbeamten vorzeitig nach Hause

Göring hat am Tage des Brandes auch dafür gesorgt, dass die Reichstagsbeamten vor Beendigung der Amtszeit den Reichstag verliessen. Am 27. Februar entliess der nationalsozialistische Hausinspektor die diensthabenden Beamten bereits um 1 Uhr mittag aus dem Dienst. Die Beamten erklärten, dass die vorzeitige Beendigung des Dienstes den Vorschriften widerspreche. Der nationalsozialistische Hausinspektor befahl ihnen, den Dienst für diesen Tag zu beenden, da doch nichts zu tun sei.

Im Monat März brachten die grössten Auslandszeitungen die Mitteilung, dass die Reichstagsbeamten am 27. Februar vorzeitig beurlaubt worden seien. Die Hitler-Regierung hat nicht gewagt, diese Meldung zu dementieren.

Oberbranddirektor Gempp beschuldigt Göring

Am 24. März erfolgte die überraschende Mitteilung, dass der Berliner Oberbranddirektor Gempp, Leiter der Berliner Feuerwehr, vorläufig beurlaubt worden sei, weil er in seinem Dienstbereich kommunistische Umtriebe geduldet habe. Die kommunistischen Umtriebe, die Oberbranddirektor Gempp angeblich geduldet hatte, bestanden darin, dass er in einer Besprechung mit den Inspekteuren und Brandleitern der Feuerwehr fachmännische Mitteilungen über den Reichstagsbrand gemacht hatte, die das Verhalten Görings am Brandorte in sonderbarem Licht erscheinen liessen. Die Mitteilungen Gempps betrafen folgende drei wesentliche Tatsachen:

«In einer Besprechung mit seinen Inspekteuren und Brandleitern hat Herr Gempp kurz vor seinem Ausscheiden Klage darüber geführt, dass die Feuerwehr zu spät alarmiert worden sei. Nur so sei es zu erklären, dass eine etwa 20 Mann starke SA-Abteilung sich bereits am Brandherd befand, als die Feuerwehr endlich erschien.

Ferner führte Herr Gempp darüber Klage, dass der kommissarische Innenminister Preussens, Göring, ihm ausdrücklich verboten habe, sofort die höchste Alarmstufe zu verkünden und demgemäss stärkere Feuerwehrkräfte einzusetzen.

Schliesslich war Herrn Gempp aufgefallen, dass in den nicht zerstörten Teilen des Reichstagsgebäudes grosse Mengen nicht mehr verwendeten Brandstiftungsmaterials herumgelegen hätten; also in verschiedenen Zimmern, unter und in Schränken usw., Material, das allein einen ganzen Lastwagen gefüllt haben würde.»

Die hier wiedergegebene Meldung wurde am 25. April 1933 in der «Saarbrückener Volksstimme» veröffentlicht und nahm von hier ihren Weg durch die gesamte Weltpresse.

Göring beantwortete die Mitteilungen der «Saarbrückener Volksstimme» nicht etwa mit einer Erklärung, dass die Behauptungen falsch seien. Er nahm sie zum Anlass, Gempp der Untreue zu beschuldigen. Die «Deutsche Allgemeine Zeitung» vom 29. April 1933 gibt Auskunft darüber, wie Göring auf die Enthüllungen der «Volksstimme» reagierte:

> Der Staatskommissar z. B. V. Dr. Lippert teilt mit: «Gegen den am 24. März d. J. vom Staatskommissar z. b. V. Dr. Lippert vorläufig beurlaubten Oberbranddirektor Gempp, Leiter der Berliner Feuerwehr, war die Beschuldigung erhoben worden, dass er in seinem Dienstbereich kommunistische Umtriebe geduldet habe. Gempp hat darauf die Einleitung eines Disziplinarverfahren gegen sich beantragt. Dieser Antrag ist zunächst mit Rücksicht darauf abgelehnt worden, weil der Verdacht anderweitiger Verfehlungen gegen Gempp vorliegt. Es ist nunmehr gegen ihn ein Disziplinarverfahren eingeleitet worden, weil er bei dem Ankauf eines Autos durch den damaligen Dezernenten, den sozialdemokratischen Stadtrat Ahrens, sich der Untreue gemäss § 266 des Strafgesetzbuches schuldig gemacht haben soll.»

Diese Taktik der Nationalsozialisten, unbequeme Gegner durch kriminelle Beschuldigungen zur Strecke zu bringen, ist nicht nur im Falle Gempp angewendet worden. Unter den gleichen Beschuldigungen wurde der städtische Dezernent für Feuerwehrfragen, Stadtrat Ahrens verhaftet. Auch er hatte kritisiert, dass die Feuerwehr zu spät alarmiert worden war.

Aus den Beschuldigungen Gempps gegen Göring geht klar hervor, dass Göring an der Ausdehnung des Brandes, und nicht an seiner Eindämmung interessiert war. Die Verwüstung, die das Feuer im Reichstag anrichtete, musste möglichst gross und eindrucksvoll sein, deshalb durfte der Brand nicht zu früh gelöscht werden. Drei Tage nach dem Reichstagsbrande schon wurde die Brandstätte zur Besichtigung für das Publikum freigegeben. Der gleiche nationalsozialistische Hausinspektor, der die Beamten am 27. Februar vorzeitig beurlaubt hatte, war nun Führer durch das zerstörte Reichstagsgebäude. Die Menschen drängten sich zu Zehntausenden nach der Brandstätte. Der Führer erklärte «sachkundig», wie der Brand von den «Kommunisten» gelegt worden sei. Er vergass nicht, seine Schilderungen mit Greuelmärchen über die Absichten der Kommunisten auszuschmücken.

Göring, der selbst nicht den Mut hatte, die Behauptungen der «Saarbrückener Volksstimme» zu dementieren, zwang den Oberbranddirektor Gempp zu einem Dementi. Herr Gempp scheint sich lange gewehrt zu haben. Erst am 18. Juni 1933, nachdem Bell, Hanussen und Oberfohren bereits ermordet waren, erschien eine Mitteilung Gempps in den deutschen Blättern, in der er die Behauptungen der Saarbrückener «Volksstimme» für falsch erklärte. Es gibt Dementis, welche die Richtigkeit des dementierten Berichts bestätigen. Das verspätete Dementi Gempps ist von dieser Art.

Unter dem Druck der Anklage, die gegen ihn erhoben worden war, aus Furcht vor der Gefängnisstrafe, mit der man ihn bedrohte, hat sich Gempp dem Verlangen Görings gefügt.

Wo stecken die Urheber dieses Anschlags?

In der zweiten Märznummer der konservativen Wochenschrift «Der Ring», die von Heinrich von Gleichen herausgegeben wird, ist zu lesen :

«Der Brand im Reichstag hat zu schärfsten Gegenmassnahmen der Reichsregierung geführt. Die Behörden befinden sich in einem Zustand höchster Bereitschaft. Die deutsche Oeffentlichkeit und die Leitartikel klingen wider von der Frage: Wie war das möglich? Sind wir denn wirklich ein Volk von blinden H ü h n e r n ? Wo stecken die Urheber dieses Anschlages, dessen Rückwirkung zeigt, wie zielsicher sie gehandelt haben? Um eine Antwort auf alle Fragen zu geben, stellen wir nüchtern und sachlich fest: Es fehlt uns an einem Geheimdienst, wie ihn die Engländer und andere Nationen besitzen . . .

Besässen wir eine solche Einrichtung, dann würde man heute schon ganz genau wissen, in welcher Richtung die Urheber des Reichstagsbrandes zu suchen wären, ja man würde die eigentlichen Männer schon kennen. Es sind v i e l l e i c h t M i t g l i e d e r d e r b e s t e n d e u t s c h e n o d e r i n t e r n a t i o n a l e n G e s e l l s c h a f t.»

Heinrich von Gleichen ist eines der einflussreichsten Mitglieder des «Herrenklubs». Seit Papens Reichskanzlerschaft ist von Gleichen einer der Drahtzieher der Regierungspolitik. Seine Beziehungen zum Präsidentenpalais sind mehr als ausgezeichnet. In der von uns zitierten Mitteilung des «Ring» beschuldigt von Gleichen in dürren Worten die Hitler-Regierung, dass sie zur Aufklärung des Reichstagsbrandes nichts getan habe. Er fragt, wo eigentlich die Urheber des Anschlages stecken, dessen Rückwirkung zeigt, wie zielsicher sie gehandelt haben? Kann damit etwas anderes gemeint sein, als dass die Nationalsozialisten den Brand angelegt haben, um zielsicher eine Machtposition nach der andern zu erringen.

Der «Ring» wurde nach diesem Aufsatz verboten.

Dr. Bell schwatzt aus der Schule

In unserem Kapitel über die braunen Morde ist der Fall des Dr. Bell und sein Tod durch SA-Hand genau geschildert. Hier soll nur Bells Rolle beim Reichstagsbrande behandelt werden. Wir versagen uns, hierbei jene Berichte zu benutzen, die behaupten,

Dr. Bell habe am 27. Februar 1933, eine Stunde vor dem Reichstagsbrand bereits einige englische und amerikanische Journalisten darüber informiert, dass der Reichstag brenne. Diese Meldung ist planmässig von der Hitler-Regierung verbreitet worden. Die Nazis wollten sich eine bequeme Möglichkeit zu einem Dementi und damit zur Diskreditierung der wirklichen Behauptungen Bells verschaffen.

Dr. Bell kannte van der Lubbe sehr gut, er war auch auf das genaueste über die Beziehungen orientiert, die van der Lubbe in Berlin und München zu SA-Kreisen angeknüpft hatte. Obwohl Dr. Bell seit ungefähr einem Jahre in Opposition zur Nationalsozialistischen Parteiführung stand, besass er noch viele Verbindungsmänner innerhalb der Nationalsozialistischen Partei. Durch sie kannte er die Vorgänge beim Reichstagsbrande. Bell verriet am 3. oder 4. März 1933 im nationalen Klub in der Friedrich-Ebertstrasse seine Kenntnisse über den Reichstagsbrand einem volksparteilichen Politiker. Dieser Politiker gab in seinen Briefen einigen Freunden Kenntnis von den Mitteilungen über die wahren Brandstifter, die ihm Bell gemacht hatte. Einer dieser Briefe fiel in die Hände Dalueges, des Leiters der geheimen Staatspolizei.

Der Brief kostete Bell das Leben. Am 3. April wurde er in Oesterreich, im Städtchen Kufstein von SA-Männern die aus München kamen, ermordet.

Der Mord an Hanussen

Die Geschichte des Mordes an Hanussen wird ebenfalls in einem anderen Kapitel ausführlich behandelt. An dieser Stelle soll von Hanussen nur die Rede sein, soweit er zum Reichstagsbrand in Beziehungen stand. Der Hellseher Erik Hanussen weihte einen Tag vor dem Reichstagsbrand seine neue Wohnung in Berlin (Lietzenburgerstr. 16) ein, die er «Palast des Okkultismus» nannte. Am Fest der Einweihung nahmen einige Führer der SA, darunter auch Graf Helldorf, sowie Künstler, Schauspieler und Journalisten teil. Unter ihnen war ein Berichterstatter des «Berliner 12-Uhr-Blatt». In der Hellsehséance, die Hanussen bei diesem Fest veranstaltete, erklärte er unter anderem wörtlich: «ich sehe ein grosses Haus brennen».

Hanussen publizierte in der ersten Märznummer seiner Wochenschrift «Hanussens Bunte Wochenschau» einen Aufsatz über die politische Lage. In diesem Artikel schrieb er, dass er den Reichstagsbrand vorausgewusst habe, dass er aber nicht habe darüber öffentlich sprechen dürfen.

Hanussens bester Freund, der Führer der Berliner SA, Graf Helldorf, ist einer der Brandstifter des Reichstages gewesen. Von Helldorf hat Hanussen vor dem Reichstagsbrand Informationen

erhalten, die ihm ermöglichten «hellzusehen». Hanussen muss sehr
viel gewusst haben. Das geht aus einer eidesstattlichen Versicherung hervor, die wir von dem ehemaligen Chefredakteur des
«Berliner 12-Uhr-Blatt», Dr. Franz Höllering, erhalten haben.

Eidesstattliche Versicherung:

Der Unterfertigte, Dr. Franz Höllering, erklärt hiermit an Eidesstatt:
«In meiner Eigenschaft als Chefredakteur des «Berliner Zwölf Uhr
Blatt» und des «Montag Morgen» in der Zeit des 1. Februar bis 4.
März 1933 begegnete mir E r i k   H a n u s s e n als Herausgeber seiner nationalsozialistischen Hellseherzeitung, die in derselben Setzerei gesetzt und gedruckt wurde wie die obengenannten Blätter. Ich
lernte Hanussen persönlich nicht kennen wurde mit ihm aber einmal
telefonisch verbunden, als er den nicht anwesenden Geschäftsführer
des Verlages und Redakteur Rolf Nürnberg sprechen wollte. Das war
in der Nacht des 27. Februar, der Nacht des Reichstagsbrandes. In
der Redaktion waren kaum die ersten Meldungen über den entdeckten
Brand eingelaufen, als sich Hanussen am Telefon meldete. Er wollte
von mir wissen, wie weit der Brand sei und ob man die Täter gefasst habe. Ich anwortete, dass eine unkontrollierte Meldung über
einen kommunistischen Trupp vorliege, der angeblich mit Fackeln
den Reichstag angezündet habe. Gleichzeitig wies ich auf die Un-
glaubwürdigkeit dieser Meldung hin. Ich sagte ausdrücklich, dass
den Kommunisten, insbesondere bei der gegebenen politischen Situation, eine solche selbstmörderische Wahnsinnstat nicht zuzutrauen
sei. Darauf erwiderte Hanussen erregt, dass er ganz gegenteiliger
Ansicht sei, dass er wisse, es handle sich um ein Komplott der Kommunisten, und dass ich schon die Folgen sehen werde. Dieser Anruf
fand zwischen halb Zehn und dreiviertel Zehn Uhr statt. Ich teilte
ihn meiner Redaktion mit, der die engen Beziehungen Hanussens zu
Graf Helldorf, besonders durch dessen wiederholte Anrufe in der
Setzerei, bekannt waren. Hanussen galt allgemein als über nationalsozialistische Vorhaben ausserordentlich orientiert.

gez. Dr. Franz Höllering.»

Zu einer Zeit, wo in den Zeitungsredaktionen erst die ersten
vagen Nachrichten über den Reichstagsbrand eingelaufen waren,
sprach Hanussen bereits davon, dass der Reichstagsbrand von den
Kommunisten angelegt worden sei und schwere Folgen haben
werde. Diese Aeusserung Hanussens beweist, dass sein Informa-
tor in hohen Kreisen der SA zu suchen ist.

Der Jude Hanussen hat die Herrschaft Hitlers, die er so sehn-
süchtig herbeigewünscht, nicht lange genossen.

Am 7. April 1933 wurde seine Leiche in einer kleinen Tannen-
schonung an der Landstrasse von Baruth nach Neuhof gefunden.
Hanussen starb von Nazihand.

Doktor Oberfohren wird ermordet

Nach Bell Hanussen, nach Hanussen Dr. Oberfohren. Von diesen drei, die das Geheimnis des Reichstagsbrandes genau kannten, war Dr. Oberfohren der gefährlichste. Bell konnte man als politischen Abenteurer abtun, Hanussen als Charlatan. Dr. Oberfohren war ein einflussreicher Politiker, Führer der Deutschnationalen Reichtstagsfraktion. Noch im Februar 1933 hatte er in einer Wahlrede erklärt, die Hitler-Regierung würde in ihrer derzeitigen Zusammensetzung bestehen bleiben, wie immer auch die Wahlen ausfielen. Dr. Oberfohren war ein Erzreaktionär. Seine Denkschrift zeigt, dass es ihm nur darum ging, die Machtpositionen der Deutschnationalen zu erhalten. Der Schlussteil der Denkschrift zeigt die letzte Phase des Kampfes innerhalb der Reichsregierung. Die Denkschrift kostete Dr. Oberfohren das Leben!

So sehr die Deutschnationale Partei mit den schärfsten Massnahmen gegen die Kommunisten einverstanden ist, so wenig billigt sie die Brandstiftung durch die Koalitionsfreunde. In der Kabinettssitzung am Dienstag wurde zwar den schärfsten Massnahmen gegen die Kommunisten und zum Teil auch gegen die Sozialdemokraten zugestimmt. Es wurde jedoch kein Zweifel daran gelassen, dass die Brandstiftung das Ansehen der nationalen Front im Auslande aufs schärfste schädigen würde. In der Verurteilung wurde bei dieser Kabinettssitzung mit den schärfsten Ausdrücken nicht gespart. Es gelang den nationalsozialistischen Ministern nicht, das Verbot der Kommunistischen Partei durchzudrücken. Die Deutschnationalen brauchten, wie bereits oben gesagt, die kommunistischen Abgeordneten, um den Nationalsozialisten nicht die absolute Mehrheit im Parlament zu ermöglichen. In der Kabinettssitzung wurde gleichzeitig Herrn Görng auf das strengste untersagt, seine im Karl-Liebknecht-Haus gefundenen Fälschungen der Oeffentlichkeit zu übergeben. Es wurde darauf hingewiesen, dass die Veröffentlichung dieser plumpen Fälschungen die Regierung nur noch mehr belasten würde. Besonders ungelegen war der Regierung auch gekommen, dass der kommunistische Abgeordnete Torgler, der Vorsitzende der kommunistischen Reichstagsfraktion, sich am Dienstagmorgen der Polizei zur Verfügung gestellt hatte. Seine Flucht wäre wünschenswerter gewesen. Die Tatsache aber, dass er, der eines solchen Verbrechens beschuldigt war, sich nach den Verhaftungen tausender kommunistischer Funktionäre und bei drohendem Standgericht der Polizei zur Verfügung stellte, um den Beschuldigungen seiner Partei entgegentreten zu können, war der Regierung äusserst unangenehm, Herr Göring wurde beauftragt, zu dementieren, dass sich der Abgeordnete Torgler freiwillig gestellt habe. Das Echo der Weltpresse aber, das dem Reichstagsbrand folgte, war so unerwartet einmütig in der Zuschiebung der Brandstiftung auf führende Regierungsmitglieder, dass das Ansehen der nationalen Regierung aufs Schärfste erschüttert wurde.

So sehr Göring und Goebbels die Stillegung der kommunistischen und sozialdemokratischen Wahlpropaganda gelegen kam, so sehr sie wussten, dass die breiten Massen der Kleinbürger, Angestellten und Bauern das Gerücht vom Reichstagsbrand glauben würden und demgemäss der NSDAP als der Vorkämpferin gegen den Bolschewismus ihre Stimme geben würden, so wenig waren sie erbaut über die Stellungnahme der deutschnationalen Minister im Kabinett. Das Verbot der Kommunistischen Partei war ihnen wieder nicht zugebilligt worden. Mit Verbitterung fühlten sie sich mit ihren masslosen Ansprüchen in der eisernen Umklammerung der Deutschnationalen, des Stahlhelms und der Reichswehr. Es war ihnen klar, dass man so rasch wie möglich aus dieser Umklammerung herauskommen müsse. Es wurde hin- und herberaten.

Schliesslich entschlossen sich die Gruppen zu dem Gewaltstreich in der Nacht vom 5. zum 6. März. Es wurde geplant, die Regierungsviertel zu besetzen, von Hindenburg die Umbildung der Regierung zu verlangen. In diesem Falle sollte von Hindenburg die Vertretung der Reichspräsidentenschaft auf Adolf Hitler übertragen und im gleichen Augenblick durch Adolf Hitler Göring zum Reichskanzler ernannt werden. Die Beratungen gingen auch dahin, diese Aktion gegebenenfalls anlässlich eines grossen Propaganda-Umzuges der SA und SS durch Berlin, verbunden mit einer Huldigung vor Adolf Hitler, Freitag, den 3. März durchzuführen. Dieser grosse Propaganda-Umzug wurde nun mit allen Mitteln vorbereitet. Schon waren zahlreiche auswärtige Formationen der SA in der Stadt, die Strassen für den Durchmarsch des Siegeszuges polizeilich gesichert, der Verkehr umgeleitet, und Tausende erwarteten in der Wilhelmstrasse den Vorbeimarsch vor dem Führer Adolf Hitler. Da sich die Gerüchte verdichtet hatten, dass bei diesem Marsch das Regierungsviertel besetzt werden sollte, wurde im letzten Augenblick durch die deutschnationalen Minister durchgesetzt, dass Adolf Hitler auf den Vorbeimarsch in der Wilhelmstrasse Verzicht leistete. Den Tausenden in der Wilhelmstrasse wurde plötzlich zu ihrer Verwunderung mitgeteilt, dass der Zug der SA einen anderen Weg nehmen und die Wilhelmstrasse nicht berühren werde, sondern vielmehr durch die Prinz-Albrechtstrasse nach dem Westen weitergeleitet werde. Allerdings mussten sich die Deutschnationalen dazu verpflichten, nun auch ihrerseits auf einen Durchzug des Stahlhelms durch das Regierungsviertel Verzicht zu leisten. Dieser Aufmarsch des Stahlhelms war für den Wahltag als Huldigungsmarsch für Hindenburg angekündigt worden. In diese Abänderung willigten die Stahlhelmführer ein.

Die Lage für die deutschnationalen Minister war ausserordentlich ernst. Das Wahlergebnis in Lippe-Detmold hatte gezeigt, wie gross die Gefahr war, dass deutschnationale Wähler mit fliegenden Fahnen zu den Nationalsozialisten übergingen. Der ungehemmten Propaganda der Nationalsozialisten war zudem die deutschnationale Propaganda nicht gewachsen. Der Herrenklub, die Gruppen um den Stahlhelm, die deutschnationalen Führer berieten. Nach der gerade noch am Freitag nachmittag abgewendeten Besetzung des Regierungsviertels musste man sich für die drohende Gefahr der Nacht vom 5. auf den 6. März nicht nur mit Reichswehr und Stahlhelm rüsten. Es war klar, dass die Massen nicht mehr hinter dem alten Generalfeldmarschall, sondern hinter ihrem Abgott Adolf Hitler standen. Gegen diese Massen und gegen diese Massenstimmung nur Waffen einzusetzen, wäre vergeblich gewesen. Also war es notwendig, ebenso rücksichtslos wie Göring und Göbbels beim Reichstagsbrand vorzugehen. Es wurde folgender Plan festgelegt: Die Geffentlichkeit bekommt eine amtliche Mitteilung über die bisherigen Ergebnisse der Untersuchung gegen die Brandstifter. Diese Mitteilung wird so abgefasst, dass man im Notfall jederzeit auf sie hinweisen könnte, mit der Feststellung, dass man schon damals den nationalsozialistischen Attentätern auf der Spur gewesen sei. Eine solche amtliche Mitteilung konnte man dann in der Nacht vom 5. auf den 6. März als Druckmittel gegenüber den nationalsozialistischen Ministern benutzen, wenn diese wirklich ihren Plan der Besetzung des Regierungsviertels durchsetzen wollten. Man beabsichtigte auf diese Weise die nationalsozialistischen Massen zu verwirren und nach Möglichkeit für die nationale Front unter Führung der Deutschnationalen und für Hindenburg zu gewinnen. Man bereitete einen dementsprechenden Aufruf an das nationale Deutschland vor, in dem Hindenburg die Pläne der gewaltsamen Machtergreifung enthüllte, Göring, Hitler und Göbbels der Brandstiftung bezichtigte, unter Hinweis auf das bereits früher herausgegeben amtliche Communiqué, und die Millionen Nationalsozialisten aufforderte, sich geschlossen hinter die Führung des Generalfeldmarschalls zu stellen, um die nationale Front gegen den Marxismus zu retten. Dadurch hoffte man, die nationalen Massen bereitzumachen, eine Militärdiktatur unter Führung des Generalfeldmarschalls zu unterstützen. Der Generalfeldmarschall selbst sollte der Huldigung des Stahlhelms fern bleiben, die Nacht vom 5. und 6. ausserhalb im Schutze der Reichswehr verweilen und die Reichswehr selbst marschbereit stehen.

Fememörder — Brandstifter

Im Zimmer des Breslauer Polizeipräsidenten steht eine grosse gerahmte Fotografie, auf der fünf junge Menschen zu sehen sind. Diese fünf jungen Menschen haben 1932, im schlesischen Dorf Potempa, einen polnischen Arbeiter mit einer in der Kriminalgeschichte einzig dastehenden Bestialität ermordet. Das Gericht hatte die Mörder zum Tode verurteilt, der Reichskanzler Papen hat ihre Begnadigung erwirkt, der Reichskanzler Hitler gab ihnen die Freiheit wieder. Ihr Bild steht auf dem Schreibtisch des Breslauer Polizeipräsidenten.

Sie verstehen einander sehr gut, die Mörder von Potempa und der Polizeipräsident Edmund Heines. Auch er war wegen Mordes zu Tode verurteilt, auch er wurde begnadigt, auch er hat nicht lange im Gefängnis gesessen. Der Oberleutnant Heines nimmt in

118

Hitlers Reich eine hohe Stellung ein. Er ist Obergruppenführer der SA, genau wie Göring und der General von Epp. Dr. Oberfohren hat in seiner Denkschrift nachgewiesen, dass Heines der Führer jenes Trupps war, der den Reichstag anzündete:
Oberfohren schrieb in seiner Denkschrift:

«Unterdessen gingen die Beauftragten des Herrn Göring unter Führung des SA-Führers von Schlesien, des Reichstagsabgeordneten Heines, durch die Heizungsgänge vom Palais des Reichstagspräsidenten durch den unterirdischen Gang in den Reichstag. Für jeden einzelnen der ausgesuchten SA- und SS-Führer war die Stelle genau bezeichnet, wo er anzusetzen hatte. Am Tage vorher war Generalprobe abgehalten worden. Van der Lubbe ging als 5. oder 6. Mann. Als der Beobachtungsposten im Reichstag meldet, dass die Luft rein ist, begaben sich die Brandstifter an die Arbeit. Die Brandlegung war in wenigen Minuten vollendet. Auf dem gleichen Weg, auf dem sie gekommen waren, gingen sie nach getaner Arbeit zurück. Van der Lubbe blieb allein im Reichstagsgebäude zurück.»

Die Behauptung Dr. Oberfohrens, dass Heines der Führer der Brandstifterkolonne gewesen sei, wird auch von anderen Eingeweihten bestätigt. Unter anderem hat Dr. Bell in den letzten Mitteilungen, die er seinen Freunden zukommen lassen konnte, ausdrücklich erklärt, dass die Führung der Brandstifterkolonne in den Händen von Heines lag.

Heines war für diese «Arbeit» wie geschaffen. Heines ist eine Landsknechtnatur: Er mordet auf Befehl, er schiesst auf Befehl, er legt auf Befehl Feuer.

Der strategische Stützpunkt der Brandstifter

Es genügte, die Widersprüche in den amtlichen Berichten der Nazis zu enthüllen, es genügte der Indizienbeweis, den wir geführt haben, um die Schuld der Nazis am Reichstagsbrand eindeutig festzustellen. Aber selbst wenn diese Beweise nicht vorhanden wären, wenn die Werkzeuge Görings die Provokation sorgfältiger vorbereitet hätten, bliebe noch immer d a s e n t - s c h e i d e n d e B e w e i s m i t t e l für die Brandstiftung durch die Nazis bestehen. Von diesem Beweismittel soll jetzt gesprochen werden.

Die «Vossische Zeitung» vom 1. März 1933 berichtete aus Regierungskreisen folgendes:

«Es wird erklärt, es liege der einwandfreie Beweis dafür vor, dass der Vorsitzende der Kommunistischen Reichstagsfraktion, Abgeordneter Torgler, sich mit dem Brandstifter mehrere Stunden im Reichstagsgebäude aufgehalten habe, und dass er auch mit anderen an der Brandstiftung beteiligten Personen zusammen gewesen sei. Es wird hinzugefügt, dass die anderen Täter eventuell durch die unterirdischen Gänge im Zusammenhang mit den Heizungsanlagen des Reichstages, die das Reichstagsgebäude selbst und das Gebäude des Reichstagspräsidenten verbinden, entkommen sein könnten.»

Es führt, wie wir in der Einleitung dieses Kapitels zeigten, tatsächlich ein unterirdischer Gang vom Reichstagsgebäude zum Hause des Reichstagspräsidenten. Inhaber dieses Amtes, Bewohner dieses Hauses, zu dem der unterirdische Gang führt, war in der Zeit des Reichstagsbrandes Hermann Göring. Er bewohnt das Haus, durch das nach seinen eigenen Angaben die Täter entkommen sind.

Hermann Göring ist nicht nur Preussischer Ministerpräsident, Polizeiminister und Reichstagspräsident. Hermann Göring ist zugleich Obergruppenführer der SA. Hermann Göring hat einen Spezial-Sturm der SA, den Sturm G, zu seiner Verfügung. Sein Haus ist ständig von einer Stabswache bewacht, die aus mindestens 30 Mann besteht.

Der amtliche «Preussische Pressedienst» hat gemeldet, dass zum Herbeischaffen des Brandmaterials mindestens sieben Mann notwendig waren, während die Brandlegung von zehn Menschen besorgt worden sei. Demnach sind, wenn wir uns diese amtlichen Angaben zu eigen machen, mindestens zehn Menschen unmittelbar an der Reichstagsbrandstiftung beteiligt gewesen.

Es ist mit aller Sicherheit anzunehmen, dass im Deutschen Reichstage zahlreiche Brandherde in den verschiedensten Teilen des Gebäudes gelegt wurden. Anders wäre die Schnelligkeit, mit der sich das Feuer in diesem grossen Gebäude ausbreitete, nicht erklärlich. Diese vielen Brandherde verlangten eine grosse Menge Brandmaterials. Das Gewicht des Brandmaterials muss einige Zentner betragen haben. Oberbranddirektor Gempp hat in seinem fachmännischen Bericht vor den Brandinspektoren und Brandleitern erklärt, dass er nach dem Brande noch grosse Mengen unverbrannten Brandmaterials gefunden habe. Zum Abtransport dieses Materials sei ein Lastauto nötig gewesen. Diese Erklärung Gempps bestätigt die Annahme, dass die Brandstifter grosse Mengen Brandmaterials in den Reichstag geschafft haben.

Wie wurde das Brandmaterial in den Reichstag gebracht?

Wir haben zu Beginn dieses Kapitels eine Schilderung der Schwierigkeiten gegeben, die der Besucher zu überwinden hat, wenn er in den Deutschen Reichstag gelangen will. Der Zugang zum Reichstag ist dem Besucher nur durch Portal 5 möglich. Er

MITTELTHEIL DES KELLERS IN DER HAUPTQUERACHSE VON W. NACH O.

SCHNITT.

GRUNDRISS.

Der Keller, der das Reichstagsgebäude mit dem Hause Görings verbindet. Dieser unterirdische Gang ermöglicht den unkontrollierten Verkehr zwischen Görings Hause und dem Reichstag. Durch diesen Gang kamen die nationalsozialistischen Brandstifter in den Reichstag, durch diesen Gang transportierten sie das Brandmaterial, durch diesen Gang kehrten sie nach vollbrachter Tat in Görings Haus zurück.

Es ist die alte Methode

Im Jahre 1886 inszenierte die Polizei von Chicago ein Bombenattentat, dem viele Menschenleben zum Opfer fielen. Als angebliche Täter wurden fünf revolutionäre Arbeiter hingerichtet. Die wahren Urheber des Bombenanschlags wurden erst sieben Jahre später in den Reihen der Polizei festgestellt. Auch dieses Attentat wurde begangen, um den Anlass für die brutalste Verfolgung der Arbeiterbewegung zu geben.

hat eine Reihe von Reichstagsbeamten zu passieren. Ist es vorstellbar, dass unter den Augen der Reichstagsbeamten sieben bis zehn Männer zentnerweise Brandmaterial in den Reichstag schleppen, ohne dass es einem einzigen der Empfangsbeamten auffällt? Selbst der befangenste Beurteiler wird zugestehen müssen, dass kein Brandstifter und keine Gruppe von Brandstiftern es wagen konnte, das Brandmaterial durch Portal 5 zu transportieren.

Ebenso verhält es sich mit dem sogenannten Abgeordneten-Eingang, dem Portal 2. Der Zugang durch Portal 2 ist nur den Reichstagsabgeordneten gestattet. Die Vorstellung, dass Reichstagsabgeordnete unter den Augen der Beamten, die am Portal 2 Dienst versehen, zentnerweise Brandmaterial in den Reichstag bringen, ist nicht weniger absurd als die Vorstellung, dass das Brandmaterial durch Portal 5 in den Reichstag transportiert wurde.

Die Brandstifter mussten demnach einen andern Weg wählen, einen G e h e i m w e g, der ihnen gestattete, unbemerkt und von den diensthabenden Beamten ungesehen, in den Reichstag zu gelangen und das Brandmaterial an Ort und Stelle zu bringen. Es gibt einen einzigen geheimen Weg zum Reichstag. Das ist der u n t e r i r d i s c h e G a n g, d e r d a s H a u s d e s R e i c h s t a g s p r ä s i d e n t e n m i t d e m R e i c h s t a g s g e b ä u d e v e r b i n d e t. Der unterirdische Gang ist die strategische Anmarschstrasse für die Brandstifterkolonne gewesen.

Wer den unterirdischen Gang zum Reichstage benutzen will, muss z u e r s t Görings Haus, das Haus des Reichstagspräsidenten, passieren. Er muss demnach an der Stabswache vorbei, die ständig Görings Haus bewacht. Er läuft ausserdem Gefahr, von einem der Bewohner des Göringschen Hauses gesehen zu werden.

Ist es vorstellbar, dass Kommunisten durch Görings Haus hindurch zum unterirdischen Gang gehen, ohne von der Stabswache (30 Mann!) angehalten und verhaftet zu werden? Ist es vorstellbar, dass Kommunisten durch Görings Haus hindurch zentnerweise Brandmaterial transportieren, ohne von der Stabswache angehalten und verhaftet zu werden? Ist es vorstellbar, dass Kommunisten durch Görings Haus flüchten?

Das ist unmöglich. Jeder Kommunist, der in den Februar-Tagen versucht hätte, Görings Haus zu betreten, wäre zweifellos verhaftet worden.

Für die Kommunisten war es unmöglich, auf dem Weg über Görings Haus und durch den unterirdischen Gang in den Reichstag zu gelangen. Für wen war es möglich?

Am unauffälligsten und ohne auch nur den geringsten Verdacht bei der Stabswache zu erwecken, konnten nur führende Nationalsozialisten Görings Haus betreten. In diesem Hause fanden viele Besprechungen zwischen Göring und den Spitzenfunktionären der Nationalsozialisten statt. Kein SA-Mann konnte auf den Gedanken kommen, Männer, die in seiner Partei hohe Stellungen bekleiden, und die er oft in Görings Haus kommen sah, anzuhalten. Für sie bestand keine Gefahr. Sie konnten ungehindert ein- und ausgehen. Dies gilt vor allem für höhere SA-Funktionäre, denen als «Vorgesetzten» der Stabswache ein völlig ungehemmtes Auftreten im Hause Görings gesichert war. Sie konnten ohne jede Schwierigkeit in kleinen Mengen und unbemerkt das notwendige Brandmaterial in Görings Haus bringen. Auf die Stabswache konnte es selbst nicht auffällig wirken, wenn eine Anzahl Kisten, deklariert als «Akten» oder sogar als «Waffen» im Keller des Hauses eingelagert wurden (Waffentransporte waren in jenen Tagen im Nazilager allerorts an der Tagesordnung).

Görings Haus war die Schlüsselstellung für den Angriff gegen den Reichstag. Wer Görings Haus zur Verfügung hatte, konnte gegen das Reichstagsgebäude unternehmen, was er wollte. Görings Haus war der Brückenkopf, von dem aus die Brandkolonne zum Sturme antrat. Görings Haus war das Depot für ihre Brandmaterialien. Görings Haus war der sichere Port, in den sie nach vollbrachter Tat flüchten konnten.

Die Brandstifterkolonne

Wir sprachen davon, dass es nur für SA-Führer möglich war, in Görings Haus zu gelangen, ohne Verdacht zu erwecken. Auch Oberfohren spricht in seiner Denkschrift von ausgesuchten SA- und SS-Führern. Es ist klar, dass die nationalsozialistische Führung, die den Plan zum Reichstagsbrand ausheckte und organisierte, alles Interesse daran hatte, ihre zuverlässigsten Prätorianer mit der Durchführung des Plans zu betrauen. Goebbels und Göring konnten sich nicht in die Hände eines beliebigen SA-Sturms geben. Goebbels und Göring konnten sich nicht der Gefahr aussetzen, dass ein unzufriedener SA-Mann die wahren Brandstifter verriet. Goebbels und Göring mussten ihre Mithelfer in den Reihen der obersten Funktionäre suchen. Es mussten Männer gefunden werden, die einerseits vor keinem Verbrechen zurückscheuten, andererseits durch viele gemeinsam begangene Verbrechen mit der nationalsozialistischen Führung und ihrem Schicksal so eng verbunden waren, dass kein Verrat zu befürchten war. Die nationalsozialistische Führung ist reich an Männern, die diese Voraussetzung erfüllen. In ihren Reihen befinden sich Femenmörder vom Schlage der Oberleutnant Heines und Oberleutnant Schulz, kriminelle Verbrecher vom Schlage der Dr. Ley und Kaufmann, degenerierte und pervertierte Aristokraten vom

Schlage des Grafen Helldorf. Aus dieser Schar von Männern, die mit Existenz und Leben an die Naziführung unlösbar gekettet sind, wurde die Brandstifterkolonne zusammengestellt. Die Leitung erhielt, wie wir aus dem Bericht Oberfohrens wissen, der Fememörder Heines. Sein erster Gehilfe war der Fememörder Schulz, und unter seinem Kommando arbeitete der Führer der Berliner SA Graf Helldorf.

Wie geschah die Brandstiftung?

Die nachfolgende schematische Zeichnung eines Kriminalisten zeigt die erste Phase der Brandstiftung. Die Kolonne sammelte sich in Görings Haus. Heines, Schulz, Helldorf und die anderen konnten ungehindert die Stabswache passieren, der sie als SA-Führer bekannt waren. Van der Lubbe ist vermutlich mit dem Grafen Helldorf in Göriegs Haus gekommen.

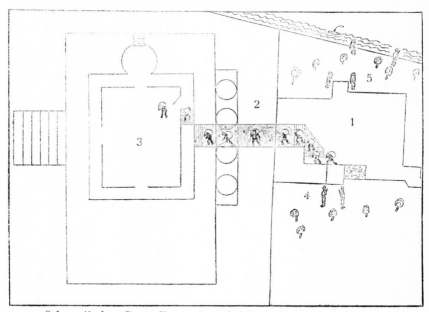

Schematische Darstellung der Reichstagsbrandstiftung nach kriminalistischen Feststellungen und amtlichen Meldungen.
1. Phase.

1. Görings Haus. 2. Der unterirdische Gang von Görings Haus zum Reichstagsgebäude. 3. Sitzungssaal des Reichstags. 4. und 5. Stabswache Görings. Man sieht die Brandstifter im unterirdischen Gang auf dem Weg zum Reichstag.

Die erste Aufgabe, welche die Kolonne nunmehr zu bewältigen hatte, war der Transport des Brandmaterials. Dazu benutzten die Brandstifter den unterirdischen Gang, der von Görings Haus in den Reichstag führt. Vermutlich musste der Weg mehrmals gemacht werden. Sie begannen ihre Arbeit auf ein verabredetes Signal, das ihnen meldete, dass die letzten Abgeordneten den Reichstag verlassen hatten. Eine Gefahr der Entdeckung durch die diensthabenden Reichstagsbeamten bestand nicht, denn diese waren durch den nationalsozialistischen Hausinspektor vor Beendigung der Dienstzeit nach Hause geschickt worden. Die Verteilung des Brandmaterials auf die verschiedenen Stellen, das Begiessen der leicht entzündlichen Stoffe mit Petroleum, Benzin und anderem muss eine geraume Zeit in Anspruch genommen haben, mindestens zwanzig Minuten. Dann wurden die Brandherde entzündet.

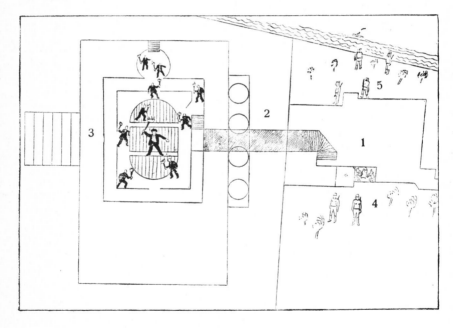

Schematische Darstellung der Reichstagsbrandstiftung nach kriminalistischen Feststellungen und amtlichen Meldungen.

2.Phase.

1. Görings Haus. 2. Der unterirdische Gang von Görings Haus zum Reichstagsgebäude, 3. Sitzungssaal des Reichstags. 4. und 5. Stabswache Görings. Die Brandstifter entzünden die Brandherde.

Die ersten Berichte der Polizei und der Feuerwehr sprachen von sieben bis zehn Brandstiftern und von vielen Brandherden. Niemand in Deutschland glaubte, dass die Brandstifter auf dem gewöhnlichen Wege in den Reichstag gelangt und auf dem gewöhnlichen Wege geflüchtet seien. Es erhob sich die Frage: wie sind die Brandstifter entkommen? Jedes unvorsichtige Wort eines Polizisten, eines Feuerwehrmannes, jede Zeitungsnachricht konnte eine Ueberraschung bringen. Göring war in höchster Bedrängnis. Er griff zu einem alten Trick. Bevor ein anderer behauptete, die Brandstifter seien durch den unterirdischen Gang geflüchtet, wollte Göring es selbst sagen. Er wollte damit der drohenden Gefahr begegnen, er wollte harmlos erscheinen lassen, was höchst verdächtig war. Göring selbst sprach aus, dass die Brandstifter durch den unterirdischen Gang entkommen seien. Er hat diesen Ausspruch bitter bereut. Der Trick misslang. Nie wieder war in einer Ministerrede, in einem amtlichen Bericht von diesem unterirdischen Gang zu Görings Haus die Rede. Görings Ausspruch sollte vergessen werden.

Wir haben ihn nicht vergessen. Jawohl: die Brandstifter sind durch den unterirdischen Gang entkommen, aber sie konnten diesen Gang nur benutzen, weil sie wussten, dass er zu Görings Haus führt. Görings Haus, das hiess für sie: Sicherheit. Der amtliche «Preussische Pressdienst» vom 28. Februar schrieb, dass die Brandstifter genaue Ortskenntnis besessen hätten. Wem war es leichter möglich, sich genaue Ortskenntnis zu beschaffen, den unterirdischen Zugang bis ins Letzte zu prüfen und zu studieren, als den Freunden des Reichstagspräsidenten Göring? Er war Herr im Reichstag. Er konnte seine Freunde an Hand der Pläne über jeden Winkel informieren. Er war Herr im Palais des Reichstagspräsidenten. Er konnte seine Freunde bei sich empfangen. Er konnte in seinem Hause das Versteck und Depot für das Brandmaterial schaffen. Er war Preussischer Minister des Innern. Er besass die Polizeigewalt in ganz Preussen. In Görings Hand waren alle Möglichkeiten vereint, den Reichstagsbrand vorzubereiten.

Van der Lubbe im brennenden Reichstag

Der «Preussische Pressedienst» hat der öffentlichen Meinung vorzuspiegeln versucht, van der Lubbe habe nicht fliehen können, weil er keinerlei Ortskenntnis besessen habe. Alle anderen Mithelfer des van der Lubbe waren nach Angabe des «Preussischen Pressedienstes» und Görings ortskundig. Es wäre ein leichtes für sie gewesen, van der Lubbe mitzunehmen und zu «retten». Aber van der Lubbe d u r f t e   n i c h t «g e r e t t e t» w e r d e n. Van der Lubbe ist für die Tat von den homosexuellen SA-Führern, die in der Brandstifterkolonne mitmarschierten, als Werkzeug empfohlen worden. Durch seine Person sollte bei der Brandstiftung der Kommunismus dargestellt werden. Diesem eitlen, ruhmsüchtigen, halbblinden Werkzeug klar zu machen, dass es für eine «grosse Rolle» ausersehen sei, war leicht. Van der Lubbe musste im brennenden Reichstag zurückgelassen werden und wurde zurückgelassen, weil er d a s Beweismittel gegen die Kommunisten war.

Van der Lubbe hat seine Rolle gespielt, so gut er konnte. Er liess sich im brennenden Reichstag verhaften. Er hatte Hemd und Jacke abgeworfen, um ein «echtes Bild» des «kommunistischen Brandstifters» zu stellen. Er gestand die Brandstiftung im Reichstag. Er gestand jede Brandstiftung, die gewünscht wurde: im Neuköllner Wohlfahrtsamt, im Berliner Rathaus, im Berliner Schloss. Und van der Lubbe wird weiter alles gestehen, was seine Auftraggeber von ihm verlangen. Er wird gegen Torgler alles aussagen, was ihm seine nationalsozialistischen Auftraggeber vorschreiben. Er wird gegen Dimitroff alles aussagen, was gewünscht wird. Er wird jeden belasten, den seine nationalsozialistischen Freunde vernichten wollen. Er wird jeden entlasten, den seine nationalsozialistischen Freunde schützen wollen.

Hermann Göring

Alle Geständnisse van der Lubbes konnten doch nicht verhindern, dass die zweite Aufgabe, die ihm zugedacht war, misslang: durch sein Hervortreten, durch seine bereitwilligen Geständnisse die wahren Brandstifter vor den Augen der Welt zu verdecken. Hierfür war die Figur «van der Lubbe» zu winzig, war seine Rolle zu durchsichtig. Die Welt durchschaute den Betrug; sie erkannte, wer dahinter steckt, sie sah: den K a p i t ä n H e r - m a n n G ö r i n g, Obergruppenführer der SA, Minister der Deut-

Hermann-Wilhelm Göring
(Nationalsoz. Deutsche Arbeiterpartei).

Hauptm. a. D., z. Zt. Schriftst., Flug-
zeugf. in Bayrischzell. Geb. 12. 1. 1893
in Rosenheim (Oberbay.), ev. Gymn.,
Kadettent., Ltn. i. Inf.-Regt. 112, Mül-
hausen. Bei Kriegsausbr. Batl.-Adjut.,
Okt. 1914 Flieger. Zul. Kommand. d.
Jagdgeschw. „Freiherr v. Richthofen".
Abschd. als Hauptm. 1919 Flieg. u. Berater im Flugw. in Dänemark. — 1920
b. 1921 Flugchef bei Svenska Lufttraf.
1922/23 Univ. München, 1924/25 Stud.
in Rom, 1925/26 in Stockholm Schrift-
stell., 1927 in Dtschld. P. l. mérite, Ritterkr. Hohenz. m. Schwert., E. K. I. u.
II. Kl., Ritterkr. Milit. Karl-Friedr.
Ord. (Bad.), Bayr. Löwen m. Eichenl.
u. Schwert usw. — M. d. R. f. 1928.

Görings Biographie im Handbuch des Reichstag:

schen Reiches, Preussischen Ministerpräsidenten und Minister des Innern, Präsidenten des Deutschen Reichstags.

Hauptmann Göring hat uns im Reichstagshandbuch seine Biographie gegeben. Es ist eine Geschichte der Orden. Im Leben dieses Menschen scheint sich nichts anderes ereignet zu haben als Ordensverleihungen. Selbst seine engeren Freunde, ehemalige Offiziere wie er, haben in der Biographie, die im Reichstagshandbuch wiedergegeben ist, auf die Erwähnung ihrer Orden verzichtet. Nur Hermann Görng hat sie alle aufgezählt.

Der Kapitän Göring ist am 12. Januar 1893 in Rosenheim in Bayern geboren. Auch wenn man es nicht aus seiner Biographie wüsste, würde man keinen Augenblick daran zweifeln, dass er in der Kadettenschule erzogen wurde.

Görings «Biographen» erzählen gern von seinen Heldentaten als Jagdflieger im Kriege. Sie vergessen hinzuzufügen, dass Göring seine Jagdflüge im M o r p h i u m r a u s c h ausgeführt hat. Die Morphiumspritze war sein ständiger Begleiter und ist es bis heute geblieben.

Die «Biographen» Görings berichten, dass er sich 1924/25 in Rom aufgehalten hat. Sie vergessen hinzuzufügen, dass er 1923 aus Deutschland f l o h, als der Hitlerputsch misslang. Der «Held des Weltkrieges», der «Wolkenstürmer», desertierte, als ihm einige Monate Festungshaft drohten. Er war nicht vom Tode bedroht wie jene deutschen Arbeiterführer, die innerhalb und ausserhalb Deutschlands unter Einsatz ihres Lebens den Hitler-Faschismus bekämpfen. Göring desertierte angesichts einer kleinen Festungsstrafe.

Seine «Biographen» berichten, dass Göring 1925/26 in Stockholm gewesen ist und dort bei einer Fluggesellschaft gearbeitet hat. Sie vergessen hinzuzufügen, dass Hermann Göring nach den offiziellen Berichten der Stockholmer Polizeipräfektur im Jahre 1925 in der Anstalt Langbro interniert war, weil ihn ein Arzt für g e i s t e s g e s t ö r t erklärt hatte. Er wurde später im Hospital Konradsberg bei Stockholm untergebracht, aber er musste infolge seines Verhaltens nach Langbro zurücktransportiert und dort unter Verschluss gehalten werden. Er konnte in Privatanstalten nicht länger gepflegt werden, denn das Personal weigerte sich, ihn zu bewachen. Auch in Langbro hatte er so heftige Ausbrüche von Tobsucht, dass er in die Abteilung für schwere Fälle gebracht werden musste.

Wir veröffentlichen in unserem Bilderteil die Kartothek-Karte, die über die Einlieferung Görings in die Irrenanstalt Langbro Auskunft gibt. Alle Dementis Görings und alle Klagen, die er nun durch die schwedische Regierung gegen die Blätter, die diese Meldung über ihn brachten, anstrengen lässt, werden vergeblich sein. Das Braunbuch veröffentlicht den u n w i d e r l e g l i c h e n d o - k u m e n t a r i s c h e n B e w e i s, d a s s G ö r i n g im I r r e n - h a u s i n t e r n i e r t w a r.

Die «Biographen» Görings berichten gern über seine Ehe mit Karin von Fock. Sie war in erster Ehe mit dem schwedischen Kapitän Kantzow verheiratet. Nach der Scheidung prozessierten die früheren Eheleute wegen der Vormundschaft über den Knaben Thomas. Während einer der Gerichtsverhandlungen, am 22. April 1926 wurde dem Gericht ein Gutachten des Gerichtsarztes Karl A. Lundberg vorgelegt, das wir in unserm Bilderteil wiedergeben. In diesem Gutachten wird eindeutig erklärt, dass Göring schwerer Morphinist sei. Die Morphiumsucht Görings ist demnach ge- richtsnotorisch. Das Gericht hat beschlossen, dass Göring nicht zum Vormund des Knaben Thomas bestellt werden kann. Der Na- tionalsozialismus hat dem Morphinisten Göring die Vormund- schaft über 60 Millionen Deutsche anvertraut.

Am 10. März 1933 hielt Göring eine Rede in Essen, in deren Verlauf er unter anderem sagte: «Ich habe meine Nerven bisher nicht verloren.» Mit dieser ausweichenden Antwort hoffte er, die Mitteilungen der Auslandspresse über seinen Nervenzustand zum Verstummen zu bringen. Er rechnete damals nicht damit, dass dokumentarische Belege über seine Nervenverfassung, seine Gei- stesgestörtheit, seine Morphiumsucht bestehen. Wir veröffentli- chen diese Dokumente nicht, um sensationelle Details aus dem Privatleben Görings zu enhüllen. Wir veröffentlichen sie, um zu zeigen, welchen Männern der Nationalsozialismus die Macht in die Hand gegeben hat. Im «d r i t t e n R e i c h» i s t d e r w i c h - t i g s t e M a n n n a c h A d o l f H i t l e r e i n n o t o r i s c h e r M o r p h i n i s t, d e m e i n s c h w e d i s c h e s G e r i c h t d i e F ä h i g k e i t z u r V o r m u n d s c h a f t a b g e s p r o c h e n h a t, e i n M e n s c h, d e r w e g e n G e i s t e s g e s t ö r t h e i t i m I r r e n h a u s i n t e r n i e r t w a r.

Es ist kein Zufall, dass dieser Göring eine führende Rolle im Dritten Reich spielt. In ihm ist die ganze Brutalität des alten preussischen Offizierskorps repräsentiert, das seit 1918 ununter- brochen zur Macht drängte. In ihm ist der Sadismus der Offiziere repräsentiert, der in diesen Monaten zu Tausenden von Morden und Zehntausenden von brutalen und grausamen Misshandlungen geführt hat. In ihm ist jener Offiziersklüngel repräsentiert, der Rosa Luxemburg und Karl Liebknecht ermordete, der in Ungarn Ströme von Blut vergoss, der in Finnland weisse Galgen errich- tete, der ganz Hitler-Deutschland zu einer braunen Hölle gestaltete.

In Göring ist der Sinn der nationalsozialistischen Politik re- präsentiert. Nicht der Arbeiter, nicht der Angestellte, nicht der

Mittelständler wird durch den Nationalsozialismus vertreten. Der Nationalsozialismus vertritt die Interessen der herrschenden Klasse, vertritt die Interessen der H e r r e n k a s t e. Dem Nationalsozialismus wurde die politische Macht in die Hände gegeben, damit er das bestehende wirtschaftliche System erhalten und es gegen die anstürmenden Kräfte der sozialen Revolution schütze. Zur Verteidigung dieser Interessen, zur Verteidigung der Pfründe, die ihm im Staat eingeräumt wurden, hat der Nationalsozialismus seine höchsten Spitzenfunktionäre aus den Reihen des ehemaligen Offizierskorps, des Adels und des hohen Beamtentums geholt. Dieser Hauptmann Göring, brutal bis zum Letzten, verlogen bis zum Letzten, feige bis zum Letzten, trägt das wahre Gesicht des Nationalsozialismus.

Dieser Hauptmann Göring ist der Organisator des Reichstagsbrandes. Sein Parteigenosse Goebbels hat den Plan erdacht, Göring hat ihn durchgeführt. In seiner Hand waren alle Möglichkeiten vereint. In seine Hand war alle notwendige Macht gegeben. In seiner Hand liefen alle Fäden zusammen. D e r M o r p h i n i s t G ö r i n g h a t d e n R e i c h s t a g a n g e z ü n d e t.

Zerstörung der legalen Arbeiterorganisationen

«Nunmehr ist die Stunde der Abrechnung gekommen, in der wir eiskalte Konsequenzen ziehen. Sie sollen sich keiner Täuschung hingeben, dass diese Abrechnung ein nicht natürliches Ende nehmen könnte. Das Ende der Revolution ist das Ende der Novemberverbrecher, das Ende dieses Systems, das Ende dieser Zeit! Wir werden diese Männer verfolgen bis in die letzten Schlupfwinkel hinein und werden nicht rasten, bis dieses Gift restlos aus unserem Volkskörper entfernt sein wird.»   (Hitler am 7. Mai 1933 in Kiel.)

Hitler verkündete bereits in seinem Buch «Mein Kampf» die A u s r o t t u n g   d e s   M a r x i s m u s, als den entscheidenden Programmpunkt der Nationalsozialisten. Er predigte den tödlichen Hass gegen die Lehren von Karl Marx, Friedrich Engels, Lenin und Stalin. Er will 80 Jahre Erfahrung, Ideologie und Organisation der Arbeiterklasse mit Blut und Eisen aus dem Leben Deutschlands ausmerzen.

Warum m u s s der Hitlerfaschismus die Zerstörung und Ausrottung der politischen Parteien, der Gewerkschaften, der Konsumgenossenschaften, der Sport- und Kulturorganisationen des Proletariats mit allen Mitteln anstreben? Er k a n n   e s   n i c h t   e r t r a g e n, dass die Presse der Arbeiter weiter erscheint. Er kann keine Streiks, keine wirtschaftlichen Kampfbewegungen, keine selbständige kulturelle Betätigung, keinen politischen Freiheitswillen der Arbeiter dulden. Ihre Unterdrückung ist für den Hitlerfaschismus eine L e b e n s f r a g e. Durch den Faschismus wollen die herrschenden Klassen ihre Macht, die sie mit den Mitteln der bürgerlichen Demokratie nicht mehr aufrecht erhalten konnten, gewaltsam und diktatorisch behaupten. Wir sehen in späteren Kapiteln dieses Buches, wieviel heimtückische Morde die Nationalsozialisten begingen, welche grauenhaften Misshandlungen, Folterungen und Kerkergreuel sie häuften, um die Organisationen und die Führerkaders der modernen Arbeiterbewegung Deutschlands zu vernichten.

Millionen Menschen, die aus Not und Verzweiflung der Krise einen Ausweg suchten, gingen zu Hitler. Sie kamen zu ihm in der gläubigen Hoffnung auf soziale und nationale Befreiung. Sie wussten nicht, dass sie auf einen reaktionären Weg geführt und dass sie missbraucht wurden. Sie ahnten nicht, dass ihre Bewegung, ihr antikapitalistischer Hass, ihre in den braunen Formationen zusammengeballte Kraft in der Faust der Hitler und Göring zur Axt werden sollten, die auf die Organisationen der Arbeiter herabsaust.

Es gehört zum Wesen des Faschismus, mit der Methode der Gewalt raffiniert den sozialen Betrug zu paaren. Auf den Trümmern der von den Arbeitern selbst geschaffenen Organisationen sollen unter der Hakenkreuzflagge neue scheinbar arbeiterfreundliche Organisationen erstehen. Das faschistische Italien soll das Vorbild sein : Ständeorganisationen aller Berufsschichten als Werkzeuge des «totalen Staates», des Staates der absoluten faschistischen Diktatur. Das Propagandaministerium des Herrn Goebbels preist in tönenden Worten den «neuen Adel der Arbeit», während die alten Ausbeutungsverhältnisse in den Betrieben Deutschlands weiter bestehen bleiben. Die neuen Pseudo-Arbeiterorganisationen sollen eine Hilfsarmee des diktatorischen Regimes sein. Kein Mensch erhält einen Arbeitsplatz, wenn er ihnen nicht angehört !

Die gelegentlichen antikapitalistischen Redewendungen der Naziführer dürfen nicht mit dem W e s e n ihrer Politik verwechselt werden. Man möge sich nicht dadurch täuschen lassen, dass die Nazis auch bei einigen kleinen Unternehmern «Korruption» enthüllt haben. Im «Völkischen Beobachter» vom 10. Juni 1933 veröffentlicht der Führer der nationalsozialistischen «Deutschen Arbeitsfront», Dr. L e y, «Grundsätzliche Gedanken über den ständischen Aufbau und die Deutsche Arbeitsfront», denen er selbst die höchste programmatische Bedeutung beimisst. Ja, in der üblichen nationalsozialistischen Grosspurigkeit preist er sie sogar als «Fundament, auf dem Generationen Jahrhunderte hinaus neu bauen können.» Dieses angeblich so neuartige «Fundament» sieht in seinem Kernabsatz «Das Führertum im Betrieb» so aus :

«D a s F ü h r e r t u m i m B e t r i e b. — Deshalb wird der ständische Aufbau als erstes dem natürlichen Führer eines Betriebes, das heisst dem Unternehmer (!) die volle Führung wieder in die Hand geben und damit aber auch die volle Verantwortung aufladen . . . Entscheiden kann allein der Unternehmer.»

Diesem Programm entspricht der Kampf gegen alle Arbeiterorganisationen von der Kommunistischen Partei bis selbst zu den wirtschaftsfriedlichen christlichen Gewerkschafts- und Gesellenorganisationen.

Der Hitlerfaschismus sieht und fürchtet in der K o m m u n istischen Partei jene Organisation, die — im Kugelregen der Lüge und Verleumdung, im Trommelfeuer der Verfolgungen und des Terrors — unerschütterlich auch in der Illegalität als einzige den Widerstand der Massen organisiert. So konzentriert sich ein geradezu hysterischer Hass der Nazis gegen den Kommunismus, gegen seine Organisationen und Zeitungen.

Aber der Verfolgungsfeldzug der Hakenkreuzler richtet sich auch gegen die S o z i a l d e m o k r a t i e, obschon sie seit Jahren mit aller Klarheit Treubekenntnisse zum bürgerlichen Staat und zur Verteidigung des «Wirtschaftsfriedens» abgelegt hat. Er greift rücksichtslos auch die sozialdemokratisch geführten Gewerkschaften an, trotzdem sie in den ersten zwei Monaten nach dem Reichstagsbrand in Rundbriefen, Artikeln und offiziellen Erklärungen ihre Bereitschaft zu einer Mitarbeit unter Hitlers Führung bekundeten. Die Verfolgungswelle trifft sogar die christlichen Gewerkschaftsorganisationen, die katholischen Gesellenvereine und auch die deutschnationalen Betriebsorganisationen, die als Konkurrenz gegen die NSBO von den deutschnationalen Parteiführern aufgemacht wurden.

Die faschistische Diktatur verfolgt vor allem die von der Arbeiterbewegung selbst geschaffenen Organisationen — sei ihre Politik noch so «staatserhaltend» — und will sie vernichten, weil sie in jeder dieser Organisationen ein antifaschistisches und antikapitalistisches Kräftereservoir fürchten muss. In den Reihen der Sozialdemokratie, der sozialdemokratischen und christlichen Gewerkschaften sind Millionen antifaschistisch gesinnter Arbeiter. Muss die Hitlerregierung nach dem ohnmächtigen Untergang der Weimarer «Demokratie» nicht die weitere Radikalisierung dieser Mitglieder fürchten? Muss sie nicht davor zittern, dass alle diese Organisationen zu Zentren des antifaschistischen Widerstandes werden, da die Kommunisten in ihnen unter der Losung der Einheitsfront eine zähe Aufklärungs- und Mobilisierungsarbeit gegen das Hitlerregime betreiben?

Furcht, Furcht und nochmals Furcht vor jeder selbständigen Regung und Organisation der Arbeiter bestimmt alle Handlungen des deutschen Faschismus, der keine einzige der sozialen und nationalen Lebensfragen der deutschen Arbeiter lösen kann.

Hitler enteignet!

Millionen Menschen hat Hitler mit der Losung «Gegen das raffende Kapital!» unter seiner roten Fahne mit dem schwarzen Hakenkreuz im weissen Felde gesammelt. Hitler hat keine Trusts verstaatlicht, keinen Finanzkönig enteignet. Hitler hat jedoch in den ersten Monaten seiner Herrschaft einen grossen Enteignungsfeldzug gegen das mühselig aus Arbeitergroschen geschaffene Eigentum der politischen und gewerkschaftlichen Arbeiterorganisationen durchgeführt.

In der Nacht des Reichstagsbrandes wurden mit einem Schlage s ä m t l i c h e k o m m u n i s t i s c h e n u n d s o z i a l - d e m o k r a t i s c h e n Z e i t u n g e n v e r b o t e n.

V e r b o t e n wurden das Zentralorgan der KPD, die «Rote Fahne», und ihre sämtlichen Provinzzeitungen.

Verboten wurde das Zentralorgan der SPD, der «Vorwärts», und ebenfalls ihre sämtlichen Provinzblätter.

Verboten wurden die der revolutionären Arbeiterschaft nahestehenden Blätter «Welt am Abend», «Berlin am Morgen» und «Arbeiter-Illustrierte-Zeitung».

Verboten wurden sämtliche Arbeiterzeitschriften ohne Unterschied ihrer Parteirichtung.

Auf Grund der Notverordnung der Hitlerregierung vom 5. Februar 1933 wurde in der Woche des Reichstagsbrandes das Karl Liebknecht-Haus als ein «Herd staatsfeindlicher Umtriebe» enteignet.

Auf Grund derselben Notverordnung wurden sämtliche Druckereien und Druckereigebäude der Kommunistischen Partei im ganzen Reiche enteignet. Die gleiche Methode wurde gegenüber den Verlagen der «Welt am Abend» und ihrer Bruderorgane angewandt.

Sturm auf Gewerkschaftshäuser

Schon vor dem Reichstagsbrand hatten die planmässigen Ueberfälle der SA-Formationen auf die Gewerkschafts- und Volkshäuser in allen Teilen des Reiches begonnen. Vielfach stiessen sie auf einen erbitterten Widerstand der Arbeiter aller Parteirichtungen. In Chemnitz wurde am 9. März der Geschäftsführer der sozialdemokratischen Druckerei Landgraf von der SA bei der Besetzung der Druckerei erschossen. Am selben Tag verteidigten Arbeiter mit Gewehren und Handgranaten das Gewerkschaftshaus in Wurzen gegen die anstürmende SA. In Braunschweig wurde der Werbeleiter Hans Saile bei der Besetzung des sozialdemokratischen «Volksfreund»-Gebäudes durch die SA erschossen. Ein Teil der Dresdener Arbeiter streikte am gleichen Tag gegen die Plünderungen des Volkshauses. Das Berliner Gewerkschaftshaus wurde an diesem Tag vandalisch verwüstet.

Ueber die Besetzung des Gewerkschaftshauses und des Otto Braun-Hauses in Königsberg wird von einem Augenzeugen berichtet :

«Der Gesamtverband (Sektion Gesundheitswesen) hatte seine übliche Monatsversammlung und daran anschliessend, wie das jahrelang üblich war, ein gemütliches Beisammensein. Inzwischen waren im Dunkel der Nacht die SA-Leute in die Räume des Gewerkschaftshauses eingedrungen. Es muss eine Entwaffnung des einzigen Wächters vorher stattgefunden haben, denn die Versammlungsteilnehmer haben nichts bemerkt. Nur genau Ortskundige konnten sich so unbemerkt einschleichen. Plötzlich wurden von 2 Seiten

Türen aufgerissen und ca. 60 Mann, sämtlich mit Pistolen bewaffnet, drangen in den grossen Saal ein und feuerten mehrere Schüsse an die Decke und an die Wand. Die abprallenden Schüsse verletzten 5 Mann, darunter einen sehr schwer. Alsdann trieben die Banditen Frauen und Männer mit vorgehaltenen Pistolen aus dem Saal auf die Strasse. Die Garderobe der Leute war beschlagnahmt, sodass Frauen in dünnen Kleidern und Männer ohne Kopfbedeckung und Mantel ihre zum Teil sehr weiten Heimwege antreten mussten. Sodann wurden die Gewerkschaftsbüros durchstöbert und völlig demoliert. Es wird ausdrücklich bemerkt, dass sich im Haus keine Reichsbannerwache befand und dass auch nicht ein einziger Schuss gefallen ist, denn das hätten die Teilnehmer der Versammlung unbedingt merken müssen. Selbst die Oekonomie hat nichts davon gehört.

Anders haben sich die Vorfälle bei der Besetzung des O t t o B r a u n - H a u s e s entwickelt. Zehn Minuten vor ½12 Uhr nachts erschienen zwei uniformierte Polizeibeamte und nahmen dem dort postierten Nachtwächter die Pistole ab und erklärten ihn als Geisel mit den Worten: «Wir machen Sie darauf aufmerksam, dass, wenn ein Bewaffneter im Haus angetroffen wird, wir Sie niederschiessen müssen». Zehn Minuten darauf erschien eine starke Abteilung SA und drang sofort ins Haus ein, in welchem sich niemand ausser dem Nachtwächter befunden hatte. Im selben Haus wohnt jedoch der Hausmeister Niesswandt mit Frau und zwei Töchtern. In dessen Wohnung begaben sich 3 SA-Leute und hielten dem Hausmeister die Pistole vor mit dem Ersuchen, sofort sämtliche Büros aufzuschliessen. Jetzt begann ein Demolieren, wie es für normale Menschen einfach unfassbar ist. Wie vertiert stürzte sich die Bande zunächst auf das Reichsbannerbüro. Sämtliches Mobiliar wurde mit Aexten, die bereits mitgebracht waren, kurz und klein geschlagen. Grosse, wertvolle Bilder wurden vernichtet, die Geldkassette aufgebrochen und ebenso sämtliche Schreibtische. Das Büro ist ein einziger Schutthaufen. Aehnlich wurde im Bezirksbüro der SPD alles demoliert. Im Büro des Freidenkerverbandes wurde ebenso gehaust. Die Urnen waren ein besonderes Objekt dieser Meute. Sodann wurde der Geschäftsführer des Verlages der «Königsberger Volkszeitung» mit vogehaltener Pistole von 3 SA-Leuten heruntergeholt und nahezu 4 Stunden durch alle Räume unter fortgesetzter Androhung des Erschiessens geschleift. Der Geschäftsführer Blank musste auch auf dem Hof die vermieteten Autogaragen öffnen und die dort befindlichen Wagen fahrunmöglich machen. Hier standen Wagen von privaten Firmen und Personen, die die Garagen gemietet hatten. Selbst die Wagen von privaten Leuten mussten durchsucht werden. In dieser Seelenqual wurde dem Geschäftsführer Blank unter drei vorgehaltenen Pistolen Befehl erteilt, eine schwarz-rot-goldene Fahne auf der Strasse zu verbrennen. Das Haus ist vor drei Jahen neu erbaut und befand sich bis zum Einzug der SA-Banditen in bester Verfassung. Nunmehr gleicht es einer verwüsteten Räuberhöhle. »

Ueber die Besetzung des Gebäudes des Bergarbeiterverbandes in Bochum berichtete die sozialdemokratische «Volksstimme» in Saarbrücken am 13. März :

> «Ihre Reichszentrale, der Sitz des Verbandes der Bergbauindustrie-' arbeiter Bochum, ist von den Hitlerbanditen der SA und SS überfallen und von oben bis unten demoliert und zerstört worden. Die gesamten Akten wurden angezündet, wobei Teile des Hauses mit in Brand gerieten, und der gesamte Hauptvorstand, soweit er erreichbar war, an der Spitze der Vorstandsvorsitzende, Reichstagsabgeordneter Husemann, wurden von der SA und SS fortgeschleppt.»

Diese wenigen Beispiele bieten nur einen winzigen Ausschnitt aus den Vorgängen jener Tage i n g a n z D e u t s c h l a n d. Ueber sämtlichen Gewerkschaft-, Volks- und Zeitungshäusern der Sozialdemokratie und der Kommunistischen Partei wurde gewaltsam die Hakenkreuzflagge gehisst.

Moralische Provokation

Den Nationalsozialisten genügte nicht die geglückte Provokation durch ihr braunes Brandkommando im Reichstagsgebäude. Sie griffen zum Mittel der moralischen Provokation. Sie nannten das Karl-Liebknecht-Haus «Horst-Wessel-Haus» und machten es zum Sitz der politischen Polizei.

K a r l L i e b k n e c h t s Name ist den Arbeitern der ganzen Welt bekannt. Der Name dieses edlen, selbstlosen Revolutionärs ist Millionen Arbeitern weit über Deutschlands Grenzen hinaus heilig. Karl Liebknecht, der trotz Standrecht mitten im Weltkrieg unerschrocken seine Stimme erhob und zum Sprachrohr der ganzen arbeitenden Menschheit gegen das Millionenmorden wurde, — dieser Name hat hohen Klang bei allen fortschrittlichen Menschen in der ganzen Welt.

Wer war der nationalsozialistische «Held» H o r s t W e s s e l, diese legendäre Figur nationalsozialistischer Geschichtsfabrikanten ? Horst Wessel war ein verbummelter Student, Sohn eines Pastors, Zuhälter in der Gegend der Berliner Münzstrasse. Selbst die Nazis können nicht bestreiten, dass der «Held» Horst Wessel, der nachts mit seinen Sturmtrupps Jagd auf «Marxisten» machte, von den Einnahmen einer Prostituierten lebte. In der Wohnung des Strassenmädchens wurde er von einem früheren Zuhälter des Mädchens umgebracht. Die nationalsozialistischen Legendenschreiber wissen zu berichten, dass Horst Wessel nur die «Seele» der Dirne «retten» wollte. Die nationalsozialistische Presse behauptete — und das wurde zur offiziellen Legende — Horst Wessel sei als Opfer der Kommunisten gefallen.

Den Namen dieses «Helden» trägt jetzt das ehemalige Zentralgebäude der Kommunistischen Partei Deutschlands. Der Name Karl Liebknecht wurde entfernt.

Organisationsauflösungen, Terror in den Betrieben

Es gab und gibt kein formelles Verbot der K o m m u n i s t i - s c h e n P a r t e i in Deutschland. In dem mit drakonischer Härte betriebenen Terrorfeldzug wurden alle kommunistischen Führer und Funktionäre für vogelfrei erklärt. Alle Organisationen, die im Geruch standen, klassenkämpferisch zu sein, wurden ausser Gesetz gestellt.

Die gewerkschaftlichen Organisationen der revolutionären Arbeiterschaft wie der Einheitsverband der Bergarbeiter und der Berliner Einheitsverband der Metallarbeiter, die gesamte R e v o - l u t i o n ä r e G e w e r k s c h a f t s - O p p o s i t i o n (RGO) wurden in die Illegalität getrieben. Ueberparteiliche revolutionäre Arbeiterorganisationen, der Kampfbund gegen den Faschismus, die Kampfgemeinschaft für Rote Sporteinheit, die revolutionären Verbände der Schriftsteller, der bildenden Künstler, der Arbeiterphotographen usw., verliefen unmittelbar nach dem Reichstagsbrand der gleichen Behandlung wie die Kommunistische Partei.

Die R o t e H i l f e D e u t s c h l a n d s, eine proletarische Hilfsorganisation für die Unterstützung der politischen Gefangenen und ihrer Familien, eine Solidaritätsorganisation, die sich um die werktätigen Justizopfer ohne Unterschied ihrer politischen Richtung bemüht, wurde in die Illegalität gestossen. Die bescheidenste Hilfe für die Opfer der Hitlerbarbarei muss illegal organisiert werden.

Die I n t e r n a t i o n a l e A r b e i t e r - H i l f e, die sich in zahlreichen Wirtschaftskämpfen den Namen einer «Proviantkolonne der streikenden Arbeiter» erwarb, wurde ebenfalls als ausser Gesetz stehend erklärt. Ihr Eigentum wurde beschlagnahmt, ihre Funktionäre und Mitglieder wurden verfolgt.

Die faschistische Unterdrückung wandte sich gegen alle sozialen und kulturellen Organisationen der Arbeiter; gegen die Kinderorganisationen, gegen den Bund für Mutterschutz, gegen die ARSO (Arbeitsgemeinschaft sozialpolitischer Organisationen). Daneben richtete sie sich gegen alle pazifistischen Organisationen: die Liga für Menschenrechte, die Deutsche Friedensgesellschaft u. a.

Die Betriebsrätewahlen Ende März, die schon im Zeichen der wütendsten Unterdrückung der Arbeiterorganisationen stattfanden, gaben kein wahrheitsgetreues Bild der wirklichen Stimmung der Arbeiter. Unter welchen Umständen sich die Wahlen vollzogen, schildert ein Bericht vom Metallwerk Union in Dortmund, der typisch für die «Betriebsrätewahlen» in fast allen deutschen Betrieben ist:

«Auf der «Union» in Dortmund wurde der Wahlleiter und der langjährige Betriebsobmann Dickmann am Tage vor der Wahl verhaftet

Das Werkzeug

Marinus van der Lubbe.

Marinus van der Lubbe wurde als einziger im
brennenden Reichstag aufgefunden und verhaftet.
Die nationalsozialistischen Brandstifter haben ihn
im brennenden Reichstag zurückgelassen, um
ihn als «Beweismittel» gegen die Kommunisten
zu benutzen.

Die Eltern des van der Lubbe

Franziskus Cornelis van der Lubbe und Petronella van Handel
mit dem Kind Marinus.

(Unveröffentlichte Aufnahme)

und eingekerkert. Die Nazis besetzten den Wahlvorstand und forderten die Arbeiter zur Wahl auf. Wer nicht wählen würde, der würde als Feind der nationalen Regierung betrachtet werden. Der Wahltisch war von den bewaffneten Nazis umgeben. Jeder der zur Wahl kam, wurde genau registriert, und es wurde beobachtet, welchen Stimmzettel er in das Kuvert steckte und am Wahltisch abgab. Nach Beendigung der Wahl nahm der Nazihäuptling die Wahlurne und stellte mit seinen Freunden das Wahlergebnis fest. Kein einziger Arbeiter irgendeiner anderen Organisation war bei der Feststellung des Wahlergebnisses zugegen.»

Trotz solcher Methoden blieben die Nazis im grösseren Teil aller Betriebe — wie auch auf der Dortmunder Union — bei diesen Betriebsrätewahlen in der Minderheit. Was Einschüchterung, Erpressung und Fälschung während der Wahl nicht erreichen konnten, wurde von den Nazis durch offene Gewalt im Verlaufe des Monats April herbeigeführt: die «Säuberung» der Betriebsräte von freigewerkschaftlichen und revolutionären Betriebsräten. Auch christliche Betriebsräte, die als Antifaschisten bekannt waren, wurden ihrer Funktionen enthoben. SA marschierte in die Betriebsratszimmer, die gewählten Betriebsräte wurden misshandelt, eingekerkert und unter Todesdrohungen zum Rücktritt gezwungen. Kommissarische Nazi-«Betriebsräte» wurden in allen Betrieben zur Korrigierung der Wahlergebnisse eingesetzt.

Zerstörung der Gewerkschaften

Der «Tag der nationalen Arbeit» am 1. Mai, an dem Hunderttausende unter Androhung des sofortigen Verlustes ihres Arbeitsplatzes (besonders in Staats-, Gemeinde- und kleinen Betrieben) zur Teilnahme an den offiziellen Aufmärschen gezwungen wurden, diente der Hitler-Regierung zur Vorbereitung einer grösseren Aktion. Am 2. Mai besetzte SA die Gewerkschaftsbüros. Die Zerstörung der Gewerkschaften in ihrer bisherigen Form wurde im Namen eines bis dahin unbekannten «Komitees zum Schutze der deutschen Arbeit» verkündet.

Es nützte dem Allgemeinen Deutschen Gewerkschaftsbund nichts, dass er zur Teilnahme an der Hitlerdemonstration am 1. Mai aufgefordert hatte: «Der deutsche Arbeiter soll am 1. Mai standesbewusst demonstrieren.»

Die Gewerkschaftsbüros wurden besetzt, die Gewerkschaftsführer misshandelt. Die «deutsche Arbeitsfront» übernahm den gesamten Gewerkschaftsapparat.

Nachfolgend einige Dokumente über die Methoden, mit denen diese Zerstörungsaktion gegen die Gewerkschaften vor sich ging:

«Die Nationalsozialisten übernehmen die freien Gewerkschaften

Die Führer verhaftet — Aktion im ganzen Reich.»
(Schlagzeilen der «Deutschen Allgemeinen Zeitung» vom 2. Mai 1933.)
«Gewiss, wir haben die Macht, aber wir haben noch nicht das ganze Volk. Dich Arbeiter haben wir noch nicht hundertprozentig. »
(Aus dem Aufruf Dr. Leys vom 2. Mai 1933.)
«Säuberung der Freien Gewerkschaften und Aufbau einer Arbeiterorganisation.

Besetzung sämtlicher Gewerkschaftshäuser durch SA — 50 Gewerkschaftsführer verhaftet

Der 2. Abschnitt der nationalsozialistischen Revolution.»
(Ueberschrift des «Völkischen Beobachters» vom 3. Mai 1933.)
Nachdem am 1. Mai Deutschland im umfassendsten Sinn sich zur nationalsozialistischen Auffassung des Begriffs vom «Arbeitertum» bekannt hatte, ist am 2. Mai durch die Bewegung die Folgerung aus dieser Erkenntnis gezogen worden Die sogenannten Freien Gewerkschaften sind ihrem Wesen untreu gewesen und haben sich und den Gewerkschaftsgedanken an den internationalen Marxismus verraten.
(Alfred Rosenberg im Völkischen Beobachter am 3. Mai 1933.)
«Die Zeitschrift der NSBO, «Arbeitertum», Blätter für Theorie und Praxis der NSBO, wird mit dem heutigen Tage amtliches Organ des ADGB und des AFA-Bundes.»
(Aufruf des Ley-Komitees am 2. Mai 1933.)
«Das Kapitel marxistischer Arbeiterverhetzung ist abgeschlossen.»
Nachdem die Aktion gegen die marxistischen Gewerkschaften im Volke und besonders in der Arbeiterschaft einen ungeheuren Wider-hall gefunden hat, sahen sich der Gesamtverband der Christlichen Gewerkschaften Deutschlands, der Gewerkschaftsring Deutscher Angestellten-, Arbeiter- und Beamtenverbände (Hirsch-Duncker), der Gewerkschaftsbund der Angestellten und andere kleinere Verbände unter dem Druck dieser gewaltigen Volksbewegung genötigt, schrift-lich zu erklären, dass sie sich bedingungslos dem Führer der National-sozialistischen Deutschen Arbeiterpartei unterstellten und vorbehalt-los die Anordnungen des von ihm berufenen Aktionskomitees zum Schutze der deutschen Arbeit befolgen werden.
(Aus der Kundgebung des Dr. Ley am 4. Mai 1933.)
«Endlose Korruptionsfälle bei den Marxisti-schen Gewerkschaftsleitungen

Bilanzverschleierungen und dunkle Finanz-geschäfte — 8 Millionen organisierte Werktä-tige der Führung Adolf Hitlers unterstellt.»
(Ueberschrift des «Völkischen Beobachters» vom 5. Mai 1933.)

Im ersten Aufruf von Dr. Ley, dem Leiter des «Aktions-Ko-mitees zum Schutze der deutschen Arbeit«, wurde eine sehr «ge-werkschaftsfreundliche» Tonart angeschlagen:

«Wir haben nie etwas zerstört, was überhaupt irgendwie Wert für unser Volk hat und werden das auch in Zukunft nicht tun. Das ist nationalsozialistischer Grundsatz. Das gilt besonders für die Gewerkschaften, die mit soviel sauer verdienten und vom Munde abgesparten Arbeitergroschen aufgebaut wurden. Nein, Arbeiter, Deine Institutionen sind uns Nationalsozialisten heilig und unantastbar. Ich selbst bin ein armer Bauernsohn und kenne die Not: ich selbst war 7 Jahre in einem der grössten Betriebe Deutschlands.»

Es sei nur nebenbei bemerkt, dass Dr. Ley niemals als Arbeiter, sondern in seiner siebenjährigen Tätigkeit als sehr gut bezahlter höherer Angestellter der I. G. Farbenindustrie A. G. diente und dort mit einer hohen Abfindung ausschied. Dr. Ley machte durch zahlreiche Exzesse und dunkle Affären von sich reden, zuletzt, als er, völlig betrunken, in Köln einen Ueberfall auf den sozialdemokratischen Parteivorsitzenden Wels verübte. Die nationalsozialistischen Führer wandten im Augenblick des gewaltsamen Raubes der Gewerkschaften die Taktik an, den gewerkschaftlich organisierten Arbeitern feierlich die Aufrechterhaltung ihrer sozialpolitischen Einrichtungen zu versprechen. Gleichzeitig wurde in der nationalsozialistschen Presse eine grosse Enthüllungskampagne über die «Korruption in den Gewerkschaftsbüros» eingeleitet. Die SA stand bereit, den Gewerkschaftsmitgliedern mit Revolvern und Knüppeln den nötigen Glauben an die Arbeiterfreundlichkeit der Nazis beizubringen.

Wenige Wochen später, als Dr. Ley (am 10. Juni) in seinen «Grundsätzlichen Gedanken zum ständischen Aufbau» die absolute Diktatur des Unternehmers im Betriebe verkündete, ist keine Spur mehr von der «Heiligkeit» und «Unantastbarkeit» der Gewerschaftsorganisationen zu finden. Die Gewerkschaften sollen jetzt nur noch Hilfswerkzeuge des Staates der faschistischen Diktatur sein. So verfliegen die Versprechungen der nationalsozialistischen Führerschaft stets wie Schall und Rauch, nachdem sie ihrem Zweck gedient haben, die wahre Politik der NSDAP trügerisch zu tarnen.

„Der Fangschuss"

«Lieber geben wir ihm (dem Marxismus) einen letzten Fangschuss als dass wir jemals wieder dulden würden, dass er sich erhebe. Leiparts und Grassmänner mögen Hitler noch so viel Ergebenheit heucheln — es ist besser, sie befinden sich in Schutzhaft. Deshalb schlagen wir dem marxistischen Gesindel seine Hauptwaffe aus der Hand und nehmen ihm damit seine letzte Möglichkeit, sich neu zu stärken. Die Teufelsehre des Marxismus soll elendig auf dem Schlachtfelde der nationalsozialistischen Revolution krepieren.»

(Aus dem Aufruf Dr. Leys vom 2. Mai 1933.)

„Korruption" — und Korruption

Eine der Kampfmethoden der Nationalsozialisten ist, ihre politischen Gegner durch die Beschuldigung der Korruption zu «erledigen». So machte man Mitwisser der Reichstagsbrandstiftung wie den 'Branddirektor Gempp mundtot. So erledigte man zahlreiche Beamte der Weimarer Republik und viele Führer noch nicht «gleichgeschalteter» bürgerlicher Organisationen. So übte man auch Rache an dem Arbeitsbeschaffungskommissar Gerecke, weil er im Jahre 1932 der Leiter des Hindenburg-Wahlausschusses und damit ein Hauptkämpfer gegen die Reichspräsidentschaftskandidatur Hitlers gewesen ist.

Als unter der Führung Dr. Leys die Freien Gewerkschaften und ihr gesamter Organisationsapparat «gleichgeschaltet» wurden, begannen die nationalsozialistischen Führer — als Ergänzung zu ihren bald vergessenen Versprechungen auf Erhöhung der Leistungen und Senkung der Beiträge der Gewerkschaften — einen grossen Feldzug zur Enthüllung der «Gewerkschaftskorruption». In ausführlichen Reportagen der faschistischen Presse wurde geschildert, wie luxuriös eingerichtet die Zentralbüros der verschiedenen Gewerkschaften waren. Spaltenlang berichtete die Presse über hohe Gehälter der Gewerkschaftsführer. Die nationalsozialistischen Führer, die den geraubten gewerkschaftlichen Organisationsapparat unter das bürokratisch politische Kommando von faschistischen Kommissaren stellten, versuchten die Empörung der radikal gestimmten Gewerkschaftsmitglieder gegen die Bürokratisierung ihrer Führer und gegen ihre wirtschaftsfriedliche Politik in früheren Streikkämpfen in raffinierter Weise zugunsten der faschistischen «Säuberungs»-Aktion auzunutzen. Die Notlage der Mitglieder und die Verweigerung ihrer Unterstützung in den vergangenen Wirtschaftskämpfen wurden von der faschistischen Presse dem Wohlleben der Gewerkschaftsführer entgegengestellt. In dicken Lettern schrie der «Völkische Beobachter», dass der Vorsitzende des Afa-Bundes, Aufhäuser, bei seinem Ausscheiden sich mit 18 Monatsgehältern à 940,— RM., insgesamt 16.920,— RM., hatte «abfinden» lassen. Der «Dortmunder Generalanzeiger» veröffentlicht am 16. Juli unter der Ueberschrift «Lumpenpack» einen Brief, in welchem Leipart bei der Berufung zum Leiter des ADGB auf einem Monatsgehalt von viertausend Mark besteht, — und vergisst hinzuzufügen, dass dieser Betrag im Jahre 1921, aus dem der Brief stammt, den Wert von 240 Goldmark darstellte.

Neben der scheinheiligen Ausschlachtung korruptionsähnlicher Tatsachen wurden von den nationalsozialistischen «Enthüllern» Korruptionsfälle einfach erfunden. Jede Verwendung von Geldern, die den Nazis politisch nicht passte,

wurde zur «Untreue» gestempelt. Es wurde «enthüllt», dass
bei der Reichspräsidentenwahl 300.000,— Mark Gewerkschafts-
gelder des ADGB an die Sozialdemokratische Partei zur Unterstützung ihrer Hindenburgpolitik gegeben wurden. Der Zentral-
verband der Angestellten hat im Frühjahr 1932 an das Reichsbanner 50.000,— RM., ausserdem im Juli und November 1932 je
15.000,— RM. an die SPD-Kasse abgeführt. Die Vertreter der «Revolutionären Gewerkschafts-Opposition» haben stets die Verwendung von gewerkschaftlichen Beitragsgeldern für Zwecke der
bürgerlich-sozialdemokratischen Politik bekämpft; aber es ist natürlich nur ein politischer Trick der nationalsozialistischen Führer,
wenn sie, die Zerstörer der klassenkämpferischen Gewerkschaften,
sich als Treuhänder gegen die Verwendung der Gewerkschafts-
gelder für nichtklassenkämpferische Zwecke aufspielen!

Vermögen der SPD und des Reichsbanners beschlagnahmt

Mit der Behauptung, um die «Erhaltung der Arbeitergroschen»
besorgt zu sein, führten die Nazis ihre Aktion gegen die Gewerkschaften und Konsumgenossenschaften durch. Der nächste Schlag
war die Beschlagnahme des gesamten Vermögens der SPD und
des Reichsbanners:

«Berlin, den 10. Mai 1933. Der Generalstaatsanwalt I, Berlin, hat die
Beschlagnahme des gesamten Vermögens der Sozialdemokratischen
Partei Deutschlands und ihrer Zeitungen sowie des Reichsbanners und
seiner Zeitungen angeordnet. Den Grund zu der Beschlagnahme bilden
die zahlreichen Untreufälle, die durch die Uebernahme der Gewerkschaften und der Arbeiterbanken durch die NSBO aufgedeckt wurden.
Zur Beschlagnahme des Vermögens der SPD ist noch ergänzend zu berichten, dass ebenfalls das Vermögen der der SPD nahestehenden Organisationen beschlagnahmt worden ist.»

(«Angriff» vom 10. Mai 1933.)

Am selben Tag wurden auf Postscheckämtern, in Parteiver-
lagen und auf der Arbeiterbank alle vorhandenen Gelder der
SPD beschlagnahmt. Die Geschäftsräume der Sozialdemokratischen Organisationen, des Reichsbanners und der SPD-Zei-
tungen wurden geschlossen. Der «Amtliche Preussische Pressedienst» meldete die Einleitung eines Verfahrens «wegen Untreue
und Betrugs» gegen den sozialdemokratischen Reichstagsabgeordneten und Gewerkschaftsführer Leipart, weil «namhafte Beträge
von Gewerkschaftsgeldern nicht bestimmungsgemäss verwendet
worden sind.»

Das Vorgehen erfolgte gegen alle der Sozialdemokratie nahestehenden Organisationen. Zug um Zug: gegen den Arbeiterturn-
und Sportbund, gegen den Deutschen Freidenkerverband, gegen
die Arbeiterwohlfahrt u. a. Am 11. Mai wurde die Uebernahme
der Konsumvereine «in sichere Hände» verfügt:

«Um die grossen Werte, die in den Einrichtungen der Konsumvereine festgelegt und die zweifellos gefährdet sind, nicht verfallen zu lassen, ist es nach Ansicht des Führers, des Reichswirtschaftsministers und der sonstigen zuständigen Stellen geboten, die Konsumvereine zwecks Abwicklung in sichere Hände zu nehmen.

Es ist wünschenswert, dass die Konsumvereine zunächst in ihrer Tätigkeit nicht behindert werden. Es wird aber ausdrücklich betont, dass auf der anderen Seite ein weiterer Ausbau der Konsumvereine nicht erfolgen darf . . . Mit der Durchführung der erforderlichen Massnahmen hat der Führer der Deutschen Arbeitsfront, Pg Dr. Ley, den Leiter der Arbeiterbank, Pg Karl Müller, beauftragt.»

(Völkischer Beobachter vom 12. Mai 1933.)

Unter der Flagge der «Korruptionsbekämpfung» folgte dann die Beschlagnahme der Gewerkschaftsvermögen:

«Das Korruptionsdezernat im Preussischen Justizministerium hat nunmehr nach der erfolgten Beschlagnahme des SPD- und Reichsbanner-Vermögens das gesamte Vermögen der Gewerkschaften beschlagnahmt. Die Leitung dieser Aktion ist von dem Leiter der Deutschen Arbeitsfront Dr. Ley übernommen worden.»

(Völkischer Beobachter vom 13. Mai 1933.)

Am 23. Juni 1933 verfügte die Hitlerregierung in der gegenwärtig üblichen Form die Auflösung der Sozialdemokratischen Partei: der Partei wurde jede politische Betätigung verboten, ihre Vertreter wurden aus allen Parlamenten ausgeschaltet. Auch die Zustimmung der Sozialdemokratischen Partei zu Hitlers aussenpolitischer Erklärung im Reichstag am 17. Mai und die Bemühungen des neuen Parteiführers Löbe, durch eine Absage an den emigrierten Teil des sozialdemokratischen Parteivorstandes Duldung bei der Hitlerregierung zu erbitten, waren vergeblich gewesen.

Enteignung des kommunistischen Vermögens

Am 27. Mai erschien, nachdem schon monatelang alles greifbare Eigentum der Kommunistischen Partei und der ihr nahestehenden Organe und Organisationen beschlagnahmt war, folgendes Reichsgesetz über die Einziehung kommunistischer Vermögen:

§ 1. (1) Die obersten Landesbehörden oder die von ihnen bestimmten Stellen können Sachen und Rechte der Kommunistischen Partei Deutschlands und ihrer Hilfs- und Ersatzorganisationen sowie Sachen und Rechte, die zur Förderung kommunistischer Bestrebungen gebraucht oder bestimmt sind, zugunsten des Landes einziehen.

(2) Der Reichsminister des Innern kann die obersten Landesbehörden um Massnahmen nach Abs. 1 ersuchen.

§ 2. Paragraph 1 findet auf vermietete oder unter Eigentumsvorbehalt gelieferte Sachen keine Anwendung, es sei denn, dass der Vermieter oder Lieferant mit der Hingabe der Sachen eine Förderung kommunistischer Bestrebungen beabsichtigt hat.

§ 3. Die an den eingezogenen Gegenständen bestehenden Rechte erlöschen. Durch die Einziehung eines Grundstückes werden jedoch die an dem Grundstück bestehenden Rechte nicht berührt. Die einziehende Behörde kann ein solches Recht für erloschen erklären, wenn mit der Hingabe des Gegenwertes eine Förderung kommunistischer Bestrebungen beabsichtig war.

§ 4. Zur Vermeidung von Härten können aus den eingezogenen Vermögen Gläubiger der von der Einziehung Betroffenen befriedigt werden . . .

§ 7 betont, dass eine Entschädigung nicht gewährt wird, und Paragraph 8 ermächtigt Reichsminister Dr. Frick, zur Durchführung und Ergänzung dieses Gesetzes Rechts- und Verwaltungsvorschriften zu erlassen.

Von der Enteignung der kommunistischen oder angeblich kommunistischen Vermögen wurde auch das verbreitetste klassenkämpferische Arbeiterblatt Berlins, die «Welt am Abend», betroffen. Das Blatt war im «Kosmos-Verlag» erschienen. Als sich in den ersten Monaten der Hitlerdiktatur erwies, dass die offiziellen nationalsozialistischen Zeitungen keinen Eingang in die grossen Massen der Arbeiterleser finden konnten, wurde im Propagandaministerium des Herrn Goebbels ein neuer betrügerischer Streich ausgeheckt. Ende Mai erschien, in ähnlicher Aufmachung und mit demselben Kopf wie die alte «Welt am Abend», ein neues nationalsozialistisches Blatt unter dem alten Titel. Es tarnte sich in den ersten Tagen auch inhaltlich, täuschte eine objektive Berichterstattung aus der Sowjetunion vor und appellierte immer wieder an die Arbeiterleser. Aber schon nach wenigen Tagen musste dieses nationalsozialistische Blatt sich in öffentlichen Erklärungen gegen die Entlarvung verteidigen, die von den Berliner Arbeitern in illegalen Flugblättern vorgenommen wurde.

„Ständische" Ziele der Nationalsozialisten

Je klarer die ersten fünf Monate der nationalsozialistischen Regierung den Beweis erbringen mussten, dass sie zu keiner Ueberwindung der wirtschaftlichen Schwierigkeiten fähig ist und Deutschland in die Katastrophe treibt, desto brutaler müssen die Nazis ihre diktatorische Macht anwenden. Sie müssen auf die Totalität der Macht, auf eine Monopolstellung ihrer eigenen Partei und ihrer Pseudo-Arbeiterorganisationen drängen. So liessen sie den Katholischen Gesellentag in München, auf dem der Vizekanzler von Papen als offizieller Redner aufgetreten war, durch

Polizei sprengen. Den christlichen Organisationen wurde jede andere als religiöse Betätigung verboten. Die heranwachsende Konkurrenz der deutschnationalen Betriebs- und Wehrorganisationen wurde mit polizeilicher Gewalt zerschlagen. Die wenigen Vertreter der christlichen Gewerkschaften im neugebildeten «Grossen Konvent der Arbeit», der Spitze aller «gleichgeschalteten» Gewerkschaften, wurden durch eine Verfügung des Dr. Ley am 23. Juni aus dem Konvent als «Feinde der nationalen Regierung» ausgestossen.

In den eingangs erwähnten «Grundsätzlichen Gedanken über den ständischen Aufbau und die Deutsche Arbeitsfront» (Völkischer Beobachter vom 8.—10. Juni 1933) gibt Dr. Ley die «ständischen» Ziele der Nationalsozialisten nach Vernichtung der legalen Arbeiterorganisationen programmatisch bekannt. Leys Programm ist:

a) Der Kampf für höhere Löhne wird den Arbeitern verboten, weil er nur ein Ausdruck der «Geldgier» ist. Ley schreibt wörtlich:

«Wir wissen, wie der Profitgeist den Menschen beherrschen kann, wir wissen, wie die Geldgier in jedem Menschen lebendig ist. Der eine strebt nach mehr Lohn, der andere nach mehr Dividenden. Aber gerade weil wir dies wissen, haben wir ebenso klar die Erkenntnis, dass man diesen «Schweinehund» im einzelnen Menschen nicht noch durch künstliche Organisationen züchten darf, sondern dass es die Aufgabe einer höheren Staatsführung ist, diese menschliche Unzulänglichkeit zu hemmen, ihr Zügel anzulegen, wenn es sein muss, ihr brutal (!) Schranken und Grenzen zu setzen . . .»

b) Das «Führertum» der Unternehmer im Betrieb wird uneingeschränkt hergestellt. Dr. Ley sagt:

«Deshalb wird der ständische Aufbau als erstes dem natürlichen Führer eines Betriebes, d. h. dem Unternehmer die volle Führung wieder in die Hand geben und damit auch die volle Verantwortung aufladen. Der Betriebsrat eines Werkes besteht aus Arbeitern, Angestellten und Unternehmern. Jedoch hat er nur beratende Stimme. Entscheiden kann allein der Unternehmer. Viele der Unternehmer haben jahrelang nach dem «Herrn im Hause» gerufen. Jetzt sollen sie wieder «Herr im Hause» sein . . .»

c) Die «starren» Tarifverträge der Vergangenheit sollen zertrümmert werden. Sie müssen «so lebendig und beweglich wie möglich sein».

d) Den bisherigen Arbeitsgerichten wird der letzte Schein der Unabhängigkeit genommen. An ihre Stelle treten sogenannte «Standesgerichte», denen neben Unternehmervertretern ausgesuchte Faschisten in der Maske von Arbeiter- und Angestelltenvertretern angehören werden.

Das Programm des Dr. Ley ist keine Privatarbeit, sondern eine parteiamtliche und regierungsoffizielle Arbeit im Auftrag Hitlers. Seine Arbeiterfeindlichkeit und Unternehmerfreundlichkeit ist offenbar. Der «ständische Aufbau», der angeblich die Klassenzerklüftung und den Klassenkampf überwinden soll, bringt auf allen Gebieten die verschärfte Klassendiktatur der Unternehmer.

Die Einsetzung von 12 «Treuhändern der Arbeit», die in allen Bezirken Deutschlands die Arbeitsbedingungen diktatorisch festsetzen können, dient demselben Zwecke: der völligen Ausschaltung jedes Mitbestimmungsrechtes der Arbeiter bei der Regelung ihrer eigenen Lebensbedingungen. Die Besetzung aller Gewerkschaftsstellen, aller Staats- und Organisationsposten durch Nationalsozialisten züchtet ein breites nationalsozialistisches Bürokratentum heran. Dieses Monopol muss unter den kapitalistischen Bedingungen seiner Existenz, bei der gewaltsamen Ausschaltung jeder Kontrolle von unten, zu einer Quelle der übelsten Korruption werden.

Jeder Tag in Deutschland beweist, dass es auch der Zerstörungswut, Willkür und Mordlust der nationalsozialistischen Führer nicht gelingen kann, die deutsche klassenkämpferische Arbeiterbewegung zu vernichten. Man kann ihre legalen Organisationen zerstören, aber zehntausende von todesmutigen und überzeugten Streitern für den Sozialismus kämpfen illegal weiter!

Der Vernichtungsfeldzug gegen die Kultur

Neben dem Hauptstoss gegen die deutsche Arbeiterklasse und ihre Organisationen führen Hitler und Goebbels ihren Krieg gleichzeitig gegen die besten Schichten der deutschen Intelligenz.

Die Stiefel der SA zerstampfen die mühselige Lebensarbeit der besten Gelehrten und Künstler. Sie zertreten im wahrsten Sinne des Wortes die brutal misshandelten Körper vieler Intellektueller, die — obzwar sie oft nicht die geringste Verbindung mit den kämpfenden Arbeitern hatten — als unabhängig, fortschrittlich und freiheitlich von den Nazis gehasst wurden. Liberale Gesinnung schon ist unter Hitler ein «Verbrechen», das schonungslos geahndet wird.

Goebbels kommandiert die braunen Inquisitoren, die glauben, das Rad der Geschichte noch hinter die grosse französische Revolution zurückdrehen zu können. Krückstock, Parademarsch und Kadavergehorsam eines nationalistisch verfälschten Fridericus Rex sollen der Inhalt jener «Kultur» sein, die das «Dritte Reich» kennzeichnet. Alles, was «jüdisch», «liberal» oder angeblich marxistisch ist, was den bürgerlichen Fortschritt und die Aufklärung der letzten hundertfünfzig Jahre verkörpert, soll ausgerottet werden.

Es ist in Hitler-Deutschland kein Raum mehr für Ideen von «einer Freiheit des Geistes», für den bescheidensten guten Willen bürgerlicher Gelehrter zu wissenschaftlicher Objektivität, für den schüchternsten Ausdruck des sozialen Freiheitskampfes der Volksmassen in künstlerischen Werken. Verjagt von Lehrstühlen, Bühnen, Vortrags- und Dirigentenpulten! Verjagt aus den Kliniken, Forschungsinstituten und Akademien! Die Scheiterhaufen der fortschrittlichen Literatur auf den Plätzen deutscher Städte künden mit ihren Flammenzeichen weithin sichtbar, dass die braune Barbarei nicht nur die tapfersten und selbstlosesten Antifaschisten physisch ausrotten will, sondern dass sie auch alles zu vernichten trachtet, was die bürgerliche Kultur an Lebensfähigem und Wertvollem der Arbeiterklasse zu vererben hat, oder was auch nur bürgerlich fortschrittlich auftritt.

Die letzten Bannerträger des geistigen «Liberalismus» werden gegenwärtig in Deutschland geistig und körperlich massakriert von jener braunen Gewalt, welche die herrschenden Mächte entfesselt haben, um den Untergang ihres kapitalistischen Systems aufzuhalten. Klarer denn je ist durch die jüngsten deutschen Er-

eignisse bewiesen, dass in unserer Epoche die Z u k u n f t d e r
K u l t u r u n t r e n n b a r v e r b u n d e n i s t m i t d e m F r e i -
h e i t s k a m p f d e r A r b e i t e r k l a s s e.

Verfolgung der Wissenschaftler

«O Jahrhundert, o Wissenschaft, es ist eine Lust zu leben!»
(Ulrich von Hutten)

Der tödliche Hass des Faschismus richtet sich selbstverständlich gegen jene Intellektuellen, die sich offen zum Freiheitskampf
der Arbeiterklasse bekennen oder pazifistischen Organisationen
nahestehen. Er entfaltete sich gegen sie bereits in den ersten Tagen
nach dem Reichstagsbrand mit voller Wucht. Von der ersten Serie
der Verhaftungen, die unmittelbar nach der Provokation der
braunen Brandstifter begann, wurde die deutsche Gruppe der in
Amsterdam gegründeten Aerztegesellschaft gegen den imperialistischen Krieg sehr stark betroffen. Ihr Führer Dr. F e l i x B o e n -
h e i m sitzt seit Ende Februar in Hitlers Kerker.

Dr. Boenheim ist ein ausserordentlich geachteter und durch
viele wissenschaftliche Arbeiten bekannter Facharzt für innere
Krankheiten.

Er gehörte keiner Partei an. Die wissenschaftliche Bedeutung
seiner Arbeiten verschaffte ihm die Stellung des dirigierenden
Arztes an einem der grössten Krankenhäuser Berlins, an dem
Hufelandhospital. Allein die Tatsache, dass Dr. Felix Boenheim,
seinem Gewissen folgend, sich an die Spitze der Aerztebewegung
gegen den Krieg stellte, hat genügt, ihn dem unversöhnlichen
Hass der Hitlerfaschisten auszuliefern. Seine Tätigkeit für die
internationale Aerztegesellschaft wird willkürlich zum «Hochverrat» gestempelt. Kein Rechtsbeistand ist ihm gestattet. Trotz
monatelanger Haft wurde ihm jede Verbindung mit seiner Familie verweigert.

M a x H o d a n n, bekannt durch seine aktive Tätigkeit auf
dem Gebiete der Sexualberatung für proletarische Frauen und
Männer, Verfasser zahlreicher populärwissenschaftlicher Werke,
ist seit Monaten in den Händen von Hitlers Schergen.

Der bekannte marxistische Wissenschaftler H e r m a n n
D u n c k e r, ein Name von hohem Rang in der gesamten Arbeiterbewegung der Welt, ist trotz Greisenalter und schwerer
Krankheit eingekerkert. Sein Leben ist in höchster Gefahr. Der
Mann, in dem eine ganze Generation sozialdemokratischer Arbeiter in der Vorkriegszeit ihren hochgeschätzten Lehrer sah, wird
in den Kerkern Hitlers physisch und psychisch zugrunde gerichtet.

Der Schriftsteller Karl August Wittfogel, Verfasser eines aufschlussreichen Chinabuches, die Schriftsteller Ludwig Renn, Karl von Ossietzky, Kurt Hiller, Egon Erwin Kisch, Erich Mühsam, Klaus Neukrantz, Erich Baron u. a., die Aerzte Professor Scheller-Breslau, Dr. Asch-Berlin, Dr. Wohlgemuth-Hamburg wurden verhaftet. Die wissenschaftlichen Institute, Universitäten und Schulen sollen in Drillanstalten der «SA-Kultur» verwandelt werden. Die Verfolgung der Wissenschaftler von hohem Rang, die marxistischer, pazifistischer oder liberaler Ideen verdächtig sind, geht bis in die Reihen der Deutschnationalen. Der Lehrkörper der wichtigsten deutschen Universitäten wird mit vandalischer Aussichtslosigkeit verwüstet. Denunziantentum und Postenstreberei von unfähigen, allenfalls konjunkturtüchtigen Auchwissenschaftlern triumphiert.

Die Blüte der deutschen Forschung wird zerstört

Wir greifen aus der Liste der Entlassungen, Beurlaubungen und Verfolgungen nur einige wenige Fälle heraus:

Der bekannteste Fall ist die Verfolgung des weltberühmten Physikers Albert Einstein. Albert Einstein, Schweizer Staatsbürger, Mitglied der Preussischen Akademie der Wissenschaften, hat durch eine links-demokratische politische Gesinnung, durch aktives Interesse für jüdische Fragen und durch wissenschaftliche Leistungen von Weltruf sich bei den Nazis als «undeutsch» verhasst gemacht. Einsteins wissenschaftliche Arbeiten werden unter dem Jubel der Nazis auf dem Scheiterhaufen der Berliner Universität verbrannt. Allein dieses Vorgehen gegen den Träger des Nobelpreises macht Hitlerdeutschland schon in der Welt der modernen Wissenschaft zum Gespött.

Ohne exakte Wissenschaft kann kein Zweig der hochentwickelten Industrie blühen. Dennoch hat das Hitlerregime die hervorragendsten Vertreter der exakten Naturwissenschaften und der Mathematik von den Lehrstühlen vertrieben.

Die Universität Göttingen besitzt eine sehr alte Tradition und hat in den letzten 50 Jahren eine ganze Generation bedeutender Forscher erzogen. Die wichtigsten Professoren dieser Hochschule sind davongejagt worden.

James Franck, ein Experimental-Physiker von Weltruf, Träger des Nobelpreises, wurde als Jude zu «freiwilligem» Rücktritt gezwungen.

Professor Born, ebenfalls bekannter Physiker, kann seine «undeutschen» Forschungen in Deutschland nicht weiter betreiben.

Der Mathematiker C o u r a n d t ist eine Autorität auf dem Gebiete der Funktionentheorie. B e r n s t e i n gilt als der bedeutendste Versicherungsmathematiker Europas. E m m y N o e t h e r ist eine angesehene Wissenschaftlerin auf dem Gebiete der Mathematik und höheren Algebra. Alle diese Gelehrten mussten gehen.

Die Berliner mathematische Fakultät wurde ihrer hervorragendsten Lehrer beraubt. Die Berliner Technische Hochschule hat starke Verluste zu verzeichnen.

Unter den Weggejagten ist Professor A r t h u r K o r n, ein Physiker, dem das Verdienst gebührt, die ersten praktischen Methoden zur Verwirklichung des Fernsehens angegeben zu haben.

Unter den Berliner Mathematikern, die der «Säuberung» der Hochschulen zum Opfer fielen, stehen der Algebraiker S c h u r sowie die Professoren M i s s e s und B i e b e r b a c h an der Spitze,

Dieses Wüten gegen Vertreter der exakten Wissenschaften ist selbst vom Standpunkt moderner kapitalistischer Wirtschaftsführung selbstmörderisch. Es ist im krassen Gegensatz zu den grossen Möglichkeiten, welche die Sowjetunion allen ehrlichen Wissenschaftlern geboten hat.

Unter den Opfern der Nazireinigung finden wir den Nobelpreisträger F r i t z H a b e r. Haber, das Haupt einer grossen Schule von Chemikern, war bereits vor dem Krieg eine wissenschaftliche Kapazität ersten Ranges. Er hat das erste brauchbare Verfahren zur Gewinnung von Stickstoff aus Luft ausgearbeitet. Er ist alles andere als ein Pazifist. Haber hat durch seine Erfindungen dem wilhelminischen Deutschland im Weltkriege grosse Dienste geleistet. Sein Name verkörpert d i e h ö c h s t e E n t w i c k l u n g d e r m o d e r n e n d e u t s c h e n C h e m i e. Mit Recht bemerkten die «Times» (4. Mai 1933), dass es eine Ironie der Geschichte sei, wenn die Nazis den Mann (Haber) zum Rücktritt «zwingen», dem Deutschland wahrscheinlich mehr als jedem andern zu verdanken hat, dass es vier Kriegsjahre durchhalten konnte.

Der zur gleichen Zeit vertriebene P r o f e s s o r P o l a n y i war ein wichtiger Mitarbeiter Habers.

Unter den andern namhaften Gelehrten auf dem Gebiet der exakten Wissenschaften, die der Kulturbarbarei der Nazis weichen mussten, sehen wir den Berliner P r o f. B ü c k, der sich mit der Planck'schen Quantentheorie beschäftigt hat. Den Königsberger Mathematiker H e n s e l, bekannt durch selbständige Arbeiten auf dem Gebiete der Zahlentheorie. Den Kieler Professor A d o l f

F r a n k e l, der ein beachtetes Buch über Mengentheorie veröffentlicht hat. Den Berliner P h y s i k e r P r i n g s h e i m, dessen Arbeiten wichtige Fragen der Strahlung behandeln.

Alle hier aufgezählten Wissenschaftler sind bekannte, in Fach-
kreisen hoch angesehene Gelehrte, Forscher und Lehrer. Schon
diese sehr u n v o l l s t ä n d i g e Aufzählung zeigt, dass es sich bei
den Vertreibungen um eine wahre Vernichtung der deutschen
Wissenschaft handelt, dass der deutsche Faschismus mit Inquisition und Scheiterhaufen jeden wissenschaftlichen Fortschritt bekämpft.

Keine Auslandspässe für Gelehrte

Die Berufung Albert E i n s t e i n s an das Institut de France
und die Vorlesungen des gemassregelten Gynäkologen Prof. Bernhard Z o n d e k in Stockholm haben dazu geführt, dass die Entziehung der Auslandspässe für die gemassregelten deutschen
Hochschulprofessoren ernsthaft erwogen wurde. Der «undeutsche»
Geist dieser Wissenschaftler darf auch ausländischen Universitäten nicht zugute kommen.

«Die rechtsstehende «Tägliche Rundschau» vom 17. April 1933 stellt
angesichts der Berufung Einsteins an das Institut de France an die
Reichsregierung die Forderung, sie möge den 16 beurlaubten deutschen Hochschulprofessoren sofort die Auslandspässe entziehen, denn
niemand könne sonst dafür garantieren, dass nicht der eine oder
andere von ihnen in kurzer Zeit in Paris, in Oxford oder in London
sitzen und dort von einer Lehrkanzel aus antideutsche Politik betreiben werde. Es sei dabei zu bedenken, dass einige der beurlaubten Professoren, wie Kelsen, Lederer und Bonn über ganz ausgezeichnete Auslandsbeziehungen verfügen.»

Deutschlands grösste Ärzte
dürfen in Deutschland nicht arbeiten

An anderer Stelle dieses Kapitels findet der Leser eine allerdings unvollständige Liste von entlassenen, «beurlaubten» und
kaltgestellten Gelehrten in Deutschland. Einige der aus ihren
Stellungen entfernten Aerzte wollen wir noch knapp charakterisieren:

B e r n h a r d Z o n d e k wurde von dem schwedischen Nobelpreisträger für Medizin v. Euler als «einzig dastehende Kapazität»
bezeichnet. Zondek verdanken wir die Entdeckung einer chemi-
schen Methode, die durch Analyse des Harns die Feststellung der
Schwangerschaft in den frühesten Stadien ermöglicht. Diese Methode ist vom sozialhygienischen, wie vom rein medizinischen
Standpunkt aus von grösster Bedeutung. Zondek hat in der Hor-
monforschung hervorragende Arbeit geleistet. Er hat die Darstel-

lung des Geschlechtshormons angestrebt, eines bei Männern und Frauen spezifisch verschiedenen Stoffes, dessen Dasein erst in den letzten Jahren festgestellt wurde. Zondek ist einer der Pioniere dieser Forschungsmethoden; er hat in jüngster Zeit die «künstliche» Herstellung von Sexualhormonen mit erstaunlichem Erfolg weitergefördert. Die Hitlerregierung stösst diese wissenschaftliche Kraft vom Lehrstuhl!

Der Berliner Tuberkuloseforscher F r i e d m a n n, der kaltgestellt wurde, hat seine Lebensarbeit der aktiven Bekämpfung der Volksseuche Tuberkulose gewidmet. Er ist der Erfinder eines hochwertigen Mittels gegen Tuberkulose.

Moritz B o r c h a r d t, Direktor der chirurgischen Abteilung am Moabiter Krankenhaus in Berlin, Geheimer Medizinalrat, Professor, war in seiner Jugend Assistent des berühmten deutschen Chirurgen von Bergmann. Später leitender Arzt am Virchow-Krankenhaus in Berlin. Borchardt hat die Tuberkulose als Chirurg bekämpft. Er wurde durch einen «Gesundheitskommissar» der Nationalsozialisten abgesetzt.

Wie Hirschfelds Sexualwissenschaftliches Institut demoliert und vernichtet wurde

Ein zuverlässiger Augen- und Ohrenzeuge, der ohne selbst dem Institut anzugehören, die Vorgänge genau verfolgen konnte, hat über die ungeheuerliche Zerstörung dieser weltbekannten wissenschaftlichen Forschungs-, Lehr- und Heilstätte in Berlin folgendes Protokoll aufgenommen:

«Am Morgen des 6. Mai 1933 brachte der «Berliner Lokalanzeiger» die Nachricht, dass die Säuberungsaktion der Berliner Bibliotheken von Büchern undeutschen Geistes am Vormittag dieses Tages einsetzen würde und dass die Studenten der Hochschule für Leibesübungen diese Aktion im Institut für Sexualwissenschaft einleiten wollten. Dieses Institut war 1918 in dem früheren Hause des Fürsten Hatzfeld von Dr. Magnus Hirschfeld begründet worden und wurde kurz darauf von der Preussischen Regierung als g e m e i n n ü t z i g e S t i f t u n g übernommen. Es genoss wegen der einzigdastehenden Sammlungen und Forschungen, seines Archivs und seiner Bibliothek einen internationalen Ruf und Zuspruch. Vor allem kamen viele ausländische Gelehrte, Aerzte und Schriftsteller nach Berlin, um dort zu arbeiten.

Auf die erwähnte Zeitungsnotiz hin wurde der Versuch unternommen, noch einige besonders kostbare Privatbücher und Manuskripte in Sicherheit zu bringen; es wurde dies aber unmöglich gemacht, indem der junge Mann mit diesen Büchern von einer Bewachung, die offenbar bereits während der Nacht das Institut umstellt hatte, festgenommen und seiner Habe beraubt wurde. Am 6. Mai um 9,30 Uhr erschienen vor dem Institut einige Lastautos mit ca. 100 Studenten und einer Kapelle mit Blasinstrumenten. Sie nahmen vor dem Hause militärische Aufstellung und drangen dann unter Musik in das Haus ein. Da das Büro noch geschlossen war, befand sich kein eigentlicher Vertreter des Hauses dort; nur einige Frauen vom Hauspersonal sowie ein dem Hause nahestehender Herr waren anwesend. Die Studenten begehrten Einlass in sämtliche Räume; soweit diese verschlossen waren, wie die bereits seit einiger Zeit stillgelegten Repräsentationsräume im Parterre sowie das frühere und jetzige Büro der Weltliga für Sexualreform, schlugen sie die Türen ein. Nachdem ihnen die unteren Räume nicht viel boten, begaben sie sich in das erste Stockwerk, wo sie in den Empfangsräumen des Instituts die Tintenfässer über Schriftstücke und Teppiche ausleerten und sich dann an Privatbücherschränke machten. Sie nahmen mit, was ihnen nicht einwandfrei erschien, wobei sie wohl im wesentlichen sich an die sogenannte «schwarze Liste» hielten. Darüber hinaus liessen sie aber auch andere Bücher mitgehen, so aus der Privat-bibliothek des Sekretärs Giese beispielsweise ein grosses Tutankamon-Werk sowie viele Kunstzeitschriften. Aus dem Archiv entfernten sie dann die grossen Wandtafeln mit den Darstellungen intersexueller Fälle, die seinerzeit für die Ausstellung des Internationalen Aerzte-Kongresses im Londoner Kensington-Museum im Jahre 1913 angefertigt waren. Sie warfen diese Tafeln zum grossen Teil aus dem Fenster ihren vor dem Hause stehenden Kameraden zu.

Die meisten der anderen Bilder, Photographien wichtiger Typen, nahmen sie von den Wänden und spielten mit ihnen Fussball, sodass grosse Haufen zertrümmerter Bilder und Glasscherben zurückblieben. Auf die Einwände eines Studenten, dass es sich um m e d i z i n i -s c h e s Material handle, antwortete ein anderer, darauf käme es nicht an, es wäre ihnen nicht um die Beschlagnahme von ein paar Büchern und Bildern zu tun, sondern um die V e r n i c h t u n g d e s I n s t i t u t s. Unter einer längeren Ansprache wurde dann ein lebensgrosses Modell, das den Vorgang der inneren Sekretion darstellte, aus dem Fenster geworfen und zertrümmert. In einem Sprechzimmer schlugen sie einen Pantostaten, der der Behandlung von Patienten diente, mit einem Schrubber ein. Ferner raubten sie eine Bronzebüste von Dr. Hirschfeld. Auch sonst wurden viele Kunstwerke mitgenommen. Aus der Institutsbibliothek nahmen sie zunächst nur einige hundert Bücher mit.

Während der ganzen Zeit wurde das Personal bewacht und immer wieder spielte die Musik, sodass sich grosse Scharen von Neugierigen vor dem Hause ansammelten. Um 12 Uhr hielt der Führer eine grössere Schlussansprache, und unter Absingen eines besonderen Schmutz- und Schundliedes sowie des Horst Wessel-Liedes zog der Trupp ab.

Die Bewohner des Instituts hatten angenommen, dass es mit dieser Plünderung sein Bewenden haben würde, aber um 3 Uhr nachmittags erschienen abermals mehrere Lastautos mit SA-Leuten und erklärten, dass sie die Beschlagnahme fortsetzen müssten, da der Trupp am

Auf der Fahrt nach München

Auf diesem Bild ist v. d. Lubbe neben dem Motorrad abgebildet das ihn im September 1931 nach
München brachte. — Das Motorrad Nr. 53 102
gehört dem Strassenbahnschaffner van Ploegk (Den
Haag). Auf seiner ersten Deutschlandreise hat v. d.
Lubbe den Dr. Bell kennen gelernt, im September
1931 hat er ihn in München besucht.

(Unveröffentlichte Aufnahme)

Zwei Postkarten van der Lubbes

Arbeiders Sport- en Studiereis van M. v. d. Lubbe en
H. Holwerda door Europa en Sowjet-Rusland.
Vertrek uit Leiden, Holland op 14 April 1931.

Arbeiter Sport- und Studienreise, von M. v. d. Lubbe und
H. Holwerda, durch Europa und Sowjet-Russland.
Abreise aus Leiden Holland am 14. April 1931.

Voyage ouvrier de sport et d'étude de M. v. d. Lubbe et H. Holwerda
à travers l'Europe et la Russe soviétique.
Départ de Leiden, Hollande au 14er d'Avril 1931.

Die obenstehende Postkarte hat van der Lubbe vor seiner angeblichen Europareise im Februar/März 1931 in Leiden, später auch in Deutschland verkauft. — Auf der Postkarte ist vermerkt, dass «die Studienreise am 14. April 1931 von Leiden aus angetreten werden soll». Diese Postkarte ist das angebliche «kommunistische Agitationsmaterial», dessentwegen v. d. Lubbe in Gronau (Westfalen) festgenommen wurde.

Die untenstehende Postkarte bestätigt die krankhafte Anlage van der Lubbes zur Lüge. Sie ist an jenen Holwerda gerichtet, der die Studienreise angeblich mitmachen sollte. Sie ist in Potsdam an dem Tage aufgegeben, an dem die Reise von Leiden zu Fuss angetreten werden sollte.

Morgen nicht genügend Zeit gehabt hätte, um gründlich auszuräumen. Dieser zweite Trupp nahm dann nochmals eine gründlche Durchsuchung aller Räume vor und schleppte in vielen Körben alles mit, was an Büchern und Manuskripten von Wert war, im Ganzen zwei grosse Lastwagen voll. Aus den Schimpfworten ging hervor, dass die Namen der in der Spezialbibliothek vertretenen Autoren den Studenten zum grossen Teil wohl vertraut waren. Nicht nur Siegmund Freud, dessen Bild sie aus dem Treppenhaus entfernten und mitschleppten, erhielt die Bezeichnung «der Saujude Freud», sondern auch Havelock Ellis wurde als «das Schwein Havelock Ellis» bezeichnet. Von englischen Autoren hatten sie es ausser auf Havelock Ellis besonders auf die Werke von Oscar Wilde, Edward Carpenter und Norman Hair abgesehen, von amerikanischen Schriftstellern auf die Bücher von dem Jugendrichter Lindsey, Margaret Sanger und George Silvester Viereck, von französischen Werken auf die von André Gide, Marcel Proust, Pierre Loti, Zola etc. Auch die Bücher Van de Veldes und des dänischen Arztes Dr. Leunbach gaben den Studenten Anlass, die Verfasser mit Schimpfworten zu belegen. Auch ganze Jahrgänge von Zeitschriften, namentlich die 24 Bände der Jahrbücher für sexuelle Zwischenstufen, wurden mitgenommen. Man wollte auch die ausgefüllten Fragebogen fortschleppen (mehrere Tausend) und nur der ausdrückliche Hinweis, dass es sich um Krankengeschichten handle, liess die Studenten davon Abstand nehmen. Dagegen war es nicht möglich, zu verhindern, dass das Material der Weltliga für Sexualreform, die gesamte vorhandene Auflage der Zeitschrift «Sexus» sowie die Kartothek mitgenommen wurde. Auch zahlreiche, z. T. bisher noch nicht veröffentlichte Handschriften und Manuskripte (u. a. von Krafft-Ebing und Karl Heinrich Ulrichs) fielen den Eindringlingen zum Opfer.

Immer wieder fragten sie nach der R ü c k k e h r Dr. Hirschfelds. Sie wollten, wie sie sich ausdrückten, einen «Tip» haben, wann er wohl zurückkomme. Schon vor der Plünderung des Instituts waren verschiedene Male SA-Männer im Institut gewesen und hatten nach Dr. Hirschfeld gefragt. Als sie die Antwort erhielten, dass er sich wegen einer Erkrankung an Malaria im Auslande befinde, erwiderten sie: «N a, d a n n k r e p i e r t e r h o f f e n t l i c h a u c h o h n e u n s ; d a n n b r a u c h e n w i r i h n j a n i c h t e r s t a u f h ä n g e n o d e r t o t s c h l a g e n.»

Als am 7. Mai die Berliner und auswärtige Presse von der Aktion gegen das Institut für Sexualwissenschaft berichtete, wurde von dem Präsidium der Weltliga ein telegraphischer Protest eingelegt, in dem darauf hingewiesen wurde, dass sich unter dem gesammelten Material viel a u s l ä n d i s c h e s E i g e n t u m befände, und man daher doch von der angekündigten Verbrennung absehen solle. Diese an den Kultusminister gerichtete Depesche fand keine Beachtung, vielmehr wurden sämtliche Werke und Bilder drei Tage später auf dem Opernplatz zusammen mit vielen anderen Werken verbrannt. Die Zahl der aus der Spezialbibliothek des Instituts vernichteten Bände betrug über

10 000. Im Fackelzug trugen die Studenten die Büste von Dr. Magnus Hirschfeld, die sie auf den Scheiterhaufen warfen.»

In den Berichten der Nazis wird diese «Kulturtat» folgendermassen geschildert:

«Energischer Griff in eine Giftküche.»
Deutsche Studenten räuchern das «Institut für Sexualforschung» aus.

Der Kreis X der Deutschen Studentenschaft besetzte gestern das «Institut für Sexualforschung», das von dem Juden Magnus Hirschfeld geleitet worden war. Dieses Institut, das sich ein wissenschaftliches Mäntelchen umzuhängen versucht hatte und während der 14jährigen marxistischen Herrschaft von den damaligen Machthabern immer protegiert worden ist, war, wie die Haussuchungen jetzt einwandfrei ergeben haben, eine einzige Brutstätte von Schmutz und Sudelei gewesen. Ein ganzer Lastwagen voll pornographischer Bilder und Schriften sowie Akten und Kartotheken sind beschlagnahmt worden... Mit einem Teil des vorgefundenen Materials wird sich die Kriminalpolizei befassen müssen, einen anderen Teil wird die Kundgebung öffentlich verbrennen.»

(«Angriff» vom 6. 5. 33.)

„Undeutsche" Soziologen, Staatsrechtler und Rechtswissenschaftler

Bei der Entfernung bekannter Soziologen, Staatsrechtler und Rechtswissenschaftler haben die Nationalsozialisten auch viele sehr «staatserhaltende» Forscher, vielfach gute Konservative, aus ihren Positionen geworfen.

Der bekannteste dieser davongejagten Gelehrten ist der Heidelberger Soziologe A l f r e d   W e b e r. Alfred Weber hat in grossen Arbeiten mit seinem verstorbenen Bruder Max Weber gründliche Studien über die Entwicklungsformen der primitiven Wirtschaft vieler aussereuropäischer Völker und Kulturen veröffentlicht. Weber ist keineswegs Marxist, sondern ein bürgerlicher Gelehrter. Weber hat die Todsünde begangen, andere Völker und Kulturen nicht als halbäffisch und «untermenschlich» im Sinne des Nationalsozialismus zu stempeln.

Die Berliner Handelshochschule verliert ihren Rektor, den hervorragenden liberalen Nationalökonomen, Professor B o n n. Der Staatsrechtler A n s c h ü t z muss die Heidelberger Universität verlassen. Langjähriger Professor der Berliner Universität, war Anschütz schon im kaiserlichen Deutschland eine Autorität ersten Ranges auf seinem Gebiet. Später wurde er autoritativer Kommentator der Weimarer Reichsverfassung.

Viele seiner Kollegen wurden in die Wüste geschickt: der bürgerliche Kölner Professor K e l s e n, sein Kieler Kollege H a r m s, F e i l e r, der frühere Redakteur der «Frankfurter Zeitung», der rechtsstehende Sozialdemokrat E m i l R a d b r u c h, die Sozialdemokraten S i n z h e i m e r in Frankfurt, L e d e r e r in Heidelberg und H e l l e r in Frankfurt, alle Rechtswissenschaftler. Der grösste deutsche Zivilrechtler, Professor M a r t i n W o l f f, wurde von Hakenkreuzstudenten gewaltsam vom Lehrpult vertrieben. Der liberale Völkerrechtler L e w i n S c k ü c k i n g, Kiel, Vertreter Deutschlands am Haager internationalen Gerichtshof, ist aus dem Amte gejagt.

Auch die grossen Psychologen wurden aus den Lehrsälen entfernt. W i l l i a m S t e r n in Hamburg, der grosse Arbeiten über Kinderpsychologie veröffentlicht hat, und M a x W e r t h e i m e r in Frankfurt haben kein Recht mehr, an deutschen Universitäten zu lehren. In Hamburg wurde neben einem halben Dutzend weniger bekannter Professoren der Philosoph E r n s t C a s s i r e r entlassen, ein Mann von grossem Wissen und Ruf aus der sogenannten Marburger Schule.

Auf den Scheiterhaufen!

«In Berlin hat die politische Polizei schätzungsweise etwa 10 000 Zentner Bücher und Zeitschriften beschlagnahmt und in die Ställe der ehemaligen berittenen Schutzpolizei geschafft, wo sie einer eingehenden Sichtung unterzogen werden. Die Durchführung der Beschlagnahme ging nicht immer reibungslos von statten. Bald nach dem Bekanntwerden der Aktion schafften viele Büchereien ihre Bücher in Schlupfwinkel, um sie dem Zugriff der Polizei zu entziehen. Die meisten Verstecke wurden jedoch ausfindig gemacht. Viele Büchereien wurden in Remisen, Kellern, Gartenlauben, Böden und in Privatwohnungen verteilt, vorgefunden.»

(«Völkischer Beobachter» vom 21./22. Mai 33.)

«Wir sind nicht und wollen nicht sein das Land Goethes und Einsteins. Eben gerade das nicht.»

(Hussong, «Berliner Lokal-Anzeiger» vom 7. 5. 33.)

«Als der Kalif die berühmte Bibliothek der Stadt Alexandria verbrennen lassen wollte, flehten einige ihn an, diese wertvolle Sammlung zu verschonen.

«Warum?» fragte der Kalif. «Wenn in diesen Büchern steht, was im Koran steht, sind sie überflüssig. Und steht in ihnen anderes, so sind sie schädlich.»

Deshalb wurde die Bibliothek von Alexandria verbrannt.»

Am 10. Mai loderten auf dem Platz vor der Berliner Oper, gegenüber der Universität, die Flammen eines grossen Scheiterhaufens. Der ganze Platz war von braunen und schwarzen Formationen der SA und SS militärisch abgeriegelt. Lastautos brachten riesige Stapel von Büchern. Musikkapellen spielten, Rufe dröhnten, der Propagandaminister Goebbels kam im Auto angerast. Im Jahre neunzehnhundertdreiunddreissig fand dieses einzigartige Schauspiel der Bücherverbrennung statt, begleitet von den Klängen des «Horst-Wessel-» und des Deutschland-Liedes.

Es flogen auf den Scheiterhaufen die Werke von Karl Marx, Friedrich Engels, von Lenin und Stalin, von Rosa Luxemburg, Karl Liebknecht und August Bebel. Die Verbrennung der Werke dieser grossen Gelehrten und Kämpfer, die der arbeitenden Menschheit den Weg zu ihrer Befreiung gewiesen haben, wurde zum Schauspiel für eine entfesselte reaktionäre Meute. «Deutschland, Deutschland, über alles . . .»!

Es flogen in die züngelnden Flammen die Werke pazifistischer Schriftsteller, es verbrannten die Bücher bürgerlicher Dichter und Sozialreformer, deren Namen den höchsten Rang im bürgerlichen Deutschland bedeuteten. Das Feuer vernichtete Bücher von Thomas Mann und Heinrich Mann, Leonhard Frank, Magnus Hirschfeld, Siegmund Freud, Jacob Wassermann, Stefan Zweig, Bert Brecht, Alfred Döblin und Theodor Plivier. «Deutschland, Deutschland über alles. . .»!

Diese Verbrennung von fortschrittlichen Geistesschöpfungen spielte sich unweit der Postamente von Alexander und Wilhelm von Humboldt an der Berliner Universität ab. Wilhelm von Humboldt, der diese Universität begründete, ein Träger des Geistes der Aufklärungsepoche, wollte das Preussen des Junker auf das Niveau der bürgerlichen Welt des Westens erheben. Vor seinem Denkmal führte jetzt die deutsche Studentenschaft in SA-Uniform den Pogrom gegen die fortschrittliche Literatur durch. «Deutschland, Deutschland über alles . . .»!

Das knisternde Feuer vor der Berliner Universität, der schwelende Rauch über den Köpfen einer chauvinistisch aufgepeitschten Menge, eine Ansprache des Reichspropagandaministers Göbbels — ein Schauspiel, das von dem hitlertreuen Berliner «12 Uhr-Blatt» in unbewusster Selbsterkenntnis «gespenstisch» genannt wird. Vergessen sind die schlechten Erfahrungen, welche die Unterdrücker aller Jahrhunderte mit ihren Scheiterhaufen gemacht haben! Die Gespenster des Mittelalters werden erweckt. Die Flammen vor der Berliner Universität sollen neben den Werken des Marxismus auch die Spitzenleistungen der bürgerlichen Kultur und Wissenschaft der letzten 150 Jahre in Deutschland verzehren.

In allen Teilen Deutschlands tobt die Zerstörungswut gegen jede fortschrittliche Literatur. Zehntausend von Privatbibliotheken wurden bei den Haussuchungen beschlagnahmt, oft an Ort und Stelle vernichtet oder willkürlich weggeschleppt. Die Bibliothek im L e i p z i g e r   V o l k s h a u s, eine der wertvollsten und grössten Büchereien Deutschlands mit unersetzlichen und seltenen Werken der Arbeiterbewegung. fiel dem Hass der braunen «Kulturträger» gegen den Marxismus zum Opfer.

Einige Beispiele öffentlicher Bücherverbrennungen, nach Meldungen der deutschnationalen «Telegrafen-Union» vom 10. Mai 1933:

«Berlin, 10. Mai. In M ü n c h e n fand im Lichthof der Universität eine Feier statt, bei der der Rektor, Geheimrat von Zumbusch, das neue Studentenrecht übergab. Die Festrede hielt der Bayerische Kulturminister Schemm, der über die nationale Revolution und die Aufgaben der Universitäten sprach. Den Abschluss bildete ein Fackelzug zum Königsplatz, wo die Verbrennung undeutscher Bücher stattfand.

In D r e s d e n sprach auf der Kundgebung der Studentenschaft der Dichter Wilhelm Vesper, auch dort bildete sich nach dem Festakt ein grosser Fackelzug, der zur Bismarck-Säule führte, wo nach einer Ansprache des Aeltesten der Dresdener Studentenschaft die gesamte Schund- und Schmutzliteratur verbrannt wurde.

In B r e s l a u fand die Kundgebung der Studentenschaft auf dem Schlossplatz statt. Nach der Festrede des Universitätsprofessors Bornhausen wurden etwa 40 Zentner Schund- und Schmutzliteratur verbrannt.

In F r a n k f u r t a. M. leitete Universitätsprofessor Fricke den Akt ein, der auf dem historischen Römerberg vollzogen wurde. Ein Wagen mit der Büchertracht, die symbolisch verbrannt werden sollte, wurde von zwei Ochsen auf den Verbrennungsplatz gezogen. Die Verbrennung schloss mit der Absingung des «Horst-Wessel»-Liedes.»

Einige Tage vorher waren in D ü s s e l d o r f die Werke des grossen deutschen Dichters H e i n r i c h H e i n e den Flammen des Scheiterhaufens übergeben worden.

Herr Goebbels nannte in seiner Berliner Rede die Fahrt der Ochsengespanne zum Scheiterhaufen, die Verbrennung der Literatur, «eine starke symbolische Handlung». Die Verbrennung war nicht nur symbolisch gemeint: die Reaktion der deutschen Faschisten will in Wahrheit das gedruckte Wort, das ihr nicht passt, ganz und gar unsymbolisch verbrennen, so wie sie die Verbreiter und Verfasser der antifaschistischen Literatur physisch ausrotten will.

Eine braune Liste

von verbrennungswürdiger Literatur finden wir in der Hugenbergschen «Nachtausgabe» vom 26. April 1933:

SCHÖNE LITERATUR: Schalom Asch, Henri Barbusse, Berthold Brecht, Max Brod (ausgenommen sein Roman Tycho Brahe»), Alfred Döblin (ausgenommen «Wallenstein»), Ilja Ehrenburg, Albert Ehrenstein, Arthur Eloesser, Lion Feuchtwanger, Iwan Goll, Jaroslav Hasek,

Walter Hasenclever, Arthur Holitscher, Heinrich Eduard Jacob, Joseph Kalenikow, Gina Kaus, Egon Erwin Kisch, Heinz Liepmann, Heinrich Mann (ausser «Flöten und Dolche»), Klaus Mann, Robert Neumann, Ernst Ottwald, Kurt Pinthus, Theodor Plivier, Erich Maria Remarque, Ludwig Renn (nur sein Werk «Nachkrieg»), Alfred Schirokauer, Arthur Schnitzler, Richard Beer-Hoffmann, Ernst Toller, Kurt Tucholski, Arnold Zweig, Stefan Zweig, und von Adrienne Thomas das Buch «Die Kathrin wird Soldat».

POLITIK UND STAATSWISSENSCHAFTEN: Lenin, Karl Liebknecht, Karl Marx, Hugo Preuss, Walter Rathenau, Rudolf Hilferding, August Bebel, Max Adler, S. Aufhäusser, E. I. Gumbel, N. Bucharin, L. Bauer und Helen Keller. Von Lassalle alles, ausser «Assisenreden» und «Ueber den besonderen Zusammenhang der gegenwärtigen Geschichtsperiode mit der Idee des Arbeiterstandes».

GESCHICHTE: Generell sollen sämtliche pazifistischen und «defaitistischen» Schriften entfernt werden, sämtiche probolschewistische Literatur aus der Geschichte Russlands. U. a. sollen ausgemerzt werden Werke von Otto Bauer, Karl Tschuppik, Oskar Blum, Paul Hahn, Müller-Franken, «Bismarck und seine Zeit» von Kurt Kersten, «Zur deutschen Geschichte» und «Zur preussischen Geschichte» von Franz Mehring, Werke von Glaeser, Upton Sinclair.»

Der Leiter des Kreises Berlin-Brandenburg der deutschen Studentenschaft, Gutjahr, leitete die Bücherverbrennung auf dem Platz vor der Berliner Universität. Er liess ausser den Büchern der genannten Autoren u. a. noch Werke von Engels, Sigmund Freud, Emil Ludwig, Alfred Kerr, Ossietzky, Theodor Wolff, Georg Bernhard, Bertha von Suttner, Rosa Luxemburg, Theodor Heuss, Freiherrn von Schöneich und Vandevelde in die Flammen wandern.

Die i d e o l o g i s c h e S c h w ä c h e der braunen Herrscher zeigt sich in diesem Vernichtungskrieg gegen Wissenschaft und Literatur, in dem angeblichen Bestreben, aus den öffentlichen Bibliotheken auch alles verschwinden zu lassen, was zum Verständnis der Geschichte der Kultur und der Wissenschaft unentbehrlich ist.

Die Verbrennung aller Werke des deutschen fortschrittlichen Denkens durch Hitler kann keinen Augenblick vergessen machen, was die Menschheit in der Vergangenheit dem geistigen Leben Deutschlands zu verdanken hat. In den Flammen der Scheiterhaufen auf dem Berliner Opernplatz ist keineswegs die Fähigkeit Deutschlands, der Entwicklung der menschlichen Kultur zu dienen, verbrannt. Nie und nimmer sind Hitler, Goebbels, Göring und Rust die Vertreter des «wahren deutschen Geistes». Deutschlands wirklich grosse Schöpferkraft für den kulturellen Fortschritt ist in jenen Millionen Menschen begründet, die von dem Hitler-Regime als antifaschistische Arbeiter, Wissenschaftler, Künstler und Intellektuelle mit grausamer Härte verfolgt und ge-

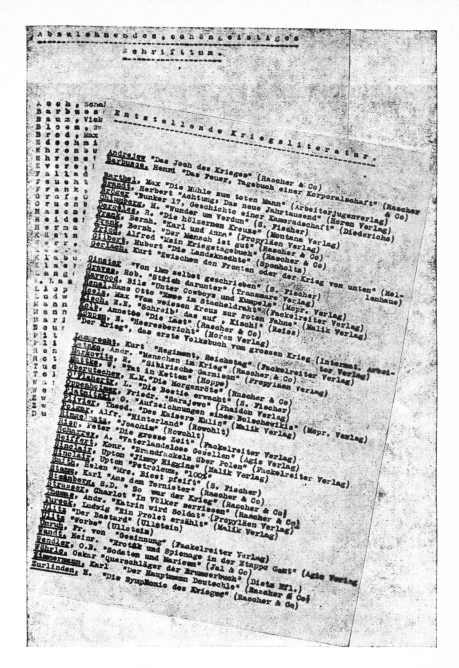

Amtliche braune Liste verbotener Bücher

schlagen werden. In diesen Millionen ist die Fähigkeit Deutschlands verbürgt, in der Zukunft ein führendes sozialistisches Kulturland zu werden.

Die „Säuberung" der Preussischen Dichterakademie

Es steht nicht im Vordergrund unserer Betrachtung, ob die Preussische Dichterakademie in den Jahren der Weimarer Republik jemals eine positive und wirklich kulturschöpferische Arbeit geleistet hat, wenn wir den Hitlerschen Feldzug gegen diese Dichterakademie schildern. Gemessen an ihren hakenkreuztreuen Nachfolgern sind die Hinausgeworfenen oder auf Druck ausgetretenen Mitglieder dieses Instituts in der Tat Giganten an Geist, Können und verdientem Ruf.

Unter den «gesäuberten» Mitgliedern der Preussischen Dichterakademie ist zunächst einmal T h o m a s M a n n, der deutsche Nobelpreisträger, vielleicht der repräsentativste Schriftsteller des bürgerlichen Deutschland. Sein «Verbrechen» bestand darin, dass er im Laufe der letzten Jahre sich der Sozialdemokratie näherte und sogar mehrfach seine Stimme gegen geplante Justizmorde, wie in den Fällen Sacco-Vanzetti und Rahosi öffentlich erhob. Dieser grosse Schriftsteller des deutschen Bürgertums wurde aus der Preussischen Akademie hinausgedrängt. Es wird ihm nie verziehen werden, dass er einmal die NSDAP als «den verderblichsten Auswurf der Zeit» bezeichnet hat.

Sein Bruder H e i n r i c h M a n n versuchte, die Position eines «freiheitlichen unabhängigen Geistes» innerhalb der bürgerlichen Welt zu schaffen. Er hat den Bürger als Karikatur dargestellt, den Bürger des Kaiserreichs («Der Untertan») und den Bürger der Republik («Die grosse Sache»). Heinrich Mann hat die Amsterdamer internationale Volksbewegung gegen den imperialistischen Krieg unterstützt. Er wird dafür, wie sein Bruder Thomas, verbrannt und verjagt von Hitlers «Kulturträgern».

Ein dritter Schriftsteller des deutschen Bürgertums, dem der Hass der Nazis gilt, ist J a c o b W a s s e r m a n n, dessen Werke in zahlreiche Sprachen übersetzt sind. Sein Hauptverbrechen ist, Jude zu sein und bürgerlich liberale Auffassungen in seinen Romanen gestaltet zu haben.

A l f r e d D ö b l i n, ein vierter Herausgeworfener, von Beruf Arzt in einem Berliner Arbeiterviertel, begann als Schriftsteller mit fantastischen und teilweise exotisch aufgemachten Romanen («Die drei Sprünge des Wang Lun», «Wallenstein», «Berge, Meere und Giganten»). Der letzte grosse Roman Döblins war «Berlin Alexanderplatz». Döblin nannte sich selbst in öffentlichen Diskussionen einen «klassenbewussten Bürger». Er experimentierte formal-künstlerisch sehr stark, in Anlehnung an den Iren James Joyce und den Amerikaner Dos Passos.

Franz Werfel, Schriftsteller einer rein bürgerlichen Ideenwelt, war vor zwanzig Jahren Bahnbrecher des Expressionismus. Sein Verdi-Roman erwarb ihm grosse Popularität. Er wird von den Nazis nicht geduldet.

Herausgeworfen wurde René Schickele, der deutsche Dichter aus dem Elsass. Verjagt wurde Leonhard Frank, der das Antikriegsbuch «Der Mensch ist gut» schrieb und in den Romanen «Die Räuberbande» und «Die Ursache» gesellschaftskritische Tendenzen verfolgte. Obwohl Leonhard Frank sich im Laufe der letzten Jahre literaturpolitisch immer weiter nach rechts und zu rein bürgerlichen Stoffgebieten entwickelte, hat er durch seine Vergangenheit sich den Hass der Nazis erwirkt.

Der Dramatiker Georg Kaiser, ein eigenartiges, stark anarchistisches Talent, musste die Akademie verlassen. Fritz von Unruh, der Dramatiker der Weimarer Republik, Bernhard Kellermann, ein begabter liberaler Schriftsteller, die Lyriker Mombert und Rudolf Pannwitz sowie der Lustspiel-Autor Ludwig Fulda wurden hinausgeworfen. Eine der wenigen deutschen schriftstellernden Frauen von literarischem Können, Ricarda Huch, ist Anfang April selbst aus der Preussischen Dichterakademie ausgetreten.

Neben den politisch nie hervorgetretenen Mitgliedern Oskar Loerke und Jakob Schaffner durfte auch Gerhard Hauptmann seinen Sitz behalten. Der Dichter der «Weber» hat schon manche «Wandlung» mitgemacht. Im Kriege unterschrieb er die schmachvolle Erklärung der 93 Intellektuellen für die imperialistische deutsche Kriegführung. Nach dem Kriege liess er sich als Hofpoet der Weimarer Republik feiern. Er schwieg beharrlich, als der braune Terror die besten bürgerlichen Schriftsteller und Wissenschaftler aus dem Lande trieb.

Und nun: die Gestalten, die der nationalsozialistische Volksbildungsminister Rust in die Preussische Dichterakademie eingeführt hat:

Ihr Parademann ist Hanns Johst, der sich einst sehr konjunkturtüchtig für die Revolution einsetzte. Das Novemberverbrechen ist ihm vergeben. Er ist der einzige nationalsozialistische Schriftsteller, der sich einen gewissen Namen geschaffen hat. Gegenwärtig spielen hunderte von deutschen Bühnen auf Diktat der Hitler-Regierung sein «Schlageter»-Drama, dessen Held wörtlich erklärt:

«Wenn ich das Wort Kultur höre, entsichere ich meinen Browning!»

Die besonderen Attraktionen des Herrn Rust für die Preussi-
sche Dichterakademie sind ausser Hans Carossa nur unbedeutende
Schriftsteller wie Emil Strauss, Will Vesper, Wilhelm Schäfer.
Agnes Miegel und Peter Dörfler. H a n s G r i m m erfand in einem
Roman das «Volk ohne Raum», B ö r r i e s   v o n   M ü n c h-
h a u s e n schrieb romantische Balladen mit teutscher Gesinnung.

Bei ihrer Suche nach Namen von irgendwelcher Bedeutung
versuchen die Nationalsozialisten sogar, den Lyriker S t e f a n
G e o r g e für die Dichter-Akademie zu gewinnen. Die braunen
Kulturvernichter und «Erneuerer des Deutschtums» umwerben
den snobistischsten und volksfremdesten aller deutschen Dichter
demütig, um seinen Namen zur Tarnung von Adolf Hitlers Kultur-
politik zu benutzen.

Braune Dichtkunst

Dr. Josef Goebbels, Propagandaminister des dritten Reiches,
hat einen Roman geschrieben: «Michael, ein deutsches Schicksal in
Tagebuchblättern». Michael, die suchende deutsche Seele, hat
Visionen. Der Böse erscheint ihm in der Gestalt des Russen Iwan
und will die edle Seele zum Bolschewismus verleiten. Die Seele
Michaels ringt mit dem Versucher:

> «Aber ich bin stärker als er.
> Jetzt pack ich ihn bei der Gurgel.
> Jetzt schleudere ich ihn zu Boden.
> Da liegt er.
> Röchelnd mit blutunterlaufenen Augen.
> Verrecke, Du Aas! Ich trete ihm den Schädel ein.
> Und nun bin ich frei!»

Das ist der Geist, der für die hitlerisierte Dichter-Akademie
reif macht: «Ich trete ihm den Schädel ein! Verrecke, Du Aas!»

Der bekannte Schriftsteller H a n n s   H e i n z   E w e r s, den
Goebbels zum Führer des gleichgeschalteten Schutzverbandes
Deutscher Schriftsteller bestellt hatte, ist noch nicht offiziell in
die Dichter-Akademie berufen worden. Dieser Pornograph, dessen
Romane «Alraune» und «Der Vampyr» von den Nazis selbst nachträglich auf die Listen der Schund- und Schmutzliteratur gesetzt
wurden (und sie sind die einzigen, die es wirklich verdienen!), ist
der offizielle Biograph des nationalsozialistischen Heros Horst
Wessel. Wie Ewers früher als «Satanist» in literarischen Perver-
sionen «machte», so vergoldet er jetzt literarisch das Zuhälter-
milieu, in dem die «heldenhafte» Figur Horst Wessels der Kugel
eines Zuhälter-Rivalen zum Opfer fällt. An Hitlers Geburtstag
brachte der Deutschlandsender das Hörspiel «Horst Wessel» von
Hanns Heinz Ewers. Die Existenz dieses Schriftstellers war seit

vielen Jahren völlig vergessen, bis er jetzt als Hofpoet des «Dritten Reiches» wieder seine Auferstehung aus der literarischen Vergessenheit feiern durfte. Im Jahre 1922 hat H. H. Ewers ein sehr judenfreundliches Vorwort zu einem Buch von Israel Zangwill («Die Stimme von Jerusalem», 1922, Verlag von Samuel Cronbach, Berlin) geschrieben. Inzwischen hat die Konjunktur gewechselt, H. H. Ewers ist Antisemit geworden.

So ist die Preussische Dichterakademie neu zusammengesetzt im Zeichen jenes Geistes, dessen «erwachende Lyrik» beispielsweise so aussieht:

«Alle Vöglein sind schon da!

(Weise: «Nun ade» und «Alle Vöglein»)

«1. Nun ade Du mein lieb Heimatland
Zu Strassburg auf der Schanz
Es fängt ein grosses Trauern an
Heil Dir im Siegerkranz
Es braust ein Ruf wie Donnerhall
Rosa Luxemburg schwimmt im Kanal
Karl Liebknecht hängt am ... Baum

2. Alle Vöglein sind schon da
Alle Vöglein alle
Amsel, Drossel, Fink und Meise
und das Reichsbanner Schwarz-Rot —
Sch .. ade, dass kein Gold dabei
Schade ewig schade!

(Entnommen dem Buche «Deutschland erwache», Das kleine Naziliederbuch, Ausgabe B, Herausgeber Paul Arend, Sulzbach-Oberpfalz, 8. (!) Auflage.)

Man sage nicht, dieses in der 8. Auflage verbreitete Glanzstück brauner Lyrik sei nicht typisch. Worin unterscheidet es sich von den vielgesungenen SA-Liedern:

«Wenns Judenblut vom Messer rinnt,
gehts uns nochmal so gut.»

Oder ähnlich:

«Die rote Brut, schlagt sie zu Brei!
SA marschiert — die Strasse frei!»

Es entspricht diesem «Geist» der Nazis, dass der Münchner Stadtrat Mitte Juni 1933 die G r ä b e r von Gustav L a n d a u e r und Kurt E i s n e r, die beide 1919 von der bayerischen Reaktion ermordet wurden, dem Erdboden gleich machen liess.

Der Feldzug gegen die „undeutsche" Musik

Herr Josef Goebbels, Reichspropagandaminister, erklärte am 9. Mai vor den deutschen Theaterleitern und Künstlern: «Kunst kommt vom Können und nicht vom Wollen.» Zur Illustration dieses schönen Wortes bieten wir hier nun eine weitere Verlustliste der deutschen Kunst:

Unter den besten deutschen nachschaffenden Künstlern wurden immer die Dirigenten B r u n o W a l t e r, O t t o K l e m p e r e r und F r i t z B u s c h genannt.

Otto K l e m p e r e r war einige Jahre Leiter der Berliner Kroll-Oper, die er zu einer Pflegestätte moderner Musik machte. Hindemith und Kurt Weill kamen unter ihm zu Wort. Nach Schliessung der Krolloper wurde Klemperer an die Berliner Staatsoper berufen, wo er in gleichem Sinne weiterwirkte. Nun muss er den Dirigentenstab ruhen lassen, weil er jüdischer Abstammung ist.

B r u n o W a l t e r, Dirigent von Weltruf, ist Mahlerschüler. Man kennt ihn in Amerika oder England ebenso wie in Deutschland. Er ist Jude. Daher — «Kunst kommt vom Können» — kann er nicht mehr in Deutschland dirigieren. Statt dessen wird irgend ein Herr Fuhsel, Leibmusiker der Nazis (Kommandeur einer grossen Blechkapelle), bei dem weder von Kunst noch von Können gesprochen werden kann, der erwachten deutschen Nation beibringen, wie man Musik macht.

Der Dresdner Generalmusikdirektor B u s c h ist blond, sodass seine «arische» Abstammung ausser Zweifel steht. Er ist ein konservativer Bürger, aber zufällig kein Nazi. Die Dresdner Oper, ein berühmtes Kunstinstitut, wurde durch Busch wiederbelebt. In den Tagen der «nationalen Erhebung» erschien mitten in einer Vorstellung ein nationalsozialistischer Denunziant auf der Bühne und forderte Busch auf, sein Amt niederzulegen.

«Berlin, 8. März. — 60 Mann der SA haben gestern abend die Bühne der Städtischen Oper besetzt, als unter Leitung des berühmten Dirigenten Busch «Rigoletto» gegeben wurde. Nach einer Schilderung der «Vossischen Zeitung» hat der Führer der SA dem Theaterpublikum erklärt, dass in Zukunft er selbst das Theater leiten wird und dass der Dirigent Strieger sofort anstelle von Busch die Stabführung übernehmen werde. Als Busch trotzdem weiter dirigieren wollte, entstand ein furchtbarer Tumult unter der anwesenden SA und Busch wurde genötigt, die Oper zu verlassen, während Strieger am Dirigentenpult Platz nahm.»

Der namhafteste deutsche Pianist ist ohne Zweifel A r t h u r S c h n a b e l, der sich in drei Jahrzehnten Arbeit zu einem Interpreten grosser Klaviermusik entwickelt hat. Er leitete an der Berliner Hochschule für Musik eine Meisterklasse für Klavierspiel. Er wurde hinausgeworfen, weil er Jude ist. Von seinen Kollegen an der Berliner Musikhochschule wurden entfernt: E m i l F e u e r-m a n n, gegenwärtig der einzige deutsche Cellist von Rang, L e o n i d K r e u t z e r, ein guter Pianist und Lehrer der Meisterklasse. Kaltgestellt ist der ausgezeichnete Geiger K a r l F l e s c h, weggejagt sind die bekannten Dirigenten O s k a r F r i e d, der einst viel für die neuere Musik getan hat, die berühmten Operndirigenten F r i t z S t i e d r y und G u s t a v B r e c h e r und der bedeutende Pianist B r u n o E i s n e r.

Von den schaffenden Musikern, die es in Deutschland gibt, hat sich sofort zu den Nazis bekannt Max von S c h i l l i n g s, dessen Kompositionen unoriginell sind und der als Dirigent nirgendwo über die Schablone hinaus wächst. Schillings, der unter der verflossenen Republik sich hohe Aemter übertragen liess, der nach dem Rücktritt Max Liebermanns Vorsitzender der Akademie der Künste wurde, hat in dem Komponisten H a n s P f i t z n e r einen nazitreuen Freund. Ihnen gesellt sich noch Richard Strauss hinzu. Seine Werke dienen zwar, vom Standpunkt der Nazimoral, dem «geilen jüdischen Sinnenkitzel», aber er ist auf dem Wege, Hofkomponist zu werden.

Von den modernen deutschen Komponisten ist kaum einer den Nazis geblieben.

Verjagt ist A r n o l d S c h ö n b e r g, der seine Stellung an der Musikhochschule aufgeben musste. Schönberg hat — mag man zu seiner Musik stehen, wie man will — auf die Entwicklung der modernen Musik den grössten und wichtigsten Einfluss ausgeübt. In politischer Hinsicht eher konservativ, ist Schönberg in der Musik ein formaler Revolutionär gewesen, der eine neue eigene Musiksprache gefunden hat. Diesen bahnbrechenden Mann kann Nazideutschland nicht brauchen.

Einer der bekanntesten deutschen Komponisten ist K u r t W e i l l, der verpönt ist in Hitlerdeutschland. Komponist der «Dreigroschenoper», die einen Welterfolg errang. Weill ist jetzt heimatlos, da er Jude ist.

Der Opernkomponist F r a n z S c h r e k e r (die bekannteste seiner Opern: «Der ferne Klang») wurde aus dem Verband der Berliner Musikhochschule entlassen, obwohl er keineswegs besonders fortschrittlich ist. Seine Abstammung ist «nicht einwandfrei».

Der besondere Hass der Nazis richtete sich gegen den ersten proletarisch-revolutionären Komponisten H a n n s E i s l e r, der ebenfalls ins Ausland vertrieben ist. Er hat der deutschen Arbeiterklasse in den letzten Jahren grosse Chorwerke («Die Massnahme») und populäre kämpferische Songs gegeben, die auf den Strassen, in den Versammlungen und Arbeiterquartieren mit grösster Begeisterung von den Massen gesungen und bald in vielen Ländern bekannt wurden. Er hat bewusst und beharrlich seine Musik für das Proletariat und als Kampfmittel der Arbeiterklasse geschaffen. Aus der Schönbergschen Schule kommend, wurde er zum Gestalter neuer und hochwertiger Leistungen im Sinne einer proletarisch-revolutionären Kampfmusik. Ihn erwartet in Hitler-Deutschland der Drill der Konzentrationslager oder der Martertod in einer SA-Kaserne.

Die deutsche Musik, seit Jahren in einer allgemeinen Krise, ist der besten Kräfte beraubt. Dieser Vorgang hat den im Italien Mussolinis tätigen, berühmtesten Dirigenten der Welt, Arturo Toscanini, veranlasst, seine Teilnahme an den Bayreuther Festspielen im Richard Wagner Gedenkjahr abzulehnen. Er hat Anfang Juni folgendes Telegramm an Frau Winnifred Wagner gerichtet:

«Da die mein Gefühl als Künstler und Mensch verletzenden Geschehnisse gegen mein Hoffen bis jetzt keine Veränderung erfuhren, betrachte ich es als meine Pflicht, das Schweigen das ich mir seit 2 Monaten auferlegte, heute zu brechen und ihnen mitzuteilen, dass es für meine, Ihre und aller Ruhe besser ist, an mein Kommen nach Bayreuth nicht mehr zu denken.

Mit dem Gefühl unveränderlicher Freundschaft für das Haus Wagner.

gez. Arturo Toscanini

Theater — Bildende Kunst — Film

Auf den deutschen Bühnen darf jetzt die chauvinistische Verherrlichung Schlageters und die romantische Idealisierung von Horst Wessel triumphieren. Herr Goebbels lässt sein «bekanntes» Bühnenwerk «Der Wanderer» auf einer Berliner Bühne aufführen.

Aus dem deutschen Theatere verschwanden viele Darsteller, die grosse schauspielerische Leistungen aufzuweisen hatten. Alle Staats-, Stadt- und Privattheater wurden «gleichgeschaltet». Die Organisationen des Theaterpersonals wurden unter das Diktat von faschistischen Kommissaren gezwungen. Fritz K o r t n e r, Max P a l l e n b e r g, die M a s s a r y und die B e r g n e r, die Regisseure M a x R e i n h a r d t und J e s s n e r, sind als «undeutsch» ins Ausland verjagt.

Die künstlerische Kraft der Opernsänger L o t t e S c h ö n e, F r i e d a L e i d e r, A l e x a n d e r K i p n i s u. a. gilt unter Rusts brauner Kulturdiktatur nichts mehr. Der proletarisch revolutionäre Sänger und Schauspieler E r n s t B u s c h, ein hochbegabter Künstler, der die neuen proletarischen Lieder von Eisler populär machte und damit selbst zu einem gefeierten Künder des Freiheitskampfes der deutschen Arbeitermassen wurde, wurde ins Ausland gehetzt.

Die «UFA»-Filmgesellschaft hat eine Anweisung erlassen, dass in ihren Filmen j ü d i s c h e D a r s t e l l e r nur noch i n n e g a t i v e n R o l l e n beschäftigt werden dürfen. Die Beherrscher des deutschen Films beabsichtigen, in ihren Filmen Juden nur noch als Gauner, Verbrecher und Pathologen zu zeigen. Anfang Juli 1933 erschien eine neue Verfügung von Goebbels, dass Juden nur nach seiner vorherigen Zustimmung beschäftigt werden dürfen.

Am 6. Juni fand in den Räumen der ehemaligen Bühnengenossenschaft in Berlin, die wie alle Gewerkschaften gewaltsam «gleichgeschaltet» worden ist, die Generalversammlung der «Vereinigung künstlerischer Bühnenvorstände» statt. Diese Vereinigung ist als Fachgruppe dem nationalsozialistischen «Kampfbund für deutsche Kultur» eingegliedert. Der Staatskommissar Hinkel kündigte in dieser Generalversammlung einen neuen willkürlichen «Reinigungs»-Feldzug gegen die Künstler an:

«Auf Vorschlag des Preussischen Kultusministeriums sei in den letzten Tagen dem Ministerpräsidenten Göring die Zusammensetzung eines Preussischen Theaterausschusses mitgeteilt worden. Diesem Theaterausschuss, dessen Vorsitz Hinkel übernimmt, soll die Ueberprüfung aller Intendanten, Generalmusikdirektoren, Kapellmeister, Regisseure und Solisten aller städtischen Bühnen obliegen. In den nächsten Tagen würden bereits Verordnungen erfolgen, die es ermöglichten, Verträge zu annullieren, zu ergänzen, oder abzuändern, um zu verhindern, dass irgendwie das künstlerische Schaffen im Sinne eines deutschen Theaters gehemmt würde. Durch gesetzliche Massnahmen könnten p r i v a t r e c h t l i c h e B i n d u n - g e n g e l ö s t (!) werden, wenn sie den I n t e r e s s e n des deutschen Theaters w i d e r s p r ä c h e n.»

(«Frankfurter Zeitung», 8. Juni 1933.)

Die sinnlose Zerstörungsarbeit der Nazis vollzieht sich auf allen Gebieten der Kunst. Der Vorsitzende der Akademie der Künste, der grosse Maler M a x L i e b e r m a n n, ein Mann von konservativer Gesinnung, wurde auf Grund des Arier-Paragraphen zum Rücktritt gezwungen. Mitbegründer und langjähriger Präsident der Berliner Sezession, musste er auch hier ausscheiden. Dass K ä t h e K o l l w i t z, die geniale Künstlerin der Arbeiterwelt, in die Verbannung geschickt wird, ist bei dem nationalsozialistischen Kurs eine Selbstverständlichkeit. Die Zahl der Maler und bildenden Künstler, die der «deutschen Säuberung» der Ausstellungen zum Opfer fallen, ist Legion.

Die bekanntesten fortschrittlichsten F i l m r e g i s s e u r e Deutschlands sind gezwungen, sich im Ausland Arbeit zu suchen. Alle der Arbeiterklasse nahe stehenden Filmkünstler, alle proletarischen oder fortschrittlichen Filme stehen auf schwarzen Listen.

So wurden u. a. folgende Filme durch Verfügung der Hitlerregierung sofort verboten:

Kuhle Wampe	Von der sowjetrussischen Produktion wurden u. a. verboten:
Niemandsland	
Kameradschaft	Der Weg ins Leben
Mutter Krauses Fahrt ins Glück	Sturm über Asien
Die andere Seite	Die Mutter
Das Testament des Dr. Mabuse	Das Menschenarsenal
Im Westen nichts Neues	10 Tage, die die Welt erschütterten
Frauenglück — Frauennot	Das Ende von St. Petersburg
Hölzerne Kreuze (französ. Film)	Der Mann, d. d. Gedächtnis verlor

Wehe denen, die allzuenger Verbindung mit dem proletarischen Film verdächtig sind!

Ein charakteristisches Beispiel dafür ist die Verhaftung und Misshandlung des Dr. A. S t e i g l e r durch SA und Hilfspolizei. Steigler war seit Jahren als Direktor einer Volksfilmgesellschaft in Berlin SW 48, Friedrichstrasse 238 tätig. Unter den von der Gesellschaft nach k o m m e r z i e l l e n Gesichtspunkten betriebenen Filmgeschäften befand sich auch der Verleih einiger Russenfilme. Das genügte, um die Räume dieser Filmgesellschaft durch SA und Polizei besetzen zu lassen und das gesamte Personal für verhaftet zu erklären. Nach Einlieferung in die Berliner Maikäferkaserne wurde Dr. Steigler in Gegenwart seiner Angestellten d e n s c h l i m m s t e n M i s s h a n d l u n g e n u n d F o l t e r u n g e n a u s g e s e t z t.

Die Schule des „Dritten Reiches"

«Man sagt, dass in euren Schulen Knaben und Mädchen nackend in Wettkämpfen sich messen und solchermassen zu Kriegern und Amazonen erzogen werden. Aber lernen sie denn auch etwas? Und wird ihre Sinnenlust nicht aufgepeitscht, wenn sie sich so sehen?»
«Keineswegs, mein Bester, denn wir plagen sie, bis sie keinen Atem mehr haben, und wenn sie müde sind, können sie weder denken noch Sinnenlüste empfinden.»
«Aber wie ist es mit den Wissenschaften und Künsten, die sie erlernen sollen, o mein weiser Gesetzgeber?»
«Sie sollen ja nichts lernen und nicht denken, denn wer denken kann, der kann Böses denken, wer aber tüchtig gemacht wird in Bezug auf seinen Leib und geschunden wird den ganzen Tag, der kann ein brauchbarer Staatsbürger werden.»
(Aus einem Gespräch im alten Griechenland über spartanische Erziehung.)

Die Weimarer Republik ermöglichte einige, wenn auch unzulängliche, Experimente in der Schulpolitik. Sie hat, wenigstens in den grösseren Städten, die Möglichkeit offengelassen, dass

Het briefwisseling niet verplichten gezamenlijk
moet de naam en voornaam bovenaan N de
brief vermeld staan; op het adres mag die naam NH

Het adres is: VAN No.
STRAFGEVANGENIS 's-GRAVENHAGE.

Lot PONS mogen NH Lavorden toegezonden. In
toezending van zelf gebeurd per POST WISSEL
De veroordeelden mogen over de Toegezonden
Bezoekdagen voor familie: tot en den Woensdag tot

Voortaan 's Maandags bezoek.

Toegang aanvragen voor Donderdag.

Zondag 18 September 1932

W.K.

Dank voor u brief, welke ik in even
goede gezondheid ontvangen mocht,
even als mu heden, met teruy
inzien naar jullie.

Ik geloof dat met ontslag of vrij komen
der menschen hier, de gemoedstemming
op dat oogenblik en bij terugkomst veel
verschillend moet zijn, naar aan-
leiding van tijd en omstandigheden en
van verkeer van buiten genoten hebben.

Ik voor mij, voel hier al veranderingen in,
dat als ik in Leiden kom voer ver-
schillen de dingen mij niet behoef te verwonderen of je verbazen, of te verwonderen
als bij voorbeeld, met een terug zien; in
verhouding met afscheid.

Maar we zijn er nog niet, even wachten
nog, alles gaat op tijd hier.
Zoo als u mij helpt herinneren, is,
maar eerst naar huis kom, die dag daar op,
is een feestdag, met al haar ongeregeld-
heden, in verhouding met gewoone
dag. Daarom kan ik er in geheel

Brief van der Lubbes aus dem holländischen Gefängnis im Haag, wo er 1932 drei Monate in Haft war.

Van der Lubbe wird in Berlin einigen Journalisten als Brandstifter des Reichstages vorgeführt und in ihrer Gegenwart von Kommissar Heisig vernommen.

Brief van der Lubbes aus dem Berliner Untersuchungsgefängnis. Unser Berichterstatter hat **acht** Briefe gesehen, die van der Lubbe im Monat April aus dem Gefängnis schreiben durfte.

Berlin.

Beste Jan.

Je hartelijke brief in dank
vernomen. Je moet echter
maar niet meer over die
dood schrijven. Dat gaat toch niet.
Later schrijf ik nog wel is wat.
meer. Alles gaat mij goed.
Mijn hartelijke groeten dan
ook terug, ook aan alle ander.
welke gegroet hebben. dat goed mag
gaan. HvdL.

Schulkinder ohne Religionsunterricht die Volksschule absolvieren konnten. Sie hat das Bildungsprivileg der wohlhabenden Schichten unberührt gelassen. Aber sie hat einige wenige und zaghafte Versuche unternommen, auch Arbeiter-Abiturienten zum Studium an den Hochschulen zuzulassen und einige Kurse zur Vorbereitung solcher Arbeiterabiturienten geduldet.

Die Schule ist wieder eine christlich-religiöse Drillanstalt geworden, von unten bis oben. Solche Experimente, wie etwa das Karl Marx-Realgymnasium in Neukölln, das der Erprobung neuerer Unterrichtsmethoden, starker Gabelung der Unterrichtskomplexe (d. h. Teilung in mehrere Gruppen, je nach dem vorwiegenden Interesse der daran Beteiligten, etwa in Sprachgruppen) und vor allem der systematischen Ausbildung von Arbeiterabiturienten diente, solche Experimente sind erledigt und verboten worden.

Schon Hitler hat in seinem Buch «Mein Kampf» sein Schulprogramm entwickelt. Es sah dem des spartanischen Zynikers, den wir anfangs zitierten, ähnlich genug. Der Sinn der Ausführungen Hitlers ist der, dass man in der Schule des «Dritten Reiches» den Kindern nicht etwa Kenntnisse und Wissen beizubringen hat, sondern vor allem Gehorsam gegen den Führer. Was Hitler grob und ohne Umschweife sagt, das führt Frick etwas getarnt aus.

Am 9. Mai 1933 hielt Frick vor den Kultusministern der Länder seine Programmrede. Frick, der selber den Weltkrieg zu Pirmasens in der Heimat überdauerte, fordert jetzt heldische Erziehung zu Kanonenfutter. Bisher, so meint er, ist alles schlecht gewesen. Denn die Kinder wurden «nicht erzogen, sondern geschult». Was will Frick?

> «Wir haben heute mehr denn je Ursache, uns daran zu erinnern, dass wir Hand in Hand mit den stammverwandten germanischen Völkern Nordeuropas und ihrer Tochterstaaten jenseits des Meeres weltumspannende Aufgaben zu lösen haben, die der Tatkraft der nordischen Rasse ein weites Feld kulturaufbauender Betätigung geben.»

Die «stammverwandten» Völker sind hier nicht genau definiert. Es scheint, dass Herr Frick sie alle gegen die «Untermenschen» einen will, um ein weltumspannendes «Drittes Reich» zu schaffen, das allen «minderwertigen» Völkern romanischer oder sonstiger «Rasse» zeigen wird, wie es in einem ordentlichen hitlerischen Reich zugeht.

> «Neben der Ausbildung rein körperlicher Gewandtheit und Leistungsfähigkeit, ist besonderer Wert auf die Heranbildung von Willens- und Entschlusskraft zu legen, als unerlässlicher Vorbedingung für die Erziehung zur Verantwortungsfreudigkeit, in der der Charakter wurzelt.»

Die Schule soll ungebildete («ungeschulte») aber stramm gedrillte, draufgängerische Soldaten des «Dritten Reiches» produzieren. Um den Kindern beizubringen, dass nichts in der Welt besser ist als das «Dritte Reich», muss ihnen die Welt so dargestellt werden, wie sie nie aussah. Dementsprechend muss die G e s c h i c h t e nationalsozialistisch verfälscht werden. In «neuen Geschichtsbüchern» soll möglichst wenig stehen. «Weitgehende Beschränkung ist unerlässlich.» Daher genügt es: «die geschichtsbildenden Kräfte herauszuarbeiten, die zu allen Zeiten gewirkt haben. Ein Hauptstück der Geschichtsbetrachtung haben die beiden letzten Jahrzehnte unserer eigenen Zeit zu bilden.» Um die Sache noch genauer zu beschreiben, fügt Frick hinzu, dass besonders zu behandeln sind «d a s b e g i n n e n d e E r w a c h e n d e r N a t i o n v o m R u h r k a m p f a n b i s z u m D u r c h - b r u c h d e s n a t i o n a l s o z i a l i s t i s c h e n F r e i h e i t s g e - d a n k e n s u n d b i s z u r W i e d e r h e r s t e l l u n g d e r d e u t - s c h e n V o l k s g e m e i n s c h a f t a m T a g e v o n P o t s d a m.»

Neben dieser Sorte Geschichtskunde sollen noch die besonders geförderte «Rassenkunde» und die «Einführung in die Grundbegriffe der Familienforschung» gelehrt werden. Das bayerische Kultusministerium hat einen Erlass herausgegeben, in dem es u. a. heisst:

«Im Geschichtsunterricht aller Unterrichtsklassen des Landes Bayern wird für den Anfang des Schuljahres 1933/34 — unabhängig von allen sonstigen Stoff- und Lehrplänen — bestimmt, dass in den ersten vier bis sechs Wochen das Stoffgebiet, das die Jahre 1918 bis 1933 umfasst, zu behandeln ist. Das übrige lehrplanmässige Pensum in den erwähnten Fächern wird dann entsprechend gekürzt auf die übrigen Monate des Jahres verteilt. Nach Abschluss dieses Lehrganges soll die letzte Stunde zu einer erhebenden Schlussfeier ausgestaltet werden, mit kurzen Ansprachen des Lehrers und eines Schülers über den Aufbruch der Nation. Singen vaterländischer Lieder, Flaggenschmuck. Es wird besonders auch darauf gesehen, dass dieses für die W i e d e r - e r w e c k u n g des Nationalgefühls in der bayerischen Schuljugend wichtigste Thema «Aufbruch der Nation» nicht allein als Unterrichtsfach (für Geschichte, Heilkunde usw.) zu gelten hat, sondern auch als U n t e r r i c h t s p r i n z i p konzentrisch zur gründlichsten Behandlung steht. Soweit am Ende des Trimesters Prüfungen abgehalten werden, ist auf dieses Stoffgebiet vorzüglich Rücksicht zu nehmen.»

Der Berliner Staatskommissar Dr. M e i n s h a u s e n proklamierte («Völkischer Beobachter» vom 6. 5. 33) in einem Vortrag über die Umgestaltung des Berliner Schulwesens:

«Es muss alle liberalistische Gefühlsduselei verstummen . . . . . Zur Judenfrage gilt das Wort: S e n t i m e n t a l i t ä t i s t V o l k s - v e r r a t.»

Dementsprechend haben die nationalsozialistischen Kultusminister alle pädagogischen Akademien vollkommen umgestaltet und alle Lehrer e n t l a s s e n, die «verdächtig» waren. Alle weltlichen Schulen sind aufgelöst. Der Religionsunterricht ist wieder z w a n g s w e i s e verordnet, die W i e d e r e i n f ü h r u n g d e r P r ü g e l s t r a f e war die erste Leistung brauner Schulpolitik.

Alle Tendenzen zur modernen Schule sind vollkommen ausgetilgt. Die Oberprimaner der «umorganisierten» Karl-Marx-Schule in Berlin-Neukölln sind alle um zwei Jahre zurückversetzt worden. Sie sollen erst einmal im echten Nazigeist gedrillt werden, ehe ihnen gestattet wird, zu studieren.

Nicht nur die jüdischen Professoren, auch die jüdischen Studenten wurden aus den Universitäten vertrieben. An den höheren Lehranstalten werden nur noch anderthalb Prozent neueintretende Schüler «nichtarischer» Rasse zugelassen. (Preussischer Ministerialerlass vom 8. Mai 1933.)

Die zwangsweise Mitgliedschaft aller Lehrer im nationalsozialistischen Lehrerbund ist die Voraussetzung für ihre staatliche Beschäftigung als Lehrkraft.

Wir lassen das neue Deutschland nun in einigen Erlassen und Verfügungen selbst sprechen:

Aus dem Gesetz gegen die Ueberfüllung und Ueberfremdung der Hochschulen.

§ 1. Bei allen Schulen ausser den Pflichtschulen ist die Zahl der Schüler und Studenten soweit zu beschränken, dass die gründliche Ausbildung gesichert und dem Bedarf der Berufe genügt ist.

§ 4. Bei den Neuaufnahmen ist darauf zu achten, dass die Zahl der Reichsdeutschen, die im Sinne des Gesetzes zur Wiederherstellung des Berufsbeamtentums vom 7. April 1933 nicht arischer Abstammung sind, unter der Gesamtheit der Besucher jeder Schule und jeder Fakultät den Anteil der Nichtarier an der reichsdeutschen Bevölkerung nicht übersteigt. Die Anteilzahl wird einheitlich für das ganze Reichsgebiet festgesetzt. (1,5%.)

§ 7. Das Gesetz tritt mit seiner Verkündung in Kraft.

Erleichterte juristische Prüfungen für Mitglieder der nationalen Verbände.

Der Kommissar des Reiches für das preussische Justizministerium, K e r l, hat durch Erlass vom 5. April verfügt, dass Rechtskandidaten und Referendare, die als Mitglieder einer der anerkannten nationalen Verbände im vaterländischen Dienst eine gewisse Zeit hindurch tätig gewesen sind, zum Ausgleich einer dadurch verursachten Behinderung des Ausbildungsganges auf Antrag die juristischen Prüfungen in abgekürzter Form ablegen können.

(«D. A. Z.» vom 12. 4. 33.)

Der „Geist" der Scheiterhaufen-Studenten

1. Sprache und Schrifttum wurzeln im V o l k e . . . .
2. Es klafft heute ein Widerspruch zwischen Schrifttum und deutschem Volkstum. Dieser Zustand ist eine Schmach.
3. Reinheit von Sprache und Schrifttum liegt an Dir!
4. Unser gefährlichster Widersacher ist der Jude . . . .
5. Der Jude kann nur jüdisch denken. Schreibt er deutsch, dann lügt er. Der Deutsche, der deutsch schreibt, aber undeutsch denkt, ist ein Verräter! . . . .
6. Wir wollen die Lüge ausmerzen, wir wollen den Verrat brandmarken . . .
7. Wir wollen den Juden als Fremdling achten und wir wollen das Volkstum ernst nehmen. Wir fordern deshalb von der Zensur: J ü d i s c h e W e r k e e r s c h e i n e n i n h e b r ä i s c h e r S p r a c h e . Erscheinen sie in deutsch, sind sie als U e b e r s e t z u n g zu kennzeichnen . . . Deutsche Schrift steht nur Deutschen zur Verfügung. Der undeutsche Geist wird aus öffentlichen Büchereien ausgemerzt . . .
   Die Deutsche Studentenschaft.

(Aus den 12 Thesen «Wider den undeutschen Geist», angeschlagen von den Berliner Studenten am 13. April 1933 in der Berliner Universität.)

„Gleichschaltung" der Presse

Am Abend des 30. Januar 1933, dem Tage der Berufung der Regierung Hitler-Hugenberg, versammelte der neue Reichsinnenminister F r i c k die Vertreter der Berliner Presse zu einer Konferenz. Er versprach, dass die neue Regieung sich von all ihren Vorgängern durch eine weitgehende Wahrung der Pressefreiheit unterscheiden würde.

Wenige Tage nach «diesem deutschen Manneswort» setzte in ganz Deutschland eine Verbotswelle gegen die kommunistische und sozialdemokratische Presse ein. Mitte Februar war fast die gesamte kommunistische Presse Deutschlands verboten. Es hagelte Verbote sozialdemokratischer und demokratischer Blätter. SA-Trupps zogen während des Reichstagswahlkampfes nachts vor die Druckereigebäude von Zentrumsblättern im Rheinland, erzwangen den Abdruck nationalsozialistischer Ministerreden und übten, gedeckt durch die Polizeibehörden, brutalste Vorzensur aus.

In jenen letzten Tagen vor dem Reichstagsbrand war Fricks «Pressefreiheit» fast völlig von den Stiefeln der SA und der Polizei zertreten. Die Arbeiterblätter wurden nur noch durch Wachen tapferer proletarischer Selbstschutzgruppen vor der Demolierung ihrer Druckereien und Redaktionen geschützt. Als das ungeheuerliche Provokationsstück im Reichstag geglückt war und der braune Pogrom zu rasen begann, wurden mit einem Schlag die letzten kommunistischen und sozialdemokratischen Zeitungen verboten.

Der letzte Rest der Pressefreiheit war gemordet. Kommunistische, sozialdemokratische, linksbürgerliche Journalisten wurden verhaftet oder Freibeute sadistischer Folterknechte in SA-Kasernen. Die weiter erscheinende bürgerlich-demokratische Presse und die Blätter des Zentrums begannen, sich dem neuen Pogromregime «gleichzuschalten». In den grossen demokratischen Verlagen Berlins, bei Ullstein und Mosse, bei der liberalen Presse im Reiche begann die «freiwillige» Entfernung jüdischer, pazifistischer oder sonst bei den Nazis unbeliebter Redakteure. Auch diese Presse feierte die «schicksalsgewaltigen Ereignisse dieser Tage». Sie entdeckte ihr Herz für das «Erwachen» der Nation, für Hitler. Sie unterschlug die Meldungen über die Massakers in den Arbeitervierteln. Sie verschwieg die Greueltaten, die — schlimmer, als die Phantasie sie sich ausdenken kann — wenige Minuten vom Sitz ihrer Redaktionen entfernt, sich täglich ereigneten. Die «Judenblätter» dementierten die Judenverfolgungen.

Die a u s l ä n d i s c h e P r e s s e, die nicht so willfährig im Verschweigen der unmenschlichen Greuel war, geriet sehr rasch in einen Konflikt mit der Hitlerregierung. Am 7. März erschien eine amtliche Regierungsmitteilung:

> «Angesichts der böswilligen Berichterstattung über innendeutsche Vorgänge in der ausländischen Presse, waren ernste Massnahmen gegen eine Anzahl von Auslands-Korrespondenten in Vorbereitung. Ein Teil der fraglichen Korrespondenten hat sich dem Zugriff der Polizei durch Abreise entzogen. Was die übrigen Korrespondenten anlangt, so liegt von diesen nunmehr die Zusicherung vor, in Zukunft in ihrer Berichterstattung sich jeder böswilligen Tendenz zu enthalten und Zweideutigkeiten zu vermeiden. Im Hinblick hierauf sind die fraglichen Korrespondenten zunächst von der Ausweisung verschont geblieben; es ist ihnen vielmehr eine Bewährungsfrist von 2 Monaten zugebilligt worden.»

Am 5. April holte sich die Hitlerregierung eine Niederlage beim Verein der ausländischen Presse. Sie hatte dem Verein den Boykott angedroht, wenn er nicht seinen Präsidenten, den Berichterstatter der «Chicago Daily News», M a w r e r, absetzen würde. Die Generalversammlung des Vereins der ausländischen Presse beschloss mit 60 gegen 7 Stimmen, bei 3 Stimmenthaltungen, das Rücktrittsangebot Mawrers abzulehnen. In den darauffolgenden Wochen wurde unter dem Druck der öffentlichen Meinung des Auslands die Hitlerregierung gezwungen, gegenüber den ausländischen Pressevertretern weitere Rückzüge zu machen.

Z w a n g s w e i s e «gleichgeschaltet» wurden der Reichsver-

band der deutschen Presse mit dem nationalsozialistischen Presse-
chef Dietrich als Vorsitzenden, die Vereinigung deutscher Zeitungsverleger und der Reichsverband deutscher Zeitschriftenver-
leger e. V. «Gleichgeschaltet» wurden alle bezirklichen Organisationen der Verleger und Journalisten. Der Reichsverband der deutschen Presse beschloss unter seiner neuen Führung, dass künftig
jüdische und marxistische Redakteure nicht mehr seine Mitglieder
sein dürfen.

Die «Germanisierung» seines Redakteurstabs und die demütige
Unterwerfung unter die Hitlerpolitik half dem R u d o l f M o s s e -
V e r l a g, der das «Berliner Tageblatt» herausgibt, nicht viel. In
den ersten Apriltagen wurde der Verlag faktisch enteignet und von
einer neugegründeten G. m. b. H. übernommen, deren Leitung bei
dem nationalsozialistischen Kommissar Ost, dem Verlagsdirektor
Karl Vetter und einem nationalsozialistischen Betriebsrat lag. Ein
neuer Redakteurstab, der alle Garantien für Hitlertreue bot, wurde
eingestellt. Der nationalsozialistische Kommissar O s t, ein Ver-
trauensmann des damaligen SA-Führers Graf Helldorf, wurde wenige Wochen später verhaftet. Er hatte bei der erpresserischen
Enteignung des Rudolf Mosse-Verlages einige Hunderttausend
Mark in die eigene Tasche fliessen lassen. Nach 3 Monaten des
Wirtschaftens der Nazikommissare stellte Mitte Juli 1933 der Verlag Rudolf Mosse seine Zahlungen ein.

Ein Beispiel mehr für die zahlreichen, «Gleichschaltungen»
bürgerlicher Zeitungsverlage ist die «freiwillige» Umwandlung des
«D o r t m u n d e r G e n e r a l - A n z e i g e r s» in ein nationalsozialistisches Parteiblatt. Der «Dortmunder General-Anzeiger», der
über die grösste Druckerei Europas verfügt, hatte die höchste
Auflage aller deutschen Zeitungen ausserhalb Berlins. Da er besonders in den dichtbevölkerten Arbeitergebieten von Rheinland-
Westfalen seine Verbreitung fand, machte er in seinem Inhalt
starke Konzessionen an antikapitalistische und antifaschistische
Massenstimmungen. Nach der Bildung der Hitlerregierung mussten die alten Redakteure abtreten. Die übliche «freiwillige Gleichschaltung» begann. Das genügte den braunen Machthabern aber
nicht. Am 20. April war in der Zeitung inmitten zahlreicher Ge-
burtstagshymnen eine Hitler-Radierung des Zeichners Stumpp erschienen. Die SA-Führer erklärten dieses Bild für eine Karikatur Hitlers. Sie liessen die Zeitung beschlagnahmen und das Gebäude des «Dortmunder General-Anzeiger» durch die SA schliessen. Der Dortmunder Polizeipräsident beauftragte den Chefredakteur der nationalsozialistischen Zeitung «Rote Erde» mit der Leitung des Betriebes.

Es kann hier nicht die Kette der Verbote und Verwarnungen
gegen bürgerliche Zeitungen und Zeitschriften aufgezählt werden.
Der «Gleichschaltungs»-Feldzug führte zu einer diktatorischen

Umgestaltung des ganzen deutschen Nachrichtendienstes, die Leitung des amtlichen Wolffschen Telegraphenbüros wurde geändert. Die Leserschaft der in Deutschland noch erscheinenden Presse wird hermetisch von allen wahrheitsgetreuen Nachrichten aus dem Auslande abgeschnürt.

«Ueber 250 ausländische Zeitungen sind in Deutschland verboten, und zwar aus folgenden Staaten USA 9, Argentinien 2, Belgien 7, Kanada 2, Dänemark 4, Danzig 3, Grossbritannien 5, Frankreich 31, Holland 9, Lettland 2, Litauen 1, Luxemburg 5, Oesterreich 37, Polen 24, Rumänien 1, Saargebiet 4, Schweden 1, Schweiz 26, Sowjetunion 9, Spanien 2, Tschechoslowakei 66. Am stärksten sind also die Tschechoslowakei, Oesterreich, Frankreich, die Schweiz und Polen unter diesen Verboten vertreten.

Deutschland war das Land der grössten literarischen Produktion. Kennzeichnend für den Rückgang der literarischen Produktion schon in den ersten Wochen des Hitlerregimes ist folgende Meldung:

Rückgang des Papierverbrauchs in der Verlagsproduktion.

«Nach einer Mitteilung der «Frankfurter Zeitung» vom 15. April 1933 sank die Beschäftigung der Druckpapierfabrikation im Verlauf der «nationalen Revolution» in vielen Fällen bis zu 25%. Die «Deutsche Allgemeine Zeitung» vom 22. April berichtet, dass die Verlagsproduktion im ersten Vierteljahr 1933 um 30% gegenüber dem ersten Quartal 1931 zurückgegangen ist. Der Export zeigt einen ständigen weiteren Rückgang. Der deutsche Buchhandel ist seiner besten Kunden beraubt, ganzer Wissens- und Literaturgebiete entblösst.»

Verzeichnis der in Hitler-Deutschland gemassregelten Wissenschaftler und Künstler

Hochschulprofessoren

BERLIN-UNIVERSITÄT

Prof. Albert Einstein (Physik: Nobelpreisträger)
Prof. Dr. Fritz Haber (Chemie: Nobelpreisträger)
Prof. Berhard Zondek (Gynäkologie)
Prof. Moritz Bonn (Nationalökonomie)
Prof. Dr. Fischel (Kunstgeschichte)
Prof. Dr. Jollos (Zoologie)
Prof. Dr. Walter Norden (Versicherungskunde)
Prof. Dr. Richter (Medizin)
Prof. Dr. Pringsheim (Chemie)
Prof. Dr. Hermann Grossmann (Technik)

Prof. Emil Lederer (Nationalökonomie)
Prof. H. Freundlich (Colloidchemie)
Prof. Dr. Polanyi (Physikalische Chemie)
Prof. Ferdinand Blumenthal (Krebsforschung)
Prof. Franz Blumenthal (Dermatologie)
Prof. Peter Rona (Chemie und Physiologie)
Prof. Dr. Birnbaum (Psychiatrie)
Prof. Mittwoch (Semitische Philologie)
Prof. Dr. Julius Pokorny (Keltische Philologie)
Prof. Dr. Issai Schur (Mathematik)

Prof. Manes (Versicherungskunde)
Prof. Dr. Byk (Physik)
Dozent Dr. Otto Lippmann (Psychologie)
Dozent Dr. Konrad Cohn (Zahnheilkunde)
Prof. James Goldschmidt (Strafrecht)
Prof. Dr. Karl Brandt (Ackerbau)
Dozent Dr. Fritz Baade (Soziologie)
Dozent Dr. Balogh (Philosophie)
Dozent Dr. Kurt Haentzschel (Presserecht)
Dozent Dr. Walter Lande (Medizin)
Prof. Dr. Wolff-Eisner (Medizin)
Prof. Noeller (Tierheilkunde)

BERLIN — TECHNISCHE HOCHSCHULE

Prof. Dr. Kurrein (Technik)
Prof. Dr. Schlesinger (Maschinenbau)
Prof. Dr. Schwerin (Elastizitätslehre)
Prof. Dr. Levy (Nationalökonomie)
Prof. Dr. Lehmann (Photochemie)
Prof. Korn (Photo-Telegrafie)

Prof. Traube (Colloidchemie)
Prof. Dalinger (Elektrizität)
Privatdozent Dr. Kelen (Hydrautik)
Dozent Grabowski (Mathematik)
Prof. Chajes (Hygiene)
Prof. Nolde (Chemie)
Frof. Fritz Frank (Chemie)
Prof. Igel (Eisenbahnbau)

BERLIN — DEUTSCHE HOCHSCHULE FÜR POLITIK

Prof. Dr. Jäckh
Prof. Dr. Simons

Prof. Dr. Drews

AACHEN — TECHNISCHE HOCHSCHULE

Prof. Blumenthal (Technik)
Prof. Hopf (Höhere Mathematik)
Prof. Fuchs (Physik)
Prof. Meusel (Nationalökonomie)

Prof. Mautner (Eisenkonstrution.)
Prof. Levy (Organische Chemie)
Privatdozent Strass (Literatur)
Privatdozent Pick (Mathematik)

FRANKFURT a. M.

Prof. Heller (Oeffentliches Recht)
Prof. Horckheimer (Soziologie)
Prof. Löwe (Nationalökonomie)

Prof. Plessner (Orientalische Sprachen)
Prof. Sommerfeld (Philologie)

Prof. Mannheim (Soziologie)
Prof. Tillich (Philosophie)
Prof. Sinzheimer (Arbeitsrecht)
Prof. Salomon (Soziologie)
Prof. Karl Mennicke (Philosophie)
Prof. M. Wertheimer (Psychologie)
Prof. Strupp (Internat. Recht)
Prof. Weil (Orientalische Sprachen)
Prof. Pribram (Nationalökonomie)
Prof. Richard Koch (Medizin)
Prof. Glatzer (Judentum)

Prof. Walter Fraenkel (Metallurgie)
Prof. Fritz Mayer (Chemie).
Prof. Ernst Kahn (Handelsjournalismus)
Prof Neumark (Nationalökonomie)
Prof. Ernst Cohn (Privatrecht)
Prof. Braun (Hygiene)
Prof. Ludwig Wertheimer (Bankwesen)
Prof. Altschul (Nationalökonomie)

KIEL

Prof. Schücking (Internat. Recht)
Prof. Kantorowicz (Strafrecht)
Prof. Adolf Fraenkel (Mathematik)
Prof. Ernst Fraenkel (Recht)
Privatdozent Colm (Nationalökonomie)
Prof. Dr. Feller
Prof. Stenzel (Philosophie)
Privatdozentin Melitta Gerhardt
Prof. Höber
Prof. Husserl (Römisches Recht)
Prof. Höniger (Recht)
Prof. Löwe
Prof. Harder
Prof. Jacoby (Philosophie)
Prof. Keiser

Privatdozent Kolle.
Prof. Dr. Krohner
Prof. Dr. Liepe (Deutsche Philologie)
Prof. Neisser (Nationalökonomie)
Prof. Dr. Rosenberg
Prof. Schrader
Prof. Opet (Deutsches Recht)
Prof. Skalweit (Nationalökonomie)
Prof. Wedemeyer
Prof. Rauch (Philosophie)
Prof. Dr. Klemperer (Medizin)
Prof. Dr. Emil Fuchs (Theologie)
Lektor Dr. Marano
Prof. Wilhelm Oppermann
Dozent Dr. Friedrich Copei

KÖNIGSBERG — UNIVERSITÄT

Prof. Henzel (Oeffentliches Recht)
Prof. Paneth (Chemie)

Prof. Reidemeister (Mathematik)
Prof. Schneider (Philosophie)

KÖNIGSBERG — HANDELSHOCHSCHULE

Prof Rogowski
Prof. Hänsler

Prof. Kürbs
Prof. Feiler

KÖLN

Prof. Kelsen (Oeffentliches Recht)
Prof. Schmalenbach (Nationalökonomie)

Prof. Cohn-Vossen (Mathematik)
Prof. Braunfels (Philosophie)
Prof. Lips (Soziologie)

Prof. Schmittmann (Nationalökono-　Prof. Esch (Verkehrswesen)
mie. Verhaftet)　　　　　　　　Prof. Beyer (Pädagogik)
Prof. Spitzer (Philosophie)　　　　Prof. Honigstein (Soziologie)

JENA

Prof. Emil Klein (Medizin)　　　　Prof. Dr. Peters (Psychologie)
Prof. Theodor Meyer-Steinegg (Ge-　Prof. Schaxel (Zoologie)
schichte der Medizin)　　　　　　Prof. Berthold Josephy (National-
Prof. Hans Stimmel (Philosophie)　ökonomie)
Prof. Mathilde Vaerting (Pädagogik)　Privatdozent Leo Brauner (Botanik)

BRESLAU

Prof. Mark (Rechtsphilosophie)　　Prof. Cohn (Recht)

BONN

Prof. Löwenstein (Psychiatrie)　　Prof. Dr. Hans Rosenberg (Philo-
Prof. Kantorowicz (Zahnheilkunde)　sophie)

MARBURG

Prof. Röpke (Staatswissenschaften)　germanische Philologie. Verübte
Prof. Hermann Jacobsohn (Indo-　nach der Absetzung Selbstmord)

GÖTTINGEN

Prof. James Franck (Experimen-　Prof. Born (Theoretische Physik)
telle Physik. Nobelpreisträger)　Prof. Emmi Noether (Philosophie)
Prof. Honig (Strafrecht)　　　　　Prof. Bernstein (Statistik)
Prof. Courant (Mathematik)　　　　Prof. Brandi (Geschichte)

GREIFSWALD

Prof. Klingmueller (Privatrecht)　Prof. Dr. Braun (Nationalökonomie.
Prof. Ziegler (Klassische Philologie)　Nach der Absetzung verhaftet)

MÜNSTER

Prof. Freud (Recht)　　　　　　　Prof. Heilbronn (Botanik)
Prof. Bruck (Nationalökonomie)

HEIDELBERG

Prof. Hans v. Eckardt (Journalistik)　Prof. Dr. Anschütz (Oeffentl. Recht)
Prof. Radbruch (Strafrecht)　　　Prof. Alfred Weber (Soziologie)

HANNOVER

Prof. Theodor Lessing (Philosophie)

DRESDEN — TECHNISCHE HOCHSCHULE

Prof. Dr. Holldack (Recht)

HALLE

Prof. D. Dehn (Theologie)
Prof. Dr. Aubin (Recht)
Prof. Frankl (Kunstgeschichte)
Prof. Kisch (Rechtsgeschichte)

Prof. Kitzinger (Strafrecht)
Prof. Utitz (Psychologie)
Prof. Hertz (Soziologie)
Privatdozent Dr. Baer (Mathematik)

HAMBURG

Prof. Eduard Heimann (Recht)
Prof. Panofsky (Kunstgeschichte)
Prof. William Stern

Prof. W. A. Berendson (Literatur)
Prof. Richard Salomon
Prof. Ernst Cassirer (Philosophie)

TÜBINGEN

Prof. Dr. Hegler

Prof. G. Weise (Kunstgeschichte)

LEIPZIG

Prof. Witkowski (Literaturgesch.)
Prof. Götz (Geschichte)
Prof. Apelt (Oeffentliches Recht)

Prof. Eveeth (Journalistik)
Prof. Hellmann (Medizin)
Dozent Dr. Becker (Philosophie)

DÜSSELDORF

Prof. Boden
Prof. Ellinger

Prof. Dr. Meyer
Privatdozent Dr. Neustadt

DOZENTEN AN PÄDAGOGISCHEN AKADEMIEN

Prof. Dr. Otto, Haase, Elbing
Prof. Dr. Karl Thieme, Elbing
Prof. Hans Haffenrichter, Elbing
Prof. Emil Gossow, Elbing
Prof. Helene Ziegert, Elbing
Dozentin Joh. Kretschmann, Elbing
Prof. Julius Frankenberger, Halle
Prof. Frau Dr. Elisabeth Bloch-
mann, Halle

Prof. Emil Fuchs, Kiel
Prof. Wilhelm Oppermann, Kiel
Dozent Dr Friedrich v. Copet, Kiel
Prof. Dr. Joh. Sippel, Dortmund
Dozent Dr. Hans Plug, Dortmund
Prof. Dr. Conrad Ameln, Dortmund
Prof. Martin Schmidt, Frankfurt
Prof. Dr. Marianne Kunze, Frank-
furt

Dr Fritz Haschek, Halle
Prof. Anna Deynehl, Halle
Prof. Martin Rang, Halle
Prof. Herbert Kranz, Halle
Prof. Dr. Adolf Reichwein, Halle
Prof. Dr. Karl v. Hollander, Halle
Prof. Fritz Kauffmann, Halle
Prof. Dr. Hans Hoffmann, Halle

Prof. Dr. Gerda Simons, Frankfurt
Prof. Dr. Hermann Semiller, Frankfurt
Prof. Dr. Spemann, Frankfurt
Dozent Hans Thierbach, Frankfurt
Dozentin Berta Kieser, Frankfurt
Prof. Hans Rosenberg, Bonn
Prof. Dr. Johannes Richter, Leipzig

MUSIK

Otto Klemperer, Generalmusikdirektor.
Bruno Walter, Generalmusikdirekt.
Fritz Busch, Generalmusikdirektor
Fritz Stiedry
Gustav Brecher, Generalmusikdirektor.
Oskar Fried
Arnold Schönberg
Franz Schrecker
Kurt Weill
Fritz Kreisler
Bruno Eisner

Hanns Eisler
Prof. Arthur Schnabel
Prof. Karl Flech
Prof. Daniel, Hochschule für Musik Berlin
Prof. Leonid Kreutzer, Hochschule für Musik, Berlin
Prof. Emanuel Feuermann, Hochschule für Musik, Berlin
Prof. Hörth, Hochschule für Musik, Berlin
Prof. Hünemann, Hochschule für Musik, Berlin

MALEREI

Prof. Käthe Kollwitz (wurde veranlasst, aus der Kunstakademie auszutreten)
Prof. Max Liebermann, Ehrenpräsident der preussischen Akademie der Künste (gab seine Demission)
Prof. Otto Dix (aus der Akademie der bildenden Künste entlassen)
Prof. Karl Hofer (von der Akademie d. b. K. «beurlaubt»)

Prof. Paul Klee («beurlaubt»)
Prof. Oskar Moll («beurlaubt»)
Prof. Georg Tappert, Staatliche Kunstschule Berlin-Schöneberg
Prof. Curt Lahs, Staatliche Kunstschule Berlin-Schöneberg
Prof. Josef Vinecky, Staatliche Kunstschule Berlin-Schöneberg
Prof. Fritz Wiechert, Direktor der Kunstgewerbeschule, Frankfurt.

MUSEEN

Geheimrat Wilhelm Waetzold, Generaldirektor der staatlichen Museen, Berlin
Geheimrat Max J. Friedländer, Direktor des «Kaiser Friedrich Museums», Berlin

Geheimrat Ludwig Justi, Direktor der «National-Galerie», Berlin
Professor Georg Swarczenski, Direktor des «Staedel-Instituts», Frankfurt
und viele weitere Museumsleiter

RECHTSANWÄLTE

Allein in Berlin wurden über 1200 Rechtsanwälte als Juden oder «Marxisten» nicht mehr zur Ausübung ihres Berufes zugelassen.

DICHTER UND SCHRIFTSTELLER

deren Werke verboten wurden und die zum grossen Teil Deutschland verlassen haben:

Thomas Mann, Heinrich Mann, Ernst Toller, Stefan Zweig, Arnold Zweig, Jakob Wassermann, Lion Feuchtwanger, Kurt Tucholski, Emil Ludwig, Alfons Goldschmidt, Gustav Regler, Otto Katz, Theodor Wolff, Alfred Kerr, Bert Brecht, Carl von Ossietzky (verhaftet), Hellmuth von Gerlach, Otto Lehmann-Russbüldt (verhaftet), Dr. Friedrich Wolff, Anna Seghers (Kleistpreisträgerin), Dr. Martin Buber, Dr. Jürgen Kuczinski, Erich Maria Remarque, Josef Roth, Hans Marchwitza, Alfred Döblin, Werner Hegemann, Bruno von Salomon, Dr. Ernst Bloch, Walther Mehring, Arthur Holitscher, Prof. E. Gumbel, Prof. Grossmann, S. Krakauer, Hermann Wendel, K. A. Wittfogel (verhaftet), Botho Laserstein, Egon Erwin Kisch (ausgewiesen), F. C. Weiskopf, Johannes R. Becher, Bruno Frei, Paul Friedländer, Heinz Pol, Otto Heller, Erich Weinert, Ludwig Renn (verhaftet), Dr. Hermann Dunker (verhaftet), Bernhard Kellermann, Leonhard Frank, Franz Werfel, Ludwig Fulda, Vicki Baum, Adrienne Thomas, Ferdinand Bruckner-Tagger, Carl Sternheim, Georg Kaiser, Carl Zuckmayer, Georg Bernhard, Heinrich Simon (Frankfurter Zeitung), Erich Baron (im Gefängnis gestorben), Walter Schönstedt und viele andere Dichter, Schriftsteller und Journalisten.

ÄRZTE

Dr. Magnus Hirschfeld, Prof. Scheller, Bakteriologie, Breslau (verübte Selbstmord nach seiner Entlassung aus der Schutzhaft), Dr. Felix Boenheim (verhaftet), Dr. Hodann, Stadtrat u. Schriftsteller (verhaftet), Dr. Fritz Weiss, Dr. Schmincke, Stadtarzt, Dr. Fraenkel, Dr. Elisabeth Aschenheim, Dr. Karl Bamberg, Dr. Georg Benjamin, Dr. Borinski, Hauptgesundheitsamt Berlin, Dr. Cohn, Stadtärztin, Dr. Cohn, Hauptgesundheitsamt Berlin, Dr. Gustav Emanuel, Dr. Kurt Friedmann, Dr. Alfred Gottheimer, Dr. Rosa Holde, Dr. Levi, Chefarzt der Allgemeinen Ortskrankenkasse, Braunschweig (verhaftet), Dr. Max Levi, Dr. Julius Lewin, Dr. Ruth Lubliner, Dr. Erwin Markussen, Dr. Seligmann, Hauptgesundheitsamt Berlin, Dr. Josef Stueinas (geborener Litauer), Direktor eines Krankenhauses in Berlin-Lichtenberg (wurde ausgewiesen), Dr. Wohlgemut, Vorstandsmitglied des Vereins der Krankenkassenärzte Hamburgs, (verhaftet), Dr. Asch, Berlin (ermordet, Dr. Dienemann, Krankenhaus Wittenau, Dr. Goetz, Oberarzt der Heilanstalt Wuhlgarten

und über tausend andere jüdische Aerzte, die ihrer beruflichen Tätigkeit nicht mehr nachgehen dürfen, von denen viele verhaftet und eine Reihe ermordet sind.

Misshandlungen und Folterungen

Die Nationalsozialistische Deutsche Arbeiterpartei, seit Jahren ausgehalten von den Industrie- und Agrar-Cäsaren Deutschlands, hat gemäss ihrer Rolle aus der Geschichte gelernt. Sie hat nichts Neues erfunden; sie studierte die früheren Epochen des Untergangs, weil sie wusste, dass sie einer untergehenden Welt die letzten Dienste zu erweisen hatte.

Sie hat sich von Nero unterweisen lassen in der Brandstiftung, vom Mittelalter in der Verleumdung und Verfolgung der Juden, vom Bauerntöter Luther, vom Sozialistenmörder Mussolini im blutigen Terror gegen die Ausgebeuteten. Die Partei der Nationalsozialisten hat in ihren amtlichen Dokumenten seit Jahren eine Bartholomäusnacht angekündigt; der offizielle Titel war «die Nacht der langen Messer». Diese Nacht brach herein mit dem Abend des Reichstagsbrandes. Sie ist bis heute noch nicht beendet. Zu stark ist der Widerstand der revolutionären Arbeiter und Bauern; zu viele Millionen sind schon geschart um die Banner der Freiheit. Die Nationalsozialistische Deutsche Arbeiterpartei musste aus der Bartholomäusnacht ein Bartholomäusjahr machen, ein Jahr der Stahlruten, über dessen erstes Viertel wir hier Bericht erstatten.

Die Freunde des Hitler-Regimes wiederholen gern die Erklärung der Regierung, in Deutschland herrsche Ruhe und Ordnung. Dementis wollen das Ausland beruhigen, Feste und Paraden die Aufmerksamkeit von den wirklichen Geschehnissen ablenken. Warum können viele die wahren Vorgänge in Deutschland nicht sehen?

Die wenigen ausländischen Touristen, die noch Lust haben, das tyrannisierte Deutschland zu besuchen, werden weder in eine SA-Kaserne, noch in die Konzentrationslager geführt. Nächtliche Folterungen, Erschiessungen « auf der Flucht », heimtückisch organisierte Morde — der ausländische Besucher könnte nur zufällig ihr Augenzeuge werden.

Der ausländische Journalist aber — steht nicht jedes seiner Telephongespräche, jedes seiner Telegramme unter strengster Zensur! Wird nicht jeder seiner Schritte überwacht! Bedroht ihn nicht täglich die Ausweisung!

Wenn aber die Schreie der Gefolterten aus den SA-Kellern zu laut und grässlich in die Ohren der Anwohner dringen, wenn plötzlich die Frau eines Verfolgten mit alttestamentarischer Wut ihren Jammer über die Strassen schreit, wenn die Greuel der Nazis zufällig vor Hunderten sichtbar werden, dann wird man in diesem Deutschland schnell dem Einwand begegnen: « Das ist ein Ausnahmefall ». Das offizielle und von einer Massenversammlung jubelnd bestätigte Wort des Ministers Goering aber heisst: « Wo Holz gehobelt wird, gibt es Späne » (Essen, am 10. März 1933).

Zu diesem drastischen Ministerwort müssen wir sagen: dass « Späne fallen », ist seit langem organisiert; *die mittelalterlichen Methoden,* wie sie von den Nazis jetzt praktiziert werden, sind seit Jahren von der Naziführung propagiert und ausgearbeitet.

Die Naziführer haben mittelalterliche Pogrome gebracht und die Lynchjustiz, die lettres cachet mit ihren willkürlichen Verhaftungen (Schutzhaft) und die Scheiterhaufen, das Spiessrutenlaufen und die Folter ersten, zweiten und dritten Grades. Soweit es propagandistisch wirksam war, wurden die mittelalterlichen Methoden in aller Oeffentlichkeit angewendet. Die Folter aber blieb geheim. Man wagte sie nur im Dunkel der Nacht. Bis zum heutigen Tag wissen Millionen Deutsche nichts davon. Unser Buch öffnet ihnen die Augen.

Der nächtliche Terror

Seit dem 27. Februar dieses Jahres wütet der geheime Terror. Man « rechnet ab ». Systemathisch wird verhaftet, mit Ueberlegung wird gepeinigt. Und den etwaigen Bedenken über ganz unberechtigte Torturen kommt wiederum der Minister entgegen, indem er angibt, wie weit man gehen kann:

> «Solange ich noch keine Kommunisten mit abgeschnittenen Ohren und Nasen herumlaufen sehe, ist kein Grund sich aufzuregen.»

Soweit also kann man gehen! Man ist auch nicht verpflichtet, sich die Opfer genau anzusehen und die Denunziationen allzu genau zu überprüfen; die SA, die von ihrem Polizeichef so unzweideutig angewiesen wird, hält es bei den Verhaftungen mit dem Wort des französischen Kardinals, der in ähnlicher Zeit (in der zum Vorbild gewordenen Bartholomäusnacht) den Fragern erklärte: « Tötet sie alle, Gott wird sich seine Christen schon heraussuchen».

Alle Tage erscheinen vor uns Opfer dieser nächtlichen Folter und zeigen ihre immer noch nicht geheilten Wunden. Sie berichten von den Qualen, die sie erlitten, mit dem eigentümlichen Zittern von Misshandelten, denen man nicht nur die Körper blutig schlug, deren Seelen man auch den unauslöschlichen Hass gegen die Peiniger einbrannte.

Wir veröffentlichen hier Protokolle und Berichte, die wir mit aller Sorgfalt und Gründlichkeit geprüft haben, die unsere Sache verlangt.

Die Folterkammern

Es liegt uns ein Bericht vor, der offen von einem *Prügeltarif* der SA Kenntnis gibt: « Einfache Zugehörigkeit zur SPD wird mit dreissig Gummiknüppelhieben auf den entblössten Körper bestraft. Die kommunistische Parteimitgliedschaft ist allgemein mit 40 Hieben zu ahnden. Strafverstärkend hat zu wirken, dass der Betreffende politische oder gewerkschaftliche Funktionen hatte. Die Strafen sind je nach dem Verhalten des Gefangenen abzuwandeln ».

Der Arbeiterfunktionär Bernstein aus Berlin-Niederschöneweide wird in einer SA-Kaserne auf eine Pritsche geworfen und mit fünfzig Stockhieben gezüchtigt, weil er Kommunist ist; es folgen dann weitere fünfzig Stockhiebe, weil er «auch noch Jude» ist.

Es gibt also mehrere Grade der Folter. Die Protokolle bestätigen es. Folgen wir den Gefangenen auf ihrem Leidensweg:

Die Folter beginnt mit dem Augenblick, wo die Opfer aus der Wohnung « abgeholt » werden. Revolver werden den Oeffnenden vorgehalten; die Familienmitglieder werden bedroht, man zerschlägt Möbel, Bibliotheken werden zertreten oder auf die Strasse geworfen. Schriftstellern vernichtet man vor ihren Augen Manuskripte, die Frucht vieler Monate Arbeit. Arbeitern beschlagnahmt man das letzte Lohngeld. Die Familie steht dabei. Die Kinder sehen fassungslos, dass der Vater von unbekannten jungen Leuten ins Gesicht geschlagen wird, dass er wehrlos ist, und schon steht riesengross vor allen die Sorge, wie alles enden wird. Die Frau sieht die rohen Gesichter der verhaftenden Burschen. Sie beginnt zu ahnen, was bevorsteht. Sie will mehr wissen. Sie fragt, wohin man ihren Mann bringe. Sie hört nur höhnische Antworten, und dann stösst man den Gefangenen aus der Wohnung und treibt ihn die Treppe hinunter auf die Strasse in das bereitstehende Auto. (Allen Dementis, solche Aktionen seien spontan gewesen, ist immer wieder zu entgegnen, dass in unseren sämtlichen Berichten dieses Auto figuriert; seit Monaten hatten alle Stürme der SA auf Anordnung der höchsten Führung ein Kraftfahrzeug zur Verfügung; die Listen für die Verhafteten waren verteilt; man hatte ein grosses Arbeitspensum. Es galt sich eilen.)

Da man sich so legal gab wie möglich, fürchtete man die öffentliche Kritik der Abenteuer und verlegte sie in die Zeit, da der Bürger schlief. Erwachten Hausbewohner, so suchte man

Georg Dimitroff

Hervorragender Theoretiker und Vorkämpfer
der bulgarischen Arbeiterbewegung, lebte seit 1923
vertrieben von der Zankoff-Regierung in der Emigration.

Die Hitlerregierung verhaftete ihn, um einen «Zusammenhang» zwischen dem Bombenattentat auf
die Sofioter Kathedrale und dem Reichstagsbrand
zu konstruieren.

Ernst Torgler

Vorsitzender der Kommunistischen Reichstagsfraktion.

Er wird von den Nazis beschuldigt, einer der
Reichstagsbrandstifter zu sein. Im Gefühl seiner
vollen Unschuld meldete er sich am Morgen nach
dem Reichstagsbrande beim Berliner Polizeipräsidium, um gegen diese heimtückische Beschuldigung zu protestieren. Er wurde verhaftet, und der
Oberreichsanwalt hat gegen ihn die Anklage wegen
Brandstiftung erhoben.

die Aktion schnell als eine normal verlaufende zu tarnen. Ein Bericht meldet, dass während einer Verhaftung schon im Treppenhaus die Schläge begannen. Plötzlich hört der Verhaftete den Ruf des Sturmführers: « Achtung! Nicht schlagen! » Die Hiebe hören auf, der Gefangene sieht, dass im gegenüberliegenden Haus Leute wachgeworden sind. Die Oeffentlichkeit trat auf, die SA wurde « diszipliniert ».

Diese Vorsicht konnten sie in ihren Kellern nun aufgeben. Vom Augenblick, da der Gefangene die SA-Kaserne betritt, ist er so vogelfrei, wie die Führung ihn seit Jahren der SA versprochen hat. Noch hat er nicht ganz erfasst, wie rechtlos er geworden ist, als ihn schon Knüppel die Treppen dès Folterhauses hinaufjagen. Es ist immer schimpflich für einen Kämpfer, vor einer Gefahr weglaufen zu müssen. Ganz wehrlos aber seinen Feinden verfallen zu sein, von einem Gummiknüppel gegen den anderen getrieben zu werden und zu wissen, dass jede Abwehr den sofortigen Tod bringt, das gibt tiefere Verletzungen.

Jede Minute in den Häusern der Folter reisst weitere Wunden auf. Denn man merkt mit jedem Schritt, dass keiner da ist, der auch nur das geringste Gefühl für die Hilflosigkeit seines Opfers hat. Wer immer auf den Treppen und Korridoren dem Gefangenen begegnet, schlägt oder tritt ihn. Feiglinge sind zu Mördern geworden; sie kennen keine Ritterlichkeit. Tag um Tag stehen sie vor den Zimmern, in denen man den ersten Grad der Folter anwendet, und erwarten die Transporte. Die Gefangenen müssen durch ihr Spalier laufen, Peitschen pfeifen, Stiefel stossen in das Gesäss, Gummiknüppel klatschen dumpf auf den Schädel.

Dann öffnet sich die Tür zum Sturm- oder Staffelführer, das « Verhör » beginnt.

Vor dem Femegericht

Hinter einem Tisch sitzt der Femerichter; drei Sterne an den Aufschlägen der SA-Uniform haben ihm die richterliche Gewalt über alle Verhafteten gegeben. In der Tischplatte stecken blanke Dolche und Seitengewehre; oft zittern rechts und links die Flammen von Kerzen. Der Gefangene wird an den Tisch gestossen. Dicht an ihn treten die SA-Leute. Er spürt sie neben sich, sie begleiten seine Antworten mit Schlägen. Beteuert er seine Unschuld, so treten sie ihn in den Rücken. Jede Verteidigung wird sinnlos, es handelt sich nicht um Wahrheit. Das Gericht ist nur Farce, Vorwand zu neuen Martern.

Plötzlich erfährt der Gefangene, woher die Denunziation kam, die ihn hierherbrachte; er glaubt, die Anklagen entkräften zu können, leidenschaftlich legt er den Tatbestand dar, aber schon sausen Gummiknüppel auf ihn: « Du hast nur zu reden, wenn du gefragt wirst! » Man will Adressen wissen. Man braucht neue Opfer. Man glaubt, politische Erfolge zu erzielen, wenn man überall verbreiten kann, wie sich die Führer der Arbeiterbewegung gegenseitig verraten haben. Aber man begegnet der Treue. Die Kameraden verraten nichts. Und wieder setzen in sadistischer Wut neue Prügeleien ein.

Es ist ein Ehrenblatt in der Geschichte der deutschen Arbeiterbewegung, dass Tausende von Arbeitern auch unter den Knüppeln der SA nicht wankend geworden sind. Alle Brutalität hat nichts genützt; die Kameraden sind lieber zusammengebrochen, als dass sie den Henkern neue Opfer ausgeliefert hätten. Die Femegerichte von 1933 konnten die Leiber der Revolutionäre treffen, sie für Lebenszeit zu Krüppeln machen. Dennoch waren sie machtlos vor dem Mut der Revolutionäre. Sie konnten einen Menschen martern, ihn mit systematischer Grausamkeit zum Zusammenbrechen bringen, sie konnten Dutzende von Gefangenen in den Selbstmord treiben. Aber ihr riesiger Apparat hat kaum eine Handvoll von Verratsfällen zu erzwingen vermocht. Diese Standhaftigkeit ist am besten bewiesen durch die weitere Massnahme der SA: sie hat einen zweiten Grad der Folter erfinden müssen.

Der Prügelkeller

Vom Verhör bringt man die Gefangenen in die Keller. Schon taumeln die Unglücklichen. Unheimlich ist das Erlebnis, völlig allein zu sein unter lauter Mördern. Unheimlich ist für alle das Wissen, dass dieses Folterhaus in einer modernen Grossstadt steht, dass Millionen Menschen in Ruhe in ihren Betten liegen, unbekümmert um die Schandtaten, die *im Auftrag einer Reichsregierung Nacht für Nacht begangen werden.* Aus den Gräbern scheint der Profoss des friderizianischen Heeres wieder aufgestanden zu sein. Die Gefangenen sehen im Halbdunkel des Kellers die seit Wochen bereitgehaltene Prügelpritsche stehen. Der Moder des Gewölbes riecht nach getrocknetem Blut und Angstschweiss.

Und wieder wird alles wie Spuk: es sind die Tage, da Hitler in der Garnisonkirche von Potsdam am Grabe Friedrichs seine Antrittsrede hält. Ueberall läuten die Glocken der Kirchen, Hunderttausende stehen auf den Strassen. Die Begeisterung kocht, man spricht vom Aufbruch der Nation, von ihrer Wiedergeburt. Der Gefangene hat die Phrasen noch gehört, und er erlebt jetzt vor dieser Pritsche, wie ungeheuerlich diese Lüge ist.

Symbolisch wird der Staatsakt in Potsdam: dort redet vor Generalen und den Nachkommen der Hohenzollern der « Führer » an der Gruft des Fürsten mit dem Krückstock — hier prügelt und foltert die SA-Garde wehrlose Arbeiter im schallsicheren Verliess der Keller. Und es besteht nur der eine symbolische Unterschied: dass nun, im Jahre 1933, die deutsche Stahlindustrie die Werkzeuge für ihre eigenen Büttel geliefert hat. Der Gefangene wird auf die Pritsche geworfen, Stahlruten hämmern auf seinen Rücken.

In letzter Empörung, brennend am ganzen Körper, bäumt sich der Gefangene auf. Man drückt seinen Kopf in schmutzige Tücher, er beisst hinein in die Lumpen. Wie eine Linderung fühlt er Blut aus den Wunden in seine Kleider laufen, aber die neuen Streiche zerfetzen schon das rohe Fleisch.

Die Büttel schlagen zu viert, kaum ist Platz genug auf dem zuckenden Körper für die zahlreichen Hiebe. Dann ermüden sie. Das Wimmern des Geschlagenen scheint Musik in ihren Ohren. Sie betrachten ihn lachend und verhöhnen ihn. Dann jagen sie ihn in den Nebenkeller, wo er endlich nicht mehr allein ist. In den Ecken kauern Genossen seines Leids; auf Stroh und Kartoffelsäcken wälzen sich Schwerverwundete. Einige sind am Ende ihrer Kraft und weinen. Der Wahnsinn zieht durch das Gewölbe. Nebenan hört man die Schreie des nächsten Opfers.

Die wahren Untermenschen

Die Schergen lassen sich Zeit mit ihm. Müde wie sie sind, erquicken sie sich eine Weile an den seelischen Foltern. Das Entwürdigendste denken sie sich aus: der neue Gefangene muss sich selbst entkleiden.

Der Sadismus verkommener Lehrer wird hier neu abgewandelt. Vor uns erscheint ein Familienvater, Arbeiter, Organisator einer Erwerbslosenküche und berichtet — seine Stimme wird zögernd bei der Erinnerung — wie er sich im SA-Keller niederbeugen und sein nacktes Gesäss wegstrecken muss zu wohlabgezielten Schlägen. Die SA-Leute lassen ihn eine zeitlang so stehen, weiden sich an dem Anblick, dann schlagen sie zu.

Die Gefangenen im Nebenraum können jetzt alles sehen, denn man hat es für gut befunden, die Türe zu ihrem Verschlag aufzustossen. Der neue Gefangene richtet sich unter dem ersten Schlag der Stahlrute auf, aber ein neuer Befehl duckt ihn wieder in die erniedrigende Stellung. Sein Aufrecken war « strafbar », die Prozedur wird verschärft; er muss jetzt die Schläge mit lauter Stimme mitzählen, die man ihm aufgibt. Die Zahlen werden un-

deutlich im Schrei der Schmerzen, die Schläge sind scharf, die
Haut platzt nach dem fünften Schlag, die SA-Leute haben sich
inzwischen wieder ermuntert.

Schon hat sich der zweite Grad mit dem *dritten* verbunden:
mit der seelischen Folter. Sie wird erfunden von den Staffelfüh-
rern. Was an primitivem Rachegelüst bei den unteren SA-Leuten
noch gerade Wege gehen wollte, ist durch die Führer abgebogen
in die Perversion des Sadismus. Spätere Zeit wird feststellen, wieviel hier die unnatürliche Sexualität vieler SA-Führer mitgehol-
fen hat. Die Anwesenheit des homosexuellen Grafen Helldorf,
des jetzigen Polizeipräsidenten von Potsdam, bei vielen Marte-
rungen gibt genug Verdacht zu dem Schluss, dass viele der Opfer
unglückliche Objekte für die Perversität der SA-Leitung waren.

Man fürchtete auch jetzt die Oeffentlichkeit. Ein Dokument
aus Berlin-Köpenick berichtet über die Zustände im SA-Lokal
Demuth- Köpenick:

> «An diesen Prügeleien hat sich der Sohn des Wirts besonders betei-
> ligt. Ausserdem der ständige Leiter der Aktionen, der SA-Führer
> Scharsich Herbert, Köpenick. In der ersten Zeit liess
> der Sohn der Wirtin sein Motorrad laufen, um
> die Schreie zu übertönen. Neuerdings drückt man die
> Gesichter der Opfer in Stoffe. Die Mitbewohner haben sich wieder-
> holt an die Polizei gewandt. Die Hausbewohner, die ihre Schlafzim-
> mer zum Hofe hatten, haben ihre Wohnungen umgestellt und schla-
> fen jetzt in Räumen, die zur Strasse liegen, um die Schreie nicht
> hören zu müssen. An den Fenstern zum Hof darf sich niemand sehen
> lassen. Ständig steht ein bewaffneter SA-Mann im Hof. Auch wir sind
> unseres Lebens nicht sicher, besonders da man merkt, wie wir über
> dieses Reich denken.»

Sadisten sind erfinderisch

Der halb bewusstlos geschlagene Gefangene wird von der
Pritsche hochgerissen, die Gesichter der SA-Leute werden streng,
der Sturmführer tritt vor und verkündet dem unsicher vor ihm
stehenden blutenden Opfer: « Jetzt wirst du erschossen. »

Man führt den entsetzt wieder Erwachenden an die Wand,
dreht ihn mit dem Gesicht zu den Steinen des Kellers, tiefe Stille
tritt ein, er hört hinter sich nur die Manipulationen der Henker,
leise knacken die Sicherungen der Revolver. Aber noch fallen
keine Schüsse. Der Gefangene starrt die Wand an, die Familie
fällt ihm ein, die Kameraden, soll er verraten, was er nicht weiss?
Gibt es eine Rettung? Der wunde Rücken brennt, die Kleider
scheuern über die Fetzen. Der Schmerz zerrt ihn in eine Ohnmacht, der sichere Tod in seinem Rücken reisst ihn zu grässlichem
Wachsein. Wie gelähmt steht er. Da fallen die Schüsse. Er hört

sie an seinen Ohren vorbeipfeifen, sie sind fast wie eine Erlösung, aber nun merkt er, dass sie ihn nicht trafen. Unmöglich zu denken, dass die Henker ihn nicht treffen wollen. Er steht, wie sie befohlen haben, mit gegrätschten Beinen. Nun spürt er, dass sie zwischen die Beine geschossen haben. Ein Krampf hält ihn noch schmerzhaft aufrecht, der Todesschuss kommt nicht, und plötzlich sackt er zusammen. In das Verdämmern hinein, hört er das Lachen der SA.

Man schüttle nicht ungläubig den Kopf, man zweifle nicht an dieser Unmenschlichkeit. Hunderte Berichte haben diese Tatsache übermittelt. Wir geben einen für alle:

«Ich bin Anwohner der Jüdenstrasse 50, Berlin C., wo die SA-Standarte hauste. Am 19. März wurden die willkürlichen Verhaftungen, von denen ich im letzten Bericht schrieb, fortgesetzt. Gegen 21 Uhr hörten die Anwohner, kurz nachdem wieder ein Gefangener heraufgeholt wurde, aus dem offenstehenden Fenster des Standartbüros einen Schuss. Ich liess mich nicht abhalten nachzusehen und entdeckte, dass in krummer Haltung ein Mann, augenscheinlich der Gefangene, ans Fenster gestellt war. Darauf fielen wieder Schüsse, die den Gefangenen wiederum nicht trafen, was auch sicher nicht beabsichtigt war. Doch sah man, wie er jetzt zusammenfiel und sich lachend einige SA-Männer über ihn beugten. Im Befehlston rief eine Stimme mehrmals: «Los, aufstehen! Nach Hause!» Der Gefangene schien aber diesen höhnischen Ruf nicht mehr zu hören, er war vor Schreck ohnmächtig geworden. Ist es ein Wunder, wenn man hört, dass dabei Menschen wahnsinnig werden?»

Hunderte von Gefangenen haben auch das ertragen. Man hat sie aus dem Marterzimmer weggeschleift und in das « Wartezimmer » zu den Kameraden geworfen. In den letzten Augenblicken, eh sie auf die Säcke erschöpft niederfielen, sagte man ihnen, dass die Erschiessung am nächsten Morgen stattfinde. Ihre Schmerzen machten sie gleichgültig gegen die neue Androhung. Aber wenn sie dann nach einiger Zeit aufwachten, erinnerten sie sich. Keiner hatte Grund, an der Drohung zu zweifeln. So sassen sie unter den stöhnenden Freunden und erwarteten ihren letzten Morgen. Die nationale Revolution bereitete ihnen eine « Nacht vor dem Beil ». Jede Minute wurde zur Ewigkeit und trieb doch zu rasch vorwärts dem Ende zu.

Der Dämmerschein, der gegen Morgen in das Verliess einbrach, kündigte die letzte Stunde an. Schweigend war die Wache in der Nacht dagewesen, hatte sich an den Türpfosten gelehnt und ironisch ein Lied gesungen: « Morgenrot, Morgenrot, leuchtest mir zum frühen Tod ». (Ein Bericht aus der Hedemannstrasse Berlin gibt dieses Detail.) Nun sind schon Schritte über dem Gewölbe zu hören. Aber man dehnt die Nacht noch weiter aus.

Immer wieder lesen wir in den Protokollen, dass Gefangene
nach solchen Drohungen tagelang in der schauerlichsten Ungewissheit gelassen werden. Sie hören, dass nebenan die Prügeleien
neu beginnen. Man stösst auch die Tür zu ihnen wieder auf, sie
sehen den Folterungen zu. Von Zeit zu Zeit ruft man einen von
ihnen heraus und « verhört » ihn wieder.

Die Freude am Schmutz

Das Entsetzen hat alle fast abgestumpft. Aber sie sehen immer neue Arten der Folterung. Sie wollen schon nicht mehr hin-
sehen, aber immer wieder reisst ihnen ein neuer Schreckensschrei
die Köpfe herum. Eben ist ein intellektuell aussehender neuer
Gefangener in den Pritschenkeller eingeliefert worden. Sie sehen,
wie man ihm den Kopf festhält, ihm die Zähne auseinanderreisst,
ein SA-Mann hebt eine Flasche und giesst Rizinusöl in den keu-
chenden Schlund. Der Mann würgt angeekelt, die SA lacht. Ihre
Umgangsformen scheinen vornehmer zu werden. Sie fordern den
Gefangenen auf, die Hose herunterzulassen, sie « bitten darum ».
Mit irren Augen knöpft der Gefangene die Kleider auf, löst den
Riemen, die Hose fällt. Man wirft ihn diesmal nicht auf die Pritsche, man lässt ihn eine Viertelstunde in gebückter Haltung mit
blossem Gesäss stehen. Die Gefangenen im Nebenraum erleben
aufs Neue die ganze Demütigung. Die SA macht ihre Bemerkungen. Sie wartet unverständlicherweise. Endlich aber greift sie zu
den Stahlruten. Die Streiche prasseln auf den mageren Körper des
Intellektuellen.

Er reckt sich immer wieder auf, schreit, wird niedergedrückt
und plötzlich heult er und drückt sich die Eingeweide. Die SA
schlägt weiter. Das Gesäss rötet sich und dann entleert sich in
die Hiebe hinein der Darm des hundertfach Gequälten.

Die Führung der Nazis wird diese Widerlichkeiten bestreiten. Unser Archiv wird sie Lügen strafen. Es liefert nicht nur
die Protokolle von Schriftstellern und Arbeitern, die diese Art
der Folter haben erdulden müssen. Es liefert auch den Bericht
einer vertraulichen Sitzung der Berliner SA-Leute, wo der jetzige
Minister für Volksaufklärung, Dr. Göbbels, die Aufklärung gab,
wie er als Innenminister gegen Redakteure vorgehen würde, die
etwa nicht sofort seiner Meinung wären:

> «dann müsste die SS zu der betreffenden Zeitung in die Büros gehen
> und den Redakteuren je ein Liter Rizinusöl eingeben.»

Man sieht, die SA handelt nur nach Instruktionen. So blieb sie
auch unbekümmert um jede, aber auch jede Not ihrer Opfer.

Das „Rote Kreuz" im SA-Keller

Die Gefangenen liegen nach den Prügelqualen auf dem Boden der Kellerräume ohne Hilfe, ohne Linderung, ohne jeden Trost. Das Wimmern der Schwerverwundeten, das Weinen der Zusammengebrochenen vernichtet ihren Schlaf. Die Nazi-Aerzte sind grundsätzlich nur bei den Folterungen anwesend; sie sollen nicht helfen, sondern nur feststellen, ob der Gefangene noch fähig ist, geprügelt zu werden. Es sind die wahren Folterärzte, wie sie zuletzt aus den Kammern der Inquisition bekannt sind. Man stoppt die Folter bei Todesgefahr.

Alle Berichte bestätigen, dass Medizin erst gereicht wurde, wenn ein Ableben des Opfers zu befürchten war. Injektionen wurden in letzter Minute gemacht. Der Abtransport ins Krankenhaus erfolgte, wenn der Fachmann versicherte, dass ein « Exitus » bevorstand.

Auch die Nazi-Sanitäter arbeiteten nach solchen Richtlinien, die Verbände wurden ohne Rücksicht auf Sepsis angelegt; die wahre Gesinnung dieser « Hilfsmannschaften » bewies die Rohheit, mit der Mull und Pflaster um die Wunden gewürgt wurde. Widerwillig schleppen sie Schwerverwundete zu den Toiletten. Manchmal befällt einen einzigen der Schrecken, wie man hier mit der Kreatur umgeht. In hundert Protokollen lesen wir einmal, dass ein Sanitäter einem Misshandelten, der von einer Ohnmacht in die andere fiel, einen Schluck aus seiner Schnapsflasche gewährt. Einmal geschieht das; hundertmal aber steht ein Rohling gleichgültig vor dem letzten Elend der Kreatur. Ueberall hat man das Waschwasser verweigert, oft mit höhnischer Begründung.

Betrunkene Mörder

Die Gefangenen liegen in Schmutz und Gestank. Die Schwächsten lassen Urin und Kot unter sich. Haltlos macht sie ihr Schmerz. Die Pestluft wird immer dicker. Aus der Ferne kommt gegen Abend das Gröhlen der Marterknechte. Sie feiern ihre « Revolution ». Sie trinken sich Kraft an aus gespendetem Bier. Betrunken werden sie nach dem Gelage mitten in der Nacht unter die Elenden kommen und neue « Verhöre » abhalten.

Ein Gefangener, dessen Frau tapfer in die SA-Hölle mitgegangen war, berichtet über einen Spitzel, den man ihm schickte, als er schon auf den Tod krank am Boden lag. Der Spitzel sollte ihn zu Geständnissen treiben. Der Gefangene hat den Erpressungen tapfer widerstanden. Der SA-Spitzel hat Alkohol genommen, um seine schwere Aufgabe leichter zu erledigen.

«Er beugte sich über mich, er roch stark nach Alkohol: Glaubst Du denn, du Schuft, dass die Grösse Deutschlands an Dir scheitern soll, du Stinkrest. Bald werfen wir Dich über den Haufen.» Er zog den Revolver. Ich lag stumm und regungslos. «Oder ist Ihnen ihr Leben nicht lieb und wollen sie Ihre Frau weiteren Qualen aussetzen?» Er redete und veränderte plötzlich den Ton: «Und leben ist doch so schön. Ich habe die Slaven gern, ein liebes nettes Volk. Ich bin in der Ukraine gewesen. Sagen sie endlich, dass sie ein Tscheka-Spion sind! Ich kenne auch viele Bulgaren. Sie haben nur zu antworten, nicht mir, sondern den andern, die ihnen die Fragen stellen werden.»

Der Spitzel wird dann völlig umgeworfen von seinem Rausch, seine Rede wird irr. Er beginnt zu fluchen, tritt den schwerverletzten Gefangenen und schreit:

«Das sagt ihnen kein Geringerer als der Beauftragte der Regierung, der Kommissar für Heereswesen.»
(Entnommen dem Protokoll des bulgarischen Arztes Angeluschew, das Protokoll ist notariell deponiert am 15. Mai 1933 in Paris.)

Manchmal stiftet auch ein Opfer den Schnaps. Wir geben hier den Bericht wieder, der aus der Hedemannstrasse von einem inzwischen ins Ausland geflüchteten Kameraden gegeben wurde:

Der Gefangene hört am Abend, dass ein jüdischer Gefangener, der noch Geld bei sich hatte, versuchte, sein Schicksal zu lindern durch eine Alkoholspende. Er wird dann auch zu dem Gelage zugezogen; vielleicht glaubte er schon, glücklich das Schlimmste abgewendet zu haben. Die Gefangenen hören nun die ganze Nacht den Lärm der Zechenden. In der Frühe tritt ein SA-Mann in den Keller, um den Wachthabenden abzulösen; er ist noch berauscht, schwankt und erzählt mit lallender Stimme: «Mensch, haben wir aber gekippt. Wir waren so im Tran, dass wir den Wolfsohn schliesslich über den Haufen geknallt haben. Er hat dran glauben müssen, das feige Schwein.»

In diesem Augenblick ist nicht nachzuprüfen, ob dieser Mord wirklich geschah. Aufs neue wird den schwerverletzten Gefangenen in all ihren Schmerzen klar, dass sie von ihren betrunkenen Kerkerwärtern *jede* Gewalttat erwarten dürfen und *jede* Art der Tortur. Zur brutalen Misshandlung gesellt sich, abgewandelt nur durch den Ton des Sturmführers, die zynische Verhöhnung!

Die seelische Folter

Ein letzter Trost blieb bis hierhin auch den Schwergetroffenen: man hat sie allein «abgeholt», nur für die wenigen Minuten der Verhaftung war ihre Familie bedroht. Langsam aber schwindet nun auch diese Gewissheit; man muss einsehen, dass vor dieser SA. auch die Verwandten nicht sicher sein werden. Die Gefangenen fragen.

Sie wollen nur irgend etwas von ihrer Familie hören. Sie wissen, dass seit dem Tag der Verhaftung kein Brot im Hause sein kann. Das letzte Lohngeld verfiel der SA bei der Verhaftung. Sie sehen ihre Kinder weinend vor der verzweifelnden Mutter stehen. Sie fürchten, dass die Wohlfahrt ihren Frauen die Unterstützung verweigern wird. (Eine hundertfach bestätigte Tatsache.) Sie wiederholen ihre Frage an die Wachmannschaften. « Eure Frauen », antwortet man den Männern, die in der erbärmlichsten Lage noch an den liebsten Mitmenschen zu denken vermögen, « Eure Weiber haben wir gut versorgt; in neun Monaten könnt ihr bei euch daheim stramme Hitlerjungens vorfinden ». Die « Ehrengarde » Hitlers rühmt sich, dass sie Frauen vergewaltigt hat. Der Bericht stammt aus der SA-Kaserne der General Papestrasse Berlin. Es ist dabei vollständig gleichgültig für unsere Betrachtung, ob dieser SA-Mann die Wahrheit sagte oder ob er die Gefangenen nur bis zur Verzweiflung reizen wollte.

Sie singen die „Internationale"

Die revolutionären Arbeiter haben sich von den Folterknechten nicht provozieren lassen. Ungebrochen standen sie vor ihnen. Die Vielfalt in der Erfindung immer neuer Folterarten beweist es. Die braunen Truppen haben hundert neue Qualen ausdenken müssen, um die Haltung der Gefangenen zu brechen. Sie konnten die Körper zerschlagen, sie konnten die Wehrlosen zu Demütigungen zwingen, ihre Nerven in wochenlanger Tortur zerreissen, aber immer wieder stand ein neuer Mensch vor ihnen und zwang sie zu Steigerungen ihrer Folter. Wenn sie es als Siege feierten, dass Kommunisten das « Vaterunser » beteten, dass Juden sich selbst als « Schweine » bezeichneten, so stellen wir hier fest, dass Schläge mit elektrischen Kabeln die Opfer dazu zwingen mussten. Stahlruten und Lederkoppel mussten geschwungen werden, damit Schwerverwundete « Heil Hitler! » riefen. Brennende Zigaretten musste man an nackte Fussohlen halten, um aus schmerzverzerrten Mündern das Horst-Wessel-Lied zu hören.

Schweigend aber stehen die Arbeiter vor ihren Peinigern, als diese verlangen, die « Internationale » zu singen. (Ein Bericht aus Essen meldet diese heroische Episode.) Die Arbeiter denken an hundert Versammlungen, wo sie es mit ihren Kindern sangen, das Lied der Freiheit, das weltumspannende, die Hymne des ersten Arbeiterstaates der Welt, ihr heiliges Lied. Von Zehntausenden umgeben, haben sie es noch im Januar 1933 gesungen, Genossen neben Genossen. Sie werden sterben, aber sie singen es nicht vor diesen Henkern. Man schlägt sie mit Gummiknüppeln, immer neue Mannschaften stürzen sich in den Raum, vereint schlagen sie auf die Männer, denen aus Schläfe und Mund schon das Blut spritzt.

Fiebrig sind ihre Augen, sie halten sich noch an den Händen, aber sie singen noch nicht. Die Hiebe hageln, die Männer taumeln, und jetzt stürzen sie gleichzeitig zu Boden. Hohnlachend lassen die Peiniger von ihnen ab und treten zurück an die Wand.

Aber nur eine Minute ist Stille. Plötzlich steigt leise, von zitternden Stimmen getragen, aus dem Knäuel der Gefangenen der Gesang auf. Nun da die anderen ihren billigen brutalen Sieg glauben erfochten zu haben, singen die Männer. Am Boden liegend, zerschlagen und blutend, aber nicht gebrochen, singen sie, was keine Gewalt der Erde niederknüppeln kann: « *Wacht auf, Verdammte dieser Erde!* » Die SA-Leute stehen einen Augenblick starr, dann springen sie heran und schlagen auf den singenden Haufen, bis er stumm wird und lindernde Ohnmacht über alle kommt. Aber das Lied steht im Raum, füllt ihn aus, durchdringt die Mauer der Folterkammer, ist lauter als das Pfeifen der Stahlruten.

Der Terror der Verleumdungen

Die Nationalsozialisten konnten auch die Folter nur anwenden, nachdem sie eine Atmosphäre von Verdächtigungen geschaffen hatten, die an das Recht der Folter glauben liess. Das Mittelalter profitierte vom Hexenglauben, von den primitiven Vorstellungen verdummter Kirchengänger, die in jedem Wissenschaftler den Teufels-Banner sahen, in jedem Apotheker den nächtlichen Beschwörer unterirdischer Geister.

1. « *Novemberverbrecher* ».

Die nationalsozialistische Führung hat wider besseres Wissen seit Jahren behauptet, dass der Ausgang des Krieges das Werk einiger Verbrecher, der « Novemberverbrecher », gewesen sei. Sie hat diese Lüge immer wiederholt, sodass bei den Millionen der Enttäuschten die Ueberzeugung entstand, vom November 1918 an datiere tatsächlich der Ruin Deutschlands.

Der Minister Göring betont bis heute, dass der schmachvollste Augenblick seines Lebens der November 1918 war, als den Offizieren des Kaisers die Achselstücke abgerissen wurden. Der Reichskanzler Hitler hat ein einziges Mal in seinem Leben geweint, und auch er weinte — um Achselstücke. Er verzieh es den Matrosen von 1918 nicht, dass sie die Offiziere angriffen, deren Gefreiter gewesen zu sein, der Reichskanzler sich bis heute rühmt.

So hat die gesamte Propaganda immer nur diesen einen Tenor: die Novemberverbrecher sind schuld. Hitler gibt zu, dass er bei seiner Propaganda auf die Leichtgläubigkeit der unpolitischen Massen spekuliert. Er hält die Aufnahmefähigkeit der Masse für beschränkt, ihr Verständnis klein, dafür jedoch ihre Vergesslichkeit gross. Man kann auf diese Propaganda die Worte Hitlers anwenden, die er der Entente im Weltkrieg widmet; auch Hitlers Propaganda war: « im Anfang scheinbar verrückt in der Frechheit ihrer Behauptungen, wurde später unangenehm und ward endlich geglaubt» («Mein Kampf», Seite 203). Das Resultat aber sehen wir im Bilderteil dieses Buches. Die SA fährt mit Schubkarren vor die Wohnungen der Novemberverbrecher und führt die Männer durch das Spalier der höhnenden Meute, die man schnell zusammengetrommelt hat.

Selbst die Ruhe der Toten wird von der Rachsucht der SA. nicht verschont. Man zerstört die Gräber der Matrosenmeuterer Reichpietsch und Köbes, zerschlägt die Denksteine auf ihren Ruhestätten: Novemberverbrecher verdienen kein Grab.

2. Sowjet-Russland.

Die Verleumdung hat weder an den Grenzen des Todes halt gemacht, noch an den Grenzen Deutschlands. Hitler sagt über Sowjet-Russland und seine Staatsmänner:

> «Man vergesse doch nie, dass die Agenten des heutigen Russland blutbefleckte gemeine Verbrecher sind, dass es sich hier um den Abschaum der Menschheit handelt.»
>
> («Mein Kampf», Seite 750.)

Kaum ist Hitler zur Macht gekommen, so werden auch schon die ersten Ueberfälle auf Sowjetbürger verübt.

Der Sowjetbürger Schajag, Berlin, Greifwalderstr. 12, wird in seiner Werkstatt verprügelt. Als er sich beschwert, wird er in eine SA-Kaserne verschleppt. Dort wird er blutig geschlagen und auf die Strasse geworfen.

In die Hamburger Handelsvertretung der Sowjetunion bricht SA ein, plündert und demoliert.

Die Gesellschaft der Freunde des Neuen Russland, welcher Graf Arco, Kardorff und viele führende Persönlichkeiten des Bürgertums angehörten, wird aufgelöst. Ihr Sekretär Erich Baron wird ins Gefängnis geworfen und in den Selbstmord getrieben.

Alle deutschen Sender bringen seit dem 10. März ein Hörspiel « Horst Wessel », in dem Hitlers Lügen über die USSR wiederholt werden: in Russland seien seit 1917 zwei Millionen Menschen ermordet worden. Die Sowjets seien die Repräsentanten der Lüge, des Betrugs, des Diebstahls, der Plünderung, des Rauhes. Kein Wort darüber, dass das internationale Oel-Kapital jene furchtbaren Interventionskriege heraufbeschworen hat, dass die Opfer voll und ganz den Interventionsgenerälen zur Last zu schreiben sind. Kein Wort über den heroischen Kampf der russischen Arbeiter und Bauern zur Verteidigung ihrer endlich errungenen Freiheit. Kein Wort über die furchtbaren Greuel der weissrussischen Heerführer in den eroberten Dörfern und Städten. Die Verleumdungen aber geben den Nazis die Handhabe zur grossangelegten Kommunistenhatz, zur Verfolgung der deutschen Arbeiter und Intellektuellen.

3. Der « Erbfeind ».

Die nationalsozialistische Führung lenkt von den eigenen Schandtaten auch durch Verleumdung des westlichen Nachbars ab. Sie erzielt schon die ersten Resultate. Man überfällt im Dritten Reich Franzosen mitten im Frieden. Frankreich bleibt für Hitler der Erbfeind. Die « bastardisierte Nation », die Deutschlands Untergang wünschen muss. Der Hass gegen Frankreich wird genährt, die Jugend wird mit Revanchegedanken gefüttert.

Die Folge zeigt der Brief der Frau eines französischen Arbeiters, der in Düsseldorf Arbeit gefunden hatte und Ende März von SA überfallen wurde. Die Frau wandte sich hilfesuchend an ihren Konsul:

«Hiermit möchte ich, Frau Fritz Blanck, Solingen Wald, Hauptstrasse 265a, mich mit einer sehr ernsten Angelegenheit an Sie wenden. Mein Mann ist am Freitag, den 31. März von SA-Mitgliedern der NSDAP um 2 Uhr nachmittags aus unserm Garten verhaftet worden. Er wurde zur SA-Kaserne gebracht. Hier ist er bestialisch und viehisch, menschlich kaum noch auszudenken, ohne sich überhaupt einer Schuld bewusst zu sein, misshandelt worden. Die Brille wurde ihm im Gesicht in unzählige Stücke zerschlagen. Mit 6 Mann haben sie ihn auf den Boden gestaucht. Einer hat ihm einen sehr gefährlichen Tritt vor den Unterleib gegeben. Ein anderer hielt ihm einen Revolver vor die Brust mit den Worten: «W e h r D i c h , D u F r a n z o s e n h u n d !» Dann bekam er einen schweren Schlag mit einem harten Gegenstand von hinten auf den Kopf und war bewusstlos. Er weiss nur noch, dass sie ihm Wasser ins Gesicht geschüttet haben mit höhnischen Bemerkungen. In einer grossen Blutlache haben sie ihn längere Zeit liegen lassen, wo er hätte verbluten können. Dann wurde ein Nazi-Arzt aus Solingen geholt, der befahl ihn ins Krankenhaus.
Bei der Einlieferung gaben die Burschen an, sie hätten ihn gefunden. Die Kleider sahen aus, als wenn er im Schlachthaus gewesen wäre. Dieselben liegen in unserer Wohnung zur Einsicht.
Wie mein Mann aussieht, kann ich nicht alles schreiben. Im Kran-

kenhaus hatten sie die erste Nacht gedacht, dass er gestorben wäre. Ich wurde abends telefonisch dorthin gerufen. Wir haben 2 Kinder, eins von 6 Jahren und eins von 7 Wochen. Bei einer derartigen Aufregung ist bei mir die Milch vergangen...»

Heute ist es ein französischer Arbeiter in Düsseldorf, ein Sowjetbürger in Berlin, ein tschechischer Schriftsteller, die unter den Schlägen der SA zusammenbrechen, morgen aber?

4. Greuelmärchen.

Der Terror der Verleumdung geht nicht nur vom « Führer » aus. Tausende von Agitatoren haben Hitler seit Jahren zu überbieten versucht in Erfindungen von Greuelmärchen. Die Saat wurde aus vollen Händen gestreut. Jetzt in den Frühlingstagen erfahren wir erst, welch ein Unmass von Lüge ausgeschüttet worden ist. Nichts ist so dumm, als dass es in Zeiten der Not nicht seinen Gläubigen fände. Ein Protokoll berichtet:

«Ein Arzt wird in einer Kaserne der SA blutig geschlagen und liegt schwer verwundet auf dem Strohlager. Ein ins Zimmer eintretender SA-Mann verlangt, dass er aufsteht, wird aber von einem anderen aufmerksam gemacht, wie es um den Arzt stehe. Diese Erklärung bringt den SA-Mann in höchste Aufregung; er beginnt zu schreien, und man entdeckt, dass er von seinem Gauführer folgende Schauermäre gehört hat: alle Aerzte, die Juden sind, rächen sich, seit Jahren an jedem deutschen Mädchen, das ihnen ins Krankenhaus geliefert wird, indem sie ihnen heimlich die Eierstöcke herausschneiden, damit nur das «Judenpack» sich vermehre und die Herrschaft über Deutschland bekommt.
Der SA-Mann gibt dem verwundeten Gefangenen einen Tritt in den Bauch.»

Auch dieser SA-Mann hat direkt bei Hitler gelernt:

«So wie er (der Jude) selber planmässig Frauen und Mädchen verdirbt, so schreckt er auch nicht davor zurück, selbst in grösserem Umfange die Blutschranken für andere einzureissen.»

(«Mein Kampf», Seite 237.)

Der Terror auf dem Lande

Hitler hat im besonderen Mass von der Enge profitiert, die alle Provinzstädte umgibt. Die Vorurteile des Ständischen, die reaktionären Moralbegriffe des kleinen Bürgers sind gerade in der deutschen Provinz erhalten geblieben. Mit der Enge aber auch die Unerbittlichkeit der Spiessergesetze, der Wille, jeden Aussenseiter zu verfolgen, jeden Fortschritt anzuzweifeln und zu diffamieren. Viele Stimmen sind Hitler daher auch aus der Provinz zugeflossen. Der Stammtisch, von dem Hitler ausging, ist in den Tagen des Terrors der Beratungsort geblieben für die provinziellen Generalstäbler der Dörfer und Flecken. Meistens liegt die Führung beim Gutsbesitzer oder bei ehemaligen Offizieren. Den Kleinbauern wird die schwere Agrarkrise als Folge der marxistischen Politik dargestellt.

Der Antisemitismus diente dazu, die Erregung des notleidenden Kleinhandels fürs erste abzulenken. Der jüdische Krämer wurde in den Konkurs getrieben. Der jüdische Viehhändler wurde dem armen Bauern als einer der Hauptschuldigen an seinem Elend hingestellt. Viele wurden in den Tagen der nationalen Erhebung misshandelt und erschlagen.

Man ging zu Erpressungen über. Der Gifthauch der Denunziation strich über die Dächer der Höfe und Häuser. Sozialdemokratische Gemeindevorsteher (in Oberhessen) wurden gelyncht. Jede Bestialität gegen Kommunisten wird gebilligt.

Seit der Machtergreifung Hitlers erschienen regelmässig in den Dörfern die Autos der braunen Rollkommandos, die den Stützpunktführer des Ortes in seinen Aktionen unterstützen. Anzeigen führen zu Haussuchungen. Anschuldigungen zu Verhaftungen. Denunzianten werden zu Helfershelfern. Auf den Landstrassen werden Autos von der SA angehalten; zu Wucherpreisen werden Hitlerbilder verkauft, die sofort an die Scheiben geklebt werden müssen. Die SA zieht von Hof zu Hof mit Sammellisten, deren Autorität niemand anzuzweifeln wagt. Weigerungen, Geld zu geben, haben so sicher Sanktionen zur Folge, dass niemand diese Erpressungen zurückweist.

Die Blutschuld der Naziführer

Wie sehr die nationalsozialistischen Führer verantwortlich sind, nicht nur für die mittelalterlichen Methoden ihrer Spezialtruppen, sondern auch für die Mordstimmung ihrer Anhänger, verraten die Aussprüche der Führer vor und nach der Machtergreifung.

Der jetzige Reichsinnenminister Dr. Frick erklärte:

‹Es ist nicht schlimm, wenn einige Zehntausend marxistische Funktionäre zu Schaden kommen.›

Stöhr, der ehemalige Vizepräsident des Reichstags, sagte in einer Massenversammlung:

‹Wir werden der Hanfindustrie zu verdienen geben.›

Die gleiche Vorliebe für die Lynchjustiz und das Hängen zeigte unmittelbar nach seiner Amtsergreifung der Ministerpräsident von Oldenburg, Röver:

‹Wir werden die Marxisten und die Zentrumsleute am Galgen den Raben zum Frasse geben.›

Der Gauleiter Telschow sagte in einer Versammlung am 22. Oktober 1929 in Neuhaus an der Elbe:

> «Wir werden den Kampf mit allen Mitteln führen. Im Kampf gibt es Leichen. Wenn es gegen den jüdischen Janhagel geht, schreiten wir auch über Gräber. Es kann auch sein, dass manche Mutter ihren Sohn verliert.»

Am 10. März 1933 spricht der Reichsminister Göring in einer Massenversammlung in der Ausstellungshalle von Essen. Das Land schreit auf gegen die Schandtaten der entfesselten SA. Der Minister Göring aber erklärt der Versammlung:

> «Lieber schiesse ich ein paar Mal zu kurz und zu weit, aber ich schiesse wenigstens.»

Morddokument

Görings Wort fiel auf fruchtbaren Boden. Ende April erliess der Dortmunder Polizeipräsident Scheppman einen Befehl, der in seiner Art alle Polizeibefehle der modernen Geschichte übertrumpft:

> «In letzter Zeit sind wieder mehrfach kommunistische Flugblätter verteilt worden. Ich befehle der mir unterstellten Polizei, gegen jeden Versuch kommunistischer Flugblattverteilung sofort von der Schusswaffe Gebrauch zu machen.»

Der Terror war organisiert!

1. In der Nacht des Reichstagsbrandes waren allein in Berlin für die Grausamkeiten 30 SA-Kasernen vorbereitet. Stahlruten, Peitschen, Ketten, Stricke zur Fesselung, Wasserkübel und Rizinusöl waren eingekauft. Sie fanden in derselben Nacht schon Anwendung. Allen Kasernen waren Aerzte zugeteilt.

2. Aus vielen deutschen Städten liegen Berichte vor, die bezeugen, dass die SA an diesem Abend in erhöhter Alarmbereitschaft lag und die Wohnungen der Arbeiterführer, ebenso Bahnhöfe und Postämter unter Kontrolle hielt.

3. Die Auswahl der Opfer war in allen deutschen Städten die gleiche.

4. Die Verhaftungen wurden hauptsächlich der SA und ihren Spezialabteilungen überlassen. Die Polizei wurde in diesen Tagen nur beigegeben, da man ihrer noch nicht sicher war.

5. Am 22. Februar wurde begonnen, SA als Hilfspolizei einzustellen; ein sicheres Zeichen, dass man grössere Aktionen plante und den legalen Schein wahren wollte, soweit es ging.

6. Schon am 17. Februar gab Göring in seiner Funktion als Preussenkommissar allen Polizeibeamten durch seinen Schiesserlass volle Freiheit zu jeglichem Terror und zur Vollstreckung von Todesurteilen ohne jedes Gericht. Dieser Erlass galt nicht nur der Eruierung der skrupellosen und der zögernden Elemente innerhalb der Schupo, er nahm den Mordtaten der SA jegliche Illegalität:

«Wer in Ausübung dieser Pflichten von der Schusswaffe Gebrauch macht, wird ohne Rücksicht auf die Folgen von mir gedeckt. Wer hingegen in falscher Rücksichtsnahme versagt, hat dienststrafrechtliche Folgen zu gewärtigen. Jeder Beamte hat sich stets vor Augen zu halten, dass die Unterlassung einer Massnahme schwerer wiegt, als begangene Fehler in der Ausübung.»

7. In dem Blutkeller der Hedemannstrasse und in anderen Kasernen haben sich ständig hohe Funktionäre der NSDAP aufgehalten. Sie leiteten die Misshandlungen und hielten Verhöre ab. Es steht unter anderem fest, dass der SA-Führer Graf Helldorf, der in täglicher Verbindung mit Göring und Hitler stand und steht, Paraden der Misshandelten abnahm.

Unsere Dokumente

In unserem Archiv liegen 536 Protokolle von schwer Misshandelten. Die Tatsachen sind überprüft und richtig befunden.

137 Atteste bestätigen schwere chronische Schädigungen dieser Opfer.

375 Protokolle berichten von Reversen, die die Misshandelten nach den Folterungen unterschreiben mussten. Die Gefolterten haben noch im Folterhause bestätigen müssen, dass sie « gut behandelt » worden seien.

Unser Material aus den Städten und Dörfern des Dritten Reiches lässt schliessen, dass seit dem 28. Februar ungefähr 60.000 Menschen misshandelt worden sind.

Wir lassen nun die Opfer selbst sprechen:

Sie nennen sich Arbeiterfreunde...

Ein Erwerbsloser, der bei Kommunisten gebettelt und dort Hausarbeit gefunden hatte, sollte die Soldidarität seiner Kameraden durch Verrat belohnen. Seine Tapferkeit trug ihm folgende Misshandlungen ein. Er schreibt:

«Montag, den 6. März, 17 Uhr, erschienen 2 SA-Leute und ein Sturmführer vor der Wohnungstür des Abgeordneten X und verlangten Einlass. Da ich mich in der Wohnung aufhielt, um die Wäsche zu sor-

Popoff

ein 31jähriger bulgarischer Arbeiter, wurde 1931 wegen revolutionärer Propaganda in Bulgarien verhaftet und zu zwölf Jahren Zwangsarbeit verurteilt. Es gelang ihm zu entfliehen, er emigrierte nach Deutschland.

Taneff

Mazedonischer Freiheitskämpfer, wurde in Plowdiw zu 12½ Jahren Gefängnis verurteilt. Er entkam nach Deutschland. Die Hitlerregierung verhaftete Popoff und Taneff aus den gleichen Motiven wie Dimitroff. Der Oberreichsanwalt hat gegen Dimitroff, Popoff und Taneff die Anklage wegen Brandstiftung erhoben.

Wie Attentate fabriziert werden!

Der Inder Tagore, ein Neffe von Rabindranath Tagore.

eines Attentats=
gegen Hitler.

Verhaftung eines indischen Kommunisten und eines Chauffeurs in Bayern.

Telegramm unseres Korrespondenten.

München, 25. April. Ueber einen Attentatsplan gegen den Reichskanzler Adolf Hitler wird mitgeteilt: Auf Grund einer Nachricht der Tiroler Grenzstation wurde am Sonntag in Rimsting am Chiemsee ein mit italieni= schem Kennzeichen und italienischer Flagge versehenes Per= sonenauto angehalten und beschlagnahmt. Die Insassen wurden verhaftet. Es handelt sich um einen Inder namens Tagori, der der russischen kommunistischen Partei angehört, und dessen Chauffeur, den angeblichen Deutschrussen Vegesack. Das Auto, das zahlreiches und verdächtiges Gepäck enthielt, wurde auf der Straße nach München angehalten. Es war ein Attentat gegen den Reichskanzler geplant. Der Inder ist ein etwa vierzig Jahre alter Mann von herkulischem Körperbau. Er und sein Begleiter wurden am Sonntag durch die Landespolizei nach München gebracht, ebenso der Kraftwagen.

Die Polizeidirektion München teilt mit: Zu der in einigen Zeitungen erschienenen Notiz über die Festnahme eines Inders und seiner Begleitung wird mitgeteilt, daß der Verdacht der Verübung eines Attentates auf den Reichskanzler sich nicht bestätigt hat. Die polizeilichen Erhebungen haben ergeben, daß die Fahrt lediglich zur Erledigung von Privatangelegen= heiten unternommen worden ist.

tieren, öffnete ich die Tür, aber vorerst nur bis zum Sperrhaken. Sofort erschien in dem Türspalt ein Revolver und der SA-Mann verlangte völlige Oeffnung. Man fragte nach dem Verbleib des Genossen X, den ich nicht angeben konnte. Daraufhin nahmen sie mich mit. Mit Motorrad-Beiwagen fuhren sie mich nach der Böttcherstrasse. Dort begannen die Misshandlungen. Ich habe bis zu diesem Augenblick, wo ich dieses schreibe, noch sichtbare Merkmale von all dem, was sie da mit mir trieben: beide Augen blau geschlagen, an der linken Stirnhälfte eine 4 cm grosse verdeckte Bisswunde, die Hände, mit denen ich schreibe noch verschwollen und verkratzt. Man nannte mich «Mordbuben» usw., ohne irgend einen Grund dafür zu haben. Dann sollte ich mir das Blut abwaschen. Es floss mir aus Stirn, Mund und Nase. Kaum war ich gereinigt, so brachte man mich wieder in den vorderen Raum und schlug wieder neu auf mich ein. Ich suchte Schutz auf einer im Raum stehenden Bank und bedeckte mit beiden Händen mein Gesicht, um so den Schlägen auszuweichen, sonst hätte man mir sicher den Kiefer zerschlagen. Aber sie hatten damit noch nicht genug.

Zusammen mit zwei weiteren Festgenommenen wurde ich in die Hedemannstrasse gebracht, in einer Taxe. Zwei Motorräder fuhren als Begleitung mit. Bei der Abfahrt sagte man mir, ich könne froh sein, dass sie so human wären, in der Untergruppe würde anders «gearbeitet». Beinahe hätte ich darüber gelacht.

In der Hedemannstrasse sagte ich beim Verhör, ich sei fechten gegangen und habe an der Wohnungstür von X immer etwas bekommen. Daraufhin sei ich öfters hingegangen, auch um mich politisch zu unterhalten und schliesslich habe ich von Frau X Hausarbeiten übertragen bekommen, Teppichklopfen usw. Ich sagte den SA-Leuten, dass ich sehr froh gewesen sei, von Kommunisten auf so anständige Weise behandelt worden zu sein. Ich sagte den SA-Leuten auch, ich sympathisiere mit der KPD und habe Liste 3 gewählt. Darauf sagte der Fragesteller: «Für Leute die Wahrheit sagen, haben wir immer noch etwas übrig. Wir wollen ja nicht Euch, wir wollen Eure Führer vernichten und mit ihnen abrechnen.»

... aber in Wahrheit verfolgen sie Tausende von Arbeitern

Hier ein besonders deutlicher Beweis dafür. Es spricht ein Arbeiter, der in die Hedemannstrasse verschleppt war:

«Am Abend des 5. März wurde ich mit 6 andern Arbeitern in dem Lokal X in der Y-Strasse des Berliner Nordens von einer Schar uniformierter SA-Leute überfallen. Wir sassen dort, um die Bekanntgabe der Wahlergebnisse zu erwarten. Die SA-Leute hielten uns die Revolver vor die Brust und zwangen uns, mit erhobenen Händen in ihr Sturmlokal in der X-Strasse zu gehen. Dort wurden wir zuerst einmal als «kommunistische Säue» blutig geschlagen. Dann kamen wir in ein Auto, das uns in die SA-Zentrale Hedemannstrasse 6 schaffte. Wir wurden in den 4. Stock gejagt und unter dauernden Faust- und Reitpeitschenhieben durch einen langen Korridor getrieben. Der Korridor war von oben bis unten mit «erbeuteten» sozialdemokratischen Fahnen und Transparenten «geschmückt». An der Wand hing eine Figur in Rot-Frontkämpfer-Uniform am Galgen, die Ernst Thälmann darstellen sollte.

Wir wurden in einen Gemeinschaftsraum hineingeprügelt. Man zwang uns, unter «Heil Hitler»-Rufen niederzuknien und das Vaterunser zu beten, sodann das Horst-Wessellied zu singen. Wer nicht augenblicklich gehorchte, wurde bewusstlos geprügelt. Später schleppte man uns an die Wand des Raumes, f e u e r t e ununterbrochen S a l v e n knapp über unsern Köpfen ab. Nachdem man uns eine Weile hatte ruhen lassen, erfolgten die ersten «Vernehmungen». Jeder von uns wurde einzeln in ein Zimmer gerufen, wo etwa 6 SA-Leute mit Reitpeitschen standen. Ein Mann sass an der Schreibmaschine. Wir mussten uns v o l l s t ä n d i g a u s z i e h e n, und man erklärte uns, dass wir solange geschlagen würden, bis wir alles ausgesagt hätten. Man verlangte die unmöglichsten Geständnisse von uns. Gefragt wurde nach Namen und Adressen von kommunistischen Funktionären, nach angeblichen Verstecken von Waffen und Vervielfältigungsapparaten. Während dieser Vernehmung schlug man ununterbrochen auf uns ein. Dann wurden uns ½ stündige Bedenkpausen gegeben, nach deren Ablauf die Folterungen von neuem begannen.

Einigen Antifaschisten, die früher der SA angehörten, wurden die Haare geschoren bis auf eine zusammengebundene Stirnlocke. Uns wurde erklärt, dass diese Leute am nächsten Morgen erschossen würden. Als wir kamen, lagen sie bereits besinnungslos im Gemeinschaftsraum. Ausser uns waren noch etwa 50 weitere sozialdemokratische und kommunistische Arbeiter im Gemeinschaftsraum. Bei der Entlassung wurde uns ein Revers vorgelegt mit dem Inhalt, dass wir ohne gesundheitliche Schädigung das Haus verlassen haben. Wir unterschrieben. Zwei meiner Gefährten fand ich erst im Krankenhaus «Am Friedrichshain» wieder. Einen davon mit Halsschuss.»

Wir lassen diesem deutlichen Dokument noch eine Reihe weiterer Berichte misshandelter Arbeiter folgen, um darzutun, mit welchen Aktionen die nationalsozialistische Bewegung überall ihre amtliche Periode begann:

«Bedeckt mit Wunden»

«Der Arbeiter J. M. aus der Werderstrasse in Berlin ist in der Nacht vom 27. zum 28. 3. von der SA abgeholt und in der Nazikaserne in der Rudowerstrasse schwer misshandelt worden. Sein ganzer Körper ist bedeckt von offenen Wunden.»

Die Wohnung wird zerstört.

«Der Arbeiter R. aus Schöneberg, der als politischer Funktionär bekannt war, wurde am Montag nach diesem Ueberfall in seiner Wohnung aufgesucht, dort mti Stahlruten schwer verwundet und dann nach einer SA-Kaserne abgeschleppt. Im Augenblick als dieser Bericht niedergeschrieben wurde, war noch nicht bekannt, was mit dem Arbeiter geworden ist. Seine Wohnuig war bei dem Ueberfall von der SA vollkommen zertrümmert worden.»

Rücksichtslos wird geschossen.

«Der Arbeiter Max F. in W., Prov. Brandenburg, wurde nachts von etwa 40 bewaffneten SA-Leuten überfallen. Die Wohnungstür wurde eingeschlagen. Die SA-Leute schossen sofort wild in die Wohnung hinein. F. konnte sich trotz eines schweren Gesässchusses durch einen Sprung aus dem Fenster retten. Auf der Flucht erhielt er noch einen Arm- und Bruststreifschuss. Er entkam und fand Aufnahme in einem Krankenhaus. Dieser Aufenthaltsort musste streng geheim gehalten werden, da die Angehörigen seit jenem Ueberfall täglichen Drohungen ausgesetzt sind.» (Genaues Material über diesen Fall enthält unser Archiv.)

Die Knochen zerbrochen!

«Der 36jährige Arbeiter Paul Paprocki aus der Malplakstrasse 23, wurde in der Nacht vom 26. zum 27. 3. um 3 Uhr aus der Wohnung herausgeholt. Eine grössere Abteilung SA brachte den Verhafteten in das Sturmlokal in der Utrechterstrasse, wo er nach Adressen von Funktionären gefragt wurde. Als er sich weigerte, die Adressen bekannt zu geben, begannen die Misshandlungen. Nach einigen Stunden hat man ihn mit schweren Schlagverletzungen und, wie die ärztliche Untersuchung ergeben hat, sehr wahrscheinlich auch mit einem komplizierten Wadenbeinbruch entlassen.»

Vaterunser-Beten oder Lederkoppel über den Schädel.

«Der 18jährige Arbeiter Kurt Hackenbusch, Grünthalerstrasse 63, wurde zusammen mit 3 Freunden am 26. 3. verhaftet und in das Lokal Prinzenstrasse geschleift. Misshandlungen mit schweren Lederkoppeln. Die Gefangenen weigerten sich, vor der versammelten SA das Vaterunser zu beten. Neue Misshandlungen. Nach einigen Stunden wurden die Gefangenen ™ einer Unfallstation gebracht, wo sie unter Drohungen erklären mussten, die SA-Leute hätten sie vor einem Ueberfall gerettet. Hackenbusch trug neben Blutergüssen in Gesicht und Rücken eine schwere Kopfwunde davon.»

Blutergüsse.

«Arbeiter Jacob Ickler, Kassel, Kettengasse 4, Anfang der 20er Jahre, wurde am 20. März 1933 von SA, die die Wohnung seines Vaters durchsuchten, mitgenommen, in die Bürgersäle gebracht, auf eine Pritsche gelegt, und dann mit Gummiknüppeln misshandelt. Schläge in die untere Gesichtshälfte und die Schläfen. Blutergüsse im Rücken,

Gesäss und Oberschenkel. Ein ärztliches Attest (im Archiv) bescheinigt den Befund.» (Der Name des Arztes wird hier nicht genannt, da es im Deutschland des dritten Reichen nicht mehr ungefährlich ist, einem Misshandelten, die selbstverständliche ärztliche Hilfe angedeihen zu lassen.)

Urin für den Durst

Der sozialdemokratische Reichstagsabgeordnete, ehemalige Reichsminister, Wilhelm Sollmann, schreibt über seine Misshandlung durch SS und SA:

«Am Donnerstag, den 9. März, nach 3 Uhr nachmittags, fuhren vor meinem Hause, in Köln-Rath, 3 mit SS und SA-Leuten besetzte Autos vor. Da ich gerade ein Gespräch mit einem Stadtverordneten führte, konnte ich noch in den Apparat rufen: «SS dringt in mein Haus ein, das Ueberfall-Kommando alarmieren.»

In diesem Augenblick stürmten mehrere Leute mit schussbereiten Revolvern, mit Beilen und mit hochgeschwungenen Messern in mein Arbeitszimmer. Noch ehe ich ein Wort sagen konnte, wurde ich an meinem Schreibtisch niedergeschlagen. Die Leute waren in einer Art Raserei, aus Hass und Freude, dass sie an mir Rache nehmen konnten. Der grösste Teil der Leute verteilte sich auf die übrigen Zimmer des Hauses und schlug buchstäblich in wenigen Augenblicken, alles kurz und klein . . . Ich wurde unter Faustschlägen in ein offenes Auto geworfen. Meine Frau rief: «Wo bringen sie meinen Mann hin?» Einer antwortete grinsend: «Das werden sie schon erfahren.» Man fuhr mich zunächst über die Heide, dem Walde zu. Da ein vor mir sitzender SA-Mann dauernd mit dem Revolver vor mir herumfuchtelte, nahm ich an, dass man mich im nahen Walde erledigen wollte. Man fuhr mich aber unter dauernden Beschimpfungen von teilweise geradezu irrsinnigem Charakter über Brück nach Kalk. Dort wurde langsam gefahren und auf der belebten Hauptstrasse wurde ich immer wieder den Passanten gezeigt: «Das ist der grosse Sollmann! Seht wie klein!» Man schaffte mich in die Gauleitung der Nationalsozialisten in der Mozartstrasse. Mit Faustschlägen, Fusstritten und Hieben, wurde ich die Treppe hinauf in ein Konferenzzimmer gejagt. Man hatte die Jalousien heruntergelassen, sodass der Raum im Halbdunkel lag. Hier sollte ich vor ein Tribunal gestellt werden. Auf dem Tisch war ein grosses Hakenkreuzbanner ausgebreitet. Ich sah, dass mein Redaktionskollege Efferoth in der Nähe des Fensters sass, ähnlich zugerichtet wie ich. Kaum hatte ich neben Efferroth Platz genommen, so setzte die mehr als zweistündige Folterung ein.

Zunächst hielt ein Mann in SA-Uniform, den mein Kollege als den Stadtverordneten Ebele bezeichnete, eine kurze Rede gegen Efferoth, an dem jetzt Vergeltung geübt werde. Dann fielen SS- Leute mit Faustschlägen über uns her.

Etwa ½ Stunde lagen Efferoth und ich auf dem Fussboden, so erschöpft, dass wir uns nicht mehr erheben konnten. Immer wieder wurden wir aber mit Faustschlägen und Fusstritten behandelt, zwischenduich auch an den Haaren gerissen, und mit den Köpfen gegeneinander gestossen.

Schliesslich riss man uns hoch, wir wurden auf die Stühle gesetzt, einer hielt uns hinter der Stuhllehne die Hände zusammen, ein zweiter zwang uns, die Zähne zu öffnen, und ein dritter goss uns je ¼ Liter Rizinus in den Schlund. Der eine Folterknecht rief nach Salz, um unsere Qualen zu vermehren, aber anscheinend war nicht so rasch Salz aufzutreiben. Dann gönnte man uns wieder eine kurze Pause. Ich bat um ein Glas Wasser. Als ich es erhielt, sah ich, dass das Wasser eine verdächtige Färbung hatte und ich benutzte es daher nur zum Waschen meiner blutüberströmten Hände. Einer rief darauf: «Warum säufst Du das Wasser nicht?» Wir wurden nur geduzt. In demselben Augenblick warf er mir das Glas mit dem Rest der Flüssigkeit ins Gesicht. Nun gabs wieder Faustschläge und Fusstritte.

Plötzlich kam eine gewisse Unruhe in unsere Folterknechte. Ich nahm an, dass inzwischen die Polizei von den Ueberfällen und unserm Verschlepptwerden Kenntnis erhalten habe. Gegen 5 Uhr ergriff uns die SS und warf uns unter dem Ruf: «In den Kohlenkeller!» buchstäblich die Treppen hinunter. Der Kohlenkeller war anscheinend nicht geöffnet und man schien Eile zu haben, uns los zu werden. Man trieb uns deshalb unter neuen Faustschlägen und Fusstritten — unsere Gesichter waren inzwischen eine einzige blutende Masse — über die Strasse zu einem Auto. Dort mussten wir uns auf den Boden hocken. Ein Mann neben dem Chauffeur, der, seiner späteren Andeutung nach, ein früherer Offizier gewesen sein muss, rief herunter: «Tretet sie in den Arsch!» was auch sofort befolgt wurde.

Die Misshandlungen wurden im geschlossenen Auto fortgesetzt; ich erhielt einen Faustschlag auf das rechte Auge. Wir hielten am Polizeipräsidium, der Reichstagsabgeordnete Schaller, der den Transport geleitet hatte, öffnete das Tor. Wir wurden, obwohl wir fast zusammenbrachen, gezwungen, im Galopp über die Gänge und über die Treppen zu jagen . . . Einer sagte: «wir müssten am nächsten Tage vor dem grossen Fackelzug der Nazis hermarschieren und am Schluss würden wir auf den zusammengeworfenen Fackeln verbrannt . . . Der Polizeipräsident schlug uns vor, wir möchten uns in Schutzhaft begeben. Ich wies auf meine parlamentarische Immunität hin. Er schloss sich meinem Standpunkt an, bat mich aber dennoch, mich mit Efferoth ins Gefängnislazarett einliefern zu lassen.

Im Lazarett wurden wir verbunden und genäht. Während der Folterung hatte der eine der SS-Leute langsam und wohlberechnet meinem Freunde Efferoth ein Messer in die Seite gedrückt. Der Arzt erklärte, dass der Stich lebensgefährlich gewesen sei, wenn er einen cm tiefer gegangen wäre . . . Am andern Tage stand in der Presse ein Bericht, wir seien von politisch Andersdenkenden überfallen worden und hätten «leichte» Körperschäden erlitten.

Sie foltern einen Arzt und seine Frau

Am 6. 3., um 4 Uhr früh, schellte es an der Wohnungstür. Mehrere Männerstimmen riefen: Hier ist die Polizei! Aufmachen! Meine Frau erwiderte: «Bitte kommen Sie morgen früh, in der Nacht mache ich nicht auf!» Es folgten mehrere starke Schläge gegen die Tür, sie wurde eingeschlagen und 5 Männer in SA-Uniform ohne Polizeiabzeichen, mit vorgehaltenem Revolver und Maschinenpistolen, drangen in die Wohnung ein. Meine Frage, «was wollen sie?» beantworteten sie mit mehreren Gummiknüppelhieben und Faustschlägen. «Halts Maul, hat Dich jemand gefragt?» Sie kommandierten «Hände hoch». Einige fassten mich am Kragen und drückten mich an die Wand. «Es ist aus mit euch Juden, bolschewistisches Pack.» Als ich etwas erwidern wollte, schlugen sie erneut auf mich ein.

Sie durchsuchten die Wohnung, schlugen die Schubladen meines Schreibtisches ein, füllten einen Koffer mit Büchern, Schriften und Korrespondenzen und befahlen «Raus!» Meine Frau, die mich nicht in den Händen dieser Eindringlinge lassen wollte, kam unaufgefordert mit . . . Sie stiessen mich mit Fusstritten die Treppe hinunter. Als meine Frau sich eine solche Behandlung eines Kranken energisch verbat, wurde sie beschimpft und aus dem Sitz im Auto verdrängt. «Du freche Sau, sei ruhig, sonst kriegst Du auch.» Das Auto hielt vor einem Haus, vor dem eine Schar von SA und SS standen. Kaum aus dem Auto ausgestiegen, wurden wir mit Gummiknüppel und Hundepeitsche 4 Treppen hochgejagt. Da ich infolge einer Krankheit (Grippe, Herzmuskelschwäche) physischen Anstrengungen nicht gewachsen war, schlugen sie voll Wut auf mich ein, bis ich im letzten Stock war. Ich wurde in einen Korridor hineingestossen, ich und meine Frau mussten durch ein Spalier von SA-Leuten, die sich mit Schlägen auf uns stürzten. Ich wurde dann in ein besonderes Zimmer gebracht. Ich erklärte, dass es sich bestimmt um ein Missverständnis handelt und bat, Aufklärung geben zu können.»

Der Gefangene, der seit 7 Jahren an Berliner Krankenhäusern tätig und zuletzt leitender Arzt einer Fachabteilung im Städtischen Krankenhaus in Neukölln war, erfuhr erst nach längerem Verhör, dass er unter der unsinnigen Anklage stand, Reichspropagandaleiter der Kommunisten gewesen zu sein. Seine Unschuldsbeteuerungen wurden mit Misshandlungen beantwortet. Er berichtet weiter:

«Sie stürzten sich auf mich mit bestialischer Wut, mit Gummiknüppeln, Lederpeitschen und Stahlruten. Sie schlugen vor allem auf den Kopf, sie sprangen auf Tische und Stühle und schlugen erbarmunglos von oben. Blut überströmte mein Gesicht, meine Hilferufe verstummten bald. Einige Schläge mit einer Eisenstange, ein Pfeifen im linken Ohr, ich taumelte und brach bewusstlos zusammen.

Amtliche
Bestätigungen des Terrors

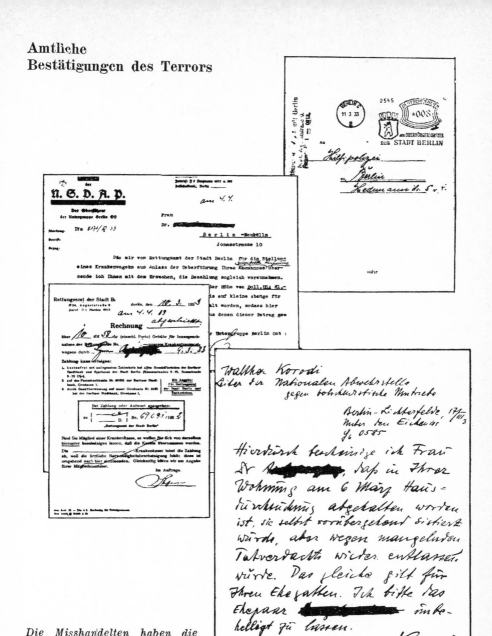

Die Misshandelten haben die Kosten für die Hülfeleistung des Rettungsamtes selbst zu tragen.

Der Misshandelte erzählt dann weiter, dass er bald in einen lebensgefährlichen Zustand kam, und dass man sich gezwungen sah, ihm auch ärztliche Hilfe angedeihen zu lassen. Trotzdem er mit einem plötzlichen Versagen des Körpers jeden Augenblick rechnen musste, hat er die geistige Kraft behalten, die Vorgänge um ihn herum genau zu beobachten. Wir geben im Auszug einige der wichtigsten Schilderungen:

«Im Zimmer sassen junge Menschen, mit blassen Gesichtern, manche hatten Kopfverbände. Sie warteten auf das Verhör. Oefters kamen SA-Leute herein und verlangten, dass alle Häftlinge sofort aufsprangen und sie mit «Heil Hitler» begrüssten. Die dieser Aufforderung zu langsam nachkamen, wurden unter Peitschenhieben gezwungen, aufzustehen und sich wieder hinzusetzen. Dies wurde 10 bis 15 mal in immer schnellerem Tempo wiederholt.

Es kamen SA-Leute und holten aus den Schreibtischschubladen Revolver und Munition. Die Schubladen waren voll Revolvern, und jeder suchte sich einen nach Belieben aus. Andere kamen und suchten die Eintragungsliste für Freiwillige nach Oesterreich (!)

Ein Mann der einige Tage vorher einen SA-Mann beleidigt hatte, war aus dem Bett geholt worden und in dieser Nacht verhaftet worden. Eine Frau, die einem, der von den Kommunisten zu den Nazis übergegangen war, Gesinnungslosigkeit vorgeworfen hatte,, war in ihrer Wohnung verhaftet und hierher geschleppt worden.

Plötzlich rief man aus: «Pieck und Ullstein sind verhaftet und werden hierhergebracht!» Die SA-Leute kamen in eine Wutextase. Sie schwangen die Gummiknüppel in der Luft herum. «Sie mögen nur kommen!» Man meldete, der Arbeiter Schulze wäre gekommen. Alle SA-Leute gingen aus dem Zimmer. Eine Viertelstunde lang hörte man sie auf dem Korridor wüten. Dann wurde ein kleiner, ungefähr 30jähriger Arbeiter durch die Tür hereingestossen. Sein rechtes Auge war voll Blut. Bei dem Verhör gab er zu, Mitglied der «Roten Hilfe» zu sein. Man beschuldigte ihn, bei der Ermordung eines SA-Mannes beteiligt gewesen zu sein. Er bestritt dies. Er sagte, er wäre wegen dieser Verdächtigung schon in der Untersuchungshaft gewesen und freigelassen worden. Es wurde mit Hundepeitschen geschlagen, und es wurde ihm befohlen, jede an ihn gestellte Frage mit «Jawohl» zu beantworten. Man schlug so lange auf ihn ein, bis er «Jawohl» sagte. «Bist Du der Mörder, Du Schuft?» «Nein» erwiderte der Arbeiter. «Nein?» Man schlug noch heftiger. Das ganze Gesicht war schon blutüberströmt. Er wischte das Gesicht mit dem Aermel ab. «Eben hast Du es zugegeben!» Antwort: «Dies war erzwungen.» Sie schlugen ihn wieder. Er wurde gefragt, wieviel Kinder er in die Welt gesetzt habe und mit wieviel Frauen er geschlafen habe. Ob alle Kinder solche Idioten wären wie er.

Dann wurde er in die Küche geschickt, um kurz geschoren zu werden. Als er wiederkam, wurde er einem 80jährigen gebrechlichen Herrn, Pastor aus Lichterfelde, gegenübergestellt. Der weisshaarige alte Herr sollte ihm die Hand reichen und ihn mit «Guten Tag, Genosse!» begrüssen. Der Alte reichte ihm seine Hand und sagte: «Ich drücke Ihre Hand, Sie sind ein leidender Mensch.» Alle lachten. «So, Du begrüsst einen Mörder!» Der Alte erwiderte: «Und wenn, sogar, er ist ein geplagter Mensch, und Ihr seid die Verkörperung der Gewalt, und sie ist nicht ewig. Meine Ueberzeugung können Sie nicht mit Gummiknüppel austreiben, Sie sind national und ich bin international.» Dieses mutige Benehmen des Greises schüchterte einige der Peiniger ein. Als sich doch welche auf ihn stürzten, wurden sie von andern daran gehindert.»

Welche Qualen inzwischen die Frau des Arztes ausgestanden hat, erhellt aus der Fortsetzung des Berichtes:

«Nach Mitternacht wurde ich durch mehrere Hände in das Vernehmungszimmer geschleppt. Dort traf ich meine Frau, blass wie ein Gespenst. Sie flüsterte mir in ihrer Muttersprache zu: «Ich kann es nicht mehr aushalten. Ich werde mich aus dem Fenster stürzen! Ich kann nicht mehr! Man will Dich zum Tschekaspion abstempeln und erschiessen!» «Mach nur keine Dummheiten, nimm Dich zusammen!» Dieser Wortwechsel löste ein Wutgeschrei bei dem verhörenden SA Mann aus, der sich vor Müdigkeit (Betrunkenheit?) kaum aufrecht halten konnte. Meine Frau wurde hinausgeführt.

Mein Zustand wurde schlimmer, und ich verlangte nach einem Arzt. Ich wurde in das Zimmer des Staffelführers gebracht. Auf Verlangen meiner Frau wurde ihr gestattet, mir löffelweise Getränke einzugeben.»

Trotz des kritischen Zustandes des Misshandelten, gab die SA-Abteilung ihre Absicht nicht auf, dem Arzt die Geständnisse zu erpressen, die sie haben wollte. Man schickte ihm einen bulgarisch sprechenden Spitzel, der ihn zum Reden bringen sollte. Der Spitzel war genau im Bilde, wie er sich in der Kaserne benehmen durfte. Der Arzt schreibt darüber:

«Er zog den Revolver heraus und rief: «Drei Kugeln, eine in die Stirn, eine in den Mund, eine in den Bauch und Schluss und auf den Misthaufen.» Ich lag stumm und regungslos. . . Er hob die geballten Fäuste und schlug mir ins Gesicht: «In ein paar Minuten ist es mit Ihnen zu Ende. Hier am Fensterbrett werde ich Dich hängen. So habe ich in Kiew gehängt. Nur einige Minuten noch, wenn ich aus dem Zimmer heraus bin, ist es zu spät. Sagst Du es oder nicht! Du elender Schuft! Was tut die Tscheka, was treibt die G.P.U.?

Ich lag regungslos, mit voller Wucht versetzte er mir einen Fusstritt in den Bauch. Ich verlor die Besinnung.»

Wir bringen in unserm Text die Photographien der Belege, die uns der misshandelte Arzt als Beweis für jene Schreckenstaten mitgebracht hat.

Sie locken einen Arzt in den Hinterhalt

Wir entnehmen der Saarbrücker «Arbeiterzeitung» vom 14. 4. folgenden Bericht:

«Am 17. März fand eine der regelmässigen Zusammenkünfte der Medizinischen Gesellschaft (Berlin) statt. Nach dem Vortrag bat der erste Vorsitzende, Professor Goldscheider, Leiter der Universitätsklinik, ein Mann von 70 Jahren, die Kollegen, noch einige Minuten zu bleiben, weil er ihnen einen besonders interessanten Fall vorzuführen habe. Darauf wurde ein völlig verbundener Patient hereingerufen, und Professor Goldscheider erklärte: «Meine Herren, dieser Patient ist unser Kollege Dr. Lust. Vorgestern wurde er abends telephonisch zu einem Patienten nach Lichterfelde gerufen. Als er hinkam, wurde er von SA empfangen und so fürchterlich zugerichtet.» Bei diesen Worten entstand eine ungeheure Erregung in der Versammlung. Der weltbekannte deutschnationale Professor Sauerbruch sprang spontan auf und erklärte sich bereit, das Opfer der SA in seine Klinik zu nehmen. Infolge dieses Erlebnisses verbreitete sich in grossen Schichten der Berliner Aerzteschaft eine Panik, denn viele fürchten, dass, wenn sie zu Patienten gerufen werden, ihnen ein ähnliches grauenvolles Schicksal bereitet werden könnte.»

Eine fünfzigjährige Frau wird gepeitscht
(Zeugenbericht — Photodokument.)

In der Nacht vom Montag, dem 20. März zum Dienstag, dem 21. März, wurde die sozialdemokratische Stadträtin Marie Jankowski (Bergmannstr. 18, Berlin-Köpenick) in ihrer Wohnung überfallen. Ein Auto der Wäscherei Miethke, (Köpenick, Karlstrasse) hielt vor dem Hause. Zwanzig SA-Leute sprangen ab und erbrachen die Haustür, besetzten Hausflur 'und Treppe. Sechs Mann drangen mit vorgehaltenem Revolver in die Wohnung ein. Frau Jankowski wurde zusammen mit zwei kommunistischen Funktionären, die bereits im Auto festgehalten wurden, zum Verkehrslokal der Köpenicker SA (Elisabethstrasse 29) gebracht.

In einem Schuppen auf dem Hof wurde sie gezwungen, sich nackt auszuziehen, und auf eine Holzpritsche gelegt, die mit einer schwarz-rot-goldenen Fahne bedeckt war. Vier Mann hielten sie fest, einer drückte ihr Gesicht in ein Bündel alter Lumpen. Zwei Stunden lang wurde die 50jährige Frau erbarmungslos mit Knüppeln, Stahlruten und Peitschen geprügelt.

Nach der Tortur wurde Frau Jankowski auf die Strasse gesetzt. Um fünf Uhr früh fanden sie Passanten und brachten sie in einer Taxe nach Hause. Die Aerzte stellten fest, dass Lebensgefahr bestand. Eine Niere war abgeschlagen worden. Buchstäblich keine einzige Stelle am Körper war heil geblieben.

Im Antoniusspital in Karlshorst gab Frau Jankowski folgende Aussagen zu Protokoll:

Während ich geschlagen wurde, befahl man mir immer wieder, Adressen und Namen von Arbeitern anzugeben. Ich musste die Farben der Republik aufzählen und für Schwarz-Rot-Gold sollte ich Schwarz-Rot-Scheisse sagen. Es wurden mir Fragen gestellt wie: Hast Du Geld vom Wohlfahrtsamt bekommen? Hast Du Kommunisten aufgenommen und gefüttert? Hast Du Schuhe von Arbeitslosen gestohlen? Hast Du eine Boykottliste von Nazigeschäften vorbereitet? Jedesmal wenn ich verneinte, erhielt ich eine Tracht Schläge. Wenn ich schrie, drückte der fünfte der Peiniger mein Gesicht in die Lumpen.

Nachdem ich mindestens hundert Schläge erhalten hatte, fiel ich von der Pritsche herunter. Ich wurde wieder hochgerissen und so heftig ins Gesicht geschlagen, dass ich in eine Ecke stürzte. Dabei wurde mein Knie verletzt. Dann musste ich zusammen mit den beiden kommunistischen Arbeitern, die ebenfalls gefoltert wurden, singen: « Deutschland, Deutschland über Alles ».

Ich wurde gezwungen, eine Erklärung zu unterschreiben, dass ich aus der SPD austrete, dass ich niemals mehr politisch tätig sein und mich jeden Donnerstag bei der Nazi-Befehlsstelle melden würde. Darauf trat ein Wechsel in meiner Behandlung ein. Ich erhielt ein Glas Wasser. Meine Kleider wurden ausgebürstet und zurückgegeben. Der Sturmführer befahl einem SA-Mann, « die Dame hinauszuführen ». Der Mann stützte mich, als ich zu fallen drohte und schloss die Tür hinter mir mit einem höflichen « Guten Abend ».

Der Gatte erstattete Anzeige bei der Polizei, erhielt aber die Auskunft, das die Polizei machtlos sei.

Was hat die jungen Burschen zu der unmenschlichen Grausamkeit veranlasst, die hier in Bild und Protokoll festgehalten ist? Sie marterten eine Frau, die seit Jahren an verantwortlicher Stelle Not gelindert hatte, die dem Alter nach ihre Mutter sein konnte. Man sage nicht, dass es sich um einen privaten Racheakt handelte. Die Burschen schlugen die nackte Frau ja nicht nur, sie fragten nach Adressen der SPD. Sie handelten im A u f t r a g der SA-Führung. Die Führung hat das Verbrechen nicht nur gedeckt, sie hat sogar, als der Fall im Ausland bekannt wurde, gegen die todkranke Frau, die ihr Leben lang an den Folgen der Folter leiden wird, ein Verfahren wegen «Verbreitung von Greuelmeldungen» angestrengt.

Nervenarzt nach Misshandlungen des Landes verwiesen

Am Dienstag, dem 21. März ist der Nervenarzt Dr. Fraenkel, dessen Patientenkreis sich hauptsächlich aus proletarischen Schichten zusammensetzte, in seiner Berliner Wohnung von einer grösseren SA-Abteilung verhaftet worden. Er wurde in die Nazikaserne, General Papestrasse, gebracht und dort bis Donnerstag festgehalten. In den zwei Tagen wurde er mehreren Verhören unterworfen und immer wieder mit Stahlruten und Hundepeitschen geschlagen. Die Spuren der Misshandlungen und eine durch Peitschenhiebe verursachte Augenverletzung sind nach der Entlassung Dr. Fraenkels einwandfrei festgestellt worden. Dr. Fraenkel ist am Donnerstag, dem 23. März, entlassen worden, nachdem er für sich und seine Frau einen Revers unterzeichnet hatte, durch den er sich verpflichtete, Deutschland sofort und für immer zu verlassen.

Dr. Fraenkel, der diesem erpressten Zugeständnis nachkam und nun in der Emigration lebt, berichtet u. a. über die Vorgänge in der Nazikaserne folgende Details:

«Während meines Aufenthaltes sind in dem Raum, in dem ich mich befand, ungefähr 15 junge Arbeiter eingeliefert worden. Ich bezeuge, dass diese jungen Arbeiter auf die grauenvollste Weise misshandelt worden sind. Als Arzt kann ich die Ansicht vertreten, dass mindestens 8 von ihnen schon ihren Verletzungen in der General-Papestrasse erlegen sein müssen. Die Arbeiter sind, nachdem man sie gebunden und mit brennenden Zigaretten in die Fussohlen gebrannt hat, von den SA-Leuten noch stundenlang grausam gefoltert worden. Gleichzeitig mit mir war ein Dr. Philippsthal aus Berlin-Biesdorf eingeliefert worden. Dieser Kollege wurde schwer verwundet. Ich hege schwerste Bedenken am Aufkommen dieses Arztes.» (Dr. Philippsthal wurde am 23. 3. nach dem Urbankrankenhaus überführt und ist dort tatsächlich gestorben.)

Reichsbannerleute und Funktionäre in der Folterkammer

In den Dementis der Naziregierung wird immer wieder der Versuch gemacht, die Exzesse in den SA-Kasernen als Willkürakte einzelner SA-Leute darzustellen. Wir bringen hier mehrere Berichte aus der Stadt Kassel, aus denen einwandfrei hervorgeht, in wie engem Zusammenhang die Misshandlungen mit der offiziellen Führung der SA erfolgen. Man hat sich nicht viel Mühe gegeben, Verhör und Misshandlung, die in verschiedenen Räumen des g l e i c h e n H a u s e s stattfanden, von einander abzugrenzen. Häufig liest man, dass die Verhafteten nach einem ausnahmsweise gelinden Verhör «entlassen» wurden, dann aber bereits auf der Treppe von der SA zur «Nachbehandlung» ergriffen und in den Keller geschleppt wurden.

Der Reichsbannerführer Hans Quer gibt zu Protokoll:

«Am 24. 3. 33, kurz nach 1 Uhr, von 4 SA-Leuen und einem Zivilisten aufs Dienstzimmer 51 aufs Rathaus geholt. «Herr Quer, Sie müssen mitkommen.» Am Handgelenk von zwei Leuten festgehalten. Freitreppe hinuntergeführt. Von mehreren SA-Leuten, die oben auf der Treppe standen, wurde zum Publikum gerufen: «Jetzt kommt der Reichsbannergeneral Quer!» In die Bürgersäle geführt. Namen des einen begleitenden SA-Führers: Dippel (Steinhäger-Vertreter, zuletzt am Wohlfahrtsamt beschäftigt, Unterschlagung begangen, entlassen und zu 4 Monaten Gefängnis verurteilt). Von einem SA-Mann nach Personalien gefragt, desgleichen nach Parteizugehörigkeit. Hierauf Mitteilung, dass ich entlassen sei.

Auf dem Gang hielten mich 2 SA-Leute an, dass ich noch nicht gehen könne. Einer ging ins Zimmer zu dem SA-Mann, der die Personalien notiert hatte. Kam nach kurzer Zeit wieder, machte eine Handbewegung, die andeuten sollte, dass ich in den Keller gebracht würde. Dort wurde ich von 10 bis 15 SA-Leuten in Empfang genommen, die mich aufforderten, sofort Mantel und Hut auszuziehen. Danach gewaltsam in einen dunklen Keller geführt, in dem eine Pritsche stand. Ein SA-Mann ging mit einer Taschenlaterne voraus und leuchtete. Die Lampe ging aus. Gewaltsam über eine Pritsche geworfen und mit Gummiknüppeln in einer geradezu viehischen und bestialischen Weise 10 bis 15 Minuten mindestens geschlagen. Als ich halbbewusstlos von der Pritsche herunterfiel, und bat, doch menschlicher mit mir umzugehen, wurde mir hohnlachend geantwortet; und gleich darauf setzten die Schläge noch viel stärker ein. Als ich beim Verlassen des Kellers nicht rasch genug ging, wurde mir gesagt: «Sie haben noch zu wenig bekommen, wenn Sie sich nicht beeilen, werden Sie noch einmal zurückgeführt.»

S t a d t s e k r e t ä r M a r t i n M e y e r, 30 Jahre, Böttnerstrasse 4, wurde am 24. 3. von SA um ½1 Uhr, aus dem Vollstreckungsamt der Stadt Kassel, wo er tätig ist, geholt und in die Bürgersäle in der oberen Karlstrasse gebracht. Dort wurde er in einen dunklen Keller geführt, auf eine Pritsche gelegt und mit einer kurzen Unterbrechung etwa ½ Stunde mit Gummiknüppeln geschlagen. Schwere Schläge auf die Nase und auf das rechte Auge.

K a s c h e l S e p p e l, Gewerkschaftssekretär, Kassel, Schillstr. 14, am 23. 3. 33 nachmittags 5 Uhr zusammen mit Gewerkschaftssekretär Gerke aus dem Gewerkschaftshaus von 8 SA-Leuten angeblich zum Verhör in die Bürgersäle geholt. Im grossen Saal festgehal-

Dr.med.Fritz S c h w ö r e r   Charlottenburg,2.April 1933
                                     Berlinerstr.98.

       Heute um 11 Uhr kam Herr   zu mir
und bat mich um Ausstellung dieses Attestes.Die vorgelegte
polizeiliche Anmeldung lautete auf

       Befund:Die Weichteile um das linke Auge sind stark
verschwollen und blutunterlaufen,auch über dem rechten Auge
und auf der Stirne blutunterlaufene Stellen.Auf dem behaarten
Teil des Schädels,besonders rechts,zahlreiche Beulen und blutig
verschorfte Stellen.Die linke Ohrmuschel gerötet und stark verschwollen,an der linken Halsseite ebenfalls Schwellungen und
Hautdefekte.Beide Oberarme,besonders der rechte, geschwollen
und blau und rot unterlaufen.Die rechte Hand und das Handgelenk vollständig verschwollen.besonders schmerzhaft sind das
Handgelenk,der Handrücken besonders im Bereich der 2. und 3.
Mittelhandknochen und des Daumengrundgelenks und Mittelfinger--
grundgelenks und des Endglieds des 4.Fingers.Ob eine Fraktur
vorliegt,bedürfte der Röntgenuntersuchung.An der linken Hand
ist der Handrücken geschwollen und schmerzhaft,besonders der
2.Mittelhandknochen und das Grundgelenk.Beide Gesässbacken
und der obere Teil beider Oberschenkel sind vollkommen rot und
teilweise striemig blutig,mit Hautdefekten unterlaufen,ebenso
Striemen an der Vorderseite des rechten Oberschenkels.Das rechte Knie zeigt links unter der Kniescheibe eine alte Operations-
narbe,es ist stärker als das linke und ist schmerzhaft.

Dr.med. Schwörer
Arzt
Charlottenburg, Berlinerstr.98

Das Original eines ärztlichen Attestes über Folgen von Misshandlung.

214

ten. Schreie aus Unterraum gehört. Eine Stunde gewartet. Von 8 Mann in den dunklen Keller geführt, über Tisch gelegt, in drei Abständen von 6 Mann mit Gummiknüppel geschlagen. In ärztlicher Behandlung. Zur Zeit noch bettlägrig. Vermutlich Nierenverletzung. Blutiger Urin. Rücken, Gesäss, Oberschenkel getroffen.

Ball Heinrich, Kaufmann Kassel, Ludwigstrasse 2, im Laden am 24. 3. 33 von 4 SA-Leuten gegen 3 Uhr verhaftet und nach den Bürgersälen gebracht. Auf der Strasse schon geschlagen worden. Mit Erschiessen bedroht, falls Fluchtversuch. In den Bürgersälen misshandelt. Auf entblösstem Körper (Hose heruntergezogen) ¼ Stunde mit Gummiknüppel geschlagen worden. Seitdem bettlägrig im Landeskrankenhaus in Kassel.

Der Geschäftsführer an der Ortskrankenkasse Kassel, Christian Wittrock, Kassel, Luisenstrasse 20, in den 40er Jahren, wurde am 24. 3. 33 von zwei SA-Leuten aus seinem Büro geholt. Ueber die Rathausfreitreppe geführt, dann durch die Menschenmenge hindurch nach den Bürgersälen in der oberen Karlstrasse. Dabei schon getreten und geschlagen. In den Bürgersälen wurden zuerst seine Personalien von SA aufgenommen und dann gesagt: «Wittrock ist entlassen». Er wurde dann, anscheinend, als wenn er entlassen werden sollte, aus dem Saal geführt, aber nicht aus dem Hause heraus, sondern überraschend in einen dunklen Keller gebracht, dort auf eine Pritsche gelegt und mit Gummiknüppeln misshandelt. Zwei Schläge auf den Kopf, Blutergüsse im Rücken, Gesäss und Oberschenkeln. Kleidung beschmutzt, teilweise zerrissen, ebenfalls Schuhe. Dann nochmals in den Saal gebracht und dort ein zweites mal misshandelt. In ärztlicher Behandlung.

Auch Offiziere verfallen der Feme

In der zweiten Woche des März wird der Oberleutnant a. D. Anhalt, jetzt als Bezirksvermesser tätig, wohnhaft Berlin-Tempelhof, Germaniastrasse 12, von 3 SA-Leuten und einem Zivilisten in seiner Wohnung verhaftet. Er alarmiert sofort das Ueberfallkommando, das auch erscheint, aber ein Eingreifen ablehnt. Die SA-Leute transportieren Anhalt zum Untergruppenkommando Ost, Hedemannstrasse. Dort wurde er zuerst von dem Zivilisten der Gruppe geschlagen, weil er gewagt hatte, das Ueberfallkommando anzurufen. Daraufhin wurde er in einen Raum geführt, wo bereits 12 bis 13 Mann auf Stroh lagen. Ein SA-Mann, der den Namen «Oberfahrer» hatte, nahm den Oberleutnant in Empfang. Es wurde gar nicht mehr davon gesprochen, dass Anhalt beschuldigt war, das Reichsbanner illegal in Waffen ausgebildet zu haben. «Oberfahrer» wusste nur, dass er einen früheren Offizier vor sich hatte. Er begann mit 2 Helfershelfern die Execution und hielt nicht eher ein mit dem Prügeln, bis Anhalt das Blut aus Mund und Nase lief. Dann hob er den Schwerverwundeten hoch und zeigte ihn den stöhnend am Boden liegenden anderen Gefangenen mit den Worten: «Seht her, das Schwein ist Oberleutnant und kann vor Angst nicht gerade stehen.» Da Anhalt ihn Lügen strafte, in dem er sich aufrichtete, stiess ihn der SA-Mann in die Kniekehlen. Er wiederholte das so lange, bis Anhalt zusammenstürzte.

Eine neue Prügelei folgte, die aber noch immer nicht die Haltung des Gefangenen in dem gewünschten Masse zu verändern schien. Anhalt erlitt stumm die Schläge, sodass der SA-Mann in ohnmächtige Wut geriet. «Wirst Du brüllen, Du Hund!» schrie er und schlug so lange auf Anhalt ein, bis er bewusstlos war. Dann warf er ihn aufs Stroh zu den andern Gefangenen.

Nur ein Nervenzusammenbruch

O t t o G e r k e , kam 3½ Uhr ins Kasseler Gewerkschaftshaus, von 3 Hilfspolizisten angeredet. Nr. 1 sagte: «Das ist auch so ein Kerl». Nr. 2: «Den werden wir uns holen». Nr. 3: «Das ist Gerke vom DM-Verband».

Um 4½ Uhr kamen 4 SALeute ins Büro. «Herr Gerke?» «Ja.» «Ziehen Sie sich an, Sie müssen mit zum Verhör.» Auf Frage, ob Polizeipräsident unterrichtet sei, Antwort: «Ja.» Mit 8 SA-Leuten durch Spohrstrasse in die Bürgersäle gebracht. Erst auf Wache geführt, dann oben im Saal nach Waffen durchsucht. Um ½ bis ¾6 Uhr. wurde ich aufgerufen. Von 2 SA-Leuten die Treppe hinuntergeführt in den Kellergang, wo auf der rechten Seite mehrere Fahrräder standen. Darauf Mantel und Hut ablegen. In 12 Stufen tiefen Keller geführt. Im Keller über bereitstehenden Tisch geworfen. Kopf und Arme festgehalten und 15 bis 20 Minuten mit Gummiknüppel misshandelt. Emporgerissen sollte ich «Heil Hitler» rufen, was ich nicht vermochte. Hausarzt sofort angerufen, stellte heftige Blutergüsse und Nervenzusammenbruch fest.

A b s c h r i f t d e s A t t e s t e s .

Kassel, den 28. 3. 33

«Ich bescheinige hiermit, dass ich Herrn Otto Gerke, in Kassel, Yussowstrasse behandele wegen grosser Blutergüsse, die die Gegend beider Arme, die Oberschenkel an der Hinterseite, die Kniekehlen und auch noch die Unterschenkel hinten umfassen. Nach oben reichen die Blutergüsse bis in die Nierengegend. Ich behandele Herrn Gerke seit dem 24. 3. 33. Er ist nicht in der Lage, seinen Dienst auszuüben und muss im Bett liegen.   gez. Unterschrift.»

Hetzfilm statt Mittagessen

«Am Montag, den 3. April morgens um ½ 7 Uhr, wurde ich von zwei SS-Leuten verhaftet. Obschon sich bei der Vernehmung herausstellte, dass kein Grund zu meiner Verhaftung vorhanden war, wurde ich mit zwei anderen Gefangenen in einen Eiskeller gebracht. Das war ein Raum unter der Erde, etwa 3 m lang und 2 m breit. Es kamen weder Luft noch Licht in dieses Loch. Wir erkannten uns nur, wenn wir ganz dicht voreinander standen und uns anfassen konnten. Wir litten sehr bald unter Atemnot und versuchten uns durch Hinlegen

Ein Blutzeuge für „Greuelmärchen"

Der Grossrabbiner Jonas Fränkel wurde in Berlin von SA blutig misshandelt. Es gelang ihm, mit seiner Tochter nach Prag zu entfliehen. Die Aerzte bezeichneten seine Verletzungen als lebensgefährlich.

Dementi einer Greuelhetze.

Berlin, 25. April. (Wolff.) Das „Prager Tagblatt" verbreitet heute eine Greuelmeldung und behauptet, der Berliner Grossrabbiner Jonas Fränkel sei heute in Prag eingetroffen und berichte über scheussliche Greuel an Juden in Deutschland. So behauptet er u. a., er sei von SA-Leuten überfallen und um 2000 Rmk. bestohlen worden. Die SA-Leute hätten ihn und seine Tochter mit Revolvern bedroht, ihn niedergeschlagen und schwer verletzt. Er habe in Decken gehüllt in ein anderes Stadtviertel geschmuggelt werden müssen, und er habe sich dann so nach Prag durchgeschlagen. Er leide noch jetzt an Gleichgewichtsstörungen und an einer Gehirnerschütterung. Er habe die Absicht, nach Palästina weiterzureisen und nehme überall die Hilfe der jüdischen Hilfskomitees in Anspruch.

Wie dazu von zuständiger jüdischer Stelle in Berlin festgestellt wird, gibt es in Berlin überhaupt keinen Grossrabbiner. Ein Rabbiner oder anderer jüdischer Geistlicher namens Fränkel oder ähnlichen Namens ist nirgends vorhanden. Es handelt sich also wieder einmal um eine der üblichen Greuelmeldungen aus Prag, deren Quellen (WTB. zufolge) im allgemeinen deutsch⸗marxistische Kreise sind.

Die Hitlerregierung liess durch WTB erklären, dass «ein Grossrabbiner Fränkel nirgends vorhanden sei».

Der Reichspräsident

Zwei Briefe des Reichs-
präsidenten von Hinden-
burg an den Grossrabbi-
ner Jonas Fränkel, von
dem das amtliche WTB
behauptet, er sei «nicht
vorhanden».

Berlin, den 7.Oktober 1932.

Für die mir anläßlich meines 85. Geburts

tages übermittelten freundlichen Glückwünsche spreche ich

meinen herzlichen Dank aus.

von Hindenburg

Herrn

Großrabbiner F r ä n k e l ,

Der Reichspräsident

Berlin, den 5.Januar 1933.

Herzlichen Dank für die mir zum Jahres-
wechsel übermittelten Glückwünsche, die ich bestens
erwidere.

Mit freundlichem Gruß!

von Hindenburg

Herrn
        Gross-Rabbiner Jonas F r ä n k e l
                B e r l i n C.
        - - - - - - - - - - -

Unten: Faksimile der Vorderseite eines «Mahnbriefes» vom Rettungsamt
Berlin an Grossrabbiner Fränkel zur
Zahlung von 8 Mark für erste Hilfe-
leistung (das Rettungsamt hat dem
schwer Misshandelten die erste Hilfe
geleistet).

zu erholen. Die einzige Lagermöglichkeit war ein altes Feldbett, ohne Decke und Matratze. Ein paar Kartoffelsäcke lagen herum, die wir als Decken verwendeten. Es gab kein Trinkwasser, und auch Waschwasser verweigerte man uns. Die Mahlzeiten waren eine Qual und das Essen war immer kalt.

Einer der Mitgefangenen, ein Jude, hatte bei der Vernehmung den Befehl erhalten, jeden SA-Mann, der in den Keller kam, bei seinem Eintritt mit dem Ruf zu begrüssen: «Ich will nach Palästina!» Mir tat er sehr leid, weil ich an seiner Stimme merkte, wie schwer ihm diese Demütigung wurde.

Donnerstag, nachts um ½12 Uhr, wurden wir endlich aus dem Keller entlassen und in einen Schulsaal gebracht. Am Freitag schien es, als sollten wir die Freiheit wieder bekommen. Aber man machte sich nur ein Schauspiel mit uns. Die faschistische Bevölkerung der Umgegend war augenscheinlich von den SA-Leuten alarmiert worden. Als wir in die Autos verladen wurden, standen sie Kopf an Kopf vor der Schule und empfingen uns mit höhnischen Rufen. Sie mussten sehen, dass es uns allen nicht besonders gut ging, aber sie amüsierten sich mit unserm Elend. Zu unserm Erstaunen wurden wir in ein Kino gefahren. Der Film, den man uns zeigte, hiess: «Blutendes Deutschland.» Das war eine einzige Hetze gegen Frankreich. Auch die Erschiessung Schlageters kam darin vor. Einer der anwesenden Nazis fing an, eine Rede zu halten. Er hat sich eingebildet, uns überzeugen zu können. Aber uns hat vielmehr die Tatsache überzeugt, dass wir an diesem Tage nicht einmal ein Mittagessen bekamen.

Freitag nacht um 12 Uhr, wurde ich plötzlich von 2 SA-Leuten wieder geholt und auf die Wache gefahren. Ich konnte auch dort ihre Fragen nicht zu ihrer Zufriedenheit beantworten. Der Polizeikommissar gab Befehl, mich wieder fortzubringen. Nach einer Stunde holten mich zwei SS-Leute ab, aber es ging nicht wieder ins Haftlokal zurück, sondern sie fuhren mich in den W a l d. Auf einmal stoppte das Auto. Ich wurde herausgerissen und auf den Boden geworfen, dann fragten sie: «Wo sind die Waffen?» Ich sagte: «Ich weiss keine.» Dann ging die P r ü g e l e i los. Mein Gesicht wurde ins Gras gedrückt. Ich roch die feuchte Erde, hatte Sand in den Zähnen, und auf meinem Rücken knallten die Gummiknüppel. Das Schrecklichste war, dass ich jeden Augenblick dachte, jetzt kommt der letzte Schlag.

Nach einer Weile liessen sie nach und von neuem hiess es: «Wo sind die Waffen?» Ich wollte sie schon anspringen, weil mir plötzlich alles egal war, aber da drehten sie sich wieder herum, und jetzt merkte ich, dass sie sich schon müde geschlagen hatten. Plötzlich liess die Faust los, die meinen Hinterkopf an den Boden gepresst hatte, ein furchtbarer Schlag traf meinen Schädel, und ich verlor die Besinnung.

Als ich wieder aufwachte, waren sie weg. Ich schleppte mich nach Hause. Ich liess einen Arzt holen. Er war aber so feig, dass er sich weigerte, ein Attest auszustellen.

Es ist ja auch alles Schwindel, was sie da als Gegenmassnahme versprechen, auch mit ihren Sonderkommandos, die vor unberechtigten SA-Angriffen schützen sollen, weil sie nur den Leuten Sand in die Augen streuen. Ich habe das Grauen gekriegt, als ich dann einen andern Freigelassenen sprach, der mir erzählte, er hätte einen Revers unterschreiben müssen, dass er nicht misshandelt worden sei. Kaum hatte er unterschrieben, als man ihn aufs Neue schlug und ihm dabei höhnisch zurief: «Jetzt haben wir ja Deine Unterschrift, dass Dir nichts passiert ist.»

Auch Kriegsbeschädigte verfallen der Folter!

In der zweiten Hälfte des März rückten SA-Truppen beim Berliner Elektrizitätswerk, Schiffbauerdamm an. Sie besetzten das Gebäude, hinderten die Angestellten am Weggehen, verhafteten alle Betriebsratsmitglieder und brachten sie in eine SA-Kaserne. Die Leitung der Bewag versuchte mehrere Stunden vergeblich die Polizei zum Einschreiten zu bewegen. Erst am nächsten Tag gelang die Freilassung durch direkte Verhandlungen mit den Nationalsozialisten. Die 13 Arbeiter erzählen, dass man sie gezwungen hat, stundenlang in militärischer Formation herumzumarschieren und immer wieder das «Deutschlandlied» zu singen. Widerstand wurde mit vorgehaltenem Revolver gebrochen. Die Tortur wurde von allen um so unmenschlicher gefunden, als unter den Arbeitern zwei Schwerkriegsbeschädigte waren, die später vor Erschöpfung zusammenbrachen. Wie bei allen Freilassungen mussten auch diese Arbeiter R e v e r s e unterschreiben, dass sie einwandfrei behandelt worden seien.

Ein 24jähriger Arbeiter aus Berlin (Name im Archiv) wurde am Montag, den 27. März, spät abends von SA abgeholt und nach der Hedemannstrasse gebracht. Er wurde dort bis Mittwoch gefangengehalten und mehrmals mit der Reitpeitsche geprügelt, weil er sich weigerte, Namen von politischen Freunden anzugeben. Gleichzeitig mit ihm verschleppten die Nazis seinen s c h w e r - k r i e g s b e s c h ä d i g t e n V a t e r. Der Sohn musste zusehen, wie der alte Mann ebenfalls mit Peitschen geschlagen wurde. Aus den Attesten entnehmen wir, dass beide Gesichtswunden hatten, die Nasen verschwollen waren und Nacken und Gesäss über und über mit Striemen bedeckt waren.

Er muss sein eigenes Blut auflecken

In der Brotfabrik W i t t l e r Berlin-Norden tat in einem Gespräch der 21jährige Mitfahrer Ziegler am 24. März 1933 in der Fabrikkantine eine antifaschistische Aeusserung. Der SA-Mann Müller, der auch bei Wittler arbeitet, erfuhr diese Aeusserung, mobilisierte die SS-Staffel aus der Gentherstrasse. Diese lauerte dem Ziegler auf, hielt ihm sofort die Pistole vor die Brust und drohte ihm, bei Fluchtversuch scharf zu schiessen. Ziegler wurde dann von den SS-Leuten verschleppt. Was mit ihm weiter geschah, erzählte höhnisch triumphierend ein SS-Mann: «Der hat mit seinem eigenen Koppel so lange gekriegt, bis das Koppel entzwei ging, dann h a t e r s e i n B l u t a u f g e l e c k t. Dann haben wir ihm die Zunge mit der Bürste wieder sauber gemacht, und der Staffelführer hat ihm gesagt: «Du Aas befindest Dich jetzt auf Hitlers Boden, und der wird Dir auch noch heilig werden.»

Ein wahrer Arier lernt das Dritte Reich kennen

Wie wir an anderer Stelle schon berichtet haben, wurde in der letzten Aprilwoche der Neffe des indischen Dichters Rabindranath Tagore unter dem Verdacht, ein Attentat auf Hitler geplant zu haben, in Süddeutschland verhaftet. Die Schilderung, die er von dem Gefängnis des «Dritten Reiches» gibt, darf wohl den Anspruch erheben, so unparteiisch zu sein, wie keine andere. Tagore musste, nachdem er Erniedrigungen und Misshandlungen einige Tage erduldet hatte, freigelassen werden. Er berichtet:

«Der Raum, in den ich kam, lag tief, war finster und ohne Luft. Zweiundzwanzig Gefangene waren dort bereits eingekerkert, durchweg Mitglieder der Linksparteien, in der Mehrzahl Kommunisten. Viele von ihnen waren schon mehr als einen Monat hier und noch kein einzigesmal einvernommen worden. Von Zeit zu Zeit wurde einer gerufen und aus der Zelle geführt.

Man hörte erschütterndes Geheul, und dann wurde unser Gefährte wieder zu uns herein gestossen. Wimmernd zeigte er die Spuren der Brutalitäten, deren Opfer er geworden war.

Ein kommunistischer Reichstagsabgeordneter zeigte mir Misshandlungsspuren und sagte einfach dazu: «Sehen Sie, das nennt man nationale deutsche Kultur». Am Tage nach meiner Verhaftung wurde ein junger Mann namens Rahm hinausgerufen und kam mit aufgerissenen und blutigen Schenkeln zurück. Die SA-Leute hatten ihn mit Stahlruten geprügelt, weil er sich geweigert hatte, gegen seine Genossen eine falsche Zeugenaussage abzugeben. Auf das stinkende Stroh, das uns als Lager diente, hatten wir uns unter grossen Schwierigkeiten hingelegt, aber er konnte es nicht, weil ihn die Wunden, die sich über seinen Rücken hinzogen, daran hinderten. Dienstag frühmorgens wurde in unsere Zelle ein Mann geworfen, der sich kaum auf den Beinen halten konnte; er trug einen Arm, der ganz verschwollen war, in einer Binde, und sein Gesicht war blutig. Er heisst Fuhler und ist Gewerkschaftsfunktionär. SA-Leute waren in das Gewerkschaftshaus eingedrungen, und als Fuhler ihrer Aufforderung nach Abgabe der Waffen nicht entsprach, warfen sie sich auf ihn, brachen ihm den Arm, bohrten ihm einen Stock in die Seite, rissen

ihm die Wange bis knapp unter dem Auge auf, schlugen ihn zu
Boden und misshandelten ihn mit Fusstritten.

In der Nacht war es unmöglich, ein Auge zu schliessen; das Gefängnis tönte wieder von den Schreien der Gefangenen und dem
Gesang und dem Gelächter unserer Peiniger. In der Nachbarzelle
schrie ein Gefangener unablässig nach seiner Mutter. Nicht selten
drangen SA-Leute in die Zellen ein, um ihre brutalen Wünsche zu
befriedigen.

Die Nahrung, die man uns gab, war wohl ausreichend, aber schlecht.

Ich lag in dieser Hölle abgeschieden von der Welt, ohne zu wissen,
wessen ich beschuldigt wurde, Gefangener für unbestimmte Zeit in
diesem Kerker eines fremden Landes, in den Händen unbekannter
fürchterlicher Feinde.»

Dokumente, die nicht einmal Göbbels dementieren kann

Der völlig unpolitische Filmjournalist Kurt H a a s wird am
28. Februar nachts in seiner Wohnung von Zivilisten verhaftet.
Er weigert sich, den Leuten zu folgen, die ausser einem SA-Aus-
weis, kein amtliches Papier vorzeigen können. Man droht ihm
mit sofortiger Erschiessung, man knebelt ihn und verprügelt ihn
in seinem Bett, fesselt ihn und verschleppt den schon Schwerverwundeten in einem Auto. Eine Schupowache, die der empörte
Chauffeur unterwegs plötzlich anruft, rettet Haas. Er wird im
Staatskrankenhaus verbunden und freigelassen. Ein bedauerlicher
«Irrtum»?

Bis hierhin hat der Fall nichts besonderes an sich. Haas beschwert sich beim Innenministerium, und nun gewinnt sein Fall
eine besondere Bedeutung. Obwohl die verhaftende SA in keiner
Weise nachweisen konnte, dass sie im amtlichen Auftrag handelte,
wird sie nachträglich vom Ministerium völlig gedeckt. Wir veröffentlichen die Antwort des Goering-Ministeriums im Wortlaut:

«Der Preussische Minister des Innern
SA-Verbindungsführer Brb. Nr. 29/33.
    Berlin, den 13. März 1933
        Her⸺ Curt Haas
                B e r l i n - W i l m e r s d o r f

Ihr an den Herrn Minister des Innern gerichtetes Schreiben vom
4. 3. 1933 ist mir zuständigkeitshalber zur weiteren Bearbeitung und
Veranlassung übergeben worden.

Ich habe festgestellt, dass die in ihrem Schreiben gemachten Angaben
vielmehr in wesentlichen Punkten unzutreffend und entstellt sind.
Die SA war durchaus berechtigt und hat weisungsgemäss gehandelt,
Sie in Schutzhaft zu nehmen. Sie haben nach den von mir angestellten Ermittlungen, nachdem sich die SA, wie Sie selber zugeben, als
solche ausgewiesen hatte, auch zunächst den Verhältnissen entspra-

chend sich benommen. Nachdem Sie sich auf Aufforderung der SA angekleidet hatten, haben Sie aber dadurch, dass Sie auf die SA-Angehörigen plötzlich unter lautem Toben und Schreien selbst einzuschlagen begonnen hatten, und dass Sie einen SA-Mann derartig in den Finger bissen, dass die Verletzung noch heute nicht geheilt ist, es selbst verschuldet, dass Ihr Widerstand zwangsweise gebrochen werden musste. Nach meinen Feststellungen ist das Mass des angewandten Zwanges nicht höher gewesen, als es zur Brechung Ihres Widerstandes erforderlich war.

Ich habe keinerlei Veranlassung, gegen die beteiligten SA-Führer und SA-Männer irgend etwas zu unternehmen, muss vielmehr dem verletzten SA-Mann es vorbehalten, seinerseits gegen Sie vorzugehen. Herrn Kriminalrat Heller, auf den Sie sich berufen, habe ich Durchschlag dieses Schreibens zur Kenntnisnahme übersandt.

Der SA-Verbindungsführer
im Preussischen Ministerium des Innern
gez. Dr. Heyl, Sturmbannführer.»

Wer einem Mörder in letzter Todesangst die Zähne in die Finger schlägt, hat sich schuldig gemacht und verdient neue Bestrafung. Die Beschwerde eines Bürgers beantworten Minister mit einer Mordhetze. Hier spricht das neue Gesetzbuch des dritten Reichs:

Wer von der SA. überfallen wurde, der soll wissen, dass er vogelfrei ist.

Dieses Dokument dürfte geschichtlichen Wert besitzen. Es ist ebensowenig zu widerlegen, wie jene offizielle Meldung aus Bielefeld, die im übrigen zeigt, wie ungestraft man in Deutschland von seinen Verbrechen reden kann.

«B i e l e f e l d, 3. April 1933. Der sozialdemokratische Reichstagsabgeordnete und Stadtrat Schreck wurde gestern verhaftet; er liegt zur Zeit im Krankenhaus.»

Ein klassisches Zeugnis. Verhaftung ist identisch mit schwerer Verletzung.

Da nützt kein Dementi mehr. Die Hitlerpolizei hat selbst ihre Anklageschrift geschrieben.

Die Judenverfolgungen in Hitlerdeutschland

«Eine der ersten Taten, der neuen nationalistischen Landesregierung von Thüringen war das Verbot des C. V. (Central-
Verein deutscher Staatsbürger jüdischen Glaubens) für das
Landesgebiet Thüringen. Die Regierung gab dazu folgende Erklärung:
«Eines der Hauptziele des C. V. ist die Bekämpfung des Antisemitismus. Da es in Deutschland keinen Antisemitismus gibt,
hat der C. V. keine Existenzberechtigung mehr. Er ist deshalb
mit dem heutigen Tage aufgelöst.»

Hier ist von Tatsachen die Rede: authentische Berichte und
Zeugnisse über Folterungen, Misshandlungen, Entrechtung und
Aushungerung der in Deutschland lebenden Juden werden die
Grenze zwischen «G r e u e l n a c h r i c h t e n» und der schau-
erlichen Wirklichkeit genau aufzeigen. Es wird sich heraus-
stellen, dass die sogenannten «Greuelnachrichten» zwar im einen
oder im anderen Fall ungenau und übertrieben waren, dass sie
indessen die wahren Brutalitäten eher zu schwach dargestellt
haben. Das will sagen: man hat beispielshalber von irgend einem
Herren Cohn berichtet, ihm seien die Haare einzeln ausgerissen
worden. Es stellt sich heraus, dass dieser Herr Cohn unversehrt
längst im Ausland sitzt. Dafür aber ist es ein Herr Levy, dem
man nicht nur die Haare ausgerissen, sondern auch ein Auge
ausgeschlagen hat, so dass er tödlich verwundet seit Wochen in
irgend einem Krankenhaus liegt. Irrtümer in der Person oder im
Ort der Handlung sind vorgekommen; aber für jeden Fall, der
sich als unrichtig oder übertrieben herausgestellt hat, gibt es
hundert Fälle von Folterungen, Totschlag und Beraubung, die
noch gar nicht bekannt geworden sind, weil die Betroffenen unter Todesdrohung daran verhindert werden, die Wahrheit über
die Verbrechen, die tagtäglich in Hitlerdeutschland geschehen,
auszusagen.

Der Bericht der Tatsachen kann sich in weitem Masse unabhängig machen von den Problemen der «J u d e n f r a g e». Die
Analyse der jüdischen Situation in Deutschland ist in vielen
Büchern und von vielen Gesichtspunkten aus zu geben versucht
worden. Wir grenzen den Problemkreis hier eng ein. Von den
unauflöslichen Zusammenhängen der Hitlerbewegung mit dem
Antisemitismus muss dennoch auf knappstem Raum zunächst gesprochen werden.

222

I. Der Antisemitismus
als eine Grundlage des Nationalsozialismus

Es ist ein altes Mittel der herrschenden Schichten, die Unzufriedenheit der Massen mit einem Regime, unter dem sie verelenden, von den wirklichen Ursachen abzulenken. Warum diese Ablenkungsmanöver durch viele Jahrhunderte, während des ganzen Mittelalters und dann wieder in der Neuzeit gerade die Juden getroffen haben, ehemals als Religionsgemeinschaft, heute vornehmlich als «Rasse», kann hier nicht mit der notwendigen wissenschaftlichen Gründlichkeit dargelegt werden. Diese Arbeit ist uns abgenommen worden durch die geniale Konzeption des jungen M a r x : «Zur Judenfrage». Auf den grundlegenden Marxschen Erkenntnissen bauten später zahlreiche Werke über diese Frage auf, die sie in ihren gesellschaftlichen Zusammenhängen behandelten.

Deshalb sehen wir heute das K e r n p r o b l e m der Judenfrage» nicht in einem ungeklärten Durcheinander. der Komplexe «Rasse, Nation, Volksgemeinschaft, Religionsgemeinschaft etc.» sondern in ihrer Stellung als s o z i a l e F r a g e (in der rassische, nationale und religiöse Elemente mit umschlossen sind). Die Analyse der Judenfrage ist untrennbar verquickt mit der Analyse der allgemeinen gesellschaftlichen Verhältnisse.

Der neudeutsche Antisemitismus

Der Hitlerismus hat als eine charakteristische Form des Auflösungsprozesses des kleinen Bürgertums im Zeitalter des Industrie-Kapitalismus seine Vorläufer gehabt. Der neudeutsche Antisemitismus lässt sich zurückführen auf jene antisemitische Bewegung, die im letzten Viertel des vorigen Jahrhunderts unter der Führung des Hofpredigers Adolf S t ö c k e r aufflammte. Die Ursachen dieser Bewegung waren wirtschaftlicher Art. Der hemmungslosen Spekulation der Gründerjahre nach ᵈem siegreichen Krieg von 1870/71 war eine schwere wirtschaftliche Krise gefolgt, deren Leidtragender neben der Arbeiterschaft in erster Linie das Kleinbürgertum war. Der Hofprediger Adolf Stöcker, in seinem sozialen politischen Tätigkeitsdrang durch ernste Warnungen der Unternehmer und der Regierung eingeschüchtert, findet die neue erfolgversprechende Parole der Judenhetze. «Ohne jegliche Blickmöglichkeit für ökonomische Grundtatsachen», so schreibt in seiner ausgezeichneten Studie «Deutschland erwache» Ernst Ottwalt, «schiebt Stöcker alles auf den Einfluss des Judentums, was ihm nur irgend im Deutschen Reich ungesund und verderblich zu sein scheint. Für die Verschuldung der bäuerlichen Bevölkerung der östl. preussischen Provinzen — eine notwendige Folge der Steigeurng der Weltgetreideproduktion — macht Stöcker

macht nur den Juden verantwortlich, der den Bauern Kredite
gibt, um ihn nachher in teuflischer Bosheit von Haus und Hof
zu vertreiben. Die beklagenswerte Lage der deutschen Industrie-
arbeiterschaft: Stöcker sieht nicht die Profitsucht eines Unter-
nehmertypus, den die Vervollkommnung der Produktionsmittel
geschaffen hat, er sieht nur den jüdischen Unternehmer, und
«die Juden sind an allem schuld».

Bismarck, der „Judenknecht"

Der Radau-Antisemitismus führt zu einem gewissen Erfolg.
Die erste revolutionäre Wallung des geprellten Kleinbürgertums
wird auf den schwächsten Punkt konzentriert: die jüdische Minderheit. Allerdings, als Adolf Stöcker beginnt, auch vermögende
und mächtige Juden anzugreifen, da regt sich stärker die Solidarität der Klasse der Besitzenden und Mächtigen: B i s m a r c k
selbst greift ein, und der Hofprediger, der zum Agitator geworden
ist, wird kaltgestellt. Es ist nicht ohne Pikanterie, dass die antisemitische Bewegung dieser Zeit sich auch gegen Bismarck
wandte, den man als «Judenknecht» denunzierte. In einer Broschüre vom Jahre 1878 ist zu lesen: «Dem Fürsten Bismarck gebührt das Verdienst, die Juden und ihre Genossen zur herrschenden Clique in Deutschland erhoben zu haben. . . Die Protektion
der Juden ist eines der schwärzesten Merkmale des gloriosen
Reiches Bismarcks und seine Folge die Verarmung des arbeitenden Volkes, die Demoralisierung aller Kreise der Gesellschaft,
die widerliche Verschmelzung von Geld und Geburtsadel . . . und
der Fürst Bismarck ist dem Einfluss des Judentums unterlegen.
Juden und Judengenossen bilden seine Gesellschaft, sie sind sein
täglicher Umgang und seine politischen Ratgeber, seine Haupt-
kulturkämpfer.»
Diese «Volksbewegung» von damals mündete zwangsläufig
in Exzessen. In dem pommerschen Städtchen Neustettin flammt
als ein Signal die Synagoge auf (schon damals leitete sich die
«nationale» Empörung durch eine B r a n d s t i f t u n g ein, und
auch damals wurden nicht die Täter unter Anklage gestellt --
sondern Juden, von denen man behauptete, sie selbst hätten aus
Rachsucht ihren eigenen Tempel angezündet). Es kommt zu
Pogromen. Als die «Volksbewegung» schon im Abflauen ist —
die wirtschaftliche Krise ist vorübergegangen — legalisiert sich
dieser Antisemitismus in der Form von Parteien, und alsbald
finden sich auch jene, die die notwendige Ideologie dazu liefern:
der Professor Eugen D ü h r i n g leitet mit seiner Schrift «Die
Judenfrage als Frage des Rassencharakters» eine neue Aera des
Antisemitismus, den «Rassenantisemitismus», ein. Inzwischen ist
viel Tinte vergossen worden um des Nachweises willen, dass die
Juden eine Rasse, und zwar eine fremde, niedrige und ver-

brecherische Rasse seien. Von geistreichen Behauptungen Chamberlains abgesehen, hat sich im grossen und ganzen diese «Wissenschaft» mit rohen Spässen begnügt. Sie feiert heute im Hitlerdeutschland ihre Triumphe, und zweifellos gibt es eine ganze Anzahl von Leuten, die im Dritten Reich auf diese unredliche Weise ihr Brot zu verdienen vermögen.

Formen der neudeutschen antisemitischen Agitation

Der neudeutsche Antisemitismus, dessen Gipfelung der Sieg Hitlers ist, hat sich niemals mit «wissenschaftlichen» Begründungen sehr gequält. Es ist ja das besondere Kennzeichen dieser Bewegung, dass sie von Anbeginn an niemals «bewiesen», sondern immer nur «behauptet» hat. Ihr Erfolg besteht darin zu verwirren; abzulenken von den wirklichen Verhältnissen. Dieser Antisemitismus hat sich immer in der widerlichsten Form des Radauantisemitismus gespreizt. Anfang 1920, während des Kapp-Putsches, zeigte sich zuerst in der breiten Oeffentlichkeit an den Stahlhelmen der Ehrhardtbrigade das merkwürdige antisemitische Symbol: das H a k e n k r e u z. Damals wurden auch zuerst Hass- und Hetzlieder öffentlich gesungen. Ein rechter «nationaler» Mann sprach damals schon nur noch in Ausdrücken wie: «R a t h e n a u , d i e J u d e n s a u» usw. Die Kinder lernten schon auf der Strasse antisemitische Lieder. Heute, im Dritten Reich, kennen sie alle das schöne Kampflied, das den Refrain hat: «W e n n's J u d e n b l u t v o m M e s s e r s p r i t z t , d a n n g e h t's n o c h m a l s o g u t.»

In zehntausenden von Versammlungen, in zehntausenden von Zeitungsartikeln ist seit 15 Jahren von der Hitlerpartei der Jude den verführten Massen als das abgründigste S c h e u s a l vorgeführt worden. Der Jude ist an allem schuld. Am Krieg wie am Frieden, am Kapitalismus wie an der Revolution, an der Armut und am Reichtum. Ueberall verbirgt sich für die nationalsozialistische Agitation der Jude, um das Werk des Judentums vollenden zu helfen: «die jüdische Weltherrschaft», das heisst für Hitler und die Seinen «Vernichtung der Welt».

Hitler über die Juden

Wir entnehmen einige Beispiele der offiziellsten Schrift des Nationalsozialismus, dem heute in vielen hunderttausend Exemplaren verbreiteten Buch von H i t l e r «Mein Kampf». Hören wir folgendes: «Der schwarzhaarige Judenjunge lauert stundenlang, satanische Freude in seinem Gesicht, auf das ahnungslose Mädchen, das er mit seinem Blute schändet und damit seinem, des Mädchens, Volke raubt». «Juden waren es und sind es, die den

Neger an den Rhein bringen, immer mit dem gleichen Hintergedanken und Ziele, durch die dadurch zwangsläufig eintretende Bastardierung die ihnen verhasste weisse Rasse zu zerstören, von ihrer kulturellen und politischen Höhe zu stürzen und selber zu ihren Herren aufzusteigen». «Kulturell verseucht er Kunst, Literatur, Theater, vernarrt das natürliche Empfinden, stürzt alle Begriffe von Schönheit und Erhabenheit, von Edel und Gut und zerrt dafür die Menschen herab in den Bannkreis seiner eigenen niedrigen Wesensart». «Wären die Juden auf dieser Welt allein, so würden sie ebensosehr in Schmutz und Unrat ersticken wie in hasserfülltem Kampfe sich gegenseitig zu übervorteilen und auszurotten versuchen, sofern nicht der sich in ihrer Feigheit ausdrückende restlose Mangel jedes Aufopferungssinnes auch hier den Kampf zum Theater werden liesse». «Indem der Jude die politische Macht erringt, wirft er die wenigen Hüllen, die er noch trägt, von sich. Aus dem demokratischen Volksjuden wird der Blutjude und Völkertyrann. In wenigen Jahren versucht er, die nationalen Träger der Intelligenz auszurotten, und macht die Völker, indem er sie ihrer natürlichen geistigen Führung beraubt, reif zum Sklavenlos einer dauernden Unterjochung».

Man muss bedenken, dass diese Aussprüche in einem immerhin repräsentativen und mit dem Bewusstsein der Repräsentation geschriebenen Buche stehen. Was wir hier zitieren, stellt sich somit als die mildeste und gezügeltste Form der antisemitischen Agitation dar. In den Versammlungen, in den Zeitungsartikeln hörte und las man eine andere, noch eindeutigere Sprache. Jahrelang haben die Ueberschriften der nationalsozialistischen Blätter etwa so gelautet: «An den Zitzen der jüdischen Sau» oder «Die jüdische Weltpest» usw. Schliesslich soll man nicht vergessen, dass der Hauptschlachtruf der Hitlerbewegung heisst: «Juda verrecke».

Aber genügt es nicht, in den «Führer- und Schulungsbriefen für Funktionäre der NSDAP» (15. März 1931) zu lesen:

«Die naturgegebene Feindschaft des Bauern gegen den Juden, seine Feindschaft gegen den Freimaurer als Judenknecht muss bis zur Raserei aufgestachelt werden.»

„Abrechnung"

Man muss sich dies einmal wieder ins Gedächtnis rufen, um zu erkennen, wie unsinnig die Dementis der nationalsozialistischen Gewalthaber in Bezug auf die Nachrichten über Judenverfolgungen sind und wie grotesk die Behauptung ist, den Juden geschehe unter der Schirmherrschaft Adolf Hitlers nichts Uebles. Fünfzehn Jahre lang hat man den Juden als die W e l t -

p e s t, als den tierischsten Untermenschen dargestellt, man hat den Anhängern der nationalsozialistischen Bewegung Freibriefe gegeben, die Juden zu verleumden und zu verfolgen. Man hat den Hass gegen den Juden systematisch gezüchtet. Man hat 15 Jahre lang «Abrechnung» versprochen. Ist es ein Wunder, wenn mit dem Beginn der sogenannten «Nationalen Revolution» diese M o r d s a a t aufgeht? Man hat jedem jungen Nationalsozialisten unermüdlich dargelegt, dass es eine sittliche Tat sei, die höchste Aufgabe, zu der er als nationaler Deutscher berufen sei: die Juden auszurotten. Wie will man jetzt diesem jungen SA-Mann begreiflich machen, dass er, im Besitz der Macht, heute den Juden schonen soll? Man lässt den jungen SA-Mann gewähren und man lässt ihn gern gewähren — denn von allen Dingen, die man ihm versprochen hat, kann man ja nur diese eine Lust befriedigen: seine Mordgier. Man kann nicht allen nationalsozialistischen Anhängern Brot und Arbeit geben, man kann die wirtschaftliche Krise nicht beheben, man kann keine der Versprechungen, die man gemacht hat, erfüllen — aber so lange man den kleinbürgerlichen Massen erlaubt, die Juden zu verfolgen und zu verprügeln, so lange sind d i e s e M a s s e n abgelenkt von dem grossen Betrug, dessen Opfer auch sie sind. Deshalb wird man in Hitlerdeutschland der Judenhetze nicht Einhalt gebieten. Es wäre eine furchtbare Täuschung zu glauben, dass die Judenverfolgungen bei der Machtübernahme Hitlers nur vorübergehende Ereignisse gewesen seien. Sie sind systematische und im Rahmen des grossen Volksbetruges notwendige politische Mittel. Wie sagte doch Herr Minister G o e b b e l s in seiner Broschüre «Der Nazi-Sozi» (Verlag Eher, München) : «Die Freiheit der deutschen Nation kann nur gegen den Juden vollendet werden. Gewiss ist der Jude auch ein Mensch... aber der Floh ist auch ein Tier — nur kein angenehmes... vor uns und unserem Gewissen haben wir die Pflicht... ihn unschädlich zu machen.»

„Juden sehen dich an"

Wir greifen, um zu beweisen, dass die antisemitische Hetze keineswegs aufgehört hat, sondern mit allen Mitteln organisiert weiterbetrieben wird, wiederum nur eine der Publikationen, die nach der Machtübernahme erschienen sind, heraus. Es ist ein Buch von Herrn Dr. Johann von L e e r s mit dem Titel : «Juden sehen Dich an». Es ist eine ziemlich wahllose Zusammenstellung von Photographien, die «dem deutschen Volk» als Schreckbildnisse vorgeführt werden sollen. Unter diesen etwa 60 Photographien von Deutschen und Ausländern finden sich auch Bilder von Karl Liebknecht, der ein Abkomme Martin Luthers ist, von dem Katholikenführer Erzberger, von Willy Münzenberg, in dem sich kein Tropfen «jüdischen Blutes» nachweisen lässt, von Gresinski, von dem katholischen Oberbürgermeister von Köln, Adenauer, von dem Pastorensohn Erwin Piskator, die alle im Sinne der nationalsozialistischen Rassentheorie «reinrassige» Deutsche sind. Aber das ist bezeichnend genug. Man nimmt sich in Hitler-Deutschland gar nicht die Mühe, auch nur die primitivsten Tatbestände, die den Behauptungen zugrunde liegen sollten, nachzuprüfen. Es genügt zu behaupten, es genügt zu verleumden. Wer dem Hitlerregime unbequem ist, der ist für dies Regime ein «Jude». Basta. Der Begriff «Verantwortlichkeit» ist diesen nationalsozialistischen «Schriftstellern» vollkommen fremd. Sie haben einen Freibrief zu lügen. Fordert jemand Rechenschaft von ihnen, so sind die nationalsozialistischen Sturmtrupps gut genug dafür, um jeden unbequemen Frager zum Schweigen zu bringen. Deshalb wagt niemand, auch den unsinnigsten Behauptungen zu widersprechen, und da niemand widerspricht, so glaubt die verhetzte Masse alles.

Wir finden in diesem Buch, dem man die weiteste Verbreitung wünschen soll, weil es wahrhaft aufklärend wirken würde über den «Geist», der das neue Regime beseelt, unter anderem auch die Photographien von Rosa Luxemburg, von Professor Einstein, von Georg Bernhard, von Lion Feuchtwanger, von Theodor Wolff, von Emil Ludwig, von Max Reinhardt, von Charlie Chaplin, von Alfred Kerr und von dem amerikanischen Bankier Otto H. Kahn. Niemand, der nicht Nationalsozialist ist, wird an diesen Photographien etwas Abstossendes finden können. Es sind zumeist wunderbare Köpfe von klugen und sehr ernst blickenden Männern mit hohen Stirnen, Männern von wirklicher intellektueller Bedeutung. Abstossend sind allein die Unterschriften, mit denen Herr Dr. von Leers diese Photographien versehen hat. Bei R o s a   L u x e m b u r g steht: «G e r i c h t e t». Bei Leviné steht: «Hingerichtet». Bei Erzberger steht: «Endlich gerichtet. Die jungen Deutschen, die ihn a b g e s c h o s s e n, wurden nach der nationalen Revolution von 1933 ausser Verfolgung gesetzt.» Neben E i n s t e i n steht lakonisch: «U n g e h e n k t». Das ist ein Lieblingsausdruck dieses Herrn von Leers, er verwendet ihn bei all denen, die noch nicht ermordet worden sind. Von Reinhardt heisst es: «Seine minderwertige und seelenlose Kunst usw.». Chaplin wird bezeichnet als ein «ebenso langweiliger wie w i d e r w ä r t i g e r   k l e i n e r   Z a p p e l j u d e». Von Toller wird behauptet: «Konnte nach der Machtergreifung durch Adolf Hitler rechtzeitig eingesperrt werden» — aber nicht einmal das stimmt: Ernst Toller befand sich zu jener Zeit überhaupt nicht mehr in Deutschland. Der Pastorensohn Erwin Piskator wird als «bolschewistischer Kunstjude» bezeichnet. Die Bankiers Max Warburg und Dr. Karl Melchior erhalten das Attribut: «Hochgefährlich!».

II. „Juda verrecke"

Herr Hanfstaengl, der nationalsozialistische «Auslands-Presse-Chef», gab dem amerikanischen Vertreter der halbamtlichen Pressekorrespondenz «Telegraphenunion» am 27. März 1933 ein offiziöses Interview.

Auf die Frage: «Sind die Berichte über angebliche Judenmisshandlungen wahr oder unwahr?» antwortete er: «Der Reichskanzler hat mich vor wenigen Minuten, als ich ihn auf dem Münchner Flugplatz nach seiner Ankunft aus Berlin traf, autorisiert, Ihnen zu erklären, dass alle diese Berichte in ihrer Gesamtheit gemeine Lügen sind».

Auf Einzelfragen über die Verfolgung von Juden antwortete Hanfstaengl: «Die Untersuchungen der schwedischen, wie der holländischen Berliner Gesandtschaft haben ergeben, dass nicht ein einziger Jude getötet worden ist».

43 Ermordete

Die von uns überprüfte Liste der von der SA erschossenen oder totgeprügelten Juden weist bisher 43 Namen auf. Es handelt sich bei diesen 43 Erschlagenen um solche Fälle, die in erster Reihe als Juden, nicht aber als «Marxisten» ermordet worden sind. Diese 43 authentischen, im einzelnen genau überprüften Fälle stellen einen Ausschnitt dar, einen B r u c h t e i l der wirklichen Zahl, die sich zweifellos vervielfachen wird, wenn mit der Dauer der Zeit eine noch genauere Uebersicht über die tatsächlichen Ereignisse in Hitlerdeutschland möglich sein wird. Diese 43 ermordeten Juden sind ausgewählt aus hunderten von Namen. Alle Fälle, die bisher noch nicht zweifelsfrei aufgeklärt werden konnten, sind hierbei noch nicht berücksichtigt worden.

Am 18. März 1933 verstarb infolge eines tragischen Geschickes unser heissgeliebter hoffnungsvoller Sohn und Bruder, der Bäckerlehrling

Siegbert Kindermann

im eben vollendeten 18. Lebensjahre.

Schildermalermeister

Moritz Kindermann u. Frau

Franseckystrasse 5.

Beisetzung: Sonntag den 26. März 1933, nachmit. 2 Uhr Weissensee, Alte Halle,
Kondolenzbesuche dankend verbeten.

Todesanzeige im «Berliner Tageblatt», März 1933.

Der jüdische Lehrling Kindermann, von dessen «tragischem Geschick» die unauffällige Todesanzeige Kenntnis gibt, wurde im

Jahre 1932 als Mitglied des völlig unpolitischen jüdischen Turnvereins «Bar-Kochba» von Nationalsozialisten überfallen. Ein Nationalsozialist wurde deshalb angeklagt und verurteilt. Um dieses Urteil zu «rächen», wurde nach der Machtergreifung Hitlers der junge Kindermann in die Nazi-Kaserne Berlin-Hedemannstrasse verschleppt, buchstäblich zu Tode geprügelt und auf die Strasse geworfen. In seine Brust war ein grosses Hakenkreuz eingeschnitten.

Kassel als Beispiel

In e i n e m B e r i c h t des Kasseler Dr. O. M. heisst es:

«Am Freitag, dem 17. März 1933, durchzogen Nazibanden die Stadt Kassel, um Mitglieder der jüdischen Gemeinde, die ihnen aus irgendwelchen Gründen unliebsam waren, abzuholen und «Gericht» über sie zu halten. Bemerkenswerterweise handelt es sich bei den Opfern durchwegs um Personen, die niemals irgendwie politisch hervorgetreten waren, sondern die Ursachen für die Misshandlungen waren regelmässig kleinliche Gehässigkeiten eines Prominenten der NSDAP. Folgende besonders schwerwiegende Fälle möchte ich hervorheben:

Der Rechtsanwalt Dr. M a x P l a u t wurde an diesem Tag von einer grossen Horde aus seinem Büro abgeholt und im geschlossenen Zug durch die Hauptstrasse geführt. Unterwegs wurde er durch Schläge mit Gummiknüppeln gezwungen «Heil Hitler» zu rufen, worauf jedesmal ein wildes Gebrüll von Seiten der Nazis ertönte. Plaut wurde dann in das Hauptversammlungslokal der NSDAP — die Bürgersäle in der Karlstrasse — gebracht, und dort wurde ein sogenanntes Standgericht über ihn abgehalten. Mitglied dieses Standgerichts soll sicherem Vernehmen nach der derzeitige Intendant des Kasseler Staatstheaters, der frühere Opernsänger Schilling, gewesen sein. Plaut wurde wegen angeblicher beruflicher Verfehlungen zu 200 Schlägen mit dem Gummiknüppl verurteilt. Zur Vornahme der Prozedur wurde er in einen unter dem Versammlungslokal befindlichen Keller gebracht und dort auf einem Bock festgeschnallt. Die Misshandlungen wurden dann in der fürchterlichsten Form vorgenommen und dauerten fast zwei Stunden. Nach einer gewissen Zeit war P. o h n m ä c h t i g geworden, er wurde dann durch Uebergiessen mit Wasser wieder zum Bewusstsein gebracht und bekam dann von sogenannten Schwestern alkoholische Erfrischungen gereicht. Als er dann einigermassen wieder zur Besinnung gekommen war, gingen die Misshandlungen in derselben Weise weiter. Nach Beendigung der grauenvollen Züchtigung hatte er vollkommen das Bewusstsein verloren und wurde blutüberströmt in einer Ecke liegen gelassen. Plaut wurde dann in seine Wohnung geschafft, wo er bis zu seinem Tode noch zehn Tage niederlag. Die herbeigerufenen Aerzte, der Nervenarzt Dr. Scholl und der Chefarzt des Landeskrankenhauses, Prof. Tönnisen, stellten die fürchterlichsten Verletzungen fest, unter anderem auch schwere

Quetschungen der inneren Organe, besonders von Niere und Lunge. Der Rücken und die Beine wurden nach und nach völlig schwarz. Plaut musste auf seinem Krankenlager dauernd in Narkose gehalten werden, da er, sobald er zum Bewusstsein kam, vor Schmerzen so fürchterlich schrie, dass man es bis auf die Strasse hörte. Dr. Plaut, der ein sehr kräftiger Mann war, ist an den Folgen der Verletzungen nach etwa 10 Tagen g e s t o r b e n.

Am gleichen Tag wurde der Rechtsanwalt D a l b e r g in der schwersten Weise misshandelt und zwar am gleichen Ort und in ähnlicher Weise wie Plaut. Bemerkenswert ist, dass Dalberg kurze Zeit vorher einen Streit vor Gericht mit dem damaligen Rechtsanwalt, jetzigen Ministerialdirektor Dr. Freisler gehabt hatte und dass ihm dies auch während der Misshandlung vorgehalten wurde. Es besteht also kein Zweifel darüber, dass die Folterung des Rechtsanwalts Dalberg auf direkten Befehl dieses zur damaligen Zeit obersten Führers der Kasseler NSDAP und jetzigen hohen preussischen Beamten erfolgt ist. Dalberg wurde auch sein langer Vollbart abgeschnitten. Die Verletzungen von D. waren so schwer, dass die Aerzte einige Tage befürchteten, ein Bein müsste amputiert werden, doch konnte es glücklicherweise noch gerettet werden. Dalberg leidet heute noch schwer unter den Folgen der Misshandlungen.

Besonders schwer wurde noch ein junger jüdischer Kaufmann Mossbach misshandelt, dem meines Wissens nur vorgeworfen wurde, dass er ein Verhältnis mit einem christlichen Mädchen gehabt und wieder aufgegeben hatte. Bei ihm drangen Nazis in die Wohnung ein und misshandelten ihn in Gegenwart seiner Mutter so fürchterlich, dass er schwere Kopfverletzungen und Verletzungen des Rückgrats davontrug. Der zuerst herbeigerufene Arzt, Dr. Stephan, der selbst politisch ganz rechts steht, erklärte, dass er selbst im Krieg keinen so grauenvollen Anblick gehabt hätte. Mossbach schwebte lange Zeit in Lebensgefahr, ist aber gerettet worden.
Ferner wurde am selben Tag auch im Versammlungslokal der Nazis ein Kaufmann Freudenstein schwer durch Prügel verletzt, sodass er wochenlang krank lag, und ein Kaufmann Ball, der gleichfalls längere Zeit danach krank war. Bei beiden Fällen handelt es sich um persönliche Racheakte irgendwelcher Nazis, näheres darüber ist mir nicht bekannt.

Schliesslich wurde noch ein über 60jähriger Herr, Bankier Plaut, misshandelt, er hatte aber keine so schweren Verletzungen.
Die Untaten der Nazis in Hessen beschränken sich keinesfalls auf Kassel. Vielmehr kann man wohl ohne Uebertreibung sagen, dass in jedem Ort des Regierungsbezirks Kassel, in dem überhaupt Juden wohnen, solche Fälle und zwar zum Teil ganz fürchterliche, vorgekommen sind. Mir ist bekannt, dass in einzelnen Orten sämtliche männlichen jüdischen Gemeindemitglieder ihre Heimat verlassen haben und — so weit überhaupt — nur nach längerer Zeit zurückgekehrt sind.»

Erzwungene Erklärung

Der 25jährige Journalist L e o K r e l l, Berlin SO, Skalitzer-strasse, Mitarbeiter der Zeitung «Berlin am Morgen», wurde am 16. März von SS-Leuten überfallen, verschleppt und in der Nazikaserne totgeschlagen. Seine Leiche wurde vor dem jüdischen Friedhof niedergelegt. Wir erwähnen diesen Fall um des Nachspiels willen. An die alte M u t t e r kam ein Brief mit der Aufforderung, ihren Sohn im Leichenschauhaus zu besichtigen. Es war für die alte Frau schwer, ihren Sohn zu identifizieren. Er war völlig entstellt. Im Gesicht und überall am Körper waren Hakenkreuze einge-schnitten und eingebrannt worden. Eine blutige Masse lag vor ihr, die einstmals ihr Kind gewesen war. Angesichts dieser ent-stellten Leiche wurde die Mutter g e z w u n g e n, eine Erklärung zu unterschreiben, dass ihr Sohn «nach längerer Krankheit im Krankenhaus gestorben» sei.

Diese Erklärung wird von den Angehörigen der zu Tode Ge-prügelten in jedem Fall verlangt. Wenn einer der Angehörigen eine Aeusserung über den wahren Sachverhalt auch nur im engen Kreise tut, so kann er gewärtig sein, wegen «Greuelhetze» von dem deutschen Gericht zu vielen Monaten, manchmal Jahren Gefängnis verurteilt zu werden. Im allgemeinen drohen die be-teiligten SA-Leute dem Anverwandten: er würde dasselbe Schick-sal erleiden, wenn er nicht «das Maul hielte».

300 nachgewiesene Fälle barbarischer Misshandlung

43 bisher autentisch identifizierte verstümmelte Leichen — und wieviel tausende Halbtotgeschlagene oder fürs Leben Verletzte! Von mehr als 300 uns vorliegenden, verifizierten Nachrichten bringen wir die folgenden:

Mitte April ging durch verschiedene Blätter die Nachricht, dass der mehr als 80jährige G r o s s r a b b i n e r J o n a s F r ä n-k e l in seiner Wohnung Berlin C, Dragonerstrasse 37, von SA-Leuten überfallen und schwer misshandelt worden sei.

Die Regierung dementierte diese Mitteilung.

Den Tatbestand berichtet die Tochter des Grossrabbiners, Ella Fr ä n k e l, im einzelnen:

«Wie mein Vater ermordet werden sollte»
Von Ella Fränkel.

Am 7. März, gegen halb 8 Uhr abends, drangen drei SA-Hilfspoli-zisten in unsere Wohnung, Dragonerstrasse 37, ein. Zwei hielten mich fest und hielten mir je einen Revolver auf die Brust und auf die Stirn. Der Dritte schoss auf den Vater, der am Schreibtisch sass. Zwei Kugeln streiften den Kopf. Mein Vater sank blutüberströmt und

Ernst Thälmann
Der Führer der Kommunistischen Partei Deutschlands.

Ernst Thälmann

in seiner Zelle im Polizeigefängnis Berlin-Alexanderplatz.

Ernst Thälmann, von Beruf Transportarbeiter, kämpfte schon vor dem Kriege in den Reihen der deutschen Arbeiterklasse. Während des Krieges 1914/18 gehörte er zu den aktivsten Kriegsgegnern. Er organisierte die Antikriegspropaganda im Bezirk Hamburg-Wasserkante.

Nach der Spaltung der Unabhängigen Sozialdemokratischen Partei (USP) kam er im Jahre 1920 an der Spitze der Mehrheit der Hamburger USP in die Kommunistische Partei. Ernst Thälmann wurde zum Führer der Kommunisten des Hamburger Bezirks.

Im Jahre 1923 wurde er Mitglied des Zentralkomitees der Kommunistischen Partei Deutschlands. In den darauffolgenden Jahren trat er immer stärker in der Führung der KPD hervor. In den Jahren 1925 und 1932 war er der Präsidentschaftskandidat der deutschen revolutionären Arbeiter.

Als Führer der Kommunistischen Partei Deutschlands arbeitete er, in den Tagen des entfesselten Hitlerterrors, inmitten der Arbeiterschaft Berlins. Am 3. März 1933 wurde Ernst Thälmann von der Polizei der Hitlerregierung nach fieberhafter Suche verhaftet.

Ein Prozeß wegen Hochverrat wird gegen ihn vorbereitet.

bewusstlos zu Boden. Einer rief: «Jetzt ist der erledigt». Dann rissen sie den Schreibtisch auf und stahlen alles Geld (es waren 5000 Dollar und 2000 Mark, meine Mitgift), das sie dort fanden. Bevor sie gingen, warnten sie mich davor, etwa um Hilfe zu schreien und zerschlugen die elektrische Sicherung, sodass die Wohnung völlig im Dunkeln lag. Wir wir später feststellten, waren die «Hilfspolizisten» Mitglieder des SA-Sturmes aus der Dragonerstrasse.

Ich schleppte den Vater vom Schreibtisch zum Fenster und rief eine halbe Stunde um Hilfe. Die Strasse war von Nazis und mehreren Ueberfallkommandos der Schutzpolizei abgesperrt. Jeder, der ein Haus verlassen wollte, wurde mit Gummiknüppeln zurückgeschlagen. Schliesslich kamen einige Beamte des Ueberfallkommandos herauf, danach auch die Rettungsgesellschaft, die von Nachbarn alarmiert worden war. Man wollte meinen Vater ins Spital bringen, ich liess es aber nicht zu. Nach zwei Tagen kam ein Beamter vom polnischen Konsulat. Er fand die Wohnung noch voller Blutspuren.

Mein Vater lag 14 Tage im Bett. Jede Stunde befürchteten wir, dass der Tod eintreten könnte. Am 8. April drangen wiederum einige SA-Leute in die Wohnung ein und verlangten, den Vater zu sprechen. Sie erklärten, wenn mein Vater schriftlich bestätige, dass er nicht von SA-Leuten, sondern von Juden überfallen und misshandelt worden sei, werde er künftig unbehelligt bleiben. Ich sagte ihnen, mein Vater ist zu krank, um schreiben zu können, sie sollten in zwei Tagen wiederkommen. Mit vorgehaltenen Revolvern zwangen sie mir und ihm das Ehrenwort ab, in zwei Tagen die Unterschrift zu leisten. Da mein Vater auf keinen Fall einen solchen Revers unterschreiben wollte, blieb uns nichts anderes übrig, als schnellstens zu fliehen. Zwei Freunde wickelten ihn in einen Teppich und trugen ihn am hellen Tage zu Bekannten in einem weit entlegenen Stadtteil. Ich wurde beinahe wahnsinnig vor Angst. Kurz vorher hatten wir die beiden Thorarollen weggetragen. Wir liessen alles übrige in der Wohnung zurück. Ich verliess das Haus im Hauskleid ohne Hut, denn unser Portier war ein SA-Mann. Er hätte uns sofort denunziert. Wir fuhren mit dem Zug Berlin-Wien. Mein Vater, dessen Kopf völlig verbunden war, wurde als schwerhöriger alter Mann ausgegeben. Ich gab mich als junge Dame aus, die nach Wien reiste und den alten Mann etwas betreute. Gleich nach Abfahrt des Zuges setzte sich ein Spitzel zu uns und fragte mich aus, stieg aber in Dresden aus dem Wagen, da ich völlig harmlose Auskünfte gegeben hatte. Gleich hinter Dresden begann die Kontrolle. Die deutschen Beamten liefen von Abteil zu Abteil und fragten jeden: «Sind Sie jüdisch?» Ich stellte mich vor die Eingangstür des Abteils, in dem sich ausser meinem Vater, der fest zu schlafen schien, nur noch die beiden Thorarollen befanden. Die Beamten wussten aber schon durch den Spitzel Bescheid. Sie grüssten höflich und meinten: «Ach, Sie sind die junge Dame, die nach Wien fährt und den alten schwerhörigen Herrn betreut. Wir wissen schon Bescheid.»

So kamen wir herüber und machten in Reichenberg Station, da mein Vater einfach nicht weiter konnte. Später fuhren wir nach Prag.

Wir haben diesen Fall als einen der bezeichnendsten aus-führlich dargestellt und verweisen auf die beigegebenen Bilder und Dokumente. Ein mehr als 80jähriger Greis, Grossrabbiner, wird so geschlagen, dass er für tot liegen bleibt, seine Wohnung wird ausgeplündert — aber die Dementiermaschine hat den Mut, in der Weltpresse zu behaupten, es gäbe diesen Grossrabbiner überhaupt nicht!

In der Synagoge überfallen

Sprechen wir noch von einem anderen Fall, der sich in der Synagoge abspielte. Der Rabbiner B e r e i s c h wurde in Duis-burg während des Gottesdienstes in der Synagoge überfallen und misshandelt. Man schleppte ihn auf die Strasse und hüllte ihn in eine schwarz-rot-goldene Fahne. Inmitten einer tobenden Menge musste er in diesem Aufzug Spiessruten laufen. Schliesslich wurde er — verhaftet unter der Beschuldigung: «Oeffentliche Un-ruhe auf der Strasse erzeugt zu haben».

Der Rabbiner von Gelsenkirchen wurde während des Sabbath-Gottesdienstes mit einer Anzahl gläubiger Juden aus der Synagoge getrieben und durch die Strassen der Stadt bis in die SA-Kaserne geführt. Dort wurden alle gezwungen, sich mit dem Gesicht gegen die Wand zu stellen und Kniebeuge zu machen. Da der Rabbiner gegen diese Brutalität protestierte, wurde er auf eine Leiter ge-legt und mit einem Stock verprügelt. Nach seiner Freilassung ge-lang es ihm, über die holländische Grenze zu entkommen. Er traf in Amsterdam so schwer verletzt ein, dass er weder stehen noch sitzen konnte. Bevor man ihn frei liess, musste er einen Revers unterschreiben, dass «seine Verhaftung auf ein Missverständnis zurückzuführen sei».

Pogrome

Die «Frankfurter Zeitung» vom 24. April 1933 meldet:

«Wiesbaden, 23. April. Zwei Ueberfälle mit tödlichem Ausgang haben sich hier am Samstag abend ereignet. Es handelt sich um den Kauf-mann Salcmon Rosenstrauch und den Milchhändler Max Kassel. Der Polizeibericht besagt über den Mord an Kassel:
«Samstag um 23,30 Uhr drangen aus einer Wohnung im Hause Weber-gasse 43 Hilferufe. Gleichzeitig fielen mehrere Schüsse. Durch einen Kraftwagenführer, der die Strasse passierte, wurde die Polizei be-nachrichtigt. Sie stellte fest, dass die Hilferufe aus der Wohnung des alleinstehenden 59jährigen Milchhändlers Max Kassel gekommen waren. Beim Betreten der Wohnung fanden die Beamten Kassel in einem Zimmer tot auf dem Boden liegend vor. Der Körper wies Schussverletzungen auf, die tödlich waren. Die weiteren Feststellun-

gen ergaben, dass mehrere Personen durch Einschlagen einer Türscheibe und einer Türfüllung gewaltsam in die Wohnung eingedrungen waren und den nach dem Fenster der Wohnung flüchtenden Mann niedergeschossen haben. Die Schüsse sind aus einer Armeepistole Kaliber 9 mm abgefeuert. Anhaltspunkte dafür, dass von den Tätern Raub beabsichtigt war, haben die Feststellungen nicht ergeben. Es dürfte sich allem Anschein nach um einen Racheakt handeln.»

Ueber den zweiten Fall sagt der amtliche Bericht:

«Samstag gegen 21,45 Uhr wurde die Polizei nach der Wohnung des 58jährigen Kaufmanns R., Wilhelmstrasse 20, gerufen. In einem Zimmer der Wohnung lag, nur noch schwache Lebenszeichen von sich gebend, R. am Boden. Irgendwelche Verletzungen wies der Körper nicht auf. Durch einen Arzt wurde die Ueberführung ins Krankenhaus angeordnet. Auf dem Transport starb R. infolge Herzschlags. Die in der Wohnung noch anwesende Stütze bekundete, dass etwa um 21.10 Uhr zwei junge Männer an der Wohnungstür schellten und nach R. fragten. Als R. erschien, drangen die beiden Männer in die Wohnung ein, und einer davon hielt R. einen Revolver entgegen. R. flüchtete in ein Zimmer und fiel dort vor Aufregung nieder. Die beiden Eindringlinge verliessen gleich darauf die Wohnung, ohne sich über die Gründe ihres Erscheinens auszulassen. Nach der Beschreibung des Mädchens handelt es sich um zwei Burschen im Alter von 20 bis 23 Jahren. Der eine trug grauen Rock, dunkelgraue Hose und grauen Schnitthut, der andere einen dunkelgrauen Anzug mit grauer Mütze.»

Das sind einige wenige Fälle, die von den Behörden selbst bekanntgemacht worden sind, aber jene tausende von Brutalitäten, die verschwiegen werden, die nicht bekannt werden sollen, sind damit nicht ungeschehen gemacht. Die Vergnügungen der SA sind mannigfaltig. Eines Tages wurde auf offener Strasse in Berlin der Sohn des Synagogendieners P. vor den Augen seines Vaters von einem Trupp SA-Leuten überfallen. Man hielt den Unglücklichen fest, und einer der Erneuerer Deutschlands machte sich den «Spass», den jungen Mann zweimal durch die rechte und zweimal durch die linke Wade zu schiessen. Der Sohn des Synagogendieners P. lag noch nach drei Monaten im Krankenhaus. Er kam zuerst ins St. Hedwigskrankenhaus, später in das Berliner jüdische Krankenhaus, zuletzt in eine Nervenheilanstalt. Er wird vermutlich für sein ganzes Leben gelähmt sein.

Vergewaltigt

Die junge jüdische Näherin K. L. wurde aus ihrer Wohnung in Berlin C, Augustastrasse 35, abgeholt und in die SA-Kaserne in der Kastanienallee verschleppt. Ihr Verbrechen war: ihre Freundschaft mit einem christlichen jungen Mann. In der Kaserne brachte man sie in einen Raum, in dem sich etwa 30 SA-Leute aufhielten, die sich sofort auf sie stürzten, ihr die Kleider vom Leibe rissen und sie verprügelten. Dann musste sie auf der Treppe, wo noch ungefähr 10 andere Leute waren, warten. Der SA-Führer Erich Schulz, holte sie dann, vergewaltigte sie und ging fort, um noch zwei andere SA-Leute zu holen. Später machte er dem Mädchen eine Liebeserklärung. Er sagte ihr, es würde ihr von nun an nichts mehr geschehen, wenn sie sich jeden abend bei ihm meldete. Wenn sie allerdings versuchen würde, ins Ausland zu fliehen, dann würde sie erschossen, man hätte genügend Leute, die sie beobachten könnten. K. L. bat dann, man möchte sie entlassen. Erich Schulz versprach ihr das, ging fort und kam nach kurzer Zeit zurück, um sie abzuholen. Er brachte sie zu seiner Mutter, deren Wohnung der SA-Kaserne gegenüber liegt. Dort bekam sie neue Kleider, da die ihren vollständig zerrissen waren. Dann durfte sie gehen.

Kleinstadt und Landgemeinden

Wir geben Kenntnis von der folgenden überprüften Einsendung, die wir im Wortlaut hierhersetzen:

«In der kleinen württembergischen Stadt Niederstetten — nahe bei Mergentheim — existiert schon seit Jahrhunderten eine kleine jüdische Gemeinde. Ihre Mitglieder sind zum grössten Teile Kaufleute, die, wie sich das von selbst versteht, durchweg, soweit sie überhaupt politisch interessiert sind, den Parteien der Rechten näher stehen als den Sozialisten oder Kommunisten. Zwischen der christlichen und der jüdischen Bevölkerung in Niederstetten bestand bis in die allerletzte Zeit hinein ein ungetrübtes Verhältnis.

Etwa 8 Tage vor Ostern erschien eines Morgens ganz früh eine Abteilung SA in Niederstetten, besetzte das Rathaus und übernahm die Polizeigewalt. Dann wurden die Häuser der Juden nach kommunistischen Schriften durchsucht, natürlich völlig vergeblich. Trotzdem wurden 10 Juden — alles angesehene Bürger in ihrer Stadt — aufs Rathaus geführt; dort führte man jeden einzeln in ein Zimmer, knebelte ihn, warf ihn auf einen Stuhl und schlug mit Stahlruten solange auf ihn ein, bis er nahezu bewusstlos war. Alsdann führte man die Unglücklichen, die sich kaum noch aufrecht halten konnten, alle in den Rathaussaal, wo sie sich der Reihe nach an der Wand — «an der Klagemauer», wie man ihnen höhnisch sagte — aufstellen mussten. Nachdem sie die Hand zum Faschistengruss erhoben hatten, durften sie das Rathaus verlassen. Die meisten von ihnen waren jedoch infolge der erlittenen Misshandlungen so geschwächt, dass sie von ihren Angehörigen heimgetragen oder gefahren werden mussten.

Sämtliche Misshandelten waren mehrere Wochen bettlägerig, einer von ihnen hatte sogar die Sprache verloren.

Es verdient hervorgehoben zu werden, dass die gesamte nicht-jüdische Bevölkerung von Niederstetten, die am 5. März zum grössten Teil nationalistisch gewählt hatte, über diesen Vorfall entsetzt war. Ein alter Bauer meinte kopfschüttelnd: «Das hat der Hitler doch nicht gewollt». — Der alte Mann besitzt offenbar keinen Rundfunkapparat, sonst wüsste er, dass diese «deutschen Männer» (angeblich waren sie aus Heilbronn a. N., sie sollen in anderen Orten noch schlimmere Taten verübt haben) nur das ausgeführt haben, was die zur Zeit führenden Männer in Deutschland allabendlich in tönenden Reden als ihr Ziel verkünden.»

Zur Ergänzung dieser Berichte von den Zuständen auf dem flachen Lande, bringen wir noch folgenden Aufruf des «Aktionsausschusses zur Bekämpfung des Judentums in Neustadt am Aich», der im Lokalblatt dieses Städtchens am 18. Mai 1933 erschienen ist:

«. . . . Unser Kampfziel ist, Neustadt von Juden und Judenknechten freizumachen. Wir möchten dies nochmals und mit aller Deutlichkeit feststellen, für den Fall, dass es die, die es angeht, noch nicht begriffen haben . . . wer trotzdem noch glaubt, für die Juden eintreten zu sollen, ist in unseren Augen ein Lump, mit dem wir genau so verfahren werden, wie mit den Juden . . .»

In den SA-Kasernen

K. W., Berlin C, Xstr. 43, berichtet über seine Erlebnisse in der SA-Kaserne Berlin-Ystrase unter anderem Folgendes:

«Man lieferte auch einen 26jährigen Juden ein. Dieser erzählte mir später, er sei auf seinem Motorrad verhaftet worden, habe sich nie um Politik gekümmert und war noch nie wählen. Erst wurden ihm die Haare mit einer Nagelschere geschnitten und zum Teil ausgerissen. Dann stritten sich die Hilfspolizisten darum, wer ihn verprügeln durfte, denn diejenigen, die ihn eingeliefert hatten, verlangten dieses Recht für sich. Der Hilfspolizist, der ihn gebracht hatte, sagte: Ich hätte den Juden ja gar nicht bringen brauchen, wenn ich ihn nicht verhauen darf. Darauf sagten die anderen: Du bist b e t r u n k e n, gehe erst deinen Rausch ausschlafen.

Die meisten Hilfspolizisten rochen furchtbar nach Alkohol. Dann wurde der Jude verhauen wie die anderen, und zwar mit Ochsenziemern, Stahlruten, Gummiknüppeln. Dann wurde ihm auf das nackte Gesäss Spiritus gegossen und dabei geschlagen. Dann wurde ihm ein Dolch auf die Brust gesetzt mit dem Bemerken: J e t z t w i r s t d u e r s t o c h e n. Man brachte ihm eine kleine Verletzung bei und sagte ihm: Morgen früh wirst du erstochen.
Ich kam um ¼6 zum Verhör. Da sie mir nichts nachweisen konnten, kam ich in den Schlafsaal, wo ungefähr 40 Mann lagen. Ich selbst bekam nur einige Schläge mit dem Gummiknüppel und Fusstritte.

Es gab noch eine sogenannte Mörderzelle. In dieser befanden sich 3 Mann. Dieselben wurden von oben bis unten schwarz geschlagen. Einer von diesen wollte sich schon mit einer Schnur das Leben nehmen.

Morgens um 7 Uhr kam der diensttuende Offizier der SA. Wir erhielten dann Frühstück. Kaffee und trocken Brot. Dann wurde auf dem Hof exerziert. Vorher mussten wir sagen: «Unserem Reichskanzler Adolf Hitler ein Sieg Heil». Beim Exerzieren mussten wir «Deutschland über alles» und «Ich hatt' einen Kameraden» singen. Dann wurden wir gefragt, ob wir das Vaterland verteidigen würden, falls es einen Krieg gegen Polen gäbe. Wir erwiderten «ja». Man fragte uns, was wir machen, wenn wir entlassen würden, ob wir in die SA eintreten. Wir antworteten ebenfalls «ja». Die Juden, ca zehn, mussten besonders exerzieren. Sie mussten gemeine Sprüche sagen, wie: Sport fördert den Haarwuchs, stärkt die Bauchmuskeln und gibt dem Arsch eine gesunde Farbe.»

Wir entnehmen der Fülle der von amtlichen Stellen des Auslandes veröffentlichten Meldungen und Proteste folgendes:

Polnische Proteste

«Berlin, 30. März. — Der polnische Gesandte in Berlin, Herr Wysocki, hat bei der Reichsregierung Protest erhoben gegen die Verfolgungen, denen die polnischen Israeliten seitens der Hitler-Banden ausgesetzt sind. Herr Wysocki führte u. a. folgende Fälle an, die in Berlin selbst stattgefunden haben:

Am 4. März wurde Herr Israel Weiss aus seiner Wohnung geholt und in eine Garage geschleppt, wo er derart misshandelt wurde, dass er das Bewusstsein verlor. Darauf wurde er auf die Polizeiwache geführt, wo er bis zum 6. März zurückgehalten wurde. Während der Misshandlung nahmen die Hitleranhänger ihm seinen Pass und seinen Ring ab und gaben ihm diese Gegenstände nicht wieder zurück. Am 6. März wurde Herr Abraham Leib Mittelmann überfallen und in ein Wirtshaus geführt, wo man ihn schwer misshandelte und ihn zwang, eine ekelhafte Flüssigkeit zu trinken. Infolge dieser Misshandlung ist Leib Mittelmann arbeitsunfähig geworden. Am 7. März wurden Maier Wulken und seine Nichte von Hitlerbanden derart mit Gummiknüppeln bearbeitet, dass beide das Bewusstsein verloren ... usw.

Besonders in Chemnitz und Plauen haben sich die Hitleranhänger mit einer unerhörten Brutalität den Juden gegenüber aufgeführt. Sämtliche polnischen Israeliten, die in Chemnitz verhaftet worden waren, wurden unter Bewachung in die Stadt geführt, wo sie die kommunistischen Maueraufschriften, die noch aus der Wahlzeit herrühren, auswischen mussten. Sie verrichteten diese Arbeit unter den unflätigsten Beschimpfungen, die die Passanten ihnen zuteil werden liessen.

Ein polnischer Staatsangehöriger, Adalbert Dafner, erhielt 50 Hiebe mit einer Reitpeitsche. Nach jedem Schlag musste er «Danke!» sagen. Salo Rubinstein wurde dermassen misshandelt, dass sein Körper eine Woche nach seiner Misshandlung noch zahlreiche Verwundungen und Merkmale aufwies.

Im Gefängnis von Plauen, wo zahlreiche Israeliten durch Hitlerleute eingesperrt worden waren, sind schreckliche Grausamkeiten verübt worden.

Infolge einer Intervention des polnischen Konsuls wurden in Zwickau und in Falkenstein acht polnische Juden freigelassen, aber infolge der erlittenen Misshandlungen sind viele lange Zeit arbeitsunfähig geworden.

Am 12. März wurde der Pole Simon Her.....an in Dresden von SA-Leuten in seiner Wohnung überfallen. Er wurde unter furchtbaren Misshandlungen durch den Korridor geschleift, auf dem mehrere Tage später noch Blutspuren zu sehen waren.»

Amerikanische Beschwerde

Nach einer Meldung aus Berlin vom 9. März hat der amerikanische B o t s c h a f t e r S a c k e t t gegen die Misshandlungen von amerikanischen Staatsangehörigen Beschwerde eingelegt. Er bezieht sich auf eine Anzahl von Fällen, die allein in Berlin im Verlaufe von wenigen Tagen sich ereignet haben:

«In Berlin wurden verschiedene Juden, darunter einige amerikanischer Nationalität, brutalisiert. So wurde ein amerikanischer Bürger, Herr Max Schüssler, der Besitzer eines Hauses ist und die Ausweisung eines nationalsozialistischen Mieters aus seinem Hause beantragt und erhalten hatte, mitten in der Nacht von Nationalsozialisten aufgesucht. Um sich Eingang in die Wohnung zu verschaffen, hatten diese sich als Polizisten ausgegeben. Sie drangen in das Schlafzimmer von Frau Schüssler und zwangen diese, sich vor ihnen anzukleiden. Darauf forderten sie Herrn Schüssler auf, eine Erklärung zu unterzeichnen, auf Grund deren er die Ausweisung des nationalsozialistischen Mieters rückgängig machen musste.

Andererseits wurde auf dem Kurfürstendamm ein anderer amerikanischer Staatsbürger, Herr Leo Jaffe, von Nationalsozialisten geschlagen . . . usw.»

Das amtliche tschechische Pressebüro meldet am 2. April

«Im Warnsdorfer Spital befinden sich vier misshandelte Flüchtlinge aus Deutschland. Sie wurden gestern nacht um ein Uhr von zwölf SA-Leuten auf einem Lastauto vom Hainewalder Schloss in Sachsen, das gegenwärtig ein Konzentrationslager ist, nach dem Ort Grossschönau in Sachsen in der Nähe von Warnsdorf eskortiert. Es handelt sich um vier Juden, von welchen einer österreichischer Staatsbürger, zwei Polen und der Vierte staatenlos sind. Hundert Schritte von der

Grenze bei Warnsdorf entfernt, wurden die vier Männer ausgeladen, auf der Wiese blutig geschlagen, und als sie nach der tschechoslowakischen Grenze zu flüchten wollten, mit mehreren Schüssen bedacht. Alle vier sind ernstlich verletzt; einer von ihnen hat ausser anderen Wunden einen Schädelbruch erlitten und ist nicht vernehmungsfähig.

An den Grenzen

Die SA und SS der Grenzdörfer gestatten den Opfern des braunen Terrors natürlich auch nicht zu entfliehen. Jeder deutsche Staatsangehörige, der bei dem Fluchtversuch über die Grenze gefangen wird, gilt als ein Landesverräter. Aber nicht einmal die ausländischen Staatsangehörigen selbst sind vor der Willkür der braunen Herren sicher.

Aus Prag wird gemeldet:

«Der Berlin-Athener Schnellzug, der jeden Morgen mehrere Hundert Personen nach Prag bringt, ist am 1. April mit einstündiger Verspätung und nur 3 Passagieren in Prag eingetroffen. Die Aussteigenden haben notariell über Szenen berichtet, die sich in Dresden abgespielt haben. Auf dem Bahnsteig hatte beiderseits des Zuges ein Kordon Nationalsozialisten Aufstellung genommen, eine andere Abteilung erschien in den Waggons mit dem Befehl: «Juden heraus!» Alle jüdischen Passagiere, auch die Ausländer, mussten den Zug verlassen. Danach wurden auch die Papiere der übrigen Fahrgäste untersucht und diese gleichfalls zum Aussteigen gezwungen. Auf dem Bahnsteig mussten die Fahrgäste nebeneinander Aufstellung nehmen, dann wurde der Befehl gegeben: «Links um Marsch!» Die Kolonne bewegte sich, von Nationalsozialisten flankiert, gegen den Bahnhofsausgang. Ueber das weitere Schicksal dieser zwangsweise an der Ausreise aus Deutschland verhinderten Personen, unter denen sich viele Frauen und Kinder befanden, ist nichts bekannt.»

Der Grossrabbiner von Frankreich erklärt

Der Grossrabbiner von Frankreich gab im Zusammenhang mit den Dementis der amtlichen deutschen Stellen einem Vertreter des «Petit Journal» folgende Erklärung über die antisemitischen Ausschreitungen in Deutschland ab:

«Ich bin l e i d e r gezwungen zu sagen, dass die Meldungen über die Greueltaten a b s o l u t r i c h t i g sind. Wir besitzen unwiderlegbare Beweise und photographische D o k u m e n t e. Glauben Sie nicht, dass wir ohne weiteres den Erzählungen Glauben schenken, die uns von Flüchtlingen gemacht werden. Wir haben Mittel, um sie nachzuprüfen. Wir sind im Besitze von Dokumenten, die aus absolut sicherer Quelle stammen, die ich Ihnen nicht angeben kann. Ich kann Ihnen sogar sagen, dass gewisse dieser Dokumente offiziellen Charakter haben und von ausländischen Regierungen stammen. Es handelt sich nicht um reine Belästigungen, sondern um grausame Verfolgungen, die ihre Opfer und Märtyrer haben. Wenn wir dazu gezwungen werden, dann werden wir diese Dokumente veröffentlichen.»

„Es war viel schlimmer!"

Der «Manchester Guardian» stellt fest:

«Die vorliegenden Beispiele von Terrorakten der Nazis seit den Wahlen machen es offenkundiger als je, dass der Terror viel schlimmer war, als zuerst geglaubt wurde. Die britische, französische und amerikanische Presse hat die Tatsache nicht etwa, wie die deutsche Presse behauptet, übertrieben, sondern die Schrecknisse unterschätzt, was allerdings sehr natürlich ist, da ja nur ein kleiner Teil des Tatsachenmaterials zur Kenntnis der Auslandspresse gelangt ist. Am schlimmsten — sogar schlimmer als in Berlin — scheint der Terror in Kassel gewütet zu haben, in Schlesien, wo der amnestierte Fememörder Heines die Braunhemden kommandiert, dann in Worms und in vielen anderen kleinen Städten und Dörfern.

Eine genaue Schilderung der Dinge, die sich allein in den Dörfern Oberhessens im Laufe der letzten vier Wochen zugetragen haben, würde einen grauenerregenden Bericht geben. Aber es ist unmöglich, mehr als ein paar Einzelfälle genau festzustellen, da jede Untersuchung durch die allgemeine Angst vor Vergeltungsmassregeln, sowie auch vor Gefängnisstrafen erschwert wird. Vor ein paar Tagen wurde ein Mann zu einem Jahr Gefängnis verurteilt, weil er das «falsche Gerücht» verbreitete, ein Jude sei von den Braunhemden gehängt worden. Das «Gerücht» war in Wirkilchkeit wahr:

Der Jude, ein Herr . . ., wurde von Braunhemden geschlagen und an den Füssen aufgehängt, sodass sein Kopf über dem Erdboden hing. Als die Braunhemden ihre Tätigkeit beendet hatten, war er tot. Ein Deutscher, der in seinem eigenen Land ein wahres Wort über den entsetzlichen Terror spricht, riskiert furchtbare Misshandlung, langes Gefängnis und selbst den Tod. Von niemand kann vernünftigerweise die Uebernahme eines solchen Risikos erwartet werden.»

Ein Aufruf Einsteins

Beenden wir dieses Kapitel des Mordes und des Schreckens mit einem menschlichen Dokument, dem Aufruf des aus Deutschland vertriebenen Professor Einstein.

Am 27. März traf der Gelehrte auf dem Dampfer Belgenland in Le Havre ein. Er wurde von einer Delegation der Internationalen Liga gegen den Antisemitismus an Bord des Schiffes begrüsst und übergab ihr folgenden, eigenhändig geschriebenen Aufruf:

«Die Tätlichkeiten brutaler Gewalt und Unterdrückung gegen alle freien Geister und gegen die Juden, diese Tätlichkeiten, die in Deutschland stattgefunden haben und noch stattfinden, haben glücklicherweise das Gewissen aller Länder geweckt, die der Humanität und den politischen Freiheiten treu bleiben.

Die internationale Liga gegen den Antisemitismus hat sich das grosse Verdienst erworben, die Gerechtigkeit zu verteidgen, indem sie die Einigkeit der Völker herstellte, die nicht durch das Gift angesteckt sind.

Es steht zu hoffen, dass die Reaktion stark genug sein wird, um einen Rückfall Europas in längst verflossene Zeiten des Barbarentums zu verhüten. Mögen alle Freunde unserer so schwer bedrohten Zivilisation ihre Anstrengungen konzentrieren, um diese psychische Krankheit der Welt zu beseitigen. Ich bin mit Euch.»

III. Der Boykott

Vom Beginn seiner Existenz an hat der Nationalsozialismus die Methode angewandt, sich selbst als angegriffen, verfolgt und bedroht darzustellen. Der durch den Hitlerismus organisierte, vorher in Deutschland unbekannte p o l i t i s c h e T e r r o r hat immer Hand in Hand mit der o r g a n i s i e r t e n L ü g e gearbeitet. Der Boykott gegen die jüdischen Geschäfte, die Ausnahmebestimmungen gegen die deutschen Juden bieten der Welt ein unvergleichliches Schauspiel dieser Methoden. Die Nationalsozialisten hätten sagen können: es entspricht unserem P r o g r a m m, es entspricht unserer Grundforderung seit Jahren, dass die Juden in Deutschland a u s g e r o t t e t werden müssen.

Was aber taten die Nationalsozialisten, um ihren Boykott zu begründen? Sie schrieen: «Wir sind a n g e g r i f f e n! Die Juden wollen uns arme Deutsche vernichten! Wir handeln in äusserster Notwehr!» Der organisierte Terror wurde «eine Abwehrbewegung» genannt:

«Deutsche Volksgenossen, deutsche Volksgenossinnen! Die Schuldigen an diesem wahnwitzigen Verbrechen, an dieser niederträchtigen Greuel- und Boykotthetze sind die Juden in Deutschland. Sie haben ihre Rassengenossen im Ausland zum Kampf gegen das deutsche Volk aufgerufen. Sie haben die Lügen und Verleumdungen hinausgemeldet. Darum hat die Reichsleitung der deutschen Freiheitsbewegung beschlossen, in Abwehr der verbrecherischen Hetze ab Samstag, den 1. April 1933, vormittags 10 Uhr, über alle jüdischen Geschäfte, Warenhäuser, Kanzleien usw. den Boykott zu verhängen. Dieser Boykottierung Folge zu leisten, dazu rufen wir Euch, deutsche Frauen und Männer auf. Kauft nicht in jüdischen Geschäften und Warenhäusern! Geht nicht zu jüdischen Rechtsanwälten! Meidet jüdische Aerzte!»

Die Reichsleitung der NSDAP veröffentlichte am 28. März an alle Parteiorganisationen einen Aufruf, in dem die deutschen Juden beschuldigt werden, die «Greuelhetze» gegen die «nationale Regierung» inszeniert zu haben.

Die 11 Programmpunkte

Am gleichen Tage wurden die berüchtigten elf Programmpunkte zur Durchführung des Boykotts veröffentlicht. Wir geben sie im Wortlaut:

«1. In jeder Ortsgruppe und Organisationsgliederung der NSDAP sind sofort Aktionskomitees zu bilden zur praktischen, planmässigen Durchführung des Boykotts jüdischer Geschäfte, jüdischer Waren, jüdischer Aerzte und jüdischer Rechtsanwälte. Die Aktionskomitees sind verantwortlich dafür, dass der Boykott keinen Unschuldigen, umso härter aber die Schuldigen trifft.

2. Die Aktionskomitees sind verantwortlich für den höchsten Schutz aller Ausländer ohne Ansehen ihrer Konfession, ihrer Herkunft oder Rasse. Der Boykott ist eine reine Abwehrmassnahme, die sich ausschliesslich gegen das deutsche Judentum wendet.

3. Die Aktionskomitees haben sofort durch Propaganda und Aufklärung den Boykott zu popularisieren. Grundsatz: Kein Deutscher kauft noch bei einem Juden oder lässt sich von ihm und seinen Hintermännern Waren anpreisen. Der Boykott muss ein allgemeiner sein. Er wird vom ganzen Volke getragen und muss das Judentum an seiner empfindlichsten Stelle treffen.

4. In Zweifelsfällen soll von einer Boykottierung solcher Geschäfte solange abgesehen werden, bis nicht vom Zentralkomitee in München eine andere Weisung erfolgt.

5. Die Aktionskomitees überwachen auf das schärfste die Zeitungen, inwieweit sie sich an dem Aufklärungsfeldzug des deutschen Volkes gegen die jüdische Greuelhetze im Auslande beteiligen. Tuen Zeitungen dies nicht oder nur beschränkt, so ist darauf zu sehen, dass sie aus jedem Haus, in dem Deutsche wohnen, augenblicklich entfernt werden. Kein deutscher Mann und kein deutsches Geschäft soll in solchen Zeitungen noch Annoncen aufgeben. Sie müssen der öffentlichen Verachtung verfallen, geschrieben für die jüdischen Rassengenossen, aber nicht für das deutsche Volk.

6. Die Aktionskomitees müssen die Propaganda der Aufklärung über die Folgen der jüdischen Greuelhetze für die deutsche Arbeit und damit für den deutschen Arbeiter in die Betriebe hineintragen und besonders die Arbeiter über die Notwendigkeit des nationalen Boykotts als Abwehrmassnahme zum Schutz der deutschen Arbeit aufklären.

7. Die Aktionskomitees müssen bis in das kleinste Bauerndorf hinein vorgetrieben werden, um besonders auf dem flachen Lande die jüdischen Händler zu treffen.

8. Der Boykott setzt nicht verzettelt ein, sondern schlagartig. In diesem Sinne sind augenblicklich alle Vorarbeiten zu treffen. Es ergehen die Anordnungen an die SA und SS, um vom Augenblick des Boykotts ab durch die Posten die Bevölkerung vor dem Betreten der jüdischen Geschäfte zu warnen. Der Boykott setzt schlagartig am Samstag, den 1. April, punkt 10 Uhr vormittags, ein. Er wird fortgeführt solange, bis eine Anordnung der Parteileitung die Aufhebung befiehlt.

9. Die Aktionskomitees propagieren sofort in zehntausenden von Massenversammlungen, die bis ins kleinste Dorf hineinzureichen haben, die Forderung nach Einführung einer relativen Zahl für die Beschäftigung der Juden in allen Berufen entsprechend ihrer Beteiligung an der deutschen Volkszahl. Um die Stosskraft der Aktion zu erhöhen, ist diese Forderung zunächst auf drei Gebiete zu beschränken:

a) auf den Besuch an den deutschen Mittel- und Hochschulen;
b) für den Beruf der Aerzte;
c) für den Beruf der Rechtsanwälte.

10. Die Aktionskomitees haben weiterhin die Aufgabe, dafür zu sorgen, dass jeder Deutsche, der irgendeine Verbindung zum Auslande besitzt, diese verwendet, um in Briefen, Telegrammen und Telefonaten aufklärend die Wahrheit zu verbreiten, dass in Deutschland Ruhe und Ordnung herrscht, dass das deutsche Volk keinen sehnlicheren Wunsch besitzt, als in Frieden seiner Arbeit nachzugehen und in Frieden mit der anderen Welt zu leben, und dass es den Kampf gegen die jüdische Greuelhetze nur führt als reinen Abwehrkampf.

11. Die Aktionskomitees sind dafür verantwortlich, dass sich dieser gesamte Kampf in vollster Ruhe und grösster Disziplin vollzieht. Krümmt auch weiterhin keinem Juden auch nur ein Haar. Wir werden mit dieser Hetze fertig einfach durch die einschneidende Wucht dieser Massnahmen.»

Dieser Aufruf wird von einer langatmigen Erklärung begleitet: jedes Wort ein Indiz für das schlechte Gewissen — aber, wie immer bei diesen Herren, durch besondere Schneidigkeit getarnt. Zum Schluss heisst es: «Nationalsozialisten! Samstag, Schlag 10 Uhr, wird das Judentum wissen, wem es den Kampf angesagt hat!»

Ein Berufener!

Zum Häuptling dieser «Abwehraktion» bestellten die Herren des «Dritten Reiches» J u l i u s S t r e i c h e r, den Herausgeber der Nürnberger Zeitschrift «D e r S t ü r m e r». Man wird in der ausserdeutschen Welt nicht wissen, was für ein Blatt «Der Stürmer» ist, obwohl dieses Organ zeitweilig eine Auflage erreichte, die in die Hunderttausende ging. «Der Stürmer» ist kein antisemitisches Hetzblatt im üblichen Masstab. Sein Inhalt ging weit über alles hinaus, was man bisher in Deutschland an Schmutz zu lesen gewöhnt war. «Der Stürmer» war immer ein Gossenerzeugnis. Er behandelte die «Judenfrage» pornographisch. Einige Ueberschriften nur aus der unendlichen Reihe der Schmutztitel:

«Oskar Gross, der Dienstbotenschänder von Kitzingen»
«Blonde Mädchen Opfer des internationalen Mädchenhandels»
«Unterhosenskandal am Jakobsplatz»
«Das Privathotel auf dem Plauener Kirchplatz»
«Das Polizeiverbot und das Bordell auf dem Zeppelinfeld».

Diese Leistungen legitimierten Herrn S t r e i c h e r, in den Reihen der NSDAP Karriere zu machen und endlich zum Kommissar der Boykottbewegung ernannt zu werden. Streicher ist

Hammer Kampfbund prangert an
„Prominente", die bei Juden kauften

Hamm. Trotz schärfster Aufklärung, trotz aller Propagierung nationalsozialistischer Gedankengänge haben es gewisse Volksgenossen immer noch nicht nötig, sich nationalsozialistisch einzustellen. Deshalb sieht sich der Kampfbund des gewerblichen Mittelstandes genötigt, einmal ein Exempel zu statuieren. Bei der letzten Aktion zu Gunsten des deutschen Einzelhandels wurden interessante Feststellungen gemacht. Im Bewußtsein ihres unrechten Tuns vermeiden es Volksgenossen, jüdische Geschäfte offen zu betreten, sie benutzen Hintertüren oder das Telephon, um ihre Bestellungen und Käufe zu besorgen. Unter anderem wurden, wie der Kampfbund mitteilt, folgende

Saboteure des Dritten Reiches

festgestellt: T h e i ß e n, Rechtsanwalt, Ostenallee 46, V e r s p o h l, Apotheker, Wilhelmstr. 5, F e l d m a n n, Oberingenieur, Ostenallee 35, S c h n e i d e r, Lehrer, Lortzingstraße 8, S t r a t m a n n, Vermessungstechniker, Wilhelmstraße 60, O f f e n b r o i ch, Telephonistin, Bismarckstr. 17, K o e s t e r i n g, Montageleiter, Fichtestraße 7. — Dank der gründlichen Arbeit der SA und SS könnte diese Liste noch bedeutend erweitert werden.

Judenboykott hält an: Ausschnitt aus dem «Dortmunder Generalanzeiger» vom 8. Juli 1933.

oft verurteilt worden, nicht nur wegen Verleumdung, Bedrohung und anderen «politischen» Delikten, sondern auch wegen «E r p r e s s u n g».

Herr Streicher hat zu seinem Stellvertreter im Aktionskomitee unverzüglich seinen Mitarbeiter, den Redakteur des «Stürmer», H o l z, gemacht. Auch Holz ist vielfach mit den Strafgesetzen in Konflikt geraten. Er ist nicht nur wegen «b e w u s s t e r V e r l e u m d u n g politischer Gegner im Wiederholungsfalle» selbst von bayerischen Gerichten zu Gefängnis verurteilt worden, sondern auch vielfach wegen Trunkenheits- und Rohheitsdelikten. Er und Streicher haben das Ritualmord-Märchen allen Ernstes im 20. Jahrhundert aufs Neue verbreitet. Ein Gerichtsurteil besagt, dass Holz, um diese Märchen glaubhafter zu machen, sie in die Gegenwart verlegt hat und, «ohne den geringsten Anhalt dafür zu besitzen, ehrbare und führende Persönlichkeiten Nürnbergs daran beteiligt und als Ritualmörder hat auftreten lassen».

Herr Streicher erklärte auf einer Pressekonferenz der «nationalen Journalisten» am 30. März:

> «Ich werde nicht davor zurückschrecken, den deutschen Juden auch die Ausübung des Gottesdienstes mit Gewalt zu verbieten und sie am Betreten der Synagogen durch bewaffnete SA-Leute hindern zu lassen.»
>
> Im übrigen sei der Stein nunmehr im Rollen; o b d i e G r e u e l - p r o p a g a n d a a u f h ö r e o d e r n i c h t, d a s s e i g l e i c h - g ü l t i g. Diese Propaganda des Auslandes gegen Hitler habe den w i l l k o m m e n e n A n l a s s gegeben, und die Aktion würde durchgeführt; es wäre eine vollendete Illusion, anzunehmen, dass die SA-Leute sich hiervon abhalten liessen. Er, Streicher, sei mit der Entwicklung durchaus zufrieden; seine einzige Sorge in den vergangenen Wochen sei gewesen, dass der V e r n i c h t u n g s k a m p f g e g e n d i e J u d e n etwa unterbleiben könnte.
>
> In diesem Falle — das sei seine feste Ueberzeugung! — wäre die nationale Revolution an ihrer eigenen Unzulänglichkeit zusammengebrochen. Diese Gefahr aber wäre nun endlich und endgültig beseitigt; man möge ihm, Streicher, vertrauen, dass e r g a n z e A r b e i t d e n J u d e n g e g e n ü b e r l e i s t e n w e r d e!

Boykott-Vorbereitungen

In den letzten Tagen vor dem Boykott wurde die Judenhetze systematisch gesteigert.

Wir bringen als Exempel eine der «repräsentativen» Reden, die des neuernannten Polizeipräsidenten von Frankfurt, General von W e s t r e m, die einem Organ der NSDAP, dem «Frankfurter Volksblatt» vom 30. März entnommen worden ist:

> «Kein SA-Mann vergreift sich an einem Juden, weil er weiss, dass der Jud' ihm nicht ebenbürtig ist. Ich werde es auch nicht mehr länger dulden, dass auf deutschem Boden geborene T i e r e unter der s a d i s t i s c h - a s i a t i s c h e n S c h ä c h t m e t h o d e qualvoll verenden müssen. Kann der Jud' unser Fleisch nicht essen, dann mag er Kohlrüben und Kartoffeln essen wie ihr im Hungerwinter des Weltkrieges. Deutschland ist erwacht. Ihr Juden, ihr braucht nicht zu zittern, wir bleiben legal, so legal, dass euch vielleicht die Legalität unbehaglich wird, dann könnt ihr ja nach Palästina gehen und euch das Fell gegenseitig über die Ohren ziehen!»

Aktionskomitees

Die Anordnungen der nationalsozialistischen Parteileitung überstürzen sich. Aktionskomitees wurden allerorten gebildet und mit der Aufgabe betraut festzustellen, welche Geschäfte, Warenhäuser, Anwaltskanzleien usw. sich in jüdischen Händen befin-

den. Das «Zentralkomitee zur Boykottierung jüdischer Geschäfte» gab folgende Richtlinien aus:

Die Aktionskomitees übergeben das Verzeichnis der f e s t g e s t e l l t e n   j ü d i s c h e n   G e s c h ä f t e der SA und SS, damit diese am Samstag, den 1. April 1933, vormittags punkt 10 Uhr die W a c h e n aufstellen können. Die Wachen haben die A u f g a b e, dem Publikum bekanntzugeben, dass das von ihnen überwachte Geschäft jüdisch ist. Tätlich vorzugehen ist ihnen verboten. Verboten ist ihnen auch, die Geschäfte zu schliessen.
Z u r   K e n n t n i s m a c h u n g   j ü d i s c h e r   G e s c h ä f t e   s i n d   a n   d e r e n   E i n g a n g s t ü r e n   P l a k a t e   o d e r   T a - f e l n   m i t   g e l b e n   F l e c k e n   a u f   s c h w a r z e m   G r u n d e   a n z u b r i n g e n.   E n t l a s s u n g e n   v o n   n i c h t - j ü d i s c h e n   A n g e s t e l l t e n   u n d   A r b e i t e r n   d ü r f e n   v o n   d e n   b o y k o t t i e r t e n   j ü d i s c h e n   G e s c h ä f t e n   n i c h t   v o r g e n o m m e n,   K ü n d i g u n g e n   n i c h t   a u s - g e s p r o c h e n   w e r d e n.
Die Aktionskomitees veranstalten am Freitag abend in allen Orten im Einvernehmen mit den politischen Leitungen g r o s s e   M a s s e n - k u n d g e b u n g e n   u n d   D e m o n s t r a t i o n s z ü g e.   Am Samstag vormittag sind bis spätestens 10 Uhr die Plakate mit dem Boykottaufruf an a l l e n   A n s c h l a g s ä u l e n   i n   S t ä d t e n   u n d   D ö r f e r n   a n z u b r i n g e n.
Zu gleicher Zeit sind auch an Lastautos oder noch besser an Möbelwagen folgende T r a n s p a r e n t e   in hier angegebener Reihenfolge durch die Strassen zu fahren:

«Zur Abwehr der jüdischen Greuel- und Boykotthetze»
«Boykottiert alle jüdischen Geschäfte»
«Kauft nicht in jüdischen Warenhäusern»
«Geht nicht zu jüdischen Rechtsanwälten»
«Meldet jüdische Aerzte»
«Die Juden sind unser Unglück».

Zur Finanzierung der Abwehrbewegung organisieren die Komitees S a m m l u n g e n   b e i   d e n   d e u t s c h e n   G e s c h ä f t s l e u - t e n.»

An sämtlichen Litfassäulen im Reich hing in den Tagen vor dem 1. April diese Bekanntmachung:

«Bis Sonnabend früh
  10 Uhr
hat das Judentum Bedenkzeit!
D a n n   b e g i n n t   d e r   K a m p f!
Die Juden aller Welt
wollen Deutschland vernichten!
D e u t s c h e s   V o l k!
W e h r   d i c h!
K a u f   n i c h t   b e i   J u d e n!»

Auch die verschiedensten Ministerien äusserten sich ihrerseits ressortmässig über die anzuwendenden Boykottmassnahmen. Wir werden im Abschnitt Ausnahme-«Recht» noch mit solchen Verordnungen bekanntgemacht werden. Alle mit der NSDAP korrespondierenden Vereinigungen, sämtliche Unterabteilungen, Gaue usw. erliessen detaillierte Bestimmungen; es gab keinen noch so kleinen Parteibeamten, der sich nicht mit seinen Anweisungen wichtig machte.

Aus den Nachrichten über den Boykottverlauf bringen wir einige bezeichnende offizielle Meldungen, die beweisen, dass insbesondere in Klein- und Mittelstädten die SA vor der Anwendung von Gewalt durchaus nicht zurückschreckte. Das Conti-Bureau (WTB) meldet aus Annaberg in Sachsen:

«Hier zogen heute vormittag vor jüdischen Geschäften starke SS- und SA- Abteilungen auf und drückten jedem Käufer, der die Läden verliess, einen Stempel mit der Inschrift ins Gesicht: «Wir Verräter kauften bei Juden». Nach einer Anordnung der NSDAP dürfen die jüdischen Geschäfte erst morgen boykottiert werden. Auch in Berlin sind, wie das Conti-Büro erfährt, ähnliche Massnahmen wie in Annaberg vorgesehen.»

Die deutschnationalen «Leipziger Neuesten Nachrichten» melden aus Kassel vom 1. April:

«Die Abwehraktion hat auch in Kassel pünktlich um 10 Uhr vormittags eingesetzt. Auf dem Friedrichs-Platz vor dem Warenhaus Tietz ist ein Viereck des Platzes in Käfigform mit Stacheldraht abgesperrt und ein Schild mit der Aufschrift angebracht: «Konzentrationslager für widerspenstige Staatsbürger, die ihre Einkäufe bei Juden tätigen.» Im Inneren des Drahtverschlages ist ein lebender Esel untergebracht. Zu irgendwelchen Zwischenfällen ist es bisher nicht gekommen.»

Eine andere Meldung der Telegraphen-Union vom 31. März aus Leipzig lautet:

«Die aus den Häusern sich entfernenden Käufer wurden photographiert. Verschiedene Warenhäuser haben bereits geschlossen.»

„Provokateure"

Die nationalsozialistische Parteileitung hatte Vorsorge getroffen, dass die unvermeidlichen Brutalitäten und Ausschreitungen entfesselter SA-Horden nicht zu Lasten der Bewegung gerechnet werden sollten. Tage vorher wurde gewarnt vor «kommunistischen Provokateuren», und konsequent sind denn auch die meisten Bestialitäten, die an diesem Tage vorgekommen sind, auf das

Oben : Die sozialdemokratischen Stadträte Westfählinger und Müller wurden gezwungen, ihren Genossen Kuhnt in einem Karren durch die Stadt zu ziehen.

Unten: Der frühere oldenburgische Ministerpräsident und sozialdemokratische Reichstagsabgeordnete Kuhnt wurde am 9. März 1933 in Chemnitz von SA verhaftet und im Triumph durch die Stadt geführt.

(Diese Fotos wurden als Ansichtspostkarten von der SA in den Handel gebracht.)

Die Hitlerregierung raubt das Dresdener Gewerkschaftshaus

und verwandelt es in eine SA-Kaserne.

SA verbrennt die Fahnen der Dresdener Ortskrankenkasse.

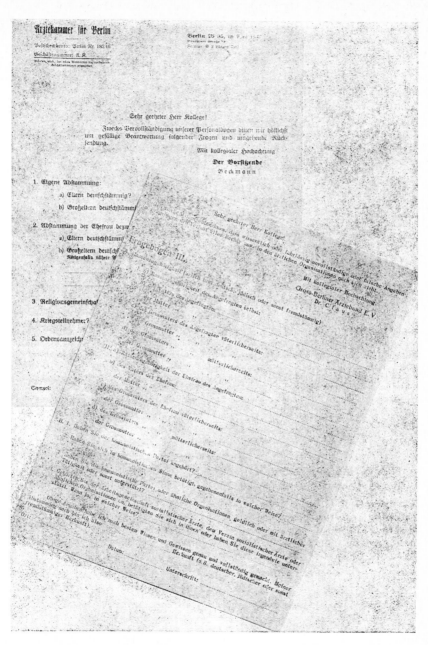

Fragebogen der Ärztekammer nach «Grossvater und Grossmutter».

Konto dieser frei erfundenen «kommunistischen Provokateure», die merkwürdigerweise schon seit vielen Jahren in den Reihen der SA stehen, geschoben worden. Nicht in allen Fällen ist es möglich gewesen zu leugnen, dass SA-Kommandos auf Weisung mittlerer oder höherer Funktionäre «Verhaftungen» vorgenommen haben, bei denen dann das eine oder andere «J u d e n - s,c h w e i n   z u   S c h a d e n   g e k o m m e n » ist.

Richter auf Mülltonnen

Von einem Augenzeugen wird aus K ö l n berichtet:

«In Köln spielte sich am Freitag, 31. März, vor dem Oberlandesgericht auf dem Reichensbergerplatz eine unbeschreiblich gemeine Szene ab. Nazi-Burschen drangen in das Oberlandesgerichtsgebäude ein und d r ä n g t e n   g e w a l t s a m   d i e   j ü d i s c h e n   R e c h t s- a n w ä l t e   u n d   R i c h t e r   h i n a u s, die man vorher dorthin bestellt hatte. Draussen wurden sie vor den Augen eines grossen Publikums auf Mülltonnenwagen geladen und dem Gespött der Menge ausgesetzt. Mehrere Anwälte und Richter trugen noch ihren Talar. Die Wagen waren mit Schildern versehen, auf denen sich die Aufschrift befand: «A b t r a n s p o r t   z u r   M ü l l v e r w e r- t u n g s s t e l l e». Die Polizei sah untätig zu. Die Wagen fuhren dann zum Polizeipräsidium, wo die Insassen in Schutzhaft genommen werden sollten.

Der offizielle Bericht, eine dreiste F ä l s c h u n g, sah so aus: In Köln haben SS-Leute im Einvernehmen mit der Polizei eine grössere Anzahl jüdischer Richter und Rechtsanwälte zu ihrer persönlichen Sicherheit (!), als eine grössere Menschenmenge sich vor dem Gerichtsgebäude versammelt hatte, in Schutzhaft genommen.»

Auch dieser Boykott hatte seine Grenzen — nämlich da, wo der Profit in Frage steht. Wir werden noch hören, dass alle diese Massnahmen im Effekt nur den jüdischen Mittelstand und die proletarischen jüdischen Schichten getroffen haben, nicht aber den jüdischen Kapitalisten. Wo etwa der Fremdenverkehr bedroht erscheint, da haben alle Vorurteile, da hat aller Rassenhass zurückzustehen, da ist auf einmal «der Jud'» nicht mehr der Untermensch, nicht mehr «die Weltpest», sondern nur noch der hochwillkommene zahlende Kurgast. Hören wir eine Meldung der «Frankfurter Zeitung»:

«Wiesbaden, Ende Mai. Das Kurgeschäft ist in diesem Jahre bisher weit hinter den Erwartungen zurückgeblieben; die Fremdenzahl betrug z. B. in der ersten Woche im Mai, der für Wiesbaden immer Hauptsaison ist, nur 1744, in der folgenden grossen Festspielwoche stieg sie auch nur auf 1808 und ging in der nächsten, der holländischen Woche, wieder auf 1760 zurück. Die Gesamtfremdenziffer betrug bis **Mitte** Mai erst 27.000. Es ist daher im Interesse der Kur-industrie, dass M a g i s t r a t, Kurdirektion und die n a t i o n a l s o-z i a l i s t i s c h e K r e i s l e i t u n g in einem A u f r u f an alle in Frage kommenden Stellen des In- und Auslandes bekanntgeben, dass die Heilquellen und sonstigen Heilmittel Wiesbadens auch unter der neuen Regierung allen Heilung- und Erholungssuchenden aus allen Ländern nach wie vor ungehindert zur Verfügung stehen, dass Ruhe und Ordnung niemals hier gestört waren.»

Es heisst weiter: «Die für die Verwaltung Wiesbadens massgeben-den Stellen verbürgen allen, die zum dauernden oder vorübergehen-den Aufenthalt nach Wiesbaden kommen, g l e i c h g ü l t i g,   w e l-c h e r K o n f e s s i o n und E i n s t e l l u n g, einen u n g e-s t ö r t e n, s i c h e r e n und angenehmen Aufenthalt.»

IV. Ausnahme-„Recht"

Der o f f e n e Boykott des 1. April-Tages wurde nicht weiter fortgeführt, obwohl die nationalsozialistische Presse und Partei versichert hatten, dass dieser historische Sonnabend «lediglich als Generalprobe für eine Reihe von Massnahmen zu betrachten» sei, die, «wenn sich die Meinung der Welt, die im Augenblick gegen uns ist, nicht endgültig ändert, durchgeführt werden». Nun, die Meinung der Welt hatte sich gründlich geändert von diesem Tage an, und zwar zu U n g u n s t e n d e s «D r i t t e n R e i c h e s». Die Machthaber in Deutschland merkten es sehr bald, sie merkten es schon vor dem Boykott selbst, und sie fanden, dass diese offene Demonstration ein s c h l e c h t e s G e s c h ä f t sei. Die National-sozialisten haben zwar Grundsätze, aber sie waren stets bereit, sich diese Grundsätze a b k a u f e n zu lassen.

Schon an den Vortagen des Boykotts äusserte selbst Herr Streicher — offenbar auf Druck der Regierung hin — dass die Wiederaufnahme des Boykotts voraussichtlich nicht nötig sein werde. Und der Reichsminister für «Propaganda und Volksauf-klärung» teilte am Vorabend des 31. März den Vertretern der aus-ländischen Presse mit:

«dass sich die Reichsregierung entschlossen habe, den Boykott ge-gen die Juden v o r l ä u f i g f ü r S a m s t a g, den 1. April zu b e g r e n z e n, und zwar in der Weise, dass von 10 Uhr früh bis 8 Uhr abends der Boykott aufrecht bleibt.

Darauf soll bis Mittwoch zugewartet werden. Hat die internationale Presse bis dahin ihre Hetze gegen Deutschland eingestellt, so wer-de von weiteren Massnahmen abgesehen werden. Andernfalls werde ab Mittwoch, 10 Uhr vormittags, ein Boykott einsetzen, der die J u-d e n s c h a f t D e u t s c h l a n d s z u r v ö l l i g e n V e r n i c h-

tung treiben wird. Die Verordnung, dass am 1. April die
Löhne und Gehälter von den jüdischen Firmen auf zwei Monate
im voraus ausbezahlt werden müssen, wurde zurückgenommen.»

Der letzte Satz dieser Mitteilung zeigte besonders deutlich,
dass unter dem D r u c k d e r V e r h ä l t n i s s e die Nationalsozialisten gezwungen waren, ihre eigenen Verordnungen Punkt
für Punkt wieder abzubauen. Ursprünglich war bestimmt worden,
dass alle jüdischen Geschäftsinhaber allen ihren christlichen Angestellten das Gehalt für zwei Monate vorauszubezahlen hätten.
Daraufhin erfolgte ein Run auf die Banken, der zu einer Katastrophe geführt hätte, wenn man diese Verordnung nicht schleu-
nigst zurückgenommen hätte.

Der offene Boykott war eine Demonstration, und als Demonstration ein Schlag ins Wasser. Der offene Boykott wurde nicht
wieder aufgenommen. Dafür wurde der s t i l l e B o y k o t t weiter
fortgeführt, jener Boykott, der nichts kostete, und der nicht so sehr
die grossen und reichen jüdischen Firmen betraf als Zehntausende
und Aberzehntausende von k l e i n e n j ü d i s c h e n A n g e -
s t e l l t e n, von A e r z t e n, R e c h t s a n w ä l t e n, L e h r e r n,
B e a m t e n, U n i v e r s i t ä t s p r o f e s s o r e n usw. Es ist eine
Frage der F u t t e r k r i p p e. Hunderttausende von Juden werden
brotlos gemacht — nun gut, es gibt also Platz für viele nationalsozialistische Anwärter.

Die jüdischen Anwälte werden nicht mehr zugelassen

Die Verordnungen der einzelnen Minister, Gauleiter usw.
jagten sich und widersprachen teilweise einander. In Berlin wurden zunächst von über 1200 jüdischen Anwälten nur noch 35 zugelassen, in Köln durften nur vier jüdische Rechtsanwälte weiter
plädieren. A l l e j ü d i s c h e n R i c h t e r w u r d e n «b e u r -
l a u b t». Die nationalsozialistischen Juristen, die rasch die Gelegenheit ergriffen, sich der jüdischen Konkurrenz zu entledigen,
fassten (nach der deutschvölkischen «Wahrheit» vom 25. März
1933) auf einer im März in Leipzig abgehaltenen Tagung ihres
Bundes einen entsprechenden Beschluss.

Der Reichskommissar für das Preussische Justizministerium
gab am 31. März an sämtliche Oberlandesgerichtspräsidenten, Ge-
neralstaatsanwälte und Präsidenten der Strafvollzugsämter in
Preussen folgenden Erlass heraus:

«Die Erregung des Volkes über das a n m a s s e n d e A u f t r e t e n
amtierender jüdischer Rechtsanwälte und jü-
discher Aerzte hat Ausmasse erreicht, die dazu zwingen, mit

der Möglichkeit zu rechnen, dass besonders in der Zeit des berechtigten Abwehrkampfes des deutschen Volkes gegen die alljüdische Greuelpropaganda das Volk zur Selbsthilfe schreitet. Das würde eine Gefahr für die Aufrechterhaltung der Autorität der Rechtspflege darstellen. Ich ersuche deshalb umgehend, a l l e n a m t i e r e n d e n j ü d i s c h e n R i c h t e r n n a h e z u l e g e n, s o f o r t i h r U r l a u b s g e s u c h einzureichen und diesem sofort stattzugeben.

Ich ersuche, mit den Anwaltskammern oder örtlichen Anwaltsvereinen noch heute zu vereinbaren, dass ab morgen früh 10 Uhr nur noch bestimmte jüdische Rechtsanwälte, und zwar in einer V e r-h ä l t n i s z a h l, die dem Verhältnis der jüdischen Bevölkerung zur sonstigen Bevölkerungszahl entspricht, auftreten. Mir scheint es selbstverständlich zu sein, dass die Beiordnung jüdischer Anwälte und Armenanwälte oder Bestellung von solchen als Pflichtverteidiger, zu Konkursverwaltern, Zwangsverwaltern usw. ab morgen 10 Uhr nicht mehr erfolgt. Aufträge zur Vertretung von Rechtsstreitigkeiten des Staates an jüdische Anwälte ersuche ich s o f o r t z u r ü c k z u-z i e h e n. Den Gesamtrücktritt des Vorstandes der Anwaltskammern ersuche ich durch entsprechende Verhandlungen herbeizuführen. Wenn von den Gau- und Kreisleitungen der NSDAP der Wunsch geäussert wird, durch u n i f o r m i e r t e W a c h e n d i e S i-c h e r h e i t u n d O r d n u n g i n n e r h a l b d e s G e r i c h t s-g e b ä u d e s zu überwachen, ist diesem Wunsch Rechnung zu tragen.»

Aehnliche Verordnungen wurden gegen die jüdischen Aerzte erlassen. Ihnen wurde zunächst ausnahmslos die Berechtigung zur Kassenpraxis, das heisst zur Behandlung der sozial-versicherten Kranken, also der grossen Mehrzahl aller Patienten, entzogen.

An die preussischen Hochschullehrer und Dozenten wurden auf Veranlassung des Kultusministers Rust Fragebogen ausgegeben, durch deren Ausfüllung der Minister Aufschluss über die rassische Abstammung der Universitätslehrer zu erhalten wünscht.

Das Beamtengesetz

Was die Beamten betrifft, so wurde die «Rassenfrage» durch ein Gesetz, das Anfang April im Reichsgesetzblatt veröffentlicht wurde, vorläufig folgendermassen geregelt:

«Als n i c h t a r i s c h gilt, wer von nichtarischen, insbesondere j ü-d i s c h e n Eltern oder Grosseltern abstammt. Es genügt, wenn e i n Elternteil oder ein Grosselternteil nichtarisch ist. Dies ist insbesondere dann anzunehmen, wenn ein Eltern- oder Grosselternteil der jüdischen Religion angehört hat.

Es hat ferner jeder, der n i c h t b e r e i t s s e i t d e m 1. A u g u s t 1 9 1 4 Beamter gewesen ist, nachzuweisen, dass er a r i s c h e r A b-

stammung oder F r o n t k ä m p f e r oder der S o h n o d e r V a-
t e r e i n e s i m W e l t k r i e g e G e f a l l e n e n i s t (Geburtsur-
kunde und Heiratsurkunde der Eltern, Militärpapiere). Ist die
arische Abstammung eines Beamten z w e i f e l h a f t, so muss ein
G u t a c h t e n des beim Reichsministerium des Innern bestellten
S a c h v e r s t ä n d i g e n f ü r R a s s e n f o r s c h u n g eingeholt
werden.
Bei der Prüfung, ob die Voraussetzungen des § 4 Satz 1 gegeben
sind, ist die g e s a m t e p o l i t i s c h e B e t ä t i g u n g d e s B e a m-
t e n, insbesondere seit dem 9. November 1918 in Betracht zu ziehen.
Jeder Beamte ist v e r p f l i c h t e t, der obersten Reichs- oder Lan-
desbehörde auf Verlangen darüber Auskunft zu geben, welchen politischen Parteien er bisher angehört und in welcher Richtung er sich
politisch betätigt hat. Als politische Parteien im Sinne dieser Bestimmung gelten auch das R e i c h s b a n n e r S c h w a r z - R o t -
G o l d, der R e p u b l i k a n i s c h e R i c h t e r b u n d und die
L i g a f ü r M e n s c h e n r e c h t e.»

Diese Verordnung ist besonders wichtig, weil späterhin fast
alle Kategorien von Akademikern (Aerzte, Anwälte, Hochschullehrer usw.) aber auch Bankbeamte, Angestellte usw. nach den
Ausleseprinzipien dieser Verordnung gesiebt wurden.

Der Kampf gegen die jüdischen Ärzte

Was die Aerzte angeht, so genügt vielleicht die Lektüre des
folgenden Aufrufs, der im «Gross-Berliner Aerzteblatt mit Berliner Aerzte-Correspondenz» am 20. Mai 1933 veröffentlicht wurde.
Der Verfasser, ein Herr Dr. R u p p i n, ist nicht irgendwer, sondern Kommissar im Provinzialverband der Aerzte der Provinzen
Brandenburg und Grenzmark. Dieses Dokument trägt die Ueberschrift: «Fort mit den jüdischen Aerzten!»

«Die völlige Entfernung der Juden aus den akademischen Berufen
ist notwendig.
Die freien akademischen Berufe, insbesondere die Aerzte, kommen
mit weitesten Kreisen der Bevölkerung in persönliche Berührung und
nehmen als Aerzte ihren Patienten gegenüber eine Vertrauensstellung ein, die ihnen Einfluss auf die Denkweise dieser Kreise ein-
räumt. Der Provinzialvorstand der Aerzte Brandenburgs hält es daher in unserem völkischen Staat für undenkbar, dass ein Jude die
Möglichkeit behält, das G i f t j ü d i s c h e n D e n k e n s auf diesem
Wege auszustreuen. Durch die Ueberjudung ist unstreitig die frühere ideale Berufsauffassung in weiten Kreisen der freien Berufe
dem jüdischen Geschäftsgeist bereits gewichen. Dieser Geist muss
aus unserem Aerztestand ausgetilgt und jede Möglichkeit seiner
Wiederkehr beseitigt werden. Mit schärfsten Mitteln ist die Korruption, soweit sie schon eingedrungen ist, auszurotten. Wir deutschen Aerzte fordern daher A u s s c h l u s s a l l e r J u d e n von der

ärztlichen Behandlung deutscher Volksgenossen, weil der J u d e d i e I n k a r n a t i o n d e r L ü g e u n d d e s B e t r u g e s ist. Ferner fordern wir eine strafrechtliche Bestimmung, die Vergehen und Verbrechen, die mit der Vertrauensstellung der freien Berufe zusammenhängen, mit Zuchthaus und sofortiger Entziehung der Berufsausübungserlaubnis bestraft.

Wir Aerzte fordern alle national-völkischen Berufsorganisationen des Deutschen Reiches auf, sich unserer Forderung anzuschliessen.»

Zur Ergänzung noch aus dem Erlass des Kommissars Dr. W a g n e r, dem sich die Spitzenverbände der Deutschen Aerzteschaft unterstellt haben:

«Auf Grund des Boykotts gegen das Judentum hat im Einvernehmen mit dem Oberbürgermeister die städtische Krankenversicherungsanstalt zu Berlin ihre Abteilungen angewiesen, Erstattungsanträgen ihrer Mitglieder, aus denen hervorgeht, dass die ärztliche Behandlung am oder nach dem 1. April b e i e i n e m j ü d i s c h e n A r z t b e g o n n e n h a t, n i c h t s t a t t z u g e b e n. Bei bereits begonnener Behandlung bei einem jüdischen Arzt sollen die Mitglieder sich ü b e r l e g e n, ob sie die Behandlung bei diesem fortsetzen. Die Krankenversicherungsanstalt erwartet, dass die Mitglieder aus ihrem nationalen Pflichtgefühl heraus auch jüdische Apotheken, Kliniken, Optiker, Badeanstaltsbesitzer, Zahnärzte und Dentisten n i c h t i n A n s p r u c h n e h m e n.»

Entlassung der jüdischen Lehrer

Die künftige Stellung der jüdischen L e h r e r in Deutschland ist gekennzeichnet durch einen Brief eines der einflussreichsten nationalsozialistischen Führer, des Landtagsabgeordneten Dr. Löpelmann, in dem es heisst:

«Wir machen Sie darauf aufmerksam, dass es u n t r a g b a r i s t, w e n n h e u t e n o c h j ü d i s c h e L e h r e r a n p r e u s s i s c h e n U n t e r r i c h t s a n s t a l t e n amtieren, während deutsche Frontsoldaten als Aushilfslehrer in ihrem eigenen Vaterlande mit unzureichender Bezahlung herumgestossen werden. Wir betrachten es weiter als einen unmöglichen Zustand, dass in preussischen Lehranstalten auf die Ueberheblichkeit jüdischer Schüler und Schülerinnen noch irgendwie Rücksicht genommen wird. Namens der nationalsozialistischen Preussenfraktion dürfen wir von Ihnen folgende Massnahmen wohl erwarten :

1. S ä m t l i c h e j ü d i s c h e, d. h. v o n J u d e n a b s t a m m e n d e L e h r p e r s o n e n s i n d m i t s o f o r t i g e r W i r k u n g v o n a l l e n p r e u s s i s c h e n U n t e r r i c h t s a n s t a l t e n z u b e u r l a u b e n b e z w. a b z u b a u e n.

2. Für die jüdischen S c h ü l e r u n d S c h ü l e r i n n e n , Studenten und Studentinnen wird der Numerus clausus entsprechend
der Bevölkerungszahl des jüdischen Volkes innerhalb des Deutschen
Reiches eingeführt, d. h. nur immer ein Prozent der Schülerschaft
einer Anstalt darf jüdisch oder jüdischer Herkunft sein.»

Im Sinne dieses Briefes sind fast alle im staatlichen Kom-
munaldienst beschäftigten jüdischen Lehrer zunächst einmal sofort «beurlaubt» worden. Ein Erlass des Oberpräsidenten von
Brandenburg und Berlin dehnt diese Massnahmen auch auf die
jüdischen P r i v a t l e h r e r aus.

Am 25. April wurde in einer Kabinetts-Sitzung ein «G e s e t z
g e g e n d i e U e b e r f r e m d u n g d e u t s c h e r S c h u l e n
u n d H o c h s c h u l e n » verabschiedet.

Naturgemäss gelten die Bestimmungen, die auf die Kategorie
der Lehrer angewendet werden, im besonderen Masse auch für die
H o c h s c h u l l e h r e r . Die Liste der entlassenen oder «beurlaubten» jüdischen Dozenten brachten wir in einem früheren Kapitel
des Braunbuches.

Ausschaltung jüdischer Redakteure und Journalisten

Die «Neue Freie Presse» vom 13. April 1933 meldet:

«In der ausserordentlichen Mitgliederversammlung des B e z i r k s -
v e r b a n d e s B e r l i n i m R e i c h s v e r b a n d d e r d e u t s c h e n
P r e s s e wurde einstimmig beschlossen, für die Delegiertenversammlung des Reichsverbandes D r. D i e t r i c h zum V o r s i t z e n -
d e n des R e i c h s v e r b a n d e s vorzuschlagen. Im Anschluss an
die Generalversammlung des Landesverbandes im R e i c h s v e r -
b a n d d e r d e u t s c h e n P r e s s e — so nennt sich fortan der Be-
zirksverband — fand eine S i t z u n g d e s n e u e n V o r s t a n d e s
statt, in der einstimmig ein A n t r a g a n g e n o m m e n wurde, dass
künftig j ü d i s c h e u n d m a r x i s t i s c h e R e d a k t e u r e nicht
mehr Mitglieder des L a n d e s v e r b a n d e s werden können. Ferner wurde ein Antrag für die Delegiertenversammlung, den Reichs-
verbandstag, angenommen, der fordert, dass j ü d i s c h e u n d m a r -
x i s t i s c h e R e d a k t e u r e w e d e r d e m R e i c h s v e r b a n d
d e r d e u t s c h e n P r e s s e b e i t r e t e n n o c h i h m a n g e h ö -
r e n k ö n n e n . Auch dieser Antrag fand einstimmige Annahme.»

Unterdessen sind fast sämtliche jüdischen Redakteure an
deutschen Zeitungen entlassen worden, und die Arbeiten fast aller
freien Mitarbeiter jüdischen Glaubens oder jüdischer Abstammung
werden konsequent refüsiert. Es muss festgestellt werden, dass sich
hierbei insbesondere auch die jüdischen Zeitungsverleger unrühm-
lich ausgezeichnet haben. Erwähnen wir als Beispiel das Verhalten des jüdischen Zeitungsverlegers der «Neuen Badischen

Landeszeitung» in Mannheim, Gütermann, der schon am 1. März alle seine jüdischen Redakteure und Angestellten entliess.

Ausschluss der Schöffen und Geschworenen

Auf a l l e n G e b i e t e n geht der s t i l l e B o y k o t t gegen die Juden weiter; sie werden aus dem öffentlichen Leben ausgemerzt. Die «Neue Freie Presse» meldet am 12. April den Ausschluss der Juden aus den Listen der Geschworenen, Schöffen und Handelsrichter:

> «Die Reichsregierung hat beschlossen, die laufende Wahlperiode aller Schöffen und Geschworenen vorzeitig mit dem 30. Juni 1933 zu beenden. Zu dem gleichen Termin soll auch die Amtsdauer der Handelsrichter enden. Die neuen Schöffen und Geschworenen werden anders zusammengesetzt sein als bisher, denn die Gemeinden werden in die Wahlkörperschaft für Schöffen unter den heutigen Verhältnissen naturgemäss anders orientierte Personen entsenden. Es wird k e i n e k o m m u n i s t i s c h e n S c h ö f f e n u n d G e s c h w o r e n e n mehr geben. Die Zahl der vorgeschlagenen S o z i a l d e m o k r a t e n wird w e s e n t l i c h g e r i n g e r sein, und auch J u d e n werden wohl n i c h t m e h r g e w ä h l t werden. Das gleiche Bild wird sich für die neu zu ernennenden Handelsrichter ergeben. Bis zu den Neuwahlen brauchen sich nach dem soeben erlassenen Gesetz die Richter nicht an die bisherigen Vorschriften über die Zuziehung der Laienrichter zu halten. Sie können zum Beispiel e i n z e l n e R i c h t e r ü b e r g e h e n.»

Juden als „outcasts" im Sport

Selbst im Sport gilt jeder Jude als «outcast». Während sogar in Amerika farbige Boxer zu Titelkämpfen antreten, dürfen deutsche B o x e r jüdischer Religion oder Abstammung in deutschen Ringen n i c h t mehr auftreten. Der Mittelgewichtsmeister von Deutschland, Erich S e e l i g, wurde daran gehindert, in Deutschland seinen Meistertitel zu verteidigen. Er hat inzwischen in Frankreich seine Form unter Beweis gestellt. Der deutsche T e n - n i s m e i s t e r - Daniel P r e n n, der weitaus beste deutsche Spieler, darf nicht mehr als Vertreter Deutschlands auf den internationalen Spielen nominiert werden.

Die «Neue Freie Presse» vom 28. April 1933 meldet:

> «Der Deutsche Schwimmverband verlautbart : «Der Deutsche Schwimmverband hat sich z u m A r i e r p a r a g r a p h e n bekannt. In welcher Form die Zugehörigkeit der Juden zu den Sportverbänden und dadurch auch zum Schwimmverband geregelt, beziehungsweise der Arierparagraph in die Satzung der Verbände aufgenommen wird, richtet sich nach den Bestimmungen, die die Regierung

erlässt. Bis dahin bestimme ich, dass J u d e n v o n a l l e n l e i t e n -
d e n S t e l l e n i m V e r b a n d z u e n t f e r n e n u n d h i n t e r
d i e F r o n t z u s t e l l e n s i n d ; auch bei allen r e p r ä s e n t a -
t i v e n V e r a n s t a l t u n g e n u n d s p o r t l i c h e n V e r t r e -
t u n g e n haben sie n i c h t i n E r s c h e i n u n g z u t r e t e n.

Georg Hax.»

(Der Deutsche Schwimmverband gehört vorläufig noch dem I n t e r -
n a t i o n a l e n S c h w i m m v e r b a n d a n, g e g e n d e s s e n
S a t z u n g e n, d e r G l e i c h b e r e c h t i g u n g a l l e r, d e r
A r i e r p a r a g r a p h v e r s t ö s s t. Vorsitzender des Internatio-
nalen Schwimmverbandes ist allerdings der bisherige deutsche
Schwimmwart B i n n e r der jedoch wegen seiner «internationalen»
Einstellung aus dem Verbandsgetriebe ausgeschaltet wurde.)

«Mitgliedschaft der Juden in der DSB.

Bis zu den endgültigen Richtlinien des Herrn Reichssportkommissars
werden für die jüdischen Mitglieder der DSB-Vereine die B e s t i m -
m u n g e n d e s B e a m t e n g e s e t z e s angewandt. Damit ist die
sportliche Betätigung nur denjenigen Juden (nicht konfessions-, sondern rassemässig) bei Veranstaltungen gestattet, die den Schutz des
Beamtengesetzes geniessen.»

„Böswillige Gerüchte"

Allerdings wo es um das Geschäft geht, da hört auch hier
wiederum die Grundsatz-Treue alsbald auf. Das gleichgeschaltete
«12-Uhr-Mittags-Blatt» vom 19. April 1933 versichert unter der
Ueberschrift «Böswillige Gerüchte», dass bei der 11. Olympiade,
die 1936 in Berlin ausgetragen werden wird, die Rassenfrage keine
Rolle spielen soll:

«Die ausländische Boykott-Propaganda gegen Deutschland hat auch
vor dem Sport nicht Halt gemacht In der letzten Zeit konnte man
mehrfach in verschiedenen ausländischen Blättern lesen, dass
besonders in den Vereinigten Staaten von Nordamerika Bestrebungen
im Gange seien, die darauf hinzielen, die für 1936 nach Berlin ver-
gebenen Olympischen Spiele e i n e r a n d e r e n N a t i o n z u ü b e r -
t r a g e n, weil angeblich in Deutschland Massnahmen getroffen sein
sollen, den Start jüdischer Sportsleute bei internationalen Wettbe-
werben zu verhindern. Auf eine offizielle Anfrage in dieser Richtung erklärte Avery B r u n d a g e, der V o r s i t z e n d e d e s A m e -
r i k a n i s c h e n O l y m p i s c h e n K o m i t e e s, dass für die Auswahl des Olympiaortes das Internationale Olympische Komitee d i -
r e k t zuständig sei Das Komitee, das im Juni in Wien zusammen-
tritt, werde sich zweifellos mit der Frage beschäftigen. Seine persönliche Meinung sei, dass die Spiele nicht in einem Lande abgehalten werden würden, wo man die Olympische Grundtheorie der
Gleichheit aller Rassen verletze. Zu diesen voreiligen Aeusserungen

des amerikanischen Sportführers kann folgendes gesagt werden:
Es sind in Deutschland weder Massnahmen getroffen, noch werden
solche erfolgen, die die Beteiligung an internationalen Wettkämpfen
von der Rassenfrage abhängig machen. Die Welt kann sich darauf
verlassen, dass jeder, der von seinem Lande zu den Olympischen
Spielen nach Berlin entsandt wird, ohne Rücksicht auf seine Rassen-
oder .Staatszugehörigkeit, als Gast behandelt und empfangen wird.»

Juden-Pässe

Besondere Bestimmungen gelten auch für die jüdischen
Passinhaber. Der P o l i z e i p r ä s i d e n t   v o n   B r e s l a u oıd-
nete an :

> «dass deutsche Reichsangehörige jüdischen Glaubens oder ehemals
> jüdischen Glaubens, die im Besitze eines R e i s e p a s s e s sind,
> diesen persönlich spätestens bis zum 3. April 1933 in dem für ihre
> Wohnung zuständigen Polizeirevier vorzulegen haben. Die Pässe
> werden nach B e s c h r ä n k u n g   i h r e r   G ü l t i g k e i t   a u f   d a s
> I n l a n d den Passinhabern zurückgegeben.»

Besondere Badezeiten

Es gibt kaum irgend einen Erlass, geeignet, den jüdischen
Staatsbürger zu diffamieren, auf den irgendeine Behörde, irgendeine Verwaltung n i c h t gekommen wäre. Die Stadt S p e y e r
in der Pfalz wird in der Geschichte dieser Tage als besonders
erfinderisch fortleben. Sie hat den Ruhm, als erste deutsche Kom-
mune eine Verordnung erlassen zu haben,

> «w o n a c h   d i e   J u d e n   i m   I n t e r e s s e   d e r   ö f f e n t l i-
> c h e n   O r d n u n g   d i e   S t ä d t i s c h e n   T e r m a l b ä d e r   n u r
> n o c h   z u   b e s t i m m t e n   S t u n d e n   b e n u t z e n   k ö n n e n.»

Andere deutsche Gemeinden folgten diesem Beispiel bald.
Die «Frankfurter Zeitung» vom 24. Mai 1933 berichtet:

> «In der T ü b i n g e r Gemeinderatssitzung vom 15. Mai wurde von
> der NSDAP ein Antrag eingebracht, in dem es u. a. heisst : «Juden
> und Fremdrassigen ist der Zutritt zu der städtischen Freibadeanstalt
> zu v e r w e h r e n.» Der Antrag wurde mit allen gegen drei Stimmen
> angenommen.»

Kurz darauf las man in oberschlesischen Zeitungen ähnliche
Verordnungen.

Entlassung der jüdischen Angestellten

Falsch wäre es zu glauben, dass die Ausschaltung der deutschen Juden nur aus intellektuellen Berufen forciert wurde. Man
spricht zu wenig von den kleinen jüdischen A n g e s t e l l t e n,
den kleinen K a u f l e u t e n und den jüdischen A r b e i t e r n.
Aber gerade hier, in diesen Kategorien, sind die M a s s e n des

jüdischen Kleinbürgertums zu finden, wirtschaftlich genau so
verelendet und gedrückt wie die Massen der nichtjüdischen Kleinbürger und Arbeiter. Die nationalsozialistischen Betriebs-Zellen-
Organisationen haben es sich sehr angelegen sein lassen, die
kleinen jüdischen Angestellten, die kleinen jüdischen Händler

5. Grund für die Lösung des Arbeitsverhältnisses:

    a) Fristlose Entlassung wegen _____

    b) Kündigung durch den Arbeitgeber wegen *nicht arischer Abstammung*

        (Angabe des Grundes, z. B. Witterung — Krankheit — ungenügende Arbeitsleistung usw.)

    c) Kündigung durch den Arbeitnehmer wegen _____

    d) Vertragsauflösung im beiderseitigen Einverständnis _____

    Zur Ausfüllung der obigen Bescheinigung ist der Arbeitgeber auf Grund von § 178 des
Gesetzes über Arbeitsvermittlung und Arbeitslosenversicherung verpflichtet.

_____ Berlin _____, den 23. Juni _____ 193 3

Zentrale Gehalts- und Lohnstelle
der Stadtgemeindeverwaltung Berlin
(Unterschrift und Firmenstempel)

Original einer Kündigung wegen «nicht arischer Abstammung».

und die jüdischen Arbeiter brotlos zu machen. Eine Meldung aus
Berlin vom 31. März besagt:

«Auf Veranlassung der nationalsozialistischen Farteileitung teilt die
Betriebszellenorganisation mit :

Morgen haben sich die nationalsozialistischen Betriebszellenvorstände
mit den Arbeiterorganisationen zusammen bei den jüdischen Geschäften vorstellig zu machen und die Vorauszahlung von 2 M o n a t s -
g e h ä l t e r für die c h r i s t l i c h e n A r b e i t e r und A n g e -
s t e l l t e n zu fordern. Ausserdem muss die Forderung erhoben
werden, dass a l l e j ü d i s c h e n Angestellten f r i s t l o s
e n t l a s s e n w e r d e n. Wer sich nicht fügt, ist sofort der Leitung
zu melden, die dann die erforderlichen Massnahmen trifft. Morgen
Schlag 3 Uhr nachmittag verlassen alle Angestellten und Arbeiter
die jüdischen Geschäfte, um an der Kundenabwehr teilzunehmen.
Zeitungen und lebenswichtige Betriebe sind ausgenommen, jedoch
müssen a l l e j ü d i s c h e n A n g e s t e l l t e n s o f o r t f r i s t l o s
e n t l a s s e n werden. Im Verlag Ullstein sind bereits heute alle
Redakteure jüdischer Rasse an hervorragenden Stellen beurlaubt.»

Die «Frankfurter Zeitung» vom 28. 5. 1933 meldet:

«Auf einer Gautagung des R e i c h s v e r b a n d e s a m b u l a n t e r
G e w e r b e t r e i b e n d e r wurde nach dem «Pössnecker Händler-
blatt», dem offiziellen Organ des Verbandes deutscher Händler,

Schausteller und Marktreisender (Sitz Dresden), die Frage gestellt, ob künftighin jüdische Händler und Gewerbetreibende auf den Messen und Märkten z u g e l a s s e n sein sollen. Der Gauführer vertrat den Standpunkt, dass «die Juden radikal ausgemerzt» werden müssen.»

Geschäft ist Geschäft — auch für Antisemiten

Im «Völkischen Beobachter» vom 2. April wird als äusserster Effekt der Boykottbewegung die «spontane Hausse an der judenreinen Börse» bejubelt. Wir wissen, was mit dieser Jubelhymne demonstriert wird: dass nämlich der Kampf n i c h t gegen das S y s t e m, n i c h t gegen den K a p i t a l i s m u s, nicht einmal gegen die A u s w ü c h s e des Kapitalismus geführt wird, sondern dass es sich um einen Konkurrenzkampf der n a t i o n a l e n S c h i e b e r gegen die jüdische Konkurrenz handelt. Auch an der «j u d e n r e i n e n B ö r s e» können die Börseaner Geschäfte machen. Es geht nicht gegen das Kapital, es geht nicht gegen den Besitz ; es geht g e g e n den k l e i n e n M a n n : gegen den «a r i s c h e n» Arbeiter und Mittelständler, der b e t r o g e n wird, gegen den jüdischen kleinen Angestellten und Händler, der ver- n i c h t e t wird.

Die «arischen» Grundsätze richten sich durchaus nach der Höhe des Geldbeutels. Wie seinerzeit mit persönlicher Berechtigung Herr Oskar Wassermann, Vorstandsmitglied der «Deutschen Bank und Diskontgesellschaft» in einer Erklärung (im «Berliner Tageblatt» vom 31. März 1933) mit Recht darauf hinwies, dass er nicht im geringsten belästigt worden sei, und dass sich ihm ge - genüber der Wandel der Dinge nicht bemerkbar gemacht habe, auch gesellschaftlich nicht, so dürfen heute die anderen jüdischen Kapitalisten frohlocken : die nationalsozialistische Regierung setzt sich mit vollem Nachdruck für ihre materiellen Belange ein. Sie ruft jene untergeordneten Stellen, die da glaubten, dass der Antisemitismus durch die antikapitalistische Haltung des Nationalsozialismus bedingt sei, zur Ordnung. Sie schützt, wenn nicht den Juden, so doch das jüdische Geld. Der Kapitalismus darf dieser «nationalen Revolution» nicht zum Opfer fallen. Die «Frankfurter Zeitung» vom 27. März und der «Völkische Beobachter» gleichen Datums veröffentlichten folgenden Brief, den der «Reichskommissar für die Wirtschaft», Dr. Wagner, an den Vorsitzenden des «Kommunalpolitischen Amtes der NSDAP», den Oberbürgermeister Fiehler (München) gerichtet hat :

«Aus zahlreichen Kreisen der Wirtschaft wurden mir in der letzten Zeit R u n d s c h r e i b e n übersandt, die von einzelnen Kommunen an eine grosse Zahl von Fabrikanten und an andere Wirtschaftsunternehmungen hinausgegangen sind, um festzustellen, ob die Unter-

nehmen als «d e u t s c h e U n t e r n e h m u n g e n» angesprochen
werden können. Die in diesem Rundschreiben enthaltenen Fragen
wollen dabei feststellen, in welchem Umfang das Kapital der betreffenden Firmen deutsch sei, in welchem Umfange nichtarische und
nichtdeutsche leitende Persönlichkeiten vorhanden sind usw. So sehr
ich selbstverständlich auf dem Standpunkt stehe, dass gerade die
Kommunen ihre Aufträge nur an deutsche Firmen vergeben sollen,
halte ich es doch für notwendig, dass dem eingeschlagenen Verfahren E i n h a l t g e b o t e n wird. Der ganze mit diesen Rundschreiben aufgerollte Fragenkomplex ist nicht so einfach, dass man durch
«Ja» oder «Nein» oder durch Zahlen Entscheidungen fällen könnte.
Vielmehr ist es Aufgabe der R e i c h s r e g i e r u n g, dafür zu sorgen, dass j e d e U n t e r n e h m u n g i n D e u t s c h l a n d, g l e i c h-
g ü l t i g w o h e r s i e i h r K a p i t a l b e s i t z t u n d w e r s i e
l e i t e t, in die deutsche Volkswirtschaft als ein Glied derselben
eingeführt wird, und dass die Leitung eines jeden Unternehmens in
Zukunft ausschliesslich nur nach deutschen volkswirtschaftlichen Gesichtspunkten erfolgen kann. In der Durchführung dieser Notwendigkeit wird die Regierung aber nur gehindert, wenn vorher von
einzelnen Stellen aus Tatsachen geschaffen werden, die eine Er-
schütterung des Wirtschaftslebens mit sich bringen. U n s e r Z i e l
k a n n n i c h t s e i n, bestehende Wirtschaftsunternehmungen in
Deutschland, auch wenn sie mit fremdem Kapital und bisher zum
Teil von fremden Persönlichkeiten geleitet worden sind, zu zerstören, sondern sie dazu zu zwingen, dass sie deutsch handeln und dass
auch sie dem grossen Grundsatz unseres Führers «Gemeinnutz vor
Eigennutz» untergeordnet werden. Ich möchte Sie deshalb bitten,
dass Sie Ihren Einfluss als Leiter des kommunalpolitischen Amtes
auf die Leitungen der deutschen Kommunen geltend machen, um zu
v e r h i n d e r n, dass weiterhin solche Rundschreiben versandt werden und dass durch solche Massregeln eine Störung des Gesamt-
wirtschaftslebens hervorgerufen wird, die wir b e i m b e s t e n
W i l l e n i n d e r j e t z i g e n Z e i t n i c h t b r a u c h e n können.»

«Beim besten Willen» — das können sie nicht brauchen dass
irgendein Kapitalist in dieser «nationalen Revolution» zu Schaden
käme! Wir wussten es seit langem. Und die, die heute noch auf
den «Sozialisten» Adolf Hitler schwören, die von ihm das Wunder
erwarten, dass er für den Bauern höhere Preise, für den Ver-
braucher aber zugleich billigere Lebensmittel schaffen kann, für
den Arbeiter höhere Löhne, aber zugleich für den Unternehmer
grösseren Profit, für den Beamten Gehaltsaufbesserung, für den
Staat aber Ersparnisse — diese «Wundergläubigen» werden bald
mit Grauen a u f g e s c h r e c k t werden durch die unerbitt-
liche Tatsache, dass im «Dritten Reich» n i e m a n d e m geholfen wird als den Kapitalisten, seien sie jüdischen oder
nichtjüdischen Glaubens. Sie werden begreifen lernen durch
das, was ihnen noch im Dritten Reiche bevorsteht, dass die

ganze Judenhatz zu nichts anderem gedient hat, als sie a b z u -
l e n k e n von dem Kampf gegen die wahrhaft Schuldigen, gegen
das S y s t e m d e s K a p i t a l i s m u s.

V. Arierparagraph und Rasse-Ämter

Wir haben gesehen, dass der neudeutsche Antisemitismus ein
Antisemitismus auf biologischer Grundlage : R a s s e - A n t i s e -
m i t i s m u s ist. Dieser biologische Antisemitismus führt zurück
auf die antisemitische Welle unter Führung des Hofpredigers
Stöcker, die seinerzeit ihre «Ideologie», d. h. ihre pseudo-wissen-
schaftliche Rechtfertigung durch Eugen Dührings Schrift «Die
Judenfrage als Frage des Rassencharakters» fand. Die «R ssen-
kunde», einstmals ein Steckenpferd absonderlicher Schrifts'eller
und niemals recht ernst genommen, ist heute im neuen Deutschland zur offiziellen «Wissenschaft» erklärt worden, d. h. ein ein-
träglicher Beruf geworden.

Die Juden als „Rasse"

Nun ist es dieser «Wissenschaft» bisher zwar trotz aller Bemühungen nicht gelungen, nachzuweisen, dass die Deutschen eine
Rasse sind — im Gegenteil steht fest, dass die Deutschen ein
Mischvolk und sehr weit entfernt davon sind, sich «nordisch»
nennen zu dürfen. Aber es ist diesen seltsamen Forschern bisher
noch nicht einmal gelungen, nachzuweisen, dass die Juden wirklich eine «Rasse» sind.

Wir wollen den Rasseforschern zu Hilfe kommen : es ist
schon etwas an dem Geschrei um die jüdische Rasse. Für die
Untersuchung dieser komplizierten Materie empfiehlt es sich,
auch hier die Sachverhalte vom Kopf a u f d i e F ü s s e z u
s t e l l e n ; d. h. die Rasse ist nicht ein Urprodukt, sondern ein
Z ü c h t u n g s p r o d u k t, nicht der Beginn, sondern das Ergebnis eines Entwicklungsprozesses. Die heute lebenden Juden auf
die Urväter, die biblischen Juden zurückführen zu wollen, das
wäre ein verzweifeltes und absurdes Unternehmen. Die Rasse-
mischungen, die in der jüdischen Geschichte stattgefunden haben, sind zahlreich und unübersichtlich. Aber etwa vom Jahre
1000 an, mit dem Ende des Proselytismus' (d. h. : der Uebertritte
von Andersgläubigen zur jüdischen Religionsgemeinschaft),
wurden die Juden durch ihre Religion, ihre Gesetzgebung und
durch die sozialen Verhältnisse, unter denen sie lebten, zu einer
« I n z u c h t » angehalten, die an Dauer und Vollständigkeit in
der europäischen Geschichte beispiellos ist. Die anthropologi-
schen Rassenmerkmale leiten sich her aus dieser Periode, die
in fast 800jähriger Dauer einen gewissen Menschentypus, eben
den jüdischen, entwickelte.

Eine andere Frage ist, was denn selbst mit dem Nachweis jüdischer Rassemerkmale gewonnen ist. Gerade jene Eigentümlichkeiten der Juden, gegen welche die Antisemiten zu kämpfen vorgeben, erklären sich keineswegs aus der Rasse, sondern aus den s o z i a l e n V e r h ä l t n i s s e n, in denen die Juden leben : eine K a s t e, der von der Umwelt bestimmte Existenzbedingungen vorgeschrieben wurden. Mit dem Fortfall dieses Zwanges fallen auch fast unmittelbar, das heisst mindestens in der zweiten Generation, die nicht mehr unter diesem Zwange lebt, die Eigentümlichkeiten fort.

Mit solchen theoretischen Erörterungen haben wir uns indessen schon von der Praxis des Nationalsozialismus weit fortbewegt. Dort ist alles viel einfacher und viel plumper. In keiner Frage hat der Nationalsozialismus etwa nach eigenen Argumentationen gehandelt, vielmehr hat er sich immer erst im Nachhinein seine eigenen Barbareien durch käufliche Subjekte als «Kulturtaten» bestätigen lassen.

Wenn heute in Deutschland eine «Rassenforschung» sich als «Wissenschaft» auftut, so hat im innern Grunde solche Komödie nur den einen Zweck : ein neues Mäntelchen zu schaffen für die Bestialitäten des herrschenden Regimes.

Die Praxis der „Rasse-Ämter"

Sprechen wir von der Praxis. Die «Frankfurter Zeitung» meldete am 5. Mai 1933 :

> «Dortmund, 4. Mai (TU). Der Staatskommissar der Stadt Dortmund hat angeordnet, dass bereits jetzt mit dem Aufbau eines R a s s e - a m t e s in Dortmund begonnen werden soll. Mit der Leitung wurde der Hilfskommissar für das Gesundheitswesen, Dr. med. B r a u s s, betraut, der im Rahmen einer Pressebesprechung grundsätzliche Ausführungen über rassehygienische Fragen machte. Er führte u. a. aus, dass bereits die Aufzeichnungen gesundheitlicher Art für die 80.000 Dortmunder Schulkinder, die sich für die Zwecke der rassehygienischen Statistik ergänzen liessen, vorhanden seien. Die J u g e n d, die die nächste Generation bilde, werde also zuerst erfasst. Daneben würden diejenigen Fälle zu bearbeiten sein, die nach den bereits erlassenen Verordnungen zwangsläufig bearbeitet werden müssten, d. h. die Bewerber für B e a m t e n s t e l l e n, Schüler der h ö h e r e n S c h u l e n und der H o c h s c h u l e n. Das Erfassen der g e s a m t e n Bevölkerung sei dann die Aufgabe der nächsten Jahre.
>
> E s s t e h e z u e r w a r t e n , d a s s b e r e i t s i n a l l e r - n ä c h s t e r Z e i t G e s e t z e z u r S c h e i d u n g u n d A u f - a r t u n g d e r R a s s e e r f o l g t e n.
>
> Das wesentlichste dieser Gesetze werde sein, dass in Deutschland

Bücherverbrennung auf dem Opernplatz in Berlin Bei den Bücherverbrennungen, die in allen Städten Deutschlands durchgeführt wurden, sind hunderttausende von wissenschaftlichen und literarischen Werken vernichtet worden.

Verjagte Wissenschaftler und Künstler

Der Schriftsteller Thomas Mann,
Träger des Nobelpreises.

Der Chemiker Prof. Fritz Haber,
Träger des Nobelpreises.

Der Generalmusikdirektor an der
Staatsoper, Prof. Otto Klemperer.

Prof. Max Reinhardt, Ehrendoktor
der Oxforder Universität.

Rassenmischehen **v e r b o t e n** würden, dass ferner die Bevölkerung in Familien **g e s c h i e d e n** werden müsse, deren Nachkommenschaft dem Staate erwünscht oder deren Nachkommenschaft als eine Belastung des Volkes unerwünscht sei.»

Ein geschäftstüchtiger junger Mann, Herr Dr. Achim **G e r k e**, hat sich zum «Ministerialreferenten als Sachverständiger für Rasseforschung im Reichsinnenministerium» ernennen lassen.

Menschen und „Untermenschen"

Das alles erscheint noch relativ «harmlos». Es richtet sich zunächst nur auf die wirtschaftliche Vernichtung der jüdischen Bevölkerung, noch nicht aber direkt gegen Leib und Leben. Weniger harmlos erscheint ein kleiner Zettel, der zu Tausenden in allen Gaststätten verteilt wurde und insbesondere allen deutschen Mädchen in die Hand gesteckt wurde, die mit einem Juden zusammen gesehen wurden.

In diesem Dokument wird dem jungen Mädchen, das in dem schrecklichen Verdacht steht, mit einem Juden befreundet zu sein, angedroht, dass man ihr die Initiale J H, d. h. «Juden-Hure» ins Gesicht einbrennen würde. Es wird versichert, «dass diese Drohung keine leere Redensart sei, sondern unter allen Umständen in die Tat umgesetzt werden würde, falls das betreffende junge Mädchen noch einmal mit einem Juden gesehen werden würde.»

Hier zeigt sich schon handfester die nationalsozialistische Unterscheidung zwischen Menschen und «Untermenschen», wobei «Untermenschen» alle diejenigen sind, die nicht nationalsozialistisch denken und fühlen. Für die Nationalsozialisten sind «Menschen» und «Untermenschen» zwei völlig verschiedene Gruppen. Zur Gruppe I gehören die «reinen Vertreter der nordischen Rasse». In die Gruppe II gehören (nach dem Organ der nationalsozialistischen Aerzte «Ziel und Weg» II/2) neben

«Trinkern, Morphinisten, Gewohnheitsverbrechern und Prostituierten alle Fremdrassigen, besonders die Juden.»

Der nationalsozialistische «Rassentheoretiker» Professor **S t ä m m l e r** brachte im Auftrage der nationalsozialistischen Aerzte folgendes Gesetz zur «Scheidung der Rasse» ein:

«1. Als fremdrassig gilt derjenige, der wenigstens zur Hälfte fremdes Blut hat, d. h. von dessen Vorfahren einer der Eltern oder zwei der Grosseltern fremdrassig gewesen sind, gleichgültig, welche Religion sie hatten. Als fremdrassig gelten dabei alle farbigen Rassen, die vorderasiatische und orientalische Rasse einschliesslich der Juden.

2. Danach hat jeder grossjährige deutsche Staatsangehörige eidlich dem zuständigen Einwohnermeldeamt anzugeben, welcher Rasse er angehört. Für Minderjährige wird die Angabe vom gesetzlichen

Vertreter gemacht. Falsche Angaben werden mit Zuchthaus und Einziehung des Vermögens bestraft.

3. Die als fremdrassig Festgestellten haben sich künftig nicht als Deutsche, sondern als Fremdrassige (Juden aus Deutschland usw.) zu bezeichnen.

4. Wer nach dem Stichtag geboren wird, gilt als deutsch nur, wenn beide Eltern deutsch sind. Doch sollen jüngere Geschwister dieselbe Volkszugehörigkeit erhalten, wie die älteren, bei denen die Zugehörigkeit durch Erklärung festgelegt ist.»

„Hegehöfe"

Der schon erwähnte Herr Professor Stämmler schreibt : «Das Zuchtziel engt sich ein auf den körperlich, moralisch und geistig gesunden Menschen nordischer Rasse». Zur Förderung dieses «Zuchtziels» werden «Hegehöfe» gefordert. Wie man sich diese «Hegehöfe» vorstellt, geht aus folgenden Ergüssen eines Professor Ernst B e r g m a n n hervor :

«Zur Begattung der vorhandenen Frauen und Mädchen finden sich w i l l i g e und f l e i s s i g e (!) Männer und Jünglinge genug, und glücklicherweise genügt e i n flotter Bursch auf 10 bis 20 Mädchen, die den Willen zum Kind noch nicht ertötet haben, bestünde nur nicht der naturwidrige Kulturunsinn der monogamen Dauerehe.» (Professor Ernst Bergmann in «Erkenntnisgeist und Muttergeist».)»

Schliessen wir diese Erzeugnisse der Barbarei ab mit einem weiteren «Gesetzentwurf zur Reinhaltung der Rasse». Es heisst darin :

«1. Ehen zwischen deutschen und fremden Rassen sind verboten. Die bestehenden behalten ihre Gültigkeit, neue dürfen nicht geschlossen werden und werden nicht anerkannt.

2. Ausserehelicher Geschlechtsverkehr zwischen Deutschen und Fremdrassigen wird mit Zuchthaus des fremdrassigen, mit Gefängnis des deutschen Teiles bestraft. Prostituierte fallen nicht unter das Gesetz.

3. Die Einreise Fremdrassiger ist nur in besonderen Fällen zuzulassen. Die Einwanderung von Fremdrassigen ist verboten.

4. Namensänderungen, die in zumeist nur den Zweck haben, die Rassenzugehörigkeit zu verschleiern, sind bis auf Weiteres verboten. Die seit 1914 vorgenommenen werden rückgängig gemacht.»

Genug ! Vielleicht wird man einwenden, ein solcher Irrsinn, für den allein die Psychose-Pathologie zuständig sei, habe letzten Endes mit der «Millionenbewegung» nichts zu schaffen. Diese «Rassenhygieniker» seien Erscheinungen am Rande, für die letztlich die Bewegung nicht verantwortlich zu machen sei. Eine solche Auffassung ist irrig. Ein Mann wie Professor Stämmler ist der offizielle Ratgeber für diese Fragen. Die von ihm ausgearbeiteten

«Gesetzentwürfe» sind durch die nationalsozialistische Reichstagsfraktion eingebracht worden. Sie sind ebenso t y p i s c h, wie sie
als Agitationsmittel e r n s t zu nehmen sind. Ebenso wie der Pornograph Hanns Heinz E w e r s heute als offizieller Vertreter des
deutschen Schrifttums auftritt, ebenso wie der blutrünstige Morphinist G ö r i n g im Dritten Reich allmächtiger Minister werden
konnte, ebenso wie dem wegen Geistesstörung entlassenen Lehrer
R u s t (ein deutsches Gericht hat ihm die geistige Unzurechnungs-
fähigkeit bescheinigt) das Amt des preussischen Kultusministers
übertragen wurde, ebenso wie ein S t r e i c h e r, der wegen be-
wusster Verleumdung, Ehrabschneidung, Unterschlagung, wegen
Fälschungs- und Rohheitsdelikten vielfach von deutschen Gerichten verurteilt worden ist, zum staatlichen Kommissar für den
Judenboykott gemacht wurde — ebenso ist dieser Professor
S t ä m m l e r heute ein massgebender Mann des herrschenden
Regimes.

VI. Liquidation der Judenfrage

Es bleibt uns zu r e s ü m i e r e n. Wir haben aus der Tat-
sachenfülle eines Vernichtungskampfes gegen 600 000 deutsche
Juden winzige A u s s c h n i t t e gegeben, typische Dokumente
des inferioren, k ü n s t l i c h h o c h g e z ü c h t e t e n H a s s e s
gegen die Juden, die noch einmal vor der Geschichte Europas zu
den Sündenböcken gemacht werden. Wir haben zu zeigen versucht, dass, alles in allem, der Fanatismus sich n i c h t gegen
die richtet, gegen die er gezüchtet wurde : die Börseaner, die
Grossbankiers, Grosskaufleute und Spekulanten. Die «Volkswut»
ist wieder einmal abgelenkt worden gegen die kleinen Leute, gegen den jüdischen Mittelstand und gegen das jüdische Proletariat. So will es das Gesetz des Kapitalismus, dem Millionen,
die heute «Heil Hitler» schreien, dienen, ohne es zu wissen.

Erpresste Dementis

Was aber taten die Juden in Deutschland? Sie protestierten
gegen die «Greuelpropaganda» des Auslandes. Sie sandten D o -
k u m e n t e d e r T o d e s a n g s t hinaus in die Welt unter dem
D r u c k der bereitstehenden SA. Sie sind manches Mal in ihrer
Angst weitergegangen, als es notwendig gewesen wäre. Kürzlich
ist sogar ein geschäftüchtiger Mann auf die Idee gekommen,
diese erpressten Dementis der deutschen Juden in Buchform zu
sammeln und zu verlegen unter dem Titel : «Die Greuelpropaganda ist eine Lügenpropaganda — sagen die deutschen Juden
selbst». Das gleichgeschaltete «Berliner Tageblatt» bringt einen
zweispaltigen Artikel über dies «ausserordentlich begrüssens-
werte Buch», aber niemand in der Welt wird sich darüber täu-

schen lassen, dass hier Menschen, die um ihr Leben, um ihre Freiheit und um ihre Existenz zitterten, w i d e r b e s s e r e s W i s s e n die Lüge verbreiten mussten, es gäbe in Deutschland keine Judenverfolgungen.

Juden, die für Hitler sind

Es gibt noch andere Stimmen. Es gibt Juden, die für Hitler sind. In der «Jüdischen Presse» (Wien, Bratislava, 31. März 1933), dem Organ der orthodoxen Juden, schreibt eine Rabbiner, Professor Dr. W e i n b e r g :

> «Ueberhaupt bringt man in jüdischen Kreisen und insbesondere in orthodoxen Kreisen der nationalen Erhebung Deutschlands mehr Sympathie und Verständnis entgegen, als die Führer dieser Bewegung wissen. Die religiösen Juden wissen, wie sehr sie gerade Hitler für seinen energischen durchgreifenden Kampf gegen den Kommunismus dankbar sein müssen.»

Ganz ähnlich macht es das Zentralorgan der deutschen Zionisten, die «Jüdische Rundschau» :

> «Die jüdische Geschichte wird auch Hitler verstehen. Sie wird ihn anführen als Beweis dafür, dass Geschichte gemacht wird von den Inponderabilien des menschlichen Auftriebs zu einer Idee, ganz gleich welcher.»

Der dritte im Bunde darf nicht fehlen. Zur jüdischen Orthodoxie und zum jüdischen Nationalismus gehört auch der jüdische Kapitalist. Wir zitierten bereits die Erklärung des Direktors der Deutschen Bank und Diskonto Gesellschaft, Oskar Wassermann, dass er nicht im geringsten belästigt worden sei und dass sich ihm gegenüber der Wandel der Dinge nicht bemerkbar gemacht habe, «auch gesellschaftlich nicht».

Lenin über den Antisemitismus

Wir verschweigen diese Stimmen nicht. Sie sind uns ein Beweis, dass auch die Judenfrage letzlich keine R a s s e n f r a g e, sondern eine K l a s s e n f r a g e ist.

«Antisemitismus», sagt Lenin — und er hat diese Ansprache auf Schallplatten verbreiten lassen —

> «Antisemitismus nennt man die Verbreitung der Feindschaft gegen die Juden. Als die verfluchte Zarenmonarchie ihre letzten Stunden erlebte, versuchte sie, die unwissenden Arbeiter und Bauern gegen die Juden aufzuhetzen. Die Zarenpolizei, im Bunde mit den Gutsbesitzern und Kapitalisten, organisiert Judenpogrome. Den Hass der von Not zermürbten Arbeiter und Bauern gegen die Gutsbesitzer und Ausbeuter bemühten sie sich auf die Juden zu lenken. Auch in anderen Ländern erlebt man oft, dass die Kapitalisten Feindschaft ge-

gen die Juden entfachen, um den Blick des Arbeiters zu trüben und abzulenken von dem wirklichen Feind der Werktätigen, dem Kapital . . . .

Nicht die Juden sind die Feinde der Werktätigen. Die Feinde der Arbeiter sind die Kapitalisten aller Länder. Unter den Juden gibt es Arbeiter, Werktätige, sie sind die Mehrheit. Sie sind unsere Brüder, unsere Genossen im Kampf für den Sozialismus, weil sie vom Kapital unterdrückt werden. Unter den Juden gibt es Kulaken, Ausbeuter, Kapitalisten, wie auch unter allen. Die Kapitalisten sind bemüht, Feindschaft zwischen den Arbeitern verschiedenen Glaubens, verschiedener Nationen, verschiedener Rassen zu entfachen. Die reichen Juden, wie auch die reichen Russen und die Reichen aller Länder, alle miteinander im Bunde, zertreten, unterdrücken und verunreinigen die Arbeiter.

Schmach und Schande dem verfluchten Zarismus, der die Juden peinigte und verfolgte. Schmach und Schande dem, der Feindschaft gegen Juden, der Hass gegen andere Nationen sät !

Es lebe das brüderliche Vertrauen und das Kampfbündnis aller Nationen zum Kampf für den Sturz des Kapitals !»

Lenin fügte einem Dekret der Sowjetregierung gegen die Pogrome der weissen Interventionstruppen handschriftlich an:

«Der Rat der Volkskommissare weist alle Deputiertenräte an, entschiedene Massnahmen zu ergreifen, um die antisemitische Bewegung mit der Wurzel auszurotten. Pogromisten und Pogromagitatoren sind ausserhalb des Gesetzes zu stellen.»

Vierzigtausend Männer und Frauen in Konzentrationslagern

Nach den verschiedenen Pressemeldungen und Veröffentlichungen muss Anfang Juli die Gesamtzahl der politischen Gefangenen in Hitlerdeutschland auf 60—70.000 geschätzt werden. Davon sind 35—40.000 Frauen und Männer in Konzentrationslagern untergebracht. Welche Rechtsgrundlage haben diese Konzentrationslager im faschistischen Deutschland? Da im faschistischen Deutschland jede Rechtsgrundlage aufgehoben ist, ist es selbstverständlich, dass auch für die Errichtung von Konzentrationslagern keine gesetzliche Grundlage vorhanden ist. Es besteht nicht einmal ein Gesetz oder eine Verordnung, die die Rechte der Gefangenen in den Konzentrationslagern regelt. Schon dadurch charakterisiert sich die Einrichtung von Konzentrationslagern in Deutschland als schlimmster Willkürakt der Hitler-Regierung. Auch über die Dauer der Haft der Gefangenen besteht keinerlei gesetzliche Regelung oder Verordnung.

„Bis der Führer sich ihrer erbarmt!"

In einem Artikel vom 8. Mai 1933, der sich ausführlich mit den Konzentrationslagern in Deutschland beschäftigt, meldet die « Neue Züricher Zeitung », dass die Gefangenen in leicht und schwer erziehbare Staatsbürger geschieden werden, und dass die ersteren ein Jahr, die letzteren drei Jahre in Schutzhaft bleiben. Es handelt sich hier aber nicht um eine autentische Nachricht, sondern um eine persönliche Meinung des betreffenden Berichterstatters. Es gibt keine gesetzliche Regelung. Die Verbannung in die Konzentrationslager, die Dauer der Haft in den Konzentrationslagern wird lediglich bestimmt durch die absolute Willkür der faschistischen Ober- und Unterführer.

Am treffendsten werden diese ungeheuerlichen Zustände gekennzeichnet von dem nationalsozialistischen Unterführer Leutnant Kaufmann, einem der Leiter des Konzentrationslagers Heuberg in Baden. Leutnant Kaufmann erklärte Ende April dem Berichterstatter der dänischen Zeitung « Politiken » auf die Frage « Wie lange wollen Sie die Gefangenen hier halten? »:

« Bis der Führer sich ihrer erbarmt. »

Die « Deutsche Allgemeine Zeitung » vom 30. April 1933 bringt
eine Bestätigung dieser Meinung des Leutnants Kaufmann, indem
sie schreibt, « es werde für viele Gefangene mit der Freiheit böse
Weile haben, weil der Wille der Gefangenen nicht leicht zu brechen sei. »

„Wenn ich wenigstens wüsste, weshalb man mich gefangen hält!"

Die Frauen und Männer, die in den deutschen Konzentrationslagern interniert werden, sind selbst im Sinne des faschistischen
Staatsprinzips völlig schuldlos. Alle sozialistischen und kommunistischen Arbeiter und Führer, die sich nach Ansicht der Hitler-
Regierung gegen die Gesetze des faschistischen Gewaltregimes vergangen haben, werden nicht in Konzentrationslager gebracht, sondern in Gefängnisse und Zuchthäuser gesperrt und durch Aus-
nahme- und Sondergerichte verfolgt und abgeurteilt. In die Konzentrationslager kommen nur solche Männer und Frauen, die der
Faschismus für politisch verdächtig hält, gegen die aber selbst die
faschistischen Staatsanwälte keine Handhabe zu einer strafrecht-
lichen Verfolgung finden können. Die Gefangenen in den Konzentrationslagern haben keinerlei Delikte begangen. Man hat sie
zum grössten Teil sofort nach dem Reichstagsbrand und nach den
Wahlen vom 5. März verhaftet, sodass sie selbst beim besten Willen keine Aktion gegen das faschistische Regime führen konnten.
Immer wieder klingt dies in den Gefangenenbriefen an. In einem
Bericht der dänischen Zeitung « Politiken », der Ende April erschien, wurden einige Briefe aus Konzentrationslagern veröffentlicht:

«Wenn ich wenigstens wüsste, weshalb man mich hier gefangen
hält», schreibt ein junger Arbeiter.

«Nur anonyme und persönliche Rache kann der Grund meiner
Einkerkerung sein», schreibt ein verhafteter Arzt.

«Ich habe mir nichts vorzuwerfen, ich weiss überhaupt nicht, warum
ich festgenommen wurde», lautet eine andere Stimme.

Was für Nichtigkeiten ausreichen, um jemanden ins Konzentrationslager zu bringen, zeigt der Fall des jüdischen Religions-
lehrers Karl Krebs in Dinkelsbühl-Bayern. Krebs ist tschechischer Staatsangehöriger und lebt seit seinem ersten Lebensjahr in
Deutschland. Gegen ihn erging folgender

«Haftbefehl:

Der jüdische Rel.-Lehrer Karl Krebs in Dinkelsbühl (tschech. Staats-
angehöriger) wird in Schutzhaft genommen. Krebs hat am 29.
März 1933 einige Hühner geschächtet, wodurch er eine sehr grosse
Misstimmung in der Bevölkerung hervorgerufen hat. Wenn auch

keine strafbare Handlung vorliegt, so hätte Krebs doch bei der
starken Erregung der Bevölkerung über die Hetzpropaganda der
Juden im Auslande eine derartige Handlung unterlassen sollen.
Die Erregung in der Bevölkerung ist derartig, dass Krebs in Schutzhaft genommen werden muss, um ihn vor tätlichen Angriffen zu
bewahren. Die Anordnung der Schutzhaft erfolgte im Benehmen mit
dem Beauftragten der Obersten SA-Führung, Herrn Bürgermeister
Ittameyer in Wassertrüdingen.
Dinkelsbühl, den 29. März 1933.

Bezirksamt

i. V. gez. Ittamayer.»

Der Mann sitzt heute noch in Haft.

In allen zivilisierten Staaten gilt der Grundsatz: nullum cri-
men, nulla poena sine lege. Nicht die schlechte Gesinnung, nicht
die Gefährlichkeit, nur der tatsächliche Gesetzesverstoss, die Schuld
wird bestraft. Kein Strafgesetz kann sich deshalb rückwirkende
Kraft beilegen. Darin sind sich ausnahmsweise alle Strafrechts-
schulen einig, die klassische und die moderne, Deterministen und
Vertreter der Spannungslehre. Dieser Grundsatz, den auch das
neue russische Sowjet-Strafgesetzbuch von 1927 generell normiert,
hat in § 2 des geltenden deutschen Reichsstrafgesetzbuches von
1871 seine gesetzliche Verankerung erfahren. § 2, RStGB. ist bis
heute durch die gesetzgebende Körperschaft nicht aufgehoben, also
in Kraft. Die Verhaftungen und Verschleppungen von Frauen und
Männern in deutsche Konzentrationslager sind gesetz- und rechts-
widrig nach deutschem Recht und Gesetz.

Züchtigung der Gefangenen
als Zweck der Konzentrationslager

Ueber den Zweck der Konzentrationslager erklärt der nationalsozialistische Hauptmann Buck, Leiter des Heuberger Konzentrationslagers, dem Berichterstatter der Zeitung « Politiken »,
wie dieser in seinem Ende April veröffentlichten Aufsatz mitteilt:

« E s g i l t , d i e G e f a n g e n e n z u z ü c h t i g e n. »
Die Gefangenen müssen sich, wie aus Briefen von Entlassenen hervorgeht, in einzelnen Lagern in militärischer Form als « Sträf-
ling X» melden. Man hat ihnen sogar, nach den Vorschriften über
Zuchthausstrafe, die Köpfe kahlgeschoren. Der Londoner « Daily
Telegraph » vom 27. April 1933 bestätigt diese Tatsache in einem
Kabel seines Wiener Korrespondenten R. G. Geyde. Die Sträflinge
haben keinen Richter gesehen und werden keinen sehen. Die
nationalsozialistischen Führer haben wiederholt erklärt, dass es
sich um eine reine Verwaltungsmassnahme, um Schutzhaft handelt.

«Wir mussten», so sagten die Nazis dem Berichterstatter der dänischen Zeitung «Politiken», «viele dieser Individuen einstecken, um sie vor der Volksrache zu schützen. Sie wären von der patriotischen Menge gelyncht worden, die in diesen «Verbrechern» die Urheber der Novemberrevolution sieht.»

Diese Behauptung ist eine dreiste Lüge. Die aussergewöhnlich strenge Bewachung der Lager erfolgt nicht zum Schutz der verhafteten Sozialisten und Kommunisten. Die Maschinengewehre vor den Konzentrationslagern sollen Flucht- und Befreiungsversuche unmöglich machen. Ueberall dort, wo es angeblich zu Demonstrationen gegen Verhaftete gekommen ist, wurden die Aufläufe und Radauszenen von den Faschisten organisiert. Die Ueberführung des ehemaligen sozialdemokratischen Ministers Remmele in ein Konzentrationslager, die als grosse Volksbelustigung organisiert war, beweist dies deutlich. Der « Völkische Beobachter » vom 17. Mai 1933 veröffentlicht unter der Ueberschrift « Am Pranger » die folgende Korrespondenzmeldung:

«Am Dienstag wurde der ehemalige Staatspräsident und Minister. Dr. h. c. Adam Remmele, zuletzt Präsident der Deutschen Konsumeinkaufsgenossenschaft in Hamburg, der vor wenigen Tagen von dort in Karlsruhe auf Ersuchen der Regierung eingeliefert worden war, ferner der von Remmele in das Innenministerium eingesetzte Regierungsrat Stenz, der frühere badische Staatsrat und Reichstagsabgeordnete Marum, der Redakteur an dem sozialdemokratischen Karlsruher «Volksfreund» Grünebaum, Polizeikommissar a. D. Furrer, sowie der Führer des Reichsbanners und der Eisernen Front in Baden mit anderen SPD-Mitgliedern von dem im westlichen Stadtteil gelegenen Gefängnis im offenen Polizeiauto nach dem Polizeipräsidium gebracht, von wo sie dann nach der Strafanstalt Kieslau, dem jetzigen Konzentrationslager gebracht wurden. Vor dem Gefängnis hatte sich eine riesige Menschenmenge angesammelt, die die Verhafteten mit Pfeifen, Pfui- und Niederrufen empfingen. Vor dem ersten Polizeikraftwagen, auf dem die Verhafteten unter scharfer Bedeckung entblössten Hauptes sassen, schritt eine zweireihige SS-Kolonne untergefasst zur Freimachung der Strasse. Hinter dem ersten Polizeiwagen folgte ein zweiter mit SA-Besetzung. Ausserdem war der Zug zu beiden Seiten und am Schlusse von SA-Leuten begleitet. Die Polizeiwagen fuhren ganz langsam im Schritt durch eine dichte, oft acht Glieder tiefe Menschenmauer. Ununterbrochen auf dem ganzen Weg ertönten Pfui- und Niederrufe. Auch wurde überall das Müllerlied gesungen, als Anspielung auf Remmele, der früher Müllerknecht war und seinerzeit in Baden das Singen des Müllerliedes bei Strafe verboten hatte. Der Zug ging u. a. am Landtagsgebäude und am Staatsministerium sowie am ehemaligen Gewerkschaftsgebäude vorbei, wo jedesmal kurz Halt gemacht wurde. Auch spielten unterwegs Kapellen das Müllerlied. Der Andrang des

Publikums war so stark, dass der gesamte Strassenbahn- und Auto-
verkehr vollkommen lahmgelegt war. Unterwegs wurden verschiedene Rot-Front-Rufer sofort auf der Stelle verhaftet und auf dem
zweiten Polizeiwagen mit transportiert.»

Der Bericht zeigt klar, dass es sich um eine organisierte Demonstration mit einstudierten Lynchrufen, kurz um eine jener Szenen
handelt, mit denen der Reichspropagandaminister Goebbels die
Menge unterhalten und eine Zeit lang über den Hunger hinwegtäuschen will.

„Schutzhaft"

Die Schutzhaft ist in Deutschland durch das Gesetz über die
Beschränkung der persönlichen Freiheit von 1849 genau geregelt.
Danach dürfen nur solche Persönlichkeiten, die selbst bedroht
sind, in Schutzhaft genommen werden. Diese darf nicht über ihren
Zweck hinaus, keinesfalls länger als drei Monate aufrecht erhalten
werden. Beschwerderecht und gerichtliche Entscheidung sind im
Gesetz vorgesehen. Alle jetzt Eingekerkerten werden aber nicht in
ihrem eigenen Interesse, sondern zum Schutze der neuen Machthaber festgesetzt. Sie werden länger als drei Monate festgehalten. Sie
besitzen kein Beschwerderecht.

45 Konzentrationslager

Wieviele Konzentrationslager gibt es, und wieviele Menschen
sind in ihnen eingepfercht? Die deutsche Regierung — auch das
spricht für ihr schlechtes Gewissen — hütet sich wohlweislich,
genaue Angaben zu machen. In einem Lande, in dem alles sta-
tistisch erfasst ist, fehlt eine Statistik der Konzentrationslager.
Soweit einzelne verlässliche Meldungen der deutschen Presse, ge-
legentliche Aeusserungen von Naziführern und Besuche ausländischer Journalisten einen Ueberblick gestatten, gibt es heute (d. i.
Anfang Juli 1933) mindestens 45 Konzentrationslager mit etwa
35.000 bis 40.000 Gefangenen. Dabei handelt es sich u. a. um folgende Lager:

Dachau bei München (5000 Gefangene)
Heuberg, Oberbaden (2000)
Gotteszell bei Gemünd, Württemberg
Kieslau bei Bruchsal, Baden (100)
Rastatt, Baden (300)
Bad *Dürrheim*, Baden (500)
Pfalz (2000)
Ginsheim bei Frankfurt
Rödelheim bei Frankfurt
Gaswerk Frankfurt-*Fechenheim*
Osthofen, Hessen

Langen, Hessen
Kassel
Mühlheim, Rhein (2000)
Wanne-Eickel, Westfalen
Sennelager bei Paderborn (900 Männer, 30 Frauen)
Esterwegen bei Dörpen, Westfalen (500)
Mooringen bei Hannover
Papenburg, Emsland (eingerichtet für 4000 Gefangene)
Bremen
Vechta, Oldenburg
Wilsede, Lüneburger Heide (2000)
Fuhlsbüttel bei Hamburg
Wittmoor bei Hamburg
Oranienburg bei Berlin (1500)
Börnicke bei Nauen
Sonnenburg, Preussen (414)
Ohrdruf, Thüringen (1200)
Strafgefangenenanstalt *Mathildenschlösschen* bei Dresden
Colditz, Sachsen
Zittau, Sachsen (300)
Hainewalde bei Zittau, Sachsen
Schloss *Ortenstein* bei Zwickau, Sachsen (200)
Grünhainichen (Sachsen)
Feste *Hohenstein,* Sachsen (800)
Feste *Königstein,* Sachsen (200)
Sachsenburg, Erzgebirge
Breslau
Dürrgoy bei Breslau
Grundau bei Königsberg

Weitere Lager befinden sich:

> in der Provinz Brandenburg (etwa 6 Lager)
> in Braunschweig
> im Ruhrgebiet (etwa 5 Lager)
> in Ostpreussen
> in Schleswig
> in Pommern
> in Mitteldeutschland (mehrere Lager).

Die deutsche Regierung hat Mitte Mai beschlossen, zehn neue Konzentrationslager zu errichten. Die « Frankfurter Zeitung » vom 30. Mai 1933 meldet, dass auf dem Heuberg in Oberbaden ein zweites Konzentrationslager für solche Gefangene errichtet wird, deren Entlassung nicht vor dem Winter geplant ist.

Setzt man die Zahl der Gefangenen in jenen Lagern, über die keinerlei Angaben zu erlangen sind, nur mit durchschnittlich 700 für jedes Lager an, so ist eine Gesamtzahl von 35.000 bis 40.000 Gefangenen für ganz Deutschland sicher nicht zu hoch gegriffen.

Frauen und Intellektuelle in den Konzentrationslagern

Unter den Häftlingen in den Konzentrationslagern befinden sich Hunderte von Frauen.

Die weiblichen Reichs- und Landtagsabgeordneten der Kommunistischen Partei, deren man habhaft werden konnte, wurden zuerst in das Frauengefängnis Berlin, Barnimstrasse, gebracht, bevor sie in das Konzentrationslager kamen. Man hat dieses Gefängnis in Berlin als Sammel- und Durchgangsstelle für verhaftete Frauen eingerichtet. In Süddeutschland wurde Anfang Juni ein besonderes Konzentrationslager für Frauen eingerichtet. Eine amtliche Meldung vom 8. Juni 1933 berichtet:

«In Gotteszell bei Gemünd ist ein württembergisches Schutzhaft lager für weibliche Personen errichtet worden.»

Kurze Zeit darauf ist in Sachsen ein zweites Konzentrationslager für Frauen errichtet worden. Alle Berichte besagen übereinstimmend, dass die Frauen in den Gefängnissen und Konzentrationslagern besonderen Qualen und Verfolgungen ausgesetzt sind.

Unter den Gefangenen sind alle Weltanschauungen, alle Berufe, alle Altersstufen vertreten. In den Konzentrationslagern sind zusammengepfercht: Kommunisten, Anarchisten, Sozialdemokraten, Zentrumsleute, Pazifisten, Juden; junge und alte Arbeiter, Gelehrte, Künstler, Studenten, Abgeordnete, Rechtsanwälte, Aerzte, Schriftsteller, Kleingewerbetreibende; bekannte Namen und nie gehörte; Mitläufer und Kämpfer. Unter ihnen befinden sich: der revolutionäre Pazifist Carl von Ossietzky, Herausgeber der «Weltbühne», der Anarchist Erich Mühsam, der bayerische Abgeordnete Auer, der demokratische Reichstagsabgeordnete Fischer, die sozialdemokratischen Reichstagsabgeordneten Rossmann und Pflüger, der Verteidiger Hans Litten, die Aerzte Dr. Schmincke und Dr. Boenheim und viele andere.

Die Wahrheit bricht sich Bahn

Die Hitler-Regierung ist bemüht, über die Zustände in den Konzentrationslagern ein verhüllendes Dunkel zu breiten. Es ist jedoch gelungen, authentisches Material über erschreckende Tatsachen in den Lagern zu erhalten. Das « Komitee für die Opfer des Hitler-Faschismus » hat durch geflüchtete Häftlinge oder durch Angehörige von Gefangenen eine umfangreiche Sammlung der entsetzlichen Tatsachen aus den deutschen Konzentrationslagern vornehmen können.

Die Wahrheit bricht sich Bahn. Sie findet ihren Weg in die Reihen der Arbeit und in die ausländische Oeffentlichkeit, trotz der stärksten Bewachung der Lager durch die SA. Die Wahrheit findet ihre Wege durch Stacheldrähte und spanische Reiter. Keine Todesdrohung der nationalsozialistischen Machthaber kann es verhindern.

Ausländische Journalisten haben einige « Musterlager », Heuberg, Dachau und Oranienburg, besuchen dürfen. Die SA begleitete diese Pressevertreter bei jedem Schritt in den Lagern, die für diese Besucher besonders «hergerichtet» waren. Es konnte keine unbeaufsichtigte Verbindung zwischen den Häftlingen und den Reportern zustande kommen. So sind die Schilderungen der ausländischen Korrespondenten über die Konzentrationslager oft mehr Impressionen über die landschaftliche Lage dieser Lager als Beobachtungen ihres wirklichen Zustandes. Wo aber die Journalisten sich nur in bescheidenster Weise bemühen, die Lagerverhältnisse objektiv zu schildern, oder wo sie gar — wie Edmund Taylor von der « Chikago Daily Tribune » — durch Fragen in fremder Sprache einige kurze Augenblicke die Gefangenen befragen können, da öffnet sich sofort der Blick in einen Abgrund von Unmenschlichkeiten. Da tritt die Wahrheit auch in den Zeitungsberichten zutage.

Wer der Wahrheit über die deutschen Konzentrationslager dienen will, muss die Forderung unterstützen: Eine internationale Kommission, die aus Mitgliedern der überparteilichen Hilfskomitees zusammengestellt wird, muss das Recht erhalten, alle Lager zu besuchen. Diese Besuche dürfen aber nicht unter der Aufsicht von Lagerkommandanten und Naziwächtern stattfinden. Die Kommissionen müssen das Recht erhalten, unangemeldet in den Lagern zu erscheinen, die Zustände in ihnen in allen Einzelheiten persönlich zu prüfen und mit allen Gefangenen ungehindert zu sprechen!

Zerfallene Hütten und Arbeitshäuser als Wohnstätten

Die Zuchthäuser Sonnenburg und Fuhlsbüttel sind schon vor Jahren geschlossen worden, weil sie mittelalterliche, völlig unhygienische Kerker sind. Man wagte nicht einmal mehr, Schwerverbrecher dort unterzubringen. In Fuhlsbüttel gibt es keine Klosetts und keine Kanalisationsanlage. Der Aufenthalt in diesem Zuchthaus wird besonders in der heissen Jahreszeit zu einer unerträglichen Qual. Diese Zuchthäuser sind von der Hitler-Regierung jetzt als Konzentrationslager eingerichtet worden. In Sonnenburg sitzen u. a. Litten, Kasper, Ossietzky und Mühsam in Haft.

Zahlreiche Gefangene sind auch in Arbeitshäusern untergebracht, u. a. im Arbeitshaus Kieslau bei Bruchsal. Die Arbeitshäuser waren letzte Stationen für alle, denen der kapitalistische

Staat keine freie Arbeit mehr geben konnte und die er deshalb für «asozial» erklärte. Fortgesetztes Betteln, Landstreicherei, «Arbeitsscheu» oder gewerbsmässige «Unzucht» sind die «Verbrechen» der Aermsten der Armen, welche die deutschen Arbeitshäuser füllen. Ein deutscher Richter erzählt, dass die Angst der Angeklagten vor dem Arbeitshaus so gross war, dass sie das Gericht beschworen, sie lieber zu Zuchthaus zu verurteilen.

Das Konzentrationslager Zittau war früher eine Volksbuchhandlung, sodass man sich den Komfort dieses « Lagers » ausmalen kann. Das Konzentrationslager Dachau (Bayern) besteht, nach dem Bericht des « Daily Telegraph » vom 25. April 1933, aus alten halbverfallenen Hütten. Oranienburg ist jenes Musterlager, das man einigen ausländischen Journalisten gezeigt hat und aus dem die Nazis zahlreiche Fotografien verbreitet haben.

«Eine verlassene Fabrik — ehedem eine Brauerei —, die Werkstätten verfielen, die Fenster waren zu Scherben und den Fabrikhof überwuchert Gras und Unkraut. »

So schildert die « Deutsche Allgemeine Zeitung » vom 30. April 1933 die Verhältnisse in Oranienburg. Wir besitzen den vertraulichen Bericht einer deutschen Journalistin, die einen Ausländer bei seinem Besuch des Oranienburger Lagers als Dolmetscherin begleitet hat:

«Auf dem Hof nur eine einzige Pumpe. Die 100—200 Gefangenen müssen sich in 5 alten Waschschüsseln waschen, die auf dem Hof aufgestellt werden. Die Schlafräume : alte verfallene Fabriksäle, in denen auf dem kalten Zementboden einige Zentimeter angefaultes Stroh liegen.»

Auch die « Deutsche Allgemeine Zeitung » vom 30. April 1933 bestätigt, dass die Gefangenen auf Stroh schlafen müssen.

In Dachau — so schildert Geyde im « Daily Telegraph » vom 25. April 1933 — schlafen in einer kleinen Hütte 54 Häftlinge auf primitiven Holzbrettern, die mit Stroh bedeckt sind.

Die erwähnte Dolmetscherin schildert den entsetzlichen Zustand eines solchen Schlafraumes in Oranienburg:

«Schon am Abend, wenn die Gefangenen eingeschlossen werden, stinkt es so, als hätte hier eine Herde Urwaldtiere übernachtet. Nicht zu beschreiben ist aber die Luft, die durch den Aufenthalt von 50 Menschen oder mehr, deren ungewaschene Kleider, deren verschwitzte Körper hier ausdünsten, erzeugt wird.»

Musterlager Heuberg

Das Konzentrationslager Heuberg ist das Prunkstück unter den Lagern. Man zeigt es allen ausländischen Berichterstattern. Alle Berichte, die diese Besucher geben, schildern den äusseren Anblick des Lagers und seiner Umgebung, sie gehen aber meist nicht auf die Aufenthaltsräume und die Schlafsäle ein.

Die « Frankfurter Zeitung » veröffentlichte Ende Mai 1933 einen ausführlichen Bericht über einen Besuch im Lager Heuberg. Diese Schilderung ist ein Zeugnis für die schärfste Bewachung und den militärischen Drill der Häftlinge. Den jungen SA-Leuten ist jede Unterhaltung mit den Gefangenen verboten, um der Gefahr der politischen Beeinflussung der SA-Männer zu begegnen. Pörzgen schreibt:

‹Das alte Truppenübungsgelände wird heute als Konzentrationslager benutzt. Durch einen Lattenzaun gelangt man hinein und hat einen Blick auf die ganze Anlage. Zuerst kommt man an die Verwaltungsgebäude, ein Postamt, die Wohnhäuser der Beamten mit kleinen Gärten, links und rechts die Unterkünfte der Reichswehrsoldaten. Hier in 900 m Höhe, wo nur wenig Grün gedeiht, sind 2000 Schutzhäftlinge in enge Stuben zusammengepfercht.

Die Häuser sind von spanischen Reitern blockiert. Hohe Stacheldrahtzäune umgeben zu beiden Seiten des Weges die Gebäude und zwar immer zwei zugleich, sodass ein Innenhof zwischen ihnen entsteht. Das Konzentrationslager ist in Teillager aufgeteilt. Neben den spanischen Reitern versieht die SA ihren Dienst, ein Doppelposten mit Karabinern. Ausserdem wird jede Seite des Stacheldrahtzauns von einem Hilfspolizisten bewacht. Man sieht an den Wänden hinauf, die Fenster sind leer. Es ist verboten hinaus zu gucken. Nachts leuchten Scheinwerfer die Fassade ab. Jedes Haus ist wiederum in zwei Hälften geteilt, Bau A und B, beide haben gemeinsam eine Latrine im Hof.

Im Treppenhaus. Links und rechts auf beiden Etagen liegt immer die grosse Soldatenstube. In der Mitte das ehemalige Feldwebelzimmer trägt an der Tür die Inschrift : ‹Aufsichtsbeamter›. Drei Personen sind hier untergebracht. Ein SA-Führer, der die linke Stube betreut, einer für rechts und dann ein Schupowachtmeister als Verbindung mit dem vorgesetzten Polizeikommando.

An der Tür zur Soldatenstube befindet sich ein Kanzleiblatt, das Verzeichnis der 36 Stubeninsassen. Name, Geburtsort, Wohnung. Der SA-Führer zieht den Schlüssel hervor. ‹Achtung!› ruft es drinnen, und das Stimmengewirr in der Stube hört auf. Stühle rücken. Die Schutzhäftlinge erheben sich, wenn der Aufsichtsbeamte herein kommt.

An langen, gescheuerten Tischen sitzen die Gefangenen auf kleinen Hockern und spielen Schach. Sie haben die Spiele selbst fabriziert. Zeitungen und Bücher sieht man fast garnicht ; die ganze Stube ist auf ein Blatt abonniert, das einer gewöhnlich vorliest. Die fensterlose Wand ist mit kleinen quadratischen Spinden besetzt zum Aufbewahren der Essgeschirre.

Während den jugendlichen SA-Hilfspolizisten, die alle vom Lande kommen, jeder Verkehr mit Gefangenen untersagt ist, haben die zur Aufsicht bestellten Führer Auftrag, im staatspolitischen Sinn auf ihre Stube einzuwirken. Die Post wird von dem diensthabenden Aufsichtsbeamten kontrolliert. Jeder Gefangene schreibt alle zwei Wochen einen Brief oder eine Karte. Aus diesen Briefen, aus dem allgemeinen Verhalten, aus dienstlichen und privaten Gesprächen soll der Aufsichtsbeamte feststellen, bei wem Aussicht auf Aenderung der politischen Gesinnung vorhanden ist.»

Wir können diesen Bericht durch Angaben ergänzen, die uns ein Gefangener des Lagers Heuberg in einem Briefe gemacht hat. (Der Name des Gefangenen kann nicht genannt werden, weil er sich noch im Lager befindet):

«Auf dem Heuberg sind 2 000 Klassengenossen, in der Mehrzahl Kommunisten, untergebracht. 7—8 zweistöckige Gebäude dienen zur Unterkunft. Je ein Doppelblock und ein einfacher Block sind gesondert mit 2 m hohem Stacheldraht abgeschlossen. In einem Zimmer, 12 × 8 m gross, liegen je 30 Mann, in den Dachkammern je nach Grösse 4—12 Mann. Die Betten, je zwei übereinander, bestehen aus Strohsack und zwei überzogenen Decken. Badegelegenheit besteht nicht. (Der Reporter von «De Telegraaf», Amsterdam, sagt in seinem Bericht vom 5. April, dass es monatlich ein Bad gibt. Das gilt offenbar nicht für alle Gefangenen. Die Red.) Seife wird nicht geliefert. Wer sich ordentlich waschen will, muss sie sich kaufen. Wäsche wird nicht geliefert und nicht gewaschen. Handtücher sind knapp, immer zwei Gefangene haben ein Handtuch. Rasiermesser sind verboten. Rasieren ist schwer, sodass der Vollbart als neueste Errungenschaft Auferstehung feiern kann . . .»

Hauptmann Buck, der Leiter des Lagers, hat dem Berichterstatter von « Politiken » Ende April 1933 erklärt, dass der Heuberg kein Sanatorium ist, weder an Bequemlichkeit, noch an Hygiene. Er hat recht. Diese Lager sind Seuchenherde, die nur wenige gesund verlassen.

Schwerbewaffnete Patrouillen mit Maschinengewehren und Polizeihunden bewachen die Lager

Die Bewachung der Gefangenen in den Lagern ist ausserordentlich streng. Ueberall patrouillieren mit Gummiknüppeln, Karabinern und Revolvern bewaffnete SA-Männer. Viele Patrouillen werden von Polizeihunden begleitet. Das sieht man auf den amtlichen Bildern. Das schildern uns « Politiken », « Telegraaf », « Daily Telegraph ». Das steht in jedem Gefangenenbrief. Das Konzentrationslager Dachau ist — so berichtet Geyde im « Daily Telegraph » vom 27. April 1933 — von einem hohen Drahtzaun umgeben, der mit elektrischer Hochspannung geladen ist. In der Hauptwache sind schussbereite Maschinengewehre aufgestellt.

Mordhetze gegeu jüdische Wissenschaftler

Wiedergabe des Buchumschlags und von Unterschriften aus dem Buch «Juden sehen Dich an.» Diese von dem Naziabgeordneten von Leers geschriebene Broschüre hetzt offen zum Mord. Der Beschreibung und dem Foto zahlreicher deutscher Männer des deutschen Geisteslebens ist das Wort «Ungehängt» hinzugefügt.
Albert Einstein, der berühmte Wissenschaftler erhob unerschrocken seine Stimme gegen den Hitlerterror.

Bildunterschriften. Abschnitt II: Lügenjuden

Einstein

Erfand eine stark bestrittene „Relativitätstheorie". Wurde von der Judenpresse und dem ahnungslosen deutschen Volke hoch gefeiert, dankte dies durch verlogene Greuelhetze gegen Adolf Hitler im Auslande. (Ungehängt.)

Erich Baron

Der Sekretär der «Gesellschaft der Freunde des Neuen Russland» in Berlin wurde während der Untersuchungshaft in den Selbstmord getrieben.

Den Berichterstattern von « Politiken » (Ende April 1933) und von « De Telegraaf » (5. April 1933) fällt auf dem Heuberg das unentrinnbare Gewirr von Stacheldraht und spanischen Reitern auf. Nachts ist das Lager von riesigen Scheinwerfern hell erleuchtet. Das grelle Licht raubt den Gefangenen den Schlaf.

« Oeffnet man ein Fenster, um Luftzug zu haben, wird geschossen », berichtet « De Telegraaf » (Amsterdam) am 5. April 1933.

In Oranienburg ist das Lager auf der einen Seite von niedrigen Fabrikmauern, auf der anderen, wo die Gefangenen turnen, von ganz niedrigen Sträuchern umgeben. Flieht keiner der Häftlinge? Diese Frage hat auch die Journalistin gestellt, die Oranienburg als Dolmetscherin eines ausländischen Reporters gesehen hat.

«Antwort : Hier gibt es keine Fluchtgefahr. Die Wächter sind bewaffnet und haben strengen Befehl, sofort zu schiessen, wenn ein Gefangener die durch Sträucher bezeichnete Grenze überschreitet. Warum sollten sie ausserdem fliehen ? Sie haben es so gut hier. Selbst wenn man sie entlässt, weigern sie sich zu gehen.

Frage : «Unmöglich !»

Antwort : «Vorgestern bekamen wir Befehl, einen zu entlassen. Er wollte nicht gehen und musste mit Gewalt zur Bahn gebracht werden. Fragen Sie doch die Andern, ob es wahr ist.»

Die Journalistin fährt fort :

«Tatsächlich, es hat sich der Fall ereignet, dass Gefangene die Freiheit verschmäht haben. Aber warum ? Die Entlassungsorder kommt meist nachts oder zu sehr früher Morgenstunde. Da kann man leichter auf dem Weg erschossen werden, und am anderen Tage heisst es dann in den Zeitungen : «Marxist auf der Flucht erschossen».

In der Tat : Diese niedrigen Sträucher sollen einen Anreiz zur Flucht geben. Flucht aber bedeutet Tod.

Dunkel-Arrest und körperliche Züchtigung

Die Willkür, welche die Konzentrationslager geschaffen hat, hat auch die Inhaftierten nach drei Graden eingeteilt, und zwar in:
 a) Leichtverbesserliche (Deutschnationale, Bayernwacht, Mitläufer);
 b) sogenannte Schwerverbesserliche;
 c) Unverbesserliche.
In die letzte Kategorie werden die kommunistischen Führer, die Funktionäre und die linksstehenden Intellektuellen eingereiht. Gegen sie werden die schlimmsten Sonderbestimmungen ange-

wandt. In dem erwähnten Bericht von Pörzgen über das Gefangenenlager von Heuberg wird dafür folgende Bestätigung gegeben:

«Wer auf Grund der vorliegenden Akten und Berichte als unverbesserlich gelten muss, wird in den «Stammbau» versetzt, auf Nummer 19 und 23. Da geht alles viel strenger zu. Der Aufsichtsbeamte führt kein Gespräch. Die Bewegungsfreiheit ist auf 10 Minuten beschränkt. Die Rauch- und Sprecherlaubnis wird weniger oft erteilt, auch der Arbeitsdienst, der den Gefangenen Gelegenheit zu einigen Stunden körperlicher Betätigung bietet und ihnen eine Nahrungszulage ermöglicht, fällt beim Stammbau weg.»

Auch diesen nüchternen Bericht des Journalisten können wir ergänzen durch den Originalbrief eines Gefangenen im Lager Heuberg, dessen Notschrei uns über Stacheldraht und Grenzen hinweg erreichte:

«Teure Genossen! Hoffentlich erhaltet Ihr diesen Hilfeschrei. Das Leben ist hier geradezu furchtbar. Die Behandlung ist schlimmer wie in den Gefängnissen und Zuchthäusern, von den Kriegsgefangenen nicht zu reden. Um ½9 Uhr müssen wir zu Bett, morgens um ½6 Uhr (nicht um 6 Uhr) werden wir herausgejagt. In der Nacht haben wir keine Ruhe. Oft werden wir 3-4 Mal des Nachts vor die Baracke getrieben und werden auf dem Platz herumgejagt, wobei Prügel und gröbste Beleidigungen zur Selbstverständlichkeit geworden sind. Des Nachts haben wir auf diese Weise nur 3-4 Stunden «Ruhe».
Ein Vorfall: Die ganze Abteilung wird des Nachts herausgejagt, muss exerzieren und 6 Nazis mit Gummiknüppel und vorgehaltenem Revolver prügeln einen Genossen unmenschlich. Sie warteten nur auf einen Widerstand und hätten den Genossen zweifellos erschossen. Da er sich nicht provozieren liess, schlugen sie ihn später nochmals grün und blau. Diesem Genossen erklärte man: «Sie können sich zwar beschweren, aber das ist zwecklos. Wir können Sie aber auch mit einem Sandsack beschweren!»
Ein Elbinger Genosse erhielt während sechs Tagen Dunkelarrest nur zweimal zu essen und kam halb verhungert und totenbleich zurück. Im Dunkelarrest ist er schrecklich verprügelt worden.
Die Nürtinger Genossen sind von einer wahnsinnigen Prügelei heute noch grün und blau.
Gebrüll der SA-Leute, Hilfeschreie unserer wehrlosen Kameraden hören Tag und Nacht nicht auf.
Bei dem Essen, das für langsames Verhungern bestimmt ist, müssen die stärksten Nerven kaputtgehen, so dass viele Genossen sich mit Selbstmordgedanken tragen oder Widerstand leisten wollen, selbst auf die Gefahr, dass sie totgeschlagen oder erschossen werden.
Jetzt sind neue Strafverschärfungen in 19a, 19b, 23a und 23 b durchgeführt. Die Gefangenen werden auf den einzelnen Stufen dem Alter nach zusammengelegt. Der Zweck ist, die jüngeren Genossen noch schlimmer zu dressieren und die älteren Kameraden, die fast durch-

weg gegenüber den jungen SA-Leuten jahrelang an der Front stande
abgesondert zu behandeln.

In den Strafbauten ist noch kein Journalist gewesen. Den Journalisten hat man wahrscheinlich die Bauten der Stufe I. gezeigt.
Die Vergünstigungen vom I. und II. sind :
Je 3 Zigaretten Mittwochs und Samstags und eine schwarze Wurst
für 3 Mann.

Das Essen ist so gut, dass wir alle unterernährt sind und furchtbar
aussehen. Hier einige Typs vom Essen: Kohl mit Nudeln, sehr dünn,
Blaukraut, Kartoffelschnitzel mit Nudeln, süsser Reis mit Kartoffeln,
durchschnittlich 3 Gramm Fleisch (in Worten: drei Gramm Fleisch!).
In 11 Wochen haben wir zweimal richtig Fleisch mit Sauerkraut erhalten. Das ganze Essen ist fettlos, ohne Geschmack und mit viel
Soda. In 11 Wochen haben wir zweimal Butter bekommen. Dass wir
dabei langsam zugrundegehen, ist klar.»

Planmässig wird durch die Einteilung der Häftlinge in drei
Kategorien versucht, sie gegeneinander aufzuhetzen. Die Lagerkom-
mandanten wetteifern in der Erfindung raffiniert ausgeklügelter
Disziplinarstrafen: Den Gefangenen wird die Freizeit gekürzt. Die
Schreiberlaubnis wird eingeschränkt oder überhaupt entzogen. Die
Besuchserlaubnis wird für lange Zeit aufgehoben. Den Gefangenen ist verboten, während der geringen Freizeit an gemeinsamen
Zusammenkünften teilzunehmen. Sie werden einer besonders
scharfen Isolierung und Ueberwachung unterworfen. Strengstes
Rauchverbot wird durchgeführt. Lange Arreststrafen mit nur
zehn Minuten Spaziergang am Tage oder Dunkelarrest werden verhängt. Beliebte Dis.'plinarstrafen sind: mehrstündiges Nach-
exerzieren, Strafturnen, Verlängerung der Arbeitszeit, besonders
schwere ungewohnte und aufreibende Arbeit. In einzelnen Konzentrationslagern ist man dazu übergegangen, besonders missliebige Strafgefangene in Ketten zu legen.

Nach dem Bericht von « Daily Telegraph » vom 27. April 1933
dürfen in Dachau zum Beispiel Widerspenstige die kleinen Hütten
überhaupt nicht verlassen und n i c h t a n d i e L u f t g e h e n.

Der Bericht der erwähnten Journalistin schildert einen Arrest-
raum in Oranienburg, in dem « schwererziehbare » Gefangene
schmachten müssen.

«Ein Mauerloch, mit einer Eisentür gesichert, und ohne eine andere
Lüftung als die Tür. Man zeigte uns diesen Raum leer. Aber dies
geschah erst eine Stunde nach Beginn der Besichtigung, sodass
man offenbar die Gefangenen zunächst daraus entfernt hatte. Denn
von den 120 Gefangenen fehlten 30. Waren sie etwa unter jener
Falltür, die näher zu besichtigen man uns nicht gestattete ?»

Auf dem Heuberg beschwerte sich ein älterer Rechtsanwalt über das schlechte Essen. Wegen dieser Beschwerde wurde er verurteilt, f ü n f z e h n T a g e a u f d e m D a c h d e r B a r a c k e o h n e D e c k e z u s c h l a f e n.

Hauptmann Buck aber versichert dem Reporter der holländischen Zeitung « De Telegraaf » (5. April 1933), dass es im Heuberger Lager überhaupt keine Arrestlokale gebe.

Prügel und sadistische Folterungen

Es unterliegt keinem Zweifel, und alle Berichterstatter stimmen darin überein: die « Unverbesserlichen » werden so behandelt, dass ihr körperlicher Untergang unabwendbar ist.

M a n e r k e n n t d e n Z w e c k : d i e b e s t e n K a d e r s d e r A r b e i t e r s c h a f t D e u t s c h l a n d s s o l l e n p h y s i s c h v e r n i c h t e t w e r d e n.

Aus zahlreichen Briefen geht hervor, dass in den Konzentrationslagern ausserordentlich schwere Misshandlungen der Gefangenen vorkommen. Hauptmann Buck hat dem Vertreter von « Politiken » versichert, dass in den Konzentrationslagern niemand misshandelt werde. « Keine Schläge, keine Züchtigungen », wagte er zu behaupten. Dass in Wahrheit die Gefangenen auf das Schlimmste misshandelt werden und dass insbesondere die Häftlinge des dritten Grades unerträglichen Martern ausgesetzt sind, zeigt sogar ein Blick in die deutsche Regierungspresse. Der « Angriff » vom 1. April 1933 schreibt:

«Ein Reichsbannermann wird vernommen . . . er gibt patzige Antworten, jedoch genügt ein freundlicher aber bestimmter Hinweis auf seinen eigenen Gummiknüppel, um ihn den Ernst der Situation erkennen zu lassen.»

Welche schweren Misshandlungen müssen in diesem Lager geschehen sein, wenn schon ein Hinweis auf den Gummiknüppel genügt, dem Gefangenen den « Ernst der Situation » klar zu machen. Die « Deutsche Allgemeine Zeitung » bestätigt in einem Bericht vom 30. April 1933:

«Denn erst dadurch, dass man sich ihrer versicherte und mit u n e r b i t t l i c h e r H ä r t e ihr Verhör durchführte, gelang es, den unterirdischen Terror fast in vollem Umfange aufzudecken . . . Noch immer ist der Widerstand einzelner Häftlinge zu brechen.»

Diese Nachrichten bestätigen, dass bei Verhören die Folter angewandt wird. Wir besitzen einen Bericht des Korrespondenten der « Chicago Daily Tribune », Edmund Taylor, dem es gelang,

mit einigen Gefangenen des Lagers Heuberg in englischer und
französischer Sprache zu reden, so dass seine SA-Begleiter die
Gespräche nicht verstanden. Mehrere Gefangene bestätigten ausdrücklich, dass in diesem Lager häufig schwere Misshandlungen
vorkommen.

Nicht anders lauten auch die Berichte aus dem Lager Schloss
Ortenstein bei Zwickau. Besucher dieses Lagers erklären eides-
stattlich, dass sie an Armen und Händen von Gefangenen blutige
Striemen, grüne und blaue Flecken gesehen haben. Es kann kein
Zweifel sein, dass diese Zeichen von Misshandlungen herrühren.
Besonders fürchterlich waren die Misshandlungen, solange die
Bewachung der Gefangenen SA-Leuten anvertraut war. Als die
SA durch Polizei ersetzt wurde, gestaltete sich die Lage der
Gefangenen etwas erträglicher. Aber seit Anfang Mai ist wieder
SA in Ortenstein.

Die Hölle von Sonnenburg

Das Konzentrationslager Sonnenburg muss gesondert behandelt werden. Briefe und Berichte von Gefangenen, ja selbst amtliche Feststellungen beweisen unzweideutig, dass Sonnenburg
eine wahre Folterkammer ist. Arbeiterführer und Intellektuelle
sind den erniedrigendsten Misshandlungen ausgesetzt. Das Lager
heisst in ganz Deutschland: Die Hölle von Sonnenburg.

Das Schreiben eines Arbeiters, das aus Sonnenburg hinaus-
geschmuggelt wurde, gibt eine aufwühlende Darstellung der
Zustände:

«Die ersten Gefangenentransporte wurden auf dem Bahnhof Sonnenburg von SA-Abteilungen und von Schupos z. b. V. empfangen.
Sie wurden zum Singen gezwungen und buchstäblich bis zum Lager
hingeprügelt. Das können die Einwohner von Sonnenburg bezeugen.
Im Lager angekommen, mussten die Gefangenen bei strömenden
Regen im Hof stehen. Dann wurden die ersten in den Sälen untergebracht. Jeder musste sich selbst Stroh aus einer anderen Etage
holen. Auf der Treppe standen SA-Leute, die mit ihren Gummiknüppeln erbarmungslos auf die Gefangenen dreinschlugen. In den
Sälen wurden wir wieder mit Stuhlbeinen und Gummiknüppeln geprügelt. Einzelne Genossen mussten die Koteimer der SA reinigen,
wobei sie wieder viehisch misshandelt wurden. Ein SA-Mann steckte
den Kopf des Gefangenen zwischen seine Beine, während ein anderer zuschlug. Die Genossen mussten die Schläge laut zählen. Bis
zu 185 Schlägen haben einzelne Gefangene erhalten. Dazu gab es
noch Fusstritte und die übrigen Misshandlungen. Am meisten zu
leiden hatten die Genossen Litten, Wiener, Bernstein, Kasper,
Schneller und die jüdischen Gefangenen. Besonders hat unser alter

Freund Mühsam gelitten. Jetzt hat es sich ein bischen geändert, aber dafür herrscht ein unerhört scharfer militärischer Drill, schlimmer als zu meiner Rekrutenzeit. Die meiste Zeit müssen wir draussen exerzieren, marschieren und singen.

Die ersten drei Wochen waren die schrecklichsten. In den Einzelzellen wurden wir nachts überfallen und furchtbar verprügelt. Manche Genossen hatten ganz schwarze Rücken. Ob Litten mit dem Leben davonkommen wird, weiss ich nicht. Er selbst hat dem Staatsanwaltschaftsrat Mittelbach (die furchtbar erregten Frauen mehrerer in Sonnenburg internierten Häftlinge hatten im Berliner Polizeipräsidium schärfsten Protest erhoben und durchgesetzt, dass Mittelbach zur Untersuchung nach Sonnenburg entsandt wurde) gebeten, man möge ihm doch eine Kugel durch den Kopf jagen, weil er diese viehischen Misshandlungen nicht ertragen könne.»

Diese Schilderung wird durch einen Bericht des « Sonnenburger Anzeigers » vom 7. April 1933 ergänzt:

‹Mit dem Gesang der Nationalhymne mussten die Häftlinge vom Bahnhof nach dem ehemaligen Zuchthaus marschieren, wobei vielfach der Gummiknüppel der Berliner Hilfspolizei nachhalf.»

In diese drei Zeilen ist eine ganze Hölle eingeschlossen.

Mühsam, Kasper, Bernstein, Ossietzky barbarisch misshandelt

Die Schilderung des Sonnenburger Häftlings erhält eine erschütternde Bestätigung durch Briefe der Frau Mühsam und der Frau Kasper, die ihre Männer in Sonnenburg besucht haben. Frau Mühsam schreibt:

«Sie haben unsere Männer zu Tode geprügelt. Der Erich! Ich habe es gesehen! Ich habe ihn nicht erkannt, Therese, nicht erkannt zwischen den anderen!. Wie sie geprügelt sind! Frage mal die Toni! Den Bart haben sie ihm gestutzt, die Zähne herausgeschlagen. Seinen Koffer hat er tragen müssen, auf dem Transport, wo der Erich überhaupt schon so ungeschickt ist. Unterwegs ist er gefallen. Dann haben die Bestien ihn so geschlagen, als er auf dem Boden lag auf der Chaussee und nicht aufstehen konnte! Als ich in Sonnenburg ankam, da sass er vollkommen zerbrochen und war entsetzt über mein Kommen. Seine ersten Worte waren : «Wie kommst Du denn in diese Hölle? Ihr kommt nicht lebendig raus! Sie werden Euch totschlagen, da ihr uns gesehen habt, wie wir zugerichtet sind.»
«Als ich Kasper sah, musste ich meine ganzen Kräfte zusammennehmen, um nicht in Ohnmacht zu fallen. Es war umsomehr erschütternd, als ich ihn drei Tage vorher gesehen hatte. Er stand da, an

die Wand gelehnt, sein Gesicht war blutleer und ganz entstellt. An einem Auge, das völlig blau war, hatte er einen Bluterguss bis auf den Mund. Sein Mund war so stark blutunterlaufen, als ob jemand in das Gesicht hineingetreten wäre. Er konnte kaum sprechen und sich vor Schmerzen, die er am ganzen Körper empfand, nicht rühren.»

Die Frauen der politischen Gefangenen Bernstein und Geisler hatten bei der Aufsichtsbehörde ein Besuchserlaubnis für Sonnenburg erzwungen. Frau Bernstein schildert:

«Ich glaubte, einen fremden Menschen vor mir zu haben. Die Augen und die anliegenden Partien waren blutrot und stark geschwollen. Ueber das Gesicht breite Striemen von Gummiknüppelschlägen. Ich durfte meinen Mann nicht berühren, aber sein ganzer Körper musste so zerschlagen sein, während der ganzen Zeit verharrte er in einer merkwürdigen Stellung unbeweglich.»

Frau Geisler erzählt:

«Mein Mann war, als ich ihn sah, so verändert, das Gesicht so stark geschwollen, dass ich mich beherrschen musste, nicht laut vor Jammer zu schreien.»

Ein Gefangener, dem es gelang, aus Sonnenburg zu flüchten und das Ausland zu erreichen, berichtet:

«Im Zuchthaus Sonnenburg sind 414 politische Gefangene untergebracht, unter ihnen Carl von Ossietzky, den man am 28. Februar verhaftet hat. Ein Mitgefangener, der dreizehn Tage im Sonnenburger Zuchthaus verbrachte und jetzt die Grenze erreichen konnte, hat Ossietzky in der Krankenabteilung gesehen. Gebückte Haltung, eingefallenes Gesicht, gelbe, krankhafte Gesichtsfarbe, nervöses Gestikulieren mit den Händen, schlotternder Gang, so beschreibt er Ossietzky. Die anderen Sonnenburger Häftlinge : Dr. Wiener, am ganzen Körper grün und blau geschlagen; der Kommunist Bernstein, dessen Nieren man zerschlug und der jetzt nur mit einer Stütze gehen kann, der Kommunist Kasper, dem man die Schamhaare ausgerissen hat, Erich Mühsam, der mit Kasper zusammen für sich ein Grab schaufeln musste, mit der Begründung : am nächsten Morgen würden sie beide erschossen werden. Auch Erich Mühsam sieht entstellt aus, denn seine Barthaare hat man ihm abgeschnitten. In der Nacht hat man Kasper das Fenster seiner Zelle eingeschlagen, eine Pistole durchgesteckt und ihm mit Erschiessen gedroht. Dann drang man in die Zelle und bearbeitete Kasper mit Gummiknüppeln. Das Tagesprogramm in Sonnenburg :
5 U h r 15 f r ü h : Wecken, Heraustragen der Abortkübel (in Sonnerburg gibt es keine Wasserspülung), Reinigen der Zellen, Waschen, Freiübungen etc.
8 U h r 30 : Frühstück.
9 — 10 U h r : Militärische Uebungen, Absingen von Hitler-Liedern.
10 U h r 30 — 12 U h r : Pause, dann Mittag.

12 U h r 30 — 5 U h r 30 : Militärische Uebungen und Turnspiele.
6 U h r : Abendbrot.
6 U h r 30 — 7 U h r 30 : Exerzieren.
7 U h r 30 — 8 U h r 30: Gemeinsames Beisammensein.

Die Misshandlungen im Lager Sonnenburg waren so unmenschlich, dass der am 11. April neu antretende Polizeikom-
mandant des Lagers sich gezwungen sah, an die vorgesetzte
Behörde Bericht zu erstatten. Auf Befehl von oben musste er die
Kopie dieses Briefes vernichten. Die meisten Stücke dieser zer-
rissenen Kopie gelangten in unsere Hände:

«Sonnenburg, den 18. Mai 1933

Betrifft besondere Vorkommnisse nach Uebernahme der Polizeige-
fängnisses am 11. 4. 33.
Bei meinem Dienstantritt am 11. 4. 33 stellte ich fest, dass im
hiesigen Polizeigefängnis, insbesondere bei der SA-Mannschaft keine
geordneten Zustände herrschen. Vornehmlich bezog sich dies auf
folgende Punkte :

1) Behandlung der Gefangenen durch die SA-Mannschaft;
2) Verhalten der SA gegen die Verwaltungsbeamten;
3) Verhalten der SA untereinander;
4) Verhalten der SA in der Oeffentlichkeit;
5) Besoldungsverhältnisse der SA.

zu 1). Ein Teil der Gefangenen, insbesondere die Prominenten, waren durch Angehörige der SA auf das Schwerste misshandelt worden. Um Fortsetzungen der Misshandlungen zu unterbinden, wurden
die verletzten Gefangenen nun unter Aufsicht von Schutz (fehlt)
beamten gehalten. Den SA-Männern drohte ich bei Wiederholung
(fehlt) durch scharfe Ueberwachung der SA bei Tag und Nacht
die (fehlt) gegen Gefangene nachliessen, habe ich dennoch in zwei
Fällen das Schlagen von Gefangenen festgestellt. Bei dem Zusam-
menhalten der SA-Mannschaft, besonders bei derartigen Vorkomm-
nissen, hatte die angestellte Untersuchung nach den Tätern keinen
Erfolg. Ich drohte nunmehr der SA an, dass ich bei dem geringsten
Vorfall dieser Art die in Frage kommenden Wachschichten, bzw. die
gesamte SA-Mannschaft ablösen werde.

zu 2). Dauernde Reibereien zwischen den Verwaltungsbeamten und
den SA-Mannschaften entstanden wegen der umgekehrten Löh-
nungsverhältnisse. Trotz angemessener Vorschusszahlungen fühlten
sich die SA-Männer benachteiligt und hielten den Polizeiinspektor
Pelz für den Schuldigen. Ihr Auftreten dem Polizeiinspektor Pelz
gegenüber ging soweit, dass die SA nur durch mein persönliches
Eingreifen durch scharfe Zurechtweisungen zur Vernunft zu bringen
war. Beim Abzug der SA am 24. 4. 1933 musste ich den Polizeiinspektor Pelz in seiner Wohnung durch einen bewaffneten Schutzpolizeibeamten beschützen lassen, um Tätlichkeiten zu verhindern.

zu 3). Innerhalb der SA-Mannschaften kam es des Oefteren zu Streitigkeiten, die im Allgemeinen aus nichtigen Gründen entstanden».

(Hier bricht der Bericht ab.)

„Schweigen und Prügel"

Ein junger sozialdemokratischer Arbeiter entfloh vor kurzem aus dem Lager Hohenstein, in dem er 7 Wochen eingekerkert war. Sein Bericht, der ein Bild des trostlosen Tagewerkes im Konzentrationslager gibt, wirkt in seiner ruhigen Sachlichkeit besonders stark:

«Wir waren 800 Menschen auf Hohenstein. Sozialdemokraten, Kommunisten, Juden und auch einige Zentrumsleute. Die Kommunisten werden gesondert gehalten. Ihr Schicksal war ein noch viel schwereres, als das unsrige.

M o r g e n s u m 6 U h r mussten wir auf den Weckruf «Heil Hitler» aus den Betten springen und uns stramm neben das Bett aufpflanzen. So, unangekleidet, ungewaschen, beteten wir unser erstes Stossgebet. «Gott helfe unserer Nation und beschütze unseren Reichskanzler Hitler.» So genau kenne ich den Wortlaut nicht, ich habe dabei bloss immer gemurmelt. Der Vorbeter war unser Gruppenführer. Unsere Gruppe zählte 20 Mann.

¾7 U h r Antreten zum Kaffee. Warmes schwarzes Wasser (als Kaffee kann man es beim besten Willen nicht bezeichnen) und ein Stück Brot. Danach: Strammstehen, Absingen des «Horst-Wessel-» und des Deutschlandliedes.

7 U h r Abmarsch auf den Hof: Freiübungen, Kniebeuge und militärische Uebungen. Hinwerfen, aufstehen, hinwerfen, aufstehen . . und im Magen nur das bisschen Wasser und Brot. So ging es, dazwischen Fussballspiel und Stafettenlauf, bis 9 U h r. Nun antreten zur Arbeit: Sandschieben, Barackenbauen, Holz aus dem Wald heranschleppen.

Um 12 U h r geschlossener Abmarsch. Das «Horst-Wessellied» wird wieder gesungen. Tischgebet: «Jesus sei unser Gast . . . und schütze unsere deutsche Nation». Mittagstisch: Suppe und Brot. Zweimal die Woche gab es etwas Fleisch. Manchen genügt es. Hinterher: Jede Gruppe mit Geschirr zum Abwaschen.

12½ U h r wieder Spielen und Exerzieren.

3 U h r Musterungsappell. Der Befehlshaber schreitet die Front ab. Wir müssen brüllen «Heil Hitler», singen das «Horst-Wessellied» und wieder . . . exerzieren bis 5 Uhr. Nun dürfen wir «ungezwungen» auf dem Hof herumgehen. A b e r k e i n e r d a r f m i t d e m a n d e r e n e i n W o r t w e c h s e l n. Weder jetzt, wenn wir frei haben, noch wenn wir arbeiten.

½7 U h r Abendessen. Stück Brot, wenn wir mal Glück haben, ein Stück Wurst oder Käse.

½8 U h r alle an den Betten antreten. Das «Deutschlandlied» wird wieder gesungen, das Gebet abgeleiert, und um 8 Uhr muss alles in den Betten liegen.

Während der ganzen Nacht brennt das Licht im Raum. SA-Posten mit Karabinern bewachen uns. Niemand darf den Mund öffnen. Wir sind verurteilt zu schweigen : bei Tag und bei Nacht. Wir hören nur Kommandorufe, Flüche, Gebete, das Horst-Wessel- und Deutschlandlied.

Ich wurde nur einmal geprügelt. «Willst du verfluchter Marxist nicht strammstehen ? Ich werde dir schon zeigen !» Und der Gummiknüppel sauste auf meinen Schädel nieder.

Wir trugen unsere eigene Kleidung, nur die Knöpfe schnitt man ab, und die Hosenträger nahm man uns weg. Besuch von Angehörigen konnten wir (aber nicht alle) zweimal im Monat empfangen.

Für Sprechen oder eine andere «Ungehorsamkeit» wurde man entweder an Ort und Stelle verprügelt oder es gab Gefängnis. Hohenstein ist nämlich eine alte Burg, und im Keller lag ein uraltes, feuchtes, dunkles Burggefängnis.

So ging es alle sieben Wochen. Strammstehen, hinwerfen, aufstehen, nationale Hymnen singen, arbeiten, hungern und — s c h w e i g e n.

Ein anderer Häftling schreibt aus dem Konzentrationslager Königstein:

«Frühmorgens um 6 Uhr werden wir von der Polizei geholt, die uns durchaus anständig behandelt. Wir werden in das Konzentrationslager Königstein eingeliefert. Hier befinden sich 200 Gefangene, auf die sechzig SA-Leute als Bewachung kommen. Wir werden mit dem Bauen von Schiessständen beschäftigt. Das Essen ist erträglich. Wenn nur nicht die fortgesetzten Misshandlungen wären. Die SA-Wächter sind aber auch mit wenigen Ausnahmen (ältere Leute) zu gemein. Gleich bei unserer Einlieferung wurden wir heftig gequält. Zuerst mussten wir dreiviertel Stunden Laufschritt üben, dann eine Stunde strammstehen, ohne uns zu rühren, dabei wurden wir mit dem Revolver bedroht und bekamen mit Gummiknüppeln, Reitpeitschen und Karabinern Schläge. Dann mussten wir eine Stunde knien, den Kopf zur Erde gewandt. Bei ungenauer Durchführung dieser Uebung bekamen wir Fusstritte ins Genick und zwar mit Nagelschuhen. Dann bekamen wir wieder eine Stunde lang Prügel. Einzelne Leute wurden halbtot geschlagen. Die Haare wurden uns abgeschnitten und in den Mund gesteckt. Die ganze Prozedur dauerte von viertelsieben Uhr abends bis halbdrei Uhr nachts. Auch in den folgenden Wochen wurden namentlich von dem Truppführer Fuhrmann diejenigen besonders schwer misshandelt, die durch Auseindersetzungen mit Nazis bekannt waren. Als bei einer solchen Gelegenheit ein Heidenauer Genosse, der Führer des antifaschistischen Kampfbundes Gumbert (41 Jahre alt) totgeschlagen wurde, griffen höhere SA-Führer ein, dann wurde es etwas besser. In den ersten Nächten mussten wir ohne Decken in kalten und nassen Räumen schlafen. Später lieferte man uns Decken. Trotz aller Qualen ist die Haltung der Genossen tapfer. Auch die Sozialdemokraten halten sich tapfer, obwohl sie noch immer politische Illusionen haben. Verrat von Genossen ist nicht vorgekommen.

Ueber die unmenschlichsten Greuel, die auf dem «K ö n i g - s t e i n» geschehen sind, erschien im Prager «S o z i a l d e m o - k r a t» folgender Bericht, für dessen Inhalt das Blatt ausdrück- lich die Verantwortung übernimmt. Es wird bezeugt:

«dass in Königstein Häftlinge gezwungen wurden, das blutig geschla- gene Gesäss ihrer Leidensgefährten abzulecken; dass man die Häft- linge zwang, drei Stunden lang das Gesicht über den frischen Kot von SA-Leuten zu halten, dass angetrunkene SA-Leute die Häftlinge nachts weckten und sie unter wüsten Drohungen zwangen, gebrauchte Präservative auszulecken; dass die Häftlinge zitterten, wenn sie des Nachts den Gesang ihrer Peiniger hörten, weil sie wussten, dass sie das Opfer sadistischer Orgien würden; dass die Häftlinge gezwungen wurden, in Gegenwart ihrer Peiniger zu onanieren und man von ihnen verlangte, widernatürlichen Geschlechtsverkehr mit ihren Lei- densgenossen zu vollziehen; dass man den Häftlingen Geld stahl und sie zwang, zuzugeben, dass sie Falschgeld gehabt hätten; dass man die Häftlinge «strafweise» in feuchte und kalte Kellergelasse warf und ihnen jede Schlaf- und Sitzgelegenheit verweigerte; dass man alle Gefangenen zwang, bei ihrer Entlassung zu bestätigen, es sei ihnen nichts geschehen. Dies alles geschah unter Leitung des SA-Führers Bienert-Königstein und Fuhrmann-Gottleuba.»

Diese beiden «Führer» wurden nicht etwa bestraft, sondern versetzt.

Hungerrationen

Die Berichterstatter der Zeitungen « De Telegraaf » (5. April 1933) und « Daily Telegraph » (27. April 1933) erhielten von den Häftlingen auf die Frage, wie das Essen sei, die Antwort: « Gut, aber nicht reichlich ». In Wahrheit ist das Essen weder gut, noch ausreichend. Ein Gefangener im Konzentrationslager Heuberg hat in wenigen Wochen der Haft 30 Pfund abgenommen. Trotzdem erklärte Leutnant Kaufmann, einer der Leiter des Lagers, dem Berichterstatter der « Frankfurter Zeitung » (Ausgabe vom 8. April 1933):

«Die Mehrzahl der Häftlinge ist zufrieden. Das Essen ist gut. Es gibt ein kräftiges und reichliches Einheitsgericht, Fleisch zweimal in der Woche».

Edmund Taylor, der mehrere Gefangene in englischer Sprache gefragt hatte, schreibt hingegen in der « Chicago Daily Tribune »:

«Die Gefangenen beschwerten sich bitter über die unzureichende Verpflegung. Die Nahrung besteht im wesentlichen aus wässeriger Graupensuppe.»

Im « Daily Telegraph » vom 27. April 1933 berichtet Geyde, dass die Gefangenen zur Feier von Hitlers Geburtstag — « kein Deutscher soll an diesem Tage hungern » — Sauerkraut erhielten. Wenn Sauerkraut schon ein Festtagsessen ist, wie muss die Verpflegung der Gefangenen erst an gewöhnlichen Tagen aussehen? Darüber gibt ein Brief eines Häftlings gründlichen Aufschluss:

«Kohldampf schieben ist die Parole. Das Essen ist hundsmiserabel. Wir erhalten nur ein Pfund Brot pro Tag. Unser Mittagmahl sah letzte Woche so aus : Topfgerichte aus Kartoffeln und Gemüse oder Dampfnudeln mit etwas Mischobst oder Linsen mit Kartoffeln, Erst gab es einen Liter dieses Essens. Jetzt sind die Rationen verkleinert. Da an Fleisch und Fett gespart wird, fehlt dem Essen jede Kraft. Ausserdem ist es zu wenig. Noch schlimmer wird es am Abend : Ein- bis zweimal Suppe, zwecks «nationaler Erziehung» mit Hakenkreuznudeln, die in Wasser gekocht sind. Oder 100 gr. Limburger oder 80 gr. schwarze Wurst oder Leberwurst. Kein Gramm Butter, keine Margarine, kein Schmalz. Dazu wie am Morgen Kaffee. Wir gehen immer hungrig zu Bett. Wer zu Aussenarbeiten kommandiert wird, erhält Zulage ½ Pfund Brot und 80 gr schwarze Wurst.»

Der Schrei nach Brot

In allen Briefen kehrt die Feststellung wieder, dass dem kärglichen Essen jegliches Fett fehlt. Dagegen wird an Soda nicht gespart, das angeblich den Geschlechtstrieb mindert. In Wahrheit zerstört Soda die Zeugungsfähigkeit und greift die Magenwände an.

Nicht einmal die Brotration ist ausreichend. Das bestätigen alle Briefe der Häftlinge.

Der Berichterstatter von « De Telegraaf » (5. April 1933) fragte den kommunistischen Abgeordneten Arnold (Ulm), was er über das Essen sagen könne. Der Gefangene erwiderte:

« Zu wenig Fleisch, zu wenig Brot, ranziges Fett ».

Derselbe Berichterstatter gibt den Wochenspeisezettel für die Zeit vom 26. März bis 1. April 1933 wieder :

«Täglich 1 Pfund Brot, 10 gr. Kaffee, 30 gr. Zucker, keine Butter.

S o n n t a g, mittags: Fleisch mit Kartoffeln;
abends: Kaffee mit Zucker, ein Bismarkhering.

M o n t a g, mittags: Fleisch;
abends: dicke Suppe.

D i e n s t a g, mittags: Erbsbrei, 100 gr. Wurst;
abends: Kaffee mit Zucker, 100 gr. Käse.

M i t t w o c h, mittags: Graupen, Kartoffeln, Makkaroni;
abends: Kaffee, 100 gr. Wurst.

D o n n e r s t a g, mittags : Linsen und Kartoffeln;
abends: Erbsensuppe und 100 gr. Speck.»

Dieser Speisezettel ist für den Besuch des Berichterstatters sicher besonders zusammengestellt worden. Aber auch aus diesem Speisezettel ist ersichtlich, dass die Gefangenenkost nicht einmal das Minimalquantum der lebensnotwendigen Nährstoffe enthält. Ein Pfund Brot für Menschen, die 12 Stunden arbeiten! Kein frisches Gemüse! 100 Gramm Fett in der Woche! Die Gefangenen hungern. Ein Zettel, den ein junger Gefangener aus dem Lager Hohenstein schmuggelt, ist ein einziger Notschrei:

Acht-, neun- und mehrstündige Zwangsarbeit

Der nationalsozialistische Minister Frick erklärte, dass in den Konzentrationslagern die Häftlinge durch zweckmässige Arbeit wieder zu nützlichen Mitgliedern des Staates erzogen werden sollen. In Wahrheit ist die acht-, neun- und mehrstündige Arbeitszeit nichts als ein Mittel der Quälerei.

Einige Zeilen aus einem Gefangenenbrief genügen, ein Bild der « erzieherischen » Arbeit zu geben:

«Um 1/26 Uhr raus. 1½ Stunden Marsch zur Arbeitsstelle (Planierungsarbeiten, Strassenbau) und dann mit einer Stunde Pause bis 1/23 Uhr arbeiten. Wieder 1½ Stunden marschieren. Als Bewachung gehen je 20 SA-Leute mit Karabiner, Revolver und Gummiknüppel unter Polizeikommando mit.»

Der Tortur dieser ungewohnten Zwangsarbeit sind auch Aerzte, Anwälte und Schriftsteller unterworfen. Viele von ihnen sind nicht mehr jung und den Anstrengungen einer solchen Arbeit nicht gewachsen. Auf dem Heuberg müssen von den Häftlingen Steinbrucharbeiten verrichtet werden. Die Gefangenen des Neustädter Lagers mussten einen Flugplatz planieren. Trotz aller raffinierten Absperrungsmassnahmen dringen Nachrichten über die schwere und aufreibende Zwangsarbeit an die Oeffentlichkeit. Die Nationalsozialisten versuchen die Wirkung dieser Nachrichten durch Veröffentlichungen in ihren illustrierten Zeitschriften abzuschwächen. In gestellten Bildern werden die Gefangenen bei fröhlicher und leichter Arbeit gezeigt. Diesen photographierten Lügen stellen wir die Schilderungen eines neutralen Besuchers des Oranienburger Lagers entgegen:

> «Die Arbeit — nennen wir es einmal so — ist für Wächter und Bewachte so ziemlich das Sinnloseste, was sich denken lässt. Drei junge Arbeiter treiben sechs ihrer Stempelkollegen an, Grashalme schleunigst aus der Erde zu rupfen. Die sechs kriechen in völlig zerlumpter Kleidung herum, rupfen zwischen den Steinen die spriessenden Frühlingshälmchen, buddeln die Würzelchen aus, reinigen den Sand von Rückständen und drücken ihn fein säuberlich wieder in die Ritzen der Pflasterung. Handwerkszeug gibt es nicht. Auch würde das Gras, wüchse es ruhig weiter, niemanden stören. Hinter dem Fabrikgebäude wird eine Menge Wasser verspritzt. Einige Dutzend Menschen sind damit beschäftigt, den alten Kasten sauber zu machen. Es wird ihnen als persönliche Verworfenheit angerechnet, dass er nicht wie ein Marmorpalast glänzt. Jedes Holzsplitterchen, jedes Sandkörnchen muss weg. An der Wand ist von früher her ein Sowjetstern stehen geblieben, weg damit, und wenn die Wand zum Teufel geht. Auch hier die tierische Sinnlosigkeit einer Arbeit, die keine ist, sondern nur Beschäftigung
>
> Viel schlimmer wird es dort, wo der benachbarte Wald gerodet wird. Die Bäume sind schon weg. Die Belegschaft des Lagers, vielfach bewacht, rückt an, um mit blossen Fingern die riesigen Wurzelblöcke auszugraben. SA-Männer treiben Arbeiter an, die ihre Grossväter sein könnten : «Alte Sau», «rotes Schwein», «Eierschleifen» — die Ausdrücke sind dem Wortschatz der kaiserlichen Armee entnommen. Nur sind sie noch kräftiger und gemeiner.

Das ist die « erzieherische Arbeit » des Reichsinnenministers Frick !

Nach der Zwangsarbeit: Strafexerzieren

Mit der Zwangsarbeit ist die Quälerei der Gefangenen nicht erschöpft. Die noch verbleibende Zeit ist mit Exerzieren, das völlig zu Unrecht als « Sport » bezeichnet wird, ausgefüllt. Nach amtlichen Mitteilungen ist die Zeit von $\frac{1}{2}2$ Uhr bis $\frac{1}{2}6$ Uhr abends für Exerzieren bestimmt.

Die Journalistin, die das Oranienburger Lager besuchte, gibt nachstehend ihre Eindrücke:

> «Auf diesem (nur mit kleinen Sträuchern gegen die Freiheit abgegrenzten, D. Red.) Gelände sind verschiedene Geräte für die sportlichen Uebungen aufgestellt, die man die Gefangenen machen lässt.

Der oberflächliche Beobachter, der nichts sehen will, kann den Eindruck haben, dass sich die Gefangenen gut ausarbeiten dürfen. Man glaubt, dass sie Sport treiben. Aber wer zu beobachten versteht, sieht, dass man da vor einem raffinierten System gemeiner Quälerei steht. In der Tat sind die verlangten Uebungen selbst für einen Berufssportler fast unmöglich. Um sie durchführen zu können, bedarf es eines methodischen und dauernden Trainings und vor allem einer besonders guten Ernährung. Aber in diesem Lager, das seit dem 21. März besteht, müssen alle Gefangenen ohne Ausnahme sie ausführen und zwar nicht einmal, sondern 4 Stunden lang jeden Tag, Wochen und Monate hindurch, ungerechnet die anderen Uebungen, Märsche, Gesänge usw. . . . . Rechts, in 10 m Entfernung von den Sträuchern, befindet sich ein fester Barren. Jeder Gefangene muss zunächst an diesem Barren turnen. 10 m weiter befindet sich ein Brett oder besser gesagt eine hölzerne Palisade (2,50 m hoch und 3 m breit), über die er sodann klettern muss. In der gleichen Entfernung befindet sich dann noch ein 2 m tiefer, 2—3 m breiter Graben, dessen Grund schlammig ist und über den er springen muss. Augenblicklich ist er leer, aber bald wird er voll Wasser sein. 10 m weiter befindet sich eine Wiederholung dieses Grabens, aber in Wahrheit ist das mehr eine Erhöhung von 2 m Höhe und 80 cm Stärke, über die die Gefangenen klettern müssen. Dann befindet sich noch längs der linken Grenze eine Art Falle, ungefähr 10 m lang und 70—80 cm tief, in welche die Gefangenen klettern müssen. Im Innern dieser Falle befinden sich, jeweils in ½ Meter Abstand, abwechselnd von oben und von unten kommend, Bretter, die man nur in Schlangenbewegung kriechend passieren kann. Der Raum, der zum Kriechen übrigbleibt, ist aber so eng, dass nur ein Kind ohne Anstrengung durchkommen kann, für einen mittelgrossen Mann ist er kaum überwindlich. Am Ausgang dieser Falle muss man noch über zwei Hindernisse von 1 bezw. ½ Meter Höhe springen. Wenn diese Serie von Uebungen beendet ist, beginnt man von neuem, v i e r   S t u n d e n   l a n g, alle Tage, alle Wochen, alle Monate . . .»

Wir haben uns an einen angesehenen Sportarzt, Dr. Bellin du Coteau, gewandt und ihn gebeten, uns ein Gutachten über die Wirkung dieser Exerziermethoden auf den menschlichen Organismus abzugeben. Wir haben diesen Internisten von Ruf, der politisch völlig neutral ist, die sich aus dem vorstehenden Bericht ergebenden Tatsachen vorgelegt, ohne zu sagen, dass es sich dabei um die faschistischen Konzentrationslager in Deutschland handelt. Dr. Bellin du Coteau beantwortete unsere Frage so:

Sehr geehrter Herr,   «Paris, den 27. Mai 1933
Im folgenden erhalten Sie die Beratung, die Sie von mir verlangt haben :
1) Die Streckenläufe, von denen Sie mir sprechen, die Laufübungen mit Hindernissen umfassen, gehören zu der Kategorie der sogenann-

ten athletischen Laufübungen. Sie beruhen auf demselben Prinzip wie schon die ersten turnerischen Uebungen des Obersten Amoros (1830).

Sie sind von der Armee in verschiedenen Formen übernommen worden und haben während des Krieges als Training der Truppen gedient. Schliesslich haben verschiedene Wehrverbände sie in ihr Programm übernommen. Es handelt sich dabei um s c h w i e r i g e u n d a u s g e d e h n t e U e b u n g e n Die verschiedenen Hindernisse, die auf dem Weg aufgebaut sind, vermehren in jeder Hinsicht die Grösse der Anstrengung. Die Wirkung kann sich in einer Beschleunigung des Herzschlages zeigen, dergestalt, dass, während bei normalen schnellen Lauf eine Beschleunigung des Herzschlages von 80 bis 00 auf 140 bis 150 eintritt, die Erschwerung durch Hindernisse eine Beschleunigung des Pulses bis auf 180, ja sogar 200 Schläge herbeiführen kann.

Daraus ergibt sich, dass die athletischen Läufe auf Seiten der Sportler eine gute allgemeine Form voraussetzen. Diese Form ist unbedingt erforderlich, w e n n d e r O r g a n i s m u s d i e A n s t r e n g u n g e n a u s h a l t e n s o l l.

Ausserdem muss man ein bestimmtes allgemeines Training voraussetzen: Springen, Klettern, Laufen usw. Unter diesen Bedingungen muss man für das allgemeine und spezielle Training eine ungefähre Dauer von zwei Monaten vorsehen.

2) Diese Läufe dürfen keinesfalls innerhalb 24 Stunden wiederholt werden. Es ist vollkommen unnütz, ja sogar s c h ä d l i c h, mehr als drei solcher Läufe vornehmen zu lassen. Es ist unerlässlich, zwischen jeder dieser Uebungen m i n d e s t e n s e i n e R u h e p a u s e v o n e i n e r S t u n d e einzulegen.

3) Es ist nötig, sich jedesmal, wo es sich um eine so starke physische Anstrengung handelt, einer ärztlichen Untersuchung zu unterziehen, um etwaige Schäden festzustellen, die es unmöglich machen, eine derartige Anstrengung auf sich zu nehmen. Diese Vorschrift ist umso wichtiger, da es sich um eine längere körperliche Anstrengung handelt, die bei einem u n g e e i g n e t e n o d e r u n g e n ü g e n d v o r b e r e i t e t e n O r g a n i s m u s s c h w e r e S c h ä d e n h i n t e r l a s s e n k a n n.

4) Für jeden Menschen, der einer solchen physischen Anstrengung unterzogen wird, muss eine b e s o n d e r s r e i c h h a l t i g e, j a g e r a d e z u üppige E r n ä h r u n g b e s c h a f f t w e r d e n. Nur dann kann das körperliche Gleichgewicht aufrechterhalten bleiben.

24 Stunden in einem Konzentrationslager

Aus den Berichten, die uns vorliegen, ergibt sich ein genaues Bild, wie der Alltag im Konzentrationslager verläuft:

½6 Uhr : Wecken.
½6 bis 6 Uhr : Wegräumen der Strohschütten.

Die „Blüte" der SA organisiert den Juden-Boykott

SA-Posten verhindern das Betreten einer Woolworth-Filiale
in Berlin.

Eine Inschrift, die für sich selbst spricht
Beim Juden-Boykott in Dresden.

Chemnitzer SA schneidet einem Juden ein Hakenkreuz ins Haar
Das Foto wurde als Postkarte verkauft mit der Inschrift:
«Säuberungsaktion in Chemnitz».

6 Uhr : Antreten, militärische Haltung, Hand zum Hitlergruss ge-
reckt. Nationale Andachtsstunde, Singen «Nationaler» Lieder.

6 bis ½7 Uhr: Kaffee mit trockenem Brot.

½7 bis ½8 Uhr : Marsch zur Arbeitsstätte oder Zwangsarbeit im
Lager.

½8 bis ½1 Uhr : Zwangsarbeit (Steinbruch, Wegebau, Wurzelroden,
Mauernwaschen).

½1 bis ½2 Uhr : Völlig unzureichendes Mittagessen : dreiviertel
Liter wässerige Topfgerichte, fast durchweg völlig fleisch-
und fettlos.

½2 bis ½6 Uhr: Grausame Exerzier- und Turnübungen (vier Stunden !).

½6 bis ½8 Uhr : Zwangsarbeit.

½8 bis ½9 Uhr: Abendessen (wie mittags: meist Wassersuppen
oder Brei, trockenes Brot mit einigen Gramm Wurst).

½9 Uhr : Locken (selbst dieses Signal, mit dem der altpreussische
Militarismus die Soldaten in die Kaserne rief, ist sinnloser
Weise auch für die ständig im Lager befindlichen Häftlinge
übernommen).

9 bis ½6 Uhr : Schlaf auf Holzpritschen und Strohschütten, in
schlecht gelüfteten, für die Zahl der Gefangenen viel zu kleinen Hütten, Kammern oder verfallenen Fabriksälen.»

Aus dem Leben gerissen

Schlimmer als die geschilderten körperlichen Qualen, denen
die Gefangenen ausgesetzt sind, ist die seelische Tortur, unter der
sie zu leiden haben. Aus dem Leben und Beruf herausgerissen,
müssen sie auf die Befriedigung der elementarsten geistigen und
körperlichen Bedürfnisse verzichten. Keine freie Zeit, keine Unterhaltung, kein Urlaub, keine Ablenkung, keine Möglichkeit zur
weiteren Fortbildung. Zwangsarbeit und Exerzieren — so verläuft
der Tag der Häftlinge im Konzentrationslager. « De Telegraaf »
vom 5. April 1933 erzählt uns darüber einiges:

«Toiletten: keine. Kantine: keine (nur als Gunst darf man sich
etwas besorgen). B e s u c h : k e i n e r. Lektüre: nur Nazischriften;
ein paar Klassiker, für Arbeiter zu schwer. R a u c h e n: v e r b o-
t e n (nur ausnahmsweise als Gunst gestattet). B r i e f e: a l l e
v i e r z e h n T a g e e i n e r unter Zensur. Musik und Sport: gar
nicht. B a d: e i n e s i m M o n a t. (Andere sagen: gar keines). Ver-
pflegungspakete: nichts ausgeliefert.»

Der Berichterstatter der dänischen Zeitung « Politiken »
zitiert in seinem Aufsatz über Konzentrationslager Gefangenen-
briefe, die er in der Zensurstelle des Heuberger Lagers gesehen
hat. Diese Briefe sind erschütternde Aufschreie gepeinigter
Menschen.

«Ach wieviel Wünsche, wieviel Trauer, wieviel Unglück, wieviel Tränen . . . .»

«Wieviel an den Himmel gerichtete Bitten, dass er eine Mutter, eine Gattin, die Kinder schütze, die ihre dürren Arme gegen die unsicht-baren Traillen dieses Gefängnisses strecken.»

sagt der Berichterstatter und zitiert:

«Ach, könnte ich noch einmal unsere kleine Hedwig an mein Herz drücken . . . .»

«Hätte ich wenigstens Ostern unter Euch verbringen dürfen . . . .»

«Arme Mutter, hast Du wenigstens zu essen ! . . . .»

So müssen sie Tage, Wochen, Monate leben. Nur die spani-schen Reiter und den Stacheldraht haben sie vor Augen. Dahin-ter müssen sie stumpfsinnig exerzieren oder sinnlose Arbeit ver-richten.

Der Weg in den Tod

Jeder Zuchthäusler kann sich ausrechnen, wieviel Tage ihn von der Freiheit trennen. Jeder Tag bringt ihn der Entlassung näher. Der Gefangene im Konzentrationslager weiss nicht, für wie lange er eingekerkert ist. Tage, Wochen, Monate, Jahre? Hoff-nung flammt auf und wird erstickt. Die Ungewissheit soll ihn zermürben.

Die barbarische Behandlung in den Konzentrationshöllen, die Qual der Ungewissheit treibt viele Häftlinge zu Verzweiflungs-akten. Selbstmorde sind an der Tagesordnung. « De Telegraaf » vom 5. April 1933 spricht von « Gefangenenpsychosen » und zahl-reichen versuchten und gelungenen Selbstmorden.

Der Reporter von « Politiken » berichtet Anfang April 1933 aus dem Heuberger Lager:

«Freimütig antwortet Hauptmann Buck auf meine Frage. Er gesteht, dass die Selbstmordversuche in diesem Lager nicht selten sind.»

„Auf der Flucht erschossen"

Die offizielle deutsche Presse meldet immer wieder, dass Häftlinge « auf der Flucht erschossen » worden seien. Die Un-wahrheit dieser Behauptung ist offensichtlich. Die Lager sind aufs Schärfste bewacht: schwerbewaffnete SA-Patrouillen, Polizei-hunde, Scheinwerfer, die das Lager bei Nacht taghell erleuchten. Jeder Fluchtversuch muss den Gefangenen aussichtslos scheinen. Deshalb kommen wirkliche Fluchtversuche sehr selten vor. Trotz-dem meldet die Presse häufig Erschiessungen auf der Flucht. Die Morde in den Konzentrationslagern werden von der Regierung nach bekanntem Vorbild in « Erschiessungen auf der Flucht » umgebogen.

Das Mordlager Dachau

In diesem Lager geht der Mord um. Allein aus dem Lager Dachau bei München sind innerhalb von wenigen Wochen vierzehn Mordfälle in ihren Einzelheiten bekannt geworden.

Mitte April meldete das Amtliche Wolffsche Telegraphenbüro:

«München, den 14. April. (WTB.) Im Konzentrationslager Dachau bei München haben Kommunisten einen Fluchtversuch unternommen. Die SA-Polizei hat sich darauf gezwungen gesehen, von der Schusswaffe Gebrauch zu machen. Sie streckte vier Kommunisten nieder, von denen drei sofort tot waren, während der vierte lebensgefährlich verletzt wurde.»

Der Dachauer Kommandant hat dem englischen Journalisten Geyde diesen Fall bestätigt («Daily Telegraph» vom 27. April 1933).

In der WTB-Meldung werden die Namen der Erschossenen wohlweislich verschwiegen. Sie werden als Kommunisten bezeichnet. Bald drang es aber an die Oeffentlichkeit, dass es sich überhaupt nicht um Kommunisten, sondern um bürgerliche jüdische Gefangene handelte. Ein Gefangener, der aus Dachau entkommen ist, schildert diese barbarische Ermordung von vier wehrlosen jüdischen Intellektuellen:

«Vor einigen Tagen marschierten wir wie immer zur Arbeit aus. Plötzlich bekamen die jüdischen Häftlinge, der Kaufmann Goldmann, der Rechtsanwalt Benario aus Nürnberg und die Kaufleute Artur und Erwin Kahn den Befehl, aus der Reihe zu treten. Ohne dass man auch nur ein Wort sagte, schossen einige SA auf die Gefangenen, die keine Miene zu einem Fluchtversuch gemacht haben. Alle vier waren sofort tot. Die Leichen wiesen sämtlich Stirnschüsse auf. Sie wurden heimlich auf dem Friedhof verscharrt, ohne dass jemand an der Beerdigung teilnehmen durfte. Dann hielt man vor uns eine Versammlung ab, ein Sturmtruppführer hielt eine Rede und erklärte, es sei gut, dass dise vier Saujuden tot seien. Es seien volksfremde Elemente gewesen, die nicht berechtigt seien, in Deutschland zu leben. Sie hätten ihre gerechte Strafe erhalten.»

Die Mordchronik von Dachau geht weiter. Einige Zeit nach der Ermordung der vier jüdischen Bürger meldet WTB abermals eine «Dachauer Flucht»:

«München, den 19. Mai. WTB. Der im Konzentrationslager in Dachau untergebrachte Schutzgefangene Hausmann, der bei Aussenarbeiten beschäftigt war, versuchte heute zu fliehen. Hausmann blieb trotz wiederholter Anrufe des Wachpostens nicht stehen. Der Posten feuerte daraufhin und traf den Flüchtling **tödlich.**»

Hausmann wurde wie die vier jüdischen Gefangenen feige ermordet. Von den weiteren uns aus Dachau gemeldeten über zwanzig Mordfällen nennen wir nur diejenigen, die bisher auf unsere Nachprüfungen hin bestätigt worden sind:

Polizeimajor Hunglinger, angeblich «Selbstmord»

Sebastian Nefzger, angeblich «Selbstmord»

Michael Sigman, Sozialdemokrat aus Pasing

Franz Lehrburger, Kommunist aus Nürnberg, «auf der Flucht erschossen»

Anton Hausladen, Kommunist

Franz Dressel, kommunistischer Landtagsabgeordneter

Josef Götz, kommunistischer Landtagsabgeordneter

Dr. Alfred Strauss, Rechtsanwalt aus München, «auf der Flucht erschossen»

Wilhelm Aron, Referendar aus Bamberg, «auf der Flucht erschossen»

Ferner sind im Lager Dachau «verschollen» :

Max Holy, Sekretär der südbayerischen «Roten Hilfe»

Hirsch, kommunistischer Stadtverordneter

Johann Wiesmann.

Die bestialische Ermordung der Landtagsabgeordneten Dressel und Gœtz

Die Ermordung der beiden kommunistischen Landtagsabgeordneten Dressel und Götz ist der erschütterndste Fall im Konzentrationslager Dachau, der bisher bekannt geworden ist. Vielleicht wäre auch diese viehische Ermordung der beiden Abgeordneten unbekannt geblieben oder als « Erschiessung auf der Flucht » von der Regierungspresse gemeldet worden, wenn es nicht durch einen glücklichen Zufall dem mitinhaftierten kommunistischen Funktionär Beimler, der Augenzeuge dieser Ermordung war, gelungen wäre, aus dem Lager zu fliehen. Beimler, der ebenfalls auf das grausamste misshandelt wurde und der wie seine Schicksalsgenossen Dressel und Götz ermordet werden sollte, gelang trotz schwerer Verletzung die Flucht. Beimler machte über die Ermordung der Abgeordneten Dressel und Götz folgende Angaben:

«Der kommunistische Landtagsabgeordnete D r e s s e l wurde von diesen Bestien solange gefoltert, bis er starb. Nackt warfen sie ihn auf den Boden der Zelle, der Körper war grauenhaft zugerichtet, über und über blau und schwarz, mit Wunden und schwarz geronnenem Blut bedeckt. Die Hände waren von den vielen Schlägen etwa 10 cm hoch angeschwollen. Die Beine und Arme glichen unförmigen schwarz-blau geschwollenen Säcken. Die Leiche lag mit dem Gesicht nach unten, ein Arm war gewaltsam nach aussen gedreht, die Pulsadern durchschnitten, ausserdem dreieckige Fleischstücke aus dem Arm geschnitten. Daneben lag ein Messer, um einen Selbstmord vor-

zutäuschen. Als sie Dressel erschlagen hatten, fingen die SS-Leute
zu musizieren an und veranstalteten ein wahres Freudenfest. Dressel
wurde am 10. Mai in dem kleinen Dorf Brittelbach bei Dachau
beerdigt.
Die SS-Bestien hatten den nackten Leichnam in eine Kiste geworfen.
Alle bei der Beerdigung zugegen Gewesenen erschauerten, als sie
die grauenhaft vestümmelte Leiche sahen.
Der Kommunist Sepp G o e t z war schon einige Wochen vor seiner
Ermordung infolge grauenhafter Misshandlungen taub geworden. Die
Nazis schlugen ihn weiter, Tag für Tag und erschossen ihn fast zur
selben Zeit, als sie Dressel ermordeten. Die Leiche von Götz wurde
am 12. Mai feuerbestattet.
Der Kommunist Beimler erhielt die ersten vier Tage seines Aufenthaltes in Dachau weder Wasser noch Brot, sondern nur Prügel auf
den nackten Körper vom Nacken bis zur Fussohle. Als Prügelinstru-
mente benutzten die Bestien meterlange knotige Ochsenschwänze.
Die SS-Banditen stiessen den Kommunisten Beimler in die Zelle, in
der Dressels Leichnam lag, wiesen höhnisch auf den Toten und
sagten «So wie der musst du's auch machen !» Auf das Messer deu-
tend, das neben der Leiche lag, äusserten sie : «Das Messer haben
wir nicht zum Brotabschneiden hingelegt.» Dann wollten sie Beimler
zwingen, sich aufzuhängen. Sie drohten, dass, wenn er sich bis zum
nächsten Morgen nicht aufgehängt hätte, sie es mit ihm tun würden.
Sicherlich wäre dann wieder in der schamlosen Presse, die alles
bringt, was die Nazis fordern, eine Notiz zu lesen gewesen : «Der
Kommunist Beimler hat sich in seiner Zelle erhängt.»
In dieser Todesgefahr gelang es Beimler zu entfliehen. Wir wollen
aus begreiflichen Gründen nicht schildern, wie ihm die Flucht gelang. In Strümpfen, kaum bekleidet, schleppte Beimler mit über-
menschlicher Willenskraft seinen zerschundenen und zerschlagenen
Körper nach München, wo ihn revolutionäre Arbeiter aufnahmen und
weiterbeförderten.»

Die Regierungspresse behauptete, dass Dressel Selbstmord
verübt habe.

Dachau ist keine Ausnahme. Auch in anderen Lagern ereig-
nen sich derartige Morde. Im Konzentrationslager Königstein
wurde der H e i d e n a u e r K o m m u n i s t G u m b e r t erschlagen. Wenn allein aus dem Lager Dachau innerhalb weniger
Wochen vierzehn Morde bekannt wurden, so lässt das erraten,
wieviel Opfer in den 45 Konzentrationslagern gefallen sind, von
denen bisher nur ihre Henker wissen.

Keine Folter bricht den antifaschistischen Geist!

Trotz aller seelischen und körperlichen Folterungen, denen
die Gefangenen in den Konzentrationslagern ausgesetzt sind,
trotz der ständigen Todesdrohung sind die Gefangenen ihrer antifaschistischen Ueberzeugung treu geblieben.

Die « Deutsche Allgemeine Zeitung » schreibt am 30. April 1933:

> «Noch ist das letzte Waffenversteck nicht preisgegeben. Noch wehren sich böser Wille und verbohrter Fanatismus gegen die Erkenntnis, dass die Zeit für bolschewistische Experimente in Deutschland vorbei sein soll. Bezeichnend dafür ist die Tatsache, dass noch kürzlich Häftlinge es verstanden, durch Verwandtenbesuche (?) Kassiber aus dem Lager hinauszuschmuggeln.»

Hauptmann Buck und Leutnant Kaufmann machen dem Berichterstatter von « Politiken » folgende Mitteilung:

> «Von den Häftlingen sprechen sie ohne Hass, aber mit schärfstem Misstrauen, das sich weniger gegen die richtet, die ihre Feindschaft bekennen als gegen die «üblen Gegner», die Neigung zum Nazisystem heucheln, ohne sie zu haben ....
>
> Die Menschen sind wie Muscheln. Spricht man mit ihnen, um sie zu überzeugen, und ihren Geist zu öffnen, sagen sie zu allem Ja und Amen. Sie scheinen unsere Ansicht zu teilen und endlich der guten Sache gewonnen zu sein. Aber in ihrem Innern hat sich nichts geändert. Sie bleiben Gegner wie zuvor», sagt Leutnant Kaufmann. Und Buck fügt hinzu :
>
> «Am schlimmsten sind die Doktoren und Intellektuellen. Sie sollten doch wenigstens lernen und unseren Weisheiten zugänglich sein. Nicht im Geringsten. Sie sind ohne Verstand. Sie müssen wir am längsten hier behalten.»

In Bremen und an anderen Orten sind Kommunisten, die man entlassen hatte, wieder verhaftet worden, weil sie ihre antifaschistische Arbeit fortsetzten. Der Münchener Polizeipräsident Himmler musste dies in einer Rede bestätigen:

> «Es ist nicht möglich, diese Funktionäre wieder in Freiheit zu lassen. Bei einzelnen Versuchen, die wir bei der Freilassung gemacht haben, ergab sich, dass sie weiter hetzen und zu organisieren versuchen.»

Die Ueberzeugungstreue und der Kampfwille der Gefangenen ist ungebrochen. Der nachstehende schlichte Brief ist ein Heldengedicht proletarischen Kämpfertums:

> «Trotz aller Schikanen stehen unsere Genossen treu zur Partei. Haben sie auch nicht die gute Verbindung mit uns, sie nehmen zu allen politischen Fragen Stellung. Der «nationalsozialistische Kurier» gibt ihnen Aufschluss über alle Vorgänge und ihre marxistische Schulung die Möglichkeit, sich ein richtiges Bild von der Lage zu machen. Zudem ist trotz Zensur und Abgeschlossenheit die Verbindung zu uns nicht unmöglich zu machen. Die Wachmannschaft kann sich dem marxistischen Einfluss nicht entziehen. Schweigen wir über Einzelheiten, eins ist klar, das Konzentrationslager festigt die Genossen und stärkt sie in ihrer Treue zur Partei.»

Zehntausende in Untersuchungshaft und in Gefängnissen

Die 35 bis 40 Tausend Gefangenen, die heute in Konzentrationslagern zusammengepfercht sind, bilden nicht die Gesamtzahl der politischen Gefangenen in Deutschland. Es kommen noch die Gefangenen dazu, die in Untersuchungsgefängnissen schmachten oder die abgeurteilt in Gefängnisse und Zuchthäuser abtransportiert wurden. Ihre Zahl wächst ständig. Täglich meldet die Presse neue Massenverhaftungen. Besonders gross war die Zahl der Neuverhafteten in den letzten Juniwochen. Oft erreichte die Zahl der neuverhafteten politischen Gefangenen — nach Presseberichten — an einem Tage die Zahl von Tausend. So wurden beispielsweise an einem einzigen Tage von der Geheimen Staatspolizei verhaftet:

In Senftenberg (einer kleinen Stadt im Niederlausitzer Braunkohlenrevier) 267 sozialdemokratische Funktionäre, in Bremen über 80, in Braunschweig, Hamburg, Sachsen, Berlin, Stuttgart usw. weitere Hunderte.

Die Zahl der in die Untersuchungsgefängnisse und Zuchthäuser eingekerkerten politischen Gefangenen lässt sich, da keine offiziellen Angaben vorliegen, nur abschätzen. Ihre Zahl ist mit 12—15 000 eher zu niedrig als zu hoch gegriffen.

Die Untersuchungsgefängnisse sind überfüllt. Untersuchungsgefangene, die entlassen wurden, schildern die entsetzlichen Verhältnisse in den überfüllten Gefängnissen. In Zellen, die kaum Raum und Luft für einen Gefangenen haben, sind heute fünf und mehr Gefangene untergebracht. Ein Teil der Gefangenen hat keine Bettstelle und muss deshalb auf dem nackten Steinfussboden schlafen. Es fehlt an Decken. Das Essen ist durchaus unzureichend und schlecht. Die faschistische Regierung hat für das Reich, die Länder und die einzelnen Städte besondere Abteilungen der von ihr geschaffenen Geheimen Staatspolizei eingerichtet, die mit Unterstützung von Schupo, Hilfs- und SA-Polizei ganze Arbeiterviertel umstellen und dann Massenverhaftungen vornehmen. Die Verhaftungen erfolgen absolut willkürlich. Eine Denunziation aus persönlicher Missgunst genügt, um verhaftet zu werden.

Kennzeichnend für die Brutalität, mit der heute vorgegangen wird, ist folgende amtliche Erklärung des Staatskommissars für das Polizeiwesen in H e s s e n:

«1. Wer im Besitz eines illegalen Flugblattes betroffen wird, ist bis auf weiteres in Polizeihaft zu nehmen. Wer Flugblätter den Polizeibehörden abliefert, bleibt unbehelligt.
2. Werden in einem Bereich (Stadt oder Kreis) illegale Flugblätter verbreitet, so sind sofort alle Führer der fraglichen Richtung (KPD,

SPD o. a.) bis auf weiteres in verschärfte Polizeihaft (Arrestzelle, Arrestkost usw.) zu nehmen.

3. Die Polizeibeamten und die Sonderkommandos haben bei Streifen gegenüber F l u g b l a t t v e r t e i l e r n, die sich nicht auf den ersten Anruf stellen, s o f o r t v o n d e r W a f f e G e b r a u c h z u m a c h e n.»

Unter den heute in Untersuchungshaft befindlichen Gefangenen befinden sich zahlreiche bekannte Funktionäre der Kommunistischen und Sozialdemokratischen Partei Deutschlands, auch viele Repräsentanten der Demokratischen, der Volksparteilichen, der Katholischen und sogar der Deutschnationalen Parteiorganisationen.

Als einer der ersten politischen Führer wurde der Führer der Kommunistischen Partei Deutschlands, E r n s t T h ä l m a n n, verhaftet. Ernst Thälmann wurde am 3. März in Berlin-Charlottenburg festgenommen und ins Gefängnis überführt. Man verkündete in allen regierungstreuen und «gleichgeschalteten» Blättern, dass die Verhaftung im Zusammenhang mit dem Reichstagsbrand erfolgt sei. Man schuf damit eine Stimmung für alle weiteren Demütigungen, mit denen man den revolutionären Führer glaubte treffen zu können. Es wird bekannt, dass tagelang SA an der offenen Zelle Thälmanns vorbeigeführt wird, als gälte es, ein wildes Tier zu besichtigen. Züge von jungen Burschen dürfen neugierig und mit unflätigen Beschimpfungen an Thälmann, dem Präsidentschaftskandidaten der Arbeiterschaft, dem Führer der Partei, die sechs Millionen Stimmen auf sich vereinigt hatte, vorbeimarschieren.

Der Terror der Verhaftungen

Das Ausland wird sich schlecht ein Bild von der Technik der Verhaftungen machen können, die seit Hitlers Machtergreifung zur täglichen Uebung der Polizei und der SA geworden sind. Es erscheint in einem Strassenviertel ein illegales Flugblatt. Ein Polizist oder ein Nazianhänger denunziert. Unmittelbar darauf rasen die Autos der «Polizei zur besonderen Verwendung» herbei, riegeln den ganzen Stadtteil ab, durchsuchen alle Häuser vom Dach bis zu den Kellern, beschlagnahmen Bücher, Schreibmaschinen und führen oft völlig unbeteiligte Bürger als Gefangene mit. Jede Regung dagegen wird sofort mit Misshandlungen geahndet. Einspruch gegen Beschlagnahmen bewirken Fesselung und Verhaftung.

Einige Zeitungsüberschriften, zufällig an einigen Tagen herausgegriffen, mögen die Verfolgungsaktionen kennzeichnen.

«70 Kommunisten festgenommen» («Völkischer Beobachter» vom 10. April 1933).

«Grosse Razzien in Erfurt, Dresden und Altona» («Berliner Tageblatt» vom 25. April 1933.)

«Haussuchungen in Charlottenburg» («D. A. Z.» vom 29. April 1933.)

«Sozialdemokratische Gemeinderatsfraktion in München verhaftet» — «SPD-Stadträte werden nicht bestätigt» («D. A. Z.» vom 12. April 1933.)

«Razzia am Bülowplatz» — «Verhaftungen von Kommunisten in Stuttgart» (270 Verhaftungen und 400 Haussuchungen) — «Kommunistische Verschwörergruppe in Meissen festgenommen» — «Grosse Razzia im Norden Berlins» («D. A. Z.» vom 12. April 1933.)

Hunderte solcher Nachrichten sind in den Monaten März, April, Mai, Juni, Juli in allen deutschen Zeitungen zu finden. Gegen Ende Juni, bei der Auflösung der Sozialdemokratischen Partei und des Kampfringes Junger Deutschnationaler, verschärft sich die Verfolgung. Statt der Hunderte werden es jetzt Tausende, die in den Kerker müssen.

Die Hitlerregierung beginnt Anfang Juli die Anverwandten geflüchteter Arbeiterführer als Geiseln festzusetzen. Am bekanntesten wurde die Verhaftung von fünf Verwandten Scheidemanns, die aber nur ein Fall unter vielen ähnlichen ist.

Der Terror der Urteile

Die Staatsanwälte haben seit dem 27. Februar Hochbetrieb. Sondergerichte tagen in allen deutschen Gross-Städten. Die Flut der Denunziationen schwemmt immer neue Opfer vor das Nazi-Tribunal. Die Anklagen sind so w i l l k ü r l i c h wie die Urteile.

Oft sitzen die Verhafteten wochenlang ohne Vernehmung in den Gefängnissen und werden dann wieder entlassen. Auch nach der Entlassung sind sie täglich noch weiter bedroht und müssen sich in vielen Fällen sogar an den Polizeistellen regelmässig melden. Es steht fest, dass man sie nur entlassen hat, weil die Gefängnisse überfüllt waren und man für neue Opfer Platz brauchte.

Unter welchen nichtigen Vorwänden schwere Verurteilungen geschehen, zeigen einige Nachrichten:

«Das Sondergericht Berlin-Moabit verurteilte die erwerbslosen Arbeiter Max Ziegler und Richard Schröter zu 1 Jahr 3 Monaten bezw. zu 1 Jahr 6 Monaten Gefängnis, weil Ziegler, der der KPD angehörte, auf der Weberwiese im Osten Berlins illegal hergestellte Exemplare der «Roten Fahne» verteilt hatte, die er von Schröter erhalten hatte.»

«Das Darmstädter Sondergerich verurteilte wegen Herstellung und Verbreitung eines Flugblattes ein weibliches Mitglied des KJV zu acht Monaten, ein männliches zu fünf Monaten Gefängnis. Die Verurteilten sind 16 Jahre alt!»

Zahlreich sind die Verurteilungen wegen «Greuelhetze». Aus Berlin werden einige Urteile bekannt, die das Sondergericht Berlin-Moabit gefällt hat. Vier Urteile wegen «Greuelhetze» an einem Tag. Man kann sich eine Vorstellung über den Umfang der Verhaftungen machen, wenn man von Angehörigen der Verhafteten hört, dass der Untersuchungsrichter ihnen erklärte, vor Ablauf von vier Wochen sei mit keiner Entscheidung über die Haft zu rechnen; die Staatsanwaltschaften könnten trotz Verdoppelung ihres Personals die Unzahl der Akten nicht bewältigen.

Wie der Terror sich auswirkt, beweisen die Klagen der Frauen der Verhafteten, denen es in den seltensten Fällen gelingt, einen Rechtsanwalt zu finden, der die Verteidigung von angeklagten Antifaschisten zu übernehmen wagt.

Die Zahl der Prozesse ist nicht festzustellen. Sie geht in die Zehntausende. Die Zahl der Verhaftungen wächst mit jedem weiteren Tag der Hitler-Regierung. Das «geeinte deutsche Volk» muss zu Zehntausenden aus den Wohnungen geholt werden, damit die Regierung der «nationalen Erhebung» weiter bestehen kann.

Die Lage der Verhafteten ist noch dadurch verschlimmert, dass die Hitler-Regierung auch die «Rote Hilfe Deutschlands» verboten hat, die seit vielen Jahren in unermüdlicher Arbeit für die Familien der politischen Gefangenen gesorgt hat. Trotz der schärfsten Verfolgungen setzt die «Rote Hilfe» in Deutschland ihre Arbeit fort. Sie findet dabei die aktive Hilfe der «Roten Hilfe»-Organisationen in allen Ländern und die brüderliche Unterstützung der auf Anregung der «Internationalen Arbeiter Hilfe» gebildeten «Hilfskomitees für die Opfer des Hitlerfaschismus».

Der Deutsche war nie so unsicher wie seit dem Augenblick, da Adolf Hitler die Verordnungen «zum Schutze der Staatssicherheit» herausgegeben hat. Tausende leben unter Polizeiaufsicht, Zehntausende leben in der Erwartung ihrer Verhaftung, im Zustand völliger Rechtsunsicherheit. Jeden Augenblick bei Tag und bei Nacht können die Fäuste der braunen Büttel oder der offiziellen Polizei an jede deutsche Wohnung klopfen.

Die Regierungserlasse melden indessen im Polizeijargon: «In Deutschland herrscht Ruhe und Ordnung.»

Friedhofsruhe.

Zuchthausordnung.

Mord

«Es werden Köpfe rollen, ja es werden Köpfe rollen.»
Hitler vor dem Reichsgericht im Jahre 1930.

Der Mord geht durch Deutschland. Aus SA-Kasernen werden in geschlossenen Särgen verstümmelte Leichen abtransportiert. In düsteren Wäldern findet man Tote, die bis zur Unkenntlichkeit entstellt sind. Flüsse schwemmen zusammengebundene Körper von Ermordeten ans Land. In Leichenschauhäusern sind « unbekannte » Tote aufgebahrt.

Hunderte von grausamen Tragödien spielen sich ab : die Frau sieht ihren Mann zwischen den Revolvern und Knüppeln der SA-Leute, die ihn mitten in der Nacht aus dem Bette reissen, und sie weiss, dass sie ihren Mann nicht mehr lebend wiedersehen wird. Am nächsten Morgen findet man ihn mit zertrümmertem Schädel, mit einem Dutzend Messerstichen, mit verzerrtem Gesicht. Die Presse meldet : « Auf der Flucht erschossen ! » Falls überhaupt eine Mitteilung in einer Zeitung erscheint. Die Mutter hört Tag und Nacht in hilfloser Verzweiflung die Schmerzensschreie ihres gefangenen Sohnes, sie will das Furchtbare nicht wahr haben, und dennoch kommt nach einigen Tagen die gefürchtete Nachricht, «dass seine Leiche in Empfang zu nehmen sei».

Einer wird nachts « abgeholt ». Man hört strassenweit seine Schreie aus der SA-Kaserne, bis er stirbt. Einer wird getreten, geschlagen, gefoltert, bis er fast wahnsinnig aus dem Fenster springt. Die Henkersknechte höhnen : er habe aus dem Fenster des dritten Stockes flüchten wollen. Ein Anderer wird mit zerschmetterten Gliedern im Lichtschacht des Gefängnisses gefunden. Ein Dritter liegt mit abgeschlagenen Nieren : Verletzungen sind äusserlich kaum zu sehen. Statt Urin gibt er Blut von sich. Er stirbt nach kurzer Zeit.

Der Mord geht durch Deutschland: heimtückisch, bestialisch, planmässig. Welche ausländische « Greuelmeldung » wäre imstande, auch nur annähernd ein Bild der wirklichen entsetzlichen Greuel zu geben, die im Namen und Auftrag der Hitler-Regierung täglich und nächtlich in den SA-Kasernen und Konzentrationslagern, in Arbeiterstrassen und in entlegenen Wäldern verübt werden ! Es ist eine historische Erfahrung, dass die herrschende Schicht einer untergangsreifen Gesellschaftsordnung mit unmenschlicher Brutalität ihre Herrschaft aufrechtzuerhalten versucht. Das Deutschland Adolf Hitlers bietet dafür ein neues Zeugnis.

Im Weltkrieg wurden Totenlisten geführt. Sie wurden sogar von Feind zu Feind ausgetauscht. Die Hitler-Regierung ist natürlich nicht so « liberal », die Listen all ihrer Opfer zu veröffentlichen. Nur ein geringer Teil der Morde, solche Fälle, die wegen der Persönlichkeit des Ermordeten oder der grossen Zahl von Mitwissern nicht verheimlicht werden können, wird als « auf der Flucht erschossen » oder in anderer gefälschter Form bekanntgegeben. Wehe dem, der versuchen würde, der Wahrheit auf den Grund zu gehen! Ihn erwartet das gleiche Schicksal : Folter und Tod.

Die Hunderte von Morden, begangen im Auftrage der SA-Führer, werden unter dem Hitler-Regime niemals vor Gericht kommen. Am 22. März ist eine *Generalamnestie* für alle Straftaten, die « im Kampf um die nationale Erhebung begangen worden sind », ausgesprochen worden. Diese Generalamnestie ist ein Freibrief für alle vergangenen und kommenden Morde. Am 23. Juli garantiert Göring noch einmal Straflosigkeit für die grauenhaftesten Taten «im Dienste der nationalen Erhebung».

Hitlers Kameraden von Potempa

Es gibt keine genaue Zusammenstellung der Opfer, die schon in den Monaten vor Hitlers Regierungsantritt unter den Kugeln und Messern der SA fielen. Ihre Zahl beträgt viele Hundert: sozialdemokratische, christliche, kommunistische und parteilose Arbeiter. Wenn die Nationalsozialistische Partei sich in besonderen politischen Schwierigkeiten befand oder wenn der hartnäckige Widerstand der Arbeiter ihr Vordringen aufzuhalten drohte, schlugen die Wellen der braunen Terrorakte besonders hoch. Bombenattentate, Handgranatenanschläge, Mordüberfälle auf Sozialdemokraten, Kommunisten und Demokraten erfolgten in der Nacht nach den Juliwahlen 1932 ; in vielen Städten fanden sie zur selben Stunde statt, offenbar genau verabredet. Im Januar 1933, unter der Regierung Schleicher, stieg die Zahl der nationalsozialistischen Gewalttaten wieder sehr rasch. Nach Hitlers Ernennung zum Reichskanzler wurde der SA-Terror von Tag zu Tag schrankenloser entfesselt. Allein aus der ersten Februarhälfte sind 27 SA-Morde an Arbeitern und Arbeiterinnen bekannt geworden.[1]

---

[1] 1. II. Helmuth Schäfer (Velberth), Franke und Hans Hasse (Wilhelmsburg), Paul Schulz (Berlin), 2. II. Höfe (Altona), Wilhelmine Struth (Hamborn), 3. II. Käthe Sennholt (Duisburg), Erwin Berner und Alfred Kollatsch (Berlin), Wettmann, 5. II. Anna Röder (Berlin), Walter Steinfeld (Breslau), Bader (Göttingen), Paul Fischer (Chem-

Schon vor dem 30. Januar hatte die SA ihre wohlausgearbeitete Mordtaktik. Ortsansässige SA-Leute kundschafteten die Gelegenheiten aus und bereiteten die Morde vor. Ortsfremde Trupps mussten in Uebermacht auftreten, oft aus dem Hinterhalt. Nach der Niederstreckung einiger Gegner mussten sie sofort wieder (meist in Autos) aus der Gegend verschwinden. Eine Anzahl Attentate und Erschiessungen fanden aus vorüberrasenden Autos oder von Motorrädern aus statt. Schüsse schlugen in die Arbeiterlokale, Arbeiter sanken hin — und die Schützen waren verschwunden, bevor an ihre Feststellung oder an eine Abwehr gedacht werden konnte.

Es sei an jene bestialische Mordtat erinnert, die im Sommer 1932 im oberschlesischen Ort Potempa sich ereignete und durch Hitlers offene Billigung in der ganzen Kulturwelt Aufsehen erregte. Ein Mordkommando der SA, das sich vorher in einer Kneipe Mut angetrunken hatte, drang ein in die Wohnung eines kommunistischen Arbeiters, der buchstäblich zertrampelt wurde vor den Augen seiner alten Mutter. Als die Tat in all ihren viehischen Einzelheiten vor Gericht enthüllt und Todesurteile gegen einige der Mörder verhängt wurden, solidarisierte sich Hitler öffentlich mit den Mordbuben und nannte sie in einem Telegramm : « Meine Kameraden ». Sie wurden von der Regierung Papen begnadigt.

Unmittelbar nach dem 5. März n o c h v o r d e r «G e n e r a l- a m n e s t i e» wurden diese Mörder durch Hitler amnestiert und wieder auf die Arbeiterschaft losgelassen.

Die Tarnung der Morde

Wir benutzen, wie in allen Abschnitten dieses Buches, nur sorgfältig verbürgtes Material. Wir beschränken uns vorwiegend auf zwei bestimmte Arten von Quellen: auf Zeugenberichte aus Deutschland von Personen, die selbst die Vorfälle erlebt haben, und auf Nachrichten der « gleichgeschalteten » deutschen Presse. Die Presseberichte enthalten nicht nur eine offizielle Bestätigung der Morde, sondern zeigen auch drastisch die groben Methoden, mit denen man den wahren Tatbestand zu verhüllen sucht und ihn dabei oft selbst unfreiwillig enthüllt.

---

nitz), Hermann Kasten (Stassfurt), 6. II. Martin Leuschel (Wilhelmsburg), 7. II. Robert Rathke (Köln), 8. II. Wilhelm Esser (Gladbach-Rheydt), 9. II. Heinrich Lipps (Köln), 11. II. Szieflik (Hecklingen), 12. II. Barnikau (Asseln-Dortmund), Joseph Meng (Bensheim), ein Landarbeiter in Gross-Justin, 14. II. Otto Helm und Walter Schneider (Eisleben), Stock (Köln-Kalk), Kurt Löhr (Duisburg-Ort).

Im Monat März erschienen noch solche Nachrichten über politische Morde, die von der Presse selbständig verfasst waren. Allerdings waren die Arbeiterblätter bereits unterdrückt und war die Presse der «Mitte» dermassen eingeschüchtert, dass sie selbst die sichersten Nachrichten meist nicht zu drucken wagte.

Trotz der Unterwürfigkeit der Presse drangen aber noch so viele kompromittierende Meldungen in die Oeffentlichkeit, dass die Hitler-Regierung ihr Prestige bedroht sah. Zur lokalen Zensur durch Nazikommissare und zur «Selbstzensur» der Zeitungen trat die zentralisierte Zensur durch das Propagandaministerium hinzu. Am 2. April wird offen zugegeben, dass im « Dritten Reich » die Berichterstattung über Morde nicht eine Sache der Polizei und der Presse, sondern der *Propaganda ist:*

> «Berlin, 2. April WTB. Die Reichsregierung hat an sämtliche Nachrichtenagenturen die Anweisung gegeben, dass Mitteilungen über Zwischenfälle in Deutschland . . . . . nicht veröffentlicht werden dürfen, bevor nicht die Pressestelle der Reichsregierung (im P r o p a g a n d a - Ministerium) die Genehmigung ausdrücklich erteilt hat. J e d e   N a c h r i c h t e n v e r ä n d e r u n g   d e s   g e n e h m i g t e n   W o r t l a u t s   i s t   v e r b o t e n.»

Infolge der zentralisierten Zensur werden die Nachrichten schematischer. Die « gleichgeschaltete » Presse richtet sich streng nach den Vorschriften. Ein konkretes Bild der Tatumstände wird selten gegeben. Werden nähere Angaben gemacht, so enthüllen Widersprüche in den Details sofort die Lüge.

Verschiedene Kategorien der Fälschung treten immer deutlicher hervor:

Erstens: Auffindung angeblich unbekannter Leichen. Der Polizei gelingt es in den meisten Fällen, die Toten, die bereits seit Tagen als « vermisst » oder « verschleppt » gemeldet sind, sofort zu identifizieren. Vor der Oeffentlichkeit wird die Identifizierung geheim gehalten oder erst nach vielen Wochen möglichst unauffällig bekanntgegeben. Unter dieser Kategorie befinden sich eine Anzahl von der Feme ermordeter rebellierender SA-Leute.

Zweitens: Im Zusammenhang mit der Welle von Selbstmorden, die seit dem 5. März den faschistischen Terror begleitet, wird versucht, eine grosse Anzahl von Mordtaten als Selbstmorde darzustellen.

Wie plump dieser Betrug oft betrieben wird, zeigt der amtliche Bericht der Ermordung des Magdeburger Stadtrats Kresse:

> «Magdeburg, 14. März (TU). In Felgeleben bei Magdeburg kam es in den späten Abendstunden des Sonntags in einer Gastwirtschaft, die als Wahllokal gedient hatte,   zu einem blutigen Zwischenfall.

Der aus Magdeburg kommende sozialdemokratische Stadtrat Kresse wurde nach Betreten des Lokals von den dort anwesenden Schutzpolizeibeamten auf Verlangen einiger SA-Männer in Schutzhaft genommen. In einem Nebenraum des Wahllokals kam Kresse mit mehreren SA-Männern in Wortwechsel, in dessen Verlauf er einen Schuss auf die Nationalsozialisten abgab. Durch den Schuss wurde der Sturmführer Gustav Lehmann schwer verletzt. Alle Anwesenden verliessen fluchtartig das Lokal, in das dann von aussen mehrere Schüsse fielen. Kurze Zeit darauf wurde Kresse mit einem Kopfschuss tot in der Gastwirtschaft aufgefunden. Zurzeit findet eine Obduktion statt, um festzustellen, ob Kresse nach seinem Revolveranschlag seinem Leben selbst ein Ende gemacht hat oder ob er durch eine der von draussen auf das Lokal abgegebenen Schüsse getötet worden ist.»

Die nationalsozialistische Parteipresse hat die Tendenz, solche Meldungen noch sensationell auszuschlachten. Am 25. April bringt der « Völkische Beobachter » einen der grausigsten Lynch-Morde als « Selbstmord » in einer Fassung, aus der gerade durch die Details hervorgeht, dass Selbstmord ausgeschlossen ist :

«Furchtbarer Selbstmord. Mit Teer eingerieben und verbrannt. Ein hiesiger Einwohner beging in seiner Wohnlaube auf dem Horner Moor in furchtbarer Weise Selbstmord. Er ging in den angebauten Geräteschuppen, in dem sich u. a. ein Fass Teer befand. Nachdem er sich teilweise entkleidet hatte, rieb er sich über und über mit Teer ein und zündete dann das Fass an. In dem entstandenen Brand hat er den Tod gefunden. Der Beweggrund zum Selbstmord ist in Schwermut zu suchen. Die Wohnlaube ist vollkommen niedergebrannt. Der Selbstmörder war verheiratet und hatte mehrere Kinder.»

Diese Art von Berichterstattung will wie ein Kolportageroman wirken. Sie will durch grausige Ausmalung des Vorfalls die Frage nach dem Motiv und den Zusammenhängen ausschalten.

Drittens ist man bemüht, bei solchen Opfern, die infolge der Misshandlungen im Krankenhaus sterben, einen natürlichen Tod vorzutäuschen. In einer Reihe von Fällen (z. B. Dr. Eckstein-Breslau) lässt es sich die Berichterstattung nicht entgehen, die Ermordeten noch über den Tod hinaus zu verleumden. Die Erfindung von Geschlechtskrankheiten wird zur Diffamierung benutzt.

Viertens: Vortäuschung eines unpolitischen Verbrechens. Es fehlen die einfachsten Angaben über Motiv und Täter, weil sie sofort auf die richtige Spur lenken würden. Die brutale Inhaltlosigkeit solcher Berichte erinnert an die leere Schematik der amtlichen Kriegsberichterstattung:

«Die Polizei meldet: Am Samstag abend wurde der Dachdecker Henseler von mehreren Personen veranlasst, mit ihnen in das Haus Lessingstrasse Nr. 21 zu gehen. Die Bewohner hörten kurz darauf mehrere Schüsse. H. wurde mit schweren Verletzungen auf dem Speicher des Hauses aufgefunden und in ein Krankenhaus gebracht, wo er kurze Zeit später starb. Die Täter sind unerkannt entkommen.» («Germania» vom 15. Mai.)

Fünftens: Wo alle anderen Manöver versagen, wo nicht mehr zu verheimlichen ist, wer wen umgebracht hat und dass allein die politische Gesinnung der Grund der Ermordung war, tritt eine Formel ein, die seit der Ermordung Karl Liebknechts und Rosa Luxemburgs einen ganz bestimmten, unzweideutigen Charakter angenommen hat: « *Auf der Flucht erschossen* ». Als Dokument für die schamlose Offenheit, mit der diese Methode angewandt wird, bringen wir die amtlichen Originalberichte über den Fall Heinz Bässler :

I.

«Frankfurter Zeitung», 5. April, meldet aus Düsseldorf v i e r t e n April (WTB) :
«Der langgesuchte Kommunistenführer B ä s s l e r konnte h e u t e m o r g e n von Hilfspolizeibeamten g e s t e l l t werden. Bei der Leibesvisitation benutzte der Verhaftete einen unbewachten Augenblick zu einem Fluchtversuch. Da er auf wiederholte Anrufe nicht stehen blieb, griffen die Beamten zur Schusswaffe. B. wurde durch einen Schuss schwer verletzt und ist nach seiner Einlieferung ins Krankenhaus gestorben.»

II.

«Angriff», 5. April, meldet aus Düsseldorf f ü n f t e n April: (Die Polizeistelle teilt mit :)
«Am 4. April gegen s e c h z e h n U h r (!) wurde der kommunistische Funktionär Bässler von SS-Männern i n s e i n e r W o h n u n g festgenommen. Bei der Durchsuchung seiner Wohnung wurden zwei Pakete Dynamit gefunden. Ausserdem wurden Schriftstücke beschlagnahmt. Auf dem Wege zur Präsidialwache unternahm B. einen Fluchtversuch. Mehrmaligen Zurufen «Stehenbleiben» leistete er keine Folge, sondern setzte trotz Abgabe mehrerer Warnungsschüsse die Flucht fort. Durch einen Rückenschuss wurde er schwer verletzt und starb kurz nach seiner Einlieferung in das Krankenhaus.»
(Tatsächlich wurde Bässlers Wohnung schon nachts umstellt, frühmorgens wurde er abgeholt und auf der Strasse erschossen. Die Widersprüche in den amtlichen Berichten lassen sich nicht aus der Welt schaffen. Das «Dynamit» wurde nicht g e f u n d e n, sondern e r f u n d e n. Aber die «Warnungsschüsse» waren wohl gezielt.)

Eingang zum Konzentrationslager Oranienburg

Junger Arbeiter wird weggeführt. Wohin? — Vielleicht melden die Zeitungen schon in einigen Stunden: «Auf der Flucht erschossen !»

Die Häftlinge im Konzentrationslager Oranienburg werden jeden
Tag stundenlang militärisch gedrillt. Auf Kranke und Hochbetagte
wird keine Rücksicht genommen.

« Auf der Flucht erschossen » ist der faschistische Ausdruck
für Treibjagd auf Menschen. Zu dieser Treibjagd gehört auch die
Art der Berichterstattung. Sie ist so terroristisch wie das ganze
Hitler-Regime.

„Stärkster Rückgang der politischen Mordtaten"

Die « Deutsche Allgemeine Zeitung » vom 6. Mai 1933 veröffentlichte unter dem Titel « Stärkster Rückgang der politischen
Mordtaten seit der Machtergreifung durch die nationale Regierung » :

> (Amtlich wird mitgeteilt :)
> ‹Wie der Herr Preussische Ministerpräsident und Minister des In-
> nern, Göring, durch den Leiter des Geheimen Staatspolizeiamts mit-
> teilt, ist seit dem Beginn der nationalen Erhebung ein merklicher
> Rückgang der aus politischen Motiven verübten Gewalttaten mit To-
> desfolge eingetreten . . . Fast gleichzeitig mit der Machtergreifung
> durch die Nationale Regierung zeitigten die tatkräftigen Abwehr-
> massnahmen der neuen Regiernug in Verbindung mit der aus dem
> Siege der nationalen Bewegung hervorgegangenen Entspannung der
> politischen Gegensätze ein schnelles Absinken der Todesfälle, das
> bisher stetig angehalten und nunmehr m i t n u r z w e i T o d e s -
> f ä l l e n im April d. J. den seit langer Zeit tiefsten Stand erreicht
> hat.›

In den gleichen Tagen, in denen die Hitler-Regierung diese
durchsichtige Mitteilung verbreiten liess, wurde ebenfalls amtlich
berichtet, « dass allein im Berliner Schauhaus im Monat April
46 *Tote,* deren Gesichtszüge bis zur Unkenntlichkeit entstellt
waren, eingeliefert worden sind ». Die faschistische Presse hat im
Monat April über 50 politische Mordfälle mit Namensnennung
selbst durch Nachrichten eingestanden.

Wir schildern hier einige der erschütterndsten Ermordungen von Arbeitern und Intellektuellen durch SA. Es gibt Augenblicke, da dem Leser der Zweifel kommt und die Phantasie den
Berichten des Grauens nicht folgen will. Und doch sind sie leider
wahr. Bestätigt durch zahlreiche Zeugen, bestätigt oft durch die
Mörder selber kommt hier die Wahrheit über die Schrecken des
dritten Reiches zum Wort.

„Diese Tat war keine deutsche Tat"

Am 4. April 1933 wurde in Düsseldorf der kommunistische
Arbeiter Heinz Bässler von SA ermordet. Wir veröffentlichen oben
die Meldungen der « Frankfurter Zeitung » und des « Angriff »,
die sich bemühen, den Mord in eine Erschiessung « auf der

Flucht» umzufälschen. Heinz Bässler wurde das Opfer der braunen Feme. Er war bis zum Dezember 1930 Mitglied der Nationalsozialistischen Partei und Sturmführer der SA. Er erlebte die Nazi-Lüge aus nächster Nähe, und schied angewidert im Dezember 1930 aus den Reihen der SA. Er suchte und fand den Weg zur Kommunistischen Partei. Daher der Mord. Der Mord an einem jungen Arbeiter, der nach schwerem seelischen Kampf und nach eindringlichen politischen Studien die NSDAP verliess und in die Partei der revolutionären Arbeiterbewegung eintrat. Folgender Brief eines Augenzeugen entlarvt das Verbrechen der Nazis in seiner ganzen Gemeinheit. Der Brief ist es wert, in Millionen Exemplaren verbreitet zu werden.

Faksimile des Originalbriefes über den SS-Mord an Heinz Bässler.

(Der Brief im vollen Wortlaut :)

«Wenn doch unser liebes Heinzel noch leben würde. Ich kanns nicht fassen. Aber Gott wird diese Tat rächen. Diese Tat war keine deutsche Tat.

Morgens, also Dienstagmorgen um 4 Uhr wurden wir von 7 SS-Männer u. 2 Kriminalbeamte aufgeweckt. Mit Revolvern wurden wir in Schacht gehalten, Heinz musste sich anziehen und musste mitgehen. Wir mussten die Türe schliessen u. durften die Fenster nicht öfnen. O, Gott wie robust haben sie nun unser Heinzel behandelt. Die Strassen haben sie um 3 Uhr schon abgesperrt und um 4 Uhr kamen sie rauf. Und dann haben sie ihn mitgenommen und auf der Sternstr. haben sie ihn erschossen standrechtlich. O, was mag der arme Jung gelitten haben, wäre ich doch mitgegangen ! Er hat 3 Herzschüsse, ein Arm- ein Hals- einen Beckenschuss und dann noch 2 Schüsse im ganzen acht Schüsse. Sie haben ihn dann liegen gelassen u. Bauern haben ihn gefunden, wie einen Hund.

Ich kann es nicht glauben. Ich bin sofort morgens nach Herrn M. gelaufen, denn Heinz sagte mir, geh sofort nach ihm und sag es ihm, denn M. hat mir in die Hand versprochen, dass er mir helfen wird. Aber wie hat er ihm geholfen! Heinz hat zu viel Vertrauen auf die Menschheit gehabt. Frau L. . ., wenn sie Heinz jetzt gesehen hätten, auf der Totenbahre, Sie hätten Gott angerufen zum Richter, so misshandelt haben sie ihn. Ich kann das Bild nicht vergessen, wie kann man einen armen hilflosen Menschen so misshandeln! Und dann die Lügenblätter, Heinz sei auf der Flucht erschossen und zwei Pakete Dynamit hätten sie gefunden. So eine Gemeinheit und man kann keine Gerechtigkeit bekommen. Noch nicht mal eine Pistole oder ein belangloses Blättchen haben sie gefunden. Nur meine Liebesbriefe und ein paar Hefte haben sie gefunden, und dann schreiben die Zeitungen so eine Hetze. Aber Gott im Himmel rufe ich als Richter an, für solch eine robuste und gemeine Tat . . . Die Menschen sind alle über diese Tat so erschüttert, das können sie nicht fassen, dass diese Leute einen einzelnen Menschen so gemein und brutal niederschiessen. Das Begräbnis ist Samstag mittag um ½ 2 Uhr auf dem Südfriedhof. Heinz wird mit dem Geistlichen begraben und viele, viele Leute wollen ihm das letzte Geleite geben. Wie ich beim Herrn M. war, wie hat er mich behandelt! Als ich ihm sagte, wie kann man einen hilflosen Menschen so erschiessen, antwortete er mir: «Wenn Sie noch viel machen, lass ich Sie auch verhaften!»
Mutter lässt Sie grüssen und nach dem Begräbnis käme sie wieder nach Haus.
Ich will Sie herzlich grüssen zum Dank, dass sie so an Heinzel gedacht haben. Adieu und ich grüsse Sie. Ich kann ihn nie vergessen, denn ich hatt ihn zu lieb!
Bitte schreiben Sie mir bitte und seien Sie meinem Jung nicht böse, dass er nicht geschrieben hat. Ich war schuld. Ach hätte ich das nicht getan! Mein lieber guter Jung !»

„Ich schiesse Dich nieder"
(Zeugenbericht — Photodokument.)

Die Arbeiterin Grete Messing, verheiratet, Mutter zweier Kinder, verliess am 6. März abends gegen sechs Uhr mit ihrer Markttasche ihre Wohnung am Sommermühlenweg in Selb (Bayern) und ging gegen das Stadtinnere, um Besorgungen zu machen. Etwa vierzig Schritte von ihrer Wohnung entfernt begegnete ihr ein gleichfalls am Sommermühlenweg wohnhafter Nationalsozialist namens Lager. Er trat der Arbeiterin in den Weg und provozierte sie durch den Gruss «Heil Hitler». Frau Messing erwiderte darauf «Rot Front» und suchte weiterzukommen. Lager hielt sie auf, drohte ihr wütend: «Ich schiesse Dich nieder». Sie antwortete ruhig: «Schiess zu!»

Lager setzte der Arbeiterin den Browning an den Hals und drückte ab.

Frau Messing war tödlich getroffen. Sie wurde von ihrem Mann in die Wohnung gebracht. Dort verblutete sie.

Der Mörder begab sich in das Nazi-Verkehrslokal des Ortes, stärkte sich mit einigen Schnäpsen und stellte sich der « Hilfspolizei ». Er wurde in Haft genommen. Nach zehn Tagen wurde er bereits wieder entlassen. Eine Ehrenabordnung empfing ihn am Bahnhof in Selb.

Lager wurde nicht aus der SA ausgeschlossen. Hingegen sitzen der Mann und der 19jährige Sohn der Ermordeten in « Schutzhaft » im Bayreuther Arbeitshaus.

Polizei und Hilfspolizei veranstalten in den Selber Arbeiterwohnungen immer wieder Haussuchungen. Sie fahnden nicht nach einem Verbrecher, nicht nach einem Mörder — sondern nach einer Photographie, welche die tödliche Wunde der Ermordeten dokumentarisch festhält. Diese Photographie zu besitzen, ist in Deutschland lebensgefährlich.

Die Leichen im Machnower Forst
(Zeugenbericht.)

Die gesamte Presse berichtete am 11. 3. 33. über die Auffindung von drei erschossenen jungen Leuten im Machnower Forst, deren Identität noch nicht festgestellt sei. Trotz Feststellung der Personalien durch die Polizei werden diese der Oeffentlichkeit verschwiegen. Nach Ermittlungen handelt es sich um folgende Personen:

1. Fritz *Nitschmann*, Tapezierer, geb. 1. 3. 09 in Oldenburg. Wohnhaft in Berlin-Schöneberg. Parteilos. Eltern ebenfalls parteilos.

2. Hans *Balschukat*, Arbeiter, geb. 28. 8. 13 in Berlin. Wohnhaft in Berlin-Schöneberg. Mitglied der «Roten Hilfe».

3. *Preuss*, 23 Jahre alt. Wohnhaft in Berlin, Gotenstrasse 22.

Ueber Fritz Nitschmann, der keiner Organisation angehörte, ist folgendes ermittelt worden:

Am 8. März, abends halb 10 Uhr, ging Nitschmann mit seiner Braut von der Gleditschstrasse durch die Grunewaldstrasse in Richtung Siegfriedstrasse nach seiner Wohnung. Als Beide sich an der Ecke Stubenrauch-Erdmannstrasse befanden, kam ein roter Personenwagen über die Siegfriedbrücke und fuhr in der menschenleeren Strasse auf der linken Seite. Aus dem Wagen sprangen zwei uniformierte SA-Leute (der Chauffeur war in Zivil), kamen auf Nitschmann und seine Braut zu und riefen sie an : «Halt, stehen bleiben, mitkommen zur Personalfeststellung.»

Die drei SA-Leute hatten entsicherte Pistolen in der Hand. Nitschmann sagte mit aller Ruhe: « Sie verkennen sich wohl », worauf die SA-Leute sagten: « Maul halten, einsteigen! » Nitschmann folgte dieser Aufforderung, da er sich nichts bewusst war. Die Braut, die ebenfalls parteilos ist, wollte mit in den Wagen einsteigen, bekam aber von den SA-Leuten einen heftigen Stoss vor die Brust. Diese sagten ihr aber noch, dass Nitschmann nur zur Personalfeststellung mitkommen müsse, passieren würde ihm nichts. Die Braut, die nach dem heftigen Stoss weinte, hat weder die Autonummer noch die Nummer auf dem Kragen der SA-Leute feststellen können.

Das Auto fuhr durch die Stubenrauchstrasse und bog in die Hauptstrasse ein. Kurz nach der Verhaftung ging die Braut zur Mutter des Nitschmann und erzählte ihr den Vorgang. Von dort ging sie zur Polizeiwache Kriemhildstrasse und erstattete Anzeige. Dort sagte man ihr: « Ihm wird schon nichts passieren, er wird schon wieder kommen. Kommen Sie am nächsten Tag noch einmal wieder. » Am 9. März früh um 8 Uhr ging die Mutter zu demselben Polizeirevier, auch sie erhielt dieselbe Antwort wie die Braut. Man sagte aber noch, dass man im Laufe der Nacht sämtliche Reviere angerufen habe. Nitschmann sei aber nirgends eingeliefert worden. Sie solle mittags um 12 Uhr wiederkommen. Um 12 Uhr ging der Vater zum Revier und gab Verlustanzeige auf.

Die Eltern des Nitschmann blieben bis zum 11. März ohne jede Nachricht von der Polizei. Um 9 Uhr an diesem Tage kamen Beamte zu ihnen mit der Mitteilung, dass in der Berliner Morgenpost eine Notiz stehe, nach der im Machnower Forst drei Leichen gefunden worden seien. Nach der Personalbeschreibung vermutete der Vater sofort, dass sich unter den dreien sein Sohn befinden müsse. Er begab sich sofort wieder zur Polizei, die ihm aber auch jetzt noch keine Auskunft geben konnte.

Mittags 12 Uhr ging der Vater zur Mordkommission ins Präsidium und sprach dort mit dem Kommissar, der die Untersuchung leitete. Dieser, noch nicht über die Verhaftung des Nitschmann durch SA informiert, sagte zu dem Vater, dass ihm während seiner Kriminaltätigkeit solch ein roher, brutaler Mord noch nicht vorgekommen sei. Nachdem der Vater ihm den Sachverhalt geschildert hatte, sagte der Kommissar, dass er und seine Beamten sich die grösste Mühe geben würden, um den Mord aufzuklären.

Im Leichenschauhaus stellte der Vater im Beisein des Kommissars die Identität seines Sohnes fest. Die Leiche wies insgesamt zehn Schüsse auf, davon 8 Rückenschüsse, einen Halsschuss und einen Kieferschuss. Die Erlaubnis zum Photographieren der Leiche wurde verweigert. Verbrennung darf nicht stattfinden wegen eventueller Widersprüche der Sachverständigen. Am 15. März März mittags waren die Leichen von der Staatsanwaltschaft noch nicht freigegeben.

Bei dem Vater des Ermordeten haben sich jetzt zwei Personen unabhängig von einander gemeldet und bezeichnen übereinstimmend die Nummer des roten Autos, in dem Nitschmann entführt worden ist. Es handelt sich um die Nummer I A 78087. Auch bezeugen Beide, dass es sich um einen roten Wagen handelt.

Die Entführung des zweiten Ermordeten ging nach angestellten Ermittlungen folgendermassen vor sich:

Hans Balschukat wurde am 8. März abends vor dem Hausflur Gotenstrasse 14 in Schöneberg von drei Nationalsozialisten mit vorgehaltenem Revolver verhaftet und in einem dunklen Auto fortgeschafft.

Am 10. März morgens erhielt der Vater des Batschukat eine Postkarte mit folgendem Inhalt:

«Habe heute eine Brieftasche mit Inhalt gefunden, bitte Sie die Tasche bei mir abzuholen am Sonnabend, dem 11. 3. um 6 Uhr nachmittags.

Hans Schmidt
Bornstedt bei Potsdam
Viktoriastr. 26.»

Als die Karte ankam, war der Vater nicht zu Hause, die Mutter ging mit dieser Karte zur Kriminalpolizei, dort wurde ihr gesagt, sie solle unter keinen Umständen nach Bornstedt hinausfahren. Gleichzeitig wurde nach dem Alex (Präsidium) telephoniert, von dort nach Bornstedt und zur Mordkommission, die noch im Machnower Forst beschäftigt war. Die Brieftasche wurde von der Staatsanwaltschaft beschlagnahmt. Am selben Tage ging der Vater nochmals zur Kriminalpolizei, wo auch ihm gesagt wurde, er solle unter keinen Umständen nach Bornstedt hinausfahren, den angeblichen Finder habe man bereits verhaftet, da man in ihm einen Täter vermute. Verdacht bestehe deshalb, weil die Brieftasche nicht beschmutzt gewesen sei.

Am 11. 3. besichtigte der Vater die Leiche seines Sohnes. Es war ihm nicht möglich, sofort seinen Sohn zu erkennen, da er schrecklich zugerichtet war. Die Lippen waren dick geschwollen und blau, das Kinn durch Schläge aufgeschlagen. Hals, Kehlkopf und Brust wiesen viele blaue Stellen auf, anscheinend durch gewaltige Fusstritte hervorgerufen. Die Arme und die Brust hatten viele blutunterlaufene Stellen, die anscheinend von einer Fesselung herrühren.

Der Ermordete hat nach oberflächlicher Besichtigung durch den Vater (eine gründliche Untersuchung wurde dem Vater verwehrt) zirka sieben bis acht Schüsse erhalten, davon zwei Schüsse in den Hinterkopf, einen Schläfenschuss, zwei bis drei Schüsse in den rechten Arm, sowie einen Brustschuss auf der rechten Seite.

Ueber den dritten Ermordeten Preuss ist noch nichts zu erfahren gewesen, da der Vater jede Auskunft verweigert. Der Vater ist Maschinist bei der Reichsbahn, er kümmert sich auch nicht um die Beerdigung seines Sohnes. Diese wird durch die Wohlfahrt übernommen. In Schöneberg redet man darüber, dass den Nazis mit Preuss ein Missgriff unterlaufen sei. Der ermordete Preuss soll den Nazis nahegestanden haben.

Stahlruten und Salzsäure

(Zeugenbericht aus Braunschweig)

Der Telegraphenmonteur G r o t e h e n n e hatte keine politische Funktion, er war Mitglied des Reichsbanners. Am Montag, dem 27. März wurde Grotehenne von SA-Männern aufgesucht und aufgefordert, in das Lokal der SA zu kommen. Seine Frau glaubte, es handle sich um den üblichen Zwang, der NSDAP beizutreten, und riet ihrem Mann, den Beitritt sofort zu vollziehen und das Haus nicht zu verlassen.

Grotehenne begab sich aber in Begleitung der Nazi in das SA-Lokal. Stunden vergingen. Er kam nicht zurück. Seine Frau entschloss sich, ihm nachzugehen. Vor dem SA-Lokal stand ein Nazi namens Meyer. Frau Grotehenne kniete vor ihm nieder, jammerte und bat, ihren Mann freizugeben. In diesem Augenblick wurde der Körper Grotehennes auf die Strasse geschleudert. Der Mann war zu einem blutigen Fleischklumpen zusammengehauen worden. Mehrere Männer brachten den Schwerverletzten nach Hause. Er klagte nicht nur über äussere, sondern auch über innere Schmerzen. Da man Gift vermutete, wurde ihm Milch eingeflösst. Er erbrach. Die Frau, die ihm den ausgetretenen Schaum vom Munde abwischte, bemerkte, dass ihr Taschentuch von der Säure, die er erbrochen hatte, ganz zerfetzt wurde. G. hatte zeitweise soviel Bewusstsein, um den Vorgang seiner Marterung zu erzählen. Er war entkleidet und drei Stunden lang mit Stahlruten geschlagen worden. Zwischendurch war er gezwungen worden, mit seinen Kleidern das Blut vom Boden aufzuwischen.

Als er bewusstlos mit zusammengebissenen Zähnen dalag, versuchten die SA-Männer, ihm *Salzsäure* einzuflössen. Da dies nicht sofort gelang, wurde ihm der Mund gewaltsam geöffnet. Dabei wurde ihm ein Teil der Oberlippe weggerissen.

Grotehenne starb nach ungeheuren Schmerzen am Abend des 29. April. Die Leiche wurde gerichtlich obduziert. Als Todesursache wurde « Gehirnschlag und innere Verbrennung » festgestellt. Die Staatsanwaltschaft wurde mit der Angelegenheit befasst, doch ist bis jetzt keiner der Schuldigen irgendwie zur Verantwortung gezogen worden.

In den Kerkern des 3. Reiches zu Tode gefoltert
Gen. Gumbert Heidenau. Poll. im Kampfbund
seit 13 Wochen in Schutzhaft.
Angeblich Munition + Waffen vergraben - nichts
verraten - wurde deswegen gefoltert Starb daran.
Hinterläßt Frau und 5 Kinder im Alter von
8-14 Jahren. Lange Arbeitslos Aktiv im Kampfbund. Gumbert ist 47 Jahre alt.
Bestand der Leiche

Untere Partie (Gesäß + Schenkel) alles kaputt. Vorschläge. Mand ins Gesäß gedreht.
Rückgrat gebrochen mit Gage eingestopft
Mädem halb abgetreten - Leisten am rechten Schenkel aufgerissen. Am Magen mit dem Stiefel ab-
sätzen Löcher rein getreten. So daß die bekannte Schu.
aus hingen über ganz Blut unterlaufen (Schub

Nach der Überführung von Königstein (Schub
(Haftlager) am Mittwoch, den 20.4. nach Heidenau
sollte der Sarg nicht geöffnet werden. Eigentlich
aber holzdem. Die Leiche war in Blumen gebettet.
Der Vater des Genossen Gumbert war aber mißtrauisch
will nicht die Decke mit den Blumen weg hebt
die Leiche Kopf und zieht das Hemd weg und
sieht die Bescherung Schreit - rennt davon
und holt Arbeiter + Frauen herbei - die sich
Gen. Gumbert ansehen. 100 aerte sind es gewesen
Die Frau reißen G. fährt nach Dresden - Kilian
ger - die Leiche wird sofort beschlagnahmt.
Bei verschiedenem Photographen wird Haussuchung

3) gemacht - Apparate und Platten beschlagnahmt
Dornspitzg ist Killinger selbst die mit einem Reb
von Arbeiten (Pirna + Heidenau Umg.) Der Bericht
Lautet: "Wer falsche Berichte über den Tra
des Gen. Gumbert in den Umlauf setzt, wird
bestraft."

Freitag ist die Beerdigung. S.A. mit Karabiner bewaffnet sperrt alle Zugangsstraßen
ab. 3000 Heidenauer Arbeiter und Arbeiterinnen demonstrieren in geschlossenen Zuge
nach Friedhof. Dort wird er von der Bande di-
ten mit Hilfe der Karabiner gesprengt. Nur
die Angehörigen dürfen reine
Die Grede musste ein Pfaffe halten
der mit dem ⚡ geschadt war.
Oberführungskosten mußten von der Frau selber
selbst bezahlt werden.

4) 1 Geldsammler wurde verhaftet.

Am Sonnabend, den 22.4. wollte die Frau denken.
Gumbert im Schutzhaftlager Königstein berichten
selbiger war aber angeblich zum Verbot nach
Hohnstein.
Am Montag, den 24.4. erhielt sie die Nach-
richt daß ihr Mann Todes.

Die Lippen des Gen. Gumbert waren von
den Qualen ganz zerbissen

320

Buchstäblich zerrissen

(Zeugenberichte aus Heidenau.)

Anfang März wurde Fritz Gumbert aus Heidenau in Schutzhaft genommen. Man beschuldigte ihn, « Munition und Waffen vergraben zu haben ». Er wurde in die Festung Königstein und von dort in das Konzentrationslager Hohenstein gebracht. Dort wurde er in Ketten gelegt und gefoltert. Die Misshandlungen, die er zu erleiden hatte, waren derart schwer, dass er starb. Als Todesursache teilte man seiner Frau mit: er sei an Magen- und Darmblutungen verstorben.

Die Arbeiterschaft der Heidenauer Betriebe veranstaltete hierauf eine Sammlung und liess die Leiche nach Heidenau überführen. Dies wurde bewilligt, allerdings unter der ausdrücklichen Bedingung, *dass der Sarg nicht geöffnet würde.* Die Arbeiter hielten sich nicht an diesen Befehl. Keiner der Augenzeugen wird den Anblick jemals vergessen. Das Gesicht war völlig zusammengeflickt. Allem Anschein nach fehlte die Zunge. An den Armen waren die Spuren der schweren Ketten sichtbar. Das Hinterteil des Körpers war ein zerstückelter, durchlöcherter Fleischfetzen. Der After war mit einem Lumpen verstopft, der die Verblutung aufhalten sollte. Das Rückgrat war gebrochen. Die Geschlechtsteile waren zerfetzt. Der rechte Schenkel war aufgerissen. Die Magengrube war eingetreten, sodass die Gedärme heraustraten. Die ganz zerbissenen Lippen zeugten von den entsetzlichen Schmerzen, die Gumbert ausgehalten hatte.

Auf Grund der Ansammlung der entsetzt und empört herzudrängenden Arbeiter wurde der Leichnam wiederum von der SA beschlagnahmt. Der Henker Killinger selber erschien am Ort mit einem Stab von Polizei und Aerzten. Es wurde eine Razzia durch die Arbeiterwohnungen veranstaltet, um photographische Apparate und Platten zu beschlagnahmen. Unter Androhung schwerster Strafen wurde allen Zeugen verboten zu sprechen. Diejenigen, von denen man wusste, dass sie an der Besichtigung teilgenommen hatten, wurden vorgeladen und verwarnt, « die Schnauze zu halten».

Am Freitag, dem 28. April, fand das Begräbnis statt. Gegen drei Tausend Arbeiter und Arbeiterinnen waren erschienen, dem Toten das Geleit zu geben. Sämtliche Zugangstrassen waren von SA mit Karabinern im Anschlag abgesperrt. Als sich der Zug vor der Friedhofstür einfand, wurde er von den Nazis angefallen und auseinandergesprengt. Nur die Angehörigen durften den Friedhof betreten.

Am Grabe sprach ein Geistlicher, der demonstrativ das Hakenkreuz trug.

Zerschlagen, zerstochen, zertreten
(Zeugenbericht.)

Am 28. März wurde der Kommunist E d o m, Königsberg, Robertstrasse 6, nachts 12 Uhr aus seiner Wohnung geholt. Da man wusste, dass er mit dem kommunistischen Reichstagsabgeordneten S c h ü t z befreundet war, schlug man ihn zwei Stunden lang so unmenschlich, dass er völlig hilflos, besinnungslos und irrsinnig vor Schmerzen zusammenbrach und die Wohnung des Schütz verriet.

Um 2,30 Uhr morgens wurde Schütz in die gleiche SA-Kaserne geschleppt und dort zwölf Stunden lang zu einer formlosen, unkenntlichen Masse zerschlagen, zerstochen, zertreten. Am 29. März abends starb Schütz im Krankenhaus. Der Totenschein lautet auf Herzschlag.

Am 3. April ist Schütz wie ein Tier verscharrt worden. Keine deutsche Zeitung hat über seinen Tod berichtet. Durch Drohungen wurde von den Aerzten und Pflegern Verschwiegenheit erzwungen.

Die Frau des Toten wurde während dieser Tage in Schutzhaft genommen. Den zwölfjährigen Sohn stiess man vor der Beerdigung an den entstellten Leichnam des Vater. Ein Nazi erklärte : «So geht es Dir, wenn Du in seine Fusstapfen trittst.»

Die Nieren abgeschlagen

B. T. 9. Mai: «Wie polizeiamtlich mitgeteilt wird, verstarb am Montag vormittag im Breslauer Krankenhaus in der Einbaumstrasse der seit dem 28. II. in Schutzhaft befinliche Rechtsanwalt Dr. Eckstein an Lungen- u. Nierenentzündung u. beginnender G e i s t e s k r a n k h e i t.»

Der Tod Ecksteins hat die Breslauer Arbeiterschaft nicht überrascht. « Den Eckstein werdet ihr nicht wiedersehen », erklärten die SA-Leute bereits bei seiner Festnahme am 28. April. Als man am Vorabend des 1. Mai die Breslauer Schutzhäftlinge im Triumphzug, Musik an der Spitze, aus dem Braunen Haus (Neudorferstrasse) zum Konzentrationslager (Stechlauer Chaussee) führte, da fehlte Eckstein bereits. Die Blätter mussten melden, dass er sich im Gefängnis «selbst verwundet» habe. Er befand sich schon damals in einem Zustand, in dem man ihn der Oeffentlichkeit nicht mehr zu zeigen wagte. Man brachte ihn gesondert in das neu errichtete Lager. Die Misshandlungen wurden fortgesetzt. Die Nieren hat man ihm durch viehische Prügel abgeschlagen. Die « Lungenentzündung » ist hinzugetreten, als man den bewusstlos Geprügelten mit Eimern kalten Wassers wieder aufweckte. « Geisteskrank » würde man seine Mörder nennen, wenn ihr Verhalten nicht einem von der deutschen Regierung gezüchteten Normalzustand entspräche.

Im Gefängnis gelyncht

Die drei folgenden amtlichen Berichte zum Fall Schumm entlarven die Methoden des faschistischen Nachrichtendienstes vollkommen:

I.

«Kiel, 1. April, TU. Gegen 11 Uhr kam es vor dem jüdischen Möbelgeschäft Schumm zu einem Wortwechsel, wobei sich der Sohn des jüdischen Inhabers auf einen SS-Mann stürzte. Als ein Kamerad diesem zu Hilfe kam, entstand zwischen den beiden SS-Leuten und dem herbeieilenden Firmeninhaber und dessen Sohn ein Kampf, wobei ein Schuss losging, der den 22 Jahre alten SS-Mann Walter Asthalter aus Kiel an der Brust schwer verletzte.»

Der Vorfall spielte sich in Wirklichkeit folgendermassen ab: Im Verlaufe des Judenboykotts besetzte eine SA-Mannschaft das Geschäft des Möbelhändlers Schumm. Der Inhaber wurde von den Eindringlingen belästigt. Dagegen setzte sich der Sohn des Händlers, Rechtsanwalt Schumm, zur Wehr. Es kam zum Wortwechsel und zum Handgemenge, « wobei ein Schuss losging » — und zwar von Seiten eines der SA-Leute —, der einen andern SA-Mann schwer verletzte.

II.

«Kiel, 1. April, WTB. Der Sohn des Möbelhändlers Schumm, der vormittags vor dem Geschäft seines Vaters auf einen SA-Mann einige Schüsse abgegeben hatte, durch die dieser einen schweren Bauchschuss davontrug, ist im Polizeigefängnis, wohin er gebracht worden war, erschossen worden. Wie verlautet, verlangten einige Personen im Polizeipräsidium, dass ihnen die Tür des Schumm geöffnet werde. Als diesem Verlangen stattgegeben wurde, fielen mehrere Schüsse, die auf der Stelle töteten. Die Leiche wurde dem gerichtsmedizinischen Institut zugeführt.»

Der zweite Bericht ist bereits insofern «korrigiert», als von Schumm, der überhaupt keine Waffe besessen hat, behauptet wird, er habe nicht nur « den Schuss », sondern sogar « mehrere Schüsse » abgegeben. Dieser Bericht bringt die Umstände der Ermordung Schumms ziemlich wahrheitsgemäss, allerdings ohne ausdrücklich zu erwähnen, dass eben jene SA-Leute Schumm umgebracht haben, um den Zeugen der Bluttat vom Vormittag zu beseitigen.

Beide Berichte sind so durchsichtig, so ungeschickt und kompromittierend abgefasst, dass noch am selben Nachmittag die zentrale Pressestelle eingreift und den dritten in jeder Weise bereinigten und in jeder Weise falschen Bericht herausgibt:

III.

Kiel, 1. April. WTB. Der jüdische Rechtsanwalt und Notar Schumm schoss vormittags gegen 11,30 Uhr den SS-Mann namens Walter Asthalter in der Kehdenstrasse durch Bauchschuss nieder, und zwar nach den bisherigen Meldungen ohne triftigen Grund. Der SS-Mann ist in der Klinik gestorben. Eine erregte Menschenmenge sammelte sich vor dem Polizeigefängnis an, bevor der vom Oberpräsidenten angeordnete Abtransport des Rechtsanwalts Schumm ermöglicht werden konnte. Die erregte Volksmenge drang in das Polizeigefängnis ein, wo Schumm durch Revolverschüsse getötet wurde. Das ganze entwickelte sich so schnell, dass polizeilich der Vorgang nicht verhindert werden konnte. Die Menge drang auch in das Geschäft des Vaters des Rechtsanwalts Schumm in der Kehdenstrasse ein und zerstörte das Inventar.

Dieser Bericht kann zwar die Oeffentlichkeit über den wirklichen Verlauf des Vorfalls nicht mehr täuschen, aber er hat eine weitere und « tiefere » Bedeutung: er ist als ein Schema zu betrachten für die Art, wie auf Befehl des Reichspropagandaministers Goebbels in Zukunft solche Ereignisse — soweit sie nicht überhaupt verheimlicht werden können — der Oeffentlichkeit mitzuteilen sind. Am selben Abend noch wurde die oben zitierte Bestimmung erlassen, dass «Mitteilungen über Zwischenfälle» nicht ohne vorherige Genehmigung erlaubt und dass jegliche Veränderungen des amtlichen Wortlauts verboten seien.

Aus dem Fenster gestürzt!

Am 16. April wurde der Bergarbeiterführer Albert Funk in Dortmund von einem Nationalsozialisten erkannt und der Polizei denunziert. Albert Funk war ein langjähriger Streikführer der Bergarbeiter, ehemaliger kommunistischer Reichstagsabgeordneter und Führer des Einheitsverbandes der Bergarbeiter. Geachtet und geliebt von den revolutionären Bergarbeitern, genoss Albert Funk weit über die Partei- und Verbandsgrenzen hinaus das Vertrauen der Ruhrkumpels.

Albert Funk wurde ins Dortmunder Polizeigefängnis eingeliefert. Es gelang ihm, einen Brief hinauszuschmuggeln, in dem er über furchtbare Misshandlungen an sieben andern Gefangenen berichtete. Funk wurde in den ersten Tagen nicht misshandelt.

Die Zeitungen berichteten kein Wort über seine Verhaftung. Diese Tatsache musste die schlimmsten Befürchtungen erwecken. Was war mit Albert Funk geplant? Warum wurde seine Verhaftung verschwiegen?

Am 26. April, nach zehntägiger Haft, wurde Albert Funk ermordet. Seine Frau erschien im Dortmunder Polizeigefängnis, um ihren Mann zu sprechen. Die Verwaltung liess ihr erklären, dass sie ihren Mann nicht mehr sprechen könne, weil er sich in der Zelle selbst vergiftet habe.

Am nächsten Tag, dem 29. April, erschienen in der Presse des Ruhrgebiets grosse « sensationelle Enthüllungen » über angeblich entdeckte Waffen, Dynamitlager, Terrorgruppen usw. der Kommunisten im Gebiet Recklinghausen, Gelsenkirchen. In diesem Zusammenhang wurde mitgeteilt: Der verhaftete kommunistische Reichstagsabgeordnete Albert Funk sei bei dem tollkühnen Versuch aus dem Recklinghauser Untersuchungsgefängnis zu flüchten, aus dem Fenster des III. Stockes in den Hof gesprungen und habe sich Rückgrat, Arme und Beine mehrfach gebrochen, er sei bei vollem Bewusstsein ins Spital eingeliefert worden und dort kurz darauf gestorben. Es wurde verschwiegen, dass Funk sich schon etwa zwei Wochen in Haft befand und es wurde natürlich kein Wort der Erklärung dafür gegeben, wieso er plötzlich von Dortmund nach Recklinghausen kam.

Der Bergarbeiterführer Albert Funk wurde durch furchtbarste Misshandlungen dem Wahnsinn nahegebracht und von seinen Folterknechten zum Sturz aus dem Fenster gezwungen. Als gefangene Kameraden des Ermordeten, die sich gerade auf dem Gefängnishof befanden, erschüttert aufschrien, rissen die Mörder die Fenster auf und schrien ihnen zu: « Ihr Moskauschweine könnt hier nachspringen! »

Der Fememord an Dr. Georg Bell

Am 5. April fiel Dr. Georg Bell im österreichischen Ort Durchholzen bei Kufstein einem Mordkommando der SA-Führung zum Opfer.

Die Schüsse von Durchholzen haben einem abenteuerlichen Leben ein Ziel gesetzt. Wer war Georg Bell?

Bis Anfang 1930 ein Agent, von dessen Existenz nur seine nationalsozialistischen Freunden wussten. Erst im Januar 1930 beschäftigte er die Oeffentlichkeit. Damals sass er (der bereits früher in München wegen Spionage verurteilt war) im Tscherwonzenfälscherprozess mit auf der Anklagebank. Von ihm soll der Plan ausgegangen sein, sowjetrussische Noten zu fälschen, um auf diese Weise die USSR in Schwierigkeiten zu bringen und die Südstaaten von Russland loszureissen. Bell operierte in diesem Prozess ausserordentlich geschickt. Immer, wenn das Gericht, das ohnehin bestrebt war, nicht zu tief in die Machenschaften gegen den Arbeiter- und Bauernstaat hineinzuleuchten, für Bell peinliche Punkte berühren musste, drohte er über Beziehungen zu deutschen Staatsmännern auszupacken. So beherrschte er das

Gericht, das sich willig beherrschen liess, und — wurde freigesprochen. Eine Tatsache aber ergab der Prozess doch: Bells Hintermann bei diesen Fälschungen ist der englische Oelkönig Sir Henry Deterding, der auf diese Weise die Oelkonkurrenz Sowjetrusslands bekämpfen und in den Besitz neuer Oelquellen gelangen will.

Deterding ist auch einer der Geldgeber der deutschen Nationalsozialisten, die ihm als der beste Vorspann für seine antisowjetischen arbeiterfeindlichen Pläne erscheinen. Der Verbindungsmann zwischen Deterding und den Nazis aber ist Georg Bell. Das erfuhr man Mitte 1932 in einem zweiten Prozess, der in München stattfand und die Oeffentlichkeit stark erregte. Es handelte sich um eine Beleidigungsklage des Fememörders Schulz und des Reichsführers der NSDAP Schwarz gegen die sozialdemokratische «Münchener Post».

Welcher Tatbestand lag dem Münchener Prozess zu Grunde? Mitte Februar 1932 veröffentlichte die « Münchener Post » vertrauliche Informationen, aus denen hervorging, dass in der NSDAP eine Sonderabteilung besteht, die die Aufgabe hat, missliebige Personen aus dem Wege zu schaffen. Die Abteilung führt den Namen « Zelle G ».

In diesem Prozess sagte Bell als Zeuge folgendes aus:

«Eines Tages habe ihm Röhm gesagt:
«Wissen Sie schon das Neueste? Man will uns umbringen, Sie, du Moulin-Eckhard und mich.»
Er habe es anfangs nicht glauben wollen, bis Röhm Einzelheiten mitteilte und erwähnte, dass Major Buch dahinterstecke. Bald darauf habe er Schweickard in einem Kaffeehaus getroffen. Auch von diesem sei er gefragt worden, ob er schon wisse, dass er umgebracht werden solle. Schweickard habe weiter erklärt:
«Ein Wort von mir bei der Polizeidirektion würde genügen, dass die die ganze Saubande ins Zuchthaus käme.» (Mit der «Saubande» war die Reichsleitung der NSDAP gemeint.) Schweickard habe ihn dann gefragt:
«Willst Du Deinen **Mörder** kennenlernen? Er wird bald hierherkommen.»
Tatsächlich sei dann Dr. H o r n aus Karlsruhe in das Lokal gekommen.»

Im sogenannten Danzeisenprozess, der im Juli 1932 stattfand, erfuhr man dann, dass Röhm und du Moulin-Eckhard wegen ihrer homosexuellen Veranlagung, Bell wegen seines Wissens darum, das er zu Erpressungen benutzt hatte, « gekillt » werden sollten. Die Weisung des Auftraggebers war eindeutig:

«Wieland II, Ausland, den.. . .

An die Helene.
Sie setzen sich sofort in Solln (Major Buch) in Verbindung. Vor

her telefonischen Anruf an die Wohnung. Hausfrau weiss Bescheid. Tatbestand ist der: Graf du M. ist mit R. auf Grund Paragraph 175 von früher bekannt. R. wird durch einen gewissen Bell erpresst. Du M. hat einen grossen Einfluss auf R. Es muss gehandelt werden, desgleichen auch bei Uhl. Das dicke Häschen übernimmt den Auftrag Uhl. Gue (Guensch) übernimmt den Auftrag Bell mit seiner gesamten Gruppe. Den Auftrag Zi. 50 (Zimmer 50, in dem Graf du Moulin untergebracht ist) übernehmen Sie als den gefährlichsten. Radschrauben lösen (blauer Anton) oder noch was besseres. Zi. 50 fährt einen Opel 1050. Auf Häschen einen starken Druck ausüben. Bei Fehlschlag ist für juristische Deckung gesorgt. Hausfrau weiss Adresse.   Wld. II.»

Dass Dr. Bell zu viel von dem persönlichen Leben der « Führer » wusste, war nicht der einzige Grund, aus dem er beseitigt wurde, beseitigt von der gleichen Gruppe « G », gegen die sich früher sein Freund Röhm und er schutzsuchend an die sozialdemokratische Zeitung gewandt hatten. Das letzte und entscheidende Moment dafür war, dass er zuviel vom Reichstagsbrand, von der Beteiligung Görings, Goebbels', Heines' und Röhms wusste. War doch das Werkzeug van der Lubbe auch sein Agent und konnte er doch aus dessen Mitteilungen Rückschlüsse über seine Verbindungsleute ziehen. Das ist in einem früheren Kapitel eindeutig unter Beweis gestellt. Aber auch die Leitung der SA, die Göring und Röhm, wussten durch ihren ausgedehnten Spitzelapparat, was Bell wusste, der seine Kenntnis wieder einmal in klingende Münze umsetzen wollte.

Deshalb gab Röhm den Befehl, Dr. Bell zu erledigen. Bell, der davon hörte, trat zuerst aus der NSDAP aus. Als er sich weiter verfolgt sah, floh er nach Oesterreich. Seine Frau und seine Tochter wurden von der SA als Geiseln in Haft genommen. Durch einen Freund Bells, den SA-Mann Konrad, erfuhr Röhm seinen Aufenthaltsort. Vergebens bat Bell in einem Telegramm den allmächtigen Röhm, ihn zu schonen. Röhm wies vier Mann seiner engeren Leibgarde an, Bell nach Deutschland zu verschleppen. Beim Abschied sagte er ihnen:

«Bringt ihn mir lebend oder tot; lieber ist mir aber, ihr bringt mir ihn lebendig. Also keine Geschichten. Schlag auf den Kopf, hinein ins Auto und marsch, marsch über die Grenze!»

Röhms Mordkommando fuhr mit einem Auto der Naziparteileitung: ausserdem aber wurde noch von dem Münchener Polizeipräsidenten Himmler, der zugleich oberster Chef der SS ist, ein Auto mit SA-Leuten, die als Hilfspolizisten Dienst machen, aufgeboten.

Bell, der inzwischen von Konrad telegraphisch gewarnt war, packte gerade seine Koffer, als seine Verfolger eintrafen. Er lehnte es ab, in ihrem Auto nach Deutschland mitzufahren. Sechs Schüsse waren die Antwort. Alle trafen: drei in den Kopf, zwei in die Brust, einer in den Bauch. Bell war sofort tot.

Der Mord an dem Hellseher

Erik Jan Hanussen, recte Herschmann-Steinschneider, ist am 2. Juli 1882 in Wien als Sohn jüdischer Eltern geboren und nach Prossnitz (CSR) zuständig. Er wird Artist, macht im Krieg für das österreichische Militär Wünschelrutenexperimente und tritt nach dem Kriege in Variétés auf. Dabei gibt er seine Taschenspielereien als Wirkung übernatürlicher Kräfte aus, wird deshalb wiederholt verhaftet und aus Wien und Memel ausgewiesen.

In der Tschechoslowakei betätigt er sich zum ersten Mal öffentlich in grösserem Umfang als Hellseher. Er hat das Glück, von einem Gendarmen wegen Betruges angezeigt zu werden. Es gelingt ihm, den gefährlichsten Zeugen, seinen Sekretär Erich Juhn, der ihm durch Tricks das « Hellsehen » ermöglicht hatte, am Erscheinen vor Gericht zu verhindern. Das Leitmeritzer Gericht spricht ihn mangels Beweisen frei.

Gestützt auf diese Reklame, beginnt er, sich in Deutschland als Hellseher zu betätigen. Er gewinnt grossen Zulauf, besonders seitdem er auch politische Fragen in den Kreis seiner Prophezeiungen zieht. Er veranstaltet Seancen und Vorträge, gründet eine Zeitung « Hanussens Bunte Wochenschau » und wird ein reicher Mann. Nach dem Wahlsieg der Nazis am 14. September 1930 wird er Nationalsozialist. Der Massenstimmung folgend, beginnt er Hitler zu popularisieren. Er fälscht seinen Pass, indem er das Wörtchen « van » hineinsetzt, ist nun Arier aus adligem Geschlecht. So wird er Mitglied der SA und Freund hoher Naziführer, insbesondere des Grafen Helldorf. Als ihn der «Angriff» im Dezember 1932 anlässlich eines Betrugsprozesses einen « tschechischen Juden » nennt, interveniert Helldorf und der « Angriff » druckt eine Ehrenerklärung. Er stellt seine Autos der SA, sein Geld den SA-Führern zur Verfügung und erhält den Schutz eines SA-Sturms. Sein Chauffeur ist Sturmbannführer.

Als Hitler am 30. Januar zum Reichskanzler ernannt wird, veröffentlicht der Jude Hanussen, der inzwischen zum Christentum übergetreten war, einen offenen Brief an Hitler, in welchem er Hitlers Sieg als seinen Sieg feiert.

Nach der « nationalen Erhebung » wurde Hanussen übermütig. Er liess sich allabendlich in der « Scala », einem Berliner Variété, in dem er auftrat, als Propheten des dritten Reiches feiern, er ging zu jüdischen Firmen und Zeitungsverlagen, um

Schwer misshandelte Frau

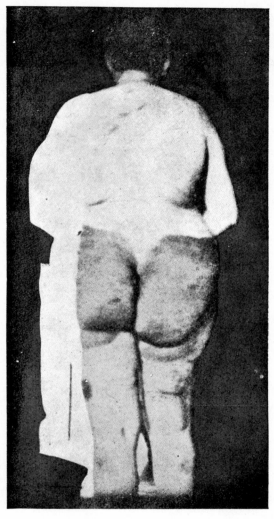

Die Wohlfahrtvorsteherin Frau M a r i e J a n k o w s k i, Berlin-Köpenick,
Bergmannstrasse 18, wurde von SA-Leuten in das SA-Lokal Demut,
Elisabethstrasse 29 in Köpenick gebracht und dort zwei Stunden lang mit
Knüppeln, Stahlruten und Peitschen auf den nackten Körper geschlagen.
Das Bild zeigt die Folgen dieser furchtbaren Misshandlungen. Frau Jan-
kowski erlitt schwere innere Verletzungen. Die Hitler-Regierung hat gegen
die schwerkranke Frau ein Strafverfahren wegen «Greuelhetze» eingeleitet.

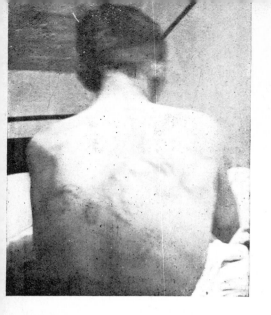
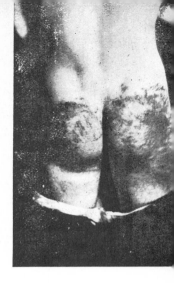

Misshandelte Arbeiter

Oben links: Misshandelter Arbeiter aus Frankfurt am Main.
Oben rechts: Kommunistischer Funktionär aus Annaberg im Erzgebirge
wurde von SA mit Stahlruten misshandelt.
Unten: Misshandelter Reichsbannerführer aus Süddeutschland.

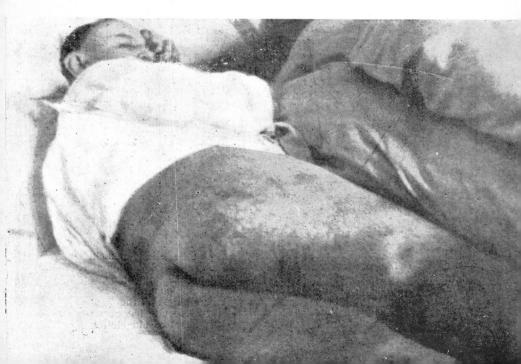

unter Berufung auf seine guten Beziehungen zur SA Gelder zu erpressen. So kam er auch zu dem gleichgeschalteten Verlagsdirektor des « Berliner Tageblatts » Karl Vetter und erklärte ihm, er könne ihn vor allen Anfeindungen der Nationalsozialisten bewahren. Der Nazikommissar im Mossehaus von Ost, Helldorf und andere SA-Führer, seien ihm viel Geld schuldig. Vetter nahm das Angebot nicht an, er ging zu Ost, überreichte ihm einen Scheck mit einem namhaften Betrag und bat ihn, sich aus der Abhängigkeit von Hanussen zu befreien. Ost erwiderte: «So wird das bei uns nicht geregelt!» Ost ging zu Göring, Helldorf und Himmler.

Am gleichen Abend, dem 24. März, wurde Hanussen vor seinem Auftreten in der «Scala» verhaftet. Dem Publikum wurde erklärt, er habe einen Nervenzusammenbruch erlitten. Der «Völkische Beobachter » meldete, Hanussen befinde sich im Polizeipräsidium Berlin, weil er sich mit falschen Papieren in die NSDAP eingeschlichen habe. In Wahrheit entführte man Hanussen in einem Auto nach Baruth bei Zossen nahe Berlin. Nach zehn Tagen fanden hier Spaziergänger seine Leiche im Waldesdickicht, sein Gesicht war durch sechs Schüsse bis zur Unkenntlichkeit verstümmelt. Wieder war ein gefährlicher Mitwisser zahlreicher Geheimnisse der hohen SA-Führung von der nationalsozialistischen Feme beseitigt.

Bartholomäusnacht in Köpenick

In vielen Stadtgebieten Deutschlands hat die SA, die vor Hitlers Machtantritt angekündigte «Nacht der langen Messer» regelrecht durchgeführt. In der Nacht vom 21. zum 22. Juni begann im Berliner Vorort Köpenick ein bestialisches Morden der SA, das mehrere Tage wütete. Funktionäre der Sozialdemokratie, des Reichsbanners und der Kommunisten fielen ihm zum Opfer.

Am 21. Juni führte die SA zwei Haussuchungen bei dem Gewerkschaftssekretär Schmaus in der Siedlung Köpenick durch. Sie suchte angeblich nach Waffen. In der Nacht kam die SA zum dritten Mal, schleppte den verhafteten kommunistischen Schwiegersohn von Schmaus mit und stürmte unter Abgabe von mehreren Schüssen das Haus. Schmaus hat einen geistesschwachen 22jährigen Sohn, der durch die Schiesserei erwachte und in unbekleidetem Zustand, mit dem Revolver in der Hand, der SA entgentrat. Seine Mutter rief ihm erschrocken zu: «Schiess nicht!» Er schoss jedoch und verletzte zwei eindringende SA-Leute tödlich.

Nun begann ein Abschlachten: Schmaus' Schwiegersohn Rakowski wurde sofort vor dem Haus von der SA erschossen. Der Sohn von Schmaus wurde verhaftet und zu Tode misshandelt.

Schmaus wurde von der SA im Hause aufgehängt. Mutter Schmaus wurde von SA-Leuten beschuldigt, sie habe gerufen: «Schiess doch!» Sie wurde so gefoltert, dass sie nach wenigen Tagen starb.

In der Siedlung, in ganz Köpenick und in Friedrichshagen wurden «Marxisten» noch in der Nacht aus den Betten herausgeholt, darunter der Reichsbannerführer und frühere Ministerpräsident von Mecklenburg, Johannes Stelling, der 55jährige Reichsbannerfunktionär Paul von Essen aus Köpenick und der 57jährige ehemalige Reichsbannerführer von Friedrichshagen, Assmann.

Wie es den Verhafteten in der Mörderkaserne erging, schildert ein sozialdemokratischer Augenzeuge:

«Das Auto brachte uns zum Köpenicker Gerichtsgefängnis. Der Platz vor dem Amtsgericht war voll von SA-Leuten,, die sich sofort auf uns stürzen wollten. Der Sturmführer brüllte jedoch: «Halt, auf der Strasse nicht schlagen!» Kaum hatten wir jedoch das Gebäude betreten, so ging es los. Wir wurden die Treppe hinauf und einen langen Gang entlang getrieben. In einer grossen Zelle standen 10 Genossen mit dem Gesicht zur Wand. Fussboden und Wand waren mit Blut befleckt. Eine alte Frau, blutend aus Mund und Nase, mit blutbeflecktem Kleide, musste den Fussboden scheuern. Der SA-Mann Lohse fragte mich: «Kennst Du diese Hure?» Ich sah genauer hin und erkannte mit Entsetzen die Mutter meiner Frau.

Nun wurde Genosse Kaiser von Lohse aufgefordert, einem anderen Genossen mit der Faust ins Gesicht zu schlagen. Als Kaiser zögerte, erhielt er selber von Lohse einen Faustschlag, so dass er mit dem Kopf an die Wand flog. Dann wurden die Genossen mit Stöcken angetrieben, sich gegenseitig zu schlagen, bis sie bluteten. Ich wurde von Lohse mit den Worten empfangen: «Endlich haben wir dich, du Marxistenschwein». Darauf schlug er mir ins Gesicht und seine Kumpane folgten seinem Beispiel. Allen wurden Haare und Bart abgeschnitten, mir wurde ein Hakenkreuz zurechtgeschnitten.

Einem Kommunisten schnitt man absichtlich mit der Schere in die Nase, wobei der Führer brüllte: «Schadet nichts, wenn Haut mitgeht, wir haben Verbandzeug». Danach mussten wir etwa zehnmal durch Spaliere von SA-Leuten, die mit Stöcken und Knüppeln bewaffnet waren, Spiessruten laufen. Einige ältere Leute brachen dabei zusammen. Inzwischen war unter ungeheurem Siegesgeheul der 55jährige Genosse Paul von Essen herbeigeschleppt worden. Er war seit langer Zeit erwerbslos, eben erst aus dem Krankenhaus gekommen und auf einem Auge blind, Vater von vier Kindern und Kriegsteilnehmer. Man schlug ihn erst ins Gesicht, dann riss man ihm die Hosen herunter und schlug ihn mit geradezu rasender Wut mit Stöcken und Knütteln auf den entblössten Körper, bis er die Besinnung verlor Ein SA-Führer sagte dann: «So, ein Schwein wäre fertig!» Genosse von Essen ist inzwischen den furchtbaren Verletzungen, die ihm seine Peiniger zufügten, erlegen.

Gefangene, die noch stehen konnten, mussten unter Kommando Loh-
ses stundenlang miteinander boxen. Erlahmten sie dabei, so wurden
sie mit Gummiknüppeln und Stöcken zu grösserem Eifer angetrieben. Ich wurde dabei einem Mann zum Boxen gegenübergestellt, den
ich nicht erkennen konnte, weil sein Gesicht eine ge-
schwollene, blutige Masse war. Dann wurden wir
jeder einzeln in eine Zelle geprügelt. Auch dort wiederholten sich
mit stündlicher Regelmässigkeit die körperlichen Misshandlungen.
Schliesslich wurde ich dem Sturmbannführer Gericke vorgeführt.
In meiner Verzweiflung bestritt ich, ein Marxist zu sein. Gericke
ordnete darauf an, dass ich einstweilen weiter nicht zu schlagen sei,
hätte ich aber die Unwahrheit gesagt, so würde ich erschossen
werden.

Nach kurzer Zeit wurde die Tür meiner Zelle aufgerissen, der Sturmführer Kobold aus Köpenick, Aahlwitzer Platz wohnhaft, stürzte mit
einigen SA-Leuten herein, schlug auf mich los und brüllte : «Du
Lump wirst heute fertiggemacht!»
Man zerrte mich den Gang entlang zur Zelle meiner Schwiegermut-
ter; während mich zwei SA-Leute festhielten, wurde die 53jährige
Frau von Kobold und anderen mit Stöcken geschlagen, bis sie am
Boden lag. Sie ist jetzt geistesgestört und befindet sich in einer Anstalt. Ich sah auch noch, wie die mir bekannten Brüder Hasche,
zwei ganz junge Leute, grauenhaft geschlagen wurden. Diese Misshandlungen dauerten den ganzen Tag. Zur Ablösung kamen immer
wieder neue Schlägerkolonnen. Um 4 Uhr nachmittags wurde ich
aus der Zelle geholt mit dem Befehl, sofort nach Hause zu gehen.
Der Truppführer Kobold fuhr mit drei SA-Leuten auf Motorrädern voran. Ein SA-Mann, der mit mir Mitleid hatte, raunte mir zu,
ich sollte ermordet werden. Mein Weg führte durch den Wald, dort
gelang es mir, zu entkommen.»

Dieser Augenzeuge hat Stelling nicht unter den Verhafteten
erkannt, da ihre Gesichter völlig entstellt waren. Nach einigen Tagen fischte man die Leiche von Stelling, in einen Sack eingenäht und mit Wunden bedeckt, im Finowkanal auf. Gleichzeitig
wurden zwei andere unbekannte Leichen gelandet. Noch elf
Männer waren vermisst. Am 12. Juli erfuhr man in Friedrichshagen, dass auch die Leiche von Assmann aufgefunden worden
war.

Die SA-Leitung hat diese «Nacht der langen Messer» bewusst
organisiert, um die steigende Unzufriedenheit der SA-Leute, die
gerade zu jener Zeit auf Verwirklichung der «sozialistischen» Forderungen der NSDAP in einer «zweiten Revolution» drängten,
durch Gewährung ungehemmter Mordfreiheit abzulenken. So
steigt gerade in den Tagen, in denen Hitler sich offener zu den
Forderungen der grosskapitalistischen Kreise bekannte, die Zahl
der Morde in allen Teilen Deutschlands!

Mordliste des „Dritten Reiches"
Abgeschlossen am 29. Juli 1933.

«Mein Vater ist tot. Meine Mutter ist halb wahnsinnig. Ich bin auch nicht mehr ganz normal.»

(Brief der Tochter eines ermordeten Arbeiters aus Deutschland.)

Im Folgenden veröffentlichen wir einen Auszug aus unserer Liste der ermordeten Arbeiter und Intellektuellen. Uns liegen Mitteilungen über mehr als 500 Morde der SA vor. Wir übergeben heute daraus 250 Mordfälle der Oeffentlichkeit. Wir stützen unsere Angaben auf amtliche deutsche Meldungen, auf Zeitungsberichte, die nicht dementiert wurden und auf Aussagen von Zeugen, die vor uns oder unseren Vertrauensmännern erschienen sind.

3. März

Gerdes, kommunistischer Landtagsabgeordneter, Oldenburg, *auf der Strasse erschossen* (WTB).

> (Frankf. Z. 16. März: «Das Staatsministerium kann die Tat keineswegs billigen. Es hat aber trotzdem das Verfahren gegen die in Haft genommenen Personen niedergeschlagen . . .»)

Unbekannter Kommunist, Homberg, Kreis Moers, *durch Pistolenschuss getötet* (WTB).

> (WTB: «Die Polizei bemerkt dazu, sie vermute, dass die Täter in Kreisen politischer Gegner zu suchen sind.»)

Unbekannter Reichsbannermann, Bremen, *auf der Strasse erschossen* (WTB).

Unbekannter Arbeiter, Bernburg, *von Nationalsozialisten erschossen* (WTB).

Gustav Segebrecht, Berlin, Liebenwalderstr. 44, im Lokal Stephan, Liebenwalderstr. 41, durch *Schlagaderschuss getötet* (Zeugenbericht).

Bernhard Wirsching, Berlin, Petristr. 8/9, in der Wohnung von SA *erschossen* (Zeugenbericht).

Ebeling, Arbeiter, Magdeburg, in der Breckenstrasse durch *Bauchschuss getötet* (Zeugenbericht).

Weiss, Oekonom des sozialdemokratischen Volkshauses, Worms, *erschossen* (Zeugenbericht).

Ungenanntes Mädchen, Worms, beim Ueberfall auf das Volkshaus *getötet* (Zeugenbericht).

Fabian, kommunistischer Arbeiter, Kellinghusen, angeschossen, *im Krankenhaus gestorben* (WTB).

4. März

Zwei ungenannte Arbeiter, Köln, *bei einer Schiesserei schwer verletzt, gestorben* (WTB).

Ungenanntes Mitglied der «Eisernen Front», Thaleschweilei, *auf der Strasse erschossen* (WTB).

WTB: «Bei einem Werbe-Umzug aus dem Verkehrslokal der Nationalsozialisten etwa 20 Schüsse abgegeben.»)

Friedrich Marquardt, Düsseldorf, Behrenstr. 14, parteilos, durch Querschläger *getötet* (Zeugenbericht).

5. März

Klassen und *de Longueville,* Oberhausen (Rheinprovinz), *bei einem «Fluchtversuch» im Hof des Realgymnasiums erschossen* (WTB). Beide haben Schüsse von vorn (Augenzeuge).

Warnicke, Quickborn bei Pinneberg, *erschossen* (WTB).
(Brief an die Frau des Ermordeten: «Das schadet Ihnen garnichts, dass Ihr Mann ermordet worden ist . . . . Es dauert nicht lange, dann liegen auch Sie und Ihr Sohn auf der Bahre.» Der Sohn ist 8 Jahre alt.)

Ungenannter Reichsbannermann, Mitteldeutschland, *erstochen* (WTB).

Zwei Brüder Bassy, Bankau, Oberschlesien, von SA *ermordet* (Zeugenbericht).

Karl Tarnow, Berlin, Kolonie Frieden am Mariendorfer Weg, in Neukölln, Knesebeckstrasse, *erschlagen* (Zeugenbericht).

6. März

Grete Messing, Arbeiterin, Selb, *auf der Strasse niederge-schossen* (WTB). (Siehe Bericht.)

Hans Bauer, parteiloser Arbeiter, Berlin-Moabit, *aus SA-Ka-serne Friedrichstrasse 234 (Hedemannstrasse) nicht zurückge-kehrt* (Augenzeugenbericht).

Friedländer, Bäckerlehrling, 19 Jahre, Berlin-Friedrichshain, Allensteinerstr. 11, in der SA-Kaserne Hedemannstrasse *ermor-det* (Berliner Tageblatt).

7. März

Bernhard Krause, kommunistischer Arbeiter, Wiesenau bei Frankfurt a. d. Oder, *von SA erschossen* (WTB).

Zwei ungenannte Arbeiter, Hamburg, *Ueberfall der SA auf Arbeiter. Getötet wurden zwei Arbeiter, schwer verletzt acht. . . .* (WTB).

Ungenannter Arbeiter, Düsseldorf, bei einem Ueberfall in der Levetzowstrasse *getötet* (TU).

8. März

Ungenannter kommunistischer Arbeiter, Billstedt bei Hamburg, *bei «Fluchtversuch» erschossen* (WTB).

Philipp, Oekonom des Gewerkschaftshauses, Breslau, *bei Besetzung des Gewerkschaftshauses erschossen* (WTB).

Heinrich Sparlich, Bauarbeiter, Breslau, *von Nationalsozialisteen durch einen Messerstich in den Rücken und durch einen Schuss getötet* (Deutsche Allgemeine Zeitung).

Balschukat, Nitschmann und *Preuss*, Berlin-Schöneberg. *Als Leichen aufgefunden im Machnower Forst am 11. März* (Voss. Z.). (Siehe Bericht).

Ungenannter kommunistischer Arbeiter, Bochum-Düstern, *wie amtlich mitgeteilt wird, . . . erschossen auf der Strasse gefunden* (TU).

Ungenannter Arbeiter, Bochum, *in der Nacht in seiner Wohnung von 6 Unbekannten Männern überfallen und niedergeschossen* (TU).

Bless, Reichsbannermann, Offenbach, bei SA-Ueberfall auf Wahllokal am 5. III. *tödlich verletzt*, gestorben (Zeugenbericht).

9. März

Ungenannter Reichsbannermann, München, *als verweste Leiche aufgefunden* im Münchner Gewerkschaftshaus. (Zeugenbericht).

(Es handelt sich offenbar um einen der am 1. März bei der Besetzung des Gewerkschaftshauses in der Münchner Presse als «Vermisst» gemeldeten Reichsbannerleute.)

Landgraf, Verlagsdirektor, Chemnitz, *bei Besetzung der «Volksstimme» erschossen* (TU).

Hellpuch, kommunistischer Arbeiter, Duisburg, im Stadtteil Düssen *erschossen aufgefunden* (WTB).

10. März

Frau Bicks, 70jährig, Berlin-Weissensee, *Angehörige des SA-Sturmes Langhansstrasse schossen durch die Wohnungstür, wodurch Frau B., die ein Kind auf dem Arm trug, tödlich verletzt wurde* (WTB).

Herrmann, Uhrmacher, Dresden, Funktionär der IAH, *im Hause totgeschlagen*. (Zeug bericht, erschienen in der illegalen Dresdner Arbeiterstimme).

Hans Saile, Werbeleiter, Braunschweig, *bei Besetzung des* «*Volksfreund*» *erschossen* (Zeugenbericht).

Ullrich, Führer der hessischen Sozialdemokraten, *zu Tode misshandelt* (Berliner Tageblatt).

(Der Staatspräsident von Hessen, Herr Dr. Werner, hat an die Witwe des ermordeten Ullrich einen Beileidsbrief gesandt. Das «Berliner Tageblatt» versieht die Meldung über diese Blasphemie mit der Ueberschrift «Eine ritterliche Handlung».)

Zwei ungenannte Arbeiter, Zschopau, *von SA erschossen* (Berliner Lokal Anzeiger).

Alfred Petzlaff, kommunistischer Arbeiter, Berlin-Schöneberg, Nollendorfstr. 10, von SA aus der Wohnung geholt, der *Leichnam* wurde *völlig entstellt* im Laubengelände am Bahnhof Priesterweg gefunden (Zeugenbericht).

Scheunflügel, Arbeiter, Bernau bei Chemnitz, durch «verirrte Kugel» *getötet* (Berliner Lokal Anzeiger).

11. M ä r z

Erich Meyer, Jungarbeiter, Spandau, *totgeschlagen* (Frankf. Zeitung).

(Wiener Arbeiter Zeitung, 25. März: «. ; . 20 Nazi . . . kletterten auf das Dach der Wohnlaube . . . breiteten Strohbündel darauf aus . . . drohten die ganze Kolonie in Brand zu stecken . ; .»)

Robert Dittmar, Arbeiter, Karlshorst bei Berlin, *erschossen aufgefunden* (Berliner Lokal Anzeiger).

Ungenannter Arbeiter, Breslau, *erstochen* (TU).

Förster und *Tandler,* kommunistische Arbeiter, Limbach bei Chemnitz, *auf der Flucht erschossen* (Zeugenbericht).

Paul Krantz, Jungarbeiter, Limbach bei Chemnitz, *auf der Flucht erschossen* (WTB).

(Zeugenbericht: «K. lehnte es ab, den Aufenthalt des Vaters zu verraten . . dermassen geschlagen, dass er bewusstlos zusammenbrach. wieder zum Bewusstsein gebracht . . . wiederholte man die Tortur. Als er auch dann nichts verriet, wurde er an die Wand gestellt und erschossen. Der Mörder ist der Nationalsozialist M o l t z.»)

Ungenannter Mann, parteilos, Oppeln, auf der Rathaustreppe *erschossen* (Berliner Lokal Anzeiger).

12. M ä r z

Stadtrat Kresse, Sozialdemokrat, Magdeburg, *im Wahllokal in Felgeleben erschossen* (TU).

Eichholz und *Kather,* Arbeiter, Tolkemith, *auf der* «*Flucht*» *erschossen* (TU).

Spiegel, sozialdemokratischer Rechtsanwalt, Kiel, *in der Wohnung überfallen und erschossen* (WTB).

(Als «Zivilmord» dargestellt. Frankf. Z. Kiel, 26. März: «Die Ermittlungen der Polizei . . . bisher noch nicht zur Ergreifung der Täter geführt . . . mindesten vier Personen beteiligt . . . während zwei von ihnen die Tat begingen . . . die beiden andern vor einem Nachbargrundstück als Aufpasser.»)

13. März

Unbekannter Arbeiter, Elbing, im Meissnerschen Grund *mit einem Kopfschuss tot aufgefunden* (TU).

Heinz Wesche und *Erna Knoth,* kommunistische Stadtverordnete, Chemnitz, *auf dem Gefängnishof erschossen bezw. in der Zelle erschlagen* (Zeugenbericht).

(Gleich nach den Reichstagswahlen waren in Chemnitz u. a. der nach den letzten Gemeinderatswahlen zum Stadtverordneten-Vorsteher gewählte Gen. Heinz Wesche sowie die kommunistische Stadtverordnete Erna Knoth verhaftet worden. Sie wurden im Polizeipräsidium gefangen gehalten. Wesche wurde abends Tag für Tag auf den Hof geschafft. Jedesmal wurde eine Abteilung Nazi-Hilfspolizei aufgestellt, so als ob er hingerichtet werden solle. Auf diese Weise sollten verschiedene Geständnisse erpresst werden. Nachdem diese Marter einige Tage lang vollführt worden war, wurde er am 13. März tatsächlich standrechtlich erschossen. Erna Knoth wurde in ihrer Zelle von SA-Banditen erschlagen.)

14. März

Krug, Schweinfurth, *durch SA-Mann in «Notwehr» erschossen* (TU).

Ungenannter Arbeiter, Hamburg, *durch Kriminalbeamte erschossen* (WTB).

16. März

Dr. med. Ascher, Armenarzt, Berlin, Swinemünderstrasse, *totgeschlagen* (Zeugenbericht).

(Ein Kollege berichtet : Auf Telephonanruf in die Falle gegangen, g e f o l t e r t, e r s c h l a g e n.)

Leo Krell, Redakteur, Berlin, *totgeschlagen* (Siehe Bericht).

17. März

Zwei Unbekannte, Elbing, *auf der «Flucht» erschossen* (Nachtausgabe).

18. März

Walter Schulz, kommunistischer Arbeiter, Wittstock an der Dosse, *im Gefängnis ermordet* (Zeugenbericht).

Hans Sachs, Fabrikant, Chemnitz, *erschossen* (WTB).
(Der Tag, Chemnitz, 19. März: «Mitdirektor der bekannten Trikotagen-
fabrik Marschel Frank Sachs AG., hat sich gestern abend, als er in
Schutzhaft genommen werden sollte, erschossen.»)

Siegbert Kindermann, Berlin-Charlottenburg, Kaiser Friedrichstrasse, verschleppt in die Hedemannstrasse, *totgeschlagen,
aus dem Fenster geworfen* (Berliner Tageblatt).

Ungenannter Arbeiter, Berlin-Wedding, Gerichtstrasse, im
SA-Lokal-Novalisstrasse *erschlagen* (Zeugenbericht).

19. M ä r z

Krebs, kommunistischer Arbeiter, Berlin-Moabit, Birken-
strasse 54, von SA auf der Strasse *erschossen* (Zeugenbericht).

20. M ä r z

Günther Joachim, Rechtsanwalt, Berlin, *im Ulap gefoltert, im
Staatskrankenhaus Moabit gestorben* (Voss. Ztg.).

Kurt Possanner, Berlin-Wien, erschossen. *Fememord?* (Wiener Blätter).
(Wien, 21. März: «Vor einer Woche unter dem Verdacht unerwünsch-
ter politischer Tätigkeit in Berlin verhaftet . . . auf dem Transport
an der österreichischen Grenze erschossen. Lange Zeit Verbindungs-
offizier der deutschen mit den österreichischen Nationalsozialisten . . .
in der letzten Zeit mit der Führung überworfen.»)

21. M ä r z

Otto Selz, Sträubing, *erschossen* (Zeugenbericht).

22. M ä r z

Walter Boege, Ebersbach, Verhaftet in Löbau bei Besetzung
der sozialdemokratischen «Volkszeitung». *Auf der «Flucht» erschossen* (Vossische Zeitung).

Wilhelm Wenzel, kommunistischer Arbeiter, Essen, *auf der
Strasse erschossen* (WTB).
(Voss. Z. 22. März: «In der Nacht zum Dienstag schoss ein Hilfspoli-
zist den 29jährigen W. W. aus Essen nieder. W. starb kurz nach der
Aufnahme im Krankenhaus.»)

Dresche, Dresden, *ermordet aufgefunden* (Zeugenbericht).

Paui Reuter, Berlin, Selchowerstrasse, *von SA erschlagen*
(Zeugenbericht).

23. M ä r z

Erich Lange, ehemaliger SS-Mann, Gelsenkirchen, *von SA erschossen* (Zeugenbericht).

Franck, Mitglied des Reichsbanners, Worms, Neffe des im Kriege gefallenen sozialdemokratischen Reichstagsmitglieds Franck, *angeblich Selbstmord* («Unsere Zeit»).

(Zeugenbericht: «Aus dem Bett geholt, misshandelt und in einem Stall aufgehängt.»)

Herbert Pangeritz, Arbeiter, Berlin N, Bergstrasse 78, *misshandelt*, kurz nach Einlieferung ins Urban-Krankenhaus *gestorben* (Zeugenbericht).

(Der ärztliche Totenschein besagt: «Der Tod ist infolge von schweren inneren Verletzungen, infolge Zertretens der Blase und Zertrümmerung der Schädeldecke erfolgt.»)

24. März

Frau Arbets, Arbeiterin, Gladbach-Rheydt, *bei einem «Fluchtversuch» erschossen* (TU).

(Ueberschrift des Völkischen Beobachters: «Ein Kommunistenweib erschossen.»)

Erich Perl, Jungarbeiter, 17 Jahre, Leipzig, nach Entlassung aus der Nazi-Kaserne *auf der Strasse erschossen*. (Zeugenbericht).

(Zeugenbericht: «Die Nazis bildeten Spalier, durch welches die Arbeiter hindurch mussten, wobei sie nochmal Prügel erhielten. Als sie die nächste Ecke erreichten, fielen eine ganze Reihe von Revolverschüssen . . . Perl wurde mit 5 Bauchschüssen, einem Lungenschuss, Schenkel- und Armschüssen ins Krankenhaus eingeliefert, 20 Stunden später ist er gestorben.»)

Haus, Landrat a. D., SPD, Dortmund, im Strassengraben in Eichlingshofen erschossen aufgefunden (Frankfurter Zeitung).

25. März

SPD-Bezirksvorsteher, Berlin-Wedding, *misshandelt*, im Krankenhaus *gestorben* (Zeugenbericht).

(«. . .gezwungen, eine Rede in faschistschem Sinne zu halten. Als er dies ablehnte . . . an den Füssen gepackt . . . schleiften ihn aus dem 3. Stockwerk über die Steintreppen auf die Strasse . . .»)

Frau Müller, Aue, Sachsen, misshandelt, angeblich Selbstmord (Zeugenbericht).

27. März

Neumann, Warenhausbesitzer, Königsberg, *überfallen, geschlagen und als Zielscheibe benutzt* (TU).

(Zeugenbericht: «Die Wunden wurden . . . Salz und Pfeffer bestreut. Nach seiner Befreiung wurde er in ein Krankenhaus in Berlin überführt, wo er starb.»)

Grotehenne, Braunschweig, Telegraphenmonteur, Mitglied des Reichsbanners, *im SA-Lokal erschlagen* (Siehe Bericht).

Rechtsanwalt Dr. Max Plaut, in Kasseler Nazikaserne (Bürgersäle, Karlstrasse) wegen einer persönlichen Feindschaft mit seinem Nazi-Kollegen, dem jetzigen Unterstaatssekretär Freisler, **auf** dessen Befehl *zu Tode geprügelt* (Zeugenbericht).

Max Bilecki, Schöneberg, Hauptstrasse 18, in der SA-Kaserne General-Papestr. gefoltert, im Urbankrankenhaus gestorben (Zeugenbericht).

29. März

Walter Schütz, Königsberg, kommunistischer Reichstagsabgeordneter, *totgetreten.* Keine deutsche Zeitung darf seinen Tod bekannt geben. (Siehe Bericht.)

30. März

Fritz Rolle, Arbeiter, Siemensstadt, *erstochen aufgefunden* (WTB).

> (Voss. Z. 30. März: «... durch mehrere Stiche in die rechte Brust getötet ... Der Tote wies auch Verletzungen am Kopf auf, die durch einen Fall entstanden sein könnten ... Da ein Suchhund vergeblich eingesetzt wurde, ist anzunehmen, dass die Mörder ein Auto benutzt haben.»)

Leibl Vollschläger, Berlin SO, Skalitzerstrasse, *verschleppt, ermordet, ins Wasser geworfen* (Zeugenbericht).

> («Der ausländische Jude L. V. wurde beim Betreten eines Restaurants von SA-Leuten verschleppt und war dann 3 Tage unauffindbar. Am 4. Tage wurde sein Leichnam aus der Spree geborgen. Das Begräbnis fand am 30. März in Weissensee statt.»)

Unbekannter Jude, in Oberhessen, *an den Füssen aufgehängt und dabei gestorben* (Manchester Guardian).

1. April

Wilhelm Pötter, Bäcker, und *Karl Görmann,* kommunistischer Arbeiter, Woldenberg (Neumark), *auf der «Flucht» erschossen* (Voss. Ztg.).

Wilhelm Dengmann, Hüttenarbeiter, Meidrich-Duisburg-Hamborn, *auf der Strasse erschossen* (Voss. Ztg.).

> (Voss. Z. 1. April «... tot aufgefunden. Die Leiche wies vier Schüsse auf. Nach den Tatumständen muss D. von einer Person verfolgt und von hinten erschossen worden sein. Ueber das Motiv der Tat fehlt jeder Anhaltspunkt.»)

Ungenannter 23jähriger Arbeiter, München, bei Schöffelding *auf der «Flucht» erschossen* (Münchner Neueste Nachrichten).

> (M.N.N. 1. April: «... in Schutzhaft ... im Auto von München nach Landsberg gebracht. Da er auf dreimaligen Anruf nicht stehen blieb, gab die Begleitmannschaft Feuer.»)

Fritz Schumm, Rechtsanwalt, Kiel, in der Gefängniszelle *erschlagen* (TU). (Siehe Bericht.)

Pressburger, Viehhändler, München, *erschossen, angeblich Selbstmord* vor der Verhaftung (Münchner Neueste Nachrichten).

> (M.N.N. 1. 4.: «Am Sonntag früh tötete sich der jüdische Viehhändler P. durch einen Revolverschuss in den Kopf. P. hätte verhaftet werden sollen, da er wegen Verbreitung von Judengreuelnachrichten unter schwerem Verdacht stand.»)

2. April

H. Wertheimer, Kehl, *angeblich Schlaganfall* vor der Verhaftung (WTB).

3. April

Paul Jaros, Schmied, Limbach bei Chemnitz, *auf der «Flucht» erschossen* (TU).

Ungenannter Steindrucker, Augsburg, *angeblich Schlaganfall bei der Verhaftung* (TU).

Georg Bell, Ingenieur aus München, engster Mitarbeiter des Braunen Hauses und des SA-Stabschefs Röhm, flüchtete vor der Nazifeme nach Oesterreich und wurde im Gasthof Durchholzen bei Walchsee (Bezirk Kufstein) von SA-Leuten *erschossen* (Conti - WTB). (Siehe Bericht.)

4. April

Heinz Bässler, Düsseldorf, *auf der «Flucht» erschossen* (WTB). (Siehe Bericht.)

Wilhelm Drews, Arbeiter, Berlin, *erschossen aufgefunden* (Voss. Ztg.).

Dr. Philippstal, Berlin-Biesdorf, Arzt, *totgeschlagen* (Berliner Tageblatt).

> (Zeugenbericht: «Ph. wurde nachts aus der Wohnung geholt, in einer SA-Kaserne misshandelt, ins Urbankrankenhaus gebracht. Ein paar Stunden, bevor er starb, brachte man ihn in die Charité, w e i l s i c h d i e s e F ä l l e i m U r b a n - K r a n k e n h a u s z u s e h r h ä u f e n.»)

5. April

Renois, kommunistischer Stadtrat, Bonn, *auf der «Flucht» erschossen* (TU).

> (Zeugenbericht: «... gefoltert... bis zur Unkenntlichkeit geschlagen. .. als Zielscheibe benutzt. Am Morgen erschienen Schupo-Beamte . . . erklärten der Frau des Ermordeten: Wir konnten es nicht verhindern, wir haben nichts damit zu tun.»)

Sauer, Zubachwitz, Kalkulator, Mitglied der SPD, *im Konzentrationslager erschlagen* (Neue Welt).

(N. W. 12. April: Wurde im Konzentrationslager Hohenstein zu Tode geprügelt und am 5. April beerdigt.)

Wilhelm Drews, kommunistischer Arbeiter, Hamburg, *auf der Strasse erschossen* (TU).

(Völkischer Beobachter, 7. April : «Im pol. Streit, Mittwoch nachts wurde in der Humboldstr. in Hamburg ein Arbeiter gelegentlich einer politischen Unterhaltung von hinten angeschossen.» — Pressedienst der SP-Schweiz: «...wurde auf dem nächtlichen Heimweg von einem Nazi gestellt. Gleichzeitig schlichen zwei SA-Leute von hinten an den Arbeiter heran und versetzten ihm mehrere Dolchstösse in den Rücken... mehrere Personen Zeugen dieses feigen Mordes...»)

6. April

Max Niedermayer, kommunistischer Stadtverordneter, Johann Georgenstadt (Sachsen), *im Zwickauer Gefängnis erschlagen* (Zeugenbericht).

Kurt Friedrich, kommunistischer Arbeiter, Johann Georgenstadt (Sachsen), *erschossen* (Zeugenbericht).

(«Der Sturmführer K o c h mit seinem berüchtigten Limbacher «Mord. sturm» hauste auch in Johann Georgen-Stadt. Viele flohen in den benachbarten Wald. Er wurde umstellt, und K. F. erhielt einen Kopfschuss.»)

7. April

Herschmann Steinschneider (Erik Jan Hanussen), Berlin, *Fememord* (TU). (Siehe Bericht.)

8. April

Ungenannter Arbeiter, Berlin-Neukölln, Ganghoferstr., von SA *erschlagen* (Zeugenbericht).

9. April

Walter Kasch, Hamburg, von SA in der Laube überfallen und *erschossen*.

10. April

Fritz Engler, unpolitischer Frisör, Chemnitz, *im Zeisigwald zu Tode gefoltert* (Zeugenbericht).

11. April

Max Rupf, Angehöriger des Reichsbanners, Chemnitz, *erschossen aufgefunden* (TU).

(Berliner Börsen-Zeitung, 11. April: «In Neukirchen bei Chemnitz wurde ein Waffenlager entdeckt. Da Rupf Kenntnis davon hatte, flüchtete er. Er wurde später erschossen aufgefunden.»)

Dr. Arthur Weiner, Rechtsanwalt, Chemnitz, *erschossen auf-*
gefunden (Frankf. Ztg.).

Alwin Hanspach, kommunistischer Arbeiter aus Frieders-
dorf bei Zittau, *in der Schutzhaft erschossen* (TU).
> (Voss. Z., 11. April: «. . . versuchte, in den Schlafraum der SS einzu-
> dringen... als ihm ein SS-Mann entgegentrat, wollte er ihm die
> Waffe entreissen. Der SS-Mann gab einen Schreckschuss ab, und als
> H. nicht von ihm liess, feuerte er einen scharfen Schuss, durch den H.
> tödlich getroffen wurde. Die Frau des Erschossenen befindet sich
> seit gestern wegen kommunistischer Umtriebe in Schutzhaft.» —
> Frankf. Z., 12. 4. behauptet sogar, H. sei dem SS-Mann «mit der Waffe
> entgegengetreten!» Die sich widersprechenden Berichte offenbaren
> die Plumpheit der Erfindung.)

12. April

Rechtsanwalt *Benario, Artur Kahn*, Kaufmann aus Nürnberg,
Erwin Kahn, Kaufmann aus Nürnberg, *Goldmann*, Kaufmann aus
Nürnberg, im Konzentrationslager Dachau «*auf der Flucht er-*
schossen» (WTB, Deutsche Allgem. Ztg. etc.).
> (Zeugenbericht aus München: «Alle vier wurden v o n v o r n e r -
> s c h o s s e n. Die Beerdigung durfte in keiner Zeitung bekannt gege-
> ben werden, niemand wurde auf den Friedhof gelassen.»)

Fritz Kollosche, Charlottenburg, im Röntgental-Prozess freigesprochen, in der SA-Kaserne Rosinenstr. *gefoltert*, im Krankenhaus gestorben (Zeugenbericht).

13. April

Albert Janka, kommunistischer Reichstagsabgeordneter, «*an-*
geblich Selbstmord (WTB).
> (Baseler National-Zeitung, 18. April, WTB: «Der 26jährige frühere
> kommunistische Reichstagsabgeordnete Janka, der sich in Schutzhaft
> befand, hat sich im Gefängnis erhängt.» Die faschistische Presse mel-
> dete Anfang März, Janka sei zur NSDAP übergetreten, wobei jedoch
> nur der Wunsch der Vater des Gedankens war. J. wurde wochen-
> lang bearbeitet, seinen Uebertritt zu erklären. Weil er standhaft blieb
> und die Lüge nicht durchgehalten werden konnte, ist er im Gefängnis
> ermordet worden.)

Gustav Schönherr, Arbeiter, Hamburg, Alter Steinweg 71, *zu*
Tode gefoltert.
> (Brief des Vaters an den Propagandaminister Goebbels, erschienen
> am 19. 5. in der Saarbrücker Arbeiter-Zeitung.)

15. April

Spiro, Jude, 17 Jahre, Berlin, Schönholzerstr. 17, im SA-Heim
Prinzenstr. 100 gefoltert, *in der SA-Kaserne Hedemannstrasse er-*
mordet (Zeugenbericht).

16. April

Bretschneider, Siegmar (Sachsen), *erschossen aufgefunden* (WTB).

(Der Tag, 16. April: «Der Antifaführer Bretschneider ist im Walde unweit von Siegmar erschossen aufgefunden worden.»)

18. April

Beigeordneter Beyer, Krefeld-Uerdingen, *erschossen aufgefunden* (Voss. Ztg.).

Richard Tolleit, kommunistischer Arbeiter, Königsberg, *auf der «Flucht» erschossen* (Frankf. Ztg.).

Ungenannter kommunistischer Arbeiter, Königsberg, *auf der «Flucht» erschossen* (TU).

(Frankf. Z., 20. April: «Bei Durchsuchung einer Wohnung im Wallring, in der Kommunisten eine Versammlung abhielten, ergriff ein Teilnehmer die Flucht. Da er der polizeilichen Aufforderung, stehen zu bleiben, nicht Folge leistete, wurde geschossen. Er wurde tödlich getroffen und starb auf dem Transport ins Krankenhaus.»)

19. April

Ungenannter Bahngehilfe, München, *von hinten erstochen, angeblich Selbstmord* (Münchner Neueste Nachr.).

Alfred Elker, ein Christ, wegen seines jüdischen Aussehens *von SA. erschlagen* (Zeugenbericht).

Die «Leipziger Neuesten Nachrichten» registrieren dieses Ereignis nur im Anzeigenteil auf folgende Art:

Statt jeder besonderen Anzeige.

Alfred Elker

geboren 26. 9. 86. gestorben 19. 4. 33

Durch *ein Missverständnis* wurde mir mein Mann entrissen.

Um stilles Beileid bittet
Martha Lotte Elker geb. Weinert nebst Angehörigen.

20. April

Kaminski, Dortmund-Hoerde, Mitglied des Kampfbundes gegen den Faschismus, *im Gefängnis totgeschlagen* (Zeugenbericht).

(«In der Hoerder SA-Kaserne wurde er in grauenhaftester Weise gefoltert, sodass man strassenweit sein Schreien hören konnte ... Es durfte keine Todesanzeige in der Zeitung veröffentlicht werden... Begräbnis unter Ausschluss der Oeffentlichkeit ... nur die nächsten Angehörigen zugelassen ... Einige Tage später erschien eine illegale Zeitung, der Dortmunder «K ä m p f e r», in der von der Arbeiterschaft der Dortmunder Polizeipräsident Scheppmann als der Mörder Kaminkis angeprangert wurde.»)

21. April

Fritz Dressel, Schreiner, Vorsitzender der kommunistischen Landtagsfraktion, *angeblich «Selbstmord»,* laut Zeugenbericht im Konzentrationslager Dachau ermordet. (Münchener N. Nachr.).

22. April

Max Kassel, Milchhändler, Wiesbaden, *in der Wohnung erschossen* (Deutsche Allgem. Ztg.).

Salomon Rosenstrauch, Kaufmann, Wiesbaden, *in der Wohnung ermordet* (Deutsche Allgem. Ztg.).

Paul Papst, Arbeiter, *angeblich Selbstmord* in SA-Kaserne (Germania).
> (Germ. 29. April: «Nach Verhaftung im Haus der SA-Gruppe Berlin-Brandenburg a u s F e n s t e r g e s p r u n g e n. Schwerer der Wirbelsäule. Verstarb.»)

23. April

Polizeiwachtmeister Kurt Benke, SA-Mann, Berlin, anscheinend *Fememord* (Angriff).

Paul Herde, Arbeiter, Lübben, *erschossen* (Voss. Ztg.).
> (Deutsche Allg. Z., 25. 4. «... ein Bahnschutzmann verfolgte H.., rief ihn an und erklärte ihn als festgenommen. H. ging mit, riss sich jedoch nach kurzer Zeit los und flücfhtete. Der Bahnschutzmann rief ihn dreimal an, H. stand jedoch nicht. Auch auf einen Schreckschuss hin lief er weiter. Der Bahnschutzmann schoss nun auf den Flüchtenden und traf ihn durch den Rücken ins Herz.»)

Franz Schneider, antifaschistischer Arbeiter, Goch (Rheinland), *angeblich Selbstmord* in Gefangenschaft (Voss. Ztg.).
> (Voss. Z., 24. April: «S., der in Schutzhaft zur Vernehmung vorgeführt werden sollte, sprang von der 2. Etage in den 8 m. tiefen Lichtschacht. Er erlitt so schwere Verletzungen, dass er kurz darauf starb.»)

Konietzny, kommunistischer Arbeiter, Oelsnitz (Erzgebirge), *angeblich Selbstmord* in Gefangenschaft (Voss. Ztg.).
> (Voss. Z., 25. April: «...hat sich in seiner Zelle erhängt...»)

24. April

Ungenannter Laubenkolonist, Horner Moor, *geteert und verbrannt* wie die Christen unter Nero, angeblich Selbstmord (Völkischer Beobachter, 25. April). (Siehe Bericht).

Verhaftete Arbeiter, Frauen und Kinder

warten stundenlang mit erhobenen Händen auf ihren Abtransport vor einer Breslauer SA-Kaserne.

Strafexpedition der SS gegen das Arbeiterviertel Düsseldorf-Bilk

Hunderte Arbeiter wurden verhaftet und furchtbar misshandelt. Der junge Arbeiter auf dem Bilde rechts wurde derart getreten, dass er nicht mehr fähig war, die Arme zu heben.

Von Nazis zerstörte Arbeiterwohnungen in Chemnitz und Frankfurt am Ma

Cordes und Sohn, Händler, Wittmund bei Bremen, *bei einem Pogrom erschossen* (WTB).

(Bremer Zeitung, 24. April: «In der Nacht zum Montag wurde der jüdische Händler C., aus seinem Hause gelockt und durch drei Schüsse getötet. Seine Frau wurde zu Boden geschlagen. Der 24jährige Sohn wurde i m B e t t durch einen Schläfenschuss getötet.»)

25. A p r i l

Mendel Haber, Kaufmann, Dortmund, *erschossen, ins Wasser geworfen* (Dortmunder Generalanzeiger).

(Rote Erde, Organ der NSDAP, 28. April: «Der Jude H. wurde von SA festgenommen und in die SA-Kaserne eingeliefert...» Am 6. Mai stand in sämtlichen Dortmunder Tageszeitungen die Nachricht von einer Leiche, die im Kanal bei Castrop-Rauxel angeschwemmt wurde. Frau H. erkannte in dem Toten ihren vermissten Mann. Er hatte mehrere Kopfschüsse, Messerstiche, etc. Obwohl die «Rote Erde» die Verhaftung Habers am 25. April eingestanden hatte, erschien am 19. Mai im Dortmunder General Anzeiger ein Artikel mit der Ueberschrift: «Tausend Mark Belohnung — Raubmord an Dortmunder Händler — W e r h a t d e n T o t e n a m 25. A p r i l g e s e h e n ?»)

Zwei ungenannte Arbeiter, Heil (Lippe), *Leichenfund* (Völkischer Beobachter).

(V. B., 25. April: «In Heil wurden aus dem Lippe-Seitenkanal zwei mit Stricken zusammengebundene männliche Leichen geborgen. Beide wiesen erhebliche Kopfverletzungen auf. Es handelt sich um zwei Personen aus dem Arbeiterstand.»)

Granitza, Arbeiter, Königsberg, *auf der «Flucht» erschossen* (Nachtausgabe).

(Stuttg. Neues Tagbl., 26. 4. «G. wurde in der Nacht zum Dienstag aus Königsberg nach Deutsch-Eylau zu einer Gegenüberstellung gebracht. Kurz vor Elbing sprang G. aus dem fahrenden Zug. Er wurde beschossen und durch einen Lungenschuss getötet).

26. A p r i l

Willy Plonske, Arbeiter, Berlin, Manteuffelstr. 97, *Leichenfund* (Angriff).

(Angriff, 27. April: « . . . an der Kanalbrücke, Wuppertalerstrasse in Teltow eine treibende Leiche . . . Der rätselhafte Tod dieses Unbekannten konnte noch nicht geklärt werden.» — Voss. Z., 13. Mai: «Die Leiche eines Mannes, der aus dem Teltowkanal geborgen werden konnte, konnte jetzt identifiziert werden.»)

27. A p r i l

Erwin Volkmar, Berlin-Neukölln, Boxer. Angeblich «unpolitischer Totschlag». *Auf der Strasse erschossen* (Angriff).

28. April

Ungenannter Mann, Wollenberg, Kreis Oberbarnim, *erschossen und verbrannt* (Frankf. Ztg.)

(Bericht der Mordkommission Prenzlau: «Die Leiche war mit Benzin übergossen und angezündet worden. Mehrere Blutlachen deuten darauf hin, dass der Fundort auch der Tatort ist und dass das Opfer lebte, als man es anzündete.»)

Funk, kommunistischer Reichstagsabgeordneter, Dortmund, *im Gefängnis ermordet*, angeblich Selbstmord (Angriff). (Siehe Bericht).

Fritz Gumbert, kommunistischer Arbeiter, Heidenau, *nach wochenlanger Folter totgeschlagen*, am 28. April beerdigt. (Siehe Bericht).

29. April

Unbekannter Mann, bei Werneuchen in der Mark *ermordet aufgefunden* (WTB).

30. April

Hackstein, kommunistischer Arbeiter, Grevenbroich, *auf der «Flucht» erschossen (Köln. Ztg.).*

(Köln. Z., 2. Mai: «H., der seit Fastnacht flüchtig ist und wegen Hochverrats gesucht wurde, wurde am Sonntag von der Polizei und Hilfspolizei aufgespürt und auf der Flucht erschossen.»)

Andres v. Flotov, deutschnationaler Landwirt, Mitglied des Reichswehrministeriums, von SA verhaftet und in Neubuckow bei Schwerin (Mecklenburg) *auf der «Flucht» erschossen* (Conti).

Ende April

Ungenannter Arbeiter, Ebersdorf (Sachsen) und *Heinz Goldberg*, roter Sportler, Niederkunnersdorf bei Löbau, *im Keller des «Hermann-Göring-Hauses» in Löbau erschossen* (Zeugenbericht).

2. Mai

Rodenstock, sozialdemokratischer Sekretär der Kommunalarbeiter und *zwei unbekannte Gewerkschaftsbeamte* im SA-Heim Duisburg, Wittekindstrasse *gefoltert und erschlagen* (Zeugenbericht).

Danziger, jüdischer Kaufmann aus Duisburg-Hamborn, nachts von SA-Leuten überfallen und derart misshandelt, dass er kurz darauf starb (Zeugenbericht).

3. Mai

Dr. Ernst Oberfohren, Vorsitzender der Deutschnationalen Reichstagsfraktion, in seiner Kieler Wohnung tot aufgefunden. Die deutsche Presse meldet seinen «Selbstmord». In Wirklichkeit handelt es sich um einen Fememord der SA., weil Oberfohren eine Denkschrift über die wahren Reichstagsbrandstifter versandt hatte (Zeugenbericht).

4. Mai

Ungenannter Stahlhelmer, Berlin, *im SA-Lokal «Sturmvogel»,* Malmöer-Ecke Uckermünderstrasse, *erschossen* (Arbeiter-Zeitung Saarbrücken).

5. Mai

Simon Katz, Handwerker, polnischer Staatsbürger, *zu Tode geprügelt* (Zeugenbericht).
(Berlin, 5. Mai: « . . . die Leiche aus der Spree herausgefischt. Die Leiche wies viele Verletzungen auf. Nationalsozialisten hatten K, nachdem sie ihn zu Tode geprügelt, in die Spree geworfen.»)

Ungenannter Mann, Potsdam-Geltow, *eingeschnürt ins Wasser geworfen* (Voss. Ztg.).
(Voss. Z., 5. Mai: «Im sog. Grashorn bei Geltow . . . männliche Leiche geborgen, deren Unterkörper in eine graue Militärdecke gehüllt und mit Bindfaden verschnürt war. Beine und Knie waren zusammengebunden. Ueber den Oberkörper war ein rotgestreifter Bettüberzug gezogen . . . muss etwa seit Mitte April im Wasser gelegen haben . . .»)

Snungenberg, kommunistischer Arbeiter, Bredereiche (Kreis Templin), *angeblich Selbstmord* im Gefängnis (Voss. Ztg.).
(Voss. Z., 6. Mai: «In seiner Gefängniszelle im Amtsgericht Prenzlau . . . . Selbstmord durch Erhängen.»)

Ungenannter Färberei-Arbeiter, Sagan, angeblich Selbstmord, *im Gefängnis ermordet* (WTB).

6. Mai

Ungenanntes Mädchen, Grossen, *Leichenfund* (Angriff).
(Angriff, 8. Mai: « . . . die Leiche eines noch unbekannten Mädchens. Sie lag in der Nähe der Chaussee in einer Kiefernschonung. Spuren deuten daraufhin, dass die Unbekannte mit einem Auto dorthin gebracht. . . . Anscheinend ist das Mädchen erdrosselt worden.»)

8. Mai

Dr. Eckstein, Führer der Sozialistischen Arbeiterpartei, Breslau, *zu Tode gefoltert* (WTB). (Siehe Bericht).

9. Mai

Dr. Meyer, jüdischer Zahnarzt, aus Wuppertal von SA-Leuten festgenommen und in das Düsseldorfer SA-Heim verschleppt. Dort wurde er lebensgefährlich misshandelt und verstümmelt, dann im Auto *nach der Möhne-Talsperre gefahren und ertränkt* (Zeugenbericht).

(Düsseldorfer Freunden wurde anonym mitgeteilt, dass für den Fall, dass diese Begebenheit veröffentlicht würde, zehn weitere Juden «dran glauben müssten.»)

Galinowski, Arbeiter, Allenstein, *auf der «Flucht» erschossen* (WTB).

10. Mai

Ungenannter Jungarbeiter, (Roter Sportler), Berlin-Wedding, *in der SA-Kaserne-Hedemannstrasse ermordet,* mit durchschnittener Kehle aus dem Spreekanal gezogen (Zeugenbericht).

11. Mai

Biedermann, sozialdemokratischer Reichstagsabgeordneter, Hamburg, *angeblich Selbstmord* (Frankf. Ztg.).

(Havas, Essen, 11. Mai: «. . . . in der Nähe des Bahnhofs Recklinghausen a u f d e n E i s e n b a h n g e l e i s e n aufgefunden . . . .»)

Glückow, kommunistischer Arbeiter, Berlin O, Palisadenstr. 9, gefoltert, im Hedwigskrankenhaus gestorben (Zeugenbericht).

(Auf dem Totenschein ist angegeben: «Innere Verblutung infolge von Gewalttätigkeiten.»)

12. Mai

Sepp Goetz, kommunistischer Landtagsabgeordneter, *im Konzentrationslager Dachau* ermordet nach wochenlangen Misshandlungen. (Bericht eines aus Dachau entflohenen Augenzeugen.)

13. Mai

Ungenannter SA-Hilfspolizist, Kiel, *erschossen aufgefunden* (Frankf. Ztg.).

(Frankf. Z., 14. Mai: «In einem Gehölz am Kaiser Wilhelm-Kanal in Kiel . . . steht noch nicht fest, ob Mord oder Selbstmord . . .» Fememord. Nach Zeugenbericht hat der Erschossene in einem Nazi-Lokal die Frage gestellt, wann die Reichsregierung daran denke, mit ihren grossen Versprechungen ernst zu machen.)

Henseler, kommunistischer Arbeiter, Düsseldorf, *erschossen* (Germania).

15. M a i

Dr. Alfred Strauss, München, Rechtsanwalt, 30 Jahre, natio-
naldeutscher Jude, *auf Befehl seines Kollegen Frank II*, des bayrischen Justizministers verhaftet, schwer misshandelt, erschlagen
(Zeugenbericht).

Ungenannter Stahlhelmer, Berlin. Bei einem Platzkonzert des
Stahlhelms von SA *überfallen und erstochen* (Zeugenbericht).

Paletti, Berlin-Schöneberg, *zu Tode gefoltert* (Zeugenbericht).
(«Auf die Brust und den Rücken wurde ihm das Hakenkreuz eingebrannt, dann wurde er derart geprügelt, dass ihm die Nieren abge-
trennt wurden. Kurz darauf erlag er seinen Verletzungen.»)

17. M a i

Hermann Riedel, Gladbeck. *angeblich Selbstmord* (Der Tag).
(Der Tag, 17. Mai: «In G. erhängte sich der ehemalige Spartakisten-
führer R., der während der roten Wirren der ersten Nachkriegszeit
im Emscher-Lippe-Land eine Rolle spielte.»)

Johannes und *Wilhelm Bardt*, Duisburg, *erschlagen* (D. Tag).
(Der Tag, 17. Mai: «. . . von U n b e k a n n t e n   ü b e r f a l l e n
und lebensgefährlich verletzt . . . ringen mit dem Tode.» — Inzwischen verstorben.»)

18. M a i

Ungenannter Mann, Berlin, *angeblich Selbstmord* (Voss. Ztg.).
(Voss. Z., 18. Mai: «Polizeibeamte bargen am Maybachufer die Leiche
eines Mannes aus dem Wasser, der offenbar vor längerer Zeit Selbstmord verübt hatte. Die Personalien konnten noch nicht ermittelt
werden.»)

Honkstein, Grevenbroich, auf der «Flucht» erschossen (WTB).

19. M a i

Leonhard Hausmann, kommunistischer Funktionär, *im Konzentrationslager Dachau auf der «Flucht» erschossen* (WTB).

20. M a i

Arthur Müller, Reichsbannerarbeiter, wurde von Nazis im
Auto entführt und in der Nazi-Kaserne Berlin-Schöneberg, Ge-
neral Papestrasse *gemartert und erschlagen* (Zeugenbericht).
(«Die Leiche völlig entstellt. Der Schädel eingeschlagen, das rechte
Auge ausgelaufen. Das ganze Gesicht war zerfetzt, der Körper über
und über mit Striemen und Blutgerinnsel bedeckt. Ein Arm an zwei
Stellen gebrochen.»)

25. M a i

Schloss, Kaufmann aus Nürnberg, *erschossen* (Zeugenbericht).

26. Mai

Gromann, Kunstmaler in Duisburg, wird von SS-Leuten im Kalkumer Wäldchen *erschossen.* Die Mörder heften an den Leichnam einen Zettel: «Zum Andenken an Schlageter» (Zeugenbericht).

27. Mai

Franz Lehrburger aus Nürnberg, 29 Jahre alt, im Dachauer Konzentrationslager *auf der «Flucht» erschossen* (Fränk. Kurier).

(Zeugenbericht: »Die Eltern erhielten einen versiegelten Sarg und durften ihn bei Androhung schärfster Strafen nicht öffnen.»)

29. Mai

Wilhelm Aron, Referendar aus Bamberg, 24 Jahre alt, Reichsbanner, in Dachau *auf der «Flucht» erschossen* (Bamberger Zeitung).

Ende Mai

Zwei kommunistische Arbeiter, im Konzentrationslager Siegburg *erschossen* (Zeugenbericht).

8. Juni

Oppositioneller SA-Mann, Düsseldorf, beim Flugblattverteilen *erschossen* (Dortmunder General Anzeiger).

(Eine Bekanntmachung des Düsseldorfer Polizeipräsidenten vom 10. Juni sagt darüber: «In den letzten Tagen wurden wiederholt Flugblätter verteilt mit der Aufschrift «Alarm, Kampfblatt der Gruppe revolutionärer SA-Leute der Standarte 39». Einer dieser Flugblattverteiler, dessen Personalien bisher noch nicht festgestellt werden konnten, wurde in verflossener Nacht auf der Rheinbrücke erschossen aufgefunden.»)   —

10. Juni

Karl Lottes, kommunistischer Arbeiter, *auf der «Flucht» erschossen* (WTB).

Fritz Kokorenz, ein oppositioneller SA-Mann in seiner Wohnung Berlin, Köpenickstr. 114, *erschossen aufgefunden* (Zeugenbericht).

(«Es handelt sich um einen Fememord, Kokorenz hatte in letzter Zeit wiederholt Auseinandersetzungen mit seinen Vorgesetzten. Am Abend vor seinem Tode hatte er in einer SA-Veranstaltung eine oppositionelle Rede gehalten. Seine Wohnung befindet sich im gleichen Hause wie das Nazi-Büro. Angesichts seiner Leiche äusserten 2 SA-Leute: Man muss vorsichtig sein; sonst geht es uns auch noch so.»)

Walter Ernst, auf dem Friedhof in Hennigsdorf bei Berlin *halb eingegraben aufgefunden* (WTB).

(Zeugenbericht: «Walter Ernst wurde in der SA-Kaserne Meisnerhof bei Velten totgeschlagen. Die Friedhofswärter fanden in Henningsdorf die Leiche halb eingescharrt auf.»)

12. J u n i

Ungenannter Arbeiter, Essen, *auf der «Flucht» erschossen* (TU).

20. J u n i

Walter Kersing, Arbeiter, Mitglied des deutschnationalen Kampfringes, in Frankfurt a. d. Oder, bei *«Auseinandersetzungen» von Nazis erschossen* (WTB).

21. J u n i

Paul Urban, Arbeiter, Brandenburg, angeblich «Selbstmord» im Gefängnis (Nachtausgabe).

Drei Unbekannte im Filzteich in Neustädtel bei Zwickau *als Leichen gefunden.* (12-Uhr-Mittagsblatt).

(12 Uhr Blatt, 23. Juni: « . . . an den Füssen mit Stricken zusammengebunden . . . durch Steine beschwert . . . mit Draht aneinandergefesselt . . . Männer im Alter zwischen 25 und 30 Jahren . . . Taschentücher mit G. E. und M. H. gezeichnet . . . gelang es bisher nicht, die Personalien festzustellen.»)

22. J u n i

Altenburg, kommunistischer Arbeiter, Arnswalde (Neumark), *auf der «Flucht» erschossen* (Deutsche Allgem. Ztg.).

Familie Schmaus, Berlin-Köpenick: Vater, Mutter und Sohn von SA ermordet (siehe Bericht).

Rakovski, Arbeiter, Köpenick, von SA erschossen (s. Bericht).

Johannes Stelling, ehemaliger mecklenburgischer Ministerpräsident, in Köpenick verschleppt und ermordet (siehe Bericht).

Paul von Essen, Reichsbannerführer, Köpenick, zu Tode misshandelt (siehe Bericht).

24. J u n i

Arthur May, kommunistischer Funktionär in Aachen, *auf der «Flucht»* beim Transport nach der Festung Jülich *erschossen* (Polizeipressestelle Aachen).

26. J u n i

Unbekannter kommunistischer Arbeiter, Braunschweig, im Gefängnis ermordet, angeblich «Selbstmord» (WTB).

29. Juni

Dr. Rosenfelder, Rechtsanwalt aus Nürnberg, *ermordet im Konzentrationslager Dachau* (Zeugenbericht).

Ende Juni

Gläsper, Bezirksleiter der «Roten Hilfe», Elberfeld,
Gottschalk, Stadtverordneter (Bruder des ermordeten Franz G.),
Otto Dattem, kommunistischer Stadtverordneter, Elberfeld, kurz nach ihrer Entlassung aus dem Konzentrationslager ermordet, *in die Ponsdorfer Talsperre geworfen.*

Erwin Dähler, Jungarbeiter, Elberfeld, Wirkstrasse, mit aufgeschlitztem Leib auf der Müllkippe, Elberfeld *tot aufgefunden.*

Gorsmeier, Jungarbeiter, Elberfeld, im Auto nach der Festnahme durch SA erschossen; am andern Morgen in einem Wassertümpel in der Beck *tot aufgefunden.*

Ungenannter Arbeiter, Elberfeld, *tot aufgefunden* in der Bremerstrasse (2 Bauchschüsse, 1 Brustschuss).

Ungenannter Arbeiter, Elberfeld, Osterbrunn, *tot aufgefunden* (2 Bauchschüsse, 2 Rückenschüsse).

(Sämtliche Angaben über die Elberfelder Bluttate beruhen auf geprüften Zeugenberichten. S e c h s weitere Meldungen konnten bisher nicht kontrolliert werden. Die Mordaktionen wurden fast ausnahmslos geleitet von dem SA-Führer August Puppe, Elberfeld, Reitbahnstrasse.)

Hunglinger, Polizeimajor, München,
Sebastian Nefzger, München,
Michael Sigman, Sozialdemokrat, Pasing, im Konzentrationslager Dachau ermordet (Zeugenberichte).

1. Juli

Max Margoliner, Breslau, 24jähriger Kaufmann, im April im Braunen Haus, Karlstrasse *gefoltert*, nach 2 Monaten im jüdischen Krankenhaus Breslau-Süd gestorben (Zeugenbericht).

(Saarbrückener Volksstimme: « . . . . die entmenschten Burschen drehten dem Bewusstlosen eine Spiralfeder in den Mastdarm . . . im Krankenhaus lag er 8 Wochen im Wasser, weil er weder sitzen noch liegen konnte.»)

10. Juli

Joseph Nies, Redakteur, Bezirksleiter des proletarischen Freidenkerverbandes, Erfurt,
Alfred Noll, kommunistischer Funktionär, Jena und ein
Ungenannter kommunistischer Arbeiter, Erfurt, bei Aushebung der illegalen Druckerei des kommunistischen «Thüringer Volksblattes» durch SA «*standrechtlich*» *erschossen* (Zeugenbericht).

352

12. Juli

Assmann, Reichsbannerfunktionär, Köpenick-Friedrichshagen, *Opfer der Köpenicker «Bartholomäusnacht»* (siehe Bericht).

Van Tende, kommunistischer Arbeiter, Essen, politischer Zuchthausgefangener seit Oktober 1931, *auf der «Flucht» erschossen* (Conti-WTB).

Schulz, kommunistischer Landtagsabgeordneter, Berlin, infolge Misshandlungen im *Gefängnishospital gestorben* (Temps).

(Saarbrückener Volksstimme, 18. Juli: «... Schulz ..., der an Stelle eines sozialdemokratischen Redakteurs, der im Jahre 1930 für den Bau von Panzerkreuzern sprechen sollte, überraschender weise gegen die Regierungstaktik im B e r l i n e r R u n d f u n k auftrat . . .»)

Fritz Lange, kommunistischer Arbeiter, Königsberg, *gelyncht* (Angriff).

(Angriff, 12. Juli: «Eine grosse Volksmenge zog vor das Gerichtsgefängnis, holte den kommunistischen Mörder heraus und lynchte ihn.»)

Joseph Messinger, kommunistischer Arbeiter, Bonn, *im Gefängnis umgebracht,* angeblich «Selbstmord» (Havas).

14. Juli

Franz Braun, Redakteur der «Volkswacht», Stettin, am Tage nach der Verhaftung *in der Zelle umgebracht* (Conti WTB).

Ungenannter kommunistischer Arbeiter, Stettin, *niedergeschossen* (Conti WTB).

Drei ungenannte Kommunisten, Kreis Schwerin (Warthe), bei der Ueberführung in das Konzentrationslager Sonnenburg *auf der «Flucht» erschossen* (Vossische Ztg.).

Ungenannter kommunistischer Funktionär, Bochum, gelegentlich einer Vernehmung *auf der «Flucht» erschossen* (Voss. Ztg.).

15. Juli

Speer, Schneider, Berlin, in der Nähe der Versuchsanstalt für Handfeuerwaffen *mit durchschnittener Kehle* aufgefunden (Zeugenbericht).

Klara Wagner, Sekretärin, Berlin-Treptow, *erschossen* (Zeugenbericht).

17. Juli

Dr. Wilhelm Schäfer, Frankfurt, früher Nationalsozialist, bekannt geworden durch die Veröffentlichung der «Boxheimer Dokumente» (Terror-Anweisungen der Nazis von 1931) erschossen aufgefunden im Frankfurter Stadtwald, *Fememord* (Frankf. Ztg.).

(F. Z., 18. Juli: « . . . von den Tätern fehlt bisher noch jede Spur . . .»)

20. Juli

Ungenannter Arbeiter, Berlin, bei Hirschgarten am Müggelseedamm *tot aufgefunden* (Zeugenbericht).

50jähriger Mann, Berlin, in der Nähe der Museumsbrücke am Kupfergraben *tot aufgefunden* (Zeugenbericht).

Hugo Feddersen, kommunistischer Arbeiter, Hamburg, *im Gefängnis umgebracht*, angeblich «Selbstmord» (WTB).

Oppositioneller SA-Mann, Obermenzig bei München, in der Nähe des Umspannwerkes Karlsfeld *erschossen aufgefunden, Fememord.* (Conti-WTB).

24. Juli

Erich und Gustav Rudolf, Dühringshof (Ostbahn), in Landsberg an der Warthe *auf der «Flucht» erschossen* (Frankf. Ztg.).

Drei oppositionelle SA-Leute, im Grunewald bei Berlin erschossen aufgefunden, *Fememord* (Zeugenbericht).

Jaskowiak, oppositioneller Nationalsozialist, Leverkusen, von einem SS-Mann angeblich in «Notwehr» erschossen (Dortmunder General Anzeiger).

29. Juli

Solecki, kommunistischer Arbeiter, Iserlohn, von Hilfspolizei «in Notwehr» *niedergeschossen* (WTB).

Heinrich Foerding, kommunistischer Arbeiter, Coesfeld, im Polizeipräsidium Recklinghausen *aus dem Fenster gestürzt*, angeblich Selbstmord, ein neuer Fall Funk! (WTB).

Am ersten August wurden die Arbeiter *Lütgens, Tesch, Wolff* und *Möller* in Altona *hingerichtet*.

Ein Bericht aus Braunschweig meldet, dass dort in den letzten Wochen zehn Gefangene ermordet wurden, darunter der Reichsbannermann *Otto Rose* («Selbstmord»), der 19jährige *Benno Ehlers* (zu Tode geprügelt), der Sekretär des Eisenbahnerbundes *Hermann Basse*, die Kommunisten *Karl Wolf* und *Erich Schelpmann* (aus dem 3. Stock des «Volksfreundhauses» geworfen). Ein anderer Bericht sagt, dass in der Nacht vom 4. zum 5. Juli im früheren ADGB-Heim Rieseberg (Braunschweig) *zehn Arbeiter* erschossen wurden. Diese Nachrichten, wie auch die Meldungen u. a. über die Ermordung des sozialdemokratischen Reichstagsabgeordneten *Faust* im Konzentrationslager Bremen, die Erschiessung von *fünfzehn oppositionellen SA-Leuten* im Konzentrationslager Wilsede, konnten vor Abschluss der Drucklegung nicht mehr überprüft werden. Band II des «Braunbuches» wird die hier noch nicht veröffentlichten Mordtaten des Hitler-Faschismus belegen.

Die Welt lässt sich nicht belügen

Der Widerhall, den die deutschen Ereignisse im Auslande gefunden haben, beweist, dass die verzweifeltsten Manöver der Hitlerregierung den Durchbruch der Wahrheit nicht verhindern konnten. Die ausländische Presse hat in ihrer überwältigenden Mehrheit die Nationalsozialisten des Reichstagsbrandes beschuldigt. Die ausländische Presse hat, unbekümmert um die Dementis der Hitlerregierung, den blutigen Terror und die Judenverfolgungen registriert. Nicht nur die ausländische Presse, die besten Schriftsteller der bürgerlichen Welt, Wissenschaftler, Aerzte, Rechtsanwälte haben ihre Stimme erhoben, um gegen den Hitler-Terror zu protestieren. Sie haben sich in den meisten Ländern zu Komitees vereinigt, die den Opfern des Hitler-Faschismus Hilfe bringen.

Aus dem Riesenchor derer, die Anklage gegen den Hitler-Terror erhoben, können wir im ersten Band des Braunbuches nur einige wenige Stimmen zu Worte kommen lassen.

Protest

Sherwood Anderson antwortete auf unser Ersuchen um einen Beitrag für das Braunbuch mit folgendem Schreiben :

Was Hitler-Deutschland betrifft:: dies ist eine jener schrecklichen menschlichen Absurditäten, die einem das Leben manchmal so hoffnungslos erscheinen lassen. Was mich erschreckt hat, ist die Möglichkeit, dass hier sehr leicht eine Basis für neuen Hass gegen das deutsche Volk entstehen kann. Wir haben das schon einmal durchgemacht. Und dann kann ich, als Amerikaner, ja auch nicht gerade stolz sein auf unsere eigene Geschichte. Wir Amerikaner dürfen nicht vergessen, was der Ku Klux Klan noch vor wenigen Jahren war, wir dürfen die Neger-Lynchungen nicht vergessen, die hier im Süden noch nicht aufgehört haben.

Doch alles dies hindert mich nicht in dem Wunsch, mit den anderen Schriftstellern Europas und Amerikas zu protestieren.

Ihr aufrichtiger   S h e r w o o d A n d e r s o n

Der deutsche Faschismus

Wer überzeugt ist, dass die Zukunft Westeuropas in Deutschland entschieden wird, muss die heutige deutsche Entwicklung schmerzlich empfinden. Aber ganz überraschend kann sie ihm nicht sein. War doch vor dem Kriege schon alles latent vorhanden, was sich heute im vollen Tageslicht breit macht. Die Verfolgung der Juden, der verbitterte Hass der Behörden gegen die breiten Volksschichten und ihre Ansprüche auf ein menschliches Dasein, die Grausamkeit in den Methoden, diese menschlichen Ansprüche zu verfolgen und niederzukämpfen — es war alles schon da! Reaktion gab es auch anderswo, zur Genüge. Das preussische Junkerland war aber direkt ein Schutzgebiet der Weltreaktion; hier auf dem Boden von 350.000 vom Reiche vernichteten Freibauernhöfen sassen die Junker — und sitzen sie noch — das Mark des wilhelminischen Reiches. Von hier flog sie aus, die Brut. Schon verhärtet in der Kindheit durch den täglichen Anblick der unmenschlich behandelten Landarbeiter daheim, noch mehr verroht durch die Studentenzeit, den Korpsgeist, die Trinkgelage und die Verachtung für die zivile Bevölkerung, «ertüchtigten» sie sich durch Mensuren und stellten der Regierung des grossen, fleissigen, treuherzigen Volkes das Kontingent der Offiziere, Landräte und der höheren Beamten, nicht zuletzt auch die hohen Funktionäre der Polizei, welche aus den qualifiziertesten Landarbeitersöhnen von daheim den mit Recht berüchtigten «Schutzmann» machten.

Das deutsche Volk muss man — wie jedes Volk, wenn man genügende Zeit mit ihm zusammen lebt — lieb gewinnen: wegen seiner Arbeitsamkeit, seiner Hilfsbereitschaft und seines Gemütes; ganz wohl fühlte man sich aber im wilhelminischen Deutschland nie. Immer begleitete einen das vage Gefühl von unsichtbaren, unheimlichen Kräften, die es auf einen abgesehen hatten und an deren Brutalität alles Geistige und Menschliche abprallte. Deutschland wirkte wie ein scheinbar sorgfältig kultivierter Boden, wo aber die Wildnis jederzeit wieder einbrechen konnte, alles überwuchernd, alles vernichtend.

Manchmal zeigte sich diese Gefahr brutal und übersteigert: in der Zabern- und der Moabit-Affäre; manchmal drastisch und stumpfsinnig: in der Köpenick-Affäre.

Die breiten Schichten besassen im grossen und ganzen nicht die Fähigkeit, sich von dem Herrengeist und dem daraus entspringenden Sklavengeist zu befreien. Selbst in der deutschen Arbeiterbewegung — der «grössten auf der Welt» und lange Zeit der massgebenden — war mehr Korpsgeist als menschliche Selbstbehauptung. Es war der Sozialdemokratie nicht gelungen, den Proletarier zum Selbstbewusstsein zu wecken; in den gewerkschaftlichen und parteilichen Kadern mit ihren zivilen Unteroffizieren und Feldwebeln, mit ihren imperialistisch eingestellten Anführern kehrte die Struktur des Wilhelminischen Regimes unverkennbar wieder. Die deutsche Sozialdemokratie war voll kapitalistischen Unkrauts: Imperialismus, Antisemitismus, Individualismus und Bürokratismus; in der Masse wirkte es sich aus als viel

Dressur und wenig selbständige Denkfähigkeit, als Schlaffheit, zum Teil Feigheit, auf alle Fälle Mangel an Elan.

Viel Unkraut hat das Weltproletariat — mit Deutschland als Vorbild — als proletarische Kulturpflanzen gutheissen müssen!

Jeder Kulturkampf bedeutet menschliche Befreiung auf irgend einem Gebiet; es gibt heute nur einen Kulturkampf: die Befreiung des Proletariats aus der wirtschaftlichen, nationalen, kolonialen, rassenmässigen Tyrannei. Jede Unterdrückung hat zur Voraussetzung die Verachtung der Seele, der Kultur, der Menschlichkeit; unter jeder Verkleidung des Unterdrückers steckt d i e B e s t i e !

Der Faschismus ist der Kapitalismus, im Moment, da er sich als Bestie enthüllt. Unser heutiger Kampf ist wie jeder Kulturkampf der Kampf f ü r den Menschen g e g e n die Bestie. Wer noch darüber im Zweifel ist, schaue sich das heutige Deutschland an.

Zu diesem Kampf taugt keine Arbeiterbewegung, die mit Pazifismus und Humanismus spielt und bürgerliche Tugenden und Untugenden nachäfft. Wer Disteln roden will, muss fest zupacken und noch dazu harte Haut in den Händen haben.

Wir haben nicht tief genug gepflügt. Unter der bebauten Schicht sassen noch alle Wurzeln des Alten. Am meisten gilt dies wohl für Deutschland. Wir müssen von vorn anfangen und den Boden neu aufwerfen. Machen wir es wie in Sowjetrussland, fangen wir neu an mit Bataillonen von Traktoren.

M a r t i n A n d e r s e n N e x ö

Die grösste Tragikömidie unserer Zeit

Dieses Buch ist ein Denkmal von Tatsachen und Dokumenten. Wenn es gleichzeitig eine erschreckende Anklageschrift ist, so deshalb, weil die Tatsachen selbst die Anklage herausschreien.

Wo stehen wir heute?

Unser stolzes 20. Jahrhundert hat von den vergangenen Epochen eine Produktionskraft, eine Zivilisation, eine Kultur geerbt, die allen Lebewesen ihr Auskommen sichern könnten. Wenn es einen Augenblick in der Geschichte der Menschheit gibt, da das alte Märchen vom goldenen Zeitalter Wirklichkeit werden könnte, so heute, da der Menschengeist, nach tausendjährigem Kampfe, so viele Waffen zur Bewältigung der Naturkräfte, so viel vollkommene Mittel der Verbindung und Verständigung erobert hat. Und was im Gegenteil sehen wir! Dass diese vielgerühmte Zivilisation alle Anstrengungen macht, die Menschheit ihrem Untergang zuzutreiben. Goldenes Zeitalter? Nein: Zeitalter des

Goldes, des Eisens, des Blutes. Während der Nachkriegszeit hat sich — genau so wie während des Krieges — die Menge menschlichen Elends und Leidens gewaltig, wie eine Seuche, weiter verbreitet. Ueberall herrschen Ungerechtigkeit, Unterdrückung, Grausamkeit: in den Kolonien, im fernen Osten, in Nord- und Südamerika, in Italien, in Ungarn, in Polen, auf dem Balkan. Und jetzt erfolgt die Rückkehr zur völligen Barbarei in Deutschland, die Bestialität überschreitet die Grenzen alles bisher Erlebten.

Von allem Elend, an dem die Generationen unserer Epoche leiden, bluten und vor der Zeit sterben, verwundet das, was über Deutschland gekommen ist, zutiefst unsere Herzen und unseren Geist. Das grosse Volk, das wir lieben gelernt haben nicht nur um der philosophischen und künstlerischen Genies, um der Meisterwerke willen, die die Welt erleuchtet haben, dessen . glänzende Begabung für Systematik und Organisation wir bewunderten: dieses Volk ist nur noch ein Heer von Sklaven, in dem jeder Kopf, der sich zu erheben wagt, zerstampft wird. Jene deutsche Fähigkeit zur Einspannung des Einzelnen in das Ganze, die Gabe der Harmonie der Kräfte, der instinktive *soziale Geist,* der eine der nationalen Tugenden dieses Volkes ist, wird dazu missbraucht, ein anti-soziales Werk, ein Werk der Verfolgung und Vernichtung durchzuführen. Die heutigen Herren des grossen Deutschland haben die Macht nur in selbstsüchtigen Interessen ergriffen, sie sind die schlimmsten Feinde ihres eigenen Volkes.

Eine Phase organisierter, raffinierter Barbarei. Anderswo tragen Raub und Blutbad einen primitiven und rein bestialischen Charakter; hier jedoch sind sie berechnet, wohldurchdacht, und zeugen von erprobter Taktik und überlegter Strategie. Die Verbrechen des Hitler-Faschismus sind die öffentliche Aufführung lange vorbereiteter, von den davon engagierten Regisseuren und Komödianten (vom Kanzler bis zum untersten Denunzianten) sorgfältig inszenierter Schauerstücke.

Die ganze Welt ist davon überzeugt — das habe ich kürzlich an der Spitze einer Delegation von zahlreichen Organisationen jeder Schattierung in der deutschen Botschaft erklärt —: dass die offizielle Legende des Reichstagsbrandes, dieses pompösen Rechtfertigungsmanövers aller Verbrechen von gestern, dieses düsteren Prologs aller Verbrechen von heute und morgen, welche in diesem Buch so meisterhaft nachgewiesen werden, vorsätzlich und bewusst in allen Teilen auf einem Nichts aufgebaut wurde. Diejenigen, die unter dem Eindruck früherer Machenschaften noch daran zweifelten, werden nach der unanfechtbaren, weil zuverlässigen Beweisführung dieses Werkes und angesichts der Ueberspanntheit der Folgerungen, zu denen jene gelangen wollen, die

Ueberzeugung gewinnen, dass hier Irrsinn am Werk ist, und zwar ein inferiorer Wahnsinn, der sich vor den eigenen Taten fürchtet.

Hitler hat in seinem Buch « Mein Kampf » erklärt, « man könne die Massen nur führen, indem man sie betrüge ». Es ist wohl richtig: man kann die Massen durch Betrug verführen — aber wie lange wirkt dieser Betrug?

Gerade jetzt, in dem Augenblick, da ich diese Zeilen schreibe und da der grösste Teil dieses Buches schon im Druck ist, fallen meine Blicke auf eine sehr ausführliche Meldung: ein neues Ereignis, das allein imstande sein müsste, denjenigen, die nicht absichtlich blind sind und von ihrer Kurzsichtigkeit profitieren, die Augen zu öffnen über die Taktik der Hitler, Göring und Goebbels.

Es handelt sich um eine Flugzeug-Affäre, um eine klägliche, aber bedrohliche Erfindung. Am 23. Juni um 22 Uhr 30 meldete eine Nachrichtenagentur den Berliner Zeitungen unter dem Titel « Rote Fliegerpest über Berlin » folgendes:

«Heute nachmittag haben ausländische Flugzeuge von einem in Deutschland unbekannten Typ Berlin überflogen und über dem Regierungsviertel und im Osten der Stadt für die Reichsregierung beleidigende Flugschriften abgeworfen. Die Luftpolizei hatte keine Apparate zur Verfügung, und die Sportflugzeuge, die sich auf dem Flugplatz befanden, hatten nicht die genügende Geschwindigkeit, um die ausländischen Apparate zu verfolgen. Diese konnten entkommen, ohne erkannt zu werden.»

Nun hat aber um 23 Uhr 30 der Flughafen Berlin-Tempelhof auf Anfrage ausländischer Korrespondenten über den Inhalt dieser Nachricht erklärt, er wisse von nichts.

Um 23 Uhr 25 wusste die Luftpolizei, die über den gleichen Gegenstand befragt wurde, ebenfalls von nichts, obwohl die Nachrichtenagentur in ihrer Meldung erklärt hatte, dass Luftpolizei und Flugplatzleitung nur mangels geeigneter Apparate nicht in Aktion getreten seien. Der Berliner Korrespondent der « Times » hat seinem Blatt telegraphiert, dass weder die Luftpolizei, noch die Flugplatzbehörde, noch die « Lufthansa » etwas von diesem « Luftangriff » wüssten.

Unnötig zu sagen, dass niemand diese ungewöhnlichen Flugzeuge gesehen hat, die es fertig gebracht haben sollen, aus einer Höhe von 3.000 Metern Flugschriften so abzuzielen, dass sie ausgerechnet im Regierungsviertel und in vorbestimmten Strassen niederfielen.

Trotzdem veröffentlicht am nächsten Morgen die ganze deutsche Presse diese Nachricht und kommentiert sie mit fast gleichlautenden Worten.

Die Zeitung « Le Temps » enthüllt uns den Grund für die Einheitlichkeit im Wortlaut dieser Kommentare: der Meldung war eine Instruktion an die Zeitungen und ein « Muster-Kommentar » beigefügt mit dem Befehl, ihn auf der ersten Seite zu veröffentlichen.

Dieser Standardkommentar betont die Tatsache, dass Deutschland sich gegenwärtig in Bezug auf Luftfahrt in einer unhaltbaren Situation befinde, und er gibt die Anweisung, das Thema dahingehend zu entwickeln: heute sind es nur Flugblätter, was die ausländischen Flugzeuge abwerfen, morgen werden es vielleicht Bomben sein, die Tod und Vernichtung bringen. Schlussfolgerung: Was gedenkt das Deutsche Luftfahrtministerium zu tun?

So bläst die ganze deutsche Presse in ein Horn und verlangt Aufrüstung der Luftstreitkräfte. Das « Berliner Tageblatt » fasst diese Wünsche in die folgenden Worte zusammen, welche so oder ähnlich von der unter Hitlers Oberbefehl stehenden, das heisst also von der gesamten deutschen Presse übernommen wurden: « Das deutsche Volk verlangt, dass man ihm die Möglichkeit gibt, sich gegen solche Ueberfälle aus der Luft zu schützen. »

In Wirklichkeit entbehrt die ganze Geschichte jeglicher Grundlage. Auch wenn der Staatssekretär des Luftfahrtministeriums, Herr Milch, den Pressevertretern erklärt hat, « es seien » (in einer Höhe von dreitausend Metern!) « ein bis zwei » Doppeldecker « gesichtet » worden (wobei er übrigens die Ungeschicklichkeit begeht, zur Stützung seiner These hinzuzufügen, es seien « ähnliche Flugblätter » wie die vom Himmel gefallenen auch « aus den oberen Etagen eines Wolkenkratzers am Alexanderplatz » abgeworfen worden). Er setzt beide Ereignisse in Beziehung zueinander. Dessen bedurfte es nicht, um die Kabale dieser faustdicken Lüge zu entlarven, welche gesponnen ist zu dem Zwecke, das deutsche Volk in dieselbe Erregung zu versetzen, die jenes legendäre Auftauchen des berühmten Fliegers über Nürnberg am 28. Juli 1914 verursachte. Das Ziel ist die Aufrüstung, ist der Krieg. Durch solche Tricks lenkt man die öffentliche Meinung auf diese Dinge und erzeugt die Panik, die man braucht.

Es gibt für alle Menschen gesunden Geistes, für die anständigen Leute aller Länder nur eine Antwort:

Den Kampf gegen Krieg und Faschismus mit mehr Energie und Erbitterung als je und in Einheitsfront mit den Arbeitern aller Länder der Welt zu führen. Internationale Bewegungen wie die von Amsterdam zu stärken. Den Ruf der Wahrheit und des Zornes in grossen Welt-Kundgebungen ertönen zu lassen.

Henri Barbusse

Zwei ermordete kommunistische Reichstagsabgeordnete

Walter Schütz, ostpreussischer Reichstagsabgeordneter der KPD, einer der beliebtesten Arbeiterführer Ostpreussens, wurde nach seiner Verhaftung in Königsberg von der SA bestialisch gefoltert u. erschlagen.

Albert Funk, Reichstagsabgeordneter der KPD, bekannter Führer der Bergarbeiter des Ruhrgebietes, wurde im Untersuchungsgefängnis Recklinghausen ermordet. Er wurde aus dem Fenster des 3. Stockes in den Hof hinuntergestürzt.

Der Arbeiter Gumbert aus
Heidenau wurde in Königs-
stein (Sachsen) von SA buchstäblich in Stücke gebrochen
und zu Tode gefoltert. Unten :
Vier von den fünf Kindern
des ermordeten Gumbert.

Gegen den imperialistischen Nationalismus
im eigenen Lande

Es ist gut, dass England und Amerika sich auflehnen gegen den Machtgebrauch und den Machtmissbrauch des Hitlerregimes. Ich höre den Schrei des Protestes besonders gern anderswo als in Frankreich, wo die Entrüstung zu oft einer alten Abneigung entgegenkommt, gegen die es mir weise und notwendig schien anzukämpfen. Ich meine die Abneigung, die gerade etwas abflaute und die das heutige Deutschland leider wieder zu rechtfertigen scheint.

Ohne Zweifel ist es gut, sich immer wieder zu sagen, dass das Hitlerdeutschland nicht das ganze Deutschland ist, trotz der Wahlresultate. Ohne Zweifel ist es gut, dem unterdrückten Teil Deutschlands, der jetzt niedergeknüppelt ist, zu sagen, dass wir ihm unsere Sympathie bewahren. Vor allem aber ist es gut, zu helfen und die Opfer zu unterstützen.

Alle Gewalttaten, die heute Deutschland begeht, werden begangen im Namen von Grundsätzen und Theorien, die, so wenig sie entschuldbar sind, doch den Keim der Ansteckung in sich tragen, und die, sei es durch Rivalitäten oder durch Angst, die Gefahr in sich bergen, die Nachbarländer zu ähnlichen Gewalttaten zu verführen und sie schliesslich in Kriege hineinzureissen. Deshalb genügt es auch nicht, gegen den deutschen Hitlerismus zu protestieren, sondern ebenso sehr muss jeder in seinem eigenen Land gegen den imperialistischen Nationalismus, die Larve des Faschismus, kämpfen, statt sich als Feigling behandeln zu lassen von jenen, die nichts begreifen als den bewaffneten Mut.

A n d r é G i d e

Das wirkliche Deutschland lebt noch

Wir haben in Amerika den Ku Klux Klan, wir haben Lyncher, Erpresser, Gangster und brutale Bürger, die unsere besten Arbeiterführer ermorden. Aber in Deutschland scheint der ganze Sumpf der sterbenden Gesellschaftsordnung noch einmal in einer gewaltigen Woge aufzubrodeln. Die Nazis haben der Welt gezeigt, wie tief die Abgründe der Reaktion sind, und wie weit der Kapitalismus geht, um sein altersbrüchiges Gerüst zu retten.

Dies sollte eine endgültige Lektion sein für die in Verwirrung geratenen Massen der Welt, die so langsam, so mühsam lernen. Die Nazis lehren uns, dass es unmöglich ist, mit dem Kapitalismus Kompromisse zu machen oder zu verhandeln. Sozialisten und Liberale haben Jahrzehnte hindurch Zusammenarbeit der Klassen gepredigt: heute ist in Deutschland im Gefängnis oder auf dem Friedhof, wer nicht in den Reihen der Nazis steht.

Italien ist diese bittere Lektion erteilt worden, ebenso China. Heute ist der historische Moment, in dem die Massen zu sehen beginnen, dass der einzig sichere Weg für die Arbeiterklasse, der einzige Weg, auf dem der Faschismus vermieden werden kann, der Weg der Sowjets ist.

Ueberall repräsentiert der Faschismus Vergangenheit; er sucht zu bewahren, was die Geschichte verdammt hat. Die Nazis bewiesen, von ihrem Standpunkt aus den richtigen Instinkt, als sie die Bücher von Thomas Mann, Romain Rolland, Siegmund Freud, Albert Einstein und anderen verbrannten. Jeder grosse Gedanke, jede wissenschaftliche Leistung der letzten fünfzig Jahre steht in tiefstem innern Widerspruch zum Nazi-«Geist», der in seinem Wesen jener kleinbürgerliche Geist, jener Rentier- und Ladenbesitzergeist ist, den es nach Genie und Entdeckungen nicht verlangt.

Aber kann Hitler die grosse Flut neuer Gedanken eindämmen? Unmöglich! Kann er die deutsche Arbeiterklasse zerschmettern und die besten Elemente deutschen Geistes zerstören? Unmöglich!

Unmöglich! Die Arbeiterklasse Deutschlands und ihre besten Geister gegen *nicht* mit Hitler. Der deutsche Arbeiter quält und verfolgt keinen Juden. Der deutsche Intellektuelle lässt sich nicht mit Dragonerstiefeln in die preussischen Kasernen zurücktreiben.

Das wirkliche Deutschland lebt noch und wird seine Krankheit überstehen. Aus dem Deutschland, wie es heute ist, kann — früher oder später — nur eines erwachsen: eine Regierung, gebildet von allen denen, die Hitler unterdrückt hat; ein Staat, in dem es keine Rassenverfolgung gibt, keinen Hass und keinen Lynch-Geist; ein Land der Freiheit, ein Sowjet-Deutschland.

M i c h a e l G o l d

Am 28. Februar im Berliner Polizeipräsidium

Egon Erwin Kisch wurde in der Nacht des Reichstagsbrandes in Berlin verhaftet. Er verbrachte 14 Tage in Hitlers Polizeigefängnis und wurde dann über die Grenze abgeschoben. Egon Erwin Kisch veröffentlichte als erster deutscher Schriftsteller eine umfassende Darstellung der Zustände in Hitlers Gefängnissen und SA-Kasernen. Wir entnehmen den nachfolgenden Abschnitt einem grossen Werk über Hitler-Deutschland, das Egon Erwin Kisch vorbereitet:

Meine Begleiter gaben mich gegen Quittung an die Politische Polizei ab. Die Bänke auf beiden Seiten des Korridors sind besetzt, im Raum dazwischen ist der Kulturbolschewismus aneinandergedrängt. Alle kennen einander, und immer wieder, wenn ein Neuer von Polizisten hereingeschleppt wird, begrüssen ihn alle.

Ich muss an einen Septembermorgen von 1914 denken, da sassen wir am österreichischen Ufer der Drina, Reste einer aufgeriebenen, über den Fluss zurückgeworfenen Division. Je eine Gruppe war das, was gestern noch ein Regiment gewesen war. Und immer wenn eine nasse, abgerissene Gestalt vorüberwankte, die zum Regiment gehörte, dann grüssten die Kumpane mit einem melancholischen Lächeln, rückten dichter aneinander, machten ihm Platz. So ähnlich sieht es heute aus. Anfangs begriff ich nicht, warum viele so verstört und blass waren, erst später erfuhr ich, welche Gewaltszenen bei manchen Verhaftungen vorgenommen waren. Ich sollte später auch mit eigenen Augen sehen, welche Greuel die Nationalsozialisten in ihren Kasernen an wehrlosen Gefangenen begangen hatten.

Die Polizisten, die uns vom übrigen Teil des Korridors abriegeln, sind junge Burschen, schon mit dem hilfspolizeilichen Hakenkreuz auf der Armbinde. Sie scheinen sehr aufgeregt, ihr Dienst ist ihnen neu, umsomehr versuchen sie ihre Unsicherheit hinter flegelhaftem Benehmen zu verbergen; sie machen höhnische Bemerkungen, und wenn sie jemanden anschreien, sich nicht zu bewegen, so apostrophieren sie ihn nicht anders, als «Dreckskerl», «Saujud» und per Du.

Namen werden aufgerufen, Gruppen formiert, «rechts um», es geht hinab ins Polizeigefängnis. Erste Station, das Depot; hier wird Uhr, Füllfeder und Bargeld abgegeben und in ein Kuvert gesteckt. Zweite Station: Abgabe von Messer, Schere, Nagelfeile. Die dritte Etappenstation ist schon im Keller unten: was dem Häftling noch geblieben ist — Brieftasche, Notizbuch, Zigarettenschachtel, Streichhölzer, Taschentuch, Schlüssel, Handschuhe oder Bleistift — muss er in seinen Hut legen, Schnürsenkel öffnen, Rock ausziehen, und jetzt untersuchen greifende Hände, ob nichts in den Taschen geblieben, gleitende Hände, ob nichts ins Futter eingenäht ist, sich nichts in Schuh oder Strumpf versteckt hat.

Während dieser Prozedur kommt der neue Polizeipräsident vorbei, Herr von Levetzow, gefolgt von Polizeiadjutant und Parteiadjutant und einem ganzen Stab. Er war Marineoffizier, der Sozialdemokrat Noske hat ihn in den Admiralsrang erhoben. Der Herr Admiral, jetzt schreitet er gebläht seine Kommandobrücke im Polizeipräsidium ab:

«Das ist also das Pack?» fragt er und schielt uns über die Achsel verächtlich an.

«Jawohl, Herr Polizeipräsident!» beeilt sich der Adjutant zu schnarren.

«Wo bist du verhaftet worden?» fragt er Hermann Duncker. Bevor der grauhaarige Gelehrte, Lehrer des Sozialismus für eine ganze Generation, noch antworten kann: «Wirst du die Hacken zusammenreissen, wenn ich mit dir spreche, du Saubengel?!»

Und schon hat er einen anderen erspäht, der ihm nicht stramm genug zu stehen scheint: «Führen Sie den Lümmel sofort in Dunkelarrest und legen Sie ihm Eisen an, bis ihm die Schwarten krachen.»

Diensteifrig stürzen sich zwei Büttel auf Otto Lehmann-Russbüldt, den alten Obmann der Liga für Menschenrechte und zerren ihn fort.

Bleich vor Empörung stehen wir da, der Herr Admiral von Noskes Gnaden ist schon vorbei, wir hören ihn eine andere Gruppe anbrüllen.

Man stösst uns in eine unterirdische Gemeinschaftszelle, siebenundvierzig müssen darin Platz finden. Längs der Wände verlaufen Pritschen, in der Mitte der gegen den Hof zu gerichteten Wand steht der Eimer — einer für alle, alle für einen. Gegenüber, in die dem Korridor zugekehrte Wand sind zwei trichterförmige Ausbuchtungen gemauert. Das spitze Ende ist der «Judas»: ein Beobachter von aussen kann durch dieses Guckloch das ganze Lokal bestreichen, sei es mit einem Auge, sei es mit einem Maschinengewehr.

Jeder von uns sucht sich einen Nachbarn, neben dessen Platz er den Paletot zum Kopfkissen faltet, Gruppen konstituieren sich. Man erzählt einander, wie sich die Verhaftungen abgespielt. Manche Wohnungen hatten regelrechte Belagerungen durch die Nazis zu bestehen, Schüsse wurden durch die Tür abgefeuert, dann Möbel zerhackt und Bücher zerrissen, die Ueberfallenen angesichts ihrer Frauen und Kinder schändlich misshandelt.

Egon Erwin Kisch

Hitler ist der gigantischste Betrug

Ob Hitler in der Geschichte den Platz eines grossen Tragöden oder eines grossen Narren einnehmen wird, bleibt der Zukunft überlassen, aber dass es einer dieser beiden Plätze sein wird, scheint sicher.

Denn dieser Mann ist der gigantischste Betrug, der jemals Menschengeist verblendet hat. Seine Philosophie ist falsch, denn sie ist aus Hass geboren; seine Politik ist gefährlich, denn sie beruht auf Unwissenheit; und sogar seine Uniform ist ein Schwindel — Kopie eines Symbols, das er nicht versteht.

Das Tragische daran ist, dass w i r diesen Popanz geschaffen haben — wir, die Verbündeten, bliesen ihm Atem ein und setzten seine bösen kleinen Arme in Bewegung. Aus dem Gift in unseren eigenen Herzen schufen wir den Hitlerismus, und wir werden den Hitlerismus nicht zerstören, bis wir nicht uns selbst von diesem Gift gereinigt haben.

Beverley Nichols

Für die Internationale der Geister und Völker

Die «Kölnische Zeitung» vom 9. Mai 1933 veröffentlichte unter der Rubrik «Randnoten» nachfolgende Bemerkungen über Romain Rolland:

Die Kommunistische Internationale betreibt vom Ausland her eine masslose Hetze gegen die nationale Regierung in Deutschland. Mit einem grossen Aufwand an Lügen und Schauergeschichten sucht sie der Welt weiszumachen, dass Deutschland «vom Blut der Arbeiter dampft» und dass das Proletariat aller Länder die Pflicht habe, sich zum Angriff «gegen den faschistischen Terror in Deutschland» zu sammeln. In pathetischen Wendungen werden die sogenannten Intellektuellen aufgefordert, sich diesem Kampf anzuschliessen. Viele sind verblendet genug, das zu tun, und man wundert sich nicht, ihre Namen unter den Aufrufen der Kommunistischen Internationale zu lesen. Merkwürdig berührt nur, dass eine jener übeln Schmähschriften, die in Kopenhagen erscheint, neben einem Beitrag von Henri Barbusse auch einen solchen von Romain Rolland veröffentlicht. Man erinnert sich bei dieser Gelegenheit, dass die beiden einst einen lebhaften Meinungsstreit hatten, da Romain Rolland die grausamen Irrungen des Bolschewismus entschieden verurteilte, während Barbusse sie als Durchgangsstufen zu einer besseren Zukunft der Menschheit zu rechtfertigen suchte. Jetzt haben sie beide zusammengefunden, der fanatische Jünger Moskaus und der Mann, den man einst «das Gewissen Europas» nannte, weil er tapfer genug war, die Dinge gerecht zu betrachten, und dem Deutschland während des Krieges und in den spätern Jahren für manchen Beweis seiner gerechten Gesinnung dankbar sein konnte. Zuletzt war Romain Rolland noch für die Ansprüche Deutschlands auf eine gründlichere Revision der Verträge eingetreten. Dass er sich dadurch den Hass der französischen Chauvinisten zuzog, kümmerte ihn nicht, denn es ging ihm um Europa und seine hohen Kulturgüter, für die er einen bessern Frieden erkämpfte. Und gerade weil er diese Einsicht besass, hätte er auch für die nationale Regierung in Deutschland Verständnis aufbringen müssen. Denn nur dank des entschlossenen Zugriffs dieser Regierung blieb Deutschland von dem bolschewistischen Chaos verschont. Das aber hätte an den Grenzen des Reiches bestimmt nicht haltgemacht, wenn ihm Deutschland zum Opfer gefallen wäre. Wer weiss, ob es nicht auch jene ruhigen Orte ergriffen hätte, wo heute unter falscher Berufung auf Kultur und Frieden gegen Deutschland gehetzt wird.

Romain Rolland antwortete in einem Offenen Brief, den wir erstmalig veröffentlichen:

Rollands Offener Brief
an die „Kölnische Zeitung"

Paris, den 15. Mai 1933.

Herr Chefredakteur,

Man hat mir die «Randnoten» der «Kölnischen Zeitung» vom 9. Mai (Nr. 25) übermittelt, die meiner Person gewidmet sind (vgl. die Anlage)

Es ist wahr: ich liebe Deutschland und habe es immer gegen Ungerechtigkeiten und das Unverständnis des Auslandes verteidigt.

Das Deutschland aber, das ich liebe und das meinen Geist bereichert hat, ist das seiner grossen Weltbürger, — derer, «die (nach Goethe) Glück und Unglück anderer Völker wie ihr eigenes empfunden haben» — derer, die an der Kommunion der Rassen und Geister gearbeitet haben.

Dieses Deutschland ist mit Füssen getreten, mit Blut besudelt und geschändet worden von seiner jetzigen «nationalen» Regierung, vom Deutschland des Hakenkreuzes, das die freien Geister, die guten Europäer, Pazifisten, Juden, Sozialisten, Kommunisten von sich stösst, die eine Internationale der Arbeit gründen wollen. — Sehen Sie denn nicht, dass dieses national-faschistische Deutschland der schlimmste Feind jenes wahren Deutschland ist, das es gerade verneint?

Eine solche Politik ist ein Verbrechen nicht nur gegen die Humanität, sondern gegen Euer eigenes Volk. Ihr beraubt es eines grossen Teils seiner Energien, Ihr lasst es die Achtung seiner besten Freunde in der Welt verlieren. Eure «Führer» haben in allen Ländern gewaltsam ein Bündnis der Nationalisten und Internationalisten gegen Euch geschaffen. Ihr wollt das nicht sehen. Ihr sprecht wieder von einer Verschwörung gegen Deutschland. Ihr, nur Ihr, habt Euch gegen Deutschland verschworen.

Ich habe die Ungerechtigkeit angeklagt, deren Opfer Deutschland nach dem Siege von 1918 geworden ist. Ich habe die Revision des aufgezwungenen Vertrages von Versailles verlangt. Ich habe die Gleichberechtigung Deutschlands mit den anderen Mächten gefordert. — Aber glauben Sie, dass ich sie zugunsten einer schlimmeren Ungleichheit verlangt habe, zugunsten eines Deutschland, das selbst die Gleichheit der menschlichen Rassen verletzt, ja alle Menschenrechte, die uns heilig sind? Die wütendsten Revisionsgegner konnten nicht ärger gegen Deutschland handeln, als Ihr, Ihr allein es getan habt.

Die Zukunft wird Euch — zu spät! — Euren vernichtenden Irrtum beweisen, dessen einzige Entschuldigung der Wahnsinn der Verzweiflung ist, in die die Blindheit und Härte Eurer Besieger Euer Volk seit Versailles gestürzt haben.

Ich werde meine Zuneigung zu Deutschland bewahren, trotz Eurer Taten und gegen Euch, meine Zuneigung zu jenem wahren Deutschland, das die Schändlichkeiten und Irrungen des Hitlerfaschismus verabscheut. Und ich werde weiterarbeiten, wie mein ganzes Leben lang, nicht für den Egoismus eines einzelnen Volkes, sondern für alle verbündeten Völker — für die Internationale der Geister und Völker.

R o m a i n R o l l a n d

P. S. Sie behandeln die Anklage der ausländischen Presse gegen den Hitlerfaschismus als Verleumdung.

Wir haben ein ganzes Archiv von Zeugnissen Verbannter über Gewalttaten der Braunhemden, die die Staatsgewalt weder geahndet noch bedauert hat. Aber lassen wir das! Uns genügen die offiziellen Meldungen. Leugnet Ihr denn die eigenen Erklärungen Eurer Minister Göring, Goebbels, — die der Rundfunk verbreitet hat? Leugnet Ihr ihren Schrei nach Gewalt, ihre Bekenntnisse eines Rassenwahns, der andere Rassen, z. B. Juden, kränkt, riecht Ihr nicht all diesen Muff des Mittelalters, der längst aus Europa verschwunden war? Leugnet Ihr die Scheiterhaufen der freien Gedanken, die kindlichen von der ganzen Welt verlachten Bücherverbrennungen? Leugnet Ihr das freche Eindringen der Politik in Akademien und Universitäten? Merkt Ihr denn nicht, dass die grossen Verbannten der Wissenschaft und Kunst auf der Wage der Weltmeinung schwerer wiegen als die lächerlichen Bannflüche ihrer Verfolger?

R o m a i n R o l l a n d

Die Bedeutung des deutschen faschistischen Terrors

Wer heute über die Misshandlungen der Juden und Kommunisten in Deutschland entsetzt ist, sollte sich daran erinnern, dass physische und moralische Gewalt das Wesen des Faschismus überhaupt ist. Der Faschismus ist nicht nur konterrevolutionär. Er ist auch « konter-historisch ». Man muss seine ganze Kraft anspannen, um gegen den Strom zu schwimmen, wie Hitler es tut, und wie Mussolini es getan hat. Hitler muss seinen Vorteil ziehen aus jedem Vorurteil, jeder in Erscheinung tretenden Leidenschaft, um die natürlichen, die ökonomischen Strömungen einzudämmen, welche dem Ende des kapitalistischen Systems zustreben. Der Anti-Semitismus bedeutete eine Kraft für ihn, die er sich zu Nutze machen musste.

In jeder verzweifelten Situation benutzt und entfacht der faschistische Führer alle Leidenschaften, alle Vorurteile. So trieb die Führerschaft Hitlers zu den groben Exzessen, welche die übrige Welt gegen ihn aufbrachten. Aber die Welt sollte, jetzt mehr denn je, begreifen, dass der Faschismus immer diesen Weg gehen wird und gehen muss. Die Faschisten‑ haben die Geschichte gegen sich — die Geschichte und die menschliche Einsicht.

Auch der Kommunismus in Russland stiess auf Anti-Semitismus, und zwar auf sehr starken, sehr verbreiteten Anti-Semitismus. Die zaristischen Pogrome sind bekannt. Aber die russischen Führer wollten alle Völker um sich sammeln, die am Aufbau jenes menschlichen und verständlichen Systems mitarbeiten und mit helfen konnten, das man Kommunismus nennt. Der Kommunismus hat die Pogrome abgeschafft. Der Anti‑Semitismus ist im Aussterben.

Ich freue mich sehr, dass in Madison Square Garden ein Massen-Meeting stattfinden soll, und ich hoffe, dass hier die Bedeutung des Faschismus klargelegt wird. Es würde schade sein, sich bloss in Entrüstung — wenn auch gerechter — zu verlieren, statt sich von den Ereignissen in Deutschland eine Lektion erteilen zu lassen. Diese Lektion lehrt, dass der Faschismus alle auf hoher Wirtschaftsstufe stehenden Völker, ob Juden, Deutsche, Italiener oder Amerikaner, mit seinem Hass verfolgt, und zwar am heftigsten jene Minderheiten, die in der Vergangenheit am wenigsten in der Lage waren, sich zu verteidigen. Ich habe von vornherein angenommen, dass den Angriffen auf die Juden Angriffe auf die Rechte folgen würden, die sich Frauen, Kinder, die Arbeiterklasse, die Neger in unserer Zeit erworben haben. Folgendes ist keine Uebertreibung: In einer deutschen Zeitung, die ich selbst gelesen habe, in den «Nationalsozialistischen Monatsheften » wurde der Neger dargestellt als das « wilde Tier, das weder durch Sklaverei noch durch Zivilisation gezähmt werden kann. » Ferner wird angestrebt, dass die Frauen ihr Stimmrecht verlieren und sich dem alten monarchistischen Ideal der deutschen Frau für « Küche, Kirche, Kinder » wieder angleichen sollen.

Der Faschismus hat nicht etwa erst vor einigen Wochen, gleichzeitig mit dem Hitler-Terror, begonnen. Die heute gesetzlich sanktionierten Methoden sind schon Jahre hindurch erprobt worden. Jahre hindurch haben Juden und Liberale auf Grund des wachsenden faschistischen Druckes ihre Stellungen verloren.

Es ist heute vor allem der Faschismus, auf den wir unsere ganze Aufmerksamkeit konzentrieren müssen, der Faschismus als Phase der Politik des Weltkapitals, das keinen anderen Ausweg findet aus seinen eigenen Widersprüchen und seinem Kampf ums nackte Leben. Wir haben es hier mit viel mehr zu tun, als mit einer blossen Serie von Ereignissen innerhalb einer nationalistischen Terrorwelle. Es ist nicht Deutschland, sondern klar und eindeutig der Faschismus, der die Juden und andere Minderheiten unterdrückt.

Der Faschismus zielt — ich wiederhole es — auf die Unterdrückung aller wirtschaftlich fortgeschrittenen Völker hin, die sich einem kommunistischen System einpassen und sogar glücklich unter ihm sein könnten. Wir Amerikaner könnten den Kommunismus leichter als die Russen durchführen. Wir sind reifer für den Kommunismus als Russland. Und ebenso Deutschland; die Deutschen würden sich im Kommunismus so schnell zurechtfinden wie junge Enten im Ententeich. Sie sind reif für den Kommunismus. Sogar nach der Unterdrückung durch Hitler haben sie fünf Millionen kommunistische Stimmen gehabt.

Von allen Nachrichten aus Deutschland hat mich am meisten die Nachricht erschüttert von dem organisierten Protest einiger Juden (jüdischer Veteranen, zum Beispiel), dass sie nicht misshandelt worden sind. Man stelle sich den Terror vor, der imstande war, die Juden so etwas sagen und so etwas unterzeichnen zu lassen. Es kann nur die Angst um das nackte Leben gewesen sein, die sie dazu getrieben hat.

Die amerikanische Arbeiterschaft tut ein grosses Werk und kann aus dem Rassenelend in Deutschland einen Triumph machen, wenn sie diese Tatsachen begreift und in das richtige Licht rückt.

L i n c o l n   S t e f f e n s

Offener Brief an Herrn Gœbbels

Als am fünften Mai die Werke deutscher Schriftsteller, Philosophen und Forscher auf den Scheiterhaufen geworfen wurden, haben Sie, Herr Goebbels, diesen barbarischen Akt beschützt und gut geheissen und in Ihrer Rede die verbrannten Werke jener Männer, die ein edleres Deutschland repräsentieren als Sie, «geistigen Unflat» genannt.

Sie haben aus den deutschen Verlagen, Theatern, Buchhandlungen, Bibliotheken, Schulen unsre Werke verbrannt, Sie verfolgen die Verfasser, sperren sie ein oder jagen sie aus dem Land.

Sie vertreiben von den deutschen Universitäten die besten Lehrer.

Aus den Konzertsälen die Dirigenten und Komponisten.

Aus den Theatern hervorragende Schauspieler.

Von ihren Arbeitsstätten und aus den Akademien Maler, Architekten, Bildhauer.

Es genügt Ihnen nicht, die zu quälen, die Sie in Ihre Gefängnisse und Konzentrationslager kerkern, Sie verfolgen selbst die Emigranten durch die mannigfachen Mittel Ihrer Gewalt, Sie wollen sie (um in Ihrer Sprache zu reden:) geistig und physisch «brutal und rücksichtslos vernichten».

Und was ist der Grund so abgründigen Hasses?

Diese Männer glauben an eine Welt der Freiheit, der Menschlichkeit, der sozialen Gerechtigkeit, diese Männer sind wahrhafte Sozialisten, Kommunisten oder gläubige Christen, diese Männer sind nicht gewillt, die Stimme der Wahrheit zu verleugnen und der Macht sich zu beugen.

Die Verfolgungen und Aechtungen sind für uns Verfolgte eine grosse Ehrung, mancher von uns wird jetzt erst beweisen müssen, dass er diese Ehrung verdient.

Sie geben vor, die deutsche Kultur zu retten, und Sie zerstören die edelste Arbeit der deutschen Kultur.

Sie geben vor, die deutsche Jugend zu erwecken, und Sie blenden ihren Geist, ihre Augen, ihre Sinne.

Sie geben vor, die deutschen Kinder zu retten, und Sie vergiften ihre Herzen mit den schändlichen Phrasen eines stupiden Nationalismus und Rassenhasses.

Sie geben vor, das werktätige Volk zu befreien, und Sie schmieden es in die Knechtsfesseln sozialer und geistiger Unfreiheit.

Sie geben vor, Deutschland von seinen «Schuldigen» zu reinigen, und Sie verfolgen die Schwächsten, die Juden.

Sie geben vor, dass Sie und der deutsche Geist identisch sind, aber Ihre Taten sind die Aechtung der Ideen Goethes und Lessings, Herders und Schillers, Wielands und Rankes und aller jener Männer, die um die reinsten Werte Deutschlands gerungen haben und sie in die Welt trugen.

Ich las in diesen Tagen Ihre künstlerischen Werke und die ihrer Pgs. Dass Sie ein schlechtes Deutsch schreiben, will ich Ihnen nicht zum Vorwurf machen, Gewalt verleiht noch kein Talent, dass Sie aber die deutschen Theater zwingen, diese armseligen Werke zu spielen, ist kläglich.

Sie sprechen soviel vom Heldentum, wo haben sie es bewiesen? Auch wir kennen ein Heldentum, das Heldentum der Arbeit, des Charakters, des unbedingten Menschen, der zu seiner Idee hält.

Sie sprechen soviel von der Feigheit Ihrer Gegner. Wir versprechen Ihnen, dass Ihre Verfolgungen uns härter, Ihr Hass uns reifer, Ihr Kampf uns kämpferischer machen werden.

Wir sind nicht schuldlos an unserem Schicksal, wir haben viele ¯ehler begangen, der grösste war unsere Langmut.

Wir werden, dank der Lehre, die Sie uns gaben, unsere Fehler überwinden. Und das ist Ihr Verdienst.

E r n s t T o l l e r.

Einheitsfront gegen den Faschismus um jeden Preis

Es gibt Dinge, gegen die man sich mit ganzer Seele auflehnen muss. Die Welt hat seit August 1914 viel Grausamkeit gesehen. Und man sollte meinen, dass der menschliche Geist keine schlimmeren Qualen erfinden kann als die Schrecken nur eines einzigen Gas-Angriffs. Und dennoch ist eine Welt, die den Krieg vier lange, todesschwangere Jahre hindurch duldete, ja verherrlichte, entsetzt über das, was Hitler in drei Monaten getan hat. Diejenigen, die für Hitlers Angriffe auf die Sozialisten nur ein Achselzucken übrig hatten, die seine Schläge gegen den Kommunismus sogar beifällig begrüsst haben, sind empört über seine systematische Kampagne gegen alle jene kulturellen Bestrebungen, gegen die Bücher, Menschen, Forschungen, Ideen, die der Nation Deutschland die Achtung der Welt eingetragen haben.

Ich habe mit einem Arbeiterführer im Ruhrgebiet gesprochen. «Sie verbrennen Bücher,» sagte er, und seine Stimme klang beschämt. Bücher können neu gedruckt werden. Aber die wertvollen Männer und Frauen, die die SA getötet hat, können nicht wieder zum Leben zurückgerufen werden. Die Gefahr des Faschismus liegt in seiner erbarmungslosen Bekämpfung von allem, was in die Zukunft deutet, in seiner Entschlossenheit, uns an alte Ideen zu ketten: Militarismus, Sklaventum, Unterordnung der Frauen, Klein-Industrie, gesellschaftliche Formen, welche die Menschheit schon überholt hat.

Hitler und die Faschisten haben sich sorgfältig die Führer jeder Art von Fortschritt herausgesucht. Und nicht nur Schriftsteller, Dichter, Wissenschaftler, nicht nur die Führer und Verbreiter fortschrittlicher politischer Meinung. Diese sogenannten «Sturm»-Trupps haben gerade jene Arbeiter ausgesucht, die den Anschein erweckten, geistige Führer ihrer Kameraden zu sein, diejenigen Arbeiter, die schon eine kleine Bibliothek gesammelt hatten, und die Bilder besassen von Ludwig Renn, von Karl Marx. Arbeiter haben gelitten, weil sie des Verbrechens verdächtig waren, ernsthaft nachzudenken. Das ist unter dem Faschismus offenbar das grösste Verbrechen.

In England und Amerika beginnt man schon zu sagen: «Das Schlimmste ist vorbei. Deutschland wird sich jetzt beruhigen.» Ich bin kürzlich gerade bei den Flüchtlingen in den Grenzstädten gewesen: in Saarbrücken, Forbach, Strassburg und in den umliegenden Dörfern. Jeden Tag kommen neue Flüchtlinge an: Arbeiter von der Ruhr, Rechtsanwälte aus ihren Villen. Jeder einzelne legt Zeugnis ab von dem unnachgiebigen Terror, der immer noch vor sich geht. Ich habe einige Briefe gelesen, geschrieben von Frauen und Müttern an ihre Männer, die aus ihren Heimatstädten fliehen mussten. Eine einfache Frau aus Duisburg schrieb: «Ich würde vor Freude in die Hände klatschen, wenn ich Flieger sehen würde, die gegen Hitler herüberkommen würden. Selbst wenn ich getötet würde, so würden doch die anderen Deutschen von diesen Ungeheuern gerettet werden.» Eine Frau, die nur mit äusserster Mühe vier Mark zusammenkratzen kann, um sie ihrem mittellosen Sohn ins Exil zu schicken, kann so etwas nur schreiben aus einer Erbitterung der Seele heraus, die von jemand, der faschistische Herrschaft noch nicht am eigenen Leibe gespürt hat, einfach nicht begriffen werden kann.

Jetzt, da sie Herren im Lande sind, können die Nazis mit ihren Gefangenen machen, was sie wollen. Mit einem jungen Flüchtling, einem Menschen, der der Stolz seines Landes und nicht ein Flüchtling sein sollte, besuchte ich die Redaktion einer Strassburger Zeitung. Der Redakteur war weder Sozialist noch Kommunist, er war ein ausgekochter Zeitungsmann. Er warf uns über den Schreibtisch eine Liste von Namen herüber. «Vielleicht Bekannte drunter? Es ist die letzte Liste der Toten von Dachau.» Mein Begleiter nahm das Papier, und wurde weiss im Gesicht. «D e n kannte ich,» sagte er niedergeschmettert. «Haben Sie irgendeine Nachricht darüber, wie er gestorben ist?» «Ja, schlechte Zeiten,» sagte der Redakteur in sachlichem Ton. «Schwer gequält. Im Delirium erschossen. Natürlich wird gesagt «auf der Flucht» erschossen.» «Woher haben Sie das erfahren?» fragte ich. Der Redakteur lächelte. «Das möchten auch die Nazis gerne wissen. Meine Informationen sind genauer, als sie es gern haben.»

Ellen Wilkinson.

Der heroische Kampf der deutschen Arbeiter

Bremer Polizeidirektion: «Trotz der vor einigen Tagen veröffentlichten polizeilichen Warnung vor der Verbreitung illegaler kommunistischer Druckschriften und dem Hinweis auf die hohen Strafbestimmungen, wurde am Dienstag Abend von kommunistischer Seite die illegale, 6 Seiten starke «Arbeiter-Zeitung» zur Verteilung gebracht....» (26. Mai 1933).

Berliner Polizei-Pressestelle: «Bei der Durchsuchung wurden erhebliches Druckschriftenmaterial und zahlreiche Matrizen zur Anfertigung von Mai-Flugblättern in Steglitz und Friedenau gefunden...» (28. April 1933).

Stuttgarter Polizei-Pressestelle: «Obwohl die Beschlagnahme und Einziehung sämtlicher kommunistischer Druckschriften schon am 1. März 1933 angeordnet worden ist, werden immer noch kommunistische Flugblätter im Land verbreitet...» (21. April 1933).

Dieses Buch berichtet von den wahren Brandstiftern des Reichstages und von dem barbarischen Hitler-Terror. Die deutschen Antifaschisten, die dieses Buch in kollektiver Arbeit schrieben, wollen aber auch der ganzen Welt freudig künden: dass es noch ein anderes, lebendiges Deutschland gibt. Es ist das Deutschland des unterirdischen, illegalen Freiheitskampfes der Antifaschisten. Es ist das Deutschland des wahren Heldentums. Es ist das Deutschland derer, die mit dem Opfer ihres Glückes oder ihres Lebens heroisch die Ehre und die sozialistische Zukunft des deutschen Arbeitervolkes verteidigen.

Hitler wollte alle politischen Parteien zertrümmern. Es gibt aber eine Partei, die nicht zu zertrümmern ist: die illegal kämpfende Kommunistische Partei Deutschlands. Die Nachrichten der Hitler-Regierung selbst bezeugen täglich die Tatsache, dass diese Partei eine unerschütterliche aktive Gegenkraft ist. Sie setzt ihre Tätigkeit fort, und aus ganz Deutschland kommen Nachrichten, dass ganze Arbeitergruppen der Sozialdemokratie, des Reichsbanners, der Sozialistischen Arbeiterjugend und der christlichen Arbeiter sich mit den illegal arbeitenden Kommunisten im praktischen Kampf gegen die Hitlerdiktatur zur brüderlichen Einheitsfront zusammenfinden.

Schon in den Tagen des Reichstagsbrandes flatterten die antifaschistischehn Flugblätter der Kommunisten in die Massen der Arbeiter. Die Arbeiterwohnungen, die Keller und Dachböden der

IM ZEICHEN

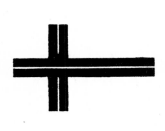

DES KREUZES

Ein C. d. Mille-Film der Paramount

Gegen Ende März erschien eine illegal gedruckte Broschüre über den Reichstagsbrand, die in allen Bezirken Deutschlands verbreitet wurde. Sie ist äusserlich als eine Propagandabroschüre für den Film des amerikanischen Regisseurs Cecil de Mille «Im Zeichen des Kreuzes» aufgemacht.

Im Zeichen des Kreuzes.

Ein C. d. Mille-Film der Paramount.

Das große Filmwerk schildert eine der grausigsten Episoden der Weltgeschichte. Der blutrünstige Tyrann Nero ließ vor seinen Getreuen die Stadt Rom anzünden und beschuldigte die Christen, das Feuer angelegt zu haben. Das war der Vorwand zu einer furchtbaren Christenverfolgung. Jeder, der einen Christen fing, erhielt einen Kopfpreis von 30 Silberlingen. Wer verdächtig war, die Bestrebungen der Christen zu unterstützen, war vogelfrei. Tausende wurden gefangen, in die Kerker gesperrt und wilden Tieren im Zirkus zum Fraße hingeworfen. Der Kaiser wollte durch diese Zirkusspiele die hungernden Massen Roms von ihrer eigenen Not ablenken, sie zum Kampf gegen das verrottete Herrschaftssystem der Cäsaren abhalten.

Aber die blutigen Orgien konnten das verfaulte System der Ausbeutung und Unterdrückung nicht retten, das fluchbeladene Reich zerbrach, die Lehre Christi wurde nicht ausgerottet, die Religion der Sklaven triumphierte.

Einen Preis von 20000 Mark.

hat die Regierung ausgesetzt für die Aufklärung des Brandes, der am Abend des 27. Februar im Reichstag ausbrach. Wer das Folgende aufmerksam liest, kann den Preis leicht verdienen. Die in den Zeitungen veröffentlichten Einzelheiten ergeben einen so vollständigen Indizienbeweis, daß jeder gewissenhafte Untersuchungsrichter ohne Zaudern den wahren Schuldigen und Anstifter des Reichstagsbrandes erkennen, anklagen und verurteilen müßte.

Wer hatte die Verantwortung für die Sicherheit des Reichstagsgebäudes? Der Leiter der preußischen Polizei, der preußische Innenminister Göring und der Reichstagspräsident, der die Polizeigewalt im Hause selbst hat, Göring!

Minister Göring behauptet, daß einige Tage vor dem Brande bei der Durchsuchung des Karl-Liebknechthauses „Dokumente" gefunden wurden, welche die Pläne der KPD enthüllen, durch Brand-

Mietskasernen werden in Geheimdruckereien verwandelt. Wenn Hunderte ihrer Agitatoren verhaftet wurden, traten Tausende neuer geschulter und überzeugter Kämpfer an ihre Stelle. Wenn Folterungen und Misshandlungen sich häuften, erklang die Stimme des antifaschistischen Freiheitskampfes noch kühner und aufrüttelnder. Jede der illegalen Zeitungen der Kommunisten ist Zeile für Zeile mit Arbeiterblut geschrieben. Auf jede erschienene Nummer antworten an ihrem Erscheinungsort neue grausame Verfolgungsaktionen.

Der Organisator des Reichstagsbrandes Göring, musste der antifaschistischen «Zersetzungsarbeit» der Kommunisten das glänzendste Zeugnis ausstellen, als er bei der Auflösung des «Kampfringes junger Deutschnationaler», Ende Juni 1933, in der amtlichen Begründung erklärte, der «Kampfring» sei völlig von Kommunisten durchsetzt gewesen. Anfang Juli beweisen die drohenden Erklärungen Hitlers und Fricks gegen eine «zweite Revolution», dass die Entlarvungsarbeit gegen das Hitlerregime auch in weiten Kreisen der SA und der NSBO wirksam ist.

Die folgenden wenigen Seiten können nur einen kleinen Ausschnitt aus dem «unterirdischen» Deutschland geben:

Die illegale „Rote Fahne"

Einer der wichtigsten antifaschistischen Kampfabschnitte ist die Herausgabe und Verbreitung der illegalen Presse. Die «Rote Fahne», das Zentralorgan der Kommunistischen Partei Deutschlands, ist seit dem Reichstagsbrand in regelmässiger Folge erschienen. Polizeiaktionen, Razzien, Aufgebote von Tausenden von Spitzeln, nächtliche Patrouillen der SA und SS durch die Druckereien können das Erscheinen dieser Zeitung nicht verhindern. Immer wieder findet das illegale Blatt, vier- oder zweiseitig, seinen Weg in die Mietskasernen auf dem Wedding, in die Betriebsabteilungen der AEG und von Siemens, in die Strassenbahnhöfe der Berliner Verkehrsgesellschaft. Mag die technische Ausstattung der «Roten Fahne» schlechter als früher sein, niemals hat jedes einzelne ihrer Exemplare mehr Leser gefunden als jetzt.

Die christlichsoziale Wiener «Reichspost» vom 27. Mai gibt folgende interessante Schilderung:

> «Die «Rote Fahne» erschien zuerst in einer illegal gedruckten Ausgabe, in einer Auflage von 300 000 Exemplaren, der dann zahlreiche vervielfältigte Auflagen folgten. Geheime Druckereien — schon früher für solche Zwecke vorbereitet — Abzugsapparate und Schreibmaschinen begannen ihr Werk. Bald waren der grösste Teil de Orts-, Zellen- und Betriebszeitungen — freilich zumeist nur vervielfältigt — wieder im Umlaufe, und Hunderttausende von Flugzetteln gingen in den Betrieben und in den Arbeitslosenämtern von Hand zu Hand.»

In zwanzig Stadtteilen von Gross-Berlin werden — neben der gedruckten «Roten Fahne» — regelmässig wöchentlich, in manchen Gebieten zweimal in der Woche, vervielfältigte, von Wachs- oder Metallplatten abgezogene Zeitungen, verbreitet. Sie tragen alle den Kopf «Rote Fahne». Zahlreiche einfache Arbeiter sind die Redakteure dieser Zeitungen.

Rote Sprachrohre in ganz Deutschland

Die Hamburger Polizei teilt Anfang Mai mit:

«Trotz schärfster behördlicher Gegenmassnahmen kommt es immer wieder vor, dass hochverräterische Flugschriften der KPD. insbesondere Flugblätter sowie die verbotene «Hamburger Volkszeitung» und sonstige marxistische Schriften hergestellt und auf der Strasse und in den Häusern vertrieben werden.»

Im Ruhrgebiet erschien das «Ruhr-Echo» mehrfach in grosser Auflage. Die 1. Mai-Nummer des Blattes der Ruhrarbeiter hatte sogar Doppelfarbendruck. In den Stadtteilen von Essen erschienen, obwohl ganze Stadtviertel von SA und Polizei durchsucht wurden, obwohl die mutmasslichen Verteiler der Zeitungen in grauenhaftester Weise gefoltert wurden, immer wieder vervielfältigte Ausgaben des «Ruhr-Echo».

Aus München berichtet ein Arbeiterbrief, dass jede Woche eine hektographierte Zeitung in einer Auflage von 3000 Exemplaren erscheint. Sechs Reichsbannerkameradschaften helfen bei der Verteilung der Zeitung.

Die Bremer Polizeidirektion erlässt am 23. Mai Aufrufe gegen die illegale, sechs Seiten starke «Arbeiter-Zeitung». Die «Süddeutsche Arbeiter-Zeitung» in Stuttgart erscheint gedruckt, ebenso die illegalen Organe in Leipzig und Frankfurt am Main. Am Niederrhein kamen im April und Mai mehrere Nummern der Düsseldorfer «Freiheit» zur Verteilung. In Mannheim erhebt immer wieder die «Rote Fahne Badens» ihre Stimme. In Erfurt erscheint das «Thüringer Volksblatt». [1]

Die Stimme der Antifaschisten in den Betrieben

Die Kommunistische Partei hatte sich als einzige Partei seit Jahren in den Betrieben auf eine illegale Tätigkeit vorbereitet. Ihre Parteimitglieder wurden schon vor Errichtung der Hitlerdiktatur in der geheimen Herstellung und Verbreitung von Betriebszeitungen geschult. So erscheinen jetzt zahlreiche solcher Blätter, die mit unerhörtem Opfermut verbreitet werden.

1.) Im Juli wurde eine Erfurter Geheimdruckerei entdeckt. Drei Funktionäre wurden auf der Stelle von SA erschossen.

Fememord
an Heinz Bässler

Heinz Bässler wurde im April 1933 in Düsseldorf von einer SA-Truppe durch acht Schüsse auf offener Strasse ermordet. Die Behörden versuchten diesen Fememord als «Erschiessung auf der Flucht» hinzustellen. Heinz Bässler war bei der Düsseldorfer SA besonders verhasst, weil er im Dezember 1931 aus der SA ausgetreten und Mitglied der Kommunistischen Partei geworden war. Das obere Bild zeigt ihn als Sturmführer der SA, das untere Bild stammt vom Tage seines Eintritts in die KPD.

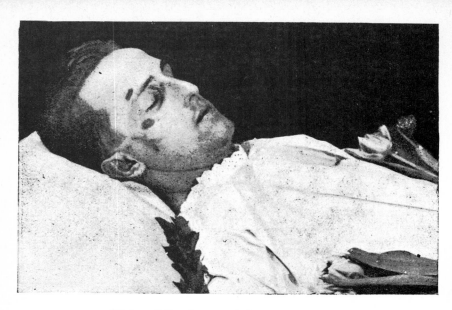

Heinz Bässler auf dem Totenbett
Drei Einschüsse, von vorn im Gesicht: «Auf der Flucht erschossen.»

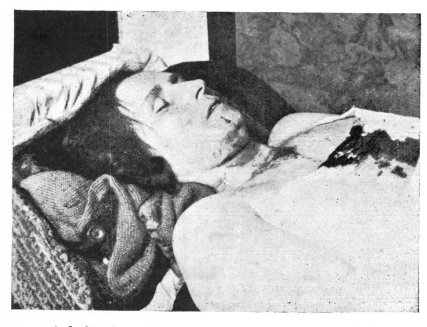

Arbeiterfrau Grete Messing auf dem Totenbett
In Selb (Bayern) auf offener Strasse von einem SA-Mann niedergeschossen.
Der Mörder liess die Frau auf der Strasse liegen und verbluten.

In der Berliner AEG erscheinen illegale Betriebszeitungen. Im Hamburger Hafen erscheinen die Zeitungen «Hafentelegramme», «Funksprüche» und «Der Sturm».

Ein AEG-Arbeiter berichtet («Antifaschistische Front» vom 2. Juli 1933) über die Methoden der illegalen Betriebsarbeit:

«Unser letztes Flugblatt erschien in einer Grösse von 10×20 cm. Wir stellten es folgendermassen her: Erst haben wir die Parolen ausgearbeitet und sie in Linoleum geschnitten, dann haben wir den Linoleumstreifen auf einen Tintenlöscher angenagelt und so, Stück um Stück, gedruckt. In der Nacht haben wir eine ganze Anzahl vor den Betriebstoren angeklebt und die übrigen als Streuzettel auf die Strasse gelegt. Die Kollegen, die direkt verhungert sind nach Aufklärungsmaterial, haben, als sie morgens zur Arbeit kamen, die Zettel begeistert aufgenommen und jeder einzelne ging durch Dutzende von Händen.»

Aus einem Hamburger Angestelltenbetrieb wird berichtet, dass dort im Klosett beim Ziehen der Papierrolle jedes Mal ein winziges Flugblatt oder ein Ausschnitt aus einer illegalen Zeitung herausfiel. Im Berlin-Spandauer Betrieb von Siemens gelang es den antifaschistischen Jungarbeitern, ihre Betriebszeitung bis zur letzten Nummer regelmässig zu verteilen. Die selbst hergestellte «Rote Wacht» der Betriebe Bielefelds wird gemeinsam von kommunistischen, sozialdemokratischen und Reichsbannerarbeitern verkauft.

„Blitz-Aktionen"

In den vergangenen Monaten kam es in vielen Hunderten von Orten zu grösseren und kleineren Demonstrationen der Antifaschisten, die sich meist in der Form sogenannter «Blitz-Demonstrationen» abspielten. «Blitz-Demonstrationen» oder «fliegende Demonstrationen» gehen meist in folgender Form vor sich: Die Arbeiter sammeln sich auf ein bestimmtes Signal an einem verabredeten Punkt, demonstrieren mehrere Minuten mit Rufen gegen die Hitler-Diktatur und mit Gesang antifaschistischer Lieder. Solche Demonstrationen lösen sich oft wieder auf, bevor noch Polizei und SA gegen sie eingreifen kann. Diese bewegliche Methode soll eine grössere Zahl von Verhaftungen verhindern.

Im Monat April wurden u. a. solche Demonstrationen aus Remscheid, Cleve, Krefeld, Siegen, Stettin, Worms, Osterode, Düsseldorf und Linden bei Hannover gemeldet.

Anfang Mai wird z. B. aus Hamburg berichtet, dass dort die kommunistische Jugend 10 000 gedruckte Flugblätter verteilt, 80 selbstangefertigte Plakate geklebt und in allen Stadtteilen eifrig antifaschistische Parolen an Mauern und Säulen gemalt hat. Vier Blitz-Demonstrationen wurden durchgeführt, an denen sich durchschnittlich je 300 junge Antifaschisten beteiligten.

Ein dänischer Antifaschist berichtet über die Methoden der antifaschistischen Agitation, die er bei einem Aufenthalt in Deutschland sah: In einer Arbeiterstrasse tritt plötzlich ein Sprechchor auf. Es erschallt der Ruf: «Wer hat den Reichstag angezündet? Die Nazis!» Einen Augenblick später sind die vier Mann des Sprechchors verschwunden.

Anfang März hing quer über einer Dortmunder Arbeiterstrasse ein Plakat: «Nero steckte Rom in Brand und beschuldigte die Christen — Hitler steckte den Reichstag in Brand und beschuldigt die Kommunisten!» Ende April klebte in verschiedenen Teilen Dortmunds dieselbe Losung als Linoleumschnitt.

Die «Vossische Zeitung» vom 3. Mai meldet:

«In Bernau war, wie das WTB meldet, in der Nacht zum 1. Mai an der Spitze des Turms der Marienkirche eine rote Fahne mit Hammer und Sichel angebracht worden, Sie wurde in der Frühe des 1. Mai von SA-Leuten unter Lebensgefahr heruntergeholt. Als man am Rathause am Feiertag der nationalen Arbeit die Hakenkreuzfahne aufziehen wollte, musste man feststellen, dass sie in der Nacht gestohlen worden war. Die Aufregung in Bernau über die doppelte Herausforderung war unbeschreiblich. In der Nacht vom 1. zum 2. Mai wurden dann durch die SA im Verein mit der Polizei 40 verdächtige Personen festgenommen und in das Konzentrationslager Oranienburg gebracht.»

Vor dem 1. Mai setzten die blitzartigen Agitationsmethoden der Antifaschisten verstärkt ein. Am 29. April abends 9 Uhr flatterten von den Häusern der Frankfurter Allee, Ecke Königsbergerstrasse Tausende von Flugblätter unter die Passanten. Im Kaufhaus des Westens und in den Warenhäusern von Tietz wurden im Lichthof von den Galerien und Treppen aus die Flugblätter abgeworfen. Am 1. Mai demonstrierten nachmittags 300 Arbeiter im Berliner Osten auf dem Marsch zum Petersburger Platz.

Im Monat Mai steigert sich die neue Welle der antifaschistischen Aktivität. Am 12. Mai berichtet das Berliner «12-Uhr-Blatt» über die Sprengung eines kommunistischen Demonstrationszuges in Spandau, wobei zehn Verhaftungen vorgenommen werden. In Stuttgart-Ost in der Kolonie «Reitelsberg» demonstrieren die Jungarbeiter gegen die Hitlerdiktatur. Auch die neue Verhaftungswelle im Juni konnte nicht die tapferen Aktionen der Antifaschisten verhindern:

«Am 9. Juni fand im Osten Berlins am Zentralviehhof eine Demonstration statt, an der sich 500 bis 600 Arbeiter beteiligten. Kurz vor 7 Uhr abends sammelten sich auf ein Hornsignal die Arbeiter, aus den Nebenstrassen kommend, in der Eldenacherstrasse. Unter starker Beteiligung auch der Schlächtergesellen vom Zentralviehhof und der umliegenden Schlächtergeschäfte setzte sich die Demonstration mit dem Gesang der «Internationale» in Bewegung. Unter Hochrufen auf die KPD und Niederrufen gegen die Hitlerregierung zog die Demonstration durch die Eldenacher-, Hausburg- und Thaer-strasse bis kurz vor die Frankfurter Allee. Faschistischen Sturmtrup-pen aus den umliegenden Sturmlokalen gelang es nicht, die Demon-stration der Arbeiter zu sprengen. Die alarmierte Polizei nahm nach Beendigung der Demonstration wahllos Verhaftungen vor.»

Antifaschistische Zeitungen aus Deutschland.

Helden des Antifaschismus

Mit grausamer Härte verfolgen die nationalsozialistischen Führer die Antifaschisten, die illegal in Deutschland weiter kämpfen. Fallen sie in die Hände der SA, dann bedeutet es oft Folter und Tod. Die Bremer Polizeidirektion hat am 1. Juli 1933 die Marterung der verhafteten Antifaschisten, als Vorbereitung der polizeilichen Vernehmung öffentlich angekündigt:

Die Bremer Polizeidirektion gibt bekannt: «Im Anschluss an die Plakatierung «Letzte Warnung» hat der Polizeiherr die Anordnung getroffen, dass sämtliche Personen, die trotz aller Warnungen in Zukunft noch wegen marxistischer Propaganda oder anderweitiger staatsfeindlicher Betätigung in Haft genommen werden, zunächst einem nationalen Verband zugeführt werden sollen.(!) Der nationale Verband hat die Aufgabe, zur Unterstützung der politischen Polizei die Festgenommenen eingehend über ihre Straftat vorbereitend zu vernehmen und sie dann mit dem Ermittelungsergebnis der Geheimen Staatspolizei zuzuführen.»

Zu Folter und Mord tritt die Aushungerung als Waffe der Hitlerregierung gegen die Antifaschisten.

Kassel, 8. Juli: «Im Kreise Schmalkalden, der zum Regierungsbezirk Kassel gehört, hat sich in den letzten Tgaen eine verstärkte kommunistische Propaganda unter den Erwerbslosen bemerkbar gemacht. Es wurden verschiedentlich kommunistische Flugblätter verbreitet, deren Urheber und Verbreiter noch nicht ermittelt sind. In der Stadt Schmalkalden hat der Bürgermeister darauf angeordnet, dass allen links eingestellten Unterstützungsempfängern des Wohlfahrtsamtes die Unterstützung so lange gesperrt werden soll, bis die Täter ermittelt sind.» (Frankfurter Zeitung, 10. Juli 33.)

Vor dem Sondergericht stehen die angeklagten Antifaschisten, ohne Verteidigung, ohne Zeugen, ohne die geringste Verteidigungsmöglichkeit. Der Richter ist Henker. Bevor noch die Anklage erhoben ist, weiss er, welches drakonische Urteil er zu fällen hat. Heldenhaft stehen viele Angeklagten der faschistischen Gewalt gegenüber. So wird am 2. Juni 1933 aus Altona über einen Prozess gegen 20 antifaschistische Arbeiter berichtet:

«Der kommunistische Arbeiter Lütgens, gegen den der Staatsanwalt die Todesstrafe beantragt hatte, erklärte, dass ihm der Antrag der Staatsanwaltschaft zur Ehre gereiche, denn für einen Revolutionär sei die Todessrafe vor dem Klassengericht die höchste Auszeichnung, die er erhalten könne, und die Zuchthauskleidung ein Ehrenkleid. Er erklärte auch, dass er es als eine Schande empfinde, dass ein zum Scheine mitangeklagter Polizeispitzel mit ihm in einem Zuchthaus sitze, und forderte zum Schluss, dass ihm die eventuelle Strafe dieses Polizeispitzels mit zudiktiert werde, damit er nicht mit diesem Lumpen im gleichen Zuchthaus sitzen müsse.»

Illegale Betriebszeitungen, Flugblätter, Streuzettel.

Mitte Mai stand die Stenotypistin Jürr vor Gericht und wurde zu 1½ Jahren Zuchthaus verurteilt, weil sie Flugblätter weitergegeben hatte. Der Berliner «Tag» berichtete:

«Die Angeklagte erklärte vor Gericht, sie stehe auch jetzt noch zum kommunistischen Gedanken, worauf der Anklagevertreter erwiderte: «Es muss hier einmal in aller Oeffentlichkeit erklärt werden, mit welcher Dreistigkeit und in welch unverschämter Weise die Kommunisten es wagen, noch hier vor dem Sondergericht aufzutreten.»

Aehnliches ereignet sich täglich vor deutschen Sondergerichten. Nur über einen Bruchteil der Prozesse erscheinen Nachrichten in der Presse. Die Weltöffentlichkeit wurde Ende Mai alarmiert durch die T o d e s u r t e i l e gegen die antifaschistischen Arbeiter B a r t h e l und W i n k l e r in Chemnitz, sowie gegen die Arbeiter L ü t g e n s, T e s c h, W o l f f und M ö l l e r in Altona. Seitdem steigert sich die Zahl der terroristischen Todesurteile von Woche zu Woche: in Dessau, in Köln, in Harburg-Wilhelmsburg, in Berlin, in Hamburg wird in Serien die Todesstrafe gegen antifaschistische Arbeiter ausgesprochen wegen Taten, die z. T. längst amnestiert waren, die in Notwehr geschahen, an denen sie oft überhaupt nicht beteiligt waren. Sie werden verurteilt nicht wegen ihrer Taten sondern wegen ihrer Gesinnung.

Der Umfang dieses Buches gestattet nur, einige Ausschnitte aus dem illegalen antifaschistischen Kampf zu geben. Auf diesen Seiten konnte nicht geschildert werden: die Organisierung von politischen und wirtschaftlichen Streiks durch Antifaschisten, die Hunderte von Bewegungen in den Betrieben, die Rebellionen in den Arbeitsdienstpflichtlagern unter der Führung von jungen Antifaschisten. Von diesen Aktionen wird im zweiten Band des «Braunbuches» berichtet werden.

Das Heldenlied des illegalen antifaschistischen Freiheitskampfes in Deutschland muss noch geschrieben werden: Kämpfer, die der drohenden Ermordung ins Auge blickten und dem braunen Ansturm standhielten. Verhaftete, die auf die Todesankündigung mit dem stolzen Bekenntnis zum Sozialismus antworteten. Misshandelte, die unter den Schlägen der Stahlruten und Knüppel die «Internationale» sangen. Helden wie jener Lehrer Wilhelm Hamann in Hessen, der die Hakenkreuzfahne tragen und rufen sollte «Es lebe der Führer des deutschen Volkes, Adolf Hitler!», der aber die Hakenkreuzfahne zu Boden warf und unter den Schlägen der SA rief: «Es lebe die Revolution und der Genosse Thälmann!»

Zehntausende namenloser Kämpfer sind im «Dritten Reich» am Werk, Deutschland und die Welt von der schmachvollen braunen Barbarei zu befreien. Galgen und Sondergerichte, Folterungen und Konzentrationslager bedrohen sie. Ihre Standhaftigkeit, ihr Mut sind nicht zu brechen. Sie stehen ein für das kommende freie sozialistische Deutschland. Sie entfachen in unerschrockener Tätigkeit immer aufs Neue die Funken, aus denen d i e F l a m m e d e r s o z i a l i s t i s c h e n F r e i h e i t s c h l a g e n wird.

INHALT

*Das «Braunbuch» wurde gegen Ende Juni abgeschlossen. In das Mord-
kapitel wurde noch ein Fall aus dem Juli aufgenommen. Die Liste der
Ermordeten wurde während der Drucklegung des Buches weitergeführt.*

Die große Wahrheit des Braunbuches über den Reichstagsbrand

Ein Nachwort von ALEXANDER ABUSCH
(Träger des Internationalen Dimitroff-Staatspreises der Volksrepublik Bulgarien)

Das Gebäude des ehemaligen Reichstages wurde zweimal in der deutschen Geschichte zum Schauplatz blutiger Tragödie. Im Jahre 1933 schlugen aus ihm die Flammen der groß angelegten politischen Provokation, die dem Hitlerfaschismus die volle Macht über das damalige Deutsche Reich sichern sollte. Konsolidiert durch Provokation, Folter, Mord und barbarische Geistesschändung, trieb dann die Hitlermacht zum „totalen Krieg" im zweiten Versuch, die Weltherrschaft des deutschen Imperialismus zu errichten. Im Jahre 1945 stand der Reichstag wieder in Flammen, als Sowjetsoldaten ihr Leben opferten, um ihn als letzte Bastion der nazistischen Brandstifter im Sturm zu nehmen, und als nicht wenige deutsche Soldaten noch sinnlos für sie starben. Die Weltgeschichte wurde zum Weltgericht.

Ein Vorbote dieses Weltgerichts war das „Braunbuch über Reichstagsbrand und Hitlerterror". Als es im August 1933 erschien, trat einer der seltenen Fälle ein, daß ein Buch — weitaus mehr noch als Emile Zolas „J'accuse" in der Affäre Dreyfus — zur Waffe wurde und in einem gerechten Kampf half, Millionen Menschen in allen Ländern in erregte Beteiligte, Mitleidende, Mitkämpfende zu verwandeln. Das Braunbuch führte im Sommer 1933 ein erfolgreiches Vorgefecht zu der großen moralisch-politischen Schlacht, die im Saal des Reichsgerichts in Leipzig gegen das Regime der faschistischen Reichstagsbrandstifter stattfand und deren Held der Bulgare Georgi Dimitroff wurde. So konnte das Braunbuch mit seinen unwiderlegbaren Enthüllungen selbst ein Stück Geschichte werden.

Als aus der Kuppel des in Brand gesetzten Reichstages die Flammen loderten, befand ich mich am 28. Februar 1933 mit der Bezirksleitung Ruhrgebiet der widerrechtlich in die Illegalität gestürzten Kommunistischen Partei Deutschlands noch in Essen. Wie überall im nun erstehenden „Dritten Reich" erhoben auch wir in unserem Bezirk, durch das illegale „Ruhr-Echo" und Flugblätter, sofort Anklage gegen Hitler und seine Spießgesellen, zum großen Teil Landsknechte und patentierte Fememörder aus den faschistischen „Freikorps" der zwanziger Jahre. Sie allein konnten die Organisatoren der Reichstagsbrandstiftung gewesen sein, weil die Nazipartei — zunächst trotz Schrecken und Mord vergeblich! — damit bei den Terrorwahlen am 5. März 1933 versuchte, die absolute Mehrheit zur Konsolidierung ihrer Macht zu erlangen. Danach verbreiteten wir die zentral hergestellte Schrift mit der gleichen Anklage, getarnt als Programmheft für den Film „Im Zeichen des Kreuzes" des amerikanischen Regisseurs Cecil de Mille über die Brandstiftung Roms durch Nero, der gerade in deutschen Kinos gelaufen war.

Schon nach kurzer Zeit wurde vollends bestätigt, daß der teuflisch ausgeheckte Plan der Hitler, Goebbels und Göring darin bestand, den Reichstagsbrand zum Ausgangspunkt für die Kriminalisierung der gesamten politischen Linken zu machen. Was als Antikommunismus begann, enthüllte bald den wahren Sinn dieser Methode zugunsten großkapitalistischer Scharfmacher. Goebbels bepflasterte die Litfaßsäulen mit blutrünstigen Plakaten: „Zerschmettert den Kommunismus! Zerstampft die Sozialdemokratie!" In einer Arbeiterwohnung in Essen, gemeinsam mit Max Opitz und Max Reimann, hörten wir am 11. März über den Rundfunk die mörderisch-keifende Stimme Görings gegen die angeblich verhafteten und ·überführten „kommunistischen Reichstagsbrandstifter". Ebenso siegestrunken wie brutal übernahm er die Verantwortung für alle Morde: „Wenn geschossen wird, dann habe ich geschossen! ... Lieber schieße ich ein paarmal zu kurz oder zu weit, aber ich schieße wenigstens!"

Die Hatz gegen Kommunisten, Sozialdemokraten, Juden, „Pazifisten", humanistische Geistesschaffende wurde gesteigert. Der grausamste faschistische Terror, der das ganze damalige Deutschland umkrallte, war auch von dem Wahn besessen, er könne verhindern, daß die Wahrheit über die Reichstagsbrandstiftung in das Ausland drang. Dort fingen jedoch selbst führende bürgerliche Zeitungen an, nach den Gesetzen der politischen Logik daran zu zweifeln, daß die Kommunisten den Reichstag angezündet hätten.

In jener Situation entstand in Paris die deutschsprachige Ausgabe des Braunbuches als ein Kollektivbuch der Widerstandsbewegung der illegalen deutschen Antifaschisten. Zum Schutz vor Attentaten der Hitlerfaschisten trug es lediglich die Verlagsbezeichnung „Universum-Bücherei Basel"; die Druckerei blieb geheim. Wir Hauptredakteure, André Simone (Otto Katz) und ich, wie eine Reihe von Politikern und Schriftstellern, die an dem Buch unmittelbar mitarbeiteten, führten auf Außenposten nur den Auftrag der Kämpfer im Lande durch.

Noch Mitte Mai war ich im Ruhrgebiet, irgendwo zwischen Essen, Dortmund, Gelsenkirchen und Duisburg, gejagt von der Gestapo und ihrem Mordkommissar Tenholt. Zur illegalen Leitung der KPD nach Berlin gekommen, empfing ich den Auftrag, mich unverzüglich nach Paris zu begeben, um an der Ausarbeitung eines dort geplanten „Braunbuches über Reichstagsbrand und Hitlerterror" mitzuwirken. Das Buch sollte die Weltmeinung alarmieren und einen öffentlichen Prozeß über den Reichstagsbrand erzwingen helfen. Da wegen meiner Bekanntheit im Ruhr-Rhein-Gebiet der Weg zur Westgrenze von unserer Parteileitung als zu riskant für mich abgelehnt wurde, mußte ich eine nicht gerade einfache südliche Route wählen: über die Tschechoslowakei, Österreich und die Schweiz Hitlerdeutschland umgehen.

Ich sehe noch das Eckzimmer in einer Maison meublée der Rue St. Honoré (die Hausnummer ist mir entfallen) in Paris, nahe den sommerlichen Tuilerien, in dem das Braunbuch in seinem Hauptteil geschrieben wurde. Hier flossen — natürlich über Zwischenstellen — Aussagen von Hunderten freiwilligen Mitarbeitern in Deutschland und von ankommenden Flüchtlingen zusammen. Hier wurden die deutsche und die internationale Presse genau durchgesehen, Äußerungen der Naziführer über Einzelheiten des Brandes miteinander verglichen, juristisch geprüfte Dokumente gesammelt, Informationen aus den illegalen antifaschistischen Organisationen gesichtet.

Manches Material kam von Kommunisten, Sozialdemokraten und Demokraten; manches aus dem Kreis um den Abgeordneten Dr. Ernst Oberfohren und von anderen Deutschnationalen, die über Hugenbergs Politik der „Harzburger Front" besorgt wurden und ihre „Gleichschaltung" durch die skrupellos handelnden Naziführer herannahen sahen. In organisiertester Weise und fortlaufend erhielten wir Material vom Zentralkomitee der illegalen Kommunistischen Partei Deutschlands, an dessen Spitze nach Ernst Thälmanns Verhaftung nun Wilhelm Pieck stand. Von ihm hatte ich bereits den originalen Grundriß des Reichstagsgebäudes und des Heizungsganges vom Palais des Reichstagspräsidenten Hermann Göring zum Reichstag mit auf den Weg bekommen, damit wir die Beweisführung über den einzig möglichen Weg der Brandstifter hieb- und stichfest machen konnten. Informationen erhielten wir auch aus dem nationalrevolutionären, mit der Sowjetunion sympathisierenden Kreis „Aufbruch", aus dem später im Hitlerkrieg der so tapfer kämpfende und sterbende Widerstandskämpfer Harro Schulze-Boysen hervorging. Unter unseren direkten Abgesandten über die Grenze befand sich Heinz Willmann, der auf einer gefahrvollen Reise zusätzliche Auskünfte und Aussagen aus dem bayerischen Kreis um Ernst Niekisch holte. Bei einem persönlichen Zusammentreffen mit Wilhelm Pieck, als er im Juni 1933 von Berlin nach Paris kam, erhielt ich nicht nur wertvolle politische Hinweise, sondern er veranlaßte auch, daß wir ergänzendes Material aus dem engsten Umkreis des SA-Führers Röhm bekamen.

Bei der Ausarbeitung des Braunbuches war, neben den Informationen aus der Kommunistischen Partei Bulgariens und aus Dimitroffs eigener Familie, meine Kenntnis der Persönlichkeit Dimitroffs durch mehrfache Begegnungen nützlich. Ich kannte ihn auch vom Amsterdamer Weltfriedenskongreß von 1932, wo er als guter Stratege im Geiste von Marx und Lenin für die Einheit aller antifaschistischen und antiimperialistischen

Kräfte auftrat. Als Leiter des Westeuropäischen Büros der Kommunistischen Internationale gehörten tatsächlich Deutschland, Frankreich und die eigentlichen westlichen Länder nicht zu seinem Tätigkeitsbereich; er hatte nur seinen Sitz in Berlin und hegte echte Freundschaft für Ernst Thälmann. Dimitroff hatte sich also nie unmittelbar in die innere deutsche Politik eingemischt.

Wer von uns merkte in jenen Juni- und Juliwochen des Jahres 1933 viel davon, daß Paris mit seinen strahlenden Boulevards und dem nächtlichen Zauber seines Montmartre schöner denn je war, trotz aller sommerlichen Hitze? Wir hatten nur wenige Wochen, in denen das Braunbuch geschrieben und gedruckt sein mußte. Während der Drucklegung wurden die Argumente seiner Anklage ständig ergänzt und besser begründet. Mancher Abend und manche halbe Nacht vergingen mit der Diskussion im kleinsten Kreis, um die organisatorischen und politischen Zusammenhänge der Provokation allseitig zu klären und dann am nächsten Morgen fieberhaft weiterzuarbeiten. Alle Kapitel wurden bis zum letztmöglichen Augenblick vervollständigt, teilweise noch vor den Druckmaschinen in Strasbourg. Es war ein Wettlauf mit der Zeit.

Gleichzeitig mußten wir Material an die internationale Presse geben, um die sich anbahnende weltweite Einheitsfront zur Enthüllung der größten politischen Provokation zu stärken. Ja, auch unter den Anhängern aller antinazistischen deutschen Parteien begann sich ausgeprägter eine Einheitsfront gegen das Regime der faschistischen Provokateure und Henker zu bilden.

Meine Aufgabe bei der Fertigstellung des „Braunbuches über den Reichstagsbrand" bestand in der politischen Gesamtredaktion. Mit Otto Katz (André Simone) arbeitete ich außerdem stetig am Hauptteil: der Beweisführung dafür, daß einzig die Naziführer — und in ihrem Auftrag eine ausgesuchte Kolonne von Tätern — auf dem Weg durch den unterirdischen Heizungsgang vom Palais des faschistischen Reichstagspräsidenten Göring zum Reichstag die Brandstiftung organisiert haben konnten und daß der halb wahnsinnige holländische Anarchist Marinus van der Lubbe zwar das willenlos gemachte Werkzeug ihrer Provokation war, aber niemals technisch imstande gewesen sein konnte, allein gleichzeitig Brand an den verschiedensten Stellen zu legen. Die Oberkommandeure der faschistischen Reichstagsbrandstifter wurden in ihrer eigenen Schlinge gefangen: Hatten sie öffentlich zugegeben, daß im Reichstag zahlreiche Brandlegungen gleichzeitig vorgenommen worden waren, um damit ihre Lüge zu stützen, daß nicht allein Marinus van der Lubbe, sondern mehrere Kommunisten die Brandstiftung begangen hätten, so schlug diese Lüge auf sie zurück. Das Braunbuch bewies, was alle Brandsachverständigen dann im Leipziger Prozeß und in späterer Zeit bestätigten: Es konnte nur eine ganze Kolonne gewesen sein, die durch den unterirdischen Gang in den Reichstag eingedrungen und planmäßig den Reichstag angezündet hatte.

Rudolf Feistmann (Fürth) machte den Entwurf zu den politischen Einleitungskapiteln, in denen die Vorgeschichte von Hitlers Machtantritt mit Hilfe der aggressivsten imperialistischen Kreise des deutschen Finanzkapitals und der großagrarischen Junker um Hindenburg abgehandelt ist. In ihnen ist der Osthilfe-Skandal exakt dargestellt, aber das Bild der politischen Mechanik von Hitlers Machterschleichung war um diese Zeit noch nicht völlig enthüllt. Es fehlt die „Verschwörung im Stahlhaus", dem Sitz der Vereinigten Stahlwerke AG, in der Ludwig-Knickmann-Straße in Düsseldorf, wo Hitler am 27. Januar 1933 eine programmatische Rede hielt und fast sämtliche Bank-, Chemie-, Stahl- und Kohlenkönige dieser „internen Regierungserklärung" zuhörten. Dem waren Zusammenkünfte am 4. Januar 1933 in der Villa des Bankiers Kurt von Schröder in Köln und am 7. Januar im Büro des Konzerngewaltigen Kirdorf vorausgegangen, an denen Herr von Papen, Hitler mit seinem „Stellvertreter" Heß, Göring und als spezieller Drahtzieher der ehemalige Reichsbankpräsident Hjalmar Schacht mit von der Partie waren. Diese kapitalistischen Herren von Rang und Namen bestimmten endgültig die Berufung Hitlers am 30. Januar durch Hindenburg, die im Intrigenspiel auf Gut Neudeck vorbereitet war.

Die Mitarbeit von Albert Norden galt der Aufdeckung von internationalen Verbindungen der Naziführer, wobei seine genaue Kenntnis der Rolle des Dr. Bell, eines Agenten des Ölmagnaten Deterding, im Tscherwonzenfälscher-Prozeß von 1930 besonders aufschlußreich war.

Willi Münzenberg, der damals noch nicht zum Antikommunismus übergegangen war, arbeitete auch mit dem Weltkomitee für die Opfer des Hitlerfaschismus im Auftrag der illegalen KPD, deren Reichstagsabgeordneter er war; André Simone leistete dabei das Entscheidende.

Das war der Kreis der Informierten, in dem nur überprüfte, aus verschiedenartigen Quellen bestätigte, also untrügliche Beweise für die Schuld der Naziführer erarbeitet wurden. Die Behauptung des Schriftstellers Arthur Köstler im westdeutschen Fernsehen, er sei einer der Eingeweihten gewesen („Wir wußten nichts Genaues, haben aber richtig getippt"), ist unwahr. Die Mitarbeit einiger damals nach Paris emigrierten Schriftsteller am Braunbuch geschah in der Weise, daß sie Material für den Entwurf je eines einzelnen Kapitels über Folter, Mord, Judenverfolgung und Kulturschändung erhielten; das war notwendig, um die Herstellung des Buches zu beschleunigen, und es gab den Schriftstellern für den Augenblick eine bescheidene materielle Hilfe. Wir versuchten, die Kapitel einigermaßen auf einen einheitlichen Stil zu bringen und ergänzten sie, häufig zwischen Paris und Strasbourg pendelnd, in der letzten Phase vor dem Erscheinen des Braunbuches in deutscher Sprache. Der Schriftsteller Max Schröder war wochenlang als Lektor in der Strasbourger Druckerei der linksbürgerlichen Zeitung „La Republique" (Radikalsozialistische Partei, damals von Herriot geführt) stationiert, um letzte stilistische Korrekturen vorzunehmen.

So gelang es, rechtzeitig eine Anklageschrift über die Schuld der Naziführer mit unanfechtbaren Beweisen zu schreiben. Der in Leipzig angesetzte Prozeß war achtmal verschoben worden. Doch als das Braunbuch am 1. August 1933 wie ein Ankläger vor der Weltöffentlichkeit aufstand und in wenigen Wochen in siebzehn fremdsprachigen Ausgaben heraus- kam, konnten die Hitler, Göring und Goebbels nicht länger die Welt be- trügen.

Der Oberreichsanwalt hielt noch seine Anklageschrift geheim, da ging das Braunbuch schon durch Millionen Hände, bewegte die Gemüter, wirkte als Anruf des Weltgewissens. Das Braunbuch kam auch in einem verkleinerten Dünndruck — getarnt als Goethes „Hermann und Doro- thea" und Schillers „Wallenstein" in Reclams Universalbibliothek — nach Deutschland. In dem Vorwort zu dieser illegalen Ausgabe durfte ich damals mit Recht schreiben:

„Trotz Hitler und Göring sollen es die deutschen Arbeiter erfahren: Die Welt ist in Bewegung. Die internationale Solidarität ist lebendig. In allen Ländern treten Arbeiter, Intellektuelle, Bürger in Massenkundgebungen zusammen, gehen demonstrierend auf die Straßen und verkünden laut: Nicht die Kommunisten, sondern Göring hat den Reichstag angezündet!"
Das Braunbuch war nicht zuletzt ein Produkt der internationalen Solidari- tät. Das Weltkomitee für die Opfer des Hitlerfaschismus, an dessen Spitze Professor Albert Einstein und Lord Marlay standen, lieh uns seine Hilfe. Es berief einen Untersuchungsausschuß zur Aufklärung des Reichstags- brandes, in dem sich acht unabhängige Juristen aus England, Frankreich, den USA, Schweden, Holland, Dänemark und Belgien zusammenfanden.
Die Hitlerregierung wurde vor der Weltöffentlichkeit sichtlich in die Defen- sive gedrängt. Alle erdenklichen Manöver halfen ihren juristischen Hel- fershelfern nicht, den von der Internationalen Juristenkommission ange- kündigten „Gegen-Prozeß" in London als unglaubwürdig hinzustellen. Das Braunbuch und die bevorstehende Londoner Tagung steigerten die internationale Protestbewegung gegen die Hitlerregierung, die gezwun- gen wurde, eine Diskussion darüber auch vor der Öffentlichkeit im „Drit- ten Reich" zu führen. Bei voller Anerkennung der Bedeutung des Lon- doner „Gegen-Prozesses", dieser Tagung humanistischer, das Recht suchender Juristen, der kein Kommunist als Mitglied angehörte, erwies sich die klare Orientierung notwendig, daß ihr Urteilsspruch nur durch die Bewegung der Volksmassen in einem Weltsturm gegen die faschistischen Brandstifter real auf den Leipziger Prozeß einwirken konnte. Am 11. Sep- tember 1933 erhob auch der berühmte französische Advokat Moro-Giaf- feri in einer flammenden Rede vor zehntausend Parisern auf einer Kund- gebung in der Salle Wagram, die vom Befreiungskomitee für Dimitroff, Torgler, Popoff und Taneff organisiert war, gegen Göring Anklage: „Bei meiner Seele und meinem Gewissen erkläre ich: Göring hat es getan. Göring hat den Befehl gegeben, den Reichstag anzuzünden. Göring, der Brandstifter bis du!" Moro-Giaff[e]ri, durch das Studium der Materialien

zu diesem persönlichen Urteil gekommen, schied jedoch aus der Internationalen Juristenkommission aus, um deren Objektivität zu wahren.

Am 14. September, einem typisch grauen Londoner Septembertag, trat der „Gegen-Prozeß" zusammen. In dem Sitzungsraum der englischen Law Society (Gesellschaft des Rechtes) saßen Kopf an Kopf Vertreter des geistigen Lebens Englands, unter ihnen der große Schriftsteller H. G. Wells, neben politischen Führern des Landes. Die maßgebenden Zeitungen der Welt waren vertreten. Sir Stafford Cripps, nach dem zweiten Weltkrieg Premierminister einer Labour-Regierung, hielt eine kurze Ansprache über die außergewöhnlichen Umstände, die ein solches internationales Gerichtsverfahren erheischten. Als der Königliche Rat D. N. Pritt, schlank und nüchtern, die eigentliche Beratung eröffnete mit der Erklärung, daß in unbegrenzter Weise jeder Zeuge zu Wort kommen würde, fühlten die Zuhörer, daß hier die Wahrheit und nichts als die Wahrheit gesucht wurde. Das Braunbuch lag unter den Beweismaterialien, aber jede seiner Behauptungen wurde nochmals anhand der Aussagen von dreißig Zeugen und Sachverständigen überprüft. Unter ihnen befanden sich der frühere Chefredakteur der bürgerlich-liberalen „Vossischen Zeitung", Georg Bernhard, der Dichter Ernst Toller, die Sozialdemokraten Dr. Hertz, Philipsborn, Albert Grzesinski und Rudolf Breitscheid, der kommunistische Reichstagsabgeordnete Wilhelm Koenen, auf dessen Kopf die Hitlerregierung einen Preis ausgesetzt hatte, und Otto Kühne, der zur Zeit der Brandstiftung Sekretär der kommunistischen Reichstagsfraktion gewesen war. Englische und amerikanische Journalisten nahmen auf der Zeugenbank Platz. Albert Norden mußte, um seine mögliche Rückkehr in die deutsche antifaschistische Arbeit nicht zu gefährden, namenlos als Zeuge aussagen.

Es gab im Londoner Gegen-Prozeß keine Anklagebank. Aber unsichtbar wuchs, doch der Welt deutlich erkenntlich, das Bild der wirklichen Angeklagten, die vor dem Welttribunal angeklagt und schuldig befunden wurden: die Gesichter der Führer des Nationalsozialismus. Am 20. September, am Vorabend der Eröffnung des erzwungenen Prozesses vor dem Leipziger Reichsgericht, verkündete D. N. Pritt das Urteil der ersten Tagung des „Gegen-Prozesses", das juristisch sorgfältig begründet und vorsichtig formuliert, Punkt für Punkt, zu der Feststellung gelangte: Es seien „schwerwiegende Anhaltspunkte für den Verdacht gegeben, daß der Reichstag von führenden Persönlichkeiten der Nationalsozialistischen Partei oder in deren Auftrag in Brand gesetzt wurde. Die Kommission ist der Ansicht, daß jede rechtsprechende gerichtliche Institution diesen Verdachtsmomenten nachzugehen verpflichtet ist." Als der Senatspräsident Dr. Bünger am 21. September 1933 den Leipziger Prozeß eröffnete, hatten seine nazistischen Auftraggeber bereits ein entscheidendes Gefecht um die Weltmeinung verloren.

Einer der aktivsten Teilnehmer an den Tagungen des Untersuchungsausschusses in London und Paris war der schwedische sozialdemokratische Rechtsanwalt Georg Branting jr., der mit hoher Sachlichkeit für die antifaschistische Zusammenarbeit mit den Kommunisten eintrat. Ich denke auch an die Tätigkeit von Ellen Wilkinson, der späteren Erziehungsministerin in einer Labour-Regierung: Sie war unermüdlich für das Weltkomitee tätig. Die kleine rothaarige Frau tauchte überall auf, wo sie helfen konnte, auch auf dem Londoner Flugplatz, als man meine Einreise nach England verhindern wollte.

Dem Braunbuche wurde die Ehre zuteil, daß es im Leipziger Prozeß unfreiwillig als Nebenkläger zugelassen werden mußte, gegen den Göring und Goebbels sich verteidigten. Göring schrie im Gerichtssaal in besinnungsloser Wut: „Das Braunbuch ist eine Hetzschrift, die ich vernichten lasse, wenn ich sie kriege." Doch ihm trat personifiziert der Hauptankläger entgegen, zu dem der Angeklagte Georgi Dimitroff im Verlaufe seines unvergeßlichen Kampfes vor dem Reichsgericht wuchs. Mit seinen knappen, bohrenden Fragen visierte er direkt die wahren Angeklagten an: „War der Reichstagsbrand nicht das Signal zur Zerstörung der Arbeiterparteien und ein Mittel zur Erledigung der Differenzen innerhalb der Hitlerregierung?" Diese Frage wurde von dem Reichsgericht nicht zugelassen. Es war die Kernfrage des ganzen Leipziger Prozesses.

Sie durfte nicht gestellt werden vor Richtern, die auf das Kommando des späteren Mörders von Millionen Juden und Polen, Dr. Hans Frank, auf dem Reichsgerichtsplatz zu Leipzig, der heute den Namen Dimitroff-Platz trägt, geschworen hatten, „unserem Führer auf seinem Wege als deutsche Juristen zu folgen bis zum Ende unserer Tage". Die Reichsrichter waren so zu subalternen Ausführungsorganen der Verbrecherregierung herabgesunken. In dem erregenden, ungleichen Kampf vor den Schranken des Leipziger Gerichtes zerbrach aber der bulgarische Kommunist Dimitroff, der zugleich im Namen aller deutschen Antifaschisten sprach, Stück für Stück die provokatorische Anklage. Der Sprecher einer geächteten Partei, der fünf Monate lang Tag und Nacht an den Händen gefesselt war, verteidigte zuerst seine Partei und dann erst in zweiter Linie die eigene Person. Ein Revolutionär wurde durch die Kühnheit und die ideelle Überlegenheit seines Auftretens zum moralischen Sieger über Göring und Goebbels vor den Augen der Welt. „Sie haben wohl Angst vor meinen Fragen, Herr Ministerpräsident?" rief er Göring zu, der völlig die Fassung verlor und unter Ausschaltung des offiziellen Gerichts wutbrüllend kommandierte: „Sie Gauner! Abführen!"

Das „Geheimnis" Dimitroffs bestand in seiner traditionellen geistigen Verwurzelung in der revolutionären internationalen und auch deutschen Arbeiterbewegung. (Bei einem Besuch in seinem einstigen Wohnhaus in Sofia, nun ein Stück Dimitroff-Museum, sah ich in seinem Bücherregal die deutschsprachige sozialistische Literatur in den Ausgaben des alten Dietz-

Verlages vor 1914.) Nur ein Volkstribun, der sich stets als ein Vorkämpfer für alle seine deutschen Kameraden in den Folterkellern und Konzentrationslagern der Gestapo fühlte, konnte wie Dimitroff, selbst in der schärfsten Isolierung, aus den tausend Winzigkeiten des Gefängnislebens hellhörig die Wirkungen einer lebendigen internationalen Solidarität erspüren. Dimitroffs Kraft wuchs durch den Rückhalt an der Weltbewegung des Protestes; seine Unerschrockenheit vor dem Leipziger Gericht steigerte wiederum draußen den illegalen Widerstand der deutschen Antifaschisten und in allen Ländern den Schwung der Volksbewegung. Die Naziführer blieben im Teufelskreis ihrer konstruierten Anklage stecken. Dimitroff war der unbestrittene Sieger in dieser internationalen moralischen Schlacht gegen die Hitlerbande.

Die politische Niederlage der Machthaber des „Dritten Reiches" war so stark, daß sie nach dem erkämpften Freispruch von Dimitroff, Torgler, Popoff und Taneff nicht wagen konnten, den Plan Görings, sich an Dimitroff durch seine physische Vernichtung in einem Konzentrationslager zu rächen, zu verwirklichen. Ihr Werkzeug der Provokation, Marinus van der Lubbe, ließen sie blitzartig hinrichten. Sie mußten den zu Sowjetbürgern erklärten Bulgaren die Ausreise nach Moskau gestatten.

Ernst Torgler bestätigte im Leipziger Prozeß, ohne das Dokument Oberfohren zu kennen, durch die Wiedergabe eines Gesprächs mit Oberfohren am 6. Februar 1933 dessen inhaltliche Richtigkeit. Torgler, der sich — entgegen der Weisung der KPD — freiwillig den faschistischen Behörden gestellt und auch in Leipzig sich von dem als Rechtsanwalt faschistischer Fememörder der „Schwarzen Reichswehr" bekannten Dr. Alfons Sack verteidigen ließ, wurde deshalb von Dimitroff ironisch kritisiert; Torglers weitere persönliche Entwicklung erhärtete diese Kritik. Hingegen traten andere deutsche kommunistische Abgeordnete, wie Dr. Theodor Neubauer und Willi Kerff, aus Konzentrationslagern vorgeführt, todesmutig im Leipziger Reichstagsbrandprozeß als würdige Kampfgefährten Dimitroffs auf. Sie zeugten auch in Thälmanns Geist für Dimitroff.

Die Ergebnisse des Leipziger Prozesses wurden im Braunbuch II „Dimitroff contra Göring" zusammengefaßt. Dieses Buch wurde von André Simone allein geschrieben, mich nur noch konsultierend, da ich um diese Zeit mit der Leitung der Monatsschrift „Unsere Zeit" und der Wochenzeitung „Gegenangriff" vollauf beschäftigt war. Auch von ihm stammt das „Weißbuch über die Erschießungen des 30. Juni", das mit den Braunbüchern über den Reichstagsbrand insofern in innerem Zusammenhang steht, ja, ihre Fortsetzung darstellt, als es die Niedermetzelung des SA-Führers Röhm und seiner Kumpane einschließlich von Edmund Heines am 30. Juni 1934, auf Hitlers Befehl und durch Himmlers SS, auch als gnadenlose Beseitigung von Mitwissern der Reichstagsbrandstiftung entlarvt. Die Hinschlachtung der unmittelbaren Täter nach Gangsterart sollte Hitler bei Hindenburg und den Generälen der Reichswehr salonfähig machen. Sie

nahmen seine bluttriefende Hand in einem Augenblick, in dem die Nazipartei in tiefster Krise von innerer Schwäche taumelte und die Welt voll
Abscheu vor dieser Mörderbande aufschrie. Die Generäle erhielten dafür,
als sie allzu spät, halbherzig, desorganisiert sich zu einem Widerstand
entschlossen, in dem die meisten Beteiligten vom deutschen Kapitalismus
nur noch das Letzte retten wollten, ihre historische Quittung durch Himmlers und Freislers Exekutionskommandos am und nach dem 20. Juli 1944.

Während des Leipziger Prozesses enthüllten wir in der antifaschistischen
Presse mit geschichtlichen Vergleichen die Rolle der Provokation im
Dienste der Bourgeoisie. Es wurde dabei gezeigt, daß Hitler, Göring und
Goebbels in ihrer zynischen Skrupellosigkeit nicht nur alle königlich-
preußischen Polizeiprovokateure à la Stieber im Kölner Prozeß gegen den
Kommunistenbund von 1852 übertrafen, nicht nur schurkischer waren als
die Provokateure gegen die junge Arbeiterbewegung im Chicago von
1886, nicht nur plumper fälschten als die Fälscher des „Sinowjew-Briefes"
von 1924, die damit am Vorabend der englischen Wahlen den Sturz der
ersten Labourregierung provozierten, sondern daß die deutschen faschistischen Führer sich nunmehr auch mit einer für das Zeitalter des verfau-
lenden Kapitalismus charakteristischen Bestialität als Retter der Welt vor
dem Gespenst des Kommunismus aufspielten. Daß der Kommunist Georgi
Dimitroff und seine Gefährten dabei die Bewunderung der französischen
Schriftsteller Romain Rolland, Henri Barbusse und André Gide erhielten,
daß Charles Vildrac ihnen Adel und Mut bescheinigte, daß Tausende von
Stimmen in allen Ländern den Leipziger Prozeß als Schande erklärten,
offenbarte nur, w e r der ideologische Sieger in jener Auseinandersetzung
blieb.

Hatten im Londoner „Gegen-Prozeß" die Sozialdemokraten Breitscheid
und Grzesinski als Zeugen noch besonderen Wert auf ihre politische
Abgrenzung von den Kommunisten vor 1933 gelegt, so führte sie die Logik
der antifaschistischen Weltbewegung und die Entwicklung der folgenden
Jahre in Frankreich und Spanien zu grundlegend neuen Erkenntnissen
über die Versäumnisse der sozialdemokratischen Parteiführung 1932/33:
Breitscheid und Grzesinski unterschrieben 1936 den Aufruf zur Vorbereitung einer deutschen antifaschistischen Volksfront. Für viele, viele Widerstandskämpfer aller Parteirichtungen und Weltanschauungen wurde dieser
Aufruf ein Ansporn dazu, für die Verhinderung des Hitlerkrieges und auch
noch in seinen schwierigsten Stadien heroisch ihren opfervollen, gemeinsamen Kampf fortzusetzen.

Im Braunbuch und im Leipziger Prozeß hatte im Mittelpunkt der Beurteilung der Reichstagsbrandstiftung die p o l i t i s c h e Grundfrage gestanden: „Cui bono?" (Wem nützt es?) Diese Frage erhob sich erneut, als
1959/60 ein Fritz Tobias, inzwischen zum Ministerialrat in Niedersachsens
Innenministerium avanciert, zuerst im bundesrepublikanischen Wochen-
magazin „Der Spiegel" mit Rudolf Augsteins ausdrücklichem Brief und

Siegel, dann 1962 in einem ausführlicheren Buch die These von der Alleinschuld des Marinus van der Lubbe neu zu begründen versuchte. Welche Kreise waren an einem Unternehmen interessiert, das faktisch auf einen nachträglichen Reinwaschungsversuch der nazistischen Brandstifter hinauslief? Zu der Frage „Cui bono?" kam nun: Wer finanziert die angeblich langwierige Arbeit des „interessierten Laien" Fritz Tobias? Ging es Augstein nur um geschäftliche Sensationshascherei für sein Blatt? Warum verteidigte ausgerechnet die Zeitung „Die Welt" des Springer-Konzerns, in holder Eintracht mit ihm, noch am 10. Juli 1972, entgegen neuen dokumentarischen Beweisen durch Urteile von Brandsachverständigen, das Buch des Herrn Tobias? Warum? Ja, warum — und cui bono?

Englische und französische Staatsmänner hatten in den dreißiger Jahren leider sehr schnell die Lehren des Leipziger Prozesses vergessen, selbst nach der vandalischen „Kristallnacht" von 1938 gegen Menschen jüdischer Abstammung. Vergeblich forderte Litwinow als Vertreter der Sowjetunion im Genfer Völkerbund — und dann in direkten Verhandlungen bis zum August 1939 — die kollektive Sicherheit: das rechtzeitige Zustandekommen eines Friedensblockes aller europäischen Länder, um Hitlers Aggressionen im Keime zu ersticken. Das geschah nicht. Als Chamberlain und Daladier im September 1938 den Weg zur „Verständigung" mit Hitler durch das „Münchner Abkommen" einschlugen und ihm verräterisch die verbündete Tschechoslowakei auslieferten, in der trügerischen Hoffnung, Hitlers Angriffspolitik einseitig auf den „antibolschewistischen Kreuzzug" gegen die Sowjetunion ablenken zu können, scheiterte die letzte Möglichkeit, die Welt vor dem Unheil der Aggression des faschistischen deutschen Imperialismus zu bewahren.

Die Brandstifter des Reichstages von 1933 konnten ihren finsteren Weg zu Ende gehen. Sie steckten von 1939 bis 1945 die halbe Welt in Brand, verwüsteten ganze Länder, hinterließen Dutzende Millionen von Toten und Verwundeten bei ihrem katastrophalen Ende. Auschwitz, Treblinka, Maidanek, Buchenwald, Bergen-Belsen, Ravensbrück, Sachsenhausen, Mauthausen und andere grausige Stätten unmenschlicher Vernichtung wehrloser Menschen jeden Geschlechts und Alters durch Hunger, Mord, Vergasung blieben stehen: ewige Zeugnisse der unvergleichbaren Bestialität dieser Weltbrandstifter und zugleich einer bis dahin noch nie erlebten Schändung des deutschen Namens.

Als Berlin eine Stadt der Ruinen geworden war, begannen allmählich erst mehr und mehr Menschen zu begreifen, was der Weg vom Reichstag 1933 zum Reichstag 1945 geschichtlich bedeutete. Und hatte Thomas Mann während des Hitlerkrieges den Antikommunismus als die Grundtorheit unseres Zeitalters charakterisiert, so hatte dieser über alle Vorhersage sich nun auch als sein Grundverbrechen erwiesen.

Im Nürnberger Kriegsverbrecher-Prozeß mußte Göring zugeben, daß bei der Provokation der Reichstagsbrandstiftung bereits die ausgeschriebe-

nen Haftbefehle gegen Kommunisten, Sozialdemokraten und bürgerliche Oppositionelle in den Panzerschränken der Gestapo bereitlagen. Wie recht hatte Dimitroff, als er im Leipziger Prozeß Goethe zitierte: „Lerne zeitig klüger sein . . ." und durch die Verse des Dichters der deutschen Arbeiterklasse und allen Antifaschisten die Lehre von 1932/33 zurief, nicht Amboß, sondern Hammer zu sein!
Und dazu ein Nachwort:

Das Menetekel des einstmaligen Reichstagsgebäudes enthält auch wichtige Lehren für die gesamte Menschheit in den Tagen da diese Zeilen niedergeschrieben werden; Tage, in denen im Geiste des Antikommunismus und auf Befehl des Präsidenten der USA durch Flächenbombardements Kinder, Frauen und Männer in Vietnam ausgerottet werden. Die Welt wird nicht zugeben, daß es das Tribunal von Nürnberg nach 1945 nie gegeben hat!

Berlin, im Dezember 1972 / Januar 1973